근현대 상해 한인사 연구

근현대 상해 한인사 연구

김광재 지음

景仁文化社

책머리에

이 책은 필자가 근현대 상해 한인사와 관련하여 쓴 논문들을 묶은 것이다. 필자는 중국관내지역의 독립운동사를 주제로 하여 학위논문을 쓰면서 독립운동의 물적 토대이거나 배경이라 할 수 있는 보다 넓은 범위의 관내지역 한인사에 대해 관심을 가지고 있었다. 그 후 점차 상해지역 한인사에 대한 연구로 범위를 좁히게 되었다. 광대한 관내지역 전체를 대상으로 방만하게 연구할 것이 아니라 선택과 집중을 하는 것이 좋지 않을까라는 생각이었다.

중국관내지역 가운데에서도 상해지역 한인사에 대한 연구가 많이 되었다고는 하지만 필자가 보기에는 새롭게 연구를 할 여지가 적지 않았다. 선행연구 자체가 상해의 현지 상황과 유리된 느낌도 지울 수 없었다. 상해라고 하는 동아시아 굴지의 국제도시에서 살아갔던 한인들의 다양한 인간 군상과 그들의 역동적이고도 파란 많은 삶에 대해서는 여전히 연구자의 시선이 미치지 못하고 있었다. 상해라는 곳은 한인 혁명가 및 독립운동가로부터 '친일파' 그리고 그 중간에서 외부 정세에 무관심하거나 상황을 관망할 수밖에 없던 다수의 보통 사람들을 포함한 다양한 인간 유형들의 전시장이었다. 때문에 상해 한인사회는 국내 및 해외 한인사회의 축소판이라고 해도 지나치지 않은 것 같다. 그같이 다양한 인간들이 상해에서 엮어낸 파란만장한 인간 드라마는 더할 나위없이 매력적인 연구대상으로 다가왔다.

필자는 2005년부터 답사 겸 자료수집을 위해 매년 몇 차례씩 상해에 다녀오기 시작하였다. 하지만 매번 4~5일의 빠듯한 일정에 주마간산 격으로 상해지역 당안관이나 도서관을 둘러보기 일쑤였다. 그때마다 현지에 체류하면서 좀 더 여유 있게 자료를 수집하고 답사를 할 필요성을 느꼈다. 마침 2005년 12월 '상인독립군' 김시문 선생의 아들인 김희원 선생님을 모시고 며칠 동안의 짧은 일정으로 상해를 답사하였다. 김선생님의 소개로 1945년 이전의 옛 상해 교민들을 만났을 때 필자는 상해 한인사회가 그렇게 끈끈하게 유지되고 있는 사실에 깊은 인상을 받았다. 더 늦기 전에 이 분들의 얘기를 듣지 않으면 안되겠다는 생각이 들었다. 동시에 상해 한인사를 제대로 연구하기 위해서는 상해라고 하는 도시의 역사에 대해서도 충분히 이해해야겠다는 생각이 들었다. 그러기 위해서는 장기 현지연구가 필요했다.

기회는 기다리는 사람에게 온다고 했던가. 국가의 국외연수 프로그램으로 상해에 갈 수 있는 행운이 필자에게 찾아 왔다. 2007년 12월 17일 저녁 필자 일가족은 겨울비가 부슬부슬 내리는 상해 홍교공항에 내렸다. 그때부터 만 2년 동안의 상해 생활이 시작되었다. 上海社會科學院 歷史研究所의 방문학자로 적을 두었다. 역사연구소는 상해사 연구의 메카로 필자가 도착할 무렵 대단히 활발한 연구활동을 수행하고 있었다. 필자도 상해에 머무는 동안 이들 연구를 어깨 너머로 배우면서 상해사에 대한 이해를 넓힐 수 있었다. 업무에서 해방되어 대학 캠퍼스에서 중국어를 배우면서 당안관이나 도서관에서 자료를 찾았다. 틈틈이 옛 지도를 들고 상해의 곳곳에 남아 있는 한인들의 발자취를 더듬었다. 2년 동안의 상해 생활은 꿈같이 흘러갔다.

귀국 후에는 틈틈이 상해 한인사와 관련된 글들을 썼다. 그 일부는 필자가 몇 해 전에 펴낸 『근현대 중국관내지역 한인사 연구』(경인문화사, 2015)라는 단행본에 실렸다. 필자는 여기서 더 나아가 그동안 쓴 상해 한인사 관련 논문들을 묶어 『근현대 상해 한인사 연구』라는 제목으로 책을 내게 되었다.

지난 글들을 모아 놓기는 했지만 만족스럽지 못하다. 여유를 가지고 다듬고 싶었지만 여러 가지 현실적인 이유로 그러지 못했다. 여러 군데 흩어져 있던 상해 한인사 관련 글들을 모았다는 데 의미를 두어야할 것 같다. 다만 각 논문들의 도입 부분에서 시대적 배경은 내용상 중복이 있으나 당초 독립된 글로 집필되었기 때문에 약간의 수정 외에는 그대로 놔두었다. 또 필자의 관심이 변하고 있음을 반영하는 것인지는 몰라도 상해의 조계 공간이 한인에게 미친 영향이나 장소의 위치 고증에 대한 최근의 글들은 처음부터 사진과 지도가 들어갔다. 그 전의 글은 그렇지 못하여 적절한 사진을 수록하여 균형을 맞추고자 했으나 여의치 못했다. 독자제현의 양해를 구할 따름이다.

그럼에도 불구하고 책을 엮는 막바지에 상해 하비로 321호 대한민국 임시정부 초기 청사의 위치를 밝히는 글을 실을 수 있게 된 것은 위로가 된다. 오늘날 임시정부를 상징하는 상해 하비로 321호 임시정부 초기 청사 건물의 위치는 한중수교 이전부터 관계기관과 연구자들의 노력에도 불구하고 지금까지 오리무중이었다. 임시정부 수립 100주년을 한 해 앞 둔 시점에서 학계의 숙제 가운데 하나를 해결할 수 있게 되어 기쁘게 생각된다.

모쪼록 이 책이 현재 필자가 수행하고 있는 상해 한인사 연구의 중간 결과물로 생각되어졌으면 좋겠다. 향후의 더 깊고 넓은 상해 한인사 연구를 위한 디딤돌이 되었으면 한다. 지금까지의 상해 한인사 연구가 실증적인 측면에 집중했다면 향후의 연구에서는 보다 다양한 이론을 적용해 상해 한인사를 체계적으로 분석하고 유형화하는 작업이 이루어져야 할 것이다. 나아가 당시 국내나 해외 여러 지역의 한인사와 비교해 상해 한인사가 어떤 보편성과 특수성을 가지는지 규명하는 작업도 앞으로의 과제이다. 개인적인 희망이 있다면, 언제가 될지 모르지만 개별 연구들이 더 축적되면 이를 바탕으로 상해 한인사와 관련한 통사를 써보고자 한다.

이 책이 나오기까지는 많은 분들의 도움이 있었다. 먼저 상해 현지

연구의 기회를 베풀어준 필자의 직장 국사편찬위원회의 가족 분들께 감
사드린다. 국사편찬위원회는 필자에게 항산과 항심을 제공해준 든든한
언덕이었다. 상해 시절 필자는 상해사회과학원 역사연구소의 熊月之 소
장님을 비롯하여 馬學强, 馬軍 연구원 등 여러 선생님들의 친절한 지도
로 상해라는 도시의 역사에 대해 이해를 깊이 할 수 있었다. 상해를 답
사하면서부터 상해사 전문가이신 許洪新 선생님의 가르침을 받았다. 선
생님은 필자의 소소한 질문에 대해서도 늘 자상하게 일러 주셨다. 특히
최근에는 상해 하비로 321호 임시정부 초기 청사의 소재지를 밝힐 수
있는 실마리를 제공해주셨다. 상해지역 일본 교민사 연구자인 陳祖恩
교수님은 필자에게 귀중한 자료를 선뜻 제공해주시고 필자의 연구를 격
려해주셨다. 陳 교수님의 소개로 상해에서 일본대학 高剛博文 교수님을
뵐 수 있었다. 일본 상해사연구회 회장으로 계시는 교수님은 상해 일본
교민사에 대한 저서를 선뜻 주시고 유익한 조언을 해주셨다.

필자와 마찬가지로 상해사회과학원 역사연구소 방문학자로 와 있던
일본 大妻大學의 石川熙子 교수님으로부터도 일본측 상해사 연구 동향
에 대한 많은 계시를 받았다. 복단대학 孫科志 교수님과는 『상해의 한국
문화지도上海的韓國文化地圖』(중문판 및 한글판, 2010)라는 책을 집필
하는 경험을 함께 했다. 상해사회과학원 역사연구소 석사과정생이었던
岳欽韜도 결코 잊을 수 없을 것이다. 당시 20대 중반의 嘉興 출신인 그
는 석사논문을 제출하기 전에 이미 중일전쟁기 浙江 지역 항일사회사와
관련된 저서를 낸 뛰어난 연구자였다. 그는 중국지역 한인사 관련 자료
나 논문이 있으면 언제나 재빨리 필자에게 알려주었다. 지금은 30대 중
반이 되었을 그의 앞날에 문운이 융성하길 기원한다.

상해 한인사회를 이해하는데 국내외에 계시는 올드 상해 분들의 도움
을 빼놓을 수 없다. 한국에 계시는 김희원 님, 한태동 님, 2013년 4월
105세의 고령으로 타계하신 구익균 님, 2014년 2월에 작고하신 최윤신

님, 그리고 미국에 계시는 최영화 님, 지금도 상해에 계시는 유진순, 왕민란, 구본기, 옥인화, 정군 님, 그리고 지금은 고인이 되신 최영방, 김희경, 김용철, 김원배 님께서는 귀중한 구술과 옛 사진, 문집, 편지들을 제공해주셨다. 생전에 구익균 님은 국내에 상해 인성학교를 복원하는 것이 소원이었고, 최영방 님은 인성학교 동문들의 문집을 내려고 동분서주하셨다. 본서에 수록된 인성학교에 대한 몇 편의 글이 고인들의 뜻을 받드는데 조금이라도 도움이 되었으면 한다. 지면을 빌어 올드 상해 분들께 깊은 감사를 드린다.

작년 3월에는 석사과정 때부터 부족한 필자를 한 결 같이 지도해주셨던 은사 김창수 선생님께서 세상을 떠나셨다. 오랜 투병 생활 끝에 타계하신 선생님의 극락왕생을 기원한다. 학부 때부터 천학비재한 필자를 여러모로 격려해주신 또 한 분의 은사이신 조영록 선생님의 학은에 머리숙여 감사를 드리며 늘 건강하시길 기원한다. 평소 든든한 학문적인 배경이 되어주시고 본서의 간행까지 격려해주신 최기영 선생님께 심심한 감사를 드린다. 늘 필자를 성원해주신 모교 동국대학교 사학과의 교수님들과 국사편찬위원회의 선후배님들께도 감사의 말씀을 드린다. 한국근현대사학회와 한국민족운동사학회의 많은 선생님들과 동학들의 성원에도 지면을 빌어 감사드린다. 필자의 두서없는 글들을 묶어 단정한 책으로 만들어주신 경인문화사의 한정희 사장님께 감사를 드린다. 2015년에 필자의 졸서를 간행해주셨는데 이번에도 신세를 지게 되었다. 끝으로 공부한다는 평계로 집안일에 게을렀던 필자를 이해해 주신 부모님과 아내 소영희, 김수민·동현·정민 세 아이에게도 고마움을 전한다.

2018년 4월
대한민국 임시정부 수립 100년을 한 해 앞두고
김광재

차 례

제2부 개인과 사회의 생활사

제1장 독립신문 만평 「군소리」의 상해 독립운동과 한인 생활문화에 대한 풍자

제2장 상인독립군 김시문의 생활사

제3장 상해 한인사회의 위생의료 생활

제3장 인성학교의 유지운동과 폐교

제4장 광복 후 인성학교의 재개교와 변천

결론 · 531

출전

서론 「근현대 상해 한인사 연구의 현황과 전망」, 『해항도시문화교섭학』 제
17호, 2017.

제1부 장소와 공간의 문화사

제1장 「1910~20년대 상해 한인과 조계 공간」, 『역사학보』 제228집, 2015.
제2장 「대한민국 임시정부 초기 청사의 광경 - 1919년 상해 하비로 321호
청사를 중심으로」, 미발표문.
제3장 「대한민국 임시정부 신년축하회 문화에 대한 일고찰 - 1920·1921년
기념촬영사진 분석을 중심으로」, 『한국근현대사연구』 제72집, 2015.
제4장 「安泰國의 순국과 장의 - 1920년대 초 上海 한인 장례문화의 일단」,
『역사민속학』 제48집, 2015.
제5장 「上海 국민대표회의 개최지 三一堂의 위치 고증」, 『한국독립운동사
연구』 제49집, 2014.

제2부 개인과 사회의 생활사

제1장 「독립신문 만평의 상해 한인 독립운동과 생활문화 풍자 - 1919년 尖
口子의 '군소리'를 중심으로」, 『한국근현대사연구』 제81집, 2017.
제2장 「'상인독립군' 金時文의 上海 생활사」, 『한국민족운동사연구』 64, 2010.
제3장 「1920년 전후 上海 한인사회의 위생의료 생활」, 『한국민족운동사연
구』 82, 2015.
제4장 「일제시기 上海 고려인삼 상인들의 활동」, 『한국독립운동사연구』 제
40집, 2011.

1910~30년대 상해 한인 관련 지도

옥불사

소

공

강녕리(교민단)

일품향

서역

제스필드공원

정안사

안

사

공공조

올림픽극장

서부 월계축로 지역

정

정안사 공묘

경마

애인리

홍사단 단소

하 비 로

만국공묘

남양공학
(교통대학)

패당공원

프랑스
공원

프랑스조
중앙순포

동아동문서원

프랑스조계

서광계묘

서가회 천주교당

독립임시사무소
(1919)

대한민
(1926~

대한민국 임시정부
(1919)

경마장

공 공 조 계

프랑스조계

남경로
홍구

대세계
오락장   삼일당

민   중화
기독교청년회

중법학당

십육포부두

사명공소

체

아
로
유
로

갈
이
고
이
화
격
매
이
몽
라
자
이
로
로
로

개
서강리
장안리
로

공사
패
연강리
로
체
흥리
백
로

프랑스조계
하비로순포방

팔선교
공묘

사명의원

남시

화가

니

프랑스조계

특
백
평
영경방   동익리
산당 수덕리
이
제
지
임시정부
로
리
(1924)
로
로

백
이
로
로

로
로

서문시장

덕
로

↓ 혜중중학

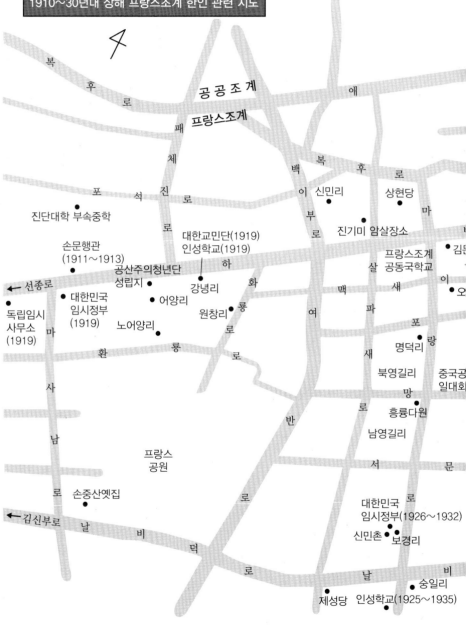

1910~30년대 상해 프랑스조계 한인 관련 지도

복단대학

호강대학 →

갑 북

월계축로지역
(준조계)

조계공부국

상해 북역

인성학교   인성학교(1916)
(1946)

홍 구   공공조계

주

동화양행   중서서원

미국해군청년회관

하   양수포부두

가든브리지

영안공사

일본영사관

남 경 로

미국영사관

외

탄

러시아영사관

프랑스조계
공동국   영국영사관   독일영사관

황

보강리   삼일당

침례교당   해관마두   포 동

영경방

프랑스영사관

예원

십리포부두

옛 상해현성

포

문묘

남 시

금가항천주당
(김대건 신부가 서품받은 성당)

인성학교
(1925~1935)

강

임시정부   상해 남역
1932)

반송원

강남제조국

※ 가운데 점선 박스를 확대한 지도는 뒤를 참조.
※ 이 지도는 필자의 『어느 상인독립군 이야기-
   상해 한상 김시문의 생활사』(선인, 2012)에
   실린 것을 보완한 것임.

서론

제1절 상해 한인 역사의 흐름

19세기 후반 이래 한국과 중국 상해는 역사적으로 깊은 관계를 맺었다. 기록상으로 상해에 한인의 존재가 확인되는 것은 元代로 거슬러 올라간다. 당시 상해지역에만 116명의 외국인 관리가 있었는데, 그 가운데 洪彬이라고 하는 고려인이 지금은 상해시가 된 松江府의 判官을 역임한 바 있다.[1] 싱해 인근 무역항이었던 靑龍鎭에도 고려 선박의 싱래기 빈번하여 거주하는 사람들도 있었겠으나 구체적인 내용은 알 수 없다. 그후 다시 상해에서 한인의 존재가 확인되는 것은 한국 천주교 역사에서 획을 긋는 사건을 통해서다. 1845년 8월 17일 한적한 黃浦江 동쪽 즉 浦東의 金家巷 성당에서 金大建이 신부 서품을 받고 한국역사상 최초의 신부가 되었다. 4년 뒤에는 崔良業이 상해 徐家滙 성당에서 신부 서품을 받았다. 이로써 상해는 한국 천주교의 성지가 되었다.[2]

상해에 한인들의 왕래가 빈번해지고 장기 거주의 사례가 나타나는 것은 아무래도 19세기 후반이 되어야한다. 19세기 후반 이래 한민족은 미증유의 국난에 즈음하여 다양한 이유로 고향을 떠나 중국, 러시아, 일본, 미주 등 낯선 이국땅으로 이주하였다. 상해도 그 가운데 한 곳이었다. 1842년 남경조약의 결과로 형성된 상해의 외국인 조계는 서구 제국주의 세력의 중국 침략을 위한 전진기지이자 중국이 서양 문명을 수용하는 창구라고 하는 이중역할을 수행하였다. 상해 조계에는 영국인, 미국인, 프

---

1) 『高麗史』 卷108 洪彬 列傳 ; 上海民族誌編纂委員會, 『上海民族誌』, 上海社會科學院出版社, 1997.
2) 한국교회사연구소, 『한국천주교회사』 3, 2010, 105~186쪽.

랑스인, 러시아인, 유태인, 일본인 등 많을 때는 58개 국가에서 온 사람들로 붐볐다.[3]

근대 상해는 조선이 서양 문명을 수용하는 창구였으며 기근 구제미를 실은 윤선이 조선으로 출발하던 항구였다. 또한 상해는 한인들에게 상업 활동의 공간이나 피신처, 안식처를 마련해주었다. 19세기 후반 조선의 고려인삼, 소가죽 상인들은 상해를 거점으로 하여 내륙을 오가며 상업활동에 종사하였다. 이에 대해서는 1884년 국내의 정변을 피해 상해에 온 尹致昊가 이곳에서 활동하던 의주 상인들에 대해 증언한 바가 있다.[4] 그리고 숫적으로 많지는 않지만 장기 거주자도 나타났다. 윤치호 외에도 마찬가지로 갑신정변 후에 상해로 탈출한 閔泳翊이 그러했다. 1910년대 상해로 이주하여 교민사회를 이끌었던 呂運亨은 상해의 한인 거주가 민영익으로부터 시작되었다고 회고한 바 있다.[5] 그렇지만 적어도 1910년 이전 상해에 거주하고 있던 수 십 명의 한인들은 왕래가 거의 없는 분산 거주 상태를 면하지 못하였다. 1905년 을사늑약 이후 거사를 도모하기 위해 상해에 온 安重根이 민영익과의 면담을 거절당했던 경우에서도 잘 알 수 있다.[6]

1910년 이후 한국이 일본의 식민지가 되면서 정치적 동기에 의한 한인들의 상해 이주가 대폭 늘어났다. 한국의 혁명가들은 조계가 있어 상대적으로 활동의 자유가 있는 상해로 옮겨와 중국 혁명가들의 지원 하에 반일운동을 전개하였다. 1911년 신해혁명의 발발은 국권 회복을 추구하던 한인들을 상해로 불러들였다. 상해로 온 한인들은 중국 혁명가들과

---

3) 上海租界誌編纂委員會 編, 『上海租界誌』, 上海社會科學院出版社, 2001, 90쪽.

4) 국사편찬위원회, 『尹致昊日記』 제1권, 173쪽.

5) 呂運亨, 「上海에 在흔 朝鮮人의 狀況」, 『基督申報』, 1918년 9월 25일(이덕주·김호운 엮음, 『중국·시베리아 지역 한국기독교 관련 자료집』 Ⅰ, 『기독신보』(상, 1915년 12월 8일~1929년 1월 30일), 한국기독교연구소, 2015, 58쪽).

6) 安應七, 『安應七歷史』, 1910(국가보훈처, 『安重根傳記全集』), 1999, 94~95쪽.

연대를 모색하였는데, 이때의 한중 연대 경험은 중일전쟁 이후 한중연합 전선이 실현되는 밑거름이 되었다. 1919년 거족적인 3.1독립운동의 결과 대한민국 임시정부가 수립되고 치열한 독립운동이 전개되면서 상해는 한국독립운동의 요람이자 근거지로서의 역사적인 위상을 가지게 되었다. 상해로 몰려든 한인 민족주의자, 사회주의자, 아나키스트들은 서로 경쟁하거나 협력하면서 자신들의 이상을 실현하기 위해 분투하였다. 일제의 도미 제한 정책으로 미국으로 바로 가지 못하는 한인 유학생들에게 상해는 미국으로 가는 경유지이기도 했다.

1919년 3.1운동 이후 상해에는 한인들이 몰려들면서 한인 교민사회가 형성되기 시작했다. 상해 한인사회가 강한 민족정체성을 기반으로 한 사회였음은 잘 알려진 사실이다. 프랑스조계의 한인들은 일정한 지역에 집단 거주하는 양상을 보였다. 그들은 삼일절, 대종교 행사, 인성학교 운동회 등을 통해 떠나온 고향과 조국이라는 기원을 추구하면서 정체성을 다졌다. 1920년대 초에 거행된 삼일절 기념식에는 프랑스조계뿐만 아니라 공공조계나 상해 인근에 살던 한인들도 참석할 정도로 강한 결속과 유대의식을 보여주었다.[7] 한인들의 존재는 1910~20년대 상해 임시정부와 독립운동에 대한 인적, 물적 기반의 역할을 수행하였다.

아울러 상해 한인들은 상해의 근대성을 적극적으로 체험하였다. 상해 한인들은 상해의 도시문화에 적극적으로 참여하였다. 마침 한인들이 상해로 몰려들던 1919년은 제1차 세계대전으로 중국 경제가 비약적으로 발전하던 때였다. 번영 일로에 있던 상해의 소비문화는 상해의 한인들에게도 큰 영향을 미쳤다. 한인들은 공공조계에 있는 호텔 내 식당에서 회의나 모임, 행사를 거행하는 경우가 적지 않았다. 그 과정에서 공공조계 남경로가 발산하는 근대를 적극적으로 체험하였다. 아울러 한인들은 상해라고 하는 국제도시의 일원으로 프랑스, 인도, 베트남, 아일랜드, 유대

---

7) 국회도서관 편, 『한국민족운동사료』(중국편), 1976.

인, 러시아 등 전 세계에서 온 사람들과 이웃으로 살아가면서 국제성을
터득하였다. 상해 한인들은 매년 7월 14일의 프랑스혁명 기념일에는 경
축 행사에 기쁜 마음으로 참여하였다. 러시아인들이 운영하던 식당에서
루숑탕과 빵으로 식사를 하거나 인도인들과는 돈거래를 하는 등 가까운
관계를 유지했다. 공공조계에서 벌어지고 있던 인도인들의 시위운동을
지켜보면서 자신들의 처지를 비추어 보기도 하였다.[8]

1919년 약 1천 명에 달했던 한인 수는 1920년대에 다소 감소했다가
1930년대에 들어서면서 다시 늘어나게 되었다. 1940년 전후에는 약 1만
명으로까지 늘어났다. 1937년 중일전쟁 이후 홍구지역의 건설경기가 고
조되면서 한인들은 상해로 쏟아져 들어왔다. 국내에서 이주해온 경우도
있지만 만주나 북경, 천진 등지에서 온 재이주의 경우도 많았다. 한인들
은 상해에서 독립운동가 외에도 유학생, 상인, 화이트칼라, 노동자, 잡화
상, 자영업자, 검표원(인스펙터), 인삼행상 등 다양한 직업에 종사하였다.

하지만 자본이나 기술이 없는 한인들은 직업 선택의 여지가 별로 없
었다. 때문에 소규모 업체를 경영하거나 안정적인 직업을 가지고 있던
소수를 제외하고는 대부분 힘들고 고단한 생활을 꾸려나갔다. 중세 유럽
의 유대인들이 종교적으로 비난을 받는 고리대금업에 종사한 것처럼, 한
인들도 도덕적인 비난 때문에 현지인들이 꺼리는 일을 하기 십상이었다.
검표원은 높은 급료로 한인들에게 인기 직종이었지만 현지인과의 마찰
로 그들에게 부정적인 타자의 이미지를 심어주었다.[9] 한인이 영국 전차
회사에 고용된 것은 인도인과 베트남인이 상해 조계 당국의 巡捕(순경)
로 고용된 것과 비슷한 경우였다.

또 특별한 기술이나 자본없이 일확천금을 꿈꾸고 온 이들 가운데 현
지의 밀수나 아편 유통체계에서 현지인을 직접 상대해야 하는 하위 판매

---

8) 金世鎔, 「印度特輯, 上海의 印度人 示威運動光景」, 『삼천리』, 1931년 7월호, 49쪽.
9) 金明水, 「인스펙터」, 『東亞日報』, 1930년 2월 6일~9일, 3회 연재.

인으로 나서야 하는 경우가 적지 않았다. 같은 시기 비윤리적인 업종에 종사하면서 사회적으로 비난을 받던 대만인들도 한인들과 비슷한 처지에 있었다. 극단적인 경우는 중일전쟁 이후 매춘업, 위안업에 종사하는 한인들의 출현이었다. 때문에 한인들은 도덕적인 비난을 받는 부정적인 타자로 이미지화되었다.

1920년대 이후 상해 한인사회가 안정되면서 상해에 뿌리를 내리거나 현지 주류사회에 진입하는 이들이 나타나기 시작했다. 건실하게 잡화상을 운영하면서 상업적으로 어느 정도 성공하여 소시민적 생활을 하는 이들이 생겨났다. 매판자본이나 기업활동으로 거금을 쥐는 한인 부자들도 있었다. 이들은 민족적인 정체성을 유지하면서도 중국 주류사회의 가치를 추구하는 이중 정체성을 보였다. 이들 가운데 일부 한인은 독립운동 단체들에 대한 자금 제공을 둘러싼 갈등으로 피살되는 경우가 있었다. 그 결과 상해 한인사회는 서로 믿지 못하는 삭막하고 분열된 모습을 보이기도 했다. 1930년대 상해에서 활동했던 어느 한인 작가의 소설에서는 '주의주장'이 다른 동포에게 총부리를 들이대는 것을 예사로 아는 상황이 묘사되기도 하였다.[10]

1932년 윤봉길의 홍구공원의거 이후 일제의 추격에 쫓긴 임시정부 요인들은 상해를 탈출했지만 대다수 교민들은 현지에 남았다. 상해에 잔류한 한인들은 서서히 일본세력의 영향 하에 놓이게 되었다. 특히 1937년의 중일전쟁과 1941년의 태평양전쟁에 즈음하여 국내로부터의 내선일체 및 황국신민화운동의 파고는 상해에도 밀어닥쳤다. 그 결과 상해 한인들은 황국신민화운동에 포섭되고 동원되면서 능동적이든 수동적이든 '대일협력'을 하지 않을 수 없었다. 그런 점에서 1940년대 전반기 상해 한인사회는 국내 상황의 축소판이라고 해도 과언이 아닐 것이다.

1945년 갑작스러운 광복을 맞이한 상해 한인들은 많은 수가 자발적

---

10) 김광주, 『장발노인』, 1933.

혹은 강제적으로 귀국해야만 했다. 1932년 윤봉길의 홍구공원의거 이후 상해를 탈출했던 임시정부 요인들과 그 가족들도 상해로 돌아와 귀국을 준비하였다. 게다가 상해에는 화중지방 일대에 흩어져 살던 한인들이 몰려들고 있었다. 이들은 열강의 합의에 따라 국내로 귀환되어야 하는 신세가 되고 말았다. 그렇지만 이미 상해에 뿌리를 내린 한인들은 상해 한인사회를 지키기 위해 폐교된 인성학교를 다시 열고 교민사회의 명맥을 이어갔다.[11]

1948년 대한민국 정부 수립 후 상해에는 대한민국 주상해 총영사관이 설립되면서 상해 한인들은 그 관할 하에 들어갔다. 1949년 10월 1일 북경 천안문에서 중화인민공화국의 수립이 선포될 때, 500명이 넘는 한인들이 여전히 상해에 살고 있었다.[12] 냉전시대 한국에는 잘 알려지지 않았지만 북한 국적을 일률적으로 취득하게 된 이들은 인성학교와 조선교민협회를 중심으로 하여 민족정체성에 기반을 둔 끈끈한 교민사회를 유지해 갔다. 1979년 인성학교가 인근 중국인 학교에 합병되고 더 이상의 외부로부터의 인적 충원이 없게 된 상해 한인사회는 하나의 교민사회로서는 수명을 다해갔다. 1992년 한중 수교 이후 상해에는 한국인들이 대거 진출하고 중국 동북지방의 조선족들도 유입되었다. 그럼으로써 근현대 100여 년에 걸친 상해 한인사는 새로운 단계에 접어들고 있다.

---

11) 上海市檔案館 編,『中國地域韓人團體關係史料彙編』1, 上海: 東方出版中心, 1999, 70쪽.
12) 『1949年上海市綜合統計』(鄒依仁,『舊上海人口變遷的硏究』, 上海人民出版社, 1980, 147쪽).

제2절 선행 연구의 검토

한국 근현대사에서 그들만의 독특한 개성과 무시할 수 없는 역사적 비중을 차지해온 상해 한인사에 대해서는 지금까지 적지 않은 연구가 이루어졌다. 1990년대 후반부터 기왕의 독립운동사 연구에서 벗어나 본격적으로 시작된 상해 한인사 연구는 사회사, 교민사, 생활사, 문화사 등 다양한 영역에서 연구성과가 축적되어 왔다. 하지만 상해 한인사에 대한 기왕의 연구성과에 대해서는 연구사적 검토가 대단히 미흡한 실정이다. 따라서 상해 한인사 연구 상의 문제에 대한 검토는 물론이거니와 향후 과제나 전망에 대한 논의도 거의 이루어지지 못하고 있다. 상해 한인사 연구의 바람직한 진전을 위해서도 선행 연구에 대한 본격적인 검토는 더 이상 늦출 수 없다.

물론 선행연구에 대한 연구사적 정리가 아주 없었던 것은 아니다. 지금까지 상해 한인사를 포함한 한국 근대사 연구사 정리와 관련해서는 국내의 『역사학보』 등 학술지에서 수행되어 왔다. 『역사학보』의 경우 한국근대사를 두 부분으로 나누어 '근대 I'은 개항기 및 대한제국기, '근대 II'는 일제 식민지시기에 대한 2년 동안의 연구사 정리를 해왔다.[13] 한국근대사 연구의 흐름을 일목요연하게 제시하고 전반적인 연구의 의

---

13) 2010년 이후의 한국 근대사 연구에 대한 『역사학보』의 연구사 정리는 2년에 한 번씩 이루어졌다. 이기훈, 「근대 II, 2010~2011 경계 허물기와 가로지르기 - 일제 식민지 시기 연구의 현황과 과제」, 『역사학보』 제215집, 2012 ; 허수, 「한국 근대 II, 2012~2013 새로운 역사인식과 방법론의 모색 - 일제 식민지 시기 연구의 현황과 전망」, 『역사학보』 제223집, 2014 ; 염복규, 「한국 근대 II, 2014~2015 일제 식민지시기(1910~1945) 연구의 현황과 전망」, 『역사학보』 제231집, 2016. 최근 중국 현대사 연구에 대한 회고와 전망에서도 중국내 '韓僑'와 관련하여 상해 한인사 연구 성과에 대한 간단한 소개가 이루어져 참고된다. 김지환, 「중국 현대, 2014~2015 사회적 다양성의 수용과 역사연구의 경계 및 확장」, 『역사학보』 제231집, 2016.

의, 문제점, 전망 및 과제 등을 제시함으로써 학계의 연구에 이바지해온 바가 크다고 할 수 있다. 그러나 근대사의 다양한 지역사 및 부문사와 관련해서는 누락되거나 깊이 있는 소개가 이루어지지 못했다.[14] 학계에서 생산되는 연구논문들이 갈수록 증가하고 있고 한 사람의 연구자가 그 것들을 모두 포괄하여 제한된 지면에 소개한다는 것은 애초부터 힘든 일이었다.

따라서 본서는 1990년대 후반 이후 한국 근대사학계에서 20년 동안 수행된 상해 한인사 관련 선행 연구사를 정리하여 검토하고자 한다. 선행 연구의 현황뿐만 아니라 그 의의와 제한점, 가능하다면 전망 및 과제들을 제시하고자 한다. 분석 대상은 상해 한인사에 대한 한국사 등 역사학계의 선행 연구를 위주로 한다. 다만 편의상 상해 한인 독립운동사에 대한 선행 연구는 따로 제시하지 않는다.[15] 상해 한인과 관련된 문학사, 영화와 체육 등 방면의 연구에 대해서는 제3장의 '문제 제기와 논의'에서 그 대체적인 경향을 제시하는데 그치고자 한다. 검토 방식은 먼저 선행 연구를 생산된 시간 순서대로 검토한 다음 논의 사항을 다시 주제별, 유형별로 정리함으로써 입체적인 분석이 되도록 하였다. 그럼으로써 상해 한인사 연구의 체계화와 활성화는 물론이고 한국사 연구의 지평을 확대하고 외연을 넓히는데 도움을 주고자 한다. 필자의 부주의로 인해 중요한 논고의 소개가 누락되거나 논지를 잘못 이해한 경우에 대해서는 선학 제현의 양해를 부탁드린다.

---

14) 조규태, 「2014~2015년 한국독립운동사 연구의 동향과 과제」, 『한국독립운동사연구』 제53집, 2016.

15) 일제시기 상해지역 독립운동사에 대해서는 그곳이 임시정부 탄생지였던 만큼 대단히 많은 연구가 축적되어 있다. 가장 최근까지의 상해지역 한국독립운동사 관련 선행 연구에 대한 정리 및 분석은 다음의 논고가 참고된다. 김희곤, 「대한민국임시정부에 대한 연구 성과와 과제」, 『광복70년, 독립운동사연구의 성과와 과제』, 국사편찬위원회, 2016.

1990년대 이후 근대 한인 디아스포라 연구라는 바람이 불면서 상해 한인사 연구는 만주, 연해주, 일본, 미주 등지와 더불어 한국근현대 국외 한인사의 중요한 연구 영역으로 자리 잡아 왔다. 물론 그 이전에도 상해 한인사와 관련한 언급이 없지 않았지만 본격적인 것은 아니었다. 사실 일제 패망 이후 한국 역사학계는 일제의 식민사관을 극복하고 억눌린 민족의식을 발양하여야 한다는 시대적 요구에 부응해야 하는 과제가 있었다. 그리하여, 1960년대부터 일제에 저항한 독립운동 사료를 발굴하고 그에 기초한 독립운동사 연구가 활발하게 진행되었다. 그 과정에서 상해 한인사는 독립운동의 배경으로 소략하게 언급될 뿐 본격적인 연구는 후일을 기다려야 했다.

상해 한인사를 언급한 최초의 연구는 비록 소략하기는 하지만 1967년에 나온 현규환의 『한국유이민사』로 보인다.16) 일제강점기 만주와 연해주를 위주로 하는 국외 한인 이주사를 정리한 이 역저는 일부 중국관내지역(본토)의 한인 현황을 다루었다. 즉 관내지역을 화북, 몽강, 화중, 화남 지역으로 나누어 일본 관변문서에 보이는 각 지역의 한인 호구, 직업, 위생, 종교, 교육, 경제, 일제의 통제정책, 독립운동 등을 살폈다. 상해 한인사도 여기에 언급되고 있다. 관련 자료가 태부족이던 당시 상황을 감안할 때, 내용적으로 소략함에도 불구하고 그의 연구는 선구적인 업적이라고 하지 않을 수 없다.

그 후 오랫동안 상해 한인사 연구는 이루어지지 못했다. 그 배경에는 이미 언급한 바와 같이, 학계가 독립운동사 연구에 집중했던 저간의 사정이 있었다. 즉 1990년대 중반까지 상해 한인사는 임시정부 등 상해지역 독립운동의 배경으로 간단하게 언급될 뿐이었다.17) 상해지역 한인사

---

16) 玄圭煥, 『韓國流移民史』上, 語文閣, 1967.
17) 김희곤, 「同濟社와 상해지역 독립운동의 태동」, 『중국관내 한국독립운동단체 연구』, 지식산업사, 1995.

에 대한 연구가 본격적으로 이루어지기 시작한 것은 1990년대 후반이었
다. 1998년 상해 한인사회 연구를 주제로 孫科志의 박사학위논문이 제
출되었다.18)

손과지의 연구는 독립운동사가 아닌 상해 한인사에 관련된 최초의 학
문적인 성과였다. 상해 한인사와 관련한 통사적인 연구라는 의미도 있었
다. 그의 연구는 한인의 상해 이주 및 한인사회의 형성 과정, 사회 조직
과 계층 구성, 교육과 문화, 종교, 사회경제적 형편, 그리고 법적 지위
등 상해 한인사회의 전반적인 모습을 고찰하였다. 중국인의 입장에서 중
국측의 자료를 기본으로 하여 보다 객관적인 시각에서 상해 한인사회에
대한 분석을 시도하였다는 연구사적 의미가 있었다.19) 그런 면에서 그
의 연구는 한국인의 눈이 아닌 외국인의 시선에 포착되는 객관적인 것일
수 있었다. 아울러 상해 한인의 현황과 통계를 전반적으로 소개하고 있
다는 실용적인 가치가 있는 연구로도 평가되고 있다.20) 그의 연구는 상
해 한인사 연구에 대한 입문서로서의 역할을 충실히 수행함으로써 이후
학계의 연구에 기여한 바가 컸다고 할 수 있다.

학계 최초의 상해 한인사 연구라는 의의와 더불어 그의 연구는 한계
도 있다. 기왕의 독립운동사 연구들에서 보여준 것처럼, 상해 한인사회
에 대한 분석에서 반일과 친일이라는 이분법적인 혹은 양자 대립적인 시
각을 탈피하지 못하였다. 이분법적 시각이 그의 연구의 기본적인 틀로
설정되어 있다고 하는 것이 맞을 것 같다. 그의 뒤를 이은 상해 한인사
연구에서도 이러한 시각이 별다른 문제 제기없이 연구의 전제로 수용되

---

18) 孫科志, 『日帝時代 上海 韓人社會 研究』, 고려대 박사학위논문, 1998(『上海韓人社
    會史(1910~1945)』, 한울, 2001로 출간됨).
19) 이진영, 「서평 : 저항적 아이덴티티에서 기생적 아이덴티티로 - 중국 상해의 한인
    사회 연구(1910~45)」, 『사회와 역사』 제59권, 한국사회사학회, 2001, 236쪽.
20) 박자영, 「1930년대 조선인 작가가 발견한 어떤 월경(越境)의 감각 - 김광주의 상
    하이 시절 텍스트를 중심으로」, 『중국어문학논집』 83, 2013, 296쪽.

었다. 그럼으로써 대단히 복잡다단했던 상해 한인사회의 내용과 성격을
지나치게 단순화하는 결과가 빚어졌다. 반일과 친일 외에 중간지대라든
가 회색지대의 존재는 전혀 상정되지 못했다.

또한 한국인 연구자가 아닌 한 발 떨어진 중국인의 시선으로 상해 한
인사회를 객관적으로 분석한다는 연구상의 장점은 오히려 상해 한인사
회를 부정적으로 타자화하는 결과도 초래하였다. 상해 한인들이 중국 측
자료에 포착되는 것은 주로 범죄나 분쟁과 같은 사법적인 측면이었고 당
연히 이에 대한 관련 자료가 많이 남게 되었다. 이러한 자료를 많이 활
용한 연구라는 점에서 그의 연구는 상해 한인들에 대한 당시 중국 사법
당국의 부정적인 시각을 벗어나기 힘들었다.

손과지의 연구와 관련하여 같은 시기 일본에서 나온 孫安石의 연구를
소개할 필요가 있다.[21] 손과지의 연구가 통사적인 성격을 띤 것이라면
손안석의 연구는 전문적인 주제 연구에 가깝다. 그는 상해 한인사회를
'상해 조선인 커뮤니티' 즉 '상해 조선인 공동체'라는 개념을 사용하였
다. 그의 연구에서는 상해 한인사회의 역사적 변천, 한인사회의 생활 영
위, 프랑스조계 한인에 대한 일본과 프랑스의 정보교환체계, 상해 한인
언론과 독립신문, 한중연대조직인 中韓國民互助社總社, 한인의 중국
5.30운동 참여, 상해의 한인 검표원 등 다채로운 주제에 대한 내용들이
다루어졌다.

특히 일본외교사료관의 자료를 적극적으로 활용하여 상해 한인사회
의 알려지지 않은 측면을 많이 알린 것은 그의 연구가 가지는 장점이다.
내용적으로도 프랑스조계 한인을 둘러싼 프랑스조계 당국과 상해 일본
영사관의 정보 교환체계라든가 상해 한인의 인기 직업인 검표원에 대한
연구는 한국 역사학계에서 보지 못했던 매우 참신하고 독창적인 내용을

---

21) 孫安石, 『一九二〇年代, 上海の朝鮮人コミュニティ研究』, 東京: 東京大學 博士學位
   論文, 1998.

담고 있다. 다만 그의 연구는 한국측의 사료를 충분히 활용하지 못함으로써 본격적인 상해 한인사 연구로 나아가지 못하였다. 또한 일본에서 활동한 그가 학위논문을 학술저서로 간행하지 않았기 때문에 결과적으로 연구 성과가 한국 학계에 알려지지 못한 점은 아쉬움으로 남는다.[22)

한동안 소강 상태를 보이던 상해 한인사 연구는 2000년대 중후반 장석홍, 김희곤, 황묘희, 김광재, 황선익 등에 의해 다시 이어졌다. 장석홍은 일제 패망 후 상해 한인의 국내 귀환 문제에 대해 고찰하였다.[23) 상해 한인의 귀환 문제를 다룬 그의 논고는 1945년 이후의 상해 한인들의 존재를 비로소 학문적인 분석의 대상으로 다루었다는 점에서 연구사적 의미가 있다. 하지만 상해 한인들이 당연히 한국으로 귀환해야 하는 비주체적인 존재로 전제되었으며 어쩌면 당연한 것이겠지만 '잔류'한, 다시 말해 상해에 뿌리를 내린 한인에 대해서는 관심을 가지지 못했다.[24) 최근에 나온 논문이기는 하지만 해방 후 상해에 집결한 일본군 '위안부'의 '귀환'을 다룬 황선익의 연구는 해방 후 상해지역 한인들의 동정과 관련하여 주목할만하다.[25) 황묘희는 1932년 이후 상해 한인의 '친일활

---

22) 그 외에도 일본측의 상해 한인사 연구로는 다음의 논고가 있다. 武井義和,「戰前 上海における朝鮮人の國籍問題」,『中國研究月報』, 第60卷第1號, 東京: 中國研究所, 2006 ; 武井義和,「1920年代初頭の上海における朝鮮人'實業家' - 玉成彬, 玉觀彬を 事例として - 」,『愛知大學國際問題研究所紀要』第134號, 2009. 중일전쟁 이후 중국 관내지역의 전반적인 한인사와 관련해서는 다음의 논고가 참고된다. 宮本正明, 「戰時期における朝鮮人の中國大陸"進出"」,『靑丘學術論叢』第23集, 2003. 상해 한인사에 대한 전론적인 연구는 아니지만 일부 상해 한인 관련 내용이 보이는 논고도 참고된다. 후지나가 다케시,「상하이의 일본군 위안소와 조선인」, 이영훈 외 지음,『해방 전후사의 재인식』1, 책세상, 2006.

23) 장석홍,「해방직후 상해지역의 한인사회와 귀환」,『한국근현대사연구』제28집, 2004.

24) 이와 유사하게 중국측 연구자는 상해 한인들을 현지 치안 유지 등의 목적을 위해 한국으로 '遣返' 즉 돌려보내야 할 대상으로 파악했다. 馬軍·單冠初,「戰後國民政府遣返韓人政策的演變及在上海地區的實踐」,『史林』2006年 第二期, 上海社會科學院 歷史研究所.

25) 황선익,「해방 후 중국 上海지역 일본군 '위안부'의 집단수용과 귀환」,『한국독립

동'에 대해 고찰하였다.[26] 그는 상해에서 일제의 친일공작, 친일적인 활동을 펼쳤던 한인과 단체를 살폈다. 김광재는 1930년대 상해의 친일 교민단체인 상해거류조선인회를 고찰한 바 있다.[27] 이 논고는 상해 공공조계 홍구지역에서 상해 일본총영사관의 정책적인 지원을 받고 조직된 친일적인 교민단체인 상해거류조선인회의 활동을 구체적으로 밝혔다. 김희곤은 20세기 전반기 한인의 눈에 비친 상해의 이미지에 대한 논고를 발표하였다.[28] 이 논고는 일제강점기 여행기, 회고록 등을 활용하여 한인들의 상해에 대한 이미지를 실증적으로 고찰하였다.

위의 장석흥을 제외한 세 사람의 경우 새로운 내용이 없지 않지만 여전히 상해 한인사회에 대한 분석에서 반일과 친일이라는 전통적인 이분법적인 시각을 답습하였다. 이 점은 황묘희의 연구에서 두드러진다. 친일파 청산이 역사적 과업이라는 전제를 내세운 그의 연구는 상해에서의 친일 한인의 활동을 밝히고 나아가 그들의 행위를 준엄하게 비판하는데 목적이 있는 듯하다. 역사 연구 대상에 대해 도덕 및 윤리적 기준을 적용하는 것은 학문 연구의 범위를 넘어선 것이 아닌가 하는 생각을 떨칠 수 없다. 김광재의 경우도 1932년 4월 윤봉길의 홍구공원의거 이후 상해 한인사회가 반일에서 친일로 넘어간다고 하였다. 김희곤은 반일과 친일이라는 이분법적 파악 방식을 공간에 대해 적용하였다. 상해 한인들의 활동 공간인 프랑스조계는 임시정부가 수립되어 독립운동이 전개된 민족적이고도 신성한 공간이며, 그에 비해 공공조계는 비독립운동가들, 친일파들이 존재하는 반민족적이며 불순한 공간이라는 것이다. 이 문제는 뒤에서 더 구체적으로 언급하도록 하겠다.

운동사연구』 제54집, 2016.

26) 황묘희, 「침략전쟁기 상해의 친일조선인 연구」,『한국독립운동사연구』제24집, 2005.

27) 김광재, 「'상해거류조선인회'(1933~1941) 연구」,『한국근현대사연구』제35집, 2005.

28) 김희곤, 「19세기말-20세기 전반, 한국인의 눈으로 본 상해」, 역사문화학회편,『지방사와 지방문화』, 제9권 1호, 2006.

상해 한인의 '친일' 문제에 대해서는 손과지의 논고가 있다. 일찍이 상해의 친일 한인에 대해 관심을 보인 바 있던 손과지는 태평양전쟁기의 대일협력 행위로 인해 전후 한간과 전범으로 고발당한 한인 孫昌植에 대한 재판 과정을 고찰하였다.[29] 이 논문은 중일전쟁 이후 상해에서 기업활동으로 부를 축적한 손창식이 전후 한간 혹은 전범으로 체포되었다가 무죄로 풀려났던 과정을 소상하게 복원하였다. 전후 대일협력의 문제와 관련된 상해 한인에 대해 본격적으로 분석하였다는 연구사적 의미가 있다. 다만 손창식을 고발한 중국인이 제시한 그에 대한 '죄상'과 언론매체에 보도된 관련 기사들을 무비판적으로 받아들인 것은 사료비판의 측면에서 아쉬운 점이다. 이와 관련하여 당시 중국 전역에는 국민당정부의 한간 고발 장려 정책이 시행되어 사적인 복수심에서 전날의 고용주를 한간으로 고발하는 사례가 적지 않았다. 손창식을 고발한 중국인이 과연 어떤 의도에서 그러했는지 전혀 검토되지 않았다. 대신에 손창식의 석방을 위해 노력했던 임시정부 주화대표단에 대해서는 '준엄한' 비판을 가하고 있다.[30] 이러한 평가가 당시의 역사상과 어느 정도 부합되는지는 의문이다. 앞의 황묘희의 연구에서도 본 바 있거니와, 손과지의 연구도

---

[29] 孫科志,「제2차 세계대전 종전 직후 재상해 친일한인의 사법 처리와 그 한계 - 孫昌植의 체포와 석방 사례」,『한국근현대사연구』제45집, 2008. 손창식과 관련해서는 다음의 중국측 논고도 참고된다. 石建國,「韓人孫昌植"漢奸"案眞相與影響」,『中國境內韓國反日獨立復國運動研究』, 杭州: 浙江大學出版社, 2014.

[30] 손과지는 손창식에 대해 "(손창식 등) 일본의 중국침략전쟁의 공범들은 법률의 제재에서는 벗어날 수 있었지만, 역사 정의의 제재로부터는 벗어나지 못하도록 해야 한다"고 하였다. 임시정부 주화대표단의 손창식 석방 운동에 대해서는 "이는 주화대표단의 커다란 실책이라 하지 않을 수 없다. … 주화대표단은 일본의 침략전쟁 기간 일본을 도왔던 '韓奸'과 명확한 경계를 긋지 않았을 뿐 아니라, 영향력을 행사하여 백방으로 그 죄를 면제해주어, 법률의 제재에서 벗어날 수 있도록 도와주었다. … 일본 군대에 있으면서 중국 항일 군민과 한인독립운동 지사를 학살한 '韓籍' 군인 또한 주화대표단에 의해 광복군으로 편제되었다. 이는 광복군이라는 성스러운 이름에 오점을 남겼다."고 하였다.

과도한 현재적인 가치판단과 역사의식이 투영되어 손창식을 단죄하는데 급급하였다. 손창식의 대일협력 행위와 재판 과정을 역사적으로 고찰하는 대신 도덕적이고 윤리적인 시각에서 접근했다. 과거 역사와 인물에 대해 적절한 거리를 두고 바라보는 연구자의 모습이라기보다는 논죄하고 포폄하는 심판자의 모습에 가까운 것이었다. 역사 연구의 본령이 과거 사람을 심판하는 것인지 아니면 그들을 당시의 시대적 상황 속에서 이해하는 것인지 고민할 필요가 있다. 아무튼 손창식의 체포 및 재판 과정, 그 결과에 대해서는 당시의 시대적 맥락에 입각한 역사화된 연구가 필요한 것이 아닐까 생각된다.

상해 한인사 연구에서 새로운 연구 경향이 출현하기 시작한 것은 2010년 이후이다. 사실 1990년대 후반 이후 2010년 이전까지 상해 한인사 연구에서는 손과지와 손안석 두 사람의 이정표적인 연구 성과 이후 이렇다 할 연구 성과가 나오지 못했다. 그러던 것이 2010년 이후부터 조덕천, 손과지, 김광재 등의 연구들이 나오기 시작했다. 이러한 시도는 그동안 학계의 상해지역 독립운동사 위주의 연구경향을 벗어나고자 하는 시도였다. 이념이나 이데올로기, 구조에 가리워져 소외되었던 상해 한인들을 재발견하는 작업이라는 의미도 없지 않다.

조덕천의 연구는 상해 한인사 연구에서 처음으로 시도된 생활사 연구라는 측면에서 연구사적 의미가 있었다.[31] 다만 상해의 일반적인 한인들이 아닌 임시정부 요인들의 생활사에 국한된 점은 독립운동사 관련 선행 연구의 관점을 완전히 벗어나는 것은 아니었다. 그런가하면 상해 한인들의 독립운동이나 생활과 관련된 장소의 위치를 규명하는 연구도 보인다. 손과지는 국민대표회의 주요 유적지의 위치를 고증하여 침례당, 삼일당, 간부들의 시국문제 협의 장소 大新旅社, 대표 영접 장소 大東旅

---

31) 조덕천, 「상해시기 대한민국임시정부 구성원의 생활사 연구」, 『백범과 민족운동 연구』 제8집, 2010.

社, 南洋旅社, 안창호 연설 장소인 尙賢堂과 慕爾堂, 한인들의 교민대회 개최지 寧波會館, 대표들의 준비회 개최지 新民里 등의 유적지를 확인하고 각각의 위치를 1939년의 상해 지도 위에 표시하였다.[32] 같은 해 김광재는 '上海法國舊租界分圖' 등의 지도를 활용하여 상해 한인들의 전용 예배당이며 국민대표회의가 개최된 삼일당의 위치를 고증하였다. 그 결과 손과지가 밝힌 八仙橋街(현재의 雲南南路)가 아니라, 팔선교가와 寧興街가 교차하는 영흥가 262호에 위치하였음을 밝혔다.[33] 또한 1880년대 상해에 왔던 한인들의 존재에 대한 손과지와 劉牧琳의 최근 연구도 흥미롭다.[34] 이 연구는 19세기 후반 상해에 왔던 한인들의 상황과 중국측의 정책에 대해 당시 상해의 대표적인 언론매체인 『申報』의 기사를 활용하여 분석한 참신한 내용을 담고 있다.

2010년 이후 김광재도 일련의 상해 한인사 관련 논문들을 발표하였다.[35] 상해 한인들의 생활사, 문화사 측면에 중점을 둔 것들이었다. 먼저

---

32) 孫科志, 「국민대표회의 주요 유적지의 위치 고증」, 『한국근현대사연구』 제68집, 2014.

33) 김광재, 「上海 국민대표회의 개최지 三一堂의 위치 고증」, 『한국독립운동사연구』 제49집, 2014.

34) 孫科志·劉牧琳, 「晩淸時期上海的朝鮮人硏究」, 『史林』 2016年 第5期, 上海社會科學院 歷史硏究所, 2016.

35) 「'상인독립군' 金時文의 上海 생활사」, 『한국민족운동사연구』 64, 2010 ; 「玉觀彬의 상해 망명과 활동」, 『한국근현대사연구』 제59집, 2011 ; 「일제시기 上海 고려인삼 상인들의 활동」, 『한국독립운동사연구』 제40집, 2011 ; 「상해시기 玉觀彬 밀정설에 대한 재검토」, 『한국근현대사연구』 제63집, 2012 ; 「광복 이후 上海韓國僑民團의 설립과 활동 - 교민신문 『大韓日報』의 기사내용을 중심으로」, 『한국민족운동사연구』 제78집, 2014 ; 「전후 上海한인사회의 대일협력에 대한 인식 - 교민신문 『大韓日報』 기고문을 중심으로」, 『사학연구』 제115집, 2014 ; 「대한민국 임시정부 신년축하회 문화에 대한 일고찰 - 1920·1921년 기념촬영사진의 분석을 중심으로」, 『한국근현대사연구』 제72집, 2015 ; 「1920년 전후 上海 한인사회의 위생의료 생활」, 『한국민족운동사연구』 82, 2015 ; 「1910~20년대 상해 한인과 조계 공간」, 『역사학보』 제228집, 2015 ; 「독립신문 만평의 상해 한인 독립운동과 생활문화에 대한 풍자 - 1919년 尖口子의 「군소리」를 중심으로」, 『한국근현

상해 한인의 생활사 연구이다. 1916년 상해에 이주하여 1968년까지 50여 년을 상해에서 장기 거주한 상인이자 독립운동가였던 김시문의 생활사를 복원하였다. 다음으로 상해에서 실업활동에 종사했던 玉觀彬 연구를 통해 종래 일제 밀정이나 친일파로 낙인이 찍혔던 옥관빈이 무역부국을 실현하고자 했던 사업가였다고 주장하였다. 그에게 씌워진 밀정 혐의는 독립운동세력 간의 갈등의 산물 혹은 '만들어진' 것임을 밝혔다. 상해 고려인삼 상인들에 대한 논고에서는 경제적인 형편이 어려웠던 상해 한인들이 인삼 판매를 통해 생계를 꾸려갔으며 판매금의 일부는 독립운동 진영으로도 흘러들어갔음을 드러냈다. 그리고 임시정부의 신년축하회 문화, 상해 한인의 위생의료 생활, 장례 문화에 대한 논고를 통해 상해 한인사를 문화사적으로 조명하고자 하였다.

1920년, 21년 두 차례 상해 공공조계 남경로 등 번화가에서 성대하게 개최되었던 임시정부 신년축하회 행사를 통해 상해 한인사회의 문화 행사 및 그를 통해 상해 한인들의 소비생활이 어떻게 이루어지고 있었던가를 고찰하였다. 상해 한인들이 공적 및 사적 차원에서 위생의료 생활을 어떻게 영위했는지 다루었다. 1920년 5월 상해에서 성대하게 치러진 독립운동지사 안태국의 장례를 통해 상해 한인들의 장례 문화에 대한 일단을 복원하고자 하였다.

또한 김광재는 시간적인 관념을 중시했던 기왕의 종적인 상해 한인사 연구를 되돌아보는 차원에서 1920년대 초 상해 프랑스조계와 공공조계에서 영위된 상해 한인들의 생활 및 활동 범위에 대해 당시의 시대적 맥락에서 역사화하고자 하였다. 1919년 독립신문의 만평을 통해 1919년 당시 임시정부의 속 모습이나 일제 밀정이 야기하는 폐해, 상해 한인들의 내밀한 생활 모습을 핍진하게 드러내보이고자 하였다. 광복 후 상해 한국교민단에 대한 고찰을 통해 1970년대 말까지도 교민학교인 인성학

대사연구』 제81집, 2017.

교가 운영되는 등 광복 이후 상당한 기간 동안 상해 교민사회가 지속되
었음을 분석하였다. 또한 상해 한인들이 1945년 일제 패망 이후 자신들
의 전시 대일협력 문제에 대해 치열한 논쟁을 전개하였음을 밝혔다. 김
광재의 일련의 연구는 상해 한인사에 대한 이해를 넓히는데 일정한 도움
을 주고 있지만 그에 대한 이론이나 분석틀을 개발하지 못해 보다 넓은
시각에서 한인사를 조망하지 못하는 한계도 지적되고 있다.

　이와 아울러 국내 중국사학계의 상해 한인에 대한 도시사 관점의 연
구들을 언급하지 않을 수 없다.36) 2010년 이후 국내 중국사 연구자의
상해 한인사 관련 연구성과가 나오기 시작했다. 먼저 최낙민의 연구가
주목된다. 그는 '해항도시' 상해에 대한 연구에서 출발하여 이 도시에
거주한 한인들의 모습에 대한 일련의 논문들을 발표하였다. 상해에 이주
한 한인들의 삶과 기억, 1920~30년대 한국문학에 나타난 상해의 공간
표상, 김광주의 문학에 보이는 상해 한인사회의 모습을 분석하였다. 김
승욱은 도시사 관점에서 20세기 초반 한인들이 상해를 공간적으로 어떻
게 인식하였는지 분석하였다. 또한 일제패망 후 상해 한인들의 귀환 문
제를 중국 국민당정부를 비롯한 동아시아적 관점에서 분석하는 등 한국
사 연구자에 비해 폭넓은 연구시각을 보여주고 있다. 그 외에도 이병인,
김태승, 이재령 등 중국사 연구자들도 한인들이 상해를 어떻게 바라보았

---

36) 최낙민, 「일제 강점기 상해 이주 한국인의 삶과 기억」, 『해항도시문화교섭학』 2,
　　2010 ; 최낙민, 「金光洲의 문학작품을 통해 본 海港都市 上海와 韓人社會」, 『동북
　　아 문화연구』 26, 2011 ; 김승욱, 「20세기 초반 韓人의 上海 인식 - 공간 인식을
　　중심으로」, 『중국근현대사연구』 제54집, 2012 ; 李丙仁, 「'모던' 上海와 韓國人이
　　본 上海의 '近代', 1920~1937」, 『중국사연구』 제85집, 2013 ; 김태승, 「동아시아
　　의 근대와 상해 : 1920~30년대의 중국인과 한국인이 경험한 상해」, 『한중인문학
　　연구』 제41집, 2013 ; 최낙민, 「'동양의 런던' 근대 해항도시 上海의 도시 이미지
　　: 공공조계를 중심으로」, 『동북아 문화연구』 38, 2014 ; 이재령, 「일제강점기 上
　　海 韓人學生의 유학생활과 근대 경험」, 『중국근현대사연구』 제70집, 2016 ; 김승
　　욱, 「戰後 上海의 韓僑 처리와 한인사회」, 『중국학보』 제79집, 2017.

으며 경험하였는지 도시사적 관점에서 깊이있게 분석하였다. 이들 연구
들은 한국사 연구자들이 상대적으로 취약한 도시사 관점의 상해 역사에
대한 전문적인 지식을 바탕으로 상해 한인사의 거시적인 배경을 제시해
준다는 차원에서 상해 한인사 연구에 기여하는 바가 크다.

제3절 문제 제기와 논의

1990년대 후반 이후 상해 한인사에 대한 선행 연구를 시간 순서대로 더듬어 보았다. 그 결과 양적 수준에서 결코 적지 않은 연구가 이루어졌음을 알 수 있다. 이러한 양적 성장은 상해 한인사 연구의 질적인 발전을 담보할 수 있는 기반을 마련해준다. 가까운 장래에 연구상의 양질전화 단계를 기대해본다. 상해 한인사 연구의 심화와 확대를 기하기 위해서는 선행 연구의 의의와 함께 한계점에 대한 검토와 분석을 빼놓을 수 없다. 아래에서는 학계의 상해 한인사 연구의 경향에 대해 몇 가지 문제를 제기하고 논의함으로써 향후 연구의 방향과 과제들을 도출하고자 한다.

첫째, 상해 한인사를 반일과 친일로 나누어 보는 이분법적인 시각과 관점에 대한 성찰이 필요하다. 이러한 이분법적 시각은 세 가지 형태가 있다. 우선 상해 한인사회를 민족과 반민족, 반일과 친일로 이분 혹은 양분되어 있다고 보는 시각이다.[37] 다음 상해 한인사회를 1932년 전후의 두 시기로 나누어 이전 시기를 반일, 이후 시기를 친일적인 것으로 보는 관점이다.[38] 상해 한인사회가 1932년 4월 29일 윤봉길의 홍구공원 의거 이전의 민족적이고 반일적인 사회에서 그 이후 반민족이고 친일적인 사회로 변질되었다고 하는 것이다. 심한 경우 1932년 이후의 상해 한인사회를 친일파가 판친 사회로 파악하는 경우도 있다.[39] 그 외에 상해 한인들이 거주한 두 공간 즉 프랑스조계와 공공조계를 나누어 이분법적으로 파악하는 방식이다.[40] 즉 프랑스조계는 임시정부가 수립되어 독립

---

37) 孫科志, 『上海韓人社會史(1910~1945)』.
38) 김광재, 「'상해거류조선인회'(1933~1941) 연구」.
39) 황묘희, 「침략전쟁기 상해의 친일조선인 연구」.
40) 김희곤, 「19세기말~20세기 전반, 한국인의 눈으로 본 상해」, 『지방사와 지방문화』, 제9권 1호, 역사문화학회, 2006.

운동이 전개된 민족적이고도 신성한 공간이며, 그에 비해 공공조계는 非독립운동가들, 친일파들이 존재하는 반민족적이며 불순한 공간이라는 것이다.

물론 그동안 이들 이분법적인 접근은 상해지역 독립운동사를 선명하고 명쾌하게 정리하는데 유용한 논리를 제공했던 것도 사실이다. 이러한 이유로 연구자의 입장에서는 선뜻 떨치기 어려운 매력적인 논리임에 분명하다.[41] 하지만 이러한 관점은 역사적 사실을 단순화하여 곡해할 가능성이 많다고 지적된다. 다시 말해 민족 및 반민족, 반일과 친일이라는 구도에 매몰될 경우 그 중간에 있거나 양쪽에 속하지 않는 혹은 양쪽을 오가는 많은 사람들의 다양한 모습들을 놓칠 우려가 있다. 한 사회는 그러한 이분법적인 형태로 구성될 수는 없으며, 이러한 언설은 어디까지나 일종의 '레토릭(修辭)'이자 '신화'로 기능한다고 볼 수밖에 없다고 한다.[42] 당시 상해 한인사회는 민족과 반민족, 반일과 친일만 있었던 것은 아니다. 오히려 더 많은 사람들이 양쪽과 무관하거나 그 중간지대 즉 이른바 '회색지대'에 존재하면서 상황을 관망하거나 경계를 오가며 동요하고 있었다.[43] 일본 제국의 통제와 민족주의의 중력을 약화시키는 공간적 특성을 가졌던 국제도시 상해에서 이념에 구속되지 않는 생활을 하는 사람들도 적지 않았다.[44]

---

41) 상해 한인사를 이분법적으로 보는 논리는 생각보다 오래된 것 같다. 한국문학에서 상해는 '소비'와 '향락', '퇴폐'의 공간이거나 '혁명'과 '운동'의 공간으로 양극화되어 극단적인 도시의 모습을 드러낸다고 한다. 박자영, 「1920년대 상하이의 조선인 작가 연구 - 월경(越境)의 감각과 경험의 재구성, 주요섭의 경우」, 『중국어문학논집』 98, 2016, 203쪽. 리어우판은 "상해를 퇴폐적인 것으로 이미지화한 것은 중국공산당"이라고 하였다. 리어우판 지음, 장동천 외 옮김, 『상하이 모던 : 새로운 중국 도시 문화의 만개, 1930~1945』, 고려대학교출판부, 2007.

42) 윤해동, 『식민지의 회색지대』, 역사비평사, 2003, 23쪽.

43) 회색지대에 대한 서구 학계의 연구사는 다음 연구를 참고하기 바란다. 박상수, 「중일전쟁기 중국의 대일 '협력'(Collaboration)에 관한 연구시각과 전망」, 『사총』 61, 2005 ; 박지향, 『협력일기』, 이숲, 2010.

결과적으로 이러한 관점들은 반일 아니면 친일이라는 인식을 낳았고 이와는 다른 문제에 대해서는 무관심하게 만들었다. 이것이 상해 한인사 연구가 더디게 되는데 영향을 미쳤던 것은 아닐까 생각된다. 이분법적인 시각에서 벗어나는 것은 보다 설득력이 있는 새로운 방식의 독립운동사 연구를 위해서도 필요한 일이다.

이와 관련하여 상해 한인사에 나타나는 친일 즉 '대일협력'[45] 행위에 대해서도 다양한 시각에서 볼 필요가 있다. 이것은 앞에서 언급한 반일과 친일이라는 이분법적인 인식과도 밀접한 관련이 있다. 이러한 관점이 강하게 투영되어 있는 것 중의 하나가 1937년 중일전쟁 이후 상해에 와서 활동한 한인들, 특히 상인이나 사업가, 자본가들을 어떻게 볼 것인가 하는 문제이다. 먼저 이 시기 상해에 와서 활동한 한인 자본가의 활동을 중국에 대한 '침략'으로 보는 대단히 부정적인 관점이다.[46] 김인호는 태평양전쟁기 국내는 물론이고 만주나 중국관내로 건너간 한인 자본가들은 일제의 침략전쟁에 편승하여 식민지, 점령지에 대한 수탈을 수행한 침략전쟁의 전위대였다고 하였다. 이에 비해 한인 자본가의 중국 혹은 상해로의 이동을 '진출'로 보는 적극적인 관점도 있다. 미국인 학자 에커트는 "만주국과 조선에서처럼, (중일)전쟁은 현상을 타파하고 조선인들이 진출할 무대를 확대시켰다"고 하였다.[47] 많은 수의 조선인들이 이

---

44) 박자영, 「1930년대 조선인 작가가 발견한 어떤 월경(越境)의 감각 - 김광주의 상하이 시절 텍스트를 중심으로」, 317쪽.

45) 최근 학계에서는 '친일'이라는 용어 대신 '대일협력'이라는 용어가 점점 더 많이 쓰이고 있다. 본고에서는 도덕적 가치판단이 내재되어 있는 개념인 '친일' 대신 당시 사용되었던 '韓奸'이나 가치중립적인 개념인 '대일협력'이라는 용어를 기본적으로 사용한다. '친일' 관련 용어의 개념 문제에 대해서는 다음의 논고가 참고된다. 윤해동, 『근대역사학의 황혼』, 책과함께, 2010, 296~297쪽 ; 김광재, 「전후 上海한인사회의 대일협력에 대한 인식」.

46) 김인호, 「태평양전쟁기 조선인 자본가의 '중국 침략'」, 『국사관논총』 99, 2002 ; 孫科志, 「제2차 세계대전 종전 직후 재상해 친일한인의 사법 처리와 그 한계 - 孫昌植의 체포와 석방 사례」.

시기에 자신들의 운명을 개선시킬 수 있었던 것은 전쟁의 급박함이 가져온 아이러니이며, 일본의 관대함이 아니라 거꾸로 조선인의 능력과 결단력을 보여주는 증거이며 식민지 지배체제 아래에서 조선인의 성공조차 대가를 치른 것이었다고 하였다.

이 두 가지 관점은 모두 치우친 것이 아닐 수 없다. 분명한 것은 역사적 사실의 평가에 투영된 지나친 민족주의 관점이나 정의, 도덕적 관점을 성찰할 필요가 있다는 것이다. 어떤 인물이나 사건에 대해 정의나 도덕적 시각에 기반한 평가를 내리게 될 경우 사안의 여러 가지 다양하고 복잡한 측면들을 놓칠 위험성이 있다. 그런 의미에서 위의 두 연구는 상해 한인의 대일협력에 대한 연구가 그리 간단치 않음을 시사해준다.

둘째, 상해 한인사를 다양한 부문사에서 연구할 필요가 있다. 최근 들어 독립운동사라는 정치사 일변도의 연구에서 벗어나 상해 한인사의 다양한 모습을 보려는 시도가 나타나기 시작한 것은 고무적이다. 여기에는 문화사, 생활사, 일상사, 경제사, 교민사, 문학사, 체육사, 영화사 등 다양한 영역이 포함된다. 기존의 독립운동사도 생활사 등 시각에서 고찰한다면 지금까지 보지 못했던 독립운동의 새로운 모습을 볼 수 있을 것이다. 새로운 방식으로 독립운동사를 쓸 필요가 있다.

우선 상해 한인들에 대한 생활사, 일상사 연구가 필요하다. 한국학계의 생활사 연구는 1990년대 후반부터 하나의 분야로서 자리잡기 시작했다. 생활사의 개념은 여전히 불분명한 측면이 있지만 대체적으로 보아 매일, 다달이 또는 매년 되풀이되는 일상적인 일들, 그리고 그 일상을

---

47) 카터 J. 에커트, 「식민지 말기 조선의 총력전·공업화·사회 변화」(이영훈 외 지음, 『해방 전후사의 재인식』 1, 책세상, 2006, 650쪽). 에커트의 견해와 관련하여 다음의 일본측 논고가 참고된다. 宮本正明, 「戰時期における朝鮮人の中國大陸"進出"」, 『靑丘學術論叢』 第23集, 2003. 이 논고는 상해를 포함한 관내지역 한인들의 이주 형태, 각지 한인들의 출신지별, 직업별 인구 통계와 같은 유용한 정보를 제공해주고 있다.

구성하는 사회경제적, 물질적 조건에 관한 역사라고 한다.[48] 사람의 냄새를 맡을 수 있는 역사, 사람의 흔적이 생생하게 살아있는 역사, 어떤 계층의 사람도 잊히지 않는 역사를 쓰기 위해서는 종래의 정치사, 경제사, 사상사, 사회사로는 부족하다고 한다. 역사 속에는 정치적 사건과 물질적 조건과 사회적 범주라는 통로로는 파악하기 어려운 복잡다단한 리얼리티가 존재하며, 이는 일상사, 문화사, 미시사의 새로운 역사학으로 접근해야 한다는 것이다.[49]

문화사적인 시각에서 상해 한인사를 접근하는 것도 필요하다. 서양사 연구자 조한욱에 의하면, 신문화사의 이른바 '두껍게 읽기'[50]가 이루어질 경우 이전에 무심코 지나쳤던 많은 역사 정보들을 얻을 수 있으며 그 결과 보다 풍요로운 역사를 재구성할 수 있다. '두껍게 읽기'라는 말은 역사 자료를 읽고 해석함에 있어 어떤 사실 그 자체보다는 그 속에 담겨 있는 여러 가지 의미를 분석해내는 기법이다.

셋째, 상해 한인사 연구에서 일국사적 관점을 벗어날 필요가 있다. 상해 한인사 연구는 상해라고 하는 국제도시의 다국적이고 혼종적인 환경을 충분히 염두에 둘 필요가 있다. 기왕의 상해 한인사 연구는 상해 한인사회의 거대한 배경인 상해라는 도시의 역사와 유리된 경우가 많았다. 상해 한인사 연구에서 상해 한인사회를 국제도시 상해에서 분리하여 그것만을 적출하여 연구 대상으로 삼았던 것이다. 이는 마치 상해 한인들이 상해라고 하는 공간을 초월해서 존재했던 것처럼 인식하게 만드는 비역사적인 연구경향이었다. 보다 역사화된 연구를 위해서는 '나라 속의 나라'라고 하는 조계 당국과 다양한 외국인들의 존재, 중국 국민정부의

---

48) 정연태, 『일상으로 본 조선시대 이야기』, 2001, 6쪽.
49) 곽차섭, 「생활사와 '새로운 역사학'」, 『다시, 미시사란 무엇인가』, 푸른역사, 2017, 422쪽.
50) 조한욱, 『문화로 보면 역사가 달라진다』, 책세상, 2000, 12쪽.

영향, 각종 사회단체들, 공산당과 노동자 계급이 복잡하게 얽혀있던 상
해 공간의 역학관계에 대해서도 충분한 고찰이 이루어져야 할 것이다.
그러기 위해서는 상해 역사 혹은 상해의 도시사 연구에 대한 충분한 이
해가 필요하다.

상해라고 하는 도시의 역사에 대해서는 중국 현지의 상해사 연구자들
뿐만 아니라 해외의 중국사 연구자들에 의해서도 많은 연구가 수행되었
다.[51] 상해사에 대한 중국[52], 일본[53], 구미[54] 학계의 연구 성과를 적극
적으로 수용하고 활용할 필요가 있다. 상해사 학계에서 활발하게 이루어

---

51) 상해와 관련된 都市史 연구의 현황과 전망은 다음 논고가 참고된다. 김승욱, 「상
해사(上海史) 연구의 회고와 전망 - 중국 근대 도시사의 공간적 맥락」, 『도시인문
학연구』 3(1), 2011. 비 중국인 연구자의 상해사 연구에 대한 자세한 서목은 다음
의 참고자료가 있다. 熊月之・周武 主編, 『海外上海學』, 上海古籍出版社, 2004 ;
印永菁 等 主編, 『海外上海研究書目(1845~2005)』, 上海辭書出版社, 2009.

52) 張仲禮 主編, 『近代上海城市研究』, 上海人民出版社, 1990 ; 忻平, 『從上海發現歷史-
現代化進程中的上海人及其社會生活』, 上海人民出版社, 1996 ; 熊月之 主編, 『上海
通史』 1-15, 上海人民出版社, 1999 ; 馬長林 主編, 『租界里的上海』, 上海社會科學院
出版社, 2003 ; 忻平 等著, 『危機與應對 : 1929-1933年上海市民社會生活研究』, 上
海大學出版社, 2012 ; 朱曉明, 『上海法租界的警察1910年~1937年』, 上海: 華東師範
大學 博士學位論文, 2012. 최근 상해 관련 통사가 번역되어 국내에 처음으로 소개
되었다. 다만 그 내용의 하한이 1911년 신해혁명까지로, 민국시기의 상해 역사는
볼 수 없어 아쉬움을 준다. 리우후이우 지음, 신의식 옮김, 『上海近代史』, 경인문화
사, 2016.

53) 古田和子, 『上海ネットワークと近代東アジア』 東京: 東京大學出版會, 2000 ; 高綱博
文, 『'國際都市'上海のなかの日本人』, 東京 : 研文出版, 2009 ; 日本上海史研究會
編, 『建國前後の上海』, 東京: 研文出版, 2009.

54) Fu, Poshek, *Passivity, resistance and collaboration : intellectual choices occupied Shanghai,
1937~1945*, Stanford University Press, 1993 ; David P. Barrett and Larry N.
Shyu, *Chinese collaboration with Japan, 1932~1945 : the limits of accommodation,*
Stanford University Press, 2001 ; Parks M. Coble, *Chinese Capitalists in Japan's New
Order : The Occupied Lower Yangzi*, 1937~1945, UNIVERSITY OF CALIFORNIA
PRESS, 2003 ; 魏斐德, 「漢奸! 戰時上海的通敵與鋤奸活動」, 『史林』, 2004年 4期
; 리어우판 지음, 장동천 외 옮김, 『상하이 모던 : 새로운 중국 도시 문화의 만개,
1930~1945』, 고려대학교출판부, 2007.

진 생활사 연구에 대한 일련의 성과도 적극적으로 수용할 필요가 있
다.[55] 한인들과 함께 국제도시 상해에 살았던 외국 교민과의 비교 연구
도 필요하다.[56] 그러기 위해서는 일본 교민,[57] 영미 교민,[58] 러시아 교
민,[59] 대만 교민[60], 프랑스 교민[61], 유대인[62], 인도, 베트남 등 외국 교
민에 대한 이해가 필요하다.

또한 상해 한인들의 삶의 영위를 공간적인 맥락에서 분석하는 지리학
적인 접근도 요긴하다.[63] 지금까지 상해 한인사 연구에서는 한인들의
활동 범위, 동선 등을 지리학적으로 고찰하는 작업에 소홀하였다. 상해
라고 하는 공간에는 관심이 없었고 상해에 있었던 한인사회 혹은 그 활
동에만 관심이 있었던 것이다. 한인들의 활동이 이루어지던 상해라고 하
는 공간의 맥락이 고려되지 않았다. 상해라는 공간이 한인들의 삶에 대
해 어떤 영향을 미치고 변화시켰는지에 대해서도 충분한 관심이 기울여

---

55) 상해 현지의 상해사 연구자들에 의해 이루어진 생활사 연구는 『上海城市社會生活
   史叢書』가 볼만하다. 『上海城市社會生活史叢書』 시리즈는 2008년부터 2011년까
   지 중국 상해사회과학원 역사연구소 주도로 상해사 연구자들이 대거 참여하여 모
   두 25권의 연구서를 출간하였다. 상해 도시에서의 시민 생활, 각종 직업인의 생활
   사, 빈곤층 생활사, 도시 식량공급 문제, 주요 외국교민 생활사 등 다양한 주제를
   다루어 상해 생활사에 대한 총체적인 복원을 시도하였다는 의미가 있다.
56) 熊月之,「上海歷史研究槪況」, 『上海通史』 第1卷 導論, 上海人民出版社, 1999 ; 熊
   月之・馬學强・晏可佳 選編, 『上海的外國人(1842~1949)』, 上海古籍出版社, 2003 ;
   熊月之・周武 主編, 『海外上海學』, 上海古籍出版社, 2004.
57) 陳祖恩, 『上海日僑社會生活史(1868~1945)』, 上海辭書出版社, 2009.
58) 熊月之・高俊, 『上海的英國文化地圖』, 上海文藝出版總社, 2010 ; 熊月之・徐濤・張
   生, 『上海的美國文化地圖』, 上海文藝出版總社, 2010.
59) 汪之成, 『近代上海俄國僑民生活』, 上海辭書出版社, 2008.
60) 손준식,「일제시기 臺灣人의 중국 진출 유형과 그 삶」, 『역사민속학』 40, 2012.
61) 居伊・布羅索萊 著, 牟振宇 譯, 『上海的法國人(1849~1949)』, 上海世紀出版股份有
   限公司, 2014.
62) 王健, 『上海猶太人社會生活史』, 上海辭書出版社, 2012.
63) 배영수,「미국의 도시사 연구와 역사의 공간적 차원」, 『공간 속의 시간』, 도시사
   연구회 엮음, 심산, 2007.

져야 할 것이다. 기왕의 상해 한인사 연구가 문헌자료에 대한 지나친 의존과 지리 지식의 부족으로 사고의 폭을 더 이상 확대시키지 못했던 측면이 있다. 지리적 특성과 변화상을 머리 속에 그릴 수 있는 능력이 있다면 사안에 따라 역사적 상상력과 사료 해독의 이해력이 배가될 수 있다는 지리학자의 지적은 경청할 만하다.[64) 공간성을 염두에 두고 사료에 접근할 경우 상해 한인사 연구를 더욱더 풍요롭게 만드는 효과를 거둘 수 있을 것이다.

상해 한인사회에 대한 공간 연구와 아울러 상해에 산재해 있는 독립운동 유적지의 위치에 대한 체계적인 고증이 필요하다. 상해는 국외 어느 곳보다도 독립운동 유적지가 집중되어 있는 곳으로 일찍부터 이들 위치와 관련된 고증 및 연구가 이루어져 왔다.[65) 하지만 상해지역 독립운동 유적지에 대해서는 위치 비정이 잘못된 경우가 적지 않았다. 1992년 한중수교 직후만 하더라도 관련 고지도 등 신뢰할만한 자료를 입수하지 못해 유적지 위치 고증이 힘들었다. 이는 임시정부 관련 철거자재의 진위 논란에서 잘 알 수 있다. 1994년 국내의 어느 '유지가'가 국내외 학자들의 자문을 거쳐 상해에서 철거된 건물 자재를 1919년 상해 임시정부의 초기 청사 건물 자재라고 하여 반입한 일이 있었다. 그 후 10년 동안의 진위 논란 끝에 결국 임시정부 건물이 아닌 것으로 판명되어 소모적인 논쟁에 종지부를 찍은 사실이 있다.[66) 이러한 사실은 유적지 위치 고증 연구의 어려움을 잘 말해준다. 향후 상해지역 한인 관련 유적지에 대

---

64) 김종혁, 「지리학에서 바라본 역사학」, 『역사문제연구』 제8호, 2002, 156~157쪽.

65) 許洪新·孫科志, 「大韓民國臨時政府的誕生地址考辨」, 『上海教育學院學報』 第39期, 1994; 한시준, 「상해의 임시정부 소재지에 관한 고찰」, 『한국근현대사연구』 제4집, 1996; 독립기념관, 『국외항일운동유적지(지) 실태조사보고서』, 2002 ; 독립기념관, 『국외독립운동사적지 실태조사보고서』 16, 2016.

66) 한시준, 『중국 상해 '寶昌路 329號' 건물 철거자재 고증 및 복원 타당성 조사보고서』, 독립기념관 용역보고서, 2004.

해서는 엄밀한 자료 조사에 입각한 고증 작업이 이루어져야 할 것이다.

넷째, 상해 한인사 연구에서 인접 학문의 상해 관련 연구를 수용할 필요가 있다.[67] 국내의 중국사학계, 문학사, 영화와 체육 등 방면의 학계에서는 상해 도시사 및 상해 한인과 관련한 다양한 연구를 생산하고 있다. 이들 연구는 상해 한인사 연구에 대한 새로운 사실과 시각을 제시해 준다. 국내 중국사 연구자들의 도시사 관점의 상해사 연구들도 참고할 수 있겠다.[68] 앞의 선행 연구 검토에서 살펴보았듯이, 최근 국내 중국사 학계의 상해 한인에 대한 도시사 관점의 연구들이 주목된다. 주로 여행기나 견문기를 통해 한인들이 상해의 근대성을 어떻게 인식하고 상해라고 하는 도시에 대해 어떤 이미지를 갖고 있었는가에 대한 고찰들로 상해 한인사 연구의 새로운 측면을 보여주고 있다. 상해사와 관련하여 중문학 연구자들의 상해사 연구도 빼놓을 수 없다.[69]

아울러 상해에서 활동했던 한국 문인들의 작품 분석을 위주로 하는 국문학, 한문학, 중문학 방면의 연구도 참고가 된다. 한국 문인들의 작품에 대한 문학사 연구자들의 연구는 상해 한인들의 정체성 연구에 큰 도움을 줄 것이다.[70] 문학사 방면에서는 독립신문의 작품과 필자를 분석

---

67) 번잡함을 피하기 위해 이들 연구성과에 대한 구체적인 제시는 생략한다. 사실 이들 연구성과는 따로 목록을 만들어야할지 모를 정도로 많다. 대개 본서에서 언급하고 있는 논고들에서는 선행 연구가 소개되고 있어 참고된다.

68) 전인갑, 『20세기 전반기 상해사회의 지역주의와 노동자』, 서울대출판부, 2002 ; 이병인, 『근대 상해의 민간단체와 국가』, 창비, 2006 ; 배경한 엮음, 『20세기 초 상해인의 생활과 근대성』, 지식산업사, 2007 ; 김지환, 『전후중국경제사(1945~1949)』, 고려대학교출판부, 2009.

69) 문정진 외, 『중국 근대의 풍경 : 화보와 사진으로 읽는 중국 근대의 기원』, 그린비, 2008.

70) 2013년까지의 문학계의 상해 문인 관련 연구사는 다음 논고를 참고하기 바란다. 하상일, 「식민지 시기 상해 이주 조선 문인 연구의 현황과 과제」, 『비평문학』 50, 2013. 이 연구는 식민지 시기 상해를 중심으로 활동한 김광주, 주요섭, 주요한, 최독견, 심훈 등 조선 문인 작가들의 생애 및 문학 작품에 대한 연구사를 정리하였

하는 오래된 연구 전통이 있다.[71] 역사학계에서도 이들 관련 연구 성과
들을 적극적으로 활용할 필요가 있다.[72] 그 외 상해에서 활동했던 한국
영화인[73], 체육인[74] 등에 대한 일련의 연구들도 빼놓을 수 없을 것이다.
나아가 상해 한인사에 대해서는 한국사 연구자들뿐만 아니라 중국사 연
구자들, 국문학계나 중문학계, 한문학계, 아울러 영화, 체육계 등 문화
방면 연구자들의 상호 교류가 필요하다. 지금까지는 각자의 영역에서 개
별적으로 상해 한인에 대한 연구를 진행해왔는데, 향후 보다 완성도 높
은 상해 한인사 연구를 위해서는 교류가 긴요하다. 상해사연구회가 활발
하게 활동하고 있는 일본의 경우와 같이 한국에서도 한국 상해사연구회
혹은 상해학회와 같은 학회 모임이 만들어져 함께 연구하고 토론할 필요
가 있다.

마지막으로, 향후 상해 한인사에 대한 체계적인 이해를 위해서는 새

다. 특히 참고문헌에서 상해에서 활동한 문인들의 작품들을 산문, 시, 소설 등으로
나누어 제시하고 그에 대한 연구 논문 및 단행본들을 일목요연하게 제시하였다.
나아가 그는 상해에서 활동한 조선 문인들에 대한 그동안의 연구가 근대적 체험
을 상해의 공간적 의미를 중심으로 개략적으로 정리하고 소개하는 차원에서 이루
어졌다고 하였다. 나아가 상해 지역 독립운동사 연구와 식민지 시기 상해 이주 한
국 근대 문인의 여러 활동은 아주 밀접한 연관을 이루고 있었다는 점에서 복합적
이고 중층적으로 이해하고 분석할 필요가 있음을 제기하였다.

71) 임형택, 「항일민족시 - 상해 독립신문 소재 - 」, 『대동문화연구』 제14집, 1981.
72) 문학 방면의 연구 가운데는 역사학계의 상해 한인사 연구에 시사적인 논고가 적
지 않다. 예를 들어, 문학사 연구자인 이상경은 독립신문에 연재된 '心園여사'라
는 필명의 '여학생일기'라는 작품 분석을 통해 '心園여사'가 경성여고보 출신의
金元慶임을 밝혔다. 이상경, 「상해판 『독립신문』의 여성관련 서사연구 : "여학생
일기"를 중심으로 본 1910년대 여학생의 교육 경험과 3.1운동」, 『페미니즘 연구』
10, 2010. 또 상해를 투사 양성소에서 유학생의 경유지로 본 정주아의 연구도 흥
미롭다. 정주아, 『서북문학과 로컬리티』, 소명출판, 2014, 332쪽.
73) 안태근, 「일제강점기의 상해파 한국영화인 연구」, 한국외국어대학 신문방송학과
석사논문, 2001 ; 김수남, 「상해파 조선영화인 - 정기탁의 작품세계론 고찰」, 『영
화연구』 52, 2012.
74) 조성환, 「일제강점기 재중 한국인의 체육활동」, 『유관순 연구』 제19호, 2014.

로운 연구방법론에 대한 고민이 필요하다. 상해 한인사 연구에 사회과학
이론을 적용하거나 비교 역사학적 연구 방법론 등을 원용할 필요가 있
다. 우선 상해 한인사에 대해 디아스포라 이론을 연구에 적용해보는 작
업은 충분한 가치가 있다.[75] 한인의 상해 이주 과정에서 모국(한국)의 배
출요인(농민 및 하층계급, 일시체류 지향)과 거주국(중국 상해)의 흡인요
인(고학력 및 중산층, 영구정착 지향)으로 설명하는 국제이주 이론도 참
고할 필요가 있다. 또 비교 역사학적 연구를 도입할 필요가 있다. 상해
한인사에 대해서는 북경, 천진, 만주, 연해주 한인사와의 비교 연구가 필
요하다. 여기에는 상해, 인천, 요코하마 등 근대 동아시사 삼국의 조계에
대한 비교 및 조계 거주 한인들에 대한 비교 연구도 장기적으로 이루어
져야 할 것이다.

그밖에도 상해 한인사에서 연구되지 않은 주제들을 발굴하여 고찰할
필요가 있다. 국내에서 육로 및 해로를 이용한 상해로의 이주 경로, 국내
에서 만주, 화북을 거쳐 상해로 이주한 한인들의 제2차 이주 혹은 재이
주 과정, 임시정부 등 독립운동단체와 일반 교민과의 관계, 상해 한인들
의 중국 국적 취득 현황과 변천에 대한 문제, 한인과 상해 프랑스조계
당국의 관계, 상해 한인사회 내 국내 출신 지역과 세력 갈등에 대해서도
연구가 이루어질 필요가 있다. 특히 국외 어디에서도 있었던 것이지만
상해 한인사회에 존재했던 기호파와 서북파의 '지방열' 문제는 지금까지
일제의 식민사관을 극복한다는 명분하에 언급 자체가 금기시된 면이 있
었으나 이제는 학문적인 분석의 대상으로 삼을 때가 되었다.[76] 그렇게
볼 때, 상해 한인사의 복원을 위해서는 연구가 수행되어야 할 주제들이

---

75) 디아스포라 이론을 독립운동가 신규식과 대종교도에 대해 적용한 다음 논고가 참
   고된다. 佐佐充昭, 「예관 신규식의 종교사상과 민족독립운동-디아스포라 공간에
   서 종교성의 표출」, 『국학연구』 10집, 2005.
76) 윤대원, 「대한민국임시정부 연구, 이제는 사실과 객관성을」, 『내일을 여는 역사』
   28, 2007, 119쪽

결코 적지 않음을 알 수 있다. 사료 활용의 다변화도 요구된다. 상해를 무대로 한 문학작품 가운데 소설은 지금까지는 잘 활용되지 않았지만 향후에는 상해 한인사를 재구성하는데 빠질 수 없는 자료가 될 것이다. 이와 아울러 관련 자료의 발굴도 계속 추진해야 한다. 최근 독립기념관이 발굴한 상해 한인 배준철 컬렉션이 좋은 예이다.[77] 장기간 상해에서 살았던 배준철이라는 개인의 일기, 편지, 사진 등 자료들이 온전하게 발굴되었다. 상해를 살았던 한 개인의 생애사와 내면 세계를 복원할 수 있는 이 자료는 상해 한인사의 내용을 한층 더 풍요롭게 해줄 재료들임에 틀림없다. 향후 이에 대한 연구가 기대된다.

---

77) 김주용, 「자료소개 : 상해 소년척후대 단장 배준철 자료」, 『한국독립운동사연구』 58, 2017.

제4절 본서의 구성 및 자료

다음으로 본서의 구성과 대략적인 내용을 소개한다. 본서에서는 상해 지역 한인사 관련 논문들을 문화사, 생활사, 교육사의 3부로 분류하여 보았다. 각 부의 제목은 수록 내용의 특징을 감안하여 '장소와 공간의 문화사', '개인과 사회의 생활사', '이산과 기원의 교육사'라는 제목을 붙였다.

제1부 '장소와 공간의 문화사'에서는 상해의 '장소'와 '공간'에서 전개된 한인들의 문화사를 다루었다. 최근 들어 역사 연구에서 공간의 중요성이 갈수록 중요하게 부각되고 있다. 공간은 움직임이며 개방이고, 자유이며, 위험이라는 속성을 지니고 있다. 장소는 정지이며, 개인들이 부여한 가치들의 안식처이며, 안전과 애정을 느낄 수 있는 중심이다. 인간의 다양한 경험을 통하여 미지의 공간은 친밀한 장소로 바뀐다. 공간과 장소에서 일어나는 인간의 경험은 대단히 복잡하다 이처럼 복잡다단한 경험들을 다양한 차원에서의 기술을 통해 공간과 장소에 대한 인간의 경험을 체계화할 수 있다. 공간과 장소에서 일어나는 일상적인 경험을 되새겨보는 것은 의미 있는 일이 아닐 수 없다. 이는 전통적인 역사 연구를 보완하는 것이다. 장소와 공간으로 역사를 연구할 경우 풍부한 내용들을 복원할 수 있다.78) 본서에는 프랑스조계와 공공조계를 오가며 활동하는 한인들, 공공조계의 호텔 음식점, 공동묘지에서 행해진 각종 의례 문화, 예배당을 둘러싼 종교 생활 등이 해당된다. 상해 조계와 한인의 관계, 하비로 321호 임시정부 초기 청사의 정확한 위치와 독립운동의 광경, 대한민국 임시정부의 신년축하회 문화, 상해 한인사회의 장례문화, 종교생활을 위한 공간이자 한인들의 집회 장소였던 한인예배당 삼일

---

78) 이-푸 투안 지음, 구동회·심승희 옮김, 『공간과 장소』, 대윤, 1995, 5~8쪽.

당의 역사와 위치 고증과 관련된 글들을 묶었다.

제2부 '개인과 사회의 생활사'에는 다양하게 전개된 상해 한인들의 생활사를 다루었다. 상해 한인들의 생활에서 매일, 다달이 또는 매년 되풀이되는 일상적인 일과 사건들을 복원하고자 하였다. 이는 종래 볼 수 없었던 인간적인 체취가 풍기는 역사를 보여준다. 먼저 독립신문 기자의 눈에 비친 상해 한인들의 모습, 상해에서 활동했던 상인들의 생활사, 상해 한인들의 위생의료 생활, 고려인삼 상인들의 활동 등과 관련된 글들을 묶었다. 독립신문 기자 '첨구자'는 '군소리'라는 만평을 통해 상해 한인들의 모습에 대해 가감없이 풍자하였는데, 상해 한인들의 속살이 도드라지게 드러난다. 상해 한인들의 위생의료 생활에서는 상해 한인들이 건강 관리를 어떻게 하고 질병이 있을 경우 어떤 병원을 이용했는지, 개인 위생생활은 어땠는지 분석하였다. 상해에서 활동했던 고려인삼 상인에 대한 논고에서는 그들의 간고한 생활을 실증적으로 밝히고 나아가 고려인삼의 상해 한인사회와 독립운동에 대한 경제적인 기여 등을 고찰하였다. 개인 생활사의 경우 상해 한인사회의 터줏대감이라고 해도 지나치지 않은 존재인 김시문의 생활사를 소개하였다.79)

제3부 '이산과 기원의 교육사'에는 교민학교인 인성학교를 중심으로 한 상해 한인의 교육사를 다루었다. 19세기 후반 이래 한인은 다양한 이유로 조국을 떠나 낯선 이국땅으로 이주하였다. 타국으로 이산한 그들은 현지에 뿌리를 내리며 살았지만 끊임없이 정체성을 확인하고 고국이라는 기원을 추구하였다. 그들에게 기원을 확인시켜 준 원동력은 무엇보다도 교육의 힘 때문이라는 데는 이견이 없는 것 같다. 그들은 많은 역경에도 불구하고 민족교육을 위한 학교를 세움으로써 한국의 말과 글 그리

---

79) '상인독립군' 김시문에 대해서는 논문 발표이후 내용을 풀어쓰고 김시문 집안에 간직되어 있던 사진들을 넣어 대중서로 간행한 바 있다. 김시문 집안의 생활사와 관련된 사진 등은 이 책을 참조하기 바란다. 김광재, 『어느 상인독립군 이야기 — 상해 한상 김시문의 생활사』, 선인, 2012.

고 문화와 역사를 가르치고 전하는 일에 많은 힘을 기울였다. 그럼으로
써 재외 한인들은 거주국에서 공동체를 형성하며 고유의 정체성을 유지
하고 발전시켜 나갈 수 있었다. 그러한 측면에서 이산의 행위자체는 민
족정체성으로부터 멀어지는 원심력이고 조국 즉 기원으로 돌아가려는
열망은 구심력의 역할을 하였던 것이다. 본서는 인성학교의 설립과 운
영, 학생활동, 인성학교 유지운동과 폐교, 광복 후 재개교와 변천에 대한
글들을 실었다.

끝으로 본서에서 활용한 자료를 소개한다. 본서는 앞에서 제기한 과
제를 해명하기 위해 새로운 자료를 발굴하는 등 최대한 많은 자료를 활
용하였다. 주로 일제 문서와 중국 당안자료를 비롯한 기존의 문헌자료,
신문, 잡지, 구술, 사진, 편지, 소설, 회고록 등이다.

기본적으로 활용한 자료는 일제 관변문서와 중국측 당안자료이다. 일
본측 문서는 주로 일본 외무성 외교사료관의『不逞團關係雜件 朝鮮人ノ
部』문서 시리즈로 '上海假政府', '在上海地方', '在支那各地', '鮮人ト
過激派' 등이다. 종래 임시정부를 비롯한 독립운동사 연구에서 활용된
이들 문서는 아직 연구자들의 시야에 포착되지 않은 상해 한인사 관련
내용들이 다수 있다. 본서에서는 이들 내용들을 꼼꼼하게 추출하여 상해
한인사의 디테일한 측면을 메우고 보완하였다. 또『在支滿本邦警察統
計及管內狀況報告雜纂(支那)』이라는 방대한 문서군도 지금까지 거의
활용되지 않은 것으로 다채로운 상해 한인사의 내용을 제공해준다. 이들
문서에 대해서는 향후에도 꼼꼼한 활용이 필요하다.

중국측 당안자료는 上海市檔案館과 상해시 虹口區檔案館 등 두 사료
소장기관의 자료들이다. 이들 자료들은 광복 이후 재개교된 인성학교의
교육과정이나 운영실태와 1979년 중국인 학교에 합병되는 과정, 인성학
교에 대한 중국 당국의 정책이나 시각을 보여주고 있다. 다시 말해, 이들
자료는 인성학교의 절반의 역사를 훌륭하게 복원할 수 있는 사료적 가치

가 높은 자료들이다.

　구술자료도 최대한 수집하여 활용하고자 하였다. 구술자료는 일제강점기와 광복 이후 상해에 거주했던 인사들로부터 직접 수집하였다. 이들 구술자료는 그 어느 문헌자료에서도 볼 수 없는 생생한 내용들을 전해주고 있다. 적절한 사료비판을 거칠 경우 문헌자료의 공백을 훌륭하게 메꿀 수 있을 것으로 판단된다. 구술자들로부터 기증받은 사진이나 문집, 편지 등도 요긴하게 활용하였다. 문집이나 편지, 사진은 관찬자료에서는 접하기 힘든 개인들의 속 모습을 보여준다. 당시의 생활상이나 시대상을 파악하는데도 훌륭한 자료가 된다. 특히 사진은 문헌자료에서 보여주지 못하는 많은 내용들을 보여준다. 본서에서 임시정부 초기 청사의 위치와 독립운동의 광경을 복원하는데 임시정부가 남긴 사진이 귀중하게 활용되었다. 아무튼 이들 자료들은 문헌자료에서는 포착할 수 없는 한인 자신들의 목소리를 재현하고 복원하는데 큰 도움이 된다.

　마지막으로 기왕에도 많이 활용된 신문, 잡지, 회고록 등의 자료들이다. 신문 가운데 임시정부의 기관지인 독립신문은 물론이고 미주의 신한민보, 국내의 동아일보, 조선일보 등도 상해 한인에 대해서 적지 않게 보도하였다. 하지만 선행 연구에서는 이들 신문자료들을 정치하게 활용하지 않았다. 본서에서는 이들 자료에서 기왕의 연구에서 활용되지 못하고 스치고 지나간 내용들을 최대한 찾아내고자 하였다. 이들 신문, 잡지 자료의 활용에는 국사편찬위원회의 '한국사 데이터베이스', 독립기념관의 '독립운동정보시스템' 등을 많이 이용하였음을 밝혀둔다.

제1부
장소와 공간의 문화사

제1장 상해 한인과 조계 공간

1. 머리말

역사적 사실은 종종 인간의 의지와 염원, 희망 등이 반영되어 신화가 된다. 신화는 실제 사실을 반영하지만 그것과 크게 달라지기도 한다. 그렇다고 해서 신화가 거짓이거나 조작된 것이라는 뜻은 아니다. 신화도 역사적으로 형성되고 만들어진다는 의미에서 역사의 산물이라고 할 수 있다. 신화가 장소나 공간에 대해 적용될 때는 '신화적 지리'가 된다고 하였다.[1] 다른 말로 하면 '심상지리' 혹은 '상상의 지리'이다.

한국독립운동의 상징적인 지역인 중국 상해에서도 독립운동의 활동 무대인 조계 공간에 대한 신화적 믿음이 있다. 현재 한국 학계에서는 상해 한인들의 활동 공간인 프랑스조계(French Concession)와 공공조계(International Settlement)[2]를 이분법적으로 차별되는 공간 질서로 이해하는 경향이 있다. 프랑스조계는 대한민국 임시정부가 수립되어 독립운동이 전개된 민족적이고도 신성한 공간이며, 그에 비해 공공조계는 비독립운동가들, 친일파들이 존재하는 반민족적이며 불순한 공간이라는 것이다. 즉 상해 한인들은 민족과 반민족으로 구분되는 이중적인 공간에서 서로 전혀 다른 생활을 영위하였다. 그럼으로써 상해는 한국인에게 이중

---

1) 이-푸 투안 지음, 구동회·심승희 옮김, 『공간과 장소』, 대윤, 1995, 141쪽.

2) 당시 중국에서는 '公共租界', 일본은 '共同租界'라고 불렀다. 임시정부 등 상해 한인들은 '公共租界'라고 불렀다. 본고에서도 특별한 경우를 제외하고는 '公共租界'로 명명한다.

적인 공간으로 인식되었다고 한다.[3]

그런데 실제로 프랑스조계와 공공조계 사이에 그런 현격한 차이나 경계가 있었을까? 사실 적어도 자료상으로 볼 때, 당시 상해의 독립운동가들을 포함한 한인들은 프랑스조계와 공공조계를 자유로이 넘나들었다. 프랑스조계에서 살았던 한인들의 많은 활동도 공공조계에서 이루어졌다. 이처럼 프랑스조계와 공공조계 사이에는 실제적인 경계는 없었으며 있다면 그것은 후대에 형성된 신화적 지리 혹은 심상지리이다. 그러면 이러한 심상지리는 어떻게 만들어진 것일까. 오늘날 우리가 일반적으로 알고 있는 조계에 대한 심상지리가 만들어지는 데는 김구의 백범일지를 비롯한 독립운동가들이 남긴 기억의 영향이 컸다고 할 수 있다. 프랑스조계에서 활동했던 독립운동가들은 '一步'도 프랑스조계를 벗어난 적이 없다는 김구의 기억에서 보듯이, 자신들의 지난한 독립운동의 대의명분과 순수성을 강조하는 과정에서 프랑스조계를 선한 공간으로, 공공조계를 불순한 공간이라는 기억을 남겼다. 자신들이 공공조계를 넘나들든 일들은 망각되고 배제되었으며 프랑스조계에서 간고하게 투쟁하던 경험만이 선택적으로 기억되었다. 시간이 지나면서 공공조계라는 공간과 거기에 거주했던 한인들은 부정적인 대상으로 타자화되었다.

이와 같이 상해 한인사에 대한 연구에서도 프랑스조계와 공공조계를 구분하여 민족과 반민족, 반일과 친일이라는 이분법적 구도가 적용되어 왔던 것이 저간의 실정이었다. 결과적으로 이러한 이분법적인 접근이 상해지역 독립운동사를 선명하고 명쾌하게 정리하는데 유용한 논리를 제공했던 것도 사실이다. 하지만 그에 따른 문제점이나 폐해도 적지 않았

---

3) 김희곤, 「19세기말~20세기 전반, 한국인의 눈으로 본 상해」, 역사문화학회편, 『지방사와 지방문화』, 제9권 1호, 2006 ; 조덕천, 「상해시기 대한민국임시정부 구성원의 생활사 연구」, 『백범과 민족운동연구』 제8집, 2010 ; 최낙민, 「일제강점기 상해 이주 한국인의 삶과 기억 : 1919~1932년을 중심으로」, 한국해양대학교 국제해양문제연구소 편저, 『해항도시의 역사적 형성과 문화교섭』, 선인, 2010.

다. 민족 및 반민족, 반일과 친일이라는 구조는 그 중간에 있는 상해 한
인사회의 다양한 측면들을 간과하는 결과를 초래하였다. 실제로 당시 상
해 한인사회는 민족과 반민족, 반일과 친일만 있었던 것은 아니다. 오히
려 더 많은 사람들이 중간지대 혹은 회색지대에 존재하고 있었다. 상해
한인사회의 다양성을 이해하기 위해서는 이러한 이분법적인 관점이나
시각을 벗어날 필요가 있다. 또 기존의 독립운동사 연구에서는 상해의
독립운동이 마치 상해 조계 공간을 초월해서 전개된 것처럼 연구되어왔
던 비역사적 연구경향이 있었던 것도 부인할 수 없을 것이다. 보다 역사
화된 독립운동사 연구를 위해서도 조계 공간의 역학관계에 대해서 충분
한 고찰이 이루어져야 할 것이다.

본고는 1910년대부터 1920년대에 이르는 시기 한인들이 상해의 프랑
스조계와 공공조계에 이주하여 한인사회를 형성하고 조계 경계를 자유
로이 넘나들면서 활동하거나 생활하던 당시 상황을 구체적으로 밝히고
자 한다. 그리고 상해 한인들의 마음속에서 조계 간의 경계가 만들어져
고정화되고 연구자들의 조계에 대한 이분법적인 인식이 만들어지고 체
계화되는 역사적 과정을 살펴본다. 그럼으로써 신화화된 역사의 이면에
있는 당시 상해 한인사회와 독립운동의 실제 모습을 살펴보는데 도움을
주고자 한다.

2. 상해 조계와 한인사회의 형성

20세기 전반기 중국 상해는 아시아 최대의 국제도시였다. 일반적으로
알려진 바와 같이, 1841년 개항 당시 상해가 한산한 어촌에 불과했던 것
은 아니다. 16세기 명나라 중엽, 상해는 이미 전국 면방직 수공업의 중

심으로서의 위상을 지니고 있었다.[4] 일찍부터 상해는 長江과 바다로 쉽게 진출할 수 있어 교역·운수·교통 등이 발전하기 용이한 입지 조건을 갖추고 있었다. 1841년 상해의 개항은 상해가 굴지의 국제도시로 도약할 수 있는 발판을 마련해주었다.

1845년 청정부는 영국측과 조계 개설에 관한 기본 방침을 협의하였다. 그 결과 上海土地章程이 체결되고 이를 근거로 1846년 영국조계가 만들어졌다. 그 후 1848년 영국조계와 蘇州河를 경계로 하여 虹口에 미국조계가 건설되었는데, 이는 1863년 영국조계와 병합되어 공공조계가 되었다. 영미에 이어 프랑스도 1849년 상해현성과 영국조계 사이에 프랑스조계를 별도로 개설했다.[5] 두 조계는 통치 방식에서 달랐다. 한자로는 '租界'지만 영어로는 'French Concession'과 'International Settlement'라고 하여 다른 용어를 썼다. 공공조계는 거주민들이 자치를 하는 형식으로 조계를 운영한 반면, 프랑스조계는 본국 정부 및 프랑스총영사가 공동국을 지휘하여 조계를 통치하던 것이 다른 점이었다.[6]

제국주의 열강이 조계에서 치외법권을 누리게 되면서 상해의 조계는 중국의 통치력이 실질적으로 미치지 못하는 '나라 속의 나라'(國中之國)가 되었다. 그후 백년 동안 상해 조계는 제국주의의 중국에 대한 침략 거점이 되었다. 동시에 역설적이게도 조계는 서구 문명이 중국으로 유입되는 창구 역할을 하였다. 서구 문명과 중국 문명이 만나 새로운 문화가 만들어지는 용광로이기도 하였다. 공공조계와 프랑스조계는 영국인, 미국인, 프랑스인, 러시아인, 유태인, 일본인 등 많을 때는 58개 국가에서 온 사람들로 붐볐다.[7] 물론 시기에 따라 혹은 열강의 이해관계에 따라

---

4) 熊月之 主編, 『上海通史』 第1卷, 導論, 上海人民出版社, 1999, 14~15쪽.

5) 김승욱, 「근대 상하이 도시 공간과 기억의 굴절」, 『중국근현대사연구』, 제41집, 2009, 121쪽.

6) 孫禎睦, 『韓國 開港期 都市變化過程研究 - 開港場·開市場·租界·居留地』, 일지사, 1982, 28쪽.

달라지기는 하였지만 조계는 중국 혁명의 선전 거점, 활동 근거지, 혁명
가들의 피난처 역할을 톡톡히 하였다.8) 실제로 중국 혁명가들 외에도 약
소민족국가의 망명가들이나 혁명가들이 들어와 활동하였다. 그들은 각
국 열강의 조계 간 역학 관계의 틈새를 이용하여 혁명활동을 해나갔다.
1919년 임시정부가 상해에서 수립될 수 있었던 것도 조계 내 열강의 역
학관계의 빈틈을 적극적으로 활용한 결과였다.

상해 조계 공간이 한국독립운동에 유리했던 것만은 아니었다. 조계
내 일본제국주의세력의 존재가 변수였다. 19세기 말부터 공공조계에서
일본의 영향력은 날로 증대되었다. 이는 영미불 조계에 이어 일본도 조
계를 설정하고자 하였다. 청일전쟁 직후인 1897년 일본은 상해에 조계
설정을 목표로 청정부에 대해 상해에서의 일본조계 설정을 요구하고 교
섭하였다. 하지만 청정부의 완강한 반대에 부딪혀 성사되지 못했다.9) 독
자적인 조계를 갖지 못했음에도 불구하고 1915년경 일본인은 공공조계
거주민 중 숫자가 가장 많은 외국교민이 되었다. 일본인이 많이 거주했
던 공공조계 홍구는 '리틀도쿄' 혹은 '小東京'으로 불리워졌으며 사실상
'일본조계'나 다름없었다. 1916년부터 공공조계 工部局의 董事 중에 일
본인 동사도 생겨났다. 같은 해에 공부국 경찰서도 일본인 경찰 30명을
채용하였다. 이때부터 일본인이 공공조계 운영에 직접 개입하기 시작하
였다. 조계 경찰도 한인을 체포하면 일본영사관에 인도하였다.10) 상해
일본총영사관은 1932년 4월 29일 윤봉길의거를 계기로 산하에 영사관
경찰부를 신설하고 방대한 규모의 특별고등 경찰체제를 운영하였다.11)

7) 上海租界誌編纂委員會 編, 『上海租界誌』, 上海社會科學院出版社, 2001, 90쪽.

8) 陳三井, 「租界與中國革命」, 『中國現代史專題研究報告』 第二輯, 臺北: 中華民國史
料研究中心, 1982, 231~238쪽.

9) 熊月之, 「日本が上海に租界をつくろうとした件の資料」, 大里浩秋·孫安石 編, 『中國に
おける日本租界』, 東京: 御茶の水書房, 2006, 166~168쪽.

10) 孫科志, 『上海韓人社會史(1910~1945)』, 한울, 2001, 212쪽.

상해 일본영사관 경찰은 상해에 남아 있거나 잠입해 들어오던 한인독립
운동가들을 체포하였다. 임시정부가 상해를 탈출한 이후인 1933년부터
1937년 말까지 만 5년 동안 96명의 독립운동가들이 체포되었다.12)

한인이 상해에서 거주하고 활동하는 데는 프랑스조계 당국의 정책도
변수였다. 프랑스조계 당국의 한인 정책은 이중적이었다. 프랑스조계 당
국은 프랑스혁명의 정신에 입각하여 피압박식민지의 정치망명객이나 혁
명가들에 대해서는 비교적 관용적인 태도를 견지하였다. 프랑스조계에
거주하던 한인들은 조계 당국에 협조적이었다. 1925년 1월 프랑스조계
외곽이 중국의 내란으로 소란하자 한인들은 의용대를 프랑스조계 경찰
에 파견하여 치안 유지에 협조하였다. 이에 프랑스조계 경찰은 한인 교
민단 단장 여운형에게 깊은 감사의 뜻을 표한 일이 있었다.13) 동시에 프
랑스조계 당국은 일본측의 한인 체포에 요구에 협조하였다. 즉 일본에
대해서는 재일 베트남인과 재중 한인에 대한 정보교환체계를 수립하고
협조하였다. 프랑스는 상해 프랑스조계의 한인에 대해, 일본은 東京의
베트남 망명 인사에 대한 정보를 상호 교환하였다.14) 공조체제가 상호
이해관계에 기반하였지만 항상 원활하게 작동된 것은 아니었다. 프랑스
는 일본측이 일본에 망명중인 베트남 혁명가의 반프랑스 활동에 대한 정
보를 제대로 제공하지 않는다고 판단하고 상해 일본영사관측의 한인 단
속 및 체포 요구에 비협조적인 경우도 적지 않았다.15)

---

11) 「外務省警察史 : 支那の部 第18篇 在上海總領事館」(국회도서관 MF SP126, 21
    658~21662쪽, 21915쪽).
12) 『外務省執務報告(東亞局)』第6卷, 昭和13年(2)~昭和15年, 東京: クレス出版, 1993,
    369~377쪽.
13) 朝鮮總督府 警務局, 「在上海下遛鮮人ノ近情」, 1925년 2월 13일(『下遛團關係雜件』
    朝鮮人ノ部 在上海地方府 5).
14) 프랑스와 일본의 상호 정보 교환 체계에 대해서는 다음의 논고가 참고된다. 孫安
    石, 『一九二〇年代, 上海の朝鮮人コミユニテイ研究』, 東京大學 博士學位論文, 1998,
    64~88쪽.

한국이 일제의 식민지로 전락하던 1910년대 초부터 한인들이 상해에 망명해오면서 소규모의 교민사회가 형성되기 시작하였다. 조계 공간 내 한인의 거주 분포는 시기에 따라 변화를 보였다. 초기 상해에 이주한 한인들은 대개 공공조계나 華街에 거주하였고 프랑스조계에 거주하는 경우는 그리 많지 않았다. 1911년 한인의 거주지역 분포를 보면, 전체 49인 가운데 32인이 공공조계에 거주하였고, 프랑스조계에 거주한 사람은 3명에 불과하였다.[16] 프랑스조계에는 1911년 말 신규식의 이주 이후 다소 늘어났다. 초기 상해에 이주한 한인들의 거주지는 출신지나 종교 등 성향에 따라 일정한 유형을 보여주었다. 전적으로 맞는 것은 아니겠지만 1910년대 초 교민사회 형성기 한인들의 거주 지역은 종교별로 나뉘어지는 양상을 보였다. 기호 출신의 대종교 신자들은 프랑스조계에, 서북 및 기호 출신의 기독교인들은 공공조계에 자리를 잡았다.

1911년 말 신규식은 상해로 망명하였다. 독실한 대종교 신도였던 그는 프랑스조계에 자리잡았다. 신규식이 프랑스조계에 거주하게 된 데는 그가 교류를 시도하던 孫文, 陳其美 등 중국 혁명가들이 프랑스조계에 거주하고 있었다는 것도 하나의 이유가 될 것이다. 신규식은 1912년 7월 박은식, 신채호, 조소앙 등과 함께 프랑스조계에서 상해 동포들의 호조기관이자 독립운동단체인 同濟社를 조직하였다. 계속하여 동제사는 博達學院을 설립하여 한인 청년들의 민족의식을 고취하였다. 그들은 프랑스조계에 대종교 기관을 세우고 의식을 행하면서 독립운동을 전개하였다.[17]

반면에 공공조계에는 한인 기독교인들이 많았다. 1884년 갑신정변 이후 상해로 망명한 윤치호는 중서서원이 있던 공공조계 홍구지역에 자리

---

15) 김광재, 「중국관내지역 한인의 국적 문제 일고찰 - 1933년 廣州에서의 '朴義一' 체포를 둘러싼 中日佛 교섭을 중심으로 - 」, 『사학연구』 제110집, 2013, 424쪽.

16) 孫科志, 『上海韓人社會史(1910~1945)』, 62쪽.

17) 佐佐充昭, 「예관 신규식의 종교사상과 민족독립운동 - 디아스포라 공간에서 종교성의 표출」, 『국학연구』 10집, 2005.

잡았다. 한인 기독교인들은 공공조계 가운데 옛 미국조계였던 홍구 일대에 많이 정착하였다. 대개 이들은 국내 서양인 선교사의 소개로 상해에 왔고 상해에 온 이후에는 교회를 중심으로 네트워크를 형성하고 있었다. 공공조계의 한인들은 한인교회를 중심으로 공동체를 이루고 일상생활을 영위하였다. 한인들이 이곳에 공동체를 만든 것은 미국영사관이나 미국교회, 학교 시설 등이 집중되어 있었고 종교 및 사회생활에서 서양 선교사들의 도움을 받을 수 있기 때문이었다. 그 가운데는 독립운동가들도 적지 않았다. 1916년 공공조계 홍구지역 兆豊路에 거주한 선우혁이 그 대표적인 경우였다.[18]

홍구의 한인교회는 1914년 11월 경 한인 30명이 참여하는 예배회로 발전하였다.[19] 그 후 1916년에는 상해 교민수가 200명으로 증가하고 이 가운데 교인이 70여 명으로 늘어났다. 1917년 1월에는 南京 金陵大學에서 수학한 여운형이 상해로 돌아와 공공조계 북경로 協和書局의 위탁판매부 주임과 한인교회 전도인이 되었다. 그후 상해 한인교회는 신앙공동체로서의 기능과 민족운동체로서의 역할도 가지게 되었다. 인성학교가 1916년 공공조계 홍구지역 昆明路에 설립된 데는 이 일대에 한인들이 기독교 공동체를 형성하고 있었기 때문이다. 곤명로는 위에서 언급한 선우혁의 자택에서 그리 멀지 않은 곳에 있었다. 1917년 상해 거주 한인들의 숫자는 약 500명으로 늘어났다. 이듬해인 1918년 상해지역 최초의 교민단체인 上海高麗僑民親睦會가 조직되면서 상해에도 본격적인 교민사회의 형성을 보게 되었다.

1919년 이전까지만 하더라도 상해 한인사회의 중심은 공공조계에 있었다. 1919년 프랑스조계에서 임시정부가 수립되면서 달라지기 시작했다. 독립운동가들은 프랑스조계로 모여들었다. 공공조계와 화가에 살던 한인

---

18) 길선경, 『靈溪吉善宙』, 종로서적, 1980, 26쪽.
19) 『基督申報』 1922년 6월 28일, 「上海鮮人教會史 第一章 緒言」.

가운데 적지 않은 이들이 일본세력이 직접 개입할 수 없는 프랑스조계로 이전하였다. 공공조계 홍구지역 조풍로에서 海松洋行을 경영하던 한진교도 1919년 임시정부 수립을 전후하여 프랑스조계로 이전하였다. 그전부터 그의 해송양행은 국내외 독립운동가들의 편지 발착처로 활용되면서 일제의 주목을 받고 있던 터였다.[20]

임시정부의 수립으로부터 2년이 지난 1921년의 상해 거주 한인 통계를 보면 프랑스조계가 458인, 공공조계가 69인으로 나타났다.[21] 임시정부 수립 이후 상해 한인사회의 중심이 공공조계에서 프랑스조계로 이전된 상황을 잘 알 수 있다. 1919년 프랑스조계의 한인들은 1천 명 정도로 증가되었다. 1919년 절정에 달했던 한인 수는 1920년대에 다소 감소했다가 1930년대에 들어서면서 다시 늘어났다.[22] 1932년 4월 윤봉길의 홍구 공원의거 이후 한인의 조계별 거주 분포는 다시 변화를 보여주었다. 윤봉길의거를 계기로 일제는 상해 한인에 대한 통제를 강화하였다. 먼저 공공조계 홍구지역에는 일본영사관의 지원하에 조직된 교민단체 상해거류조선인회가 상해 한인사회를 장악하고 통제하기 시작하였다. 그 결과 프랑스조계의 한인들 가운데 일부는 일제의 정책에 의해 공공조계 홍구지역으로 옮겨 가는 경우도 생겼다. 특히 1937년 중일전쟁 이후 프랑스조계 거주 한인들은 공공조계에 거주하는 한인들에 비해 소수로 전락하였다.

두 조계에 거주하는 한인들의 사회경제적 처지는 달랐다. 프랑스조계의 한인들은 생업 종사자가 일부 있었지만 독립운동에 참여하거나 그 가족 혹은 관련자들의 인구 비율이 높았다. 반면 공공조계는 독립운동과는 무관한 단순 생업 종사자가 대부분을 차지하고 있었던 것으로 판단된다.

---

20) 「排日思想ヲ抱ク朝鮮人發着郵便物取締ニ關スル件」, 1918년 4월 29일(대한민국역사박물관, 『광복으로 가는 길 : 대한민국임시정부』, 대한민국역사박물관 소장자료집 제3권, 2015, 31쪽에서 재인용함). 자료에 나오는 海杠洋行은 海松洋行이다.

21) 孫科志, 『上海韓人社會史(1910~1945)』, 63쪽.

22) 김희곤, 『중국관내 한국독립운동단체 연구』, 지식산업사, 1995, 38쪽.

3. 프랑스조계의 한인들과 공공조계

1919년 임시정부가 프랑스조계에서 수립되면서 상해 한인사회의 중심이 공공조계에서 프랑스조계로 이동했음은 앞에서 살펴본 바와 같다.[23] 하지만 프랑스조계의 임시정부나 한인들은 교민사회의 일상생활이나 기념행사, 독립운동이나 직업 등의 관계로 공공조계에 일상적으로 드나들었다.

우선 상해에 도착한 한인들은 공공조계를 거쳐 프랑스조계로 갔다. 상해의 관문인 楊樹浦부두가 공공조계에 있었고 기차역인 상해 北站은 공공조계 위쪽의 중국인지역인 閘北에 있었다. 처음 상해에 오는 한인들은 육로 혹은 해로 두 가지 가운데 하나를 이용하였다. 육로와 해로를 불문하고 프랑스조계에 가기 위해서는 공공조계를 관통해야 했다. 기차를 이용한 육로의 경우 갑북의 상해 북참에서 공공조계를 거쳐 프랑스조계로 갔다. 배로 올 경우 대개 공공조계의 양수포부두나 프랑스조계의 十六鋪부두를 이용했다.[24] 일본이나 서양 기선을 이용하는 경우는 대개 양수포부두에서 내렸으며 중국 기선을 이용하는 경우는 십육포부두를 이용했다. 한인들의 경우 공공조계의 양수포부두를 이용하는 빈도가 십육포부두보다 더 많았다. 양수포부두에 내린 한인들은 공공조계를 거쳐야만 프랑스조계로 갈 수 있었다.

---

23) 독립운동가 가운데 프랑스조계가 아닌 공공조계에 거주하는 경우도 있었다. 권기옥은 1920년 11월 말 경 상해에 와서 공공조계의 손정도 집에 거주하다가 다음해인 1921년 2월 프랑스조계 보강리로 이전하였다고 한다. 정혜주, 『날개옷을 찾아서 : 한국 최초 여성비행사 권기옥』, 하늘자연, 2015, 84~93쪽. 1919년 당시 프랑스조계에 거주하던 손정도는 1920년 경 공공조계에 거주하고 있었던 것이다.

24) 김구의 경우 1919년 4월 하순 안동에서 이륭양행의 계림호로 상해 포동에 하선하였다고 한다. 아마도 이륭양행의 부두가 포동에 있었던 것으로 보인다. 일반 여객선의 경우 양수포부두나 십육포부두를 이용하였다.

한때 의열단에 적을 둔 바 있던 李淑의 회고를 들어보면, 공공조계 양수포부두에 내린 한인들이 프랑스조계로 가는 이동로를 알 수 있다. 그는 1923년의 어느 이른 아침 양수포부두에서 하선하여 우선 공공조계 남경로의 유명백화점인 永安公司 즉 영안백화점에 들렀다. 거기서 조반을 들고 난 다음 황포차를 타고 프랑스조계에 도착하였다고 회고하였다.25)

이숙에 앞서 상해에 왔던 임시정부 임시대통령 이승만도 마찬가지였다. 최근 공간된 이승만의 일기에 의하면, 1920년 12월 5일 미국에서 화물선을 타고 상해에 도착한 그는 우선 인력거를 타고 공공조계 漢口路의 중국인 경영 호텔 孟淵館으로 가서 여장을 풀고 이틀을 묵었다. 이때 그는 일제의 감시를 피하기 위해 중국인 행세를 했다고 한다.26) 맹연관에 투숙한 그는 상해에 있던 자신의 심복 張鵬에게 상해 도착 사실을 알린 다음 임시정부의 주선으로 벌링턴호텔(Burlington Hotel)로 옮겨 닷새를 지냈다. 벌링턴호텔은 공공조계 靜安寺路(현재의 남경서로) 232호에 있던 상해의 최고급 서양식 호텔이었다.27) 이승만이 상해에 오기 전해인 1919년 9월 안창호가 서양 기자들과 유력 종교인들을 초대하여 만찬을 베푼 장소이기도 하였다.28)

---

25) 李淑, 『竹槎回顧錄－祖國光復에 命을 걸고』, 1993, 165~166쪽. "먼 동이 틀락말락할 때 상해 楊樹浦 馬頭에 도착하였다. … 이렇게 천천히 가다가 보니 상해의 제일번화가인 永安公司 先施公司 있는 곳에 이르렀다. 영안공사 제일 윗층 식당에 올라가 조반을 간단히 사먹고 영안공사 밑에 내려와 비로소 황포차를 타고 법조계에 도착했다."

26) 류석춘·오영섭·데이빗필즈·한지은 공편, 『이승만 일기 : 1904~34&1944』, 이승만연구원·대한민국역사박물관, 2015, 108~109쪽. 영어 일기의 국문 번역문에 보이는 "맹연관은 일본인들의 주목을 피하기 위해 중국인이 운영하는 것처럼 위장"이라는 표현은 오역이다. "(나는-이승만: 인용자) 일본인들의 주목을 피하기 위해 중국인으로 행동했다"가 정확한 번역이다.

27) 林震, 『增訂上海指南』, 1930, 上海: 商務印書館(熊月之 主編, 『稀見上海史誌資料叢書』 5, 上海書店出版社, 2012, 346쪽).

28) 『獨立新聞』 1919년 9월 20일, 「新聞記者招待」.

기존의 조계에 대한 인식으로 보면 이상한 일이지만, 상해에 도착한 이승만은 공공조계의 맹연관 호텔에 여장을 풀었고 곧바로 프랑스조계로 가지도 않았다. 오히려 임시정부의 주선으로 공공조계에 있는 벌링턴 호텔로 옮겨 닷새를 더 묵었다. 임시정부는 이 호텔이 공공조계에 있었지만 별문제가 없을 것으로 판단한 것 같다. 이윽고 여운형의 소개로 이승만은 프랑스조계 徐家滙路 3호의 미국 안식교회 크로푸트(G. W. Crofoot) 목사 자택으로 거처를 옮겼다.[29] 근처에는 안식일교회에서 운영하던 홍십자의원이 있었다. 이곳에는 홍사단원 金昌世가 수습의로 근무하고 있었으며 한인들이 병치료를 위하여 출입하고 있었다. 크로푸트 목사 자택에서 그는 1921년 5월 미국으로 되돌아갈 때까지 5개월 여 동안 기거했다.

상해 임시정부 및 한인사회의 다양한 활동이 공공조계에서 이루어졌다. 임시정부와 한인사회의 각종 회의, 신년축하회, 기념식, 동향회, 학생회, 종교활동, 장례식, 공연 등이 공공조계에서 개최되었다. 올림픽극장, 영안공사의 大東旅社(大東호텔), 先施公司(선시백화점)의 東亞旅社(東亞호텔), 西藏路의 一品香, 慕爾堂, 北京路 예배당, 四川路 중국기독교청년회관, 寧波同鄕會館 등에서 여러 가지 행사가 개최되었다. 상해 한인들은 조용한 프랑스조계보다는 분위기를 고양시키는 번화한 공공조계를 더 선호하였다. 두 조계의 분위기는 판이하게 달랐다. 공공조계에서 마천루, 백화점 등이 들어설 때, 프랑스조계는 완연히 다른 풍경을 보여주었다. 공공조계 남경로, 서장로를 따라 전차를 타고 프랑스조계로 들어올수록, 霞飛路는 조용한 분위기로 바뀐다. 프랑스조계에는 교회, 학교, 공원, 전원주택, 카페, 커피하우스 등이 많았다. 초기 임시정부 청사가 있었던 하비로에는 크고 화려한 건물은 없지만 사람을 취하게 하는

---

29) 류석춘·오영섭·데이빗필즈·한지은 공편, 『이승만 일기 : 1904~34&1944』, 이승만연구원·대한민국역사박물관, 2015, 107쪽.

재즈 음악이 밤마다 도로 양측의 카페들과 바에서 흘러나오는 프랑스적인 분위기를 연출하였다.[30)

　반면 공공조계 남경로는 마천루와 백화점, 호텔 등이 많아 매우 번화하였다. 상해라고 하는 이민도시의 특성상 외래인에 대한 개방성과 익명성이 보장되는 분위기는 한인들의 자유로운 활동을 위한 여건을 제공해 주었다. 프랑스조계에 거주하던 한인들은 중국 자본의 대형 백화점이 주도하는 상해 공공조계 도시소비문화의 소비 주체였다. 1920년 상해 프랑스조계에 도착한 현순 가족의 경우 현순의 부인이 아들들을 데리고 공공조계 남경로의 'Wing-On Company' 즉 영안공사에 가서 옷을 사 입혔다고 한다. 이때 아이들은 서울과는 비교가 되지 않을 정도로 화려한 상해에서 백화점을 처음 보았다고 한다. 현순의 아들 피터 현(현준섭)은 상해에 거주하는 동안 친구들과 미국식 아이스크림을 사먹으러 전차를 타고 외탄에 간다든지, 경마장에 가서 폴로나 크리켓을 구경하였으며, 아버지와 함께 남경로 입구의 오락장인 新世界에 가서 마술 공연을 관람한다든가, 영화관에서 미국 영화를 관람하는 등 자유롭게 다니면서 상해의 근대성을 만끽하였다.[31) 이 모든 것들이 공공조계에서 이루어졌다. 한인들은 한적한 프랑스조계를 벗어나 공공조계의 남경로가 상징하는 근대성을 적극적으로 체험하였다.[32)

　물론 상해에 갓 도착한 한인들 가운데는 공공조계 남경로의 휘황찬란한 야경에 도취되어 과소비하는 경향도 없지 않았다. '尖口子'라는 필명

---

30) 리어우판 지음, 장동천 외 옮김,『상하이 모던 : 새로운 중국 도시 문화의 만개, 1930~1945』, 고려대학교출판부, 2007, 58~59쪽.

31) Peter Hyun, *Man sei! : The Making of a Korean American*, Honolulu : Univ. of Hawaii Pr., 1986, 105~118쪽 ; 피터 현 지음, 임승준 옮김,『만세!』, 한울, 2015, 169~186쪽.

32) 상해 한인과 공공조계 남경로의 백화점을 대표로 하는 소비문화의 관계에 대해서는 필자의 아래 논문을 많이 참조하였다. 김광재,「대한민국 임시정부 신년축하회 문화에 대한 일고찰」,『한국근현대사연구』제72집, 2015, 56쪽.

의 『독립신문』 기자는 「군소리」라는 칼럼을 통해 사치와 환락을 일삼는 일부 한인들을 풍자하였다.[33] 일부 한인들이 비싼 양복에 밤이면 공공조계의 고급 요리점을 다니며 양주에 취하는 경우가 있었음을 보여주고 있다. 1920년 말부터 상해에 유입된 러시아의 레닌자금도 한인들의 소비를 촉진하는 계기가 되었다.[34] 풍족한 자금 덕분에 상해의 국민대표회의에 참석한 인사들은 영안공사나 선시공사 등 공공조계 남경로의 음식점에서 회합을 가지는 경우가 잦았다.

초기 임시정부의 공식적인 의식이나 회의, 모임은 주로 공공조계 서장로, 남경로의 호텔, 백화점의 음식점에서 열렸다. 그 대표적인 경우가 임시정부 신년축하회였다. 정부의 행사에는 품위있는 장소가 필요했다. 1920년 1월 1일 임시정부 수립 후 첫번째 신년축하식이 공공조계 서장로 일품향에서 열렸다. 일품향은 식당뿐만 아니라 오늘날 호텔에 해당하는 숙박시설 旅社도 경영하였다. 이곳은 수많은 귀빈 초청연, 결혼식, 각종 모임이 이루어지던 공공장소였다.[35]

일품향은 상해 한인들과도 인연이 많았다. 1919년 임시정부가 일품향에서 행사를 열었던 기록을 어렵지 않게 볼 수 있다. 같은 해 8월 22일 한인과 중국인은 친한파 미국인의 송별회를 이곳에서 개최했다.[36] 또한 신년축하회가 있은 3일 후인 1920년 1월 4일 저녁 이곳 일품향에서 이동휘 국무총리가 주재한 상해 한인 신문기자 초대연이 베풀어지기도 했다.[37] 이날 『독립신문』과 『新大韓』이라는 양대 한인 신문 관계자 초대연은 훗날 이광수의 회고에서도 보이고 있다.[38] 1920년 4월 3일 안창호

33) 尖口子, 「군소리」, 『獨立新聞』 1919년 10월 4일.
34) 한국정신문화연구원 현대사연구소 편, 『遲耘 金錣洙』, 1999, 11쪽.
35) 唐艶香, 「一品香與近代上海社會」, 129쪽.
36) 국사편찬위원회, 『한국독립운동사』 자료 3, 임정편 III, 1973.
37) 『獨立新聞』 1920년 1월 8일, 「李國務總理의 兩新聞記者招待」.
38) 春園, 「생각키는 亡命客들」, 『동광』 제27호, 1931년 11월 10일.

가 일품향에 묵고 있는 朴容萬을 방문하는 장면이 그의 일기에 보이고 있다.[39] 그러므로 일품향은 임시정부 인사를 비롯한 상해 한인들에게 낯선 곳이 아니었다.

60명의 임시정부 인사들이 참석한 일품향에서의 신년축하회는 임시정부 수립 후 가장 많은 인원이 모였다는 의미가 있었다. 오후 4시 경 신년축하회를 마친 임시정부 인사들은 일품향 옥상으로 올라 가 오늘날 우리에게 익숙한 역사적인 기념사진을 촬영하였다.[40]

다음해인 1921년 1월 1일 임시정부의 두 번째 신년축하식이 영안공사 대동여사 大棠樓에서 개최되었다. 영안공사는 당시 상해 중국인들의 소비문화를 주도하던 곳이었다. 대동여사는 임시정부 국무회의라든가 각종 모임 장소로 많이 활용되었다. 신년축하회 장소로 대동여사를 선정하게 된데는 이곳을 애용했던 안창호와 관련이 있었을 것이다.

물론 안창호 이전에도 한인들은 대동여사를 이용하였었다. 1919년 3월 1일 국내에서 상해에 도착한 현순이 이곳에 묵은 바 있었다.[41] 같은 해 4월 임시정부가 수립된 후에는 정부 및 단체들의 공식적인 행사가 이곳에서 열리기도 했다. 1920년 8월 6일 상해 독립운동 21개 단체 연합으로 준비한 미국의원단 환영회가 이곳에서 열렸다. 이틀 후인 8월 8일에는 상해 거주 유학생회에서 주최한 미국의원단 환영회가 역시 같은 장소에서 열렸다.[42]

영안백화점 대동여사에서 열린 신년축하회 축하연은 "滿場이 藹藹한 和氣속에서 歡樂을 盡하"[43]였다고 독립신문은 보도하고 있다. 성대한

39) 『안창호일기』, 1920년 4월 3일자. 안창호의 일기는 다음의 자료집을 활용하였다. 도산안창호선생전집편찬위원회, 『島山安昌浩全集』 제4권 일기, 2000.
40) 백범김구선생기념사업협회, 『백범 김구 사진자료집』, 2012, 64~65쪽.
41) 玄楯, 『玄楯自史』, 연세대학교 출판부, 2003, 294쪽.
42) 『朝鮮民族運動年鑑』(국사편찬위원회, 『대한민국임시정부자료집』 별책 2, 조선민족운동연감, 2009, 76쪽).

신년축하식을 마친 임시정부 참석자들은 영안백화점 옥상으로 올라갔
다. 임시정부 인사 59인은 영안백화점 옥상의 綺雲閣 앞에서 역사적인
기념촬영을 하였다. 임시정부는 신년축하회가 끝난 후 이때 찍은 기념사
진을 엽서로 만들어 배포하였다. 앞면에 사진을 넣고 뒷면에는 우표를
붙이고 주소를 써서 각지에 보낼 수 있는 일반적인 모양이었다.44) 이때
촬영된 사진은 전년도의 신년축하회 기념사진과 더불어 임시정부를 상
징하는 사진으로 남아 있다.

초기 임시정부 시절 삼일절 기념식도 주로 공공조계에서 개최되었다.
3·1운동으로 임시정부가 세워질 수 있었기 때문에 한인들에게 삼일절
기념일은 무엇보다도 중요한 날이었다. 임시정부도 삼일절 기념일을 한
인들의 가장 큰 국경절로 지정하고 성대한 기념식을 거행하여 나라 잃은
백성들의 서러움을 위로하고 결사항전을 다짐하였다.45)

1920년 3월 1일 오전 교민단 주최로 임시정부 수립 후 첫 삼일절 기
념식이 성대하게 개최되었다. 기념식 장소는 공공조계 정안사로의 올림
픽극장(夏令配克大戲院)이었다. 1914년 개관한 올림픽극장은 당시 공공
조계에서 가장 훌륭한 시설을 갖추고 있던 대형극장이었다. 임시정부가
프랑스조계를 벗어나 공공조계의 대형극장에서 행사를 거행한 데는 대
외적인 선전효과가 컸기 때문이었다. 당시 삼일절 기념식의 장엄한 광경
은 독립신문의 보도와 기념사진 등을 통해 생생하게 볼 수 있다.46)

올림픽극장에서 삼일절 기념식이 끝난 후 청년들은 자동차 시위를 감

---

43) 『獨立新聞』 1921년 1월 15일, 「大統領의 新年宴」.
44) 1921년 1월 임시정부 신년축하회 기념 엽서는 1920년 11월 말 경 상해에 갔던
   권기옥이 입수하여 소장하고 있었던 것이다. 엽서의 복사본을 열람해주신 최기영
   교수님께 지면을 빌려 감사를 드린다. 권기옥의 상해행에 대해서는 다음 책이 참
   고가 된다. 정혜주, 『날개옷을 찾아서 : 한국 최초 여성비행사 권기옥』, 84~93쪽.
45) 『獨立新聞』 1920년 3월 4일, 「上海의 三一節」.
46) 『獨立新聞』 1920년 3월 16일, 「上海의 三月一日慶祝」.

행하였다. 청년들로 구성된 자동차 시위대는 프랑스조계 하비로를 가로질러 공공조계 서장로를 거슬러 올라가 공공조계의 중심인 남경로에서 태극기 시위를 하고 더 나아가 홍구지역 상해 일본총영사관 앞에까지 가서 시위를 하였다.[47] 독립신문의 보도에 의하면, 홍구지역 일본영사관 앞에 나타난 자동차 시위대는 일본 관헌들을 경악케 하였다고 한다.

자동차 시위는 다음해인 1921년 삼일절 때도 재연되었다. 자동차 시위는 "倭에게 對하어서는 우리를 보아라 하는 듯하고 다른 外國사람에게 對하여는 우리는 異族의 嵌制를 밧지 안을 大韓人이다"[48]라는 것을 선언하는 것이었다. 1923년 삼일절에도 자동차 시위가 있었다.[49] 이때 자동차 시위에 참여했던 김명수는 청년들의 자동차 시위대가 가든브리지를 넘어 홍구지역의 일본영사관 앞에서 만세를 고창하고 일본인 거주지역인 吳淞路 및 북사천로 일대를 거쳐 돌아왔던 통쾌한 경험을 하였다고 회고한 바 있다.[50]

1922년 이후 삼일절 기념식은 공공조계 서장로의 영파동향회관에서 개최되다가 나중에는 프랑스조계 침례당, 삼일당에서 개최되었다. 임시정부는 삼일절 기념식을 더 이상 공공조계의 올림픽극장 같은 큰 장소에서 열지 못하게 되었다. 이것은 일본영사관의 압력 외에도 임시정부의 세력이 약화되었다는 것을 의미하였다.

공공조계 북경로 예배당은 1919년 경부터 몇 년 동안 한인전용교회가 없을 때 전용교회 겸 집회장소로 활용되었다.[51] 공공조계 漢口路에 있던 모이당도 한인들과 인연이 깊었다. 모이당은 1874년 미국 감리교

---

47) 『獨立新聞』 1920년 3월 4일, 「雨中의 行進/自働車上에 飄飄한 太極旗와 萬歲聲이 英大馬路의 黃浦灘으로」.
48) 『獨立新聞』 1921년 3월 5일, 「上海와 三一節」.
49) 『獨立新聞』 1923년 3월 7일, 「三一節紀念式 光景」.
50) 金明洙, 『明水散文錄』, 三螢文化, 1985, 80쪽.
51) 『獨立新聞』 1919년 11월 4일, 「哭中笑」.

선교사 알렌(Young Allen, 중국명 林樂知)과 람부쓰(Walter Russell Lambuth, 중국명 藍柏)가 설립하였다. 모이당은 한인들의 집회에 공간을 제공해주었다. 1923년 1월 31일의 국민대표회의 정식 개막식을 비롯하여 적지 않은 한인들의 집회나 행사가 여기서 열렸다.[52]

1910년대 이후 1930년대까지 공공조계 사천로 중국기독교청년회관도 한인들의 종교활동이나 기타 각종 집회에 많이 이용되었다. 1908년에 설립된 기독교청년회관은 윤봉길의거 이후 김구를 숨겨주었던 피치(G. A. Fitch) 선교사가 주사를 역임한 바 있었다. 1931년 프랑스조계 敏体尼蔭路에 새로운 기독교청년회관이 건립된 뒤에도 공공조계 사천로의 기독교청년회관은 여전히 한인들이 애용하던 장소였다. 그외 독립운동이 장기화되면서 상해에서 타계한 노년의 독립운동가들은 공공조계의 정안사공묘에 안장되었다. 특히 1920년 4월의 안태국 장례행렬의 애도 물결은 프랑스조계를 벗어나 공공조계에까지 이어졌다.[53]

프랑스조계의 한인들은 직업상 혹은 독립운동 등으로 흔히 공공조계를 드나들었다. 상해 한인들 가운데는 공공조계 英商전차회사에 다니는 이들이 많았다. 비교적 높은 수입이 보장되는 전차회사나 버스회사의 검표원(인스펙터, 査票員)은 한인들 가운데 인기 직종의 하나였다.[54] 대개의 경우 그들은 수입의 일정 부분을 임시정부나 인성학교에 기부함으로써 상해 한인사회 혹은 독립운동의 물적 기반 역할을 담당하였다. 직업상 그들은 프랑스조계에서 공공조계로 왕래할 수밖에 없었다.

여기서 한인 인스펙터들이 많이 살았던 프랑스조계의 한 거주구역인

---

52) 김광재, 「상해 국민대표회의 개최지 三一堂 위치 고증」, 『한국독립운동사연구』 제49집, 2014, 128~129쪽.

53) 김광재, 「安泰國의 순국과 장의 - 1920년대 초 상해 한인 장례문화의 일단」, 『역사민속학』 제48집, 2015, 355~356쪽.

54) 상해 한인 인스펙터에 대해서는 다음의 논고가 참고된다. 孫安石, 『一九二〇年代, 上海の朝鮮人コミュニティ研究』, 163쪽.

愛仁里에 대해 언급해보자. 애인리는 일반적으로 프랑스조계 하비로와 마랑로가 교차하는 한인 밀집 거주지역과는 많이 떨어진 프랑스조계 서북쪽에 자리잡은 농당이었다. 그들은 왜 한인 밀집지역과 멀리 떨어진 곳에 자리를 잡았을까. 종래 애인리는 남산골 샌님들 즉 기호출신들이 많이 거주한 마을로 알려져 있다. 기호출신들이 다른 지역 출신들과 섞이지 않기 위해 자기들끼리만 모여 거주한 지방색 짙은 것으로 기억되어 왔다.[55]

하지만 한인들이 하비로 및 마랑로의 한인 밀집 거주지역과 많이 떨어진 애인리에 거주하게 된 것은 지방색 보다는 사회경제적 요인으로 설명할 수 있을 것이다. 애인리 앞 큰 길은 프랑스조계와 공공조계를 가르는 福煦路였으며 이 길 건너 공공조계에 영국인 전차회사가 있었다. 거주지는 프랑스조계에 있었지만 직장은 공공조계에 있었던 것이다. 때문에 한인 인스펙터들과 그 가족들이 전차회사에 가까운 애인리에 많이 거주하게 되었다. 전차회사 주위의 인근 공공조계 동네에도 한인 인스펙터들과 그 가족들이 거주하였다. 그러므로 한인 인스펙터들은 거주지 선택에서 프랑스조계 혹은 공공조계라는 기준이 아니라 직장을 중심으로 하여 주거지역을 선택한 측면이 강하다고 하겠다.

다음 여운형의 경우를 보자. 1920년대 후반 여운형은 상해 러시아영사관에 근무했는데, 러시아영사관은 상해 일본영사관 옆에 있었다. 그는 한동안 프랑스조계에서 공공조계의 러시아영사관으로 통근하였다. 여운형은 중국에서 국공합작이 이루어지고 중국에 온 소련의 고문관들과 가까이 지냈다. 덕분에 여운형은 소련 카라한의 부탁으로 소련 타스통신사 직원이라는 명목으로 상해 소련영사관에 근무할 수 있었다. 주된 업무는 중국 내의 여러 신문을 수집하여 기사를 선택하고 이를 영어로 번역하여 제출하는 일이었다. 이 일을 통해 그는 식구들의 생활고를 해결할 수 있

---

55) 金明洙, 『明水散文錄』, 28쪽.

었다.56)

상해에서 활동했던 사회주의자 박헌영의 경우 프랑스조계에 거주하였지만 공공조계에서도 많이 활동하였다. 1920년 11월 상해로 망명한 박헌영은 다음해인 1921년 1월 공공조계 사천로의 기독교청년회 영어야학부에 입학하여 약 6개월간 통학한 바 있다.57) 같은 해 4월 상해상과대학에 입학했지만 학자금이 부족해 1922년 2월 퇴학했다. 이때 박헌영은 상해의 다른 사회주의자들과 함께 1921년 10월 16일 공공조계 북사천로 에스페란토 학교에서 에스페란토어를 배워 매우 능숙하게 구사했다고 한다. 상해에서 박헌영과 결혼한 주세죽은 1921년 4월 상해 공공조계 북사천로 安鼎氏 여학교에서 영어와 음악을 배웠다.58) 1922년 4월 비밀리에 입국하려다 체포되어 옥고를 치르고 1924년 출옥한 박헌영은 다시 상해로 왔다. 1932년 1월 25일 박헌영은 조선공산당 재건운동을 위해 코민테른에 의해 상해로 파견되었던 것이다. 프랑스조계에 거주하던 그는 1933년 7월 공공조계 大馬路(남경로)에서 慶安丸의 한인 선원을 만나 국내와의 연락을 시도했다. 그후 다시 공공조계 북경로와 강서로 교차로 부근에서 그 선원을 만나려다가 공공조계 공부국 경찰에 의하여 체포되었다.59) 상해 홍구공원 폭탄의거로 유명한 윤봉길은 상해에 온 후 인삼 행상, 종품공장 종업원 등을 전전하였다. 그후 프랑스조계에서 공공조계 홍구 삼각지 시장에 가서 밀가루 등 물건을 사다가 다시 프랑스조계의 한인들에게 판매하는 일을 했다.60)

이렇듯이 상해 한인들의 다양한 대소사가 공공조계에서 이루어졌다. 이러한 사실은 공공조계가 후대에 알려진만큼 그렇게 위험하지 않았다

---

56) 夢陽呂運亨全集發刊委員會, 『夢陽呂運亨全集』 1, 한울, 1991, 426쪽.
57) 이정박헌영전집편집위원회, 『이정박헌영전집』 1, 역사비평사, 2004, 183쪽.
58) 이정박헌영전집편집위원회, 『이정박헌영전집』 4, 50쪽.
59) 이정박헌영전집편집위원회, 『이정박헌영전집』 4, 100~101쪽.
60) 매헌윤봉길전집편찬위원회, 『매헌윤봉길전집』 제2권 상해의거와 순국, 2012, 123쪽.

는 것을 의미한다. 1932년 4월 윤봉길의 홍구공원의거 이후에는 일본영
사관 경찰이 프랑스조계의 한인 독립운동가에 대한 탄압을 강화했지만
1920년대 중후반까지만 하더라도 공공조계에서 한인들이 체포되는 경
우는 자료에 나타난 것을 볼 때 그렇게 많지 않았던 것으로 보인다. 오
히려 안전하다고 하는 프랑스조계에서 일본영사관의 요청을 받은 프랑
스조계 경찰에 체포되는 경우가 적지 않았다.

그러면 일본의 세력범위라고 할 수 있는 공공조계에서 한인 독립운동
가들이 출입하더라도 그렇게 위험하지 않았던 것은 어떤 이유에서일까.
그것은 일제의 상해 한인에 대한 정책과 관련이 있다. 비록 상해 공공조
계는 일본의 영향력이 강했지만 그렇다고 해서 그 통치력이 관철된 것은
아니었다. 거기에다 일제는 구미 열강을 포함한 상해의 수많은 외국인들
의 이목을 의식하지 않을 수 없었다. 일제는 한인을 체포하는 과정에서
자칫 불상사가 일어나 국제도시 상해에서 '일본제국의 체면'이나 '위신'
이 손상되거나 '관대한' 제국의 이미지가 추락될까 우려하였다. 앞에서
언급한 바 있거니와, 1916년 공공조계 공부국 경찰서에 일본인 경찰관
30명이 채용되어 근무하였다고 하나 홍구지역 일본교민 관련 업무를 처
리하는데도 벅찬 형편에 광대한 공공조계 지역을 자유로이 드나드는 한
인을 통제한다는 것은 물리적으로 어려운 일이었다. 물론 조선총독부는
1919년 상해에 모인 한인 독립운동가 체포와 관련하여 적극적으로 외무
성에 한인 체포를 요청하였다. 이에 대해 일본 외무성은 한인 독립운동
가들이 '정치범'에 관련되어 국내외적으로 관계가 있으므로 신중하고도
주밀하게 처리할 필요가 있다고 상해총영사 앞으로 훈령을 내렸다.[61]
이런 저런 이유로 상해 일본영사관은 공공조계에 드나드는 한인들에 대

---

61) 「上海在留鮮人逮捕方ノ件」, 外務大臣→上海總領事, 1919년 4월 11일(『不逞團關係
雜件』 朝鮮人ノ部 在上海地方府 1) ; 荻野富士夫, 『外務省警察史 - 在留民保護取締
と特高警察機能』, 東京: 校倉書房, 2005, 616~617쪽.

한 체포에 신중할 수밖에 없었다.[62] 직접적인 '혐의'가 확인되는 한인 외에 체포는 최소화되었다. 앞에서 살펴본 한인 청년들의 삼일절 자동차 시위대의 경우에서 보듯이, 프랑스조계의 임시정부와 한인들도 일본 측의 이러한 약점을 경험적으로 인지했을 것으로 생각된다.

4. 조계 공간에 대한 심상지리

프랑스조계의 한인들은 자유로이 공공조계를 드나들었다. 하지만 그들의 공공조계에 대한 인식은 사람에 따라 한결같지 않았을 것이다. 같은 공간이라도 하더라도 정치적 입장이나 세계관에 따라 다르게 와 닿을 수 있기 때문이다. 안창호와 김구의 공공조계에 대한 태도를 비교해보면 그러한 차이를 쉽게 이해할 수 있다. 안창호는 공공조계에 대해 자유롭고 개방적인 태도를 보였다면 김구는 다소 보수적이고 배타적인 태도를 취했다. 여기에는 두 사람의 살아온 배경이 달랐던 점도 작용한 듯 하다. 안창호는 일찍이 기독교와 근대 학문을 수용하였으며 미국 생활에 익숙했던 반면에 김구는 성리학적 의리정신에 투철하였으며 상해로 오기 전에는 거의 국내에서만 생활하였다.

안창호는 누구보다도 상해 조계 공간에 대해 자유로웠던 것 같다. 1919년 5월 하순 미국에서 온 안창호는 프랑스조계에 거처를 마련하고 임시정부 집무를 시작하였다. 그가 조직한 흥사단의 상해 단소는 공공조계 慕爾鳴路 彬興里 301호에 있었다. 1924년 3월 남경으로 단소를 옮기기 전까지 이곳에서 매주 금요일 주계 모임이 있었다.[63]

---

62) 국회도서관 편, 『한국민족운동사료』(중국편), 1976.
63) 도산안창호선생전집편찬위원회, 『도산안창호전집』 제8권 흥사단 원동위원부, 31~64쪽.

　　프랑스조계에 거주하고 있던 그의 사회생활에서 공공조계 남경로는 대단히 중요한 공간이었다. 앞에서 살펴 본 바와 같이, 안창호는 남경로 중국인 자본의 백화점들과 호텔 등 근대적 상업시설들을 애용하였다. 공공조계 남경로의 고층 백화점으로 대표되는 중국 민족자본의 흥기는 식산흥업과 실력양성을 통한 근대를 추구하던 그에게는 하나의 자극제였는지도 모른다. 그는 영안공사의 대동여사 내 음식점에서 임시정부 요인들의 회의나 모임, 손님 접대 등을 자주 가졌다. 안창호는 대동여사에서 국무위원들과의 회합, 임시정부 직원들과 국내 및 만주에서 온 이들에 대한 위로연 등을 베풀었다. 또 안창호는 요양이 필요한 사람에게는 대동여사에서 숙박하면서 쉬도록 배려하였다. 결핵에 걸려 고생하던 이광수를 대동여사에서 요양하도록 했던 것이 하나의 예이다.[64] 1920년 1월 14일부터 같은 해 7월 20일까지 약 6개월 여 동안의 그의 일기를 보면, 같은 기간 그가 남경로 일대의 백화점 식당을 이용한 회수가 46회에 달하고 있다. 그 가운데 영안백화점 대동여사를 이용한 회수가 30회에 이른다.[65]

　　심지어 안창호는 공공조계 홍구지역 일본영사관 근처에 있던 禮査飯店(Astor Hotel) 즉 에스터하우스에서 서양 기자를 접견하였다.[66] 이 호텔은 당시 상해의 최고급 호텔 가운데 하나였다. 1920년 8월 5일 태평양회의의 미국의원단 환영 연회에 임시정부 교제위원들 전부가 '에스타하우쓰'에 출석하였다.[67] 이 호텔은 일본영사관 앞에 있다고 해도 과언이 아닐 정도로 가까운 거리에 있었다. 안창호는 일본영사관 코앞에서 기자

---

64) 도산안창호선생전집편찬위원회, 『도산안창호전집』 제4권 일기, 837쪽의 1920년 1월 18일자 일기.

65) 김광재, 「대한민국 임시정부 신년축하회 문화에 대한 일고찰」, 74쪽.

66) 도산안창호선생전집편찬위원회, 『도산안창호전집』 제4권 일기, 852쪽의 1920년 2월 3일자 일기.

67) 국사편찬위원회, 『대한민국임시정부자료집』 별책 2, 조선민족운동연감, 75쪽.

회견을 가졌던 것이다.

안창호에 비해 김구는 공공조계에 대해 보수적인 태도를 보였다. 김구의 상해에 대한 첫 인상은 분명치 않다. 백범일지는 1919년 4월 하순 상해에 도착할 때 安東의 얼음덩이 쌓인 추운 날씨에 비해 상해는 이미 녹음이 우거진 더운 날씨에 깊은 인상을 받았다는 것 외에는 상해 그 자체에 대해서는 이렇다할 소감을 남기지 않았다. 국제도시 상해의 모습은 그의 시야에 들어오지 못했다.[68]

김구는 1919년 4월 하순 상해에 도착한 후 1932년 윤봉길의거 이후 상해를 탈출하기까지 약 13년 동안 프랑스조계에 거주하였다. 김구가 공공조계에 대해 보수적이고도 심지어 적대적인 태도를 보이는데는 경무국장이라는 임시정부 내 그의 직책과도 관련이 깊을 것이다. 1942년 탈고된 백범일지 하권에 보이듯이, 김구는 "홍구의 왜영사관과 우리 경무국은 대립·암투하였다"고 하여 분명한 적아의 인식을 보여주었다. 그는 공공조계의 일본영사관이 프랑스조계에 침투시킨 밀정들을 색출하고 처단하는데 몰두하였다.

그럼에도 불구하고 프랑스조계에 사는 그에게도 공공조계는 밀접한 관계가 있던 공간이었다. 그가 1919년 4월 상해에 도착하여 첫 날 밤을 보낸 곳이 공공조계 公昇西里 15호 한인동포의 집이었다.[69] 김구도 공

---

68) 백범김구선생전집편찬위원회 편, 『백범김구전집』 제1권, 親筆 『白凡逸志』·『屠倭實記』, 상권 원본 277쪽, 탈초본 487쪽, 하권 원본 283쪽, 탈초본 495쪽 ; 김구 저·도진순 주해 1997, 『백범일지』돌베개, 1997, 상권 284쪽, 하권 299쪽. 백범일지 상권은 상해 프랑스조계 마랑로 普慶里 임시정부 청사에서 1928년부터 집필을 시작하여 1929년 5월에 탈고하였다. 백범일지 하권은 1942년 중경 임시정부 청사에서 탈고하였다. 본고에서는 기본적으로 『白凡金九全集』에 실린 『白凡逸志』의 원본과 탈초본을 활용하였다. 아울러 백범일지의 원본, 탈초본과의 교차 대조를 위해 도진순 주해본의 쪽수도 밝혔다. 이하에서는 아래와 같이 원본, 탈초본, 주해본 순서로 쪽수를 밝힌다. 『白凡逸志』 상권 277/487/284, 하권 283/495/299.

69) 『白凡逸志』, 상권 277/487/284, 하권 283/495/299.

공조계를 적지 않게 출입하였던 것으로 보인다. 물론 자료상으로 볼 때 안창호에 비해 그 회수는 현저히 떨어지는 것으로 나타난다. 프랑스조계에 거주하던 그는 공공조계에서 열린 임시정부 등 독립운동단체의 각종 행사나 회의, 개인적인 모임 등에 참석하였다. 안창호의 일기를 보면, 1920년 그가 안창호 등과 함께 공공조계 남경로의 영안공사 대동여사의 호텔 음식점에서 모임을 갖던 장면들이 확인된다.[70]

하지만 1942년에 탈고된 백범일지 하권에서 김구는 자신이 평소 프랑스조계를 벗어난 일이 전혀 없었음을 강조하였다. 이러한 언설은 1929년에 탈고된 백범일지 상권에는 나오지 않는 내용이다. 백범일지 상권에는 공공조계에 대한 인식을 알 수 있는 내용이 나오지 않는다. 이로 보아 김구가 백범일지 상권을 집필하던 1920년대 후반까지만 해도 공공조계에 대한 신화화가 아직은 진행되지 않고 있었음을 알 수 있다. 1942년 탈고된 백범일지 하권에 가서야 비로소 관련내용들이 나타나기 시작한다. 1932년 윤봉길의거 이후 긴 피난생활을 마치고 중경에 정착한 김구는 백범일지를 집필하면서 프랑스조계와 공공조계를 대비되는 공간으로 설정하였다. 그는 상해 시절의 기억을 떠올리면서 프랑스조계를 독립운동의 공간으로 설정하였으며 이 과정에서 공공조계는 타자화되었다. 프랑스조계에서의 간고한 세월을 부각시키는 과정에서 상해 조계에 대한 자신의 기억과 경험은 최대한 단순화된 것으로 보인다.

1942년 탈고된 백범일지 하권에서 김구는 프랑스조계와 공공조계에 대한 차별적인 인식을 보다 강렬하게 드러내고 있다. 인용하면 다음과 같다.

上海에서 重大事件이 發生된 것을 알고 南京에 駐箚이든 南坡 朴贊翊

---

70) 도산안창호선생전집편찬위원회, 『도산안창호전집』 제4권 일기, 937쪽의 1920년 6월 13일자 일기.

兄이 上海로 와서 中國 人士 方面에 活動結果로 物質上과 여러 가지 便宜가 많으나 晝間에 電話로 同胞의 被促者의 家眷을 慰勞하고 夜間은 安·嚴·朴 등 同志가 出動하여 被捕 家族들 救濟와 諸般 交際를 하는 中에 中國 人士 殷鑄夫, 朱慶瀾, 査良釗 등의 面會 要求의 應키 爲하여는 夜間에 汽車를 타고 虹口 方面과 靜安寺路 方面으로 橫行하니 平日에 一步를 法租界 外에 投足을 아니하든 나의 行止는 大變動이엿다.[71]

위에서 보는 바와 같이, 김구는 "平日에 一步를 法租界 外에 投足을 아니하든"이라고 하여 평소 프랑스조계를 벗어나지 않았다는 것을 대단히 강조하였다. 그러면서 1932년 윤봉길의거 이후 중국측 인사들의 면회 요구에 응하여 공공조계 홍구와 정안사로 지역을 돌아다녔다고 회고하면서 평소에는 '一步'도 프랑스조계 밖에 나가지 않던 그에게 이것은 '大變動'이라고 하였다.[72] 그런데 평소 프랑스조계를 전혀 벗어난 적이 없다는 김구의 언설은 그가 전혀 프랑스조계를 벗어나지 않았다기보다는 공공조계에 왕래한 회수가 그렇게 많지 않았다고 보는 것이 맞다. 왜냐하면 프랑스조계 거주 기간 동안 김구가 공공조계에 출입하는 장면이 자료상으로 적지 않게 확인되고 있기 때문이다.

---

71) 『白凡逸志』 하권 300/518/339~340.

72) 백범일지 하권에는 이와는 약간 다른 언설도 보인다. 즉 1922년 이후 프랑스조계를 전혀 벗어나지 않았다는 것이다. 김구는 1922년 3월 오성윤의 다나카 대장 저격 의거 이후 "倭가 佛人의 나의게 對한 關係를 知得한 以後로 逮捕要求를 不爲하고 偵探으로 하여금 金九를 誘引하여 佛租界 外 英租界나 中國地界에만 다리고 오면 捕縛하여서 中英 當局에 通報만 하고 잡아갈 意圖를 안 後는 佛租界에서 雷地 一步를 越去치 안엇다"는 것처럼 프랑스조계를 벗어나지 않았다고 한다. 김구는 '雷地一步' 즉 '雷池一步'라는 중국 고사를 인용하면서 프랑스조계를 벗어나지 않았음을 강조하고 있다. '雷池一步'는 "뇌지를 한 걸음도 넘어서는 안된다"는 말로 일정한 범위나 한계를 넘어서는 안된다는 뜻이다(네이버 지식백과사전). 위진남북조시대의 진나라 때 蘇峻이 반란을 일으키자, 庾亮이 溫嶠에게 편지를 보내어 雷水를 건너지 말고 임지를 지키라고 당부한 데서 유래된 고사이다. 이 말은 상대방에게 자신의 영역을 함부로 침범하지 말라는 경고의 의미로도 사용된다. 『白凡逸志』 하권 286/498/304.

임시정부 초창기 시절 그는 공공조계 남경로에서 열리는 임시정부의 신년축하회, 삼일절 기념식, 각종 회합 등의 행사에 참여하였다.[73] 그의 부인 최준례는 1923년 아들 김신을 낳고 永慶坊 10호 2층에서 산후조리를 하다 계단에서 굴러 떨어진 일이 있다. 이때 최준례는 늑막병과 폐병이 발병하여 공공조계 寶隆醫院에 입원하였다. 보륭의원은 독일인이 경영하던 병원으로 상해 同濟大學 의과를 나온 유진동이 근무한 적이 있었다. 그런데 이때는 설상가상으로 장남 김인도 병이 위중하여 공공조계 公濟醫院에 입원하였다가 부인 장례 후 완전히 나아 퇴원하였다고 한다.[74] 백범일지에서 김구는 보륭병원에서 부인과 마지막 작별을 하였다고 하여 여러 차례 문병을 갔던 것으로 보인다. 차도를 보이지 않은 최준례는 다시 공공조계 홍구 폐병원으로 옮겨 치료를 받았으나 1924년 1월 1일 최준례는 끝내 홍구 폐병원에서 사망하였다. 김구는 자신이 홍구 폐병원에 가지 못한 것은 어떤 이유가 있어서 그랬다고 한다.[75] 이에 대해 김구 집안과 가까이 지내던 정정화는 홍구가 '일본 조계지'이므로 안전상 김구가 거기에 가지 못했다고 했다.[76] 그러나 실제는 부인이 보호자없는 극빈자로 입원되었기 때문에 가지 못했다는 얘기가 더 설득력이 있어 보인다.[77]

그 후에도 김구의 공공조계 출입은 끊이지 않았다. 1926년에 김구가 남경로에 출입했던 것을 말해주는 사진이 남아 있다. 카이젤 수염의 낯

73) 김광재, 「대한민국 임시정부 신년축하회 문화에 대한 일고찰」, 67, 78쪽.

74) 『白凡逸志』 상권 278/489/288.

75) 『白凡逸志』 하권 307/531/363.

76) 정정화, 『장강일기』, 학민사, 1998, 117쪽.

77) 金孝淑, 『상해 대한민국임시정부와 나』(미간행), 1996, 48쪽. 김효숙은 정정화와 다르게 기억하고 있다. 김효숙은 김구의 어머니 곽낙원에게 들은 얘기를 다음과 같이 구술하였다. 김구의 부인 최준례는 홍구 폐병원에 입원할 때 병원비가 없어 보호자가 없는 극빈자로 수속이 이루어졌기 때문에 가족들은 떳떳하게 병문안을 갈 수 없는 상황이었다고 한다.

익은 김구 사진이다. 지금까지 이 사진은 김구의 초기 경무국장 시절 사진, 즉 1919년 혹은 1920년 무렵의 사진으로 알려져 왔다.[78] 그런데 언론인 손충무는 이 사진을 1926년의 사진으로 소개하였다.[79] 1932년 윤봉길의거 이후 일제가 김구를 체포하기 위해 관헌에게 배포한 사진이라는 것이다. 일제는 김구를 체포하기 위해 가급적 1932년에 가까운 시기의 김구 사진을 구하려고 했을 것이다. 아마도 1930년대 초의 김구 사진을 구하려고 했지만 여의치 않았던 모양이다. 그래서 가장 최근의 사진을 구한 것이 바로 1926년의 사진이었던 것으로 보인다.

중요한 것은 사진 하단에 보이는 사진을 촬영한 사진관에 관한 정보이다. 그동안 이 사진관에 대한 정보는 알 수 없었다. 그것은 이 사진이 자료집에 수록될 때 미관을 위해 하단의 사진관 정보를 삭제하였기 때문일 것이다. 그런데 원래 사진 하단에는 김구의 활동 범위를 알려주는 귀중한 정보가 기재되어 있다.[80] 사진 하단에 보이는 내용은 "上海競芳 SHANGHAI KANG FONG 南京路 三百四十七號"이고 왼쪽에는 별모양 속에 '競芳'이라는 사진관 로고가 그려져 있다. 즉 사진 촬영 장소는 남경로 347호 競芳(KANG FONG) 사진관이다.[81] 당시 이 사진관은 상

---

78) 백범김구선생기념사업협회, 『백범 김구 사진자료집』, 63쪽. 이 사진집의 해제에도 이 사진을 1919년 경무국장 시절 사진으로 소개하고 있다

79) 손충무, 『상해임시정부와 백범 김구』, 범우사, 1976, 51~52쪽. 손충무는 1976년 백범 탄생 100주년을 앞두고 경향신문 김구 특별취재반을 구성하여 일본 동경에서 전직 조선총독부 관리(성명 미기재)를 만났는데, 그로부터 이 사진을 입수하였다고 한다.『경향신문』 1976년 6월 5일, 「孫忠武 記者 渡日」. 손충무는 이 사진이 1926년의 사진이라는 근거로 전직 일본 관리의 구술 외에 다른 근거를 제시하지 않았다. 필자도 경향신문사에 당시의 관련 자료가 남아 있는지 문의하였으나 확인할 수 없었다. 필자는 이 사진이 1926년의 사진이라는 손충무의 주장이 신빙성이 있는 것으로 생각된다. 또 사진 속의 김구가 1919년의 김구보다는 다소 나이가 든 모습을 볼 때 그렇다.

80) 사진관 정보가 삭제되지 않은 사진을 보여주신 홍소연 전 백범기념관 실장님께 지면을 빌어 감사를 드린다.

〈사진 1〉

오늘날 초기 경무국장 시절의 김구 사진으로 널리 알려진 인물 사진.

〈사진 2〉

하단에 사진관 로고가 있는 원래의 김구 사진. 촬영 장소는 상해 공공조계 남경로 競芳사진관이다. 촬영 시기는 1926년으로 전해진다. 이 사진은 도록에 실리는 과정에서 미관을 위해 <사진 1>처럼 하단의 사진관 로고가 삭제된 것으로 추측된다.

해 공공조계 남경로 347호에 소재한 유명한 사진관이었다.[82]

　사진 속 조끼를 입은 김구의 두터운 양복 복장으로 볼 때, 사진 촬영 시기는 1926년 중에서도 겨울로 판단된다. 1926년 프랑스조계에 있던 김구가 번화한 공공조계 남경로에 가서 기념사진을 찍었다는 것은 특별히 기념할만한 일이 있었다는 사실을 말해준다. 그해 김구에게 큰 일이

---

81) 손충무의 글에 나오는 상해 長風사진관은 競芳사진관의 오기이다.

82) 葛濤·石冬旭, 『具像的歷史 : 照相與淸末民初上海社會生活』, 上海辭書出版社, 2011, 221쪽.

있었다면 임시정부 국무령 취임이 아니었을까. 김구는 1926년 12월 임
시정부 국무령에 피선되었다. 김구는 국무령 취임을 축하하기 위해 몇몇
가까운 임시정부 요인들과 함께 남경로에 가서 조촐한 축하연회를 베풀
었을 것이다. 연회가 끝난 후에 인근의 사진관으로 자리를 옮겨 기념사
진을 촬영하였을 것으로 생각된다.

　김구 자신도 백범일지에서 국무령 취임 사건을 크게 다루었다. 김구
의 국무령 취임 내용은 백범일지 상·하권에 모두 나온다. 백범일지 상권
에는 국무령 취임에 대해 다음과 같이 묘사되고 있다. "동년(1926) 11월
에 국무령으로 피선되었다. 나는 의정원 의장 李東寧에게 대하여 내가
金尊位의 아들로서 아무리 雛形일망정 일국의 원수가 됨이 국가의 위신
을 추락케 함이니 堪任키 불능이라 하였으나 혁명시기에는 無關이라고
강권하므로 부득이 승낙하고...."83)라고 하였다.84) 비록 임시정부의 국무
령이지만 '일국의 원수'가 되는 것으로 김구 개인에게는 대단히 큰일이
었음에 틀림없다. 임시정부의 문지기를 자청했음에도 불구하고 은인자
중한 끝에 사회적 신분 상승 및 권력 욕구를 실현했다는 측면에서 김구
로서는 대단한 성취였을 것이다.

　그후에도 김구는 부정기적이지만 공공조계를 출입했던 것으로 보인
다. 1927년 공공조계 공제의원에 입원해있는 김창숙을 병문안 갔던 일
이 있다. 이곳은 1923년 장남 김인이 입원한 바 있던 병원이었다. 김창
숙은 1926년 12월 치질로 통증이 심하여 들것에 실려 이곳에 입원하였
다. 그는 영국 의사의 수술을 받고 상처는 아물었으나 다시 악화되었다.
1927년 2월 재차 수술을 받았으나 효과를 보지 못하고 병원에서 계속
정양하였다. 김창숙의 회고에 의하면, 자신이 입원해 있는 동안 김구, 이
동녕, 김두봉 등 임시정부 인사들이 병문안을 왔다고 한다.85)

---

83) 『白凡逸志』 상권 278/490/288.
84) 백범일지 하권에도 유사한 내용이 보인다. 『白凡逸志』 하권 292/506/316.

그럼에도 불구하고 김구는 후일 백범일지에서 자신은 프랑스조계를 벗어난 일이 전혀 없었다고 하였다. 이러한 김구의 기억은 그후 독립운동가 후손들의 구술에서도 확인되고 있다. 김붕준의 딸 김효숙(1915~2003)은 공공조계, 특히 홍구를 '死地'로 인식하였다. 1921년 아버지 김붕준을 따라 와서 1932년 윤봉길의거 때까지 상해에서 생활하면서 학교를 다녔던 김효숙은 상해 조계 공간에 대해 다음과 같이 기억하고 있다.

> 상해 불란서 조계지는 불란서 나라가 중국땅 한 부분을 기한을 두고 빌려서 점령해가지고 그 지역 내에서 자기네 국권 행사를 할 수 있게 되어 있다. 상해는 그 외에도 영국과 일본 등의 몇 개 나라가 공동이 빌려낸 공공조계지도 있어 북사천로를 경계선으로 하여 갈라 놓았었다. … 불란서 조계지에 살고 있는 한민족은 북사천로가 사선(死線)으로 우리 애국지사는 이 선을 가볍게 넘나들지 못하며 살아왔다. 그러니까, 이 사선을 맘대로 넘나드는 사람은 친일파요, 아니면 스파이에 속하였다. 그리하여 이 죽음의 선을 중심하고 많은 애국자가 희생당하기도 하고, 아니면 스파이로 인정되어 가차 없이 척결을 가하기도 하여, 그야말로 정말로 죽을 '사'자 사선이었다. 우리 애국지사들은 전차를 타고 가다가도 그 선에 가서는 내려야 했다. … 좁은 땅에서 전차는 두 개의 조계지를 거침없이 막 꿰뚫고 왔다갔다 하고보니 우리 진짜 애국자들은 가려 가야할 운명이 가로 막고 있지 아니하던가. 실례를 든다면 여운형 선생은 운동을 즐기시기에 공공조계에 있는 새로 생긴 개경주 경기장에서 거행되는 신종 경기가 한번 관람하고 싶어 아무도 모르게 가만히 혼자서 살금 살짝 사선을 넘어 간 것이 어찌된 일인지 경기장에서 왜놈들이 달라들어 꼼짝없이 체포되어 한국으로 압송되어갔다.[86]

위의 구술에 보이는 상해 조계 지리와 관련된 내용들은 부정확한 것들이 많다. 그것들을 바로잡는 것은 본고의 범위 밖의 일이다. 중요한

---

85) 金昌淑,「躄翁七十三年回想記」,『心山遺稿』卷五, 國史編纂委員會, 1973, 331쪽.
86) 金孝淑,『상해 대한민국임시정부와 나』, 3쪽.

것은 김효숙의 기억에 프랑스조계와 공공조계에 대한 심상지리가 어떻게 자리잡고 있느냐는 것이다. 김효숙은 자라면서 부모나 주위의 어른들로부터 상해 조계에 대한 이야기를 많이 들었을 것이다. 그 과정에서 공공조계에 함부로 가지말라는 뜻으로 공공조계는 위험한 곳으로 과장되기 십상이었을 것이다. 앞에서 언급한 현순 가족의 경우도 비슷하다. 처음 상해에 도착하여 공공조계 한복판에 있는 호텔에서 피터 현은 아버지를 기다리는 동안 안내인 '이씨 아저씨'로부터 방에서 나가지 말고 주의를 주면서 "상해에는 어느 곳에나 일본첩자가 있단다"라는 불길한 얘기를 들었다고 한다.[87] 이는 김효숙도 마찬가지였을 것이다. 어린 시절 강렬하게 뇌리에 박혔던 어른들의 이야기가 후일 공공조계 특히 홍구지역을 사지로 기억하도록 하였던 것이다.

　오늘날 상해지역 독립운동사 연구에서 공공조계에 대한 부정적인 시선을 보이고 있는 학계 연구의 기원은 아마도 백범일지에 보이는 김구의 기억으로 거슬러 올라갈 것이다. 프랑스조계와 공공조계의 경계에 대한 신화는 김구의 기억인 백범일지로부터 시작되었다고 해도 과언이 아니다. 성리학적 의리 정신에 입각한 김구의 자아와 타자의 경계는 대단히 명확했던 것 같다. 그는 공공조계를 프랑스조계에 대비되는 불온한 공간으로 인식하는 사유구조를 보여주었다. 세계가 선과 악으로 이루어져 있다는 도덕적이고도 종교적인 판단 기준을 보여주었던 김구의 인식은 후대 연구자들에게 영향을 미쳐 이분법적인 시각에 입각해 상해 조계 공간을 바라보게 했다.

---

87) Peter Hyun, *Man sei! : The Making of a Korean American*, 87쪽 ; 피터 현 지음, 임승준 옮김, 『만세!』, 143쪽.

5. 맺음말

　　1910년대 초부터 아시아 최대의 국제도시인 상해에도 한인들이 망명해오면서 소규모의 교민사회가 형성되기 시작하였다. 1919년 이전까지만 하더라도 상해 한인사회의 중심은 공공조계에 있었다. 1919년 임시정부가 프랑스조계에서 수립되면서 상해 한인사회의 중심이 공공조계에서 프랑스조계로 이동했지만 공공조계는 여전히 한인들과 밀접한 관계가 있었다. 프랑스조계의 임시정부나 한인들은 일상생활이나 기념행사, 독립운동이나 직업 등의 관계로 공공조계에 일상적으로 드나들었다. 공공조계는 영안공사, 선시공사 등 마천루와 백화점, 호텔 등 매우 번화한 곳으로 한인들의 독립운동, 일상 소비생활, 문화 및 종교행사, 직업생활 등이 이루어지던 공간이었다.

　　이렇듯이 상해 한인들의 다양한 활동은 공공조계라는 공간에서 이루어졌다. 일반적으로 공공조계가 일본의 세력권이어서 매우 위험하다고 알려졌는데, 처음부터 그랬던 것은 아니었다. 프랑스조계의 한인들이 공공조계를 자유로이 넘나들 수 있었던 것은 조계 내 열강들의 역학관계에서 발생하는 틈새에서 기인하는 것이었다. 상해는 일본의 영향력이 강했지만 그렇다고 해서 그 통치력이 관철되었던 것은 아니었다. 일제도 상해에 거주하고 있는 구미 열강을 포함한 수많은 외국인들의 이목을 의식하지 않을 수 없었다. 또 공공조계 공부국 경찰서 및 일본영사관 경찰이 드넓은 공공조계 지역을 자유로이 드나드는 한인을 통제한다는 것도 물리적으로 어려운 일이었다. 혹 한인을 체포하는 과정에서 자칫 불상사가 일어나 국제도시 상해에서 '일본제국의 체면'이나 '위신'이 손상되거나 '관대한' 제국의 이미지가 추락될까 우려하였다. 때문에 상해 일본영사관은 공공조계에 드나드는 한인들에 대한 체포에 신중할 수밖에 없었다.

　프랑스조계와 공공조계 사이에 장벽이나 경계는 없었다. 아마도 프랑스조계에서 활동했던 사람들이 후일 자신들의 순혈성을 강조하는 과정에서 공공조계를 드나든 일들은 망각되었으며 프랑스조계에서 힘겹게 투쟁하던 경험들만 선택적으로 기억되었던 것이다. 특히 1932년 윤봉길 의거 이후 본격적으로 한인에 대한 통제를 강화한 상해 일본영사관이 있었고 일부 친일적인 한인들이 활동했던 공공조계는 더욱더 부정적인 공간으로 인식되었다. 그 기원은 백범일지에 나오는 김구의 기억으로 거슬러 올라간다. 김구 자신도 공공조계를 적지 않게 드나들었지만 1942년에 집필한 백범일지에서 자신은 프랑스조계를 '일보'도 벗어나지 않았다고 적었다. 백범일지의 내용을 후대의 연구자들이 그대로 인용하면서 공공조계에 대한 기억은 신화로 고착화되어 갔다. 공공조계를 프랑스조계에 대비되는 불온한 공간으로 타자화했던 김구의 기억은 후대 연구자들에게 영향을 미쳐 이분법적인 시각으로 상해 조계 공간과 거기에서 이루어졌던 한인들의 역사를 바라보게 했다.

제2장 대한민국 임시정부 초기 청사의 광경
- 1919년 상해 '하비로 321호' 청사를 중심으로 -

1. 머리말

내년이면 대한민국 임시정부 수립 100주년을 맞이한다. 한국 역사상 최초의 민주공화제 정부이자 대한민국이 정통성을 두고 있는 임시정부에 대해서는 학계의 방대한 연구 성과가 축적되어 있다. 또한 국가기관에서 임시정부 관련 자료를 수집, 정리하여 규모 있는 자료집이 간행되었으며 상해를 비롯한 중국 각지에 산재한 유적지에 대한 조사 작업 또한 광범위하게 이루어졌다. '대한민국임시정부기념관'도 건립을 앞두고 있다. 그럼에도 불구하고 아직도 우리는 대한민국 임시정부를 상징하는 2층 외벽에 태극기가 걸려 있는 1919년 상해 임시정부 '초기' 청사 건물이 있었던 위치를 찾지 못하고 있다.[1]

임시정부 초기 청사 건물의 위치에 대해서는 일찍이 한중수교 이전인 1980년대 후반부터 국가적인 차원에서 조사가 이루어졌다.[2] 1992년 한

---

1) 지금까지 이 사진 속의 건물은 임시정부의 '첫' 청사로 알려져 있다. 그러나 이러한 설명은 아직 학문적으로 입증된 것은 아니다. 따라서 이 글에서는 사진 속의 청사 건물을 임시정부 '초기' 청사로 지칭한다.

2) 독립기념관, 『임시정부 청사 및 기타 유적에 대한 종합보고서』, 1990. 1992년 한중수교 이전에 나온 이 보고서는 임시정부의 이전지 변천에 대해 다음과 같은 조사 결과가 제시되어 있다. 초창기 조사임을 감안하더라도 위치 고증에는 문제점이 적지 않다. 金神父路 22호(1919년 4월), 長安里 267호(1919년 5월~1919년 9월), 霞飛路 535호(1919년 5월~?), 霞飛路 329호(1920년 7월~1921년 2월), 霞飛路 460호(1921년), 蒲石路 新民里 14호(1921년~1926년), 馬浪路 普慶里 4호

중수교 이후에도 양국의 관계기관 및 학자들의 고증 작업은 계속되었다. 그럼에도 불구하고 사반세기가 지난 지금까지도 그 위치는 '金神父路'의 임시정부 탄생지의 위치와 마찬가지로 오리무중이다.[3] 넘쳤던 의욕, 사명감과 그에 따른 조바심, 신뢰할만한 자료의 부족과 기존 사료에 대한 오독, 일회성 답사에 따른 상해 현지에 대한 이해 부족 등 여러 가지 요인들이 겹치면서 연구 자체가 소강상태에 빠진지 오래다. 임시정부 청사의 정확한 위치 고증을 둘러싼 백가쟁명식의 주장들만 난마와 같이 얽혀 더 이상 이를 해결할 돌파구가 보이지 않고 있는 실정이다. 급기야 임시정부 수립 100주년을 앞두고 있는 현시점에서 관계 기관의 '직무유기' 및 학계의 '수치'로까지 지적되고 있다.[4] 임시정부 초기 청사의 정확한 위치를 고증하고 임시정부의 초기 역사를 온전히 복원하는 작업은 더 이상 미룰 수 없는 과제가 되고 있다.

따라서 필자는 새로운 자료를 발굴하여 임시정부 초기 청사의 정확한 위치를 고증하고자 한다. 그와 아울러 초기 청사 경내의 모습, 청사 내

(1926년~1932년). 상해 대한민국 임시정부 구지관리처 연구실, 「대한민국 임시정부 청사 복원에 대한 회고와 전망」, 심민화·패민강·김승일 엮음, 『대한민국 임시정부 이전지 현황』, 범우사, 2001. 192쪽에서 재인용함.

3) 木濤·孫科志, 『大韓民國臨時政府在中國』, 上海人民出版社, 1992 ; 許洪新·孫科志, 「大韓民國臨時政府的誕生地址考辨」, 『上海教育學院學報』第39期, 1994 ; 국가보훈처, 『최초 임정 청사 현지조사보고』, 1996 ; 한시준, 「상해의 임시정부 소재지에 관한 고찰」, 『한국근현대사연구』제4집, 1996 ; 독립기념관, 『국외항일운동유적지(지) 실태조사보고서』, 2002 ; 한시준, 『중국 상해 '寶昌路 329號' 건물 철거자재 고증 및 복원 타당성 조사보고서』, 독립기념관 용역보고서, 2004 ; 김주용·박환·조재곤·한시준·한철호, 『국외항일유적지』 한국독립운동의 역사 59, 독립기념관 한국독립운동사연구소, 2009 ; 독립기념관, 『국외독립운동사적지 실태조사보고서』 16, 2016. 임시정부 초기 청사 등에 대한 한중 양국의 보고서, 논문 등은 아래 단행본에 실려 있다. 심민화·패민강·김승일 엮음, 『대한민국 임시정부 이전지 현황』, 범우사, 2001.

4) 옥성득, <1919년 상해 임시정부 첫 청사는 어디에 있었나?>, http://blog.naver.com/1000oaks/220627581735, 2017년 12월 20일 검색.

부서 배치, 임시정부 요인들과 직원들의 집무 광경, 임시정부 청사 주변의 인문지리를 고찰한다. 그럼으로써 임시정부 초기 청사가 가지는 문화사적 의미가 이해될 수 있을 것으로 생각된다.[5]

2. '하비로 321호' 청사의 위치 비정

1) 외벽에 태극기가 게양된 초기 청사의 주소는?

외벽에 태극기가 걸려있는 임시정부 청사 건물 사진이 있다(사진 1). 사진 속의 청사 건물은 오늘날 임시정부를 상징한다. 건물의 주소나 정확한 위치를 찾으려면 우선 사진에 나오는 캡션을 확인해야 한다. 하지만 최근까지 우리에게 널리 알려진 임시정부 초기 청사 건물 사진은 촬영 시기나 장소와 같은 캡션이 없다. 일반적으로 기념사진에는 사진 상단이나 하단에 사진의 내용을 설명하는 캡션(caption)이 표기된다. 캡션은 사진에 대한 명확한 전거를 증명해주는 메타 데이터이기 때문에 매우 중요하다.

임시정부 초기 청사 사진은 원래 캡션이 없었던 것일까? 최근까지 캡션이 없는 사진이 유통되었기 때문에 청사 사진은 마치 처음부터 캡션이

---

5) 이 글은 상해 하비로 321호 대한민국 임시정부 초기 청사의 역사에 대한 초보적인 연구이다. 향후 종합적인 연구성과는 학술지에 공식적으로 발표하고자 한다. 가능하다면 상해 현지의 상해사, 건축사 등 전문가들과의 공동연구의 필요성이 절실하다. 시간이 걸리는 일이겠지만 가능한 한 하비로 321호에 대한 당시의 설계도, 건축대장 등 건물의 역사를 알려주는 자료들도 확보하여야 한다. 그럼으로써 임시정부 초기 청사 건물에 대한 세부 내용과 청사 건물의 선정 경위, 그 속에서 활동했던 임시정부 요인들의 면면, 청사 위치의 지정학적 의미, 그 주변의 인문 지리에 대한 보다 다채로운 역사를 복원할 수 있을 것이다.

없었던 것처럼 인식되었다. 사실 임시정부 청사 건물 사진은 언제부터인
가 사진 하단에 캡션이 지워진 채 유통되었다. 지금이야 캡션이 중요한
정보로 취급되고 있지만 당시로서는 사진을 활용하는 목적이 달랐기 때
문에 캡션을 지우는 경우가 그리 이상한 것이 아니었다. 또 도록에 사진
을 수록하는 과정에서 미관상 혹은 다른 이유로 테두리나 캡션을 삭제하
는 경우도 적지 않았다. 해방 후에도 캡션이 없는 임시정부 초기 청사
사진이 도록에 실리면서 캡션이 있는 원 사진은 사람들의 기억에서 잊혀
져갔다. 문제가 된 것은 1990년대 이후 초기 청사 건물의 위치를 찾는
과정에서였다. 사진에 장소를 기록한 캡션이 없다보니 청사 건물의 정확
한 주소를 둘러싸고 여러 가지 주장이 난립하게 되었다. 그 결과 오늘날
까지 이 건물의 정확한 위치를 확인하는데 걸림돌이 되었다.

〈사진 1〉 일반적으로 잘 알려져 있는 캡션이 없는 임시정부 청사 사진[6]

---

6) 독립기념관, 『중국내 대한민국임시정부 기념관 도록』, 2009 ; 국사편찬위원회, 『대

청사 건물 사진으로서 캡션이 없이 실린 최초의 사진은 박은식의 『韓國獨立運動之血史』(1920)일 것이다(사진 2). 이 책에 실린 임시정부 청사 건물 사진은 하단 캡션이 삭제되어 있다. 다만 "大韓民國臨時政府臨時政廳"이라고만 되어 있다.[7] 어떤 이유에서 캡션을 삭제하였는지는 확실치 않다. 제한적인 의미를 가지는 구체적인 날짜나 주소를 지워 청사 건물의 상징성을 더 부각시키려고 했던 것은 아닐까. 결과적으로 오늘날 사진 하단의 캡션이 삭제된 임시정부 청사 사진이 널리 퍼지는 계기가 되었던 것으로 보인다.

廳 政 時 臨 府 政 時 臨 國 民 韓 大

〈사진 2〉 大韓民國 臨時政府 臨時政廳
(박은식의 『韓國獨立運動之血史』(1920)에 실린 임시정부 임시정청 사진.
하단의 캡션이 삭제되어 있다.)

한민국임시정부자료집』 44, 사진자료, 2011.
7) 朴殷植, 『韓國獨立運動之血史』, 上海: 維新社, 1920. 앞의 도록.

大韓民國 臨時政府上海廳舍

(住所 : 中國上海 佛租界寶昌路 309號)

〈사진 3〉 국회도서관에서 편찬한『大韓民國臨時政府議政院文書』(1974)에 실린 임시정부 청사 사진. 하단의 캡션은 다음과 같다. 大韓民國 臨時政府 上海廳舍(住所 : 中國 上海 佛租界 寶昌路 309號). 왜 보창로(하비로) 309호인지 근거 제시가 없다.

사진 하단의 캡션이 삭제된 사진 때문에 여러 가지 오류도 나오게 되었다. 그 대표적인 경우가 국회도서관에서 편찬한『大韓民國臨時政府議政院文書』(1974)의 화보에 수록된 사진이다(사진 3). 이 자료집에 수록된 청사 건물 사진의 하단 캡션에는 "大韓民國 臨時政府 上海廳舍(住所 : 中國 上海 佛租界 寶昌路 309號)"라고 되어 있다. 청사 건물 주소가 보창로 즉 하비로 309호로 되어 있다.8) 하지만 그 근거는 제시되지 않았다. 어떻게 해서 보창로(하비로) 309호라는 주소가 나오게 된 것인

8) 국회도서관,『大韓民國臨時政府議政院文書』, 1974.

지 알 수 없다. 이 사진도 임시정부 청사 건물의 주소를 찾는 과정에 많은 혼선을 야기했다.9) 뒤에서 보겠지만, 최근 하단 캡션에 주소가 명기된 사진이 발굴되면서 하비로 309호는 오류임이 드러났다. 하비로 309호라고 하는 가공의 호수가 나온 것은 하비로 321호와 독립임시사무소가 있었던 하비로 329호가 착종되면서 나온 것이 아닌가 추측될 뿐이다.

다행히도 최근 청사 건물의 정확한 주소를 알려주는 캡션이 붙어 있는 임시정부 청사 원 사진이 발굴되어 공개되었다(사진 4). 독립운동가의 집안에 고이 간직되어 있던 이 사진은 임시정부 요인 박찬익의 며느리 신순호 여사가 소장하고 있던 것이다.10) 임시정부가 수립된지 100년 가까이 지난 2015년에 가서야 공개되어 마시지타을 금할 길이 없다, 늦었지만 이제 청사 건물의 정확한 주소를 확정할 수 있게 되었다.

이 사진은 홍보용 사진 엽서의 형태로 만들어졌다. 엽서의 크기는 가로 8.6cm, 세로 13.3cm이다. 사진은 엽서에 인화되어 있어 주소와 내용을 써서 다른 사람에게 보낼 수 있는 형태이다. 엽서의 뒷면은 검은 얼룩으로 손상된 상태이다. 임시정부는 청사 건물 사진을 엽서에 인화하여 임시정부를 홍보하는 목적으로 사용한 것으로 보인다. 임시정부가 사진 엽서를 제작한 경우는 더러 있었던 것으로 보인다. 1921년 1월의 임시정부 신년축하회 기념 사진을 엽서로 제작한 바 있었다.11) 최근 공개된 촬영 시기와 장소 즉 주소가 명기된 캡션이 온전히 붙어 있는 사진을 보자.

---

9) 한시준, 「상해의 임시정부 소재지에 관한 고찰」 ; 김주용·박환·조재곤·한시준·한철호, 『국외항일유적지』, 225~226쪽. 한시준의 경우, 하비로 초기 청사 건물 소재지를 하비로 309호로 비정하고 있다.

10) 경기도박물관, 『어느 독립운동가 이야기 : 광복 70주년 기념 특별전 도록』, 2015, 29쪽. 이 도록에는 엽서의 앞면 즉 청사 건물 사진만 수록되어 있고 엽서의 뒷면은 수록되지 않았다. 다행히 본서에는 경기도박물관측의 후의로 엽서의 뒷면 스캔본도 실을 수 있게 되었다. 지면을 통해 경기도박물관에 감사를 드린다.

11) 김광재, 「대한민국 임시정부 신년축하회 문화에 대한 일고찰 - 1920·1921년 기념 촬영사진 분석을 중심으로」, 『한국근현대사연구』 제72집, 2015.

〈사진 4〉 2015년 처음 공개된 하비로 321호 청사 사진 엽서 앞면(경기도박물관 소장)

大韓民國臨時政府 臨時政廳
大韓民國 元年 十月 十一日 在 中華民國 上海 法界 霞飛路 三 百二十一號

〈사진 5〉 하비로 321호 청사 사진 엽서 뒷면(경기도박물관 소장)

상단에 'POST CARD'라는 문구 가 인쇄되어 있으며 주소와 우편 번호를 써도록 되어 있다. 검은 얼 룩이 보이는 등 손상된 상태이다.

건물 사진 밑에는 "大韓民國臨時政府 臨時政廳 大韓民國 元年 十月
十一日 在中華民國 上海 法界 霞飛路 三百二十一號"이라는 캡션이 명
기되어 있다. 촬영시기와 주소까지 나타나 있는 현재로서는 유일본이다.
사진 속의 건물은 임시정부 정청 즉 청사이고 촬영시점은 1919년 10월
11일, 건물의 주소는 상해 프랑스조계 하비로 321호로 되어 있다.[12]

캡션이 온전히 붙어 있는 사진이 이제서야 공개되었지만 우리가 주의
력이 깊었더라면 좀 더 빨리 임시정부 초기 청사 건물의 주소를 확인할
수도 있었다. 한국국민당의 기관지 『韓民』(제13호, 1937년 4월 30일)에
는 4월 11일 임시정부 수립을 기념하는 사설과 함께 임시정부 청사 건
물 사진이 실려 있다(사진 6). 안타깝지만 앞에서 언급한 옥성득 외에는
그동안 이 사진을 눈 여겨 보는 사람이 없었다.[13]

〈사진 6〉『韓民』(제13호, 1937년 4월 30일)에 실린 하비로 321호 청사 사진
大韓民國 臨時政府 臨時政廳
民國 元年붙터 使用하던 上海 霞飛路 三二一號

---

12) 이 사진은 최근 임시정부 관련 공식 사진집에도 수록되었다. 대한민국임시정부기
념사업회, 대한민국임시정부기념관 건립추진위원회, 『사진으로 보는 대한민국임
시정부』, 2016.
13) 『韓民』제13호, 1937년 4월 30일(국사편찬위원회, 『대한민국임시정부자료집』35,
한국국민당 I, 2009, 226쪽).

사진 아래 캡션에는 "大韓民國 臨時政府 臨時政廳"이라고 되어 있고, 그 왼쪽 옆 설명에는 "民國 元年부터 使用하던 上海 霞飛路 三二一號"로 되어 있다. 원래의 캡션 2줄 가운데 위의 "대한민국 임시정부 임시정청"이라는 캡션은 그대로 두고 밑의 촬영시점과 주소는 삭제하였다. 다만 사진 왼쪽에 "民國 元年부터 使用하던 上海 霞飛路 三二一號" 임시정청이라고 하였다.[14] 사진을 수록하는 과정에서 원래 캡션은 지우고 약간 다른 캡션을 붙였지만 '하비로 321호'라는 주소는 명기되어 있다. 사진 캡션의 촬영시기를 지운 것은 '민국 원년부터 사용하던'이라고 하여 임시정부 청사의 상징성을 더 강하게 드러내려고 그랬던 것이 아닐까 생각된다. 앞에서 본 박은식의 『혈사』에 수록된 임시정부 청사 사진의 예와 비슷한 경우가 아닐까 싶다.

2) 하비로 321호 청사의 현재 위치는?

사진 속의 임시정부 초기 청사 건물의 정확한 주소는 상해 프랑스조계 하비로 321호임이 입증되었다. 이제 하비로 321호의 오늘날 위치가 어디인지 확인하는 일이 남았다. 하비로 321호의 정확한 위치는 어디일까?

그에 앞서 참고를 위해 하비로의 역사에 대해 살펴보자. 한국역사상 최초의 공화제 정부인 임시정부가 수립되어 청사가 위치했던 하비로는 상해 한인들과도 깊은 인연이 있었다. 초기 임시정부 시절 상해 한인들은 이 길 양쪽과 그 이면의 주택에서 많이 거주했다. 하비로는 프랑스조계를 동에서 서로 관통하는 간선도로로 프랑스조계에서 가장 번화가였을 뿐만 아니라 낭만과 문화의 거리이기도 하였다.

하비로의 거리명은 거리의 주인이 누구였느냐에 따라 여러 차례 바뀌었다. 프랑스조계 시절에는 프랑스 유명인사의 이름을 딴 寶昌路(Avenue

---

14) 『韓民』 제13호, 1937년 4월 30일.

Brunat, 1906년), 霞飛路(Avenue Joffre, 1915년), 그리고 汪精衛政府 시절의 泰山路(1943년), 일제 패망 후 국민당 시절에는 국민정부 주석을 지낸 林森을 기념하여 林森中路(1945년), 1949년 신중국 수립 후에는 국공내전 때 3대 전역의 하나인 淮海戰役을 기념하여 淮海中路(1950년)로 개명하여 오늘에 이르고 있다.[15]

- 1906년 寶昌路(Avenue Brunat)
- 1915년 霞飛路(Avenue Joffre)
- 1943년 泰山路
- 1945년 林森中路
- 1949년 淮海中路

1919년 임시정부가 프랑스조계에서 활동하던 시기의 거리 이름은 하비로였다. 그러나 거리명이 1915년에 하비로로 바뀐지 몇 년 되지 않았기 때문에 이전의 보창로라는 거리명도 여전히 사용되고 있었다. 때문에 독립운동 자료에는 하비로뿐만 아니라 보창로라는 거리명도 심심치 않게 눈에 띈다.

하비로 321호의 정확한 위치를 찾는 데는 두 가지 방법이 있을 수 있다. 우선 하비로 321호라는 호수가 변경된 자료를 찾아서 확인하는 방법이다. 다음으로 1919년 전후 제작된 상해 프랑스조계 지적도를 확보하여 그 정확한 위치를 확인할 수 있다.

첫 번째 방법은 호수의 변경 과정을 추적하는 것이다. 하비로는 1919년 이후 프랑스조계 시가지가 확대되면서 1925년과 1932년의 두 차례에 걸쳐 호수의 변경이 있었다. 하비로 이전의 보창로 일대에는 전통적인 중국 강남의 촌락이 있었는데, 1870년대부터 프랑스의 영향을 받아 유럽식 석

---

15) 김광재, 「'상인독립군' 金時文의 上海 생활사」, 『한국민족운동사연구』 64, 2010, 125쪽.

고문 주택과 화원양방, 즉 저택들이 들어섰다. 프랑스가 1900년과 1914년에 조계의 영역을 확장하면서 이 지역이 프랑스조계에 편입되었다. 특히 1910년대 이후 하비로에 상업지구가 형성되고, 거주하는 인구가 증가하면서 많은 건물들이 들어섰다. 한 통계에 의하면, 1912년부터 1919년 사이에만 하비로 일대에 423동의 유럽식 주택이 새로 지어졌다고 한다.[16] 하비로 321호 임시정부 초기 청사 건물도 그 중의 하나일 것이다.

하비로 거리 양쪽에 건물들이 들어서면서 거리의 호수가 크게 늘어났다. 건물의 증가와 함께 호수를 정하는 것이 문제가 되었다. 처음에는 하비로 431호 옆에 432호A, 431호B, 431호C 등의 방식으로 처리했다. 그러나 기존의 호수 옆에 새로 지어진 건물을 ABCD 등으로 정하여 관리하는 것도 한계에 부딪혔다. 하비로 거리의 호수를 전면적으로 개편하는 작업이 필요하게 되었다. 하비로 거리의 호수는 1925년, 1932년 두 차례의 변경이 있었다. 그래서 하비로 321호가 1925년에 몇 호, 또 그것이 1932년에 몇 호로 바뀌었는지 확인해야 한다. 그렇게 바뀐 호수를 현재 지도에서 찾으면 된다. 때문에 1919년의 하비로 321호가 오늘날 회해중로 321호가 아님은 두 말할 필요가 없다. 이를 표로 나타내어 보면 쉽게 이해된다.

〈표 1〉 하비로 호수 변경

1919년 당시	1925~1932년	1932년~현재	비고
213호	219호	339호	김문공사
321호	?	?	임시정부 청사
329호	?	?	독립임시사무소
408호	?	650호	손문 행관

16) 한시준,『중국 상해 '寶昌路 329號' 건물 철거자재 고증 및 복원 타당성 조사보고서』, 32쪽.

오늘날 그대로 남아 있는 하비로 408호 孫文 行館의 경우 현재 호수를 확실하게 알 수 있다. 현재 손문 행관은 1996년 상해 노만구의 문물보호단위로 지정되어 관리되고 있다. 김문공사의 경우에는 그곳에 김시문이 1922년부터 1960년대 후반까지 거주했기 때문에 호수가 변경되는 과정이 확인된다. 그런데 임시정부 청사의 경우는 1920년대 이후 1940년까지의 미상 시기에 철거되어 상가 건물이 들어섰기 때문에 호수의 변경 사항이 전혀 확인될 수 없었다.

호수 변경 과정을 추적해 하비로 321호의 현재 위치를 확인하는 것은 1925년, 1932년 두 차례의 호수 변경에 대한 자료를 찾을 수 없으므로 현재로서는 불가능한 방법이다. 2004년 한시준은 오늘날의 회해중로 329호가 1919년 보창로(하비로) 329호가 아님을 고증하여 어느 '독지가'가 국내에 반입한 이른바 '임시정부 폐자재'가 임시정부와 전혀 관계가 없음을 실증하였다. 그렇지만 보창로(하비로) 329호가 오늘날 회해중로 몇 호에 해당하는지는 후일의 과제로 미루었다.[17] 하비로 321호도 마찬가지였다. 현재의 자료 수준으로는 1920~30년대에 호수가 바뀌는 과정을 고증하는 것은 그만큼 어려운 일이다.

남은 것은 두 번째 방법이다. 1919년 전후 제작된 지적도를 찾아서 확인하는 것이다. 민국시기 상해 지도는 남아 있는 것이 많지만 대축척이 많아 지번이나 건물 호수를 확인하는 데는 도움이 되지 않는다. 지금까지 1919년 당시의 프랑스조계 지적도는 알려진 것이 없었다. 주로 활용된 것은 1940년과 1949년에 제작된 지적도였다.[18] 그러나 이들 지적도는 1923년과 1932년의 두 차례에 걸쳐 호수가 변경된 이후이므로 1919년 당시의 하비로 321호의 위치를 찾는 데는 그다지 도움이 되지 않는다.

---

17) 한시준, 『중국 상해 '寶昌路 329號' 건물 철거자재 고증 및 복원 타당성 조사보고서』, 41쪽.

18) 福利營業公司, 『上海市行號路圖錄』(下), 法租界, 上海: 福利營業公司出版, 1940 ; 上海福利營業股分有限公司 編印, 『上海市行號路圖錄』(下), 1949.

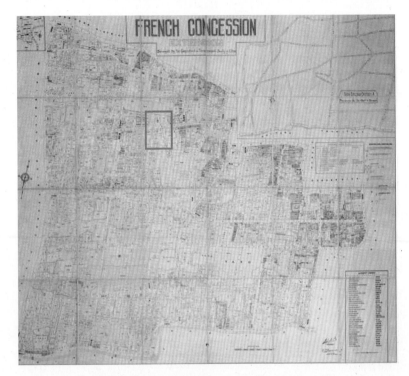

〈지도 1〉 French Concession : Extention(전체 모습)
(상단 박스 부분을 확대한 것이 오른쪽 <지도 2>임)

그런데 다행히도 필자는 "French Concession : Extention"라는 1920년에
제작된 프랑스조계의 지적도를 확인할 수 있게 되었다.[19] 지금까지 본격적
으로 활용된 적이 없는 이 지적도를 통해 하비로 321호의 정확한 위치를 고
증할 수 있는 길이 열리게 되었다.[20] 지적도의 메타 데이터는 다음과 같다.

---

19) The Geograhical&Topographical Society of China, "French Concession : Extention",
    1920. 이 지적도를 찾는데 중요한 계시를 주신 상해의 許洪新 선생님께 지면을
    빌어 깊은 감사를 드린다.
20) 현재 이 지적도는 상해 거주 인사가 소장하고 있으며 소장자의 요구로 성명을 밝
    히지 않는다.

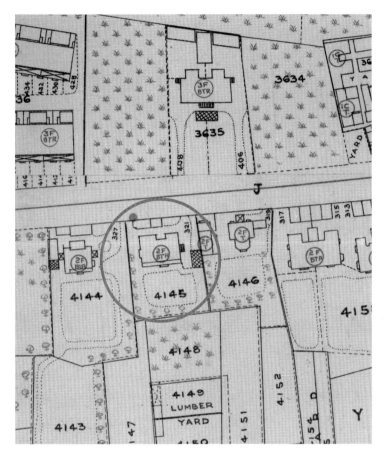

〈지도 2〉 French Concession : Extention(하비로 321호 부분)

(동그라미 부분이 하비로 321호임)

- 지도명 : "French Concession : Extention"
- 축척 : 1:1800
- 크기 : 142×150cm
- 제작시기 : 1920년 11월 15일
- 제작사 : "The Geograhical & Topographical Society of China"[21]

---

21) 이 지적도 자체는 다음 지도집에 소개된 바 있다. 지적도 가운데 金神文路 부분이

지도명은 "French Concession : Extention"이다. 번역하자면 "프랑스조
계 : 확대지역"이라는 명칭이다. 이 지적도는 프랑스조계 가운데 일부이
다. 프랑스조계 내에서도 새로이 확장된 지역 즉 구조계가 아닌 신조계
지역의 지적도라는 말이다. 전체 2도엽인 지적도의 제작 시기는 1920년
으로 하비로 321호 청사가 있었던 1919년의 상황을 잘 반영하고 있다.
축척은 1,800분의 1 지도로 건물 호수가 선명하게 보인다. 크기는 가로
와 세로 약 1.5m로 꽤 큰 지도이다. 지도 제작사는 "The Geograhical &
Topographical Society of China"이다. 당시 상해 전화번호부에 의하면,
이 회사의 영문 명칭에 中華坤輿圖誌會이라는 중문 명칭이 병기되어 있
다. 주로 지도 제작, 건축 설계를 디자인하거나 자문하는 회사로 사무실
은 상해 北京路에 있었다.22)

그런데 하비로 321호의 위치는 현재 새로운 건물들이 들어서 있기 때
문에 그 정확한 위치를 고증하기는 쉽지 않다. 다행스러운 것은 하비로
408호 손문 행관이 오늘날도 옛날 위치에 그대로 남아 있어 중요한 기
준점을 제공해주고 있다. 하비로 321호의 위치는 하비로 408호 손문 행
관의 정 대면이 아니라 약간 왼쪽으로 틀어져 있는 대면에 있다. 손문
행관은 하비로 321호의 현재 위치를 확정하는데 결정적인 역할을 한다.

이 지도에서 1919년 당시의 하비로 321호는 오늘날 회해중로와 思南
路가 만나는 지점에 있음을 알 수 있다(사진 7). 오늘날 회해중로 651호
에 해당된다. 현재는 6층 상가 건물이 들어서 있는데, H&M이라는 스웨
덴 브랜드의 패션 백화점이 영업 중이다. 초기 청사 뒤쪽의 잔디밭에 해
당하는 자리에는 상해 思南路 우체국 건물이 있다.23) <사진 7>에서 전

샘플로써 확대되어 있다. 上海圖書館, 『老上海地圖』, 上海書敎出版社, 2001, 49쪽.
22) 字林洋行, *The North China Desk Hong List*, 1917, p.81.
23) 향후 상해시문물관리위원회에서 소장하고 있는 上海法新界西區圖(1920)를 확인하
    여야 할 것이다. 許洪新에 의하면, 1949년 국민당정부가 상해에서 철수할 때 버리
    고 간 上海法新界西區圖의 크기가 집 거실 벽면 크기의 두 배 정도라고 한다. 상해

면의 갈색 건물 왼쪽 길이 회해중로이고 오른쪽 길은 사남로이다. 하비로 321호에서 서쪽으로 몇 십미터 더 가면 임시정부 수립의 산파 역할을 한 하비로 329호 독립임시사무소가 있었던 곳이다(사진 8).

〈사진 7〉 하비로 321호 임시정부 초기 청사 자리의 오늘날 모습

〈사진 8〉 하비로 329호 독립임시사무소 자리의 오늘날 모습

시 盧灣區에서 노만구지 발간을 위해 정식으로 요구해도 열람이 허용되지 않았다고 한다. 다만 현재는 지도의 일부가 알려져 있다. 許洪新, 『上海老弄堂』, 上海科學技術文獻出版社, 2004, 2쪽. 필자가 확인한 바에 의하면, 上海法新界西區圖는 French Concession : Extention과 거의 유사한 지적도이다. 다만 上海法新界西區圖는 1920년 이후의 변동 상황이 반영되어 있다. 향후 보다 정밀한 대조와 확인이 요청된다.

3. '하비로 321호' 청사와 임시정부의 광경

1) 하비로 321호 청사로의 이전

임시정부가 하비로 321호 청사에 이전한 것은 언제일까? 이를 직접 알려주는 자료는 찾아 볼 수 없다. 다만 임시의정원 회의가 청사에서 열렸던 것으로 보아 그 회의 장소를 통해 유추해볼 수는 있다. 다음은 임시의정원기사록에 보이는 회의 장소를 시기 순으로 제시한 것이다.

- 제1회(1919. 4.10~4.11) : 金神父路
- 제2회(1919. 4.22~4.23) : 金神父路
- 제3회(1919. 4.25)   : 金神父路
- 제4회(1919. 4.30~5.12) : 愷自邇路 長安里 民團事務所
- 제5회(1919. 7.7~7.19) : 愷自邇路 長安里 民團事務所
- 제6회(1919. 8.18~9.17) : 개원식은 愷自邇路 長安里 民團事務所, 그후는 霞飛路 321號[24]

위에서 보는 바와 같이 제1회부터 제3회까지의 임시의정원 회의는 김신부로에서 열렸다. 3회에 걸쳐 의정원 회의가 열린 것으로 보아 이곳은 임시정부의 탄생지이자 첫 청사였던 셈이다. 그러나 이 기사록에는 김신부로라는 거리명만 있고 구체적인 호수가 기재되지 않아 지금까지 그 정확한 위치를 찾지 못하고 있다.

또 어떤 이유인지는 몰라도 김신부로 청사는 그리 오래 가지 못했던 것으로 보인다. 그 후 임시의정원 회의는 정식 청사가 아닌 임시적인 장소에서 열렸다. 제4회 및 5회 임시의정원 회의는 長安里 민단 사무소에서 열렸다. 이곳은 원래 상인 郭潤秀의 집이었는데, 1층은 민단 사무소,

---

24) 국사편찬위원회, 『대한민국임시정부자료집』 2, 임시의정원 Ⅰ, 2005, 16~52쪽.

2층은 외래 방문객 숙박시설로 이용되고 있었다.[25] 장안리 민단 사무소는 1919년 6월 서가회로 홍십자의원, 四川路 기독교청년회관과 더불어 당시 상해 한인들의 반일운동 근거지 3개소 가운데 한 군데로 일컬어지고 있었다.[26] 하비로 321호에 임시정부 청사가 정식으로 자리를 잡을 때까지 민단 사무소가 임시적인 청사로 활용되었던 것이다.

그러나 민단 사무소는 협소하여 임시정부 청사로 쓰기에는 적합하지 않았다.[27] 정상적인 정부 사무 집행을 위한 일정 규모 이상의 청사가 필요했다. 그래서 프랑스조계의 대로인 하비로에서 청사 건물을 찾았고 하비로 321호 건물을 선정하게 되었을 것이다. 하비로 321호 청사는 안창호가 미국에서 가져온 돈으로 얻었던 것으로 보인다. 1919년 5월 25일 상해에 도착한 안창호는 6월 28일 내무총장에 취임하면서 임시정부 운영을 정상 궤도에 올려놓기 위해 노력했다.[28]

하비로 321호가 위치한 곳은 상해 프랑스조계에서도 새로이 확장된 신조계에 해당하는 지역이다. 이때까지만 해도 조계 교외 지역으로 정치인이나 부호들의 화원양방이 하비로 대로 양쪽에 늘어서 있었다. 우선 손문 행관이다. 1911년 신해혁명 후 런던에서 상해에 와서 활동했던 손문이 1913년까지 거주했던 활동 거점이었다. 여운형이 1919년 莫利愛路의 손문 저택을 찾아가 독립운동에 대하 지원을 호소하였던 일이 있었다.[29] 임시정부가 하비로 321호에 청사를 두었던 시기 손문은 근처인

25) 국회도서관 편, 『한국민족운동사료』 중국편, 1976, 23쪽.
26) 「上海方面의 情況」, 1919년 6월 18일(국회도서관 편, 『한국민족운동사료』 3.1運動篇 其一, 1977, 197쪽).
27) 村上唯吉, 『上海視察報告』 1919년 7월(강덕상 지음, 김광렬 옮김, 『여운형과 임시정부 : 망명 정부의 존립을 위한 고투』, 선인, 2017, 23쪽에서 재인용함).
28) 도산안창호선생전집편찬위원회, 『도산안창호전집』 제6권 대한민국임시정부·유일당운동, 2000, 80~81쪽.
29) 강덕상 지음·김광열 옮김, 『여운형 평전 1 : 중국·일본에서 펼친 독립운동』, 역사비평사, 2007.

막리애로 29호에 있었다. 하비로 321호 주위에는 손문 외에도 중국의 유력 정치인들이나 부호들의 저택이 있어 독립운동에 대한 교섭 활동이 수월했을 것이다.

또한 임시정부 청사로부터 멀리 떨어지지 않은 어양리에는 신규식이 거주하고 있었다. 이곳은 1910년대 초중반 상해지역 독립운동의 중심지였다. 부근 김신부로 22호(현재의 50호)에는 현순이 거주하고 있었다. 하비로 329호에는 1919년 3월 당시 임시정부 수립 준비 기관이었던 독립임시사무소가 있었다. 그렇게 볼 때, 하비로 321호는 주변의 어양리, 독립임시사무소, 현순 거주지와 매우 가까워 활동하기에 편리했을 것임에 틀림없다. 또 교통도 편리한 곳이었다. 하비로 321호 근처에는 전차 정거장이 있어 접근성이 좋았다.

임시정부가 하비로 321호에 입주한 것은 대략 1919년 8월 초 전후로 보인다. 왜냐하면 8월 18일부터 같은 해 9월 17일까지 열린 제6회 임시의정원 회의가 8월 18일의 개원식만 장안리 민단 사무소에서 열리고 그 다음부터는 새로 마련한 하비로 321호 청사에서 열렸다고 했기 때문이다. 하비로 321호에서 제6회 의정원회의가 1919년 8월 19일부터 열리는 것으로 보아 그 이전에 하비로 321호 청사가 마련되었던 것으로 보인다.

하비로 321호 임시정부 청사에서 열린 제6회 임시의정원 회의는 역사적으로 중요한 회의였다. 이 회의를 통해 상해 임시정부, 국내 한성정부, 연해주의 대한국민의회가 합쳐 통합 정부가 성립될 수 있었다. 제6회 임시의정원 회의가 폐회하는 9월 17일 임시의정원 의원들은 하비로 321호 청사 앞에서 기념 사진을 촬영하였다(사진 9). 사진 촬영은 안창호가 제의했던 것으로 보인다. 그는 미국 시절부터 남달리 사진 촬영을 선호하였다. 그가 아니었다면 오늘날 우리가 익히 접하고 있는 임시정부 건물 및 단체 기념 사진은 남아 있지 않을지도 모른다. 다음은 9월 17일 하비로 321호 청사 건물 앞에서 찍은 기념 사진이다.

〈사진 9〉 大韓民國 元年 九月 十七日 大韓民國臨時議政院 第六回 紀念 撮影30)

2) 하비로 321호 청사의 경관

하비로 321호 임시정부 청사의 경관에 대해서는 일부 자료와 회고에 보이고 있다. 먼저 일본 언론들이 기록을 남기고 있다. 상해 홍구에서 발간되던 일본 교민 신문 『上海日日新聞』은 당시 상해 한국독립운동에 대해 관심을 가지고 기사를 내보내고 있었다. 하비로 321호 임시정부 청사에 대해서도 보도한 바 있다.

상해일일신문 기자는 1919년 9월 17일과 18일 두 차례에 걸쳐 하비로 321호 임시정부 청사를 방문하였다. 아마도 첫날은 제6회 임시의정

---

30) 대한민국임시정부기념사업회, 대한민국임시정부기념관 건립추진위원회, 『사진으로 보는 대한민국임시정부』, 2016, 63쪽.

원 회의가 폐회되는 날이었기 때문에 취재가 허용되지 않았다. 다음날은 청사 경내 입장이 허락되어 일본 기자는 청사 정문을 통과하여 건물 주변을 둘러보고 사진을 찍었다. 일본 기자의 취재 결과는 9월 18일 당일 석간으로 발행된 상해일일신문에 게재되었다.[31] 며칠 후 이 기사는 독립신문에 번역되어 실렸는데, 기사 내용은 다음과 같다.

> 堂堂한 집 嚴重한 警戒
> 靜肅한 內部狀態
> … 韓國獨立臨時政府가 法界에 在하다는 말은 聞하엿스나 一次도 往見한 事 無하다. 如何한 建物로 如何한 形便인지 不知하고 危險한 곳이라는 所聞만 드러섯다. 그러나 생각에 朝鮮獨立黨으로 凶徒惡漢의 集合體는 안일지라 하고 往訪하엿다. 意外에 宏大한 建物이 鬱蒼한 樹木으로 蔽하야 形容하야 말하면 一小國의 領事館 갓흐며 庭園은 廣하고 溫室花園까지 잇다. 門을 직히는 印度人과 交涉하기에 數分 洋服中服 닙은 靑年들의 應答에 數十分 到底히 目的을 達成치 못할 것 갓더니 長時間 交涉에 겨우 白面無髥의 一少年을 接見하니 崔씨라. 時間이 迫切하다 하야 明日을 約束하고 出하니 第一日은 門內 三四步에 至하다.[32]

상해일일신문 기자는 임시정부 청사가 예상외로 규모가 있어 한 나라의 영사관과 같다고 하면서 놀라워했다.[33] 울창한 수림으로 가리워져

---

31) 『獨立新聞』 1919년 9월 23일, 「日本新聞記者의 來訪」. 독립신문은 일본 기자가 허락도 없이 청사를 촬영하여 자사의 신문에 게재하였다고 힐난하였다. 필자는 상해일일신문이 임시정부 관련 기사를 게재하면서 청사 건물 사진을 실었다는 기사를 근거로 이를 찾고자 하였으나 아직까지 찾지 못하고 있다. 필자의 조사에 의하면, 중국이나 일본에 1919년도의 상해일일신문은 남아 있지 않는 것으로 확인되고 있다. 이에 대해서는 다음의 논문을 참조하기 바란다. 김광재, 「독립신문 만평의 상해 한인 독립운동과 생활문화에 대한 풍자 - 1919년 尖口子의 「군소리」를 중심으로」, 『한국근현대사연구』 제81집, 2017.
32) 『獨立新聞』 1919년 9월 30일, 「日記者가 본 我臨時政府」.
33) 임시정부 건물이 의외로 '宏大'하다는 일본 신문의 보도에 대해 독립신문 기자 첨구자는 불편한 심기를 드러냈다. 임시정부 청사는 실제로는 매우 좁다고 꼬집

있는 청사로 들어서면 넓은 정원과 온실화원이 나온다고 했다. 온실화원
은 앞의 지적도에 나오는 청사 건물 옆의 부속 건물이 아닌가 한다. 청
사 건물 앞에는 사진에서도 알 수 있듯이 비교적 넓은 잔디밭이 펼쳐져
있었던 것으로 보인다.

청사 정문에는 인도인 순포가 경비를 담당하였다. 당시 영국 식민 당
국에 의해 상해에 온 인도인들은 주로 조계의 경비, 교통 정리를 담당하
였다.[34] 이들은 인도 내 주류인 힌두교도들이 아닌 소수파인 시크교도
들이었다. 상해에서는 이들을 가리켜 '紅頭阿三'이라고 하였다. 이들은
얼굴에 수염을 기르고 체격도 큰데다 두툼한 두건을 쓰고 있었기에 체격
이 더 장대하게 보여 위압감을 주었다.[35] 임시정부는 아마도 상해 현지
의 관행대로 인도인을 경비로 고용하였던 것으로 보인다.

일본의 유력지『大阪朝日新聞』도 임시정부 청사 건물에 대해 다음과
같은 기사를 보도하였다.

> 상해 프랑스 조계 霞飛路 321호의 불온 조선인의 본부는 프랑스 경찰
> 로부터 폐쇄 명령을 받았다. 해당 명령은 17일에 나와 48시간의 유예가
> 주어졌다. 또한 올해 8월 하순부터 한 주에 3회 발행해 온 한글 신문『독
> 립』도 역시 18일 발행 금지 명령을 받았다. 향후 이들 한 패에 내홍이 일
> 어 두 파로 분열되어 알력이 생겨 수습하기 어려운 지경에 이르러 특히
> 조선 본국인으로부터 보내온 송금 등도 충돌을 야기할 듯하다. 주의 주장
> 으로도 온건파와의 의견 차이를 초래하고 있었던 것이다. 어쨌거나 결국
> 피하기 어려운 운명에 조우하여 오래도록 상해에 있으면서 세인들의 주목
> 을 끌던 빨간 벽돌(赤煉瓦)의 아름다운 건물과 항상 문에 서서 망을 보고
> 지키고 있는 2명의 인도인, 끊임없이 출입하는 수많은 젊은 조선인의 양복
> 차림도 다시 볼 수 없을 것이다. 묘하게 우뚝 솟은 본부의 창이 굳게 닫혀
> 져 있는 것을 볼 뿐이다.[36]

었다.『獨立新聞』1919년 9월 23일,「군소리」.

34) 金世鎔,「印度特輯, 上海의 印度人 示威運動光景」,『삼천리』, 1931년 7월호, 49쪽.
35) 문정진 외,『중국 근대의 풍경』, 도서출판 그린비, 2008.

이로 볼 때, 하비로 321호 임시정부 청사는 매우 수려하고 아름다웠던 건물이었던 것 같다. 지금은 흑백 사진 속의 잿빛 건물로 보이지만37), 원래의 임시정부 청사는 "오래도록 상해에 있으면서 세인들의 주목을 끌던 빨간 벽돌의 아름다운 건물"이었다고 한다. 거기에 더하여 건물 외벽에 태극기를 게양하였으니 세상 사람들의 '주목'을 끌고도 남았을 것이다.

3) 하비로 321호 청사의 집무 광경

1919년 3.1운동을 계기로 상해에는 국내외의 독립운동가들이 모여들었다. 이들은 4월 10일부터 임시의정원 회의를 개최하였고, 다음날 임시헌장을 제정하고 임시정부를 수립하였다. 한국 역사상 최초의 민주공화제 정부가 수립된 것이다. 임시정부는 행정부와 의정원으로 구성되고, 그 직할조직으로 민단을 두었다. 행정부는 대통령제로 운영되고, 국무총리 아래에 시기에 따라 내무, 외무, 재무, 군무, 법무, 학무, 교통, 노동 등 7~8개의 부를 두었다. 임시정부는 직할 조직으로 민단을 조직하여 상해 교민사회를 장악하였다.38)

하비로 321호에 청사가 있던 1919년 8월에서 10월에 이르는 시기는 임시정부가 미국에서 온 안창호를 중심으로 의욕적인 활동을 펼치고 있던 때였다. 우선 임시정부는 국내 행정을 직접 장악하기 위해 노력하였다. 행정과 정보의 연결망인 연통부와 교통국을 설치하여 국내 행정을

---

36) 『大阪朝日新聞』 1919년 10월 22일, 「조선인의 본부 폐쇄되다/프랑스 관헌에 의해(상해 특전 21일 밤)」 ; 독립기념관, 『大阪朝日新聞 韓國關係記事集(1919.9~1920.8)』, 2016, 88쪽.

37) 대한민국임시정부기념사업회, 대한민국임시정부기념관 건립추진위원회, 『사진으로 보는 대한민국임시정부』, 44쪽.

38) 김희곤, 『대한민국임시정부 Ⅰ - 상해시기』, 한국독립운동사의 역사 23, 독립기념관, 2008, 49~81쪽.

확보하고 정보를 수집하였다. 임시정부는 그 외에도 외교활동, 군사계
획, 교육 및 문화 활동을 전개하였다.[39)]

　독립운동에 분주하던 하비로 321호 임시정부 청사의 모습과 그곳에
서 진행되던 독립운동의 광경은 어땠을까. 먼저 독립신문 기자 尖口子
는 '군소리'라는 만평에서 하비로 321호 초기 임시정부의 모습을 여실히
묘사하였다. 첨구자는 통합 임시정부가 수립되고 국무총리와 각부 총장
들이 속속 부임하게 되면서 한국의 독립은 결정된 것이나 마찬가지라는
희망에 가득 찬 소회를 나타냈다. 계속하여 첨구자는 임시의정원 폐원
후 임시정부의 각부서 집무 모습에 대해 묘사하였다. 이때는 상해, 노령,
한성 정부가 하나로 된 통합 임시정부가 출범된 지 며칠 지나지 않은
때였다. 첨구자는 임시의정원과 정부의 모습에 대해 다음과 같이 풍자하
고 있다.[40)]

> 　議政院도 閉院되고 秋風이 불기 시작하며 政府에 보가가 各部가 다 活
> 氣를 帶한 듯 部마다 空氣가 각기 다른 中 交通內務財務部는 테불이 빅빅
> 하게 드러 노이고 보기만 하여도 奔走한 듯하여 거름 듸려노키가 무엇하
> 다. 國務院室에는 (나혼자 그런지) 官僚臭가 橫溢하다. 外交部에는 李金兩
> 女史가 羣靑中에 紅一點을 加하니 朝鮮開闢 以來에 처움이라 할가. 新國務
> 總理來着함에 總理室을 내노아야 할 安總辦 아직도 갈 곳이 업다고. …[41)]

　위에서 보듯이 첨구자는 임시정부 청사의 각부 부서가 활기차게 일하
고 있는 모습을 스케치하였다. 교통부, 내무부, 재무부는 '테블'이 빽빽
하고 놓여 있는 사무공간에서 다들 매우 분주하게 일하고 있어 들어가기

39) 김희곤, 『대한민국임시정부 Ⅰ - 상해시기』, 89~150쪽.
40) 독립신문 기자 첨구자가 묘사한 임시정부 초기 청사의 독립운동 광경에 대해서는
　　아래 논문을 참고하였다. 김광재, 「독립신문 만평의 상해 한인 독립운동과 생활문
　　화에 대한 풍자 - 1919년 尖口子의 「군소리」를 중심으로」.
41) 『獨立新聞』 1919년 9월 23일, 「군소리」.

가 미안할 정도라고 하였다. 이에 비해 이유는 확실치 않지만 국무원실
은 관료적인 분위기가 농후하다고 하여 다소 부정적으로 그리고 있다.

국무총리 이동휘의 상해 도착과 부임으로 국무총리실을 비워주게 된
안창호가 아직 자신의 공간을 마련하지 못하고 있는 것을 해학적으로 풍
자하였다. '총리실을 내노야 할' 처지이지만 '아직도 갈 곳이 없'는 안창
호의 처지가 눈에 들어오는 듯하다. 당시 안창호는 내무총장이자 국무총
리 대리로서 임시정부를 실질적으로 이끌고 있었다. 그런데 9월 18일 통
합임시정부가 출범하고 국무총리와 각부 총장들이 속속 상해에 오면서
그의 국무총리 대리 시절이 끝나게 되었던 것이다.

계속하여 첨구자는 초기 임시정부 직원들의 근무 광경을 다음과 같이
묘사하였다.

> 政府에서 싸보타주를 한다고 尖口子가 한 마듸 해떠니 톡톡이 꾸중을
> 들잇서. 三十名職員이 午前九時 正刻에는 一齊히 國旗에 拜禮하고 國歌를
> 불으고 나서는 午後五時까지는 點心먹을 時도 업서 땀을 흘리는데.[42]

위의 만평은 임시정부 청사가 10월 17일 프랑스조계 당국에 의해 폐
쇄되기 직전의 상황을 보여주고 있다. 폐쇄 직전임에도 불구하고 임시정
부 청사에는 매일 30여 명의 직원들이 출근하고 9시 정각에 국기에 대한
경례, 국가를 부른 후 오후 5시까지 점심도 거른 채 일을 하고 있었다.

이러한 모습은 이광수의 기억에 의해서도 뒷받침되고 있다. 이광수는
"도산이 취임하면서 하비로의 꽤 큰 주택(민영익이 있던 집이라고 한다)
을 정청으로 얻어서 매일 정한 시간대로 정부 사무를 보았다. 총장은 도
산 밖에 없었으나 차장들과 그 이하 직원들은 매일 출근하였다."[43]고 한
다. 하비로 321호 청사가 '민영익이 살던 집'이라고 하는 것은 확실치

---

42) 『獨立新聞』 1919년 10월 14일, 「군소리」.
43) 李光洙, 「己未年과 나」, 『李光洙全集』 13, 三中堂, 1962, 239쪽.

않다. 아마도 민영익의 동생 閔泳璇이 프랑스조계 하비로의 協平里에
거주한 적이 있어 그런 얘기가 나왔던 것이 아닌가 생각된다.[44] 이와 관
련하여 안창호도 협평리에 임시정부 청사가 있었다고 기억하였다.[45] 이
는 아마도 안창호가 상해에 도착한 5월 말 임시정부가 장안리 민단 사무
소에서 사무를 보고 있었던 때문으로 보인다. 하비로 큰 길에서 장안리
민단 사무소로 가려면 대로상의 협평리를 거쳐야 되기 때문에 협평리를
장안리로 기억한 것으로 보여진다.

이광수와 함께 임시정부 수립에 깊이 관여했던 현순은 임시정부 직원
들의 근무 광경에 대해 다음과 같이 회고하였다.

政廳은 法界 霞飛路에 設置하고 部署를 排定하야 下層前面右房에는 內
部와 交通部를 두고, 左房은 財務部가 專用하고, 後面右房은 接待室로 정
하고, 上層大房은 總理室이오, 前房은 法務와 書記官長이 竝用하며, 後房
은 外部와 軍部가 竝用하고, 長廊一座에는 金九의 指揮下에 있는 警護員
20명이 正服으로 勤務하며, 政廳正門에는 印度人巡警으로 守直케 하였다.
每日出勤은 午前 9시로 午後 4시까지 하고 每朝 出勤時에는 政府職員들이
集合室에 會集하야 無窮花歌 一節을 齊唱하고 總理의 告諭가 있은 후 各
部로 分進視務하니 一大修養所와 恰似하였다.[46]

임시정부 직원들은 오전 9시에 출근하고 오후 4시에 퇴근하였다고 하
는데, 아마도 오후 5시가 맞을 것이다. 직원들은 매일 출근 후 '집합실'
에 모여 애국가를 부르고 총리의 고유가 있은 후에 각자 사무실로 가서

---

44) 金晴江, 「閔泳翊의 藝術과 生涯」, 『月刊文化財』 8월호, 1976, 22쪽. 1918년 10월
   상해의 민영선이 국내에 있는 아들에게 보낸 편지 겉봉의 주소는 "上海 法界 寶
   昌路 協平里 5號"로 되어 있다. 당시 민영익은 공공조계 북경로 瑞康里에 거주하
   고 있었다. 최완수, 「芸楣實紀」, 『澗松文華』 37 - 書畵3 芸楣, 1989.
45) 「安昌浩 訊問調書 第5回」, 1932년 9월 9일(朝鮮總督府 高等法院 檢事局 思想部,
   『朝鮮思想運動調査資料』 제2집, 1933).
46) 玄楯, 『MY AUTOBIOGRAPHY, 玄楯自史』, 연세대학교 출판부, 2003, 50쪽.

근무하였다. 1층 우면 방에는 내무부, 교통부, 좌측에는 재무부, 후면 오른쪽 방은 접대실, 2층 큰 방은 총리실, 앞방은 법무부, 서기관장이 같이 썼고, 뒷방은 외무부, 군무부, 복도 한쪽에는 경호원 20명이 정복으로 근무하였다고 한다.

이즈음 임시정부 청사에는 국내에서 온 방문객들이 더러 있었던 것으로 보인다. 이러한 사실은 강원도 고성 사람 李秉祥의 공술에서 잘 알 수 있다. 그의 진술은 임시정부 직원들의 집무 광경이나 안창호의 임시정부 청사 견학 및 애국금 출연 프로그램 운영에 대한 귀중한 정보를 제공해주고 있다. 상해 임시정부 등 독립운동사 연구의 기초 사료집으로 많은 연구자들이 이용하고 있는 金正明의 『조선독립운동』(제2권)에 나오는 자료이지만 지금까지 학계에 소개된 적이 없다.

독립운동가가 아닌 평범한 조선 사람 이병상이 상해 임시정부 청사를 방문하게 된 사연을 보자. 1919년 4월 이후 임시정부가 파견한 요원들이 국내 곳곳에서 자금 모집 활동을 전개하였다. 그 가운데 宋秉善, 洪鐘燁, 李鴻善 등 임시정부 요원들은 강원도 고성의 부자 李完洙를 방문하였다. 그런데 이완수가 자금 제공을 거부하자 "지금까지 너는 (네가) 직접 상해로 가서 보던지, 아니면 현실적으로 조선에서 그 정부가 출현하지 않으면 믿기 어렵다면서 임시정부의 명령을 듣지 않고 돈을 내지 않았다. 따라서 이번에는 너를 데리고 상해로 갈 작정을 하고 온 것이다"라고 했다.

이완수는 자기에게는 오늘 죽을지 내일 죽을지 모르는 늙은 아버지가 있는 형편으로 집을 떠날 수 없다고 하여 대신 인근에 살고 있는 먼 친척인 이병상에게 상해로 가도록 부탁했다. 이완수로부터 여비를 받은 이병상은 임시정부 요원들과 함께 상해에 갔다. 특히 송병선은 상해에 가서부터는 宋秉祚라고 불렀다. 저명한 독립운동가 송병조이다. 이즈음 송병조는 고향 평북 용천에서 3·1운동에 참여하였다가 국내에서 군자금

모집 활동을 하고 있었다. 그의 군자금 모집 활동은 임시정부와 연계되었던 것으로 보인다. 임시정부의 청사 견학 프로그램으로 상해에 간 이병상은 하비로 321호 초기 임시정부 청사 안팎의 모습, 내무총장 안창호의 동정에 대해 다음과 같이 진술하고 있다.

> 나는 앞에서 말한 것처럼 작년 음력 8월 5일(양력 1919년 9월 28일 - 인용자) 밤 상해에 도착해서 같은 달 7일 밤에 상해를 출발했는데, 그 중 하루 동안 임시정부의 상황을 견문했지만 자세한 사정은 알 수 없었고, 상해에 도착한 날 밤 이들 3명의 안내로 支那町에서 一品香이라는 서양식 7층 건물 여관에 투숙했고, 다음 날 송병선은 인력거가 왔으니까 임시정부로 가자고 말했으므로 둘이서 각자 인력거를 타고 프랑스조계 안에 있는 임시정부로 가서 2층의 한 방으로 안내를 받고 기다렸습니다. 그러자 양복을 입은 조선인 한 명이 들어와서 악수를 했습니다. 그리고 의자에 앉으라고 해서 그의 말에 따라 의자에 앉아 서로 통성명을 하고 인사를 나누게 되었습니다. 그 사람은 평안도가 고향인데 임시정부의 내무총장 安昌浩라고 했고, 말씨에 경성 사투리가 섞여 있었습니다. 이어서 동인은 내가 나이든 몸도 생각하지 않고, 萬里의 行程도 멀다고 여기지 않고 이완수를 대신해서 일부러 상해까지 무사히 건너온 일은 매우 감사하는 바이며, 이완수는 지금까지 임시정부의 명령에 따르지 않았으므로 죽이기로 했는데, 이번에 당신이 이완수의 대리로 온 것을 보면 이완수도 역시 훌륭한 사상을 가지고 있는 자이므로 지금까지 자신들의 생각이 잘못되었다고 하면서 내가 상해에 온 일을 매우 기뻐했습니다.
> 나는 동인에게 임시정부의 代官連에 관한 일을 들었는데, 동인은 책을 넣어두는 서랍에서 서류 한 장을 꺼내서 보여주었습니다. 이 서류를 보니 대통령 이하 각 총장들의 이름도 있었습니다만 일일이 기억하지는 못합니다. 그 사람이 말하기를 대통령 이승만은 미국에, 재무총장 이시영은 남경에, 외무총장 이동녕은 북경에, 김 아무개는 巴里에 있다고 했으므로 나는 "그에게 임시정부를 비워두고 밖으로 나가 있으면 정무를 볼 수 없을 것이다" 하고 물어보았습니다. 그러자 그 사람은 현재 파리 강화담판에서 국제연맹이 성립하게 되었으므로 조선의 독립을 확실하게 승인시키기 위하여 운동 중이라고 했습니다. 그래서 나는 언제쯤 그 일이 실현되는지를 물

었는데, 그 사람은 즉시 실현되니까, 그 다음에 조선으로 이전할 생각이라
고 말은 번지르르하게 그럴 듯한 이야기를 하였습니다. 나는 사실은 탁자
한 개, 의자 서너 개에 불과하고 사무를 보는 자를 볼 수 없는데 이 방이
임시정부인가 하고 물었습니다. 그 사람은 먼저 나를 2층의 내무총장실로
데려갔습니다. 그 방에는 비서과장 기타 서너 명이 있었는데, 그 사람은
책장 서랍에서 금반지와 머리 장식용 금은 제품을 꺼내면서 "이것은 조선
부인이 조국의 독립을 기원하면서 기증한 물건이므로 아직까지 팔지 않고
소중하게 보관하고 있다"고 울먹이면서 그 애국심에 감사하고 있었습니
다. 그 다음에 交通部를 보았는데, 그곳에는 많은 사람들이 있었습니다. 그
다음에 내무부를 보았는데, 그곳에는 7~8명이 있었습니다. 그 후에 재무
부를 보았는데, 그곳에는 5~6명이 있었습니다. 다른 사무실에도 안내를
받았지만, 무엇을 하는 방인지 기억하지 못합니다. 이어서 다시 내무총장
실로 돌아와 나는 군무부는 어디에 있는지 물었고, 군무부는 만주에 있고
군대가 수 만 명이라고 했습니다. …47)

위에서 보는 바와 같이, 임시정부는 국내 인사들을 상해에 데려와 임
시정부 청사를 둘러보게 한 뒤 애국금을 헌납하게 하는 프로그램을 운영
하고 있었다. 임시정부는 재정적인 어려움을 타개하기 위해 국내 인사들
을 상해로 초청해서 임시정부를 견학하게 하고 어려운 재정 형편을 이해
시킨 다음 애국금의 출연을 권유했던 것으로 보인다.

이병상도 마찬가지였다. 이병상은 1919년 음력 8월 5일(양력 9월 28
일) 안내인 송병조 등과 함께 상해에 도착했다. 상해에 도착한 첫날 이병
상은 공공조계의 일품향이라는 호텔에 묵었다. 다음날 그는 송병조와 함
께 인력거를 타고 프랑스조계 하비로 321호 임시정부 청사를 방문하였
다. 청사 2층의 한 방에서 안창호를 만나 서로 인사하고 그의 안내로 청
사 내부 곳곳을 둘러보았다. 교통부, 내무부, 재무부 등의 순서로 각 사
무실에서 임시정부 직원들이 일하는 모습을 둘러보고 다시 2층의 내무

---

47) 朝鮮總督府 法務局, 『朝鮮獨立思想運動の變遷』, 1931, 31~33쪽 ; 金正明 編, 『朝
鮮獨立運動』 2, 東京: 原書房, 1967, 6~8쪽.

총장실로 들어갔다.

내무총장실에서 감동적인 일이 벌어졌다. 안창호는 서랍에서 조선여성이 기증했다는 금붙이를 꺼내 이병상에게 보여주면서 애국심에 호소하였다. 안창호는 비록 임시정부가 재정적으로 어렵지만 이 물건들을 팔지 않고 지금까지 소중하게 보관하고 있다고 하였다. 이에 대해 이병상이 어떤 반응을 보였는지는 확인되지 않고 있다. 대신 이병상은 안창호에 대한 감동적인 일화를 후세에 전하였다. 이병상을 설득하던 안창호는 오히려 자신이 조선 부녀들의 애국심에 감동하여 울먹이는 모습을 보였다. 인간애와 감성이 풍부한 안창호의 진면목을 보여주는 대목으로 가슴 뭉클한 역사의 한 장면이 아닐 수 없다.[48]

4) 하비로 321호 청사의 폐쇄와 그 후

하비로 321호 청사 시절은 오래 가지 못했다. 일제는 상해 프랑스조계 당국에 임시정부에 대해 폐쇄 조치를 내릴 것을 압박해왔다. 결국 프랑스조계 당국도 일제의 요구를 수용하지 않을 수 없었다. 10월 17일 프랑스조계 당국은 임시정부에 대해 48시간 이내 청사를 폐쇄할 것을 명령하였다. 그러나 사전에 이러한 정보는 한인들에게 누설되었던 것으로 보인다. 프랑스조계 당국 내에는 임시정부에 대해 우호적인 프랑스 관헌 및 한인 통역들이 근무하고 있어 일본 측의 한인 체포 요구가 있을 때마다 미리 통보되었다.[49]

---

48) 조선 여성들이 기증했다는 금붙이는 서양 기자 페퍼가 국내에 갔다가 국내 인사들이 기증한 3천엔과 더불어 가져왔던 것으로 보인다. 「安昌浩 訊問調書 第3回」, 1932년 9월 7일(朝鮮總督府 高等法院 檢事局 思想部, 『朝鮮思想運動調查資料』 제2집, 1933).

49) 「朝鮮總督府 上海派遣員 情報」, 1919년 4월 29일자(국회도서관 편, 『한국민족운동사료』 3.1운동편 其三, 371쪽).

때문에 폐쇄 명령은 사전에 적어도 10월 10일 경에는 알려졌던 것으로 보인다. 임시정부는 비교적 여유를 가지고 이전 준비를 하였던 것으로 보인다. 그것은 앞에서 본 바 있거니와, 임시정부 청사 건물 사진의 촬영 시점이 10월 11일인 데서도 미루어 짐작할 수 있다. 임시정부 청사 폐쇄를 의식한 기념촬영임에 틀림없다. 임시정부 청사에서의 마지막 촬영이었던 것이다. 그리하여 하비로 321호 청사 건물을 찍은 유일한 사진이 역사에 전해지게 되었다. 이 날 임시정부 직원 32인은 청사 건물 앞에서 마지막으로 기념 사진을 촬영하였다. 촬영에 임하는 임시정부 요인들의 표정들이 한결같이 비장하다. 같은 날 안창호, 현순, 신익희, 김철, 윤현진, 최창식, 이춘숙 등 국무원의 핵심 관계자들은 별도로 모임을 가진 다음 사진관으로 가서 기념사진을 촬영하였다. 그리하여 짧았던 하비로 321호 임시정부 청사 시절이 끝나게 되었다.

중국 신문들은 하비로 321호 청사가 폐쇄된 후 임시정부의 상황을 앞다투어 보도하였다. 즉 폐쇄 직후 임시정부 청사 건물 내에는 의자와 탁자를 비롯한 집기들이 모두 치워져 사무실은 텅 비었고 사무실 문밖에는 인도인과 중국인 순포 두 명이 경비를 서고 있었다고 하였다.[50]

안창호는 임시정부가 폭탄을 제조했다는 임시정부 폐쇄의 직접적인 구실에 대해 이는 사실무근이라고 부인하였다. 아울러 임시정부의 폐쇄 조치에 대해 "이번 조치는 외견상 일본과는 상관이 없는 듯 보이지만, 일본인들이 배후에서 조종한 것이 틀림없다. 비록 사무실이 봉쇄되었지만 실망하지 않는다. 애초 사무실을 고정된 장소에 둔 것이 오히려 불편한 점이 없지 않았다. 이제 더 안전한 곳에서 새롭게 시작하면 될 것이다"라고 강조하였다.[51]

하비로 321호 청사 시절 이후 임시정부는 더 이상 상해 프랑스조계에

---

50) 『晨報』 1919년 10월 24일, 「韓國獨立政府不容於上海」.
51) 『民國日報』 1919년 10월 22일, 「韓人臨時機關部封鎖」.

〈사진 10〉 大韓民國臨時政府 在上海 職員 一同 紀念 撮影 大韓民國 元年 十月 十一日[52]
(하비로 321호 임시정부 청사 폐쇄 직전의 마지막 기념사진)

〈사진 11〉 大韓民國臨時政府 國務院 大韓民國 元年 十月 十一日[53]

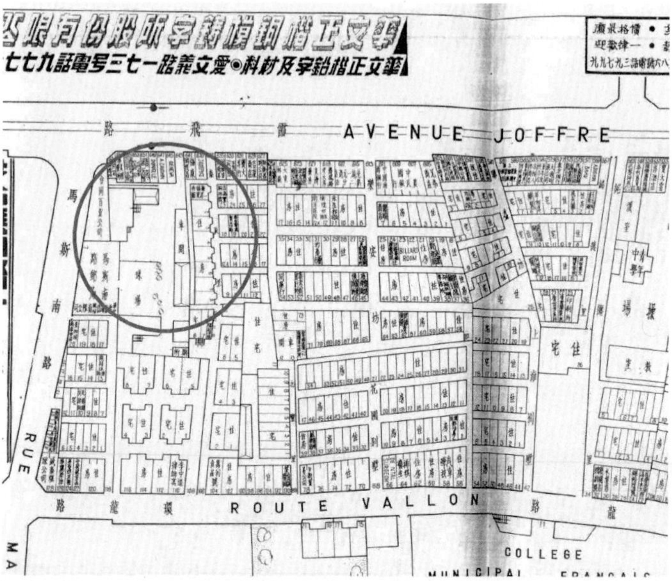

〈지도 3〉 1940년 지적도 상의 하비로 321호 임시정부 청사 자리(원 안)
福利營業公司, 『上海市行號路圖錄』(下), 法租界, 上海: 福利營業公司出版, 1940.

서 대로상의 번듯한 청사 건물을 가질 수 없었다. 일제의 탄압으로 임시
정부 각 기관은 대로에서 벗어난 주택가로 분산했다. 부서별로 그 책임
자의 거처에서 사무를 보게 되었다.[54] 안창호의 말대로 임시정부 청사
를 고정된 곳에 두기보다는 유사시 피신하기 좋은 소규모 단위로의 전환
이었던 셈이다. 혹시 모를 일제의 탄압에 대비해 희생을 최소화하는 길
이기도 했다. 그후 임시정부는 십여 차례의 이전 끝에 1925년 마랑로 보
경리 4호에 청사를 두었다. 그 뒤로 1932년 4월 윤봉길의거로 상해를
떠날 때까지 비교적 오랜 기간 한 곳에 머물렀다.

52) 대한민국임시정부기념사업회, 대한민국임시정부기념관 건립추진위원회, 『사진으
    로 보는 대한민국임시정부』, 2016, 65쪽.
53) 위의 자료집, 64쪽.
54) 한시준, 「상해의 임시정부 소재지에 관한 고찰」, 1996.

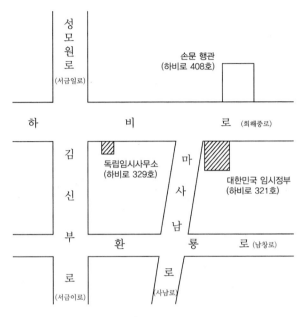

〈지도 4〉 하비로 321호 대한민국 임시정부 초기 청사 근처 약도

　현재 하비로 321호 임시정부 초기 청사 건물이 있던 자리에는 6층 건물이 들어서 있다. 아마도 1920~30년대에 있었을 개발로 321호 건물이 철거되고 건물이 들어섰던 것으로 보인다. 1940년에 발간된 지적도에는 저택이 보이지 않고 상가와 연립주택이 들어서 있다.55) 그리고 오늘날의 상해 노만구에서 발행된 『上海盧灣區地名誌』에 의하면, 하비로 321호가 있던 자리에는 泰辰里라는 상가 및 주택단지가 들어서 있다.56)

55) 福利營業公司, 『上海市行號路圖錄』(下), 法租界.
56) 盧灣區人民政府 編, 『上海盧灣區地名誌』, 141쪽.

4. 맺음말

최근까지 우리가 익히 알고 있는 임시정부 초기 청사 건물 사진은 촬영 시기 및 장소와 같은 캡션이 없었다. 이는 박은식의 『한국독립운동지혈사』에 청사 건물 사진이 캡션이 삭제되어 실리면서 비롯되었던 것으로 보인다. 이는 결과적으로 후일 초기 청사의 정확한 위치를 찾는데 혼선을 야기했다. 만시지탄을 금치 못하지만 최근 청사 건물 사진의 하단에 촬영시기와 주소가 명기된 원래의 사진이 공개되었다. 이 사진을 통해 청사 건물의 주소는 하비로 321호임이 확실해졌다. 이제 하비로 321호라는 주소를 1919년 당시의 자료에서 확인하여 그 정확한 위치를 확인할 수 있게 되었다.

하비로 321호의 정확한 위치를 찾는 데는 두 가지 방법이 있을 수 있는데, 하비로 321호라는 호수가 변경된 자료를 찾아서 확인하거나 1919년 전후 제작된 상해 프랑스조계 지적도를 확보하는 것이다. 그런데 현재의 자료 수준으로 볼 때 첫 번째 방법은 거의 불가능한 실정이므로 두 번째 당시의 지적도를 확보하여 확인하는 외에 달리 방법이 없다. 다행히도 필자는 "French Concession : Extention"라는 1920년에 제작된 프랑스조계의 지적도를 확보하였다. 이 지적도에서 하비로 321호는 하비로 408호(현재 회해중로 650호) 손문 행관의 맞은편에 위치해 있다. 오늘날 회해중로와 思南路가 만나는 지점이다.

임시정부가 하비로 321호에 청사를 둔 것은 언제일까? 1919년 4월 11일 상해에서 수립된 임시정부는 정부 사무 집행을 위한 일정 규모 이상의 청사가 필요했다. 4월 11일부터 4월 하순까지 3회에 걸쳐 김신부로에서 임시의정원 회의를 열었던 것으로 보아 이곳이 임시정부 탄생지이자 첫 청사였던 것으로 생각된다. 그러나 4월 30일 임시의정원 회의가 이곳이 아닌 장안리 민단 사무소에서 열리면서 김신부로가 아닌 민단 사무소가 임시 청사로 활용되었다. 비록 임시이기는 하지만 장안리 민단 사무소는 협소하여 정부 청사로서는 적합하지 않았다. 그해 6월 28일 임시정부 내무총장에 취임한 안창호가 임시정부 운영을 정상화하면서 임시정부는 하비로 321호에 번듯한 청사 건물을 마련하게 되었다. 그 시기는 대략 1919년 8월 초로 보인다.

상해일일신문 기자는 임시정부 청사가 예상외로 규모가 있어 한 나라의 영사관과 같다고 하면서 놀라워했다. 일본의 유력지 『대판조일신문』도 임시정부 청사 건물을 "오래도록 상해에 있으면서 세인들의 주목을 끌던 빨간 벽돌의 아름다운 건물"이었다고 하였다.

독립신문 기자 첨구자는 '군소리'라는 만평에서 초기 임시정부 청사의 각부 부서가 활기차게 일하고 있는 모습을 스케치하였다. 교통부, 내무부, 재무부는 '테블'이 빽빽하고 놓여 있는 사무공간에서 다들 매우 분주하게 일하고 있어 들어가기가 미안할 정도라고 하였다. 계속하여 첨구자는 10월 17일 프랑스조계 당국에 의해 폐쇄되기 직전임에도 불구하고 임시정부 청사에는 매일 30여 명의 직원들이 출근하고 9시 정각에 국기에 대한 경례, 국가를 부른 후 오후 5시까지 점심도 거른 채 일을 하고 있는 모습을 핍진하게 그리고 있다. 1층 우면 방에는 내무부, 교통부, 좌측에는 재무부, 후면 오른쪽 방은 접대실, 2층 큰 방은 총리실, 앞방은 법무부, 서기관장이 같이 썼고, 뒷방은 외무부, 군무부, 복도 한쪽에는 경호원 20명이 정복으로 근무하였다고 한다.

하비로 321호 청사 시절 재정적으로 어려운 처지에 있던 임시정부는 이를 타개하기 위해 국내 인사의 임시정부 청사 방문을 통한 애국금 출연 프로그램을 운영했던 것으로 보인다. 국내의 부호를 대상으로 이들을 상해 임시정부로 초청해서 임시정부의 상황을 설명하고 이해시킨 다음 애국금의 출연을 권유했던 것이다.

강원도 고성 사람 이병상도 상해로 가서 프랑스조계 하비로 321호 임시정부 청사를 방문하였다. 그는 청사 2층의 한 방에서 임시정부의 내무총장 안창호를 만나 그의 안내로 청사 내부 곳곳을 둘러보았다. 이병상은 내무총장실, 교통부, 내무부, 재무부 등의 순서로 임시정부 직원들이 일하는 모습을 둘러보았다. 내무총장실에서 안창호는 서랍에서 조선 여성이 기증했다는 금붙이를 꺼내 보여주면서 비록 임시정부가 재정적으로 어렵지만 아직까지 이것들을 팔지 않고 소중하게 보관하고 있다고 하였다. 이에 대해 정작 안창호 자신이 감동하여 흐느끼는 가슴 뭉클한 역사의 한 장면을 연출하였다.

하비로 321호 청사는 오래지 않아 폐쇄되었다. 일제는 상해 프랑스조계 당국에 임시정부에 대해 폐쇄 조치를 내릴 것을 압박해왔다. 결국 10월 17일 프랑스조계 당국도 일제의 요구를 수용하여 48시간 내에 임시정부를 폐쇄하도록 하였다. 사전에 정보를 입수한 임시정부는 이전 준비를 서둘렀다. 10월 11일 안창호를 비롯한 임시정부 직원들은 청사 건물 앞에서 마지막으로 촬영한 기념 사진을 역사에 남겼다. 그리하여 짧았던 하비로 321호 임시정부 청사 시절이 끝나게 되었다.

하비로 321호 청사가 폐쇄된 후 임시정부는 더 이상 상해 프랑스조계에서 대로상의 번듯한 청사 건물을 가질 수 없었다. 일제의 탄압으로 임시정부 각 기관은 대로에서 벗어난 주택가로 분산되었다. 일제의 탄압에 대비해 희생을 최소화하는 길이기도 했다. 하비로 321호 임시정부 초기 청사 건물이 있던 자리에는 1920~30년대에 있었던 개발로 철거되고 그 자리에는 상가 건물이 들어섰다.

이상에서 필자는 상해 하비로 321호 임시정부 초기 청사의 정확한 위치를 고증하고 그곳에서 전개된 독립운동의 광경을 그려보았다. 그럼으로써 임시정부 초기 역사의 공간을 보다 다채롭게 채울 수 있게 되었다. 이제는 1919년 4월 임시정부가 탄생했던 '김신부로'의 제1회 임시의정원 회의장소이자 첫 청사의 위치를 찾는 일이 남았다. 기왕이면 임시정부 수립 100주년이 되기 전에 밝혀졌으면 하는 바람 간절하다. 향후의 과제로 남긴다.

[여언]

필자가 하비로(현재의 회해중로) 321호 임시정부 초기 청사 자리를 찾아야겠다고 생각한 것은 2007년 12월 말로 거슬러 올라간다. 상해에 현지 연구를 가게 되었으니 그 참에 시간을 가지고 임시정부 초기 청사의 위치를 찾아야 되는 것이 아닌가 하는 의무감과 동시에 의욕이 있었다.

상해에 도착한 직후부터 마침 회해중로 622호의 상해사회과학원 옆에 있는 손문 행관 앞을 무슨 단서가 나오지 않을까 하면서 기웃거렸다. 자료를 뒤져봐도 뾰족한 수가 없었다. 손문 행관이 하비로 408호에서 현재의 회해중로 650호로 바뀌어 242호가 늘어났으니 길 건너 홀수 호인 321호도 242호를 더해 현재 563호가 된 것이 아닐까 하는 터무니없는 생각을 해보기도 했다.

임시정부 수립 100주년 전에는 어떻게 되겠지 하는 막연한 생각을 하는 동안 시간은 흘러갔다. 10년이면 강산도 변한다고 한다. 운 좋게 프랑스조계 지적도를 발굴하게 되었다. 하비로 321호는 오늘날 회해중로 651호에 해당되는 것으로 확인되었다. 찾아놓고 보니 손문 행관의 길 건너편에 있었다. 필자가 다녔던 상해사회과학원으로부터도 지척의 거리에 있었다. 다람쥐 쳇바퀴 돌듯이 그 근처를 맴돌았던 것이다. 지금도 그때 일을 생각하면 고소를 금할 수 없다.

제3장 대한민국 임시정부의 신년축하회 문화

1. 머리말

1920년 1월 1일 대한민국 임시정부는 상해 공공조계 번화가에서 신년축하회를 성대하게 치렀다. 1919년 9월 상해, 연해주, 서울의 임시정부가 하나로 합친 통합 대한민국 임시정부를 수립하고 의욕적인 출범을 한지 얼마 지나지 않은 시점이었다. 또 임시정부 수립 이후 첫 번째 신년축하회라는 의미가 있었다. 임시정부는 일종의 정부 시무식인 신년축하회라는 의식을 통해 새로운 한 해를 축하하는 외에 구성원들의 애국심을 고양하고 독립전쟁에 대한 각오를 다짐하였다.

임시정부 신년축하회의 모습은 1920, 21년 두 차례의 기념촬영 사진으로 남아 있다.[1] 물론 상해 독립운동진영의 삼일절 기념식, 임시정부 요인들의 장례식 사진 등 적지 않은 사진들이 현전하고 있지만 신년축하회 사진 만큼 임시정부 구성원들의 면면을 뚜렷이 보여주는 사진은 없다고 해도 지나치지 않다. 오늘날 임시정부의 신년축하회 모습을 담고 있

---

1) 1920·21년의 임시정부 신년축하회 사진은 다음의 자료집에 수록되어 있다. 도산안창호선생전집편찬위원회, 『도산안창호전집』 제14권 사진, 2000 ; 국사편찬위원회, 『대한민국임시정부자료집』 44, 사진자료, 2011 ; 백범김구선생기념사업협회, 『백범김구 사진자료집』, 2012. 기념촬영사진의 제목은 1920년의 것이 「大韓民國二年 元月元旦 大韓民國臨時政府 新年祝賀會 紀念撮影」이고 1921년의 경우 「大韓民國三年 一月一日 臨時政府及臨時議政院 新年祝賀式 紀念撮影」이다. 촬영주체와 행사 명칭이 다소 다르지만 본고에서는 편의상 특별한 경우를 제외하고는 '대한민국 임시정부 신년축하회'로 통칭한다.

는 두 장의 사진은 건물 2층 외벽에 태극기를 게양한 프랑스조계 霞飛路(현재의 淮海中路)의 임시정부 청사 건물 사진과 더불어 초기 임시정부의 모습을 보여주는 상징적인 사진으로 알려져 있다. 그렇다면 우리는 이 두 장의 사진에 대해 얼마나 알고 있을까? 초기 임시정부의 신년축하회는 어떻게 열렸을까? 신년축하회의 광경은 어땠을까? 신년축하회는 어디에서 열렸고 기념사진은 어떤 장소에서 촬영되었던 것일까? 그러나 우리는 이에 대해 알고 있는 것이 많지 않다.

이 글은 1920, 21년 임시정부 신년축하회 당시 촬영된 두 장의 기념사진을 실마리로 하여 임시정부 신년축하회의 분위기와 풍경, 신년축하회의 모습을 통해 상해 한인들과 임시정부의 속 모습, 상해의 소비문화가 한인들에게 어떤 영향을 미쳤는지 그려보고자 한다. 세심한 읽기가 이루어질 경우 이들 사진은 많은 정보들을 우리에게 제공해준다. 임시정부 요인들의 활동 범위 및 동선이라든가 임시정부 신년축하회라고 하는 의식의 내용들, 임시정부 지도자들의 상해 근대 소비문화에 대한 인식, 그로부터 영향을 받은 한인들의 일상 소비문화 등이 그것들이다.

이러한 글쓰기의 시도는 그동안 상해지역 독립운동사 위주의 정치사 연구에 편중된 학계의 연구경향을 벗어나 임시정부 및 상해 한인사회의 문화사를 복원하는데 일정한 도움이 될 것으로 생각된다. 지금까지 임시정부에 대해서는 방대한 연구가 축적되어 있음은 주지하는 바와 같다. 다만 임시정부와 상해 한국독립운동을 문화사적으로 접근한 연구는 전무하다시피 하였다. 지금까지 임시정부나 한인사회에 대한 연구가 상해라고 하는 공간 속의 특정한 사회에 대해서만 관심을 보였고 상해라고 하는 공간에 대해서는 무관심했던 것이 사실이다. 이 글은 상해라고 하는 공간이 임시정부 및 한인사회에 대해 어떤 영향을 미치고 변화시켰는지에 대해서도 충분한 관심을 가지고 고찰할 것이다.[2) 문화사적 혹은 지

───────────────

2) 공간과 사회의 관계에 대한 연구경향에 대해서는 다음의 논고가 참고된다. 배영

리학적인 접근을 통해 임시정부 및 상해 한인사회에 대한 이해의 폭을
넓히는데 도움을 주고자 한다.

그를 위해 현재 남아 있는 두 장의 임시정부 신년축하회 기념촬영사
진 및 관련 문헌자료들을 활용하고자 한다. 먼저 상해의 근대 도시소비
문화와 상해 한인들의 수용 상황을 살펴본다. 다음으로 1920년 1월 1일
의 첫 신년축하회의 모습을 고찰하고자 한다. 끝으로 1921년 1월 1일
임시정부의 두 번째 신년축하식의 풍경에 대해 살펴본다.

2. 1920년 첫 신년축하회

1920년 1월 1일 새해 아침이 밝았다. 오늘날 신문과 마찬가지로 당시
신문들도 새해에는 특집호를 만들어 신년 분위기를 주도해갔다. 당시 상
해 현지의 중국 신문인 『申報』는 '進步'를 강조하였다. 『신보』에 실린
잡지 광고에서 『新靑年』도 진보를 강조하였다. 또한 일반 기업이나 단
체도 신문 1면에 축하 메시지를 게재하여 원단을 축하하고 국가와 국민
이 진보할 것을 희구하였다. 이와 같이 중국사회가 하나같이 사회의 진
보를 강조한 것은 당시까지도 동아시아에서 크게 유행하고 있던 사회진
화론의 영향이었다.[3]

그러면 상해 한인사회의 분위기는 어땠을까? 임시정부의 기관지 독립
신문에는 대한애국부인회 회장 金元慶의 신년축하 메시지가 실려 있다.

　　새해 새날에는 사람마다 조흔 말슴으로 祝福하지마는 나는 여러 同志

수, 「미국의 도시사 연구와 역사의 공간적 차원」, 『공간 속의 시간』, 도시사연구
　　회 엮음, 심산, 2007.
3) 최기영, 『한국 근대 계몽사상 연구』, 일조각, 2003, 24~29쪽.

를 向하야 今年에는 조흔 犧牲이 되십소사고 인사를 합니다 或 이것을 不
祥한 말이라 하겟지요 그러나 이것이 眞正으로 大福을 비는 것이올시다
우리 同志의 本分이 무엇입닛가 한 몸을 犧牲하야 二千萬同胞를 幸福케
하랴는 것이 오르시다 작은 現實을 犧牲하야 永遠한 民族的生命을 엇는
것이외다 그런즉 우리는 決코 苟苟한 祝福을 서로 마르시고 참 조흔 犧牲
되기를 이날 아침에 決心하고 나아갑시다 愛國婦人會代表 金元慶孃[4]

　상해 한인들에게는 '진보'도 중요했지만 독립을 위한 '희생'이 우선하
였다. 위의 기사에는 신년에 대한 희망보다는 독립을 위한 희생을 각오
하자는 비장함이 흐르고 있다. 이미 연초에 임시정부가 1920년 한 해를
'독립전쟁의 원년'으로 선포하였기 때문에 상해의 한인민족진영에서는
비장한 분위기가 감돌고 있었다. 김원경의 신년 축하메시지에도 이러한
분위기가 짙게 나타나고 있다.

　임시정부는 정부 수립 후 첫 신년축하회 개최 장소로 조용한 프랑스
조계보다는 번화한 공공조계로 잡았다. 임시정부 신년축하회 개최 일시
는 1920년 1월 1일 오전 11시로 정하였다.[5] 장소는 공공조계 西藏路(지
금의 西藏中路) 270호의 一品香旅社가 선정되었다. 일품향은 자타가 인
정하는 고급 호텔이자 일류 요리점이었다. 정부의 행사는 아무래도 한적
한 프랑스조계보다는 번화한 공공조계가 제격이었을 것이다. 그리고 정
부의 행사이니만큼 품위있는 장소가 아니면 안되었다. 거기에 적합한 장
소가 공공조계에 있었다. 공공조계에는 중국 민족자본의 흥기에 힘입어
대형 백화점과 호텔이 들어서면서 상해 근대 소비문화를 주도하고 있었
다. 1919년 임시정부 수립을 전후로 본격적으로 형성되기 시작한 상해
한인사회도 상해의 이러한 분위기와 무관하지 않았다.

---

4) 『獨立新聞』 1920년 1월 8일, 「첫 人事」.
5) 신년축하회는 임시정부에서만 개최된 것은 아니었다. 상해 대한교민단에서도 1월
　3일 저녁 교민단 사무소에서 교민들을 대상으로 하여 신년축하회를 열었다. 『獨
　立新聞』 1920년 1월 8일, 「上海民團新年祝賀會」.

19세기 중반 아편전쟁 이후 개항한 상해는 중국의 남북을 연결하는 대도시로 성장하였다. 이 과정에서 상해의 상인들은 근대적인 소비문화의 계층으로 성장하여 갔다. 이들이 본격적인 근대 소비자 집단으로 등장한 것은 제1차 세계대전 전후였다.[6] 20세기 전반 상해에는 국내의 인구 증가와 더불어 국외의 제1차 세계대전의 영향으로 많은 변화가 나타났다. 1910년대 후반에 이르러 상해의 상공업이 공전의 번영을 구가하기 시작하였다. 제1차 세계대전 기간 중 구미 열강들이 전쟁통에 중국시장을 떠나자 그 공백을 틈타 중국 기업들의 약진이 두드러졌다. 그에 따라 임금 노동자들의 증가와 금융 산업이 성장하면서 도시 중산층이 날로 늘어났다. 이들은 안정적이고도 방대한 소비자 집단으로 성장하였다.[7]

그 전까지만 하더라도 상해의 경제는 기본적으로 외국인들을 중심으로 한 식민지적 수탈구조를 벗어나지 못하였다. 때문에 중국인들의 소비 수준은 대단히 낮을 수밖에 없었다. 하지만 세계대전 기간을 전후한 중국 경제의 성장을 통해 그동안 외국인과 일부 부유층에만 한정되었던 소비시장의 문이 일반 도시민에게까지 대폭 확대되었다. 20세기 초 상해에서의 대형 백화점의 탄생은 바로 이러한 배경으로부터 나타난 것이었다. 대형 백화점의 출현은 南京路(일명 大馬路)를 중심으로 한 상해의 소비문화 지형의 재편을 가져왔다.[8] 1910년대 초반까지만 하더라도 남경로가 상해에서 가장 번화한 지역은 아니었다. 중국인들의 소비생활의 측면에서 보자면 오히려 신문사, 출판사, 음식점, 술집, 유곽, 잡화점 등이 즐비하였던 인근의 福州路(일명 四馬路)가 더 중요한 위치를 차지하고 있

---

6) 菊池敏夫 著, 陳祖恩 譯, 『近代上海的百貨公司與都市文化』, 上海人民出版社, 2012, 4~6쪽. 본고의 상해지역 소비문화와 백화점 등에 대해서는 菊池敏夫, 宋鑽友, 홍준형, 조영숙 등의 연구에 힘입은 바가 컸다.
7) 宋鑽友, 『永安公司與上海都市消費(1918-1956)』, 上海辭書出版社, 2011, 9쪽.
8) 홍준형, 「백화점의 탄생과 근대 상하이의 소비문화 - 1920,30년대 상하이의 화교 자본 백화점을 중심으로」, 『중국학연구』 제51집, 2010, 342쪽.

었다. 그런데 1910년대 후반 이후 남경로에 중국 자본의 대형 백화점들이 연이어 들어서기 시작하면서 상황은 달라졌다. 상해의 상업중심이 남경로로 이전되기 시작했다.

이때 남경로에 설립된 중국 자본의 대형 백화점이 先施百貨店(1917, The Sincere Co. & Ltd.), 永安百貨店(1918, The Wing On Co. Ltd.)이었다. 新新百貨店(1926, The Sun Sun Co. Ltd.), 大新百貨店(1936, The Da Sun Co. Ltd.) 등의 대형백화점이 뒤를 이었다.9) 상해의 4대 백화점으로 불린 이들 백화점은 상해의 도시소비문화를 이끌어 갔다.10) 특히 1910년대 후반 영안백화점 및 선시백화점은 쇼윈도우를 설치함으로써 행인들의 시선을 사로잡고 그들의 소비욕망을 자극하였다. 뿐만 아니라 밤에는 네온사인을 통해 백화점을 불야성의 모던 공간으로서의 이미지를 강하게 표출하였다. 두 백화점의 출현은 남경로를 상해의 쇼핑 메카로 변화시켰다.11) 때문에 1910년대 말 남경로에서 가장 높고 화려한 건축물이었던 영안백화점과 선시백화점은 남경로의 랜드마크가 되었다. 두 백화점은 상해를 방문하는 여행객이라면 누구나 한 번씩 들러야 하는 명소로 자리잡게 되었다.12)

프랑스조계에 거주하던 한인들도 중국 자본의 대형 백화점이 주도하는 상해 도시소비문화의 소비 주체로 등장하였다. 당시 프랑스조계 한인들도『신보』등 상해 현지 신문을 통해 새로이 들어선 남경로의 대형 백화점들이나 그것들이 상징하는 중국 민족자본의 흥기를 피부로 느끼

---

9) 上海社會科學院 經濟硏究所,『上海近代百貨商業史』, 上海社會科學院出版社, 1988, 99~108쪽. 영안백화점의 원래 명칭은 '永安公司'였다. 본고에서는 편의상 영안백화점이라는 명칭을 사용한다. 다른 백화점의 명칭도 마찬가지였다.

10) 리어우판 지음, 장동천 외 옮김,『상하이 모던 : 새로운 중국 도시 문화의 만개, 1930~1945』, 고려대학교출판부, 2007, 50~51쪽.

11) Sherman Cochran ed., *Inventing Nanjing Road : Commercial Culture in Shanghai, 1900~1945*, East Asia Program Cornell University, 1999, 31쪽.

12) 홍준형,「백화점의 탄생과 근대 상하이의 소비문화」, 347쪽.

고 있었다. 상해 한인들 가운데 공공조계에 있는 호텔 식당이나 백화점
내 요리점으로 가서 오찬이나 만찬을 하는 경우가 드물지 않았다.

상해 한인들은 한적한 프랑스조계를 벗어나 공공조계의 남경로가 상
징하는 근대문명을 적극적으로 체험하였다. 그들은 공공조계의 화려한
상업시설에 매혹되었다. 그것은 한국 내에서는 보기 드문 서양문명과 그
것이 창출해낸 이국적 풍경이었다. 서울에 일본인 및 한국인 백화점이
들어선 것이 1930년대 초였음을 감안할 때 남경로의 대형 백화점은 국
내에서 온 한인들이 일찍이 보지 못했던 광경이었다. 게다가 한국 내에
서 각종 제한을 받아온 식민지 한인들에게 이국도시의 자유로운 분위기
는 그들로 하여금 충분한 호기심과 감탄을 갖게 했을 것이다. 고국에서
가산을 처분하고 온 한인들도 적지 않았기 때문에 아직까지는 경제적으
로 여유가 있는 편이었다. 목돈을 들고 왔던 한인들이 상해 도착 후 남
경로의 휘황찬란한 야경에 도취되어 과소비하는 경향이 있었던 것도 무
리가 아니었다. 그들은 3·1운동으로 민족의 독립이 멀지 않은 장래에 있
을 것으로 낙관하고 있었다. 독립운동이 그렇게 장기전이 되리라고는 당
시에는 알기 힘들었다. 1920년 1월 19일자로 상해 일본총영사가 외무대
신에게 보내는 보고서에서 "… 그런데 안창호가 미국으로부터 귀래한
이래 임시정부의 신용이 증가하고 또 모집원을 각지로 파견하여 집금방
법을 강구하였으므로 현재에 있어서는 비교적 풍유한 것 같다. 개인의
재정상태는 작년 11, 12월까지는 유복한 것 같았으나 상해의 번화에 취
하여 의식에 濫費되고 현재에 있어서는 생활에 여유가 없는 것 같다"[13]
라고 하였다. 다소 과장되었지만, 당시 상황을 일정하게 반영하고 있는
것만큼은 분명해 보인다.

『독립신문』도 사치와 환락을 일삼는 일부 한인들을 풍자하였다.
1919년 10월의 『독립신문』 기사는 일부 상해 한인들이 상해 번화가에

---

13) 국회도서관 편, 『한국민족운동사료』(중국편), 1976, 145쪽.

서 환락에 빠지는 모습을 잘 보여주고 있다. 이 기사의 작자인 尖口子는 이름에 걸맞게 일부 한인들의 사치와 환락에 대해 쓴 소리를 아끼지 않았다. "누구나마 國務總理 한번만 차자 뵈우면 大洋四五十元짜리 洋服에 거둘어거리고 밤이면 先施永安 기상家로 단이며 '부란데' '위쓰기'에 泥醉하야 오는 군들 良心에 쓰리지 안을가 한 달에 包飯五元자리 잡수시고 露草 마라 피우시고 半間房에 게시고 二三元자리 中服 입으시는 誠齋先生을 좀 뵈아."[14] 일부 한인들이 비싼 양복에 밤이면 고급 요리점이나 '기상家'(기생집)를 다니며 양주에 취하는 경우가 있었음을 보여주고 있다. 당시 상해 노동자의 한 달 임금이 20~30원이었음을 볼 때 40~50원에 달하는 고가의 양복은 대단한 사치임에 틀림없다. 尖口子는 사치와 환락을 일삼는 일부 한인들에게 검소하게 생활하는 '성재선생' 즉 李東輝를 본받을 것을 강조하였다.

교민단에서도 상해의 퇴폐적인 문화에 빠져드는 일부 한인들에 대한 계몽에 나섰다. 1920년 8월 9일 상해 대한교민단 단장이었던 呂運亨은 상해 교민들의 문명교양과 위생관념을 강조하는 유인물을 배포하여 교민들의 주의를 환기하였다. "되도록 취하지 않게 주의하고 특히 노상에서 취한 모습을 보이지 말 것" 혹은 "茶樓 또는 창기집에 가지 말고 노상에서는 창기와 희롱하지 말 것"을 요청하였다. 특히 후자에 대해서는 "이것은 단지 체면을 손상시킬 뿐만 아니라 나을 수 없는 병에 걸려서 자기의 일생을 불행하게 하고 나아가서는 자손대대의 불행을 남기는 것이니 특히 주의할 것"[15]을 요청하였다.

1920년 말부터 상해에 유입된 러시아의 레닌자금도 한인들의 소비를 촉진하는 계기가 되었다. 당시 상해에서 활동했던 사회주의자 金鈸洙는 국민대표회의에 참석한 대표들에 대해 "그 돈 안슨이가 없을 만치 임시

---

14) 尖口子, 「군소리」, 『獨立新聞』 1919년 10월 4일.
15) 국사편찬위원회, 『대한민국임시정부자료집』 30, 관련단체 Ⅰ, 2009, 19~21쪽.

정부 개조문제로 자조 영안공사 선시공사에 자조 모았으니 요리라도 함
께 먹고 … 각 방면으로 쓰여졌던 것이다"[16]라고 회고하였다. "아! 날마
다 회의허는디 요리집이 가서 먹어가면서, 주린 임시정부사람들이 먹어
가면서 회의허고, 여기 가서 만나고 저기 가서 장소 한 번씩 만나면 십오
원 짜리도 있고, 칠원 짜리도 있고 그러는디, 돈이 자꾸 없어지잖여?"[17],
"그래서 돈이 그냥 낭비가. 거기서 비밀회합인게 다 일등 요리집이나 여
관에 가서 비밀히 앉어가지고 거 회합을 헌게 암만해도 비용이 더 나
와....."[18]라고 하였다. 상해에 모인 대표들은 영안공사나 선시공사에서
연일 회의를 열었다고 하였다.

　다시 임시정부의 첫 번째 신년축하식 장소로 선정된 일품향에 대해서
살펴보자. 일품향은 1882년 광동인이 설립한 서양 음식점이었다. 일품향
은 서양 요리를 취급했지만 이미 중국화된 서양 요리였다. 원래 자리는
공공조계 복주로 22호(지금의 310호, 원 大東書局 소재지)였다.[19] 일품
향은 1918년 건물 임대차 기간이 끝나자 서장로로 이전하였다. 이전한
일품향은 식당뿐만 아니라 오늘날 호텔에 해당하는 숙박시설 旅社도 경
영하였다. 일품향여사는 상해의 유명한 고급 호텔이었다. 1930년대 서양
자본의 호텔인 國際飯店이 개업하기 이전 상해에는 3개의 고급 호텔이
있었는데, 이른바 '三東一品'이라고 하였다. 즉 남경로의 大東旅社, 東
亞旅社, 서장로의 遠東飯店과 일품향여사였다.[20] 일품향여사는 두 동의
건물로 구성되었는데, 북쪽의 것은 2층 건물로 무도장, 화원, 彈子房, 西
菜廳, 外賣部 등이 있었다. 남쪽의 것은 3층으로 旅社, 연회 대청 등이
있었다. 연회 대청 양쪽에는 서양 악대의 琴臺가 있었다. 내부는 서양식

16) 한국정신문화연구원 현대사연구소 편, 『遲耘 金錣洙』, 1999, 11쪽.

17) 한국정신문화연구원 현대사연구소 편, 『遲耘 金錣洙』, 165쪽.

18) 한국정신문화연구원 현대사연구소 편, 『遲耘 金錣洙』, 217쪽.

19) 周三金, 『上海老菜館』, 上海辭書出版社, 2008, 244쪽.

20) 唐艶香, 「一品香與近代上海社會」, 『理論界』, 2008, 128쪽.

으로 꾸며졌고 종업원들의 서비스는 매우 우수하였다. 이곳에서 수많은 귀빈 초청연, 결혼식, 각종 모임이 이루어졌다. 특히 1920년대 상해에는 호텔에서 결혼식을 올리는 것이 일종의 유행이었다.[21] 章太炎이 결혼 후 이곳에서 피로연을 열기도 했으며 1920년 10월 영국의 저명한 철학자 러셀이 상해 방문시 이곳에 묵기도 했다.[22]

일품향의 경우에서 보듯이 당시 상해의 호텔들은 숙박과 음식을 제공하는 원래의 기능 외에 한 걸음 더 나아가 시민생활 중의 하나의 중요한 사회활동공간이었다. 호텔이 제공한 사회활동공간의 기능이 사회적으로는 더 중요한 의미가 있었다. 아울러 호텔은 정치인과 상공인, 실업가, 경제인들의 정치적 협상이나 상거래가 이루어지는 장소이기도 하였다.[23] 1922년 郭沫若이 자신의 시집 『女神』 출간을 기념하는 문인들 모임을 가졌다.[24] 이와 같이 일품향은 현지인들의 단체 모임, 기념식, 친구들 모임 등이 열리던 공공장소였다.

일품향은 상해 한인들과도 인연이 많았다. 1919년 임시정부 수립 이후 일품향에서 행사를 한 기록이 있다. 같은 해 8월 22일 한인과 중국인은 친한파 미국인의 송별회를 이곳에서 했다.[25] 또한 신년축하회가 있은 3일 후인 1월 4일 저녁 이곳 일품향에서 이동휘 국무총리가 주재한 상해 한인 신문기자 초대연이 베풀어지기도 했다.[26] 이날 일품향에서 열린 『독립신문』과 『新大韓』이라는 양대 한인 신문 관계자 초대연은 훗날 이광수의 회고에서도 보이고 있다.[27] 1920년 4월 3일 안창호가 일품

---

21) 唐艷香, 「一品香與近代上海社會」, 129쪽.

22) 일품향은 1995년 철거되었으며 현재 그 자리에는 來福士廣場이라는 복합쇼핑몰이 들어섰다.

23) 唐艷香·褚曉琦, 『近代上海飯店與菜場』, 上海辭書出版社, 2008, 237쪽.

24) 上海社會科學院·上海圖書館, 『郭沫若在上海』, 上海社會科學院出版社, 1994, 7, 74쪽.

25) 국사편찬위원회, 『한국독립운동사』 자료 3, 임정편 Ⅲ, 1973.

26) 『獨立新聞』 1920년 1월 8일, 「李國務總理의 兩新聞記者招待」.

27) 春園, 「생각키는 亡命客들」, 『동광』 제27호, 1931년 11월 10일.

향에 묵고 있는 朴容萬을 방문하는 장면이 그의 일기에 보이고 있다.[28]
그러므로 일품향은 임시정부 인사를 비롯한 상해 한인들에게 그리 낯선
곳이 아니었다.

임시정부는 신년축하회 행사 준비를 치밀하게 진행하였다. 신년축하
회의 행사 비용은 임시정부 예산의 하나인 '교제비'에서 충당했던 것으
로 추측된다.[29] 일품향 행사 식장 정면에 교차할 대형 태극기가 준비되
었다. 『독립신문』은 임시정부 신년축하회가 매우 화기애애한 분위기 속
에서 치러졌다고 하였다. 즉 "元旦에 我臨時政府職員 一同은 某地에서
會하야 盛大한 祝賀宴을 開하엿는데 諸職員은 上下의 區別업시 一卓에
團欒하야 和氣靄靄한 中에 大韓臨時政府 建設後의 第一回新年會를 畢
하다"[30]라고 하였다.

계속하여 『독립신문』의 海日生이라 필명의 기자는 임시정부 신년축
하회의 광경에 대해 다음과 같이 핍진하게 묘사하였다.

元月 元旦 午前 十一時 某處에서 臨時政府 新年祝賀會가 開催되다. 來
會한 者 六十餘人 政府職員 거의 全部가 이같이 圓滿하게 一席에 모이게
된 것은 今番이 처음이었다. 더욱 우리 손으로 政府를 組織한 後 이 같은
盛宴이 있기는 今番이 嚆矢이었다. 來賓으로는 議政院 議長 孫貞道·議政
院 副議長 鄭仁果 兩氏가 參席하였다. 十年間 暗黑에 묻혔던 우리 사랑하
는 國旗는 이에 더욱 光彩를 내는 듯 하다. 이윽고 定刻이 되어 愛國歌,
全國民의 信任을 一身에 맡은 國務總理 李東輝 閣下의 開會辭로, 民國 元
年의 印象 깊고 感懷이 많은 祝賀會가 열리었다. 安總辦 申法總의 祝辭와
其他 여러분의 感想談이 有하다. 이윽고 午餐에 入함에 大韓民國 萬歲, 大
統領 以下 總理及各總長 萬歲, 三十三人 萬歲, 光復의 大事에 盡瘁하는 同

28) 도산안창호선생전집편찬위원회, 『도산안창호전집』 제4권 일기, 884쪽의 1920년
    4월 3일자 일기.
29) 윤대원, 「대한민국임시정부 전반기(1919~1932)의 재정제도와 운영」, 『대한민국
    임시정부 수립80주년기념논문집』(상), 국가보훈처, 1999, 254쪽.
30) 『獨立新聞』 1920년 1월 8일, 「臨時政府의 新年祝賀」.

胞兄弟姊妹 萬歲, 倭놈의 惡刑의 囹圄에 呻吟하는 同胞 萬歲가 連次 呼唱
되다. 祝盃가 交換되었다. 感慨無量하여 눈물을 흘리는 이도 있었다. 明年
이 날은 우리 漢城에서 新年 祝賀會를 열고야 만다. 今年 一年 안에는 우
리의 神聖國土를 恢復하고야 만다. 獨立은 하고야 만다. 簡單히 말하면 이
것이 一般의 感想이었다. 同時에 決心이었다. 會席의 樓上에서 連次 和하
여 나오는 洋樂隊의 愛國歌, 嚠喨한 音樂소리 듣는 者 感動치 않을 수가
없었다. 어느덧 子午는 午後 四時를 告함에 一同 紀念撮影이 有한 後 各各
散會의 손을 잡았다. 三三五五로 헤어져 가는 우리 兄弟의 얼굴에는 새 勇
氣, 새 決心, 새 希望의 빛이 빛났다. 明日부터는 더욱더 祖國을 爲하여 誠
忠을 다 하리라. 祖國을 위하여 이것이 헤어져 가는 저들의 가슴이다.[31]

위 기사에 의하면, 첫 신년축하회는 참석자가 60여 인으로 임시정부
수립 후 가장 많은 인원이 모였다는 의미가 있었다. 내빈으로는 임시의
정원 의장, 부의장이 참석하였다고 한 것으로 보아 신년축하회는 정부만
의 행사이며 임시의정원은 별도로 신년축회를 거행하였음을 알 수 있다.
12시 정각 애국가 제창에 이어 이동휘 국무총리가 개회사를 하고 안창
호 노동국총판, 신규식 법무총장 등이 소회를 밝히는 연설을 하였다. 오
찬에 들어가기 전에 '대한민국만세', '대통령 이하 만세', '33인 만세' 등
을 연속하여 외치면서 축배를 들었다. 명년의 신년축하회는 '漢城'에서
개최하자고 하는 목소리가 나오면서 분위기는 한껏 고양되었다. 특히 일
품향 소속의 양악대는 분위기를 돋우는데 큰 몫을 하였다. 양악대는 임
시정부 구성원들이 애국가를 제창할 때 반주하였으며 행사 진행 배경으
로 '嚠喨한 音樂'을 연주하여 참석자들을 감동케 하였다. 당시 신년축하
회에서 불려졌던 애국가는 1919년 안창호에 의해 스코틀랜드 민요의 곡
조에 오늘날의 애국가 가사를 붙인 것이었다. 그러므로 일품향 양악대가
애국가를 연주하는 데는 별다른 어려움이 없었을 것이다.

같은 날 오후 4시 경 신년축하회를 마친 임시정부 인사들은 일품향

---

31) 『獨立新聞』 1920년 1월 8일, 「臨時政府新年祝賀會」.

옥상으로 올라 가 기념사진을 촬영하였다.[32] 사진에 나오는 인물은 모두 58인이다. 신년축하회의 참석자가 60여 인이었다고 하는 것으로 보아 몇 사람은 사진 촬영 전에 돌아갔을 것으로 보인다. 임시정부는 역사적으로 뜻 깊은 순간을 다른 지역 동지들에게 알리고 나아가 후대에 남기고자 하였다. 그런만큼 사진 촬영은 전문사진관에 의뢰했을 것이다. 당시 남경로에는 寶記照相館 등 많은 사진관들이 성업 중에 있었다. 중국의 지식인들과 문인들이 사진관에서 인물 사진을 찍고 그 사진에 題詩를 하는 것이 당대의 유행이었다고 한다.

기념촬영사진을 보면 먼저 임시정부 인사들 뒤로 대형 태극기가 눈에 들어온다. 이 태극기는 다음 해 원단의 신년축하회 기념촬영 사진에도 등장한다. 바람에 펄럭이는 태극기는 망명인사들의 정체성을 드러내주는 표지로 애국심을 고취하였다. 사진 왼쪽 뒤로 교회당 건물이 희미하게 보인다. 慕爾堂(MOORE Memorial Church, 현재의 沐恩堂)이다. 모이당은 1920년대 상해 임시정부 및 한인들이 집회를 자주 개최했던 곳이었다.[33] 이날 사진 속의 신년축하회 참석자들은 뜻 깊은 날인만큼 대부분 양복 정장 차림이었다. 물론 중국 복장이나 中山服과 유사한 차림도 몇몇 눈에 띤다. 특히 중국 복장을 한 이동녕은 1940년 중경에서 타계할 때까지 찍은 사진에는 거의 예외 없이 중국식 의복을 고집하였다. 젊은 인사 가운데 6~7인의 중산복과 유사한 차림이 보인다. 정확한 확인은 힘들지만 프랑스조계 당국의 문서에 의하면, 임시정부 육군무관학교 학생들이 카키색 제복을 입고 있었다고 하는 것으로 보아 이들 젊은이들이 입고 있는 것이 임시정부 육군무관학교의 제복이 아닐까 생각된다.

---

32) 종래 첫 임시정부 신년축하회 기념사진의 촬영 장소는 밝혀지지 못했다. 최근에는 신년축하회 기념촬영장소를 임시정부 청사 옥상으로 보는 추측도 있다. 백범김구선생기념사업협회, 『백범 김구 사진자료집』, 2012.

33) 김광재, 「상해 국민대표회의 개최지 三一堂 위치 고증」, 『한국독립운동사연구』 제49집, 2014, 128~129쪽.

기념촬영의 자리 배치는 임시정부 내 지위의 서열을 잘 보여준다. 임시정부의 핵심 요인들은 두 번째 줄에 의자에 앉아 있다. 정중앙에 양복 차림으로 팔짱을 낀 카이젤 수염의 이동휘가 눈에 들어온다. 다음해의 신년축하회의 기념촬영사진에도 이동휘는 똑 같은 자세로 나온다. 직선적인 그의 성격이 잘 드러나 보이는 자세이다. 그 다음 서열은 3열 및 4열에 서 있다. 직위가 낮거나 젊은 인사들은 1열의 바닥에 앉아 있다. 2열 왼쪽에 양복 차림의 김구가 앉아 있는데, 바로 옆의 梁濬이 그의 손을 잡고 있다. 이로 보아 두 사람이 매우 가까운 관계였음을 짐작할 수 있다.

일품향 옥상에 모인 임시정부 지도자들의 눈앞에는 먼저 정면의 광활한 경마장이 펼쳐졌을 것이다. 왼쪽 멀리 자신들의 거주지와 임시정부가 있는 프랑스조계도 어렴풋이 시야에 들어 왔을 것이다. 임시정부 요인들은 눈앞의 탁트인 경마장을 보면서 무슨 생각에 잠겼을까? 경마장으로 표상되는 서구 열강 제국주의의 힘을 절감하면서 독립되고 부강한 민족을 꿈꾸지 않았을까?

임시정부는 신년축하회가 끝난 후 기념촬영사진을 임시정부를 선전하는 용도로 활용하였다. 기념촬영사진 밑에는 「大韓民國二年 元月元旦 大韓民國臨時政府 新年祝賀會 紀念撮影」이라는 문구를 넣었다. 그리고 기념촬영사진을 다수 인화하여 별지 명단과 함께 여러 지역의 한인들에게 배부하였던 것으로 보인다. 58인의 직위와 성명은 사진 속의 위치에 맞춰 별도로 인쇄됐다. 임시정부의 정통성을 과시하고 "이런 이런 사람들이 여기 모여 독립투쟁을 새삼 다짐했으니 여러분도 힘을 다하라"는 메시지를 타 지역의 독립운동단체에 전하기 위한 것으로 보여진다.[34]

그 덕분에 오늘날 당시 기념촬영사진에 나오는 인물들의 이름은 한 사람도 빠짐없이 파악되고 있다. 임시정부 신년축하회 기념촬영사진 속

---

34) 『東亞日報』 1995년 1월 1일, 「광복50년 새아침 失名선열 '부활'」.

의 임시정부 58인의 명단이 알려진 것은 우연한 사건으로 인한 것이었다. 상해 일본총영사관이 사진 속의 임시정부 인사들에 대한 구체적인 명단을 파악하지 못한 것은 다소 의외이다. 물론 상해 일본영사관도 임시정부가 1920년 원단에 신년축하회를 개최한 사실을 파악하고 있었다. 1920년 1월 21일 상해 주재 일본총영사관은 본국의 외무대신 앞으로 "밀정들을 통해 조선 假政府 인물들의 사진을 입수했다"는 보고서를 보냈다.[35] 그러나 상해 일본영사관은 사진 속의 인물들에 대해 지도급 인사들의 이름 외에는 거의 파악을 하지 못했다. 58인 가운데 26인의 성명만 파악했을 뿐이다. 2열의 핵심 인사 가운데서도 성명 파악이 틀린 것도 있다. 기념사진만 입수했지 별지명단은 알지 못했던 것이다. 이로 볼 때 상해 일본영사관이 밀정을 활용하여 프랑스조계 임시정부 및 독립운동진영을 속속들이 파악하고 있었다는 종래의 설명이 반드시 맞는 것은 아니다.

---

35) 「在留鮮人獨立運動關係者ノ寫眞送付ノ件」, 上海總領事→外務大臣, 1920年 1月 31日(『不逞團關係雜件』朝鮮人ノ部 上海假政府 1), 국사편찬위원회 한국사데이터베이스.

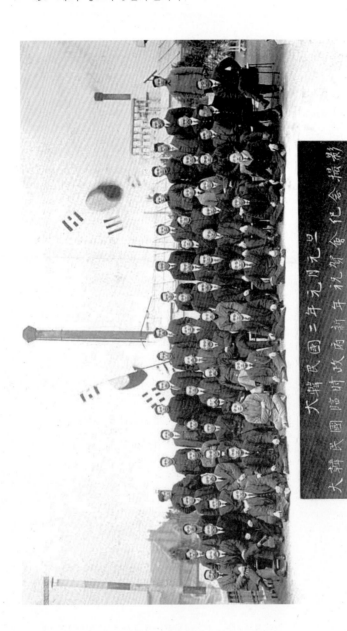

〈사진 1〉 1920년 1월 1일 대한민국 임시정부 신년축하회 기념촬영사진
공공조계 西藏路 一品香旅社 一品香旅社에서 찍었다. 오른쪽 뒤로 慕爾堂이 보인다.

〈표 2〉 별지 명단 정서(58인)

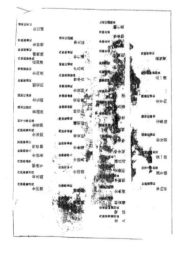

〈사진 2〉 임시정부가 별지로 제작해서 배포했던 신년축하회 기념촬영사진 수록 인물 명단 별지

기념촬영사진 위에 성명 및 직위를 인쇄하여 각 인물 위치에 맞게 부착한 것으로 보인다.

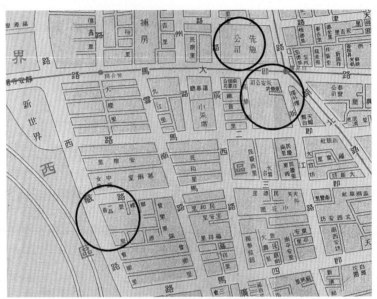

〈지도 1〉 一品香旅社 인근 지도
왼쪽 하단이 일품향, 오른쪽 상단에 선시백화점, 영안백화점이 위치[36]

〈사진 3〉 임시정부의 첫 신년축하회가 열렸던 一品香旅社 전경[37]

36) 童世亨 編, 「上海英租界分圖」, 上海: 商務印書館, 1917.

〈사진 4〉 一品香旅社 옥상에서 바라본 西藏路 및 경마장 풍경(1930년대)[38]
오른쪽 상단에 '一品香'이라는 간판이 작게 보인다. 경마장은 현재 人民廣場으로
바뀌었다.

임시정부가 제작한 신년축하회 기념촬영사진의 별지 명단이 발견된
것은 상해에서 수만리 떨어진 간도에서였다. 1920년 2월 14일 일본의
간도총영사관 局子街分所는 외무대신 앞으로 별도의 보고서를 보냈다.
임시정부의 신년축하회 기념촬영사진과 사진 속 인물 전원의 성명과 직
위가 인쇄된 별지를 3통 압수했다는 내용이다. 당시 간도 일본경찰은 임
시정부 국무원 비서장 金立(본명 金翼瑢)의 동생인 金喆溶(瑢)의 가택을
수색하던 중 이들 사진과 별지를 압수했다. 김립이 동생 김철용에게 간
도의 조선인단체인 儒道會와 大倧敎會 및 간도 光明學校에 한 통씩 전
달하라며 우편으로 보낸 사진과 별지를 미처 전하기 전에 발각되었던 것
이다.[39]

37) 上海社會科學院·上海圖書館, 『郭沫若在上海』, 上海社會科學院出版社, 1994, 74쪽.
38) 繆君奇, 『魯迅在上海』, 上海文化出版社, 2010, 150쪽.

기념촬영사진 자체는 광복 후 여러 경로를 거쳐 알려졌지만 사진의 별지 명단은 알려지지 않았다. 오늘날 신년축하회 기념촬영사진에 나온 임시정부 인사들의 전체 성명과 직위를 파악할 수 있게 된 것은 오로지 이 별지 덕분이다.[40] 1921년의 신년축하식 기념촬영사진이 임시정부 59인 가운데 10인이 성명 미상으로 남아 있는 것과는 대조적이라고 할 것이다.[41] 기념촬영사진이 수록하고 있는 임시정부 인사들의 이름, 출신, 직위, 주요경력을 조사하여 표로 나타내면 다음과 같다.

〈표 2〉 1920년 신년축하회 기념촬영사진 수록 임시정부 인사들의 인적사항[42]

열	연번	성명	당시 직위	21년 사진	생몰년	출신지	주요경력
1	1	車均祥	재무부 서기	○	1894~1970	평북 의주	임정조사원
	2	孫斗煥	陸軍士學 간사		1895~?	황해 은율	민족혁명당 당원
	3	黃一淸	陸軍士學 교관		1898~1945	평남 평양	군무부 참사
	4	朴址朋	국무원 서기		1898~?	평남 강서	朴址明, 임정조사원
	5	宋鼎項	국무원 비서		미상	전북 옥구	1920년 11월 일품향에서 피체
	6	金亨均	국무원 서기		미상	미상	미상
	7	高一淸	재무부 비서국장		1886~?	평북 의주	상해거류민단, 임시의정원 의원
	8	嚴恒燮	법무부 서기		1898~1962	경기 시흥	한국독립당, 임정 선전부장
2	9	金 九	내무부	○	1876~1949	황해 해주	한국독립당,

39) 「上海ニ於ケル不逞鮮人等ノ寫眞送付ニ關スル件」, 局子街分官主任→外務大臣, 1920年 2月 14日(『不逞團關係雜件』朝鮮人ノ部 在上海地方 2) ; 「上海ニ於ケル鮮人獨立運動關係者ノ寫眞送付ノ件」, 外務次官→拓植局長官, 1920年 2月 17日(『不逞團關係雜件』朝鮮人ノ部 上海假政府 1), 국사편찬위원회 한국사데이터베이스.

40) 『東亞日報』 1995년 1월 1일, 「광복50년 새아침 失名선열 '부활'」.

41) 백범김구선생기념사업협회, 『백범 김구 사진자료집』, 71쪽.

		경무국장				임정 주석
10	梁 濍	교통부 비서국장	○	1879~1949	평북 선천	임정특파원, 대한적십자회
11	都寅權	군무부 참사	○	1880~1969	평남 평양	임시의정원 부의장
12	金興濟	국무원 비서	○	1895~1968	평북 정주	임정사료편찬위원
13	李裕弼	내무부 비서국장	○	1885~1945	평북 의주	한국노병회, 임정국무위원
14	金秉祚	의정원 의원비서		1877~1950	평북 정주	민족대표33인, 임정사료편찬위원
15	孫貞道	의정원 의장	○	1882~1931	평남 강서	한국노병회
16	申圭植	법무총장	○	1879~1922	충북 청원	임정외무총장
17	李東寧	내무총장	○	1869~1940	충남 천원	임정국무총리, 국무위원장
18	李東輝	국무총리	○	1873~1935	함남 단천	신민회, 고려공산당
19	李始榮	재무총장	○	1869~1953	서울	국무위원, 법무총장
20	安昌浩	노동국 총판	○	1878~1938	평남 강서	임정내무총장, 한국독립당
21	金 澈	교통차장	○	1886~1934	전남 함평	임시의정원의원, 재무위원
22	金 立	국무원 비서		1880~1922	함북 명천	국무원비서장, 고려공산당조직
23	張建相	외무차장		1882~1974	경북 칠곡	임시의정원의원, 외무총장
24	尹顯振	재무차장	○	1892~1921	경남 양산	재무 내무위원장
25	申翼熙	법무차장	○	1894~1956	경기 광주	내무총장, 외교부장
26	李圭洪	학무차장	○	1893~1939	경남 양산	외교총장, 국무위원
27	李春塾	군무차장		1889~?	함남 정평	임시의정원의원
28	鄭仁果	의정원 부의장		1882-1972	평남 순천	외무차장

(표 왼쪽 세로: 2)

	29	金用貞	교통부 서기		1894~?	평북 선천	홍사단
	30	車轅興	재무부 雇人		미상	미상	내무부 경호원
	31	韓應華	재무부 서기		미상	미상	미상
	32	金泰俊	재무부 雇人		1899~?	황해 서흥	미상
	33	申德萬	재무부 雇人		미상	미상	미상
3	34	李奎瑞	재무부 참사	○	1888~1932	평북 용천	신한청년당, 홍사단
	35	崔東旿	내무부 참사		1892~1963	평북 의주	국무위원, 법무부장
	36	權泰瑢	학무부 서기		1895~?	경남 진주	경남지역 파견원
	37	林得山	재무부 서기		1896~1943	평북 철산	민족혁명당 당원
	38	黃學秀	군무부 참사		1879~1953	충북 제천	임정군사위원
	39	金復炯	노동국 서기	○	1895~1942	평북 의주	홍사단
	40	曹奉吉	내무부 경호원		1893~?	평북 의주	대한독립청년단
	41	尹昌萬	국무원 위원		1896~1967	평북 의주	대한독립청년단, 임정만주특파원
	42	朴仁國	내무부 서기		1895~?	평남 강서	미상
	43	李元益	의정원 의원	○	1885~1963	평북 선천	임시사료편찬위원
4	44	金熙俊	내무부 경호원		미상	미상	미상
	45	崔進錫	내무부 경호원		미상	미상	미상
	46	鄭濟亨	내무부 참사	○	1886~?	평북 의주	홍사단, 임정국내시찰원
	47	金德善	재무부 雇人		미상	미상	미상
	48	明舜朝	군무부 서기		1895~?	평남 대동	임정조사원
	49	金永熙	내무부 경호원		미상	미상	미상
	50	金甫淵	陸軍士學 간사		1886~?	황해 장연	대한적십자회, 임시의정원의원

	51	黃鎭南	의정원 의원	○	미상	미상	임시의정원의원
	·52	金弘敍	국무원 참사	○	1886~1959	평남 강서	군무위원, 민족혁명당
	53	鄭泰熙	재무부 서기	○	1898~1952	충북 중원	상해한인청년회
	54	金鴻運	군무부 서기		미상	강원 김화	국내 군자금조달 활동
4	55	莊源澤	내무부 경호원		미상	미상	
	56	柳興煥	재무부 서기		1897~?	충북 충주	대한적십자회, 청년외교단
	57	金朋俊	군무부 서기	○	1888~1950	평남 용강	金朋濬, 임시의정원 의장
	58	張信國	의정원 서기		미상	평남 대동	임시의정원 의원

표에서 보는 바와 같이, 사진에 나오는 58인 가운데 24인이 다음 해의 1921년 신년축하식 사진에도 등장하였다. 24인 가운데 15인은 제2열의 의자에 앉아 있던 신규식, 이동녕, 이동휘, 안창호 등 임시정부 핵심요인들이었다. 여기에는 독립신문사 사장 이광수나 여운형 등이 빠져 있다. 아마도 독립신문사가 형식적으로 임시정부의 기관이 아니었으며 여운형은 1919년 말 도일외교 문제로 임시정부와 갈등을 빚고 있었기 때문이 아닌가 생각된다. 이광수의 경우 그 며칠 후 같은 장소에서 이동휘가 주최한 독립신문 및 신대한 등 상해 한인 언론인 초청만찬에 참여하였다.

위의 사진 수록 인물 58인 가운데 출신지가 확인되는 48인 가운데 평안도 즉 서북출신이 26인으로 과반수 이상을 차지하고 있다. 여기에 함경도 및 황해도 출신까지 합칠 경우 '북선' 즉 북한 출신이 33인으로 2/3 이상을 점유하고 있다. 경기와 충청의 기호파는 8명 정도로 경상, 전라

---

42) 앞의 제1열이 가장 앞자리이다. 각 열의 순서는 왼쪽부터 오른쪽으로 번호를 붙였다. 항목 가운데 '21년 사진'은 1921년 신년축하식 기념촬영사진 참석 여부를 가리킨다.

출신까지 모두 합쳐도 15인에 지나지 않는다. 이는 조선시대 정치적으로 차별받았던 평안도 인사들이 새로 출범한 임시정부에 안창호를 중심으로 조직적이고도 의욕적으로 참여하고 있던 모습을 보여준다.

58인 가운데 20인이 생몰년이나 출신지, 사후행적을 알 수 없는 실정이다. 임시정부의 핵심인사들이 포진한 제2열을 제외한 나머지 열에 있는 임시정부 내 하위직 인사들로서 생애가 확인되지 않는 경우가 많다. 특히 雇員이나 書記의 직위를 가진 인사는 기념촬영사진 외에는 자료상으로 전혀 확인되지 않는 경우도 있다. 자료상으로 추적되지 않는다는 것은 그후 그들이 여러 가지 사정으로 독립운동진영을 떠났을 것이라는 짐작을 가능케 한다. 1921년의 사진과 마찬가지로 생애가 확인되지 않거나 이름을 확인할 수 없는 이들에 대한 확인 작업은 후일의 과제로 남겨둔다.

3. 1921년 두 번째 신년축하식

임시정부는 1921년 원단에도 신년축하회를 개최하였다. 1921년 1월 1일 오전 11시 교민단 사무소에서 임시정부 수립 후 두 번째 신년축하식을 거행하였다. 정식 행사 명칭은 '대한민국 임시정부 및 임시의정원 신년축하식'이었다. 그리고 낮 12시 신년축하연이 공공조계 남경로 영안백화점 '○○旅社大榮樓'[43]에서 열렸다. '○○旅社大榮樓'는 영안백화점 부속 대동여사였다. 전년의 신년축하회와 달리 이번은 임시정부와 임시의정원이 합동으로 주최하는 형식을 취하였다.

1910년대 후반 중국의 상공업 발전에 힘입어 중산층 소비자군이 형

---

43) 『獨立新聞』 1921년 1월 15일, 「新年祝賀會」.

성되면서 대형 백화점이 들어서고, 그 가운데 남경로의 영안백화점과 선시백화점이 신흥 중산층의 소비문화를 주도하고 있었음은 앞에서 살펴본 바와 같다. 특히 영안백화점은 1920년대 이후 "모던 상해"를 견인하는 중요한 추동력이었다. 영안백화점에 대해 좀더 구체적으로 살펴보자.

1918년 9월 5일 상해 남경로에 "지구촌의 모든 상품 판매"를 경영 이념으로 내건 영안백화점이 문을 열었다. 이미 개업 전 14일 동안 신문 지상에는 연일 개업을 예고하는 광고가 대대적으로 게재되었다. 더불어 각계 인사들을 초청하여 옥상 화원 및 綺雲閣, 天韻樓 등지에서 차를 대접하며 환영행사를 열기도 했다.[44] 이날 백화점 내부는 인산인해를 이루었다.[45] 다음날 『신보』에는 "大東旅社 開幕廣告"가 지면을 장식했다.[46]

영안백화점은 식품, 가구, 의류, 도자기류, 주방 용품에서 새로운 전자 제품에 이르기까지 다양한 상품들을 모두 한 자리에 구비하고 있었다.[47] 백화점은 로코코 양식의 건물 외관과 넓은 점포 그리고 내부의 세계 각지에서 들여 온 각양각색의 상품을 비추는 밝은 수은등 조명, 새로운 설비와 정찰 가격제를 실시했다.[48] 이 시기 상해에 출현한 백화점들의 또 하나의 중요한 특징은 비단 쇼핑뿐만 아니라 오락과 레저, 비즈니스를 겸비할 수 있는 복합 위락 시설을 갖추었다는 것이다. 백화점은 쇼핑과 휴식, 오락, 비즈니스가 유기적으로 결합되는 '소비의 천국' 혹은 인공적인 '지상낙원'을 만들어내는 것을 궁극적인 목표로 내세웠다.[49]

영안백화점은 큰 규모의 부대시설로 大東旅社를 개장하였고, 건물 옥

---

44) 『申報』 1918년 9월 5일, 「永安公司之內容」.

45) 上海社會科學院 經濟硏究所 編著, 『上海永安公司的産生, 發展和改造』, 上海人民出版社, 1981, 17~18쪽.

46) 『申報』 1918년 9월 6일, 「大東旅社開幕廣告」.

47) 조영숙, 「20세기 전반 上海永安公司의 기업문화」, 동아대학교 석사논문, 2005, 7쪽.

48) 上海社會科學院 經濟硏究所 編著, 『上海永安公司的産生, 發展和改造』, 18쪽.

49) 김인호, 『백화점의 문화사 - 근대의 탄생과 욕망의 시공간』, 살림, 2006, 82~94쪽.

상에 천운루라는 대규모 복합 위락장을 만들어 고객들을 유인하였다. 이는 영안백화점보다 한 해 앞서 개장했던 선시백화점도 마찬가지였다. 다양한 오락 시설들이 들어서면서 백화점은 단순한 쇼핑 공간의 의미를 넘어 점차 거대하고 복합적인 비즈니스와 사교, 휴식, 그리고 오락의 공간으로 인식되어갔다. 고객들은 백화점에서 자신이 원하는 상품을 구입하였을 뿐만 아니라 호텔이나 레스토랑과 같은 부대시설을 통해 손님을 접대하고 사교하는 공간으로 활용하였다. 앞서 본 일품향과 마찬가지로 백화점 부속 호텔인 대동여사에서도 결혼식이 많이 열렸다. 1921년 蔣介石이 두 번째 부인 陳潔如와의 결혼식이 있었던 것이 바로 이곳이었다.[50] 대동여사에서 1930년대 이후 한인들의 모임이나 결혼식도 많이 열렸다고 한다.[51] 또한 가족들과 함께 주말에 백화점을 나들이 하거나 꼭대기에 마련된 서양식 옥상정원에 올라 휴식을 즐기고, 백화점에 딸린 위락장을 찾아 유명 극단의 공연, 영화나 서커스를 관람하였다.

영안백화점은 근대적 도시인으로서 인간들이 자신들의 욕망을 최대한 충족시킬 수 있는 공간을 만드는데 많은 노력을 기울였다. 대표적인 것으로 옥상정원을 들 수 있다. 당시 상해의 대부분의 백화점들은 건물 최상층부에 옥상정원을 만들었는데, 이들이 앞 다투어 옥상정원을 만든 이유는 크게 두 가지이다. 하나는 옥상의 여유 공간을 활용하여 쇼핑에 지친 고객들이 휴식할 수 있는 공간을 마련해주는 것이다. 다른 하나는 자기 백화점을 찾는 고객들에게 높은 곳에서 상해 시내를 한 눈에 내려다보며 유람할 수 있도록 하기 위해서였다. 사실 높은 곳에서 아래를 내려다보고자 하는 것은 인간의 원초적인 욕망이다. 특히 고층건물의 잘 가꾸어진 서양식 정원에서 망중한을 즐기며 나날이 발전하여 도시화의

---

50) 조너선 펜비, 노만수 옮김, 『장제스 평전』, 민음사, 2014, 74~75쪽.

51) 金熙元 구술, 2015년 1월 18일 전화 통화. 김희원님(1927년생)은 1920년대 초부터 1960년대까지 霞飛路(현재의 淮海中路)에서 金文公司를 경영하였던 金時文의 장남이다. 20대 초반까지 상해에 거주하다 1949년 9월 귀국하였다.

길을 걷고 있는 상해 시내를 한 눈에 내려다보는 것은 이러한 인간의 원초적인 욕망을 충족시킴과 동시에 그 자체로 높이와 발전, 힘 등으로 상징되는 근대성을 몸으로 체득하고 느끼게 하는 경험의 과정이라고 할 수 있다.[52]

당시 신문 보도에 따르면 영안백화점 6층에는 綺雲閣이 들어섰는데, 기운각 내부에는 의자가 설치되어 있어 무대에서 상연되는 공연을 관람할 수 있도록 했다. 그리고 7층 天韻樓 즉 옥상 화원에는 각종 나무와 오락 시설이 준비되어 있었다.[53] 천운루에서는 극단을 초청하여 연극을 상영하는 외에도 사격, 당구를 비롯한 여러 가지 오락 프로그램이 있었다. 특히 영안공사 옥상의 기운각은 1920년대 남경로에서 가장 높은 건축물이었기 때문에 입장료 1장을 사기만 하면 오락을 즐길 수 있었을 뿐만 아니라 상해의 전경 또한 내려다 볼 수 있었다. 그 결과 평소에도 매일 1,000~2,000장씩 표가 팔렸으며, 휴일이나 신년에는 3,000장 이상이 팔리기도 했다.[54] 옥상의 빈 공간을 이용한 그들의 이러한 전략은 수많은 고객을 불러 모았다. 대부분의 사람들은 천운루에서 여가 시간을 즐긴 후 백화점 내부에 들러 갖가지 상품을 구경하고 구매하였다.[55]

임시정부 수립 후 두 번째 신년축하식이 열린 영안백화점 대동여사 大茶樓[56]는 중국 특히 광동 요리와 서양 요리를 모두 취급하였다.[57] 신

---

52) 홍준형, 「백화점의 탄생과 근대 상하이의 소비문화」, 356~358쪽.

53) 『申報』 1918년 9월 5일, 「永安公司之內容」.

54) 上海社會科學院 經濟研究所 編著, 『上海永安公司的產生, 發展和改造』, 59~61쪽.

55) 조영숙, 「20세기 전반 上海永安公司의 기업문화」, 17쪽.

56) 대동여사 식당은 영안백화점 후면 3층에 있었다(菊池敏夫 著, 陳祖恩 譯, 『近代上海的百貨公司與都市文化』, 153쪽). 이것은 대동여사 식당에서 안창호의 대접을 받았던 이종욱의 회고에서도 알 수 있다. 그는 도산이 1920년 3월 이광수와 함께 자신을 데리고 영안공사 3층에서 청요리를 사주었다고 회고하였다(박희승, 『조계종의 산파 지암 이종욱』, 조계종출판사, 2011, 336쪽의 부록에 실린 이종욱의 「招魂文」, 「爲國先烈招魂幷伯仲遷度」). 1920년 3월 23일자 안창호의 일기에는 그가

년축하회 장소로 대동여사를 선정하게 된데는 안창호와 관련이 있었을 것이다. 물론 안창호 이전에도 한인들은 대동여사를 이용하였었다. 1919년 3월 1일 국내에서 상해에 도착한 현순은 대동여사에 묵은 바가 있었다.[58] 같은 해 4월 임시정부가 수립된 후에는 정부 및 단체들의 공식적인 행사가 이곳에서 열리기도 했다.[59] 1920년 8월 6일 상해 독립운동 21개 단체 연합으로 준비한 미국의원단 환영회가 이곳에서 열렸다. 이틀 후인 8월 8일에는 상해 거주 유학생에서 주최한 미국의원단 환영회가 역시 같은 장소에서 열렸었다.[60]

앞에서 살펴 본 바와 같이, 안창호는 남경로 중국인 자본의 백화점들과 호텔 등 근대적 상업시설들을 애용하고 있었다. 프랑스조계에 거주하고 있던 그의 사회생활에서 남경로는 대단히 중요한 공간이었다. 그는 영안백화점의 대동여사 내 식당에서의 모임이나 회합을 무척 즐겼다. 그는 임시정부 요인들의 회의나 모임, 손님 접대 등을 주로 이곳에서 베풀었다. 1920년 1월 14일부터 같은 해 7월 20일까지 약 6개월 여 동안의 그의 일기를 보면, 같은 기간 그가 남경로 일대의 백화점 식당을 이용한 회수가 46회에 달하고 있다.[61] 그 가운데 영안백화점 대동여사를 이용한 회수가 30회에 이른다. 약 3분의 2에 해당하는 비율이다. 5월 26일의 경우 오찬과 만찬을 모두 대동여사에서 열었다. 그밖에 선시백화점 동아여사 12회, 일품향 2회, 사마로 영남루 1회이다. 영안백화점 맞은편에

이종욱을 만난 사실을 적고 있다.

57) 唐艶香·褚曉琦, 『近代上海飯店與菜場』, 上海辭書出版社, 2008, 58쪽.

58) 玄楯, 『玄楯自史』, 연세대학교 출판부, 2003, 294쪽.

59) 『朝鮮民族運動年鑑』(국사편찬위원회, 『대한민국임시정부자료집』 별책 2, 조선민족운동연감 2009, 76쪽).

60) 『朝鮮民族運動年鑑』(국사편찬위원회, 『대한민국임시정부자료집』 별책 2, 76쪽).

61) 도산안창호선생전집편찬위원회, 『도산안창호전집』 제4권 일기, 2000, 833~961쪽. 그의 일기는 1920년 1월 14일부터 8월 20일까지, 1921년 2월 3일부터 3월 2일까지의 분량이 현전하고 있다.

있던 선시백화점 내 동아여사의 이용회수도 결코 적지 않았다. 안창호가
남경로 백화점 내 식당을 이용한 회수는 매주 평균 2회에 달했다.

안창호는 대동여사에서 국무위원들과의 회합, 임시정부 직원들과 국
내 및 만주에서 온 이들에 대한 위로연 등을 베풀었다. 또 안창호는 요
양이 필요한 한인에게는 대동여사에서 쉬면서 요양하도록 배려하였다.
결핵에 걸려 고생하던 이광수를 대동여사에 데리고 가서 그곳에서 요양
하도록 했던 것이 하나의 예이다.62) 상해의 서양인들도 감탄을 금치 못
했던 남경로의 고층 백화점으로 대표되는 중국 민족자본의 흥기는 식산
흥업과 실력양성을 통한 근대를 추구하던 그에게 자극제가 아닐 수 없었
다. 남경로 중국 백화점의 번영을 통해 조국의 근대화를 위한 희망을 보
았던 것은 아닐까.

1921년의 신년축하회는 미국에서 막 상해에 도착한 이승만 임시대통
령이 참석하였다는 것이 색달랐다. 1919년 9월 상해, 연해주, 서울의 임
시정부가 하나로 합친 통합 임시정부의 대통령으로 선출된 이승만은 여
전히 자신의 기반이 있는 미국에서 활동하고 있었다. 때문에 임시정부는
이승만에게 상해로 와줄 것을 요청하는 청원서를 여러 차례 미국에 발송
하였다. 이러한 내외의 압력에 못 이겨 이승만은 1920년 12월 미국에서
상해로 건너왔다. 임시정부는 그를 대대적으로 환영하였다. 이승만이 상
해 정국을 정돈하고 재정적으로 기여할 것을 기대했던 것이다. 그러나
이에 부응하지 못한 그는 상해에 온지 몇 개월 후인 1921년 5월 다시
미국으로 건너갔다.

---

62) 도산안창호선생전집편찬위원회, 『島山安昌浩全集』 제4권 일기, 837쪽의 1920년
1월 18일자 일기.

〈사진 5〉 1921년 1월 1일 대한민국 임시정부 신년축하식 기념촬영사진
(상해 공공조계 남경로 영안백화점 옥상 綺雲閣 앞)

〈사진 6〉 현재의 영안백화점 옥상 綺雲閣

〈사진 8〉 1920년대 영안백화점 전경
(오른쪽 상단이 綺雲閣, 전면은 백화점,
왼쪽 후면은 大東旅社 등 부속시설 위치)

〈표 3〉 기념촬영사진 수록 인사 명단(59인)

李裕弼	趙琬九	金秉祚	黃鎭南	徐丙浩	鄭濟亨			
黃鏶	梁濬	金殹澈	尹琦燮	趙琬九				
李秉瑞	未詳	李鍾旿	吳永善	金朋濬	譚平			
金佶	未詳	李鍾昊	南亨祐	鄭泰熙				
安恭根	張鵬	金仁全	李裕實	趙尙燮	未詳			
金鐸	李鏡淑	鄭好好	車利錫	劉其玲				
車均祥	金鼎??	都寅權	李裕淑	吳熙元				
王三德	申貴麗	李裕榮	未詳					
林炳龍	金澈	楊憲愚	未詳					
李圭瑞	表永晚	未詳	未詳					
金弘叙	金九	未詳	未詳					

〈사진 7〉 현재의 영안백화점 옥상 綺雲閣 상단 모습

〈사진 9〉 현재의 남경동로 영안백화점 전경

이 해의 신년축하식이 전년도와 다른 점이라면 축하식 자체는 프랑스
조계 대한교민단 사무소에서 간단하게 거행한 다음 장소를 옮겨 축하연
을 열었다는 것이다. 즉 신년축하식은 1921년 1월 1일 오전 11시 대한
교민단 사무소에서 간단하게 거행하였다. 국무총리 이동휘의 사회로 最
敬禮가 있은 후 式辭를 진행하였다. 이어 임시의정원 손정도, 임시대통
령 이승만, 노동국총판 안창호의 축사가 이어졌다.[63] 낮 12시 신년축하
식을 마친 임시정부 및 임시의정원 구성원들은 자리를 바꾸어 영안백화
점 대동여사에서 신년축하연을 베풀었다. 상해에 온지 채 한 달도 지나
지 않은 임시대통령 이승만이 임시정부 및 임시의정원 구성원들을 축하
연에 초청하는 형식으로 개최되었다.[64] 축하연은 "滿場이 藹藹한 和氣
속에서 歡樂을 盡하"[65]였다고 독립신문은 보도하고 있다.

---

63) 『獨立新聞』 1921년 1월 15일, 「新年祝賀會」.
64) 『獨立新聞』 1922년 1월 1일, 「過去 一年間 우리의 獨立運動」.

신년축하연을 마친 임시정부 참석자들은 영안백화점 옥상으로 올라 갔다. 임시정부 인사 59인은 옥상의 綺雲閣[66] 앞에서 역사적인 기념촬 영을 하였다.[67] 임시정부는 신년축하회가 끝난 후 이때 찍은 기념사진 을 엽서로 만들어 배포하였다. 앞면에 사진을 넣고 뒷면에는 우표를 붙 이고 주소를 써서 각지 보낼 수 있는 엽서로 만들었던 것이다.[68] 전년도 인 1920년 1월의 신년축하회와 마찬가지로 임시정부는 신년축하회 기념 촬영사진을 임시정부의 존재를 알리는 선전재료로 삼았음을 알 수 있다.

기념촬영사진 속에서 일부만 보이는 기운각은 얼핏 보면 여느 건물의 앞모습처럼 보인다. 기운각은 3층 누각으로 안에 작은 공간이 있으며 옆 으로는 위로 올라가는 계단이 있다. 3층으로 올라가면 더 높은 위치에서 상해를 내려다 볼 수 있다. 보다 더 높은 곳에 올라가 세상을 내려다보 고 싶은 인간 욕구에 대해 부응코자 한 것이었다.[69] 기운각은 반대쪽도 똑같은 모양을 하고 있다. 임시정부 요인들 오른쪽으로 옥상화원의 일부 가 보인다. 전년도 신년축하석 기념촬영사건에 보였던 대형 태극기가 임 시정부 인사들 뒤에서 휘날리고 있다.

---

65) 『獨立新聞』1921년 1월 15일, 「大統領의 新年宴」.

66) 현재 영안백화점 옥상은 일반에 개방되지 않고 있다. 옥상에는 대형 에어컨 냉각 시설, 임시건물 등이 들어서 있다. 왕년의 옥상 화원, 天韻樓 등 遊樂 시설은 없어 지고 綺雲閣만 남아 있다. 綺雲閣은 1949년 5월 중국공산당 인민해방군이 상해 남경로에 진입한 다음 가장 먼저 오성홍기가 게양된 곳으로 현재 '愛國主義敎育 基地'로 지정되어 있다. 2015년 1월 필자는 영안백화점 옥상에 올라 가 綺雲閣을 촬영하였다. 영안백화점측에 옥상의 기운각 촬영을 주선해준 上海社會科學院 歷 史研究所의 葛濤 및 宋鑽友 연구원님께 지면을 빌어 감사드린다.

67) 백범김구선생기념사업협회, 『백범 김구 사진자료집』, 2012. 이 사진집의 해제에 는 신년축하식의 기념촬영장소를 '어느 건물 앞'으로 추정하고 있다. 孫科志는 영 안백화점 대동여사가 해방 후 사라졌다고 하였다. 사라진 것이 아니고 다른 용도 로 사용되고 있다. 孫科志, 「국민대표회의 주요 유적지의 위치 고증」, 『한국근현 대사연구』 제68집, 2014.

68) 엽서는 권기옥 집안에 소장되었던 것이다.

69) 김인호, 『백화점의 문화사 - 근대의 탄생과 욕망의 시공간』, 85쪽.

사진의 자리 배치는 마찬가지로 임시정부 내 서열을 보여주고 있다. 이번에는 정중앙에 대통령 이승만이 있고 그 옆에 국무총리 이동휘가 예년과 같은 자세로 앉아 있다. 신년축하회가 화기애애한 분위기 속에서 진행되었다고 하는 『독립신문』의 소개대로 두 사람의 모습은 며칠 후 있을 독립운동 노선을 둘러싼 충돌과 무관한 듯하다. 두 사람은 외교노선과 무장항쟁노선이라는 독립운동의 방략 차이로 갈등을 빚고 있었던 것은 잘 알려져 있다. 신년축하회가 끝나고 며칠 지난 1월 5일 이후 세 차례 열린 국무회의에서 이승만과 이동휘는 열띤 논쟁을 벌였다. 이동휘는 국제연맹의 위임통치를 청원한 이승만의 책임을 추궁하였고 이승만은 이를 무시했다. 얼마 후 이동휘가 임시정부 탈퇴를 선언함으로써 통합 임시정부는 파국을 맞이하고 말았다.

또 눈에 띄는 것은 1920년의 사진에서는 2열의 의자에 앉아 있던 김구가 1921년의 사진에서는 바닥으로 내려와 앉아 있다는 점이다. 1921년 신년축하회에 이승만 등 새로운 인물들이 참석한 데 따라 밀려난 것으로 보인다. 바닥에 앉아 있는 김구 뒤로 20대 중반의 신익희가 팔짱을 끼고 앉아 있다. 김구는 경무국장이고 신익희는 次長(차관)이라고 하는 지위의 차이 때문에 그런 것이 아닌가 한다. 전년의 신년축하회에 비해 중국 의복 착용자가 더 많아졌다. 전년의 2명에서 5명으로 늘어났다. 이동녕을 비롯하여 이시영, 조완구, 왕삼덕, 김현구가 중국 옷을 입고 있다. 1년 사이에 그만큼 중국 현지에 적응해갔다는 것을 말해준다.

필자는 이 사진을 볼 때마다 임시정부 인사들 왼쪽 뒤의 기운각 창문 위쪽에 붙어 있는 '射月'이라는 글자판이 무엇일까 궁금했다. 경쟁 백화점인 선시백화점과의 높이 경쟁에서 나온 것이 아닌가 추측될 따름이다. 선시백화점은 건설 과정에서 영안백화점이 자기들보다 더 높은 6층 건물을 세운다는 얘기를 듣고 당초의 설계를 변경하여 7층으로 짓고 그 위에 '摩星樓'라고 하는 첨탑을 세웠다.[70] '摩天樓'라는 말과 비슷한 의미로 그만 큰 높다는 뜻이다. 영안백화점은 기운각의 '雲' 즉 구름이 아무래도 '星' 즉 별에는 못 미친다는 것에 불만을 느끼고 있었다. 그러던 차에 구름 보다 더 높은 곳에 있는 '月'(달)이라고 하는 개념을 차용하여 선시백화점과의 높이 경쟁에서 주도권을 잡고자 하였다. 그 결과 중국의 유명한 고대 신화인 '后羿射月' 즉 后羿가 자신의 부인 嫦娥가 도망간 달에 활을 쏘았다는 고사에서 '射月'을 취해 사용하였던 것으로 추측된다. 흥미로운 해석이지만 후일의 고증이 필요하다. 한학에도 밝았을 임시정부 요인들은 기운각의 '射月'이라는 문구를 음미하면서 영안백화점의 높이에 감탄해마지 않았을 것이다.

〈표 5〉 1921년 신년축하식 기념촬영사진 수록 임시정부 인사들의 인적사항

열	연번	성명	20년 사진	생몰년	출신지	주요경력
1	1	金鉉九		미상	황해	황해도 임시의정원의원
	2	全在淳		1894~1950	황해 은율	임정파견원, 경무국 경호원
	3	金 九	○	1876~1949	황해 해주	한국독립당, 임정 주석
	4	吳熙元		1890~1950	황해 신천	외무부 서기, 임시의정원 의원
	5	미상				
	6	미상				
	7	劉基峻		1899~1964	평남 강서	임정 평안남도 특파원
	8	鄭泰熙	○	1898~1952	충북 중원	상해한인청년회
	9	金在德		1893~?	평남 평양	임정공채 모집
	10	金朋濬	○	1888~1950	평남 용강	임시의정원 의장
	11	미상				
	12	鄭濟亨	○	1886~?	평북 의주	흥사단, 임정국내시찰원
2	13	李圭洪	○	1893~1939	경남 양산	외교총장, 국무위원
	14	金 澈	○	1886~1934	전남 함평	임시의정원의원, 재무위원
	15	申翼熙	○	1894~1956	경기 광주	내무총장, 외교부장

---

70) 上海市地方誌辦公室 編著, 『上海名建築誌』, 上海社會科學院出版社, 2005, 161쪽.

2	16	申圭植	○	1879~1922	충북 청원	임정외무총장
	17	李始榮	○	1869~1953	서울	국무위원, 법무총장
	18	李東輝	○	1873~1935	함남 단천	신민회, 고려공산당
	19	李承晩		1875~1965	황해 평산	임시대통령, 구미위원부
	20	孫貞道	○	1882~1931	평남 강서	한국노병회
	21	李東寧	○	1869~1940	충남 천원	임정국무총리, 국무위원장
	22	南亨祐		1875~1943	경북 고령	법무총장, 임시의정원의원
	23	安昌浩	○	1878~1938	평남 강서	임정내무총장, 한국독립당
	24	吳永善		1886~1939	경기 고양	임시의정원의원, 국무원비서장
	25	尹顯振	○	1892~1921	경남 양산	재무 내무위원장
	26	徐丙浩		1885~1972	황해 장연	신한청년당, 인성학교 이사장
	27	趙琬九		1881~1954	서울	임시의정원의원, 국무위원
3	28	미상				
	29	林炳稷		1893~1976	충남 부여	구미위원부
	30	미상				
	31	金復炯	○	1895~1942	평북 의주	임시의정원의원
	32	都寅權	○	1880~1969	평남 평양	임시의정원 부의장
	33	崔謹愚		1897~1961	경기 개성	2.8독립선언, 임정경무국장
	34	金仁全		1876~1923	충남 서천	임시의정원 부의장
	35	李元益	○	1885~1963	평북 선천	임시사료편찬위원
	36	鄭光好		1897~?	전남 광주	교통부국장, 임시의정원의원
	37	金泰淵		1892~1921	황해 장연	임시의정원의원, 인성학교 교장
	38	李福賢		미상	미상	미상
	39	미상				
	40	金弘敍	○	1886~1959	평남 강서	군무위원, 민족혁명당
	41	羅容均		1896~1984	전북 정읍	2.8독립선언, 임시의정원의원
	42	黃鎭南	○	미상	미상	임시의정원의원
	43	金鼎穆		1897~?	평남 대동	임시의정원의원
4	44	미상				
	45	王三德		1878~?	평남 순천	임시의정원의원, 정의부
	46	車均祥	○	1894~1970	평북 의주	임정조사원

	47	金興濟	○	1895~1968	평북 정주	임시사료편찬위원
	48	安秉燦		1885~1921	평북 의주	대한청년단연합회, 법무차장
	49	張 鵬		1877~1944	강원	임시사료편찬위원, 임시의정원의원
	50	金錫璜		1894~1950	황해 봉산	의용단, 임시사료편찬위원
	51	李奎瑞	○	1888~1932	평북 용천	신한청년당, 흥사단
4	52	金容喆		미상	미상	외무부 참사, 임시의정원의원
	53	미상				
	54	宋秉祚		1877~1942	평북 용천	임시의정원의장, 국무위원
	55	梁 濬	○	1879~1949	평북 선천	임정특파원, 대한적십자회
	56	趙東祜		1892~1954	충북 옥천	중한호조사, 임시의정원의원
	57	李裕弼	○	1885~1945	평북 의주	한국노병회, 임정국무위원
5	58	미상				
	59	미상				

표에서 보는 바와 같이, 사진에 나오는 59인 가운데 24인은 그 전 해
인 1920년 신년축하회 사진에도 등장하였다. 제2열의 임시정부 핵심 인
사들의 경우 이름이 모두 알려져 있다. 그에 비해 제1열, 제3~5열의 인
사 가운데 이름 자체가 밝혀지지 않은 경우가 적지 않다. 이들은 여러
가지 사정으로 일찌감치 임시정부를 떠났거나 독립운동을 더 이상 하지
않았을 것으로 생각된다. 59인 가운데 출신지가 확인되는 46인 가운데
평안도 즉 서북출신이 19인으로 반수에 미치지 못하고 있다. 서북파의
세력이 전년도보다 약화된 모습을 볼 수 있다. 그에 반해 경기 및 충청
의 기호파 세력은 11인으로 다소 늘어났음을 볼 수 있다. 여기에는 그동
안 미국에 있던 이승만이 상해로 합류하였고 그에 따라 기호파 세력이
수적으로 강화되었음을 엿 볼 수 있다.

4. 맺음말

1919년 4월 중국 상해에서 수립된 대한민국 임시정부는 1920년과 1921년 두 차례에 걸쳐 신년축하회를 성대하게 치렀다. 특히 1920년의 신년축하회는 임시정부 수립 이후 첫 번째 신년축하회라는 뜻 깊은 의미가 있었다. 임시정부는 신년축하회라는 의식을 통해 애국심을 고양하고 독립전쟁에 대한 각오를 다짐하였다.

두 차례의 임시정부 신년축하회는 모두 공공조계의 백화점 호텔 내에서 열렸다. 이들 시설들은 1910년대 중국의 상공업 발전에 따라 등장한 근대적 공간들이었다. 번영 일로에 있던 상해의 소비문화는 한인들에게도 큰 영향을 미쳤던 것으로 보인다. 당시 프랑스조계 한인들은 자유롭게 공공조계를 드나들었다. 프랑스조계에 정착했던 임시정부 구성원들은 공공조계에 있는 호텔 내 식당에서 회의나 모임, 행사를 거행하는 경우가 적지 않았다. 비교적 한적하고 조용했던 프랑스조계에 비하면 공공조계의 남경로는 대단히 활발한 상업지역이었다. 프랑스조계의 한인들은 공공조계 남경로의 자유로운 공기를 마음껏 흡입하고 남경로가 발산하는 근대를 적극적으로 체험하였다.

임시정부의 첫 신년축하회는 1920년 1월 1일 오전 11시 공공조계의 일품향여사에서 열렸다. 이곳은 숙박뿐만 아니라 중국인들의 각종 모임, 연회, 정치 협상이나 상거래가 이루어지던 사회활동공간이었다. 임시정부는 일품향의 행사 식장 정면에 대형 태극기를 교차하였다. 일품향 소속 양악대의 반주에 맞추어 애국가 합창이 진행될 때 참석자들은 감개무량해마지 않았다. 그들은 명년의 신년축하회는 국권을 회복한 다음 서울에서 하자고 다짐하였다.

같은 날 오후 4시 경 신년축하회를 마친 임시정부 요인들은 일품향 옥상에서 역사에 길이 남을 기념사진을 촬영하였다. 뒤쪽에 애국심을 고취하는 태극기가 바람에 펄럭이고 태극기 앞에 선 임시정부 구성원들은 모두 비장한 각오에 찬 얼굴들을 하고 있다. 임시정부 요인들은 눈앞의 광활한 넓이를 자랑하는 경마장을 보면서 그것으로 표상되는 서구 열강 제국주의의 힘을 절감하면서 독립되고 부강한 민족을 꿈꾸지 않았을까?

임시정부는 신년축하회 기념촬영사진 사진 밑에「大韓民國二年 元月 元旦 大韓民國臨時政府 新年祝賀會 記念攝影」이라는 문구를 넣었다. 58인의 직위와 성명은 사진 속의 위치에 맞춰 별도로 인쇄됐다. 그런 다음 기념촬영사진을 다수 인화하여 별지 명단과 함께 여러 지역의 한인들에게 배부하였다. 임시정부의 정통성을 과시하고 각지의 독립운동을 고무하는 효과를 기대하였을 것이다.

해가 바뀐 1921년 원단에도 임시정부는 신년축하식을 거행했다. 1921년 1월 1일 낮 12시 남경로 영안백화점 대동여사 대채루에서 임시정부 수립 후 두 번째 신년축하연이 열렸다. 영안백화점은 당시 상해 중국인들의 소비문화를 주도하던 곳이었다. 신년축하회 장소로 대동여사를 선정하게 된 데는 안창호의 의중이 반영되었을 것이다. 그는 남경로의 중국인 자본의 백화점들과 호텔 등 근대적 상업공간을 높이 평가한 듯하다. 때문에 그는 임시정부 국무회의라든가 각종 모임 장소로 대동여사를 많이 활용하였다. 안창호와 마찬가지로 이곳을 왕래하였던 다른 한인들에게도 매우 친숙한 장소였을 것이다.

신년축하식을 마친 임시정부 참석자들은 영안백화점 옥상으로 올라갔다. 임시정부 인사 59인은 영안백화점 옥상의 기운각 앞에서 역사적인 기념촬영을 하였다. 영안백화점 옥상에 선 임시정부 요인들의 시야에는 맞은편에 우뚝 솟아 있는 선시백화점, 번화한 남경로와 멀리 외탄과 황포강, 광활한 경마장, 정안사로, 프랑스조계도 들어왔을 것이다.

두 차례에 걸친 신년축하회는 오늘날 임시정부를 상징하는 사진을 남

겨주고 있다. 이들 두 사진은 외벽에 태극기를 게양한 상해 하비로 임시
정부 청사 건물 사진과 더불어 초기 임시정부의 상징적인 사진으로 남아
있다. 이 두 신년축하회 이후로 임시정부 신년축하회가 열렸다는 기록이
나 사진은 더 이상 확인되지 않고 있다. 그러한 데는 여러 가지 사정이
있을 것이다. 1921년 임시정부가 제 역할을 하지 못하여 국민대표회 소
집 요구가 제기되면서 민족운동진영은 분열되어 갔다. 민족운동진영의
분열상보다 더 우려스러운 것은 날로 악화되는 재정난이었다. 국내의 교
통부와 연통국이 일제에 의해 파괴되면서 임시정부는 재정적으로 더욱
더 곤란한 형편에 처하게 되었다. 임시정부가 더 이상 신년축하회를 거
행하지 못하게 된 데는 이러한 저간의 사정이 있었던 것이다. 임시정부
는 신년축하회라는 의식을 통해 새로운 한 해를 축하하는 외에 구성원들
의 애국심을 고양하고 독립전쟁에 대한 각오를 다짐하였다는 데서 역사
적 의미를 찾을 수 있을 것이다.

제4장 독립운동가 안태국의 순국과 장의

1. 머리말

1919년 4월 대한민국 임시정부가 수립되면서 상해에도 교민사회가 본격적으로 형성되기 시작했다. 그에 따라 상해에 정주하는 한인들도 늘어났으며 그 가운데는 질병이나 고령으로 인해 이역 땅에서 사망하는 경우가 나타나기 시작했다. 사망한 이에 대한 장례를 치르면서 고인을 기억하고 그를 통해 내부 결속과 애국심, 독립의지를 고취하는 것은 임시정부와 교민사회가 수행해야 할 중요한 일이었다. 때문에 임시정부의 원로 독립운동가가 타계할 경우 성대한 장례가 치러졌다. 일반적으로 장례라는 의례는 死者와 남은 자들, 그리고 남은 자들 사이의 결속을 강화한다. 뿐만 아니라, 개인과 개인이 속한 사회의 통합과 결속을 강화하여 개인이나 집단의 삶에 대한 의미부여와 집단의 정체성을 강화하는 기능을 수행한다.[1]

임시정부가 수립된 후 상해에서 처음으로 성대한 장례가 치러진 것은 105인사건으로 유명했던 독립운동가 安泰國의 경우가 아닌가 한다. 그는 1920년 4월 11일 상해에서 46세의 아까운 나이로 병사했다. 그에 대한 장례는 약 300명에 달하는 상해지역 독립운동가들과 교민들이 지켜보는 가운데 비장하고 엄숙하게 치러졌다. 오늘날 전해지고 있는 장례식의 대형 파노라마 사진은 그날의 분위기를 생생하게 전해주고 있다.[2]

---

1) 송현동, 「근대이후 상장례정책 변화과정에 대한 비판적 고찰」, 『역사민속학』 제14집, 2002, 198쪽.

안태국 이전에도 상해에서 사망한 한인들이 있었지만 사회적으로 주목된 경우는 없었다. 안태국 장례식은 상해 한인사회의 첫 번째 대규모 장례식이자 교민단의 사회장으로 거행되었다. 상해 한인들은 잠시나마 독립운동의 노선대립, 정쟁과 갈등을 내려놓고 장례와 추모 과정에 참여했다. 그럼으로써 최소한 장례기간만큼은 상해 한인사회가 통합되는 모습을 보여주었다. 장례식 때 이동휘 등 독립운동가들의 애절한 애도사는 동지의 사망에 대한 그들의 심성사를 엿볼 수 있다.

또한 상해에 남아 있던 한인들은 안태국과 같은 독립운동가들의 묘소를 관리하고 그 유해를 조국으로 봉환하는 과정에서 큰 역할을 했다. 중국공산당의 상해 접수 이후 상해의 도시계획으로 묘지가 공원으로 개조되면서 그의 유해는 상해 각지를 전전하였다. 1976년 만국공묘에 이장되었다가 한중수교 직후인 1993년 마침내 한국으로 봉환되었다. 상해의 도시개발과정에서 안태국의 유해를 지킨 것은 바로 1932년 윤봉길의거 이후 상해를 떠나지 않고 남아 있던 자들의 몫이었다.

이러한 역사적 의미를 띠고 있음에도 불구하고 상해에서의 독립운동가들의 죽음과 장례에 대해서는 제대로 조명된 적이 없다. 여기에는 독립운동사 연구에만 집중해온 학계의 연구 분위기가 작용했다. 본고는 이러한 문제의식에서 출발하여 안태국 장례를 통해 상해 한인들의 죽음과 장례라는 문화사적 측면들을 고찰해보고자 한다.

또한 본고에서는 독립신문의 장례 보도 기사, 장례 기념촬영사진, 안창호일기, 일제 관헌문서 등을 활용하였다. 특히 독립신문이 보도한 안태국 장례관련기사들을 적극적으로 활용할 것이다. 독립신문은 상해 한인사회의 상황을 생생하게 전해주는 훌륭한 사료이지만 그동안의 상해

---

2) 안태국 장례 관련 사진은 다음의 자료집에 수록되어 있다. 도산안창호선생전집편찬위원회, 『도산안창호전집』 제14권 사진, 2000; 국사편찬위원회, 『대한민국임시정부자료집』 44, 사진자료, 2011; 백범김구선생기념사업협회, 『백범 김구 사진자료집』, 2012.

한국독립운동진영이나 교민사회에 대한 연구에서 거의 활용되지 않았다. 안태국 장례 모습을 촬영한 3장의 기념사진들도 중요한 사료로 활용될 수 있다. 그 가운데는 길이가 무려 130센티미터에 달하는 대형 파노라마 사진이 있다. 그들 사진을 세심하게 들여다본다면, 당시의 상해 한인사회의 장례 문화를 비롯한 문화사와 관련한 많은 정보들을 얻을 수 있다.

본고는 먼저 상해에서 타계하여 성대한 장례가 치러졌던 안태국이 어떤 인물이었는지 살펴 볼 것이다. 그의 생애와 독립운동, 안창호와의 인간적 관계, 북간도에서 상해로 가게 된 경위를 살펴본다. 다음으로 그가 상해 도착 직후 병사하는 과정에 대해 고찰한다. 이어 임시정부 등 상해 한인사회의 안태국 장례 진행 관련 논의 과정과 상해 한인사회 사회장으로 치러지는 과정에 대해 고찰한다. 아울러 장례식 당일 안태국의 영구가 호상소를 떠나 묘지로 향하는 모습, 묘지에서 장례식 거행, 고인과 가까웠던 동지들의 애도 모습에 대해서도 구체적으로 살펴본다. 나아가 장례식 이후 해마다 고인을 추억하는 추도식의 거행 모습과 1950년대 상해시의 도시계획으로 그가 묻혀있던 묘지가 헐리면서 만국공묘로 유해가 옮겨지고 1990년대 초반 한중수교 이후 그의 유해가 한국으로 봉환되는 과정을 살펴볼 것이다. 끝으로 언급해둘 것은 안태국 장례식은 상해 한인사회 일반 교민들의 장례나 상해 거주 외국 교민들의 장례의식과의 비교 고찰은 이루어지지 못했다. 이는 추후의 과제로 남겨둔다.

2. 안태국의 상해행과 순국

1919년 4월 11일 중국 상해에서 한국역사상 최초의 공화제정부로서 대한민국 임시정부가 수립되었다. 그해 9월 상해의 대한민국 임시정부, 노령의 대한국민의회, 서울의 한성정부가 하나로 합친 통합 대한민국 임시정부가 의욕적으로 출범하였다. 하지만 얼마 지나지 않아 통합 임시정부는 균열되기 시작했다.

당초 상해 임시정부와 노령의 대한국민의회는 기존의 조직을 모두 해산하고 새로운 임시정부를 조직하기로 하였다. 그리하여 노령의 대한국민의회는 자신의 조직을 해체하고 문창범 등을 상해로 파견하여 새로이 조직된 상해 임시정부에 참여하도록 하였다. 상해에 도착한 문창범은 약속대로 상해 임시정부가 해체되지 않았다면서 이를 맹렬히 비난하였다. 그는 상해 임시정부 교통총장 취임을 거부하고 노령으로 돌아가 대한국민의회를 재건하였다.

노령 대한국민의회 세력은 상해 임시정부의 행위를 사기로 규정하고 공격하는 등 양측의 갈등이 깊어갔다. 노령 독립운동세력 가운데서도 임시정부를 반대하는 세력이 있었는가 하면 임시정부를 승인하고 참여를 주장하는 세력이 있어 논란이 끊이지 않았다. 이에 노령 세력은 다시 한 번 최초의 조건대로 일단 대한국민의회와 상해 임시정부의 양쪽을 모두 해산하고 새로운 임시정부를 조직할 것을 요구하는 목소리가 점점 커져 갔다. 또한 노령에서는 새로이 특사를 파견하여 노령과 상해의 두 조직을 통합하는 문제를 제의하기로 하였다.[3] 이때 특사로 파견된 사람이 바로 안태국이었다. 그가 특사로 선정된 데는 105인사건 이후 독립운동진영에서 명망이 높아 조정자로서는 적임자로 판단되었기 때문일 것이다. 당시 임시정부를 실질적으로 운영하면서 상해 정국을 주도하고 있던 안창호와 절친한 옛 동지였다는 사실도 중요하게 작용하였을 것이다.

---

3) 「鮮人ノ行動ニ關スル件」, 菊池義郎(在浦潮斯德總領事) → 內田康哉(外務大臣), 1920년 3월 20일(『不逞團關係雜件』 朝鮮人ノ部 在西比利亞 9, 국사편찬위원회 한국사 데이터베이스).

안태국의 상해행과 사망에 대해 본격적으로 다루기에 앞서 우선 그의 생애를 간단하게 살펴보자. 독립신문은 안태국 사망 직후 그의 약력에 대해 다음과 같이 소개하고 있다.

先生의 略歷 先生은 平壤人이라 先生은 二十年前부터 革新을 主唱하야 梁起鐸, 李東輝, 安昌浩, 全德基, 李東寧, 李甲, 申采浩, 諸先輩와 함끠 國事에 盡瘁할새 先生의 性格과 忠誠은 當時붓터 一般國民의 信望하는 바이엿섯다 先生이 三十四歲時에 新民會의 西道總監으로 被任하고 그 後 靑年學友會를 發起하야 國民性의 根本的 改善에 努力하다 大成學校에서도 先生이 重要한 任務를 맛흐시고 京城과 平壤에 太極書館을 經營하야 先生이 親히 主人이 되다 太極書館은 外面書館이나 內容은 獨立黨의 幹部이엿섯다 國恥後 先生은 安命根事件과 寺內暗殺事件과 其他 種種의 嫌疑로 前後 七年間을 獄中에서 보내시다, 寺內暗殺事件에는 敵의 惡刑이 더욱 先生에게 甚하엿스나 끗까지 不屈하시는 先生의 膽勇은 內外人의 크게 놀낸 바이엿섯다 出獄後 先生에게 對한 敵의 監視가 非常하야 充分한 活動을 못하시고 年前 琿春에 移居하시엿다가 今般獨立運動에 中俄領統一의 뜻을 품으시고 政府所在地로 오시엿던 것이라 先生은 今四十六歲라[4]

안태국은 1874년 평남 중화군에서 태어났다. 태어난 곳은 중화였지만 주로 평양에서 생활하였다.[5] 그는 평양에서 비단장사를 했던 것으로 보인다.[6] 그리하여 1907년 3월에는 상인단체인 협동사 사장을 맡고 있었다. 아마도 상인들의 이익을 옹호하는 단체가 아니었나 한다.[7]

얼마 후 그는 신민회 활동에 참여했다. 그가 1908년 5월부터 신민회 사업의 하나인 태극서관을 운영하였음은 잘 알려진 사실이다. 다양한 직

---

4) 『獨立新聞』 1920년 4월 13일, 「安泰國先生의 長逝」.
5) 국사편찬위원회, 『한민족독립운동사자료집』 1, 105인사건공판시말서 Ⅰ, 1986, 9쪽.
6) 『每日申報』 1915년 2월 16일, 「極樂에 幻生흔 六人」.
7) 洪英基, 「東吾 安泰國의 民族運動 硏究」, 『국사관논총』 제40집, 1992, 53쪽. 안태국의 생애와 독립운동에 대해서는 이 논문을 많이 참조하였다.

업을 전전하였지만 그의 경제적 형편은 그리 좋지 않았던 것으로 보인다. 가족이 근근히 생계를 이어가는 정도였다. 그는 어린 시절 한학을 익힌 것 외에는 특별한 교육을 받거나 신학문을 접하지 못하였다. 그러던 그가 계몽운동에 뛰어들 수 있었던 데는 기독교의 영향이 크리라 생각된다. 그는 일찍이 예수교 신자가 되었다.[8]

그의 교유관계 역시 주로 계몽운동 계열의 사람들과 이루어졌다. 특히 안창호와 가까웠다. 나중에 상해에서 그가 중병에 걸리자 안창호가 끝까지 극진하게 간호하였고 빈소를 자택에 차렸던 것만 보더라도 두 사람의 관계를 잘 알 수 있다. 그는 평양을 중심으로 한 평남 지역에서의 신민회의 조직 확대에 큰 역할을 하였다. 즉 신민회의 서도총감을 맡고 있으면서 태극서관의 운영과 청년학우회의 조직, 대성학교에 대한 재정적 후원과 같은 사업에서 뛰어난 수완을 발휘했다. 더욱이 1910년 일제의 한국강점 이후 '105인사건'의 핵심인물로 몰려 6년형을 선고받아 옥고를 치렀다.[9]

1915년 2월 석방된 안태국은 국내에서 이렇다 할 활동을 한 것 같지는 않다.[10] 그는 1918년을 전후하여 가족을 데리고 만주로 망명하였다. 그는 만주에서 농사를 지으면서 만주와 시베리아 각지를 왕래하면서 독립운동에 종사하였던 것으로 보인다.[11] 그는 제1차 세계대전의 종전을 전후하여 독립운동의 방향을 협의하느라 더욱 바쁘게 지냈다.[12]

안태국은 1920년 3월 노령 블라디보스톡을 거쳐 같은 달 14일 상해 프랑스조계에 안착하였다. 다음날인 3월 15일에는 안창호와 재회하여

---

8) 국사편찬위원회, 『한민족독립운동사자료집』 1, 288쪽.
9) 洪英基, 「東吾 安泰國의 民族運動 研究」, 68쪽.
10) 洪英基, 「東吾 安泰國의 民族運動 研究」, 65쪽.
11) 朱耀翰, 『安島山全書』 上, 三中堂, 1963, 248쪽.
12) 金正明 編, 『朝鮮獨立運動』 3, 東京: 原書房, 1967, 29, 67쪽;『독립운동사』 7, 267쪽.

그간의 회포를 풀었다.[13] 3월 16일 안태국은 의정원에서 안창호를 만나 노령의 일을 협의하였다.[14] 안태국에 대한 환영회도 열렸다. 3월 17일 안창호는 안태국과 김구를 초청하여 남경로 東亞旅社에서 만찬을 베풀었으며 흥사단 단소에서 환영회를 열었다.[15]

안태국이 상해에 오게 된 가장 중요한 이유는 어디에 있을까. 그동안 안태국이 상해로 온 것은 안창호가 中俄領과의 통합을 달성하기 위해 그를 상해로 초치한 것으로 알려져 있다. 당시 독립신문이나 후일의 안창호 전기에 그런 내용이 보인다.[16] 그러나 이러한 주장은 상해 임시정부나 안창호의 입장에서 나온 것으로 보여진다. 실제로는 앞서도 살펴본 바와 같이 안태국은 노령 독립운동진영에서 대한국민의회와 상해 임시정부가 자기 조직을 모두 해체하고 새로운 임시정부의 조직을 요구하기 위해 파견되었던 것이다.

실제로 안태국은 상해에 도착한 다음 안창호를 만난 자리에서 상해 임시정부를 조직한 모태인 임시의정원을 해체하고자 주장하였다. 그러나 그의 주장은 안창호의 강력한 반대에 부딪쳤다.[17] 안창호로서는 이미 상해 임시정부가 한성, 노령, 상해 등 3개의 조직을 통합하여 만든 것이고 이것을 다시 해체한다는 것은 큰 혼란을 야기할 것이기에 적극적으로 반대하였던 것이다. 오히려 안창호는 안태국을 설득하여 상해 임시정부의 의도대로 그에게 중아령의 통합을 추진하는 임무를 맡겨 노령으로 파견하고자 하였다.

그리하여 안태국은 상해에 온지 얼마 되지 않아 다시 상해 임시정부 북간도 특파원으로 파견될 예정이었다. 임시정부에서도 파견에 따른 필

---

13) 도산안창호선생전집편찬위원회, 『도산안창호전집』 제4권 일기, 2000, 878쪽.
14) 도산안창호선생전집편찬위원회, 『도산안창호전집』 제4권 일기, 878쪽.
15) 도산안창호선생전집편찬위원회, 『도산안창호전집』 제4권 일기, 879쪽.
16) 朱耀翰, 『安島山全書』, 242쪽.
17) 도산안창호선생전집편찬위원회, 『도산안창호전집』 제4권 일기, 879쪽.

요한 조치를 취하였다. 즉, 국무총리 이동휘의 이름으로 임시정부 중심의 대동단결을 요청하면서 특파원의 파견을 알리는 유고문을 보냈던 것이다.[18)

그런데 북간도로의 출발을 앞두고 있던 안태국에게 전혀 예고치 않은 일이 벌어졌다. 상해에 온지 17일만에 감기 기운으로 몸져 눕게 되었던 것이다. 霞飛路의 申江醫院에 입원한 그의 병명은 감기가 아닌 장티푸스로 판명되었다. 하지만 병세에 대한 차도가 없자 안태국은 안창호의 주선으로 徐家匯路의 中國紅十字醫院에 입원했다. 당시 홍십자의원은 중국 상해의 최고 의료기관으로 안식일교회에서 운영하고 있었다.[19) 홍십자의원은 설립 직후부터 "인도, 박애, 봉사"의 홍십자 정신을 받들어 부상병을 치료하고 빈곤자를 구제하여 수많은 감동적인 이야기를 남겼다. 1919년 임시정부가 상해에 수립될 무렵 홍십자의원은 미국 안식교회에서 위탁하여 경영하고 있었다.[20) 국내 안식교회를 다니던 김창세가 상해 홍십자의원의 수습의로 근무하고 있었다. 이런 이유로 홍십자의원은 상해 한인들의 이용이 잦았다. 특히 김창세와 동서지간으로 건강이 쇠약했던 안창호는 수시로 홍십자의원에 입원했다.[21)

결국 안태국은 상해에 온지 채 한 달도 안된 4월 11일 서가회로의 중국홍십자의원 16호 병실에서 사망하였다. 향년 46세였다. 장티푸스 외에 105인사건으로 옥중에서 얻었던 심장내막염이 동시에 발병하였다. 안창호와 김창세가 그의 임종을 지켰다. 마침 안창호도 홍십자의원에 입원하

18) 독립운동사편찬위원회, 『독립운동사자료집』 9, 255~256쪽.

19) 이종근, 「의술을 통한 독립운동가 김창세 박사」, 『도산학연구』 11·12, 2006, 245~246쪽.

20) 蔣露, 「晩淸至北京國民政府時期的中國紅十字會醫院(1904~1927)」, 『湖南工程學院學報』 22-1, 2012, 78쪽.

21) 김광재, 「1920년 전후 上海한인사회의 위생의료 생활」, 『한국민족운동사연구』 82, 2015. 안창호는 1919년 5월 25일 상해에 도착한 다음날 북경로 예배당 연설을 마친 후 곧바로 홍십자의원에 입원하여 치료를 받았다.

고 있었다. 그는 김창세와 함께 밤을 새워 안태국을 극진히 간호했다. 그럼에도 불구하고 안태국은 유명을 달리하고 말았다.[22]

안태국이 타계하자 독립신문은 「아아 安泰國先生」이라는 제목으로 그의 죽음을 애도하였다. 독립신문은 그의 부고에 상해 한인들이 망연자실하고 있다고 하였다.

如何한 天의 經綸이 이에 니름인지 吾人은 再昨夜八時에 吾人의 가장 敬愛하는 引導者의 一人인 安泰國先生의 訃報를 不幸히 接하엿도다. 이 報道를 接한 吾人은 다만 茫然自失하야 붓을 던지고 徒然히 桌을 치며 하늘을 우러러 嘆聲을 發할 뿐이로다. 뭇노니 天아 先生을 吾人에게서 奪함이 뜻이 잇서 그러함이뇨 업서 그러함이뇨 …… 이제 先生은 가고 다시 업스니 우리는 將次 무엇을 바라고 무엇을 빌니오. 오직 「하늘을 우러러 嘆聲을 發할 뿐이로다.」 그러나 吾人은 落膽과 失望의 아페는 오직 敗亡이 잇슴을 아노니 吾人은 徒然한 嘆聲으로만 先生을 보내지 말고 先生의 逝去로써 우리의 決心과 覺悟를 倍加함이 眞正으로 先生을 弔하는 本意요 또 先生의 本懷도 거긔 잇스리라 하며, 또한 先生의 遺志를 繼承하야 그 遠大한 理想을 目標하야 나아가는 吾人同志者는 先生의 도라가심을 機會로 하야 精力과 勇氣를 合하야 先生이 未遂하신 우리 民族前途의 大業과 死로써 決함이 吾人의 忠誠스러운 義理요 또한 즐거히 할 本務라 하리로다.[23]
先生의 五十年의 生涯는 全혀 愛國心의 結晶이오 國家와 民族을 爲한 犧牲의 記錄이라 眞實하고 正直한 先生의 性格과 名譽와 地位에 超然하야 前後七年의 獄中苦楚와 出獄後의 敵의 迫害를 甘受하시고 二十年 一貫하야 오직 一心國家를 爲하야 奮鬪하신 先生의 誠忠은 實로 眞正한 國士의 面目을 先生에게서 볼지라[24]

임시정부의 기관지나 다름없는 독립신문은 안태국의 죽음에 대해 극진한 애도를 표명하였다. 안태국의 옛 동지였던 안창호도 그의 죽음에

22) 『獨立新聞』 1920년 4월 13일, 「安泰國先生의 長逝」.
23) 『獨立新聞』 1920년 4월 13일, 「아아 安泰國先生」.
24) 『獨立新聞』 1920년 4월 13일, 「安泰國先生의 長逝」.

대해 매우 애통해하였다.

安島山先生談 나 보는 韓人中에는 惟一한 愛國者

連日 終夜看護에 盡力하다가 마침내 訣別을 當한 安島山先生은 얼골에 沉痛의 빗을 띄고 悄然히 語하야 曰「名譽, 地位, 權力 이 모든 것에 조금도 거리낌업시 오직 誠衷을 다하야 二十年을 終始如一하게 爲國奮鬪하시는 安先生의 性格과 熱誠은 내 입으로 다 말할 수 업소, 나 보는 韓人中에는 진실로 惟一한 愛國者요, 先生의 多年 獄中生活과 敵의 惡刑이 先生의 그 조턴 얼골과 體格을 損하게 하고 수에 또 도라가시게까지 한 것이오.」「先生은 또 精神上 苦痛을 만히 밧앗소, 先生의 同志인 全德基牧師 李甲氏, 先生의 心腹인 宋鍾元, 金根瀅, 諸氏의 逝去는 先生에게 非常한 精神上 苦痛을 주엿소」[25]

안창호는 끊었던 담배를 다시 피울 정도로 비통함이 컸다. 그는 다음 해 제1주기 추도회에서 당시는 안태국의 죽음에 대해 너무 충격이 커 말을 할 수가 없었는데, 지금에 와서야 겨우 얘기를 할 수 있다고 피력할 정도였다.

3. 안태국 장례식의 거행

서두에서 밝힌 바 있듯이, 1919년 이후 상해에 한인 교민사회가 본격적으로 형성되면서 상해에 정주하는 한인들도 늘어났다. 그에 따라 질병이나 고령으로 인해 이역 땅에서 사망하는 경우가 나타나기 시작했다. 1920년대 상해에서 별세한 주요 인사들과 그들이 묻힌 묘지는 다음의 표와 같다.

---

25) 『獨立新聞』 1920년 4월 13일, 「安泰國先生의 長逝」.

〈표 1〉 1920년대 상해에서 사망한 주요 인사들

연번	이름	사망 일자	묘지	비고
1	안태국	1920.4.11.	정안사공묘	사회장, 만국공묘로 이장26), 1993년 유해 봉환
2	윤현진	1921.9.17.	정안사공묘	임시정부 재무차장, 1995년 유해 봉환
3	김태연	1921.10.25.	정안사공묘	임시의정원 의원, 인성학교 교장, 현재는 만국공묘로 이전되어 있음27)
4	김 립	1922.2.6.	만국공묘	임시정부 비서실장, 한인사회당, 레닌자금 문제로 피살됨, 만국공묘 매장 여부는 불분명,28) 추후 확인이 필요함
5	김가진	1922.7.4.	만국공묘	대동단 총재, 문화대혁명으로 묘가 훼손되어 유해를 찾을 수 없음
6	신규식	1922.9.25.	만국공묘	임시정부 법무총장, 1993년 유해 봉환
7	김인전	1923.5.12	정안사공묘	한인교회 목사, 1993년 유해 봉환
8	최준례	1924.1.4.	팔선교공묘	김구 부인, 1948년 유해 봉환
9	박은식	1925.11.1.	정안사공묘	임시대통령, 국장 거행, 1993년 유해 봉환
10	노백린	1926.1.22.	정안사공묘	임시정부 군무총장, 1993년 유해 봉환
11	연병환	1926.6.23.	정안사공묘	상해세관 근무, 독립운동 지원, 1950년대 이후 만국공묘로 이장, 2014년 유해 봉환29)
12	이 탁	1930.5.17.	정안사공묘	임시의정원 의원, 나중에 유해가 어떻게 처리되었는지 확인되지 않음

---

26) 당초 정안사공묘에 묻혔던 한인들은 1950년대 상해시의 도시개발이 추진되면서 여러 곳을 전전한 후 1970년대 만국공묘로 이장되었다.

27) 『獨立新聞』 1921년 10월 28일, 「金泰淵의 別世」. 뒤에서 보겠거니와, 김태연은 1921년 4월 안태국 서거 1주기에 정안사공묘를 찾아 고인을 기렸으며 그 감상을 독립신문에 실었다. 그러나 그도 얼마 후 과로로 순국하여 안태국의 뒤를 따라 정안사공묘에 묻히게 되었다. 현재 상해 만국공묘에는 그의 것으로 추정되는 'TAI Y KIM'이라는 묘지명이 남아 있다. 일찍이 재중 조선족 사학자 최용수교수도 만국공묘에 김태연의 묘소가 있다고 하였다. 김성룡 저·최용수 감수, 『불멸의 발자취』, 북경: 민족출판사, 2005, 356쪽.

그 가운데서도 안태국에 대한 장의는 1919년 상해에 임시정부가 들어선 후 처음으로 맞는 저명한 독립운동가의 별세였다. 임시정부와 상해 한인사회로서는 처음 맞는 큰일이었다. 그러므로 그에 맞는 장중하고도 성대한 장례의식이 예상되었다. 안태국 사후 장의와 관련된 전반적인 문제에 대한 협의는 안창호가 주도했다. 안창호는 안태국의 동지들을 불러 장의 문제에 대한 전반적인 절차를 논의하였다. 안창호의 일기를 보면, 김구에게는 殮衣製縫에 관한 일을 부탁하였다.30)

독립신문은 장례 논의 과정을 다음과 같이 전하고 있다. "故東吾 安泰國先生의 逝去함에 對하야 故先生의 生前의 事業과 國民의 模範될 人格을 因하야 國葬을 營하자는 說이 臨時政府閣員中에 生하엿섯스나 國家多難의 時에 他에 重大한 事業이 만흠으로 中止하고 다만 葬費의 一部로 三百元을 國庫中에서 支出함에 止하엿다고"고 하였다.

안태국 장례는 상해 한인교민사회의 사회장으로 치러졌다. 당초 임시정부 내에서는 국장으로 치러야 한다는 의견도 있었다. 그의 생전의 독립운동과 인격을 감안하여 국장으로 하자는 것이었다. 이는 아마도 안태국과 밀접한 관계를 유지했던 안창호의 의견인 것으로 보인다. 안창호 계열이 아니거나 비 서북 출신 인사들의 경우 의견이 다를 수도 있었을 것이다. 어쨌든 최종적으로는 나라가 어려운 상황에 처해 있고 사업이 많으므로 국장으로 하는 것이 곤란한 것으로 결론지어졌다. 때문에 국장 대신 사회장으로 결정되었다. 또한 안태국이 기독교인이었으므로 장례는 기독교식으로 진행되었다. 물론 명정, 만장, 집불 등이 사용된 것으로

---

28) 김성룡 저·최룡수 감수, 『불멸의 발자취』, 356쪽.
29) 박걸순, 「延秉煥의 생애와 민족운동」, 『역사와 담론』 제73집, 호서사학회, 2015, 24쪽. 정안사공묘의 연병환 묘소에는 묘비가 세워져 있었는데, 그 사진이 남아 있다. 사진은 다음의 책자에 실려 있다. 연창흠, 『애국지사 연병환·연병호』, (주)비오비, 2013, 37쪽.
30) 도산안창호선생전집편찬위원회, 『도산안창호전집』 제4권 일기, 886쪽.

보아 전통적인 장례 방식도 가미되었던 것으로 보인다.

임시정부에서는 안태국 장례비용의 일부인 3백원을 지출하기로 결정하였다.[31] 장례비용으로는 여기에 더하여 각계에서 들어온 부의금도 사용되었다. 독립신문은 장례 비용을 기부한 이로 "法務總長 申圭植氏 十元, 在○○ 梁○先生 五十元等"이라고 소개하고 있다.[32] 이들 비용으로 묘지 사용비, 묘비, 영구 마차 임대료, 관 구입비, 석회, 수의 구입 등의 장례비용으로 사용하였을 것이다. 1922년 7월 77세를 일기로 상해에서 타계하여 만국공묘에 묻혔던 임시정부 고문 겸 조선민족대동단 '총재 金嘉鎭의 장례비용 가운데서도 묘비와 관련된 비용이 가장 컸다.[33]

비록 사회장으로 치러졌지만 그 규모는 국장으로 치러졌던 임시대통령 박은식의 장례식과 비교하여도 손색이 없었다. 안태국의 장례 일정과 묘지 등에 대해 결정된 사항들은 독립신문의 부고란에 게재되었다.

- 墓地 : 上海靜安寺路 西洋人 共同墓地
- 발인 : 明日(四月十四日) 下午一時 瑞康里 二六八號에서
- 葬式 : 同下午二時 該墓地內 禮式堂에서
- 經路 : 憺自邇路 瑞康里로붓터 長浜路를 經하야
      大韓民國二年 四月十三日
      友人 李東輝 李東寧 朴殷植 李始榮 申奎(圭)植 孫貞道 安昌浩 金九[34]

위의 友人들은 임시정부내 국무총리를 위시하여 안태국과 절친했던 인사들이 망라되었다. 또한 그들은 모두 신민회에서 안태국과 함께 활동했던 동지들이었다. 그만큼 안태국의 독립운동에서 신민회가 차지하는

---

31) 『獨立新聞』 1920년 4월 17일, 「安泰國先生葬禮後報」.
32) 『獨立新聞』 1920년 4월 17일, 「安泰國先生葬禮後報」.
33) 「用下記(1922.7)」(연세대학교 국학연구원 편, 『東農金嘉鎭全集』 2, 선인, 2014, 437쪽).
34) 『獨立新聞』 1920년 4월 13일, 「訃告」.

〈사진 1〉 상해 정안사공묘 모습(謝俊美 主編, 『圖說韓國獨立運動在上海』, 上海: 大韓民國臨時政府舊址管理處, 2002, 163쪽).

위상을 잘 반영하고 있다.

장지는 정안사공묘로 결정되었다. 당시 정안사공묘는 상해의 대표적인 외국인 묘지였다. 19세기 중반 상해 개항 이후 외국교민들이 늘어나면서 그들을 위한 공묘가 생겨나기 시작했다. 당시 상해에서 외국교민들을 위한 공묘는 정안사공묘 외에 만국공묘, 팔선교공

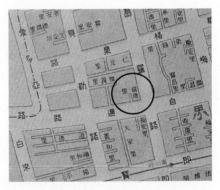

〈지도 1〉 안태국 장례 호상소가 차려진 프랑스조계 愷自邇路 268호 瑞康里(원 안)

묘, 홍교로공묘 등이 있었다. 만국공묘와 정안사공묘가 상해 한인들이 묻혔던 대표적인 묘지였다. 만국공묘에는 신규식, 김가진 등이 묻혔고, 정안사공묘에는 임시대통령을 지낸 박은식을 비롯한 노백린, 안태국, 윤현

진 등의 유해가 안장되었다. 정안사공묘는 1896년 공공 조계가 세운 묘지로 대개 외국교민 외에도 중국인 기독교도 혹은 현달한 인물들이 묻혔다. 외국교민들 사이에서는 정안사공묘가 가장 좋은 곳으로 인정되었고 묘지 비용도 다른 곳보다 비쌌다.35) 중국인들의 경우 많은 제약이 있었다. 상해 한인의 경우 외국교민으로 인정되었기 때문에 비싼 묘지 비용을 감당할 수 있는

〈사진 2〉 안태국 장례 호상소
(서강리 안창호 자택에 빈소를 차림)

경우에는 비교적 용이하게 묘지를 쓸 수 있었다. 임시정부의 안창호 등은 안태국이 기독교도이고 많은 사람들이 선호하던 묘지였던 정안사공묘를 선정했던 것으로 보인다.

장례 호상소는 프랑스조계 愷自邇路 268호 瑞康里로 결정되었다. 이곳은 안창호의 자택이었다. 안창호는 홍십자의원에서 안태국이 타계한 후 자택에 시신을 옮겨 빈소를 차렸다.

<사진 2>에 보이는 호상소는 전형적인 石庫門 주택의 1층 대청이다. 당시 상해에 살았던 거의 대부분의 한인들이 이런 석고문 주택에 살았다. 1층 대청은 탁자와 의자가 있어 손님과 담소를 나누는 응접실 역할을 했다. 옆으로 방들이 있고 2층의 방으로 올라가는 계단이 있다. 사

---

35) 安克强, 「上海租界公墓研究(1844~1949年)」, 『中國海洋大學學報』(社會科學版), 2008年 第5期, 25쪽; 上海民政誌編纂委員會, 『上海民政誌』, 上海社會科學出版社, 2000.

진에 보이는 대청마루 바닥은 매우 닳아 있다. 수많은 문상객들이 다녀
간 흔적일 것이다. 4월 11일 밤 서거한 다음부터 발인하는 4월 14일 정
오까지 상해지역의 수많은 독립운동가들과 교민들이 조문차 방문했을
것임에 틀림없다.

호상소가 차려진 대청 중앙에는 태극기가 걸려 있으며 아래에는 화륜으
로 덮힌 영구가 안치되어 있었다. 그 옆에는 銘旌이 세워져 있다. 붉은 비단
으로 만들어진 명정에는 '東吾安泰國先生', 좌우에는 '忠義果敢 惟一國士'
라 쓰여져 있다. 명정은 죽은 사람의 관직과 성씨 따위를 적은 기이다. 일
정한 크기의 긴 천에 보통 다홍 바탕에 흰 글씨로 쓰며, 장사 지낼 때 상여
앞에서 들고 간 뒤에 널 위에 펴 묻는 것으로 旌銘이라고도 한다. 명정에
쓰여진 '충의과감'은 안창호와 안태국이 함께 조직하고 활동했던 청년학우
회의 설립 취지에서 따온 것으로 보인다. 즉 청년학우회의 목적은 "무실
역행 충의 용감의 4대 정신으로 인격을 수양하고 단체생활의 훈련에 힘
쓰며, 한 가지 이상의 전문학술이나 기예를 반드시 학습하여 직업인으로
서의 자격을 구비"하는 데 두어졌다.[36] 청년학우회의 4대 정신 가운데
'충의'와 '용감'을 취했다.

호상소 중앙에는 태극기가 걸려 있다. 상해 한인들에게 태극기는 독
립운동과 민족 정체성을 상기시켜주는 상징이었다.[37] 기쁠 때나 슬플
때나 상해 한인사회의 크고 작은 행사 사진에는 빠짐없이 태극기가 배경
에 나타나고 있다. 태극기 오른쪽으로 몇 폭의 輓詩가 보인다. 일종의
만장이다. 먼저 태극기 바로 옆에 세워져 있는 것은 이동녕의 만시이다.
사람에 가려 일부가 보이지 않지만 "歌朝露泣暮暉哀吾生之無幾"라는
내용이다.[38] 그러나 그의 만시는 실제로는 이 구절 외에 한 구절이 더

---

36) 박찬승, 『한국근대정치사상사연구 - 민족주의 우파의 실력양성운동론』, 역사비평
　　사, 1992, 107쪽.
37) 목수현, 「디아스포라의 정체성과 태극기: 20세기 전반기의 미주 한인을 중심으로」,
　　『사회와 역사』 86, 2010, 47쪽.

있다. 사진에는 첫 구절만 보이고 뒤 구절은 보이지 않고 있다. 전문은
독립신문에서 확인할 수 있다. "歌朝露泣暮暉哀吾生之無幾 溯往蹟想來
日求其還者屬誰"가 온전한 내용이다.[39] 한글로 풀이하면 "아침 이슬을
노래하고 저녁 노을빛에 울음 우니 슬프도다 우리 삶의 덧없음이여, 지
나간 발자취를 거슬러 올라가고 내일을 생각한들 구하여 그 돌아오는 것
이 누구에게 속할 것인가"이다. 이동녕은 신민회에서 생사를 함께 하면
서 활동했던 안태국의 갑작스런 죽음에 즈음하여 누구보다도 상심이 컸
을 것이다. 동지의 죽음을 통해 인생이 아침이슬이나 저녁노을처럼 순간
적으로 지나가는 것에 무상함을 느꼈을 것이고 조국을 위해 모든 것을
바쳤지만 광복을 보지 못하고 타계한 것에 대한 안타까움을 만시로 표현
하였다.

그 오른쪽에는 김구, 郭炳奎, 柳振昊 등 3인이 쓴 만시가 벽에 걸려
있다. 사진에서는 글자를 식별하기 힘들지만 역시 독립신문에서 그 전문
이 확인된다. "立敵廷持節如霜 爲祖國發憤忘食"이다. 여기서의 敵廷은
敵庭이다. 즉 "원수의 법정에서 절개를 가지는 것이 서릿발과 같고, 조국
을 위함에 분발하여 끼니를 잊었었도다"라는 뜻이다. 김구는 안태국이
105인사건으로 인한 일제의 재판정에서도 절개를 굳게 지켰으며 조국을
위하여 발분망식하였다고 기렸다. 이동녕이 동지의 죽음을 통해 인생무
상을 느꼈다면 김구는 고인의 애국심을 칭송하였다. 이처럼 한 사람의 죽

---

38) 도산안창호선생전집편찬위원회, 『도산안창호전집』 제14권 사진, 2000.

39) 『獨立新聞』 1920년 4월 17일, 「安泰國先生葬禮後報」. 독립신문은 장례기간 중 안
   태국의 영전에 올린 상해 각단체, 독립운동가, 교민들의 애도사를 싣고 있다. 이동
   녕, 김구 등의 애도사도 그 가운데 하나이다. 독립신문에 수록된 애도사를 올린
   단체와 인물은 다음과 같다. 上海大韓人居留民團, 軍務部 ○○○○, 大韓赤十字
   會, 大韓愛國婦人會, 新韓靑年黨, 大韓耶穌敎會, 大韓新民會, 大同團總部, 南京留
   學生愛友會, 獨立新聞社, 三一印書館, 李東輝, 李東寧, 李始榮, 申圭植, 金立, 趙琬
   九, 趙梅春 袁鼎, 金九 郭炳奎 柳振昊, 朱賢則, 鮮于爀, 金澈, 趙尙燮, 玉觀彬, 申翼
   熙, 尹顯振.

음은 그 의미가 서로 달랐다.

명정 옆에는 두 명의 상주가 서 있다. 이 가운데 왼쪽 상주가 누구인
지 알 수 없으나 오른쪽은 洪在衡으로 보인다. 그는 안태국의 사위이다.
안태국과 함께 훈춘, 노령에서 상해에 왔다.[40] 북간도 훈춘에 거주하고
있던 안태국의 부인과 자녀들이 상해로 왔는지는 알 수 없다.[41] 독립신
문에 의하면, 훈춘의 안태국 본댁에는 그의 부인과 2남 1녀가 있었다.
장남이 明鎭, 차남이 昌鎭이었다. 사진의 오른쪽에는 뒤모습이 보이는
이는 孫貞道인 듯 하다. 왼손에 성경을 들고 있는데, 그는 독실한 기독
교 신자이자 상해 한인교회에서 목사로 활동하기도 했다. 그가 성경을
준비한 것은 안태국 장례식이 기독교식으로 치러지기 때문일 것이다. 아
마도 이 사진은 발인 직전의 호상소의 모습을 찍은 것으로 보인다.

장례 당일 정오부터 호상소에는 회장인이 계속하여 모여들었는데, 정
각에는 3백 명에 달했다고 한다. 실내에서는 사람들이 喪章을 두르기에
분망하고 문 옆에는 紅白絹의 輓章 수십개가 세워져 있다. 독립신문의
보도에 의하면, 105인사건으로 오랫동안 안태국을 부모와 같이 하며 함
께 옥고를 치렀던 옥관빈은 영구 앞에서 흐느낌을 그치지 못했다고 한다.
105인사건으로 징역형을 받은 5인 가운데 한 사람이었던 옥관빈은 약관

---

40) 洪在衡은 1896년 황해도 黃州 출신이다. 1910년부터 1915년까지 평양에서 노동
  에 종사했다. 이때 그는 안태국의 딸과 결혼했던 것으로 보인다. 1915년 연해주
  블라디보스톡으로 이주하였다가 1920년 안태국과 함께 상해로 갔다. 그후 중국
  蕪湖 華文中學을 다녔으며 졸업 후 상해로 돌아와 흥사단에 가입하여 활동하였다.
  「興士團 第二0八團友 洪在衡 履歷書(1924年 작성)」(도산안창호선생전집편찬위원
  회, 『도산안창호전집』 제10권 동우회 Ⅱ·흥사단우 이력서, 2000, 767쪽). 빈소의
  홍재형은 흥사단 이력서 사진의 홍재형 사진과 동일인으로 보인다. 도산안창호선
  생전집편찬위원회, 『도산안창호전집』 제14권 사진, 2000, 324쪽.

41) 일제 문서에 의하면, 1931년 상해 하비로 和合坊에서 한인들을 대상으로 하숙을
  하던 安明鎭이라는 이가 있었다. 內務省保安課, 「上海二於ケル尹奉吉爆彈事件顚末
  (1932.7.)」(매헌윤봉길전집편찬위원회, 『매헌윤봉길전집』 제2권 상해의거와 순국,
  2012, 288쪽). 이 安明鎭이 안태국의 아들 安明鎭인지는 좀 더 확인이 필요하다.

의 나이에 옥살이를 하였기 때문에 독립신문의 보도대로 그와 함께 옥고를 치렀던 안태국을 아버지처럼 여겼을 것이다.

장의 행렬은 묘지로 출발하기 직전에 사진촬영을 하였다. 이는 평소 사진 기록을 남기는 것을 좋아했던 안창호의 안배가 있었을 것이다. 그는 남경로의 유명한 사진관에 사진촬영을 의뢰하였다. 덕분에 안태국 장례식과 관련하여 3장의 기념비적인 사진이 후세에 남게 되었다. 이후 상해 한인사회에는 장례식 때 기념사진을 촬영하는 것이 하나의 관례가 되다시피 했다.

이 사진들은 한인들이 상해의 만개한 사진 촬영 문화에 적극 참여하고 있었음을 보여주고 있다. 당시 상해는 사진 문화의 황금기를 누리고 있었다. 1917년 제1차 세계대전 종전 이후 사진 기자재 기술이 발전하면서 사진 촬영이 더 이상 고가의 사치문화가 아니었다. 사진 촬영 문화가 대중화되면서 일반 시민들도 즐겨 사진관에 들러 개인 사진을 촬영하였다. 1918년만 해도 상해에는 39곳의 사진관이 남경로를 중심으로 성업 중에 있었다고 한다.[42]

안태국 장례를 촬영한 사진관은 어디였을까. 현재 남아 있는 장례 관련 사진들에는 그 하단에 사진을 촬영한 사진관 이름이 보인다. 이들 사진 하단에는 'POWKEE & SONS'는 사진관의 이름이 보인다. 한자명은 寶記照相館이었다.[43] 1888년 광동 출신 歐陽石芝가 남경로에서 문을 연 보기조상관은 당시 상해의 4대 사진관의 하나였다.[44] 1920년 당시 이곳은 개업한지 30년이 넘은 전통있는 사진관이었다.[45] 지금은 王開照相館으로 이름이 바뀌어 남경로 번화가에서 영업 중이다.[46] 보기조상관

---

42) 葛濤·石冬旭, 『具像的歷史 : 照相與淸末民初上海社會生活』, 上海辭書出版社, 2011, 32쪽.

43) 吳群, 「淸末民初馳名滬上的寶記照相館」, 『人像攝影』, 1986年 4月號.

44) 馬運增 外, 『中國攝影史』, 中國攝影出版社, 1987, 73쪽.

45) 上海攝影家協會, 『上海攝影史』, 上海人民美術出版社, 1992, 8쪽.

은 특색있는 사진들을 많이 개발했다. 그 대표적인 것이 대형 파노라마 사진이었다. 일찍이 길이 160cm, 폭 30cm 짜리 대형 파노라마 사진을 출시했다. 이러한 사진은 사무실이나 공관 홀 벽에 걸어두기에 좋은 것들이었다. 정안사공묘에서의 안태국 장례식에 참석한 한인들 모습을 담은 사진이 바로 그러한 사진이다. 장례식 행렬이나 길게 늘어선 다수 사람들의 모습을 촬영하는 데는 파노라마 사진이 제격이었다.

발인 직전에 촬영한 것으로 보이는 <사진 3>의 배경은 호상소로 쓰였던 서강리 안창호 자택 앞이었다. 오른쪽 농당 입구 위에는 '瑞康里'라고 하는 坊額이 희미하게 보이고 있다. 왼쪽으로는 中華英文專門學校 간판이 있다. 나중에는 상해고등영문학교로 바뀌었으며 소재지는 서강리 옆 惟善里였다.47) 영어를 전문적으로 가르치는 학교였다. 장례 행렬의 모든 사람들이 사진촬영 카메라를 응시하였다. 영구를 실은 마차 앞에는 안창호가 서 있고 바로 옆에 김구가 서 있다. 사진의 중심에 안창호가 있는 것으로 보아 안창호가 안태국 장례의식의 총지휘자였음을 알 수 있다. 영구 마차를 모는 중국인 마부의 청국식 전통 복장이 특이하다. 현지 중국인들이 호기심 어린 눈으로 장의 행렬을 구경하고 있다. 건물 곳곳에서 창문을 열고 장의 행렬을 내다보고 있다. 경찰까지 동원되어 구경꾼들을 통제하고 있는 모습이 이채롭다. 영구 마차 근처에 서양인도 보이고 있다. 아마도 상해 한인들을 도와주던 서양 선교사가 아니었을까 생각된다.

오후 1시 30분 영구는 서강리 호상소를 출발하였다. 30여 개의 만장이 앞장섰다. 그 가운데는 호상소에 세워져 있던 이동녕의 만시가 씌여진 만장도 희미하게나마 보인다. 그 다음 모자와 제복 차림의 악대, 무관

---

46) 1927년 상해에서 태어나 1949년까지 이곳에서 살았던 김희원은 다른 사진관은 몰라도 남경로의 王開照相館은 뚜렷이 기억하였다. 김희원 구술, 2015년 5월 23일 과천 자택에서.

47) 熊月之 主編, 『稀見上海史誌資料叢書』 5, 上海書店出版社, 2012, 120쪽.

〈사진 3〉 발인 직전의 안태국 장의행렬 모습(홍성상소가 설치되었던 서강리 안창호 자택 앞)

〈사진 4〉 장안사공묘의 안태국 장의에 참석한 상해 한인들.

중간에 우묵 솟아 있는 빵정 앞에 있는 이동휘와 검구 사이에 화환과 영구의 일부가 보인다. 안태국 영구 하관 직전에 촬영한 것으로 보인다. 이동휘와 검구 외에 안창호, 박은식, 여운형, 신익희, 이광수 등 낮익은 얼굴들이 보인다. 남자들은 대개 양복 차림이다. 뒷열 중국 복장이 보이고 있으며 가까세 복장의 무관하교 생도들도 보인다. 여자들은 양장 외에 한복 차림도 눈에 띈다. 이 사진은 길이 130cm, 폭 30cm의 대형 사진이다.

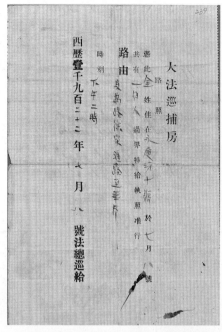

학교 학생 30여 명이 늘어섰다. <사진 3>의 행렬 가운데 왼쪽에 무관학교 학생들이 열을 지어 있는데, 제복 차림에 수염을 기른 무관학교 생도대장 都寅權의 모습이 보이고 있다. 그 옆에는 청년 7인이 명정을 높이 들고 있으며 뒤로 영구를 실은 마차가 따랐다.

왼팔에 검은 베로 띠를 두른 3백 명의 회장인들은 개자이로 서강리를 출발하여 長浜路를 통하여 정안사 공묘로 향하였다. 장빈로는

〈사진 5〉 1922년에 타계한 김가진 장의행렬을 허가하는 路照

프랑스조계와 공공조계를 가르는 대로였다. 1920년 당시는 아직 크게 개발되지 않았다. 정안사공묘 직전에는 공공조계 전차 차고가 있었고, 그 길 건너에는 한인들이 다수 모여 살던 愛仁里가 있었다. 영구에는 白布로 만든 執紼을 좌우로 길게 느리어 각각 50여 명씩의 會葬人들이 늘어섰다. 집불을 잡지 못한 백여 명의 사람들은 그 뒤에 서고 마지막에 교민단, 청년단, 적십자사, 인성학교, 애국부인회 등 각 단체 및 독립신문사 대표들의 마차가 따랐다. 이와 같이 장엄한 행렬은 서서히 앞으로 움직였다. 선두의 악대가 간간히 관악음악을 연주하여 비장한 분위기를 더했다.

장의준비측은 프랑스조계 경찰당국에 장의행렬에 대한 사전허가를 신청했던 것으로 보인다. 즉 빈소인 개자이로 서강리에서 장빈로를 경유

하여 정안사공묘에 이르는 장의 행렬에 대해 허가를 신청하여 '路照'를 받았을 것이다. 1922년 7월 타계한 김가진의 장례행렬에 대해 貝勒路 永慶坊 10호에서 총 100명이 패륵로, 서가회로를 거쳐 華家의 萬國公墓로 가는 것에 대해 허가 신청을 하였다 이에 대해 大法巡捕房 즉 프랑스 조계 경찰당국의 장례행렬 도로 이용 허가서인 '노조'가 남아 있어 이에 대한 일단을 볼 수 있다.[48]

〈그림 1〉 안태국 葬儀 行列圖

前導	만장	악대	무관학교 학생	銘旌	상여마차	執紼을 잡은 회장인	후위 : 각 단체 대표 마차
						喪主	
						執紼을 잡은 회장인	

　오후 3시 장의행렬은 정안사공묘에 도착하였다. 빈소에서 발인하여 묘지에 도착하는데 약 1시간 반이 걸렸다.[49] 평상시 보통 성인 걸음으로는 약 30분 정도의 거리이다. 정안사공묘에 도착한 일동은 묘지 내 예식당으로 입장하여 영구를 앞에 놓고 예식을 거행하였다. 金秉祚 목사의 주례로 장례식을 거행하였다. 일동은 찬송가 제260장을 합창하였다. 찬송가 제260장의 가사는 다음과 같다.

　　새벽부터 우리 사랑함으로써 저녁까지 씨를 뿌려 봅시다. 열매 차차 익어 곡식거둘 때에 기쁨으로 단을 거두리로다. 비가 오는 것과 바람부는 것을 겁을 내지 말고 뿌려봅시다. 일을 마쳐놓고 곡식 거둘 때에 기쁨으로 단을 거두리로다.

　위의 찬송가대로 안태국은 국권 수호와 조국의 광복을 위해 20년 동안 일관되게 씨를 뿌려온 인물이었다. 그러나 열매를 거두지 못하고 눈을

---

48) 「大法巡捕房路照(1922.7.8)」(연세대학교 국학연구원 편, 『東農金嘉鎭全集』 2, 437쪽).
49) 정안사공묘는 1950년대 정안공원으로 바뀌었다. 현재 주소는 남경서로 1649호이다.

감은 것이다. 수확은 그의 몫이 아니라는 사실을 그는 어쩌면 잘 알고
있었는지 모른다.50) 영결식을 주재하던 김병조 목사는 안태국의 순국에
즈음하여 동포들의 애국심을 고취하는 감동적인 영결사를 남겼다. 참고
로 독립신문에 실린 김병조 목사의 영결사의 주요 내용은 다음과 같다.

> ······ 오서서 平生에 기다리고 기다리든 政府의 秩序를 一見하어슨즉
> 참 죽어도 恨이 업는 죽음임을 깃버하나이다 또난 兄님의 죽음은 韓人의
> 後生에 警鐸이 되나니 죽도록 國을 愛하여라 죽어도 國을 愛하여라 죽을
> 때 잇스니 速히 國을 愛하여 일하라 尸訓이심을 깃버하나이다 또난 兄님
> 의 가시난 뜻은 世上의 平和會가 無意味無公道한 것을 慨嘆하야 直히 長
> 子總會萬有의 裁判長에게 呼訴하려 하며 또난 冤讎의 暴行을 除하고 同族
> 의 自由를 得케 함은 肉身으로 從事하기보다 神靈으로 陰助하심이 反愈하
> 시다 함인 줄로 思하야 깃버하나이다 兄님은 恨할 것 업나니 峨峨한 白頭
> 山이 兄님의 놉흔 節을 萬古長存할지며 淡淡한 大同江이 兄님의 뜻을 晝
> 夜不捨하나이다 三尺土七寸棺이 滋味 업다 말으시고 便히 누어 눈을 감고
> 잠시만 줌으시오 獨立軍의 凱旋歌로 尸體返葬할 때 잇고 天使長의 囉叭소
> 래 靈體復活되오리다. ······51)

이어 김 목사의 기도와 현순 목사의 성경 낭독이 있고 李和淑이 찬송
가를 독창하였다. 계속하여 李東輝 국무총리가 다음과 같은 추도사를
하였다.

> 도라가신 東吾先生의 靈柩 압헤 선 李東輝가 무어라고 追悼辭를 말하
> 겟슴닛가 나라이 亡하기 前붓터 우리들이 一心으로 國家를 爲하야 일하다
> 가 死生을 갓치 하자 하엿더니 이제 먼져 떠나섯습니다 國家光復할 때가
> 머지 아니하엿는대, 二十年一日갓치 이를 爲하야 獄에 갓치시고 이를 爲
> 하야 惡刑을 當하시고 이를 爲하야 迫害를 當하신 先生이 맛참내 이날을

---

50) 洪英基,「東吾 安泰國의 民族運動 研究」, 47쪽.
51) 『獨立新聞』 1920년 4월 15일,「弔東吾先生文」.

못 보고 도라가섯습니다 …… 우리가 先生에게 갑흘 길은 오직 先生의 뜻
을 밧아서 하로라도 速히 國土를 光復함이외다[52]

계속하여 여운형이 선생의 생전사를 구술하였다. 이어 손정도가 일어
서 "나와 갓치 그 무서운 苦楚를 當한 나의 진실로 숭배하는 애국자 안
선생이 이 압헤 누엇도다"고 하면서 갑자기 대성통곡하였다. 이에 울음
을 자제하던 참석자들도 모두 눈물을 흘렸다. 다음에 김구의 추도사가
있고 金蓮實이 추도가를 독창한 후 참석자들은 찬송가 제252장을 합창
하였다.

李元益 목사의 폐식 기도로 예식이 모두 종료되었다. 예식이 끝난 후
일동은 영구를 묘지로 옮겼다. 참석한 이들은 단체 기념촬영을 하고 기
도와 찬송으로 시신을 안장하였다. 그의 무덤 앞에는 "惟一國士 東吾安
泰國先生之墓"라는 묘비명이 세워졌다.[53] 앞에서 본 바 있거니와 惟一
國士라는 표현은 장례식 명정에 써여진 것이었다. 묘지는 많은 사람들이
수시로 와서 쉽게 참배할 수 있도록 노변지에 있는 일등지로 선정되었
다. 이렇게 하여 장례식을 모두 마친 것은 오후 5시였다.[54]

안태국 장례 이후 상해의 독립운동가들은 해마다 그를 잊지 않고 추
모하였다. 안병찬이 백일제 때 안태국의 무덤을 찾아보았다고 한 것으로
미루어 장례 몇 달 후에는 백일제가 있었던 것으로 보인다.[55] 독립신문
은 안태국 사후 제1주기 추도식이 거행된 사실을 보도하였다. 물론 그를
추모하는 한인들은 그의 묘소를 참배하였던 것으로 보인다.[56] 추도식은

---

52) 『獨立新聞』 1920년 4월 15일, 「悲壯과 嚴肅을 極한 故安泰國先生의 葬禮」.

53) 鮮于燻, 「東吾安泰國을 追憶」, 『民族의 受難』, 1955, 102쪽.

54) 『獨立新聞』 1920년 4월 15일, 「悲壯과 嚴肅을 極한 故安泰國先生의 葬禮」.

55) 朱耀翰, 『安島山全書』 中, 378쪽.

56) 『獨立新聞』 1921년 4월 2일, 「故東吾 安泰國先生의 무덤을 차즈면서」. 金泰淵은
안태국 서거 1주년에 즈음하여 묘소를 참배했던 것으로 보인다. 그는 묘소를 참배
한 다음 감상을 「故東吾 安泰國先生의 무덤을 차즈면서」라는 시를 지어 '쇠, 큰,

1921년 4월 11일 오후 7시 30분 '長浜路 福音堂'에서 거행되었다. 이곳은 다름 아닌 안태국의 유해가 안장된 정안사공묘 내 교당이었다.[57] 안태국 장례식 때 예식이 거행된 그곳이었다.

제1주기 추도장은 많은 추도객들로 빈자리를 찾아 볼 수 없었다. 추도장 정면에는 '故東吾安泰國先生追悼式'이라고 쓰여진 緞幅이 걸려 있었다. 양쪽에는 태극기가 걸렸다. 이동녕의 사회로 시작된 추도회는 찬송가 252장을 합창하고 김병조 목사의 기도가 있었다. 계속하여 박은식의 추도문 낭독이 있었으며 김태연의 추도가 독창이 있었다. 여운형, 안창호 등의 추도사가 이어졌다. 특히 안창호는 "내가 先生을 永訣하던 去年 今日에는 아모 말할 勇氣이 업섯슴으로 敢히 무슨 말을 못하엿더니 一年이 지난 금일今日에는 多少의 말할 勇氣가 잇슴으로 追悼辭를 述하나이다"고 하면서 고인의 생전의 일에 대해 추억하였다. 이상의 추도사가 끝난 후 일동이 기립하여 애국가를 부르고 추도회가 모두 끝났다. 이때가 저녁 9시였다.[58]

1925년에는 안태국에 대한 기념비 건립과 관련된 논의가 있었다.[59] 안태국과 함께 노령 소황령 즉 우스리스크에서 별세한 李甲의 분묘에 기념비를 세우자는 것이었다. '원동 방면에 있는 친우들'이 이러한 계획을 세우고 기부금을 모집하고 있었다고 하였다. 여기서의 원동 방면의 친우들은 다름아닌 안창호와 홍사단계열 인사들이 아닐까. 안창호는 안태국 서거 5주기에 맞추어 기념비 설립 운동을 전개했던 것으로 보인다. 실제로 기념비가 세워졌는지는 확인되지 않고 있다.

그 후에도 매년 안태국의 기일에 맞추어 그에 대한 추도회가 열리고

못'이라는 필명으로 독립신문에 게재하였다.
57) 『獨立新聞』 1921년 4월 9일, 「安泰國氏追悼會」. 원래 제1주기 추도회는 삼일당에서 개최될 예정이었으나 그 후에 정안사공묘 복음당으로 변경되었던 것으로 보인다.
58) 『獨立新聞』 1921년 4월 21일, 「故東吾安泰國先生追悼式」.
59) 『新韓民報』 1925년 12월 10일, 「고 안태국선생과 고 이갑 참령의 기념비를」.

묘소가 관리되었을 것으로 생각된다. 그것은 상해에 있던 남아 있던 자들의 몫이었다.[60] 1949년 이후 한국에서는 중국대륙의 한인들이 점점 잊혀가고 있었다. 상해에 남아 있던 상해 한인사회의 지도자이던 鮮于爀, 金時文 같은 이들은 교민사회를 이끌어 가면서 상해지역에 있던 임시정부 요인 등 독립운동가들의 묘소를 관리하였다.

그런데 일제패망 이후부터 '갑작스러운' 중국공산당의 상해 해방으로 이어지는 급격한 정세 변화로 인해 유해를 국내로 제때 봉환할 수 없었다. 중국공산당이 상해를 접수하면서 상해의 외국인 공동묘지는 더 이상 유지될 수 없는 운명에 처하게 되었다.[61] 1953년 상해시 도시개발로 정안사공묘의 유해는 교외지역으로 이전하는 것으로 결정되었다.[62] 박은식을 비롯한 임시정부 요인들의 묘가 무연고묘가 될 지경에 처하게 되었다. 당시 상해에 살고 있던 선우혁, 김시문은 신문에 게재된 정안사공묘의 이전 공고를 홍콩에 있는 李義錫에게 급히 알렸다. 이의석은 안태국의 손녀 安孝實의 사위로 당시 홍콩에서 사업을 하고 있었다. 이 소식을 들은 그는 임시정부 요인들 묘소의 이장비용으로 300 홍콩달러(인민폐 12,810위안)를 송금하였다. 이장 비용을 받은 선우혁, 김시문, 金鉉軾은 여러 방면으로 노력을 한 끝에 요인들의 유해를 大場鎭公墓로 이장하고 묘비를 세웠다. 김시문은 이장을 완료완 후 이장과 관련한 비용 명세서를 이의석에게 보냈다.[63] 이 내역서에 의하면, 전체 비용 12,810위안 가운데 직접적인 비용은 공묘(묘지관리소)에 납부한 이장비용 6,000위안과

---

60) 김광재, 「'상인독립군' 金時文의 上海 생활사」, 『한국민족운동사연구』 64, 2010. 선우혁 및 김시문 등 상해 한인들의 임시정부 요인 묘소 관리에 대해서는 필자의 이 논문을 많이 참조하였다.

61) 安克强, 「上海租界公墓研究(1844~1949年)」, 35쪽.

62) 『文滙報』 1953년 9월 29일, 10월 30일, 「上海市人民政府民政局殯葬管理所公告」; 10월 31일, 「上海市人民政府民政局殯葬管理所通告」.

63) 「鮮于爀·金時文이 홍콩의 李義錫에 보내는 安泰國선생 등 移葬費用 使用內譯書」(1953). 이 내역서는 김광재, 「'상인독립군' 金時文의 상해 생활사」에 실려 있다.

묘비 운반비 3,500원이다. 도합 9,500위안으로 전체 비용의 약 75%를
차지한다. 나머지 비용은 주로 차비와 식비이다.

주인없는 묘로 처리될 뻔했던 안태국, 박은식 등의 유해는 안전하게
옮겨졌다. 유해와 함께 비석까지 운반했던 것으로 보인다. 그러나 안태
국의 유해는 그후 다시 옮겨지게 되었다.[64] 1976년 상해의 여러 공묘에
흩어져 있던 외국인의 묘는 한 곳에 집결시킨다는 상해시의 방침에 의한
것이었다. 그곳이 바로 서가회 宋慶齡陵園 내의 만국공묘였다.[65] 안태
국, 박은식 등의 유해는 최종적으로 만국공묘에 이장되었던 것이다.

1976년 서울을 방문한 김시문은 박시창과 최윤신을 만난 자리에서
박은식, 안태국의 묘소에 대한 이야기를 들려주었다. 한때 유해 이장이
추진되었으나 아직 수교 전이었기 때문에 성사되지는 못했다. 그 후 한
중수교 이후인 1993년 양국정부의 노력으로 이들 임시정부 요인들의 유
해가 비로소 한국으로 봉환되었다. 이들 임시정부 요인들의 유해가 역사
의 격동 속에서 훼손되지 않고 안전하게 보존된 데는 상해에 남아 이들
묘소를 관리했던 상해 한인들의 숨은 노력이 있었다.[66]

---

64) 김광재, 「'상인독립군' 金時文의 상해 생활사」, 163쪽; 朱富康, 「韓國獨立運動領
導人遺骨遷移追記」, 『移居上海』 第83期, 2009, 65~66쪽.

65) 金用哲 구술, 2009년 12월 9일 상해 徐家滙 兩岸呵啡館에서. 김용철의 구술에 따
르면, 1960년대 중반까지만 하더라도 만국공묘에는 한국식 묘지 수십기가 있었
다. 그런데 문화대혁명이 한창이던 1967년 그는 부친과 함께 만국공묘에 찾아갔
으나 바로 며칠 전에 이미 홍위병들이 난입하여 묘지들이 크게 훼손되었다고 한
다. 묘지를 관리하던 노인도 홍위병에 의해 강제로 고깔모자를 쓰고 비판을 받았
다고 한다. 대한민국임시정부기념사업회 김자동 회장에 의하면, 원래 만국공묘에
는 김가진의 유해도 묻혀 있었으나 1960년대 후반 홍위병의 파괴로 인해 묘소의
위치만 파악될 뿐 유해는 확인할 길이 없다고 한다(金滋東 구술, 2009년 7월 12일
상해 宋慶齡陵園에서).

66) 『東亞日報』 1993년 8월 3일, 「朴殷植 盧伯麟 安泰國先生 3人墓 保存, 中國僑胞
'숨은功' 있었다」.

4. 맺음말

1919년 4월 임시정부 수립 이후 국권 회복이라는 숭고한 목적을 위해 상해에 모여든 독립운동가들에게도 생로병사는 피할 수 없는 자연의 섭리였다. 1920년대 이래 독립운동이 장기화되면서 연만한 지도자들은 상해에서 타계하여 현지에서 장례식이 치러졌다. 1920년 4월 만주에서 상해로 온지 한 달도 안 되어 지병과 장티푸스가 겹쳐 타계한 안태국의 경우는 첫 번째라고 해도 과언이 아니다. 안태국 이전에도 상해에서 사망한 한인들이 있었지만 사회적으로 주목된 경우는 없었다. 안태국의 장례식은 상해 한인사회의 첫 번째 대규모 장례식으로 교민단의 사회장으로 거행되었다. 하지만 1925년 국장으로 치러졌던 박은식의 장례와 비교하여 볼 때 그 규모에서 결코 떨어지지 않는 성대한 장례였다. 특히 평생 동지였던 안창호의 배려로 장례식 발인 직전의 행렬 모습과 묘지에서의 한인들의 낯익은 파노라마 사진은 임시정부와 독립운동가들의 의례를 상징하는 사진으로 남아 있다.

안태국을 위한 장례는 많은 사람들이 참여하여 진행하였다. 장례식 부고의 우인을 자처했던 이들은 모두 신민회에서 함께 활동했던 인사들이었다. 특히 안창호는 병원에서 안태국을 간호하였으며 그의 사후에도 모든 장례 절차를 처음부터 끝까지 주선하였다. 장례식 때 손정도, 김병조와 이동휘 등은 애끓는 추도사를 했으며 그를 통해 동지의 사망에 대한 절절한 심정을 토로하였다. 독립신문에 나타나는 독립운동가들의 애끓은 추도는 그들의 집단적인 심성이었다고 할 수 있다.

남은 독립운동가들과 교민들은 안태국의 타계와 장례를 통해 결속을 다지고 이후 독립운동을 더욱더 굳건하게 추진해갈 것을 다짐하였다. 안태국 사후에도 그를 추모하는 추도회가 매년 열렸다. 독립신문은 안태국이 타계한 4월 11일이 "우리 臨時政府가 組織되고 憲法이 宣布된 四月 十一日"이라고 하여 임시정부와 그의 관계에 대해 의미를 부여하기도 하였다.

이국땅인 상해에서 사망한 독립운동가들의 장례는 사적인 영역에도 속하였지만 공적인 차원 또한 갖고 있었다. 안태국에 대한 장례는 임시정부와 상해 한인사회에 의해 장례가 주도되었던 측면이 강하였다. 그의 죽음과 장례는 미시적으로 가족과 친족에 의해 주도되지만, 거시적으로는 임시정부와 상해 한인사회와 관련되어 진행되었다. 안태국과 인연을 맺었던 남은 자들이 그에 대한 기억, 그의 상실이 지닌 의미 등을 공유할 수 있는 방식으로 장례가 진행되었다. 안태국에 대한 장례는 사자와 남은 자들, 그리고 남은 자들 사이의 결속을 강화하는 기능을 수행하였다. 뿐만 아니라 개인과 개인이 속한 사회의 결속을 강화하여 개인이나 집단의 삶에 대한 의미부여와 집단의 정체성을 강화하였다.

제5장 상해 한인예배당 삼일당의 역사와 위치 고증

1. 머리말

1920년대 상해 프랑스조계의 기독교 예배당 '三一堂'(弎弌堂, the Trinity Church)[1]은 한인들과 깊은 인연이 있었다. 삼일당은 상해 한인들의 전용 교회당이자 교민사회의 공회당 같은 장소였다. 이곳은 기독교 교회 본연의 종교활동 외에도 1920년대 초중반 상해 독립운동진영, 교민사회의 수많은 집회와 기념식이 열려 민족의 정체성을 확인하고 결속을 다지던 곳이었다. 특히 1923년 전반 국내외의 민족운동진영 지도자들이 모여 대한민국 임시정부의 운명과 민족운동의 전망을 토론하던 그 규모에 있어 공전절후의 국민대표회의[2]가 열렸던 역사적인 곳이었다. 그런데 1920년대 후반 철거된 이후 삼일당은 잊혀진 존재가 되고 말았다.[3]

1992년 한중수교 이후 중국 방문이 가능해지면서 한국독립운동사에

---

1) 삼일당의 중국측 공식 한자 표기는 '弎弌堂'이었다. 삼일당의 본당인 慕爾堂(현재의 沐恩堂)에 남아 있는 삼일당 초석이나 중국측 문헌에는 모두 '弎弌堂'으로 표기되어 있다. 1920년대 상해 한인들의 경우 '弎弌堂'을 쓰기도 했지만 중국식 숫자 표기방법에 익숙치 않았기 때문에 주로 '三一堂'이라고 썼다. 이는 당시 일본 관헌 문서도 마찬가지였다. 본고에서는 삼일당을 한자로 표기할 경우 특별한 경우를 제외하고는 당시 상해 한인들이 일반적으로 사용했던 '三一堂'으로 표기한다.

2) 1923년 1월부터 시작된 국민대표회의의 전개과정과 그 성격에 대해서는 다음의 연구가 참고된다. 조철행, 『國民代表會 前後 민족운동 최고기관 조직론 연구』, 고려대학교 박사학위논문, 2010.

3) 필자는 삼일당의 본당인 모이당을 여러 차례 방문하여 이 교회의 목사, 장로에게 삼일당과 관련된 사실을 탐문하였으나 아는 사람이 없었다.

서 특별한 의미를 지니고 있는 상해 삼일당의 위치를 확인하려는 노력이
있었다. 삼일당은 한때 공공조계 江西路의 영국 성공회 교당인 '聖三一
堂'(the Holy Trinity Cathedral)으로 잘못 알려지기도 했다.[4] 성삼일당
을 삼일당으로 오인하게 된 데는 먼저 명칭이 비슷했기 때문일 것이다.
또한 프랑스조계의 삼일당이 1920년대 후반에 이미 철거되어 세인들로
부터 잊혀진 데 반해 현재도 그 자리에 우뚝 솟아 있는 성삼일당은 인근
지역의 랜드마크 역할을 하고 있다. 그래서 삼일당을 언급할 때 일반적
으로 성삼일당을 떠올리는 것이 아닌가 싶다.

게다가 1990년대 중반은 한중수교 초기로서 조계 관련 고지도 등 신뢰
할만한 자료를 찾기 힘든 시절로 유적지 위치 고증이 힘들었다.[5] 최근 상
해지역 한인 유적지의 위치 고증 연구와 관련하여 반가운 일은 삼일당의
위치를 고증하려는 시도들이 나타나고 있다는 것이다. 상해 복단대학 孫
科志 교수는 삼일당을 포함한 국민대표회의의 주요 유적지의 위치에 대
한 고증을 시도하였다.[6] 이 논문은 국민대표회의와 관련된 유적지들의
위치 현황을 일목요연하게 파악하게 해주는 등 일정한 성과를 거두고 있
다. 그러나 삼일당의 위치 고증에 한정할 때는 손교수의 시도가 성공적
이었다고 할 수 없다. 왜냐하면 삼일당의 정확한 위치를 고증해내지 못
하였기 때문이다.[7] 차제에 필자는 지금까지 학계의 연구에서 위치 확인
작업이 불분명하게 남아 있는 삼일당의 위치를 명확하게 고증해야겠다
는 생각을 가지게 되었다. 유적지는 정확한 위치가 파악되어야 그 역사

---

4) 윤병석, 『한국독립운동의 해외사적 탐방기』, 지식산업사, 1994, 129쪽; 김희곤, 『중
   국관내 한국독립운동단체 연구』, 지식산업사, 1995, 154쪽.
5) 한시준, 『중국 상해 '寶昌路 329號' 건물 철거자재 고증 및 복원 타당성 조사보고
   서』, 독립기념관 용역보고서, 2004.
6) 孫科志, 「국민대표회의 주요 유적지의 위치 고증」, 『한국근현대사연구』 제68집,
   2014년 봄호.
7) 손교수는 삼일당이 있었던 八仙橋街의 위치만 찾았을뿐 삼일당이 팔선교가의 어
   디에 있었는지는 밝히지 못했다.

적 의미가 제대로 파악될 수 있음은 두말할 나위가 없다.[8]

본고는 삼일당의 위치를 명확히 고증하기 위해 현재 활용할 수 있는 지리지, 지도, 문서 등 자료들을 최대한 모아서 삼일당의 위치를 비정하고자 한다. 이를 통해 상해지역에서 전개된 한국독립운동과 한인 교민들의 역사에 대한 이해의 폭을 넓히는데 도움을 주고자 한다. 지금까지의 상해 한인사 연구가 대개 '시간의 역사'였다면 앞으로는 상해 한인 관련 지리정보를 활용하는 '공간의 역사'를 연구하는 측면에 대해서도 관심이 기울여져야 할 것이다. 나아가 상해 한인 독립운동, 생활사와 관련된 유적지 위치 고증과 연구에 대한 그러한 학계의 관심과 연구를 제고하는데 일정한 기여가 있기를 기대한다.

그를 위해 먼저 한인의 상해 이주와 삼일당을 둘러싼 상해 한인기독교사를 살펴보고 삼일당이 한인 전용교당이 되는 과정과 그후의 변천을 고찰한다. 다음으로 한국, 프랑스, 일본 자료에 나타나는 삼일당의 위치정보를 추적하고자 한다. 1920년 전후 제작된 지도에 삼일당이 어떻게 나타나는지를 고찰함으로써 삼일당의 정확한 위치를 비정하고자 한다.

2. 삼일당과 상해 한인

상해 한인사회 최초의 전용 예배당인 삼일당의 역사를 살펴보기에 앞서 삼일당을 둘러싼 상해 한인 기독교의 역사에 대해 살펴볼 필요가 있

---

8) 상해는 국외 어느 곳보다도 독립운동 유적지가 집중되어 있는 곳으로 일찍부터 임시정부 소재지와 관련된 고증 및 연구가 이루어져 왔다. 許洪新·孫科志, 「大韓民國臨時政府的誕生地址考辨」, 『上海敎育學院學報』 第39期, 1994; 한시준, 「상해의 임시정부 소재지에 관한 고찰」, 『한국근현대사연구』 제4집, 1996; 독립기념관, 『국외항일운동유적지(지) 실태조사보고서』, 2002.

다. 그래야만 상해 한인사, 독립운동사, 기독교사에서 삼일당이라는 장
소가 차지하는 위상이 가늠될 수 있기 때문이다. 1910년 일제의 한국강
제병합을 전후하여 한인들은 상해로 본격적으로 이주하거나 망명하기
시작하였다. 그 가운데는 기독교인들이 다수를 차지하였다. 그들이 상해
로 올 수 있었던 데는 상해에 있던 선교사들의 국내외 네트워크에 힘입
은 바 컸다. 상해에 도착한 후에도 그들은 서양 선교사들의 도움으로 보
다 용이하게 현지에 안착할 수 있었다.

기록상으로 확인되는 상해 한인들의 최초의 예배는 1913년 서울 출
신 崔在鶴의 주도에 의해서였다.9) 그렇지만 별도의 교당이 없었기 때문
에 서양 선교사가 세운 교회나 중국기독교청년회 건물을 빌어 예배를 보
았다. 상해의 한인 기독교인들은 1914년 9월부터 중국기독교청년회 총
무 미국인 락우드(Lockwood)의 도움으로 매주 수요일 밤 공공조계 四川
路 중국기독교청년회 사무실에서 英文査經會를 열었다.10) 당시 중국기
독교청년회는 상해 한인 기독교인들에게 정신적으로 혹은 물질적으로
적지 않은 도움을 주었다.

같은 해 10월 한인 기독교인들은 공공조계 西華德路에 있는 미국항해
청년회관의 한 공간을 빌어 주일예배회를 시작하였다. 최재학, 林學俊,
李興錫, 金鍾商 등이 위원으로 선출되었고, 김종상을 引導人으로 임명하
여 國語査經會를 개최하였다. 11월 첫째 일요일부터 예배회를 시작하였
는데, 여기에 참석한 사람은 락우드, 최재학 등 30여 명에 이르렀다.11)

이후 한인 기독교인의 수효가 증가함에 따라 그들은 상해 일본영사관
의 주목을 받기 시작하였다. 1915년 8월 미국해군청년회관이 '밀항'한

9) 呂運亨, 「上海에 在한 朝鮮人의 狀況」, 『基督申報』 1918年 9月 25日(김교철 편,
『朝鮮예수교장로회 上海敎會歷史 硏究 資料集』(미간행), 2005).
10) 『基督申報』 1922년 6월 28일, 「上海鮮人敎會史(第一章 序言)」.
11) 孫科志, 『上海韓人社會史(1910~1945)』, 한울, 2001, 191쪽.

한인을 비호하고 있다는 기사가 『大陸報』에 실리면서 일본영사관과 미국영사관 간에 교섭이 오갔다. 일본영사관이 미국해군청년회관이 밀항한 한인을 비호하고 있다고 항의하였다. 그 결과 주도인물인 김종상은 상해를 떠났고, 한인들도 사천로 소재 중국기독교청년회관의 식당을 빌려 예배를 보았다.12) 한인 기독교인들은 계속 증가하였고, 종교활동도 점차 조직화되었다.13) 1917년 한인 남녀 30여 명은 중국기독교청년회관에서 呂運亨을 전도인으로, 임학준을 서기로, 韓鎭敎를 회계로 선출하였다. 아울러 청년회관 이사회에 정식으로 청원하여 이곳의 사무실을 빌어 수시로 이용할 수 있게 되었다.14)

3·1운동은 상해의 한인기독교회에도 큰 변화를 가져왔다. 3·1운동 직후 많은 한인들이 망명해왔다. 그들 가운데 "敎人이 太半이나" 될 정도로 기독교인이 증가하는 바람에 청년회관이 협소해졌다. 이에 미국인 선교사의 도움으로 한인들은 매주 일요일 오후 공공조계 北京路 18호에 위치한 중국장로회 예배당을 이용하였다.15) 이른바 북경로 예배당이었다. 초기 임시정부 시절 상해의 한인 교민단체 및 독립운동단체에서는 수시로 이곳에서 연설회를 개최하였다. 1919년 5월 26일 상해에 갓 도착한 안창호의 감동적인 연설이 이루어진 것도 바로 이곳이었다.16)

한인들이 북경로 예배당을 이용할 수 있었던 데는 피치(Gorge Field Fitch, 중국명 費啓鴻) 목사의 주선이 있었다. 피치 목사는 상해 한인들과 특별한 인연이 있었다. 1918년 평북 宣川에서 열린 예수회장로교총회에 상해 한인기독교 대표로 참석한 여운형은 상해 한인교회의 현황을 보고하면서 "피취목ᄉ가 ᄉ랑으로 도아주고 강도를 늘 ᄒ여주ᄂ되"라

---

12) 『基督申報』 1922년 7월 5일, 「上海鮮人敎會史」.

13) 孫科志, 『上海韓人社會史(1910~1945)』, 192쪽.

14) 『基督申報』 1922년 7월 12일, 「上海鮮人敎會史」.

15) 『基督申報』 1922년 7월 19일, 「上海鮮人敎會史(第三章)」.

16) 朱耀翰, 『安島山全書』, 三中堂, 1963, 681쪽.

고 하는데서도 잘 알 수 있다.[17] 1910년대 피치 목사는 상해에 온 한인
들의 정착을 돕거나 미국으로 유학가는 경우 비자를 주선하는 등 한국독
립운동을 지원하고 있었다.[18] 『독립신문』은 피치 목사를 '同胞의 恩人'
이라고 칭송하였다.[19] 『독립신문』의 보도에 의하면, 1920년 당시 피치
목사는 상해의 한인들을 위하여 다수의 의복과 침구류, 구제금을 모집하
여 기증하였다. 1920년 2월 그는 재중 선교사들과 함께 韓人救濟會를
조직하여 어려운 처지에 있는 상해 한인들을 도왔다.[20] 그의 아들 피치
(Gorge Ashmore Fitch, 중국명 費吾生) 선교사 역시 선교활동을 하면서
한국독립운동을 원조하였다. 특히 그가 윤봉길의거 이후 일제의 추격을
받고 있던 김구 일행을 자택에 숨겨주었던 사실은 한국독립운동사의 미
담으로 남아 있다.[21]

그 후 한인 기독교인들은 예배장소를 교민단 사무소로 옮겼다. 1919
년 7월 愷自爾路 長安里 교민단, 1920년에는 霞飛路 康寧里 교민단 사
무소로 이전하였다. 한편 교인들이 늘어남에 따라 교회조직도 크게 개편
되었다. 1919년 7월 金秉祚를 목사에, 한진교, 金泰淵을 집사에, 沈鍾悅
을 助事, 崔秉善 등을 觀察에 선출하였다. 또 찬양대를 조직하였고, 김

---

17) 「죠선예수교쟝로회총회 제七회회록」, 1918(김교철 편, 『朝鮮예수교장로회 上海敎
　會歷史 硏究 資料集』, 5쪽).

18) 길선경, 『靈溪吉善宙』, 종로서적, 1980, 257, 260쪽. 吉善宙의 아들 吉鎭亨은 1914
　년 미국 유학을 위해 먼저 상해로 갔다. 선교 네트워크를 이용하여 상해에 간 그는
　피치의 주선으로 여권과 미국 비자를 받은 다음 미국으로 떠날 수 있었다.

19) 『獨立新聞』 1920년 2월 7일, 「時事短評」. 피치의 한인을 위한 자선 활동을 못마
　땅하게 여긴 상해 일본총영사관은 상해 미국영사에게 항의하였다. 미국영사관에
　호출된 피치는 한인을 원조하는데 대한 자신의 소신을 당당하게 밝혔다. 즉 그는
　"余는 政治的으로 韓人의 獨立運動을 幇助한 일이 업노라. 그러나 饑寒에 泣하는
　韓國同胞를 爲하야 救濟의 事業은 經營하노니 이는 宣敎師인 나의 神聖한 義務
　라"라고 하였던 것이다.

20) 『獨立新聞』 1920년 2월 7일, 「救濟會의 活動」.

21) 김광재, 「상해 인성학교의 유지운동과 폐교」, 『백범과 민족운동 연구』 9, 2012, 67쪽.

태연이 단장을 맡았다.[22] 이후 교회 사무가 복잡해짐에 따라 김인전, 정인과, 손정도, 이원익, 장붕, 조상섭 등을 위원으로 한 常議院을 구성하였다. 상의원은 교회의 제반 사무를 결정하는 기구였다.[23]

1921년에 접어들어, 한인 기독교인의 수효가 크게 늘어났고, "매주 일요일 또는 수요일에 참집하는 선인 남녀는 약 200명 이상이며 在留鮮人의 약 삼분의 일에" 달하였다. 교회의 규모가 커짐에 따라, 집회장소 문제가 현안으로 대두되었다. 그리하여 1921년 각계의 도움으로 프랑스 조계 '西新橋 三一里'에 위치한 삼일당을 무상으로 사용하게 되었다.

삼일당은 光緒 5년 즉 1879년 미국 감리교회에서 설립하였다.[24] 이는 모이당에 남아 있는 삼일당의 초석에 의해서도 확인된다.[25] 당시 한인들은 삼일당이 1870년대 미국 傳道局이 중국 기독교인을 위해 지은 교회였다고 하였다.[26] 삼일당의 역사를 이해하기 위해서는 우선 삼일당의 본당인 모이당의 연혁에 대해 살펴 볼 필요가 있다. 삼일당은 모이당에 소속된 교당으로 모이당의 전신의 하나였다.[27] 모이당은 1874년 미국 감리교 선교사 알렌(Young Allen, 중국명 林樂知)과 람부쓰(Walter Russell Lambuth, 중국명 藍柏)가 설립하였다.[28] 알렌은 선교사로서 상해에 中西書院을 설립하여 교육활동에 종사하였다. 1885년 중서서원에서 공부한 尹致昊는 알렌과 깊은 인연을 맺었고 그의 도움으로 상해에

---

22) 『基督申報』 1922년 7월 19일, 「上海鮮人教會史(第三章)」.

23) 『基督申報』 1922년 7월 26일, 「上海鮮人教會史(第三章)」.

24) 「弐弐堂告成小啓」, 『萬國公報』, 1879年 第568期, 15쪽.

25) 현재 모이당에는 삼일당의 초석이 남아 있다. 모이당은 삼일당의 본당이다. 아마도 1920년대 후반 삼일당이 헐린 후 그 초석은 버리지 않고 모이당에 옮겨 보존한 것으로 보인다.

26) 『基督申報』 1922년 8월 2일, 「上海鮮人教會史(六)」.

27) 『上海市民族和宗教網』(上海市 政協 인터넷사이트 http://www.shmzw.gov.cn/gb/mzw/shmz/index.html).

28) 張化 著, 『上海宗教通覽』, 上海古籍出版社, 2004, 482쪽.

서 미국 유학을 떠날 수 있었다. 선교사 람부쓰 또한 중서서원에서 윤치
호와 인연을 맺었던 인물로 한인과 특별한 관계가 있었다. 람부쓰는 중
국에서 의료선교를 펼치던 미국 감리교파 선교사였다. 그는 미국에서 교
육받은 뒤 세계를 돌며 선교활동에 주력하다가 1921년 일본에서 사망하
였다.[29] 그의 사망 소식을 접한 독립신문은 "씨는 오래동안 중국에서 선
교사업을 爲하고 자기의 모든 誠力을 다하야 奮鬪하엿스며 特히 吾等
韓人에 대하야 多大한 同情을 表하야 상해에 새로 건축하려는 인성학교
건축비에 대하여도 그가 그 비용의 半部를 담당하러 하엿더라"[30]라고
하였다. 당시 인성학교는 늘어나는 학생에 비해 매우 협소했기 때문에
교민과 미국선교단체의 도움으로 학교를 신축하려고 하였다. 그 비용의
절반을 람부쓰가 기부하기로 하였던 것이다. 그런데 그가 갑자기 사망함
으로써 인성학교 신축계획은 물거품이 되고 말았던 것이다. 상해에 있던
람부쓰의 친구들과 일반 교민들은 모이당에 모여 장례를 거행했다. 한국
에서도 감리교 지도자인 梁柱三이 상해에 와서 영구를 호송했다. 윤치
호에 이어 양주삼도 상해 중서서원에 유학하여 공부한 바 있었기 때문에
상해의 미국 감리교 선교사들과 밀접한 인연을 맺고 있었다.

　모이당 또한 상해 한인들과 인연이 있었다. 모이당은 한인들의 집회
를 위해 공간을 제공해주었다. 1923년 1월 31일의 국민대표회의 정식
개막식을 비롯하여 적지 않은 한인들의 집회나 행사가 여기서 열렸다.
당시 본당인 모이당이 늘어나는 교인들을 위해 교당을 새로 신축하여 옮
기게 되면서 삼일당은 한인 전용교회로 되었던 것이다.[31] 상해에 갔던
한인 가운데 가장 일찍 삼일당과 인연을 맺은 이는 윤치호가 아닌가 한

---

29) 람부쓰에 대해서는 다음 책이 참고된다. 木下隆南,《評傳 尹致昊:「親日」キリスト者
　　による朝鮮近代60年の日記》, 東京:明石君店, 2017, 47, 117쪽.
30)『獨立新聞』1921년 10월 14일,「람부쓰監督의 長逝와 葬儀」.
31)『基督申報』1922년 8월 9일,「上海鮮人教會史(七)」.

다. 중서서원에서 공부하던 그가 여러 차례 八仙橋 삼일당에 가서 성경 공부를 하고 설교를 듣거나 사람들을 만나던 일이 그의 일기에 보이고 있다.[32]

삼일당은 1921년 상해 한인들이 인수했을 때 이미 지어진지 50년이나 지나 낡고 협소하였다. 1917년부터는 중국인 소학교로 활용되고 있었다.[33] 교당으로 사용하기 위해서는 대대적인 수리가 요구되었고 그를 위해서는 비용이 필요했다. 그 비용은 미국인 기독교인이 출연하였다. 마침 상해에 온 미국인 네이스터는 한인이 사용할 삼일당의 수리를 위해 비용이 필요하다는 얘기를 듣고 비용을 쾌척했다. 한인들은 미국인 네이스터 박사가 지원한 중국돈 대양 100元으로 낡은 교회시설을 수리하였다. 그 결과 교회당은 "一新修理ㅎ니 粉壁琉璃窓이 芳菲하여짐으로"되었다고 한다. 1921년 4월 부활절 주일부터 이곳으로 한인교회를 이전하였다.[34]

비록 삼일당은 낡고 협소했지만 그 의미는 자못 컸다. 이제 한인들은 자신의 교당에서 종교활동을 할 수 있게 되었다. 뿐만 아니라 언제든지 누구의 간섭도 받지 않고 주간은 물론 야간에도 늦게까지 집회나 모임을 가질 수 있게 되었다.

상해에 살았던 金明洙는 삼일당을 '민족혼'의 구심점이라고 하였다. 즉 "해마다 3월 1일이 되면 그 옛날 상해 三·一堂에서 조국을 뺏긴 동포들이 한 자리에 모여 축하 기념식을 갖던 일이 생생하게 되살아난다. … 佛租界의 중화장로 교회 예배당으로 3백 명 남짓을 수용할 수 있는 낡은 교회. 노백린 장군·김규식박사·김구선생·여운형씨를 비롯한 요인들과 우리 교민들이 주일마다 예배를 올리기도 하고 때로는 도산 안창호, 『상록수』의 작가 심훈 등이

---

32) 『윤치호일기』 1886년 11월 21일, 1887년 7월 27일, 7월 31일, 8월 7일, 1888년 9월 28일(국사편찬위원회 편, 『윤치호일기』 1, 탐구당, 1973, 272, 341쪽).
33) 『興華』 1921年 第18卷 第26期, 6쪽.
34) 『基督申報』 1922년 8월 9일, 「上海鮮人敎會史(七)」.

우국 열변을 터뜨리기도 한 민족혼의 구심점이었다"라고 회고하였다.[35)]

1920년대 중후반 이곳 삼일당에서는 상해 한인들의 종교활동 외에 교민, 임시정부, 독립운동 등과 관련하여 수많은 기념식, 집회, 회의가 열렸다. 사료에 나타나는 것들을 뽑아 이를 연도별로 정리하면 다음과 같다.

- 1921년 : 4월 9일 인성학교 학예회, 5월 12일 留滬同胞 연설회, 5월 19일 국민대표회 촉진 제2회 대연설회, 6월 6일 국민대표회기성회 제1회 총회, 11월 21일 대한적십자회 정기총회 개최
- 1922년 : 3월 1일 인성학교 삼일절 축하회 개최, 7월 10일 인성학교 졸업식 개최, 7월 7일 화동한인유학생 대회 개최, 8월 29일 교민단 주최의 국치기념회 개최, 9월 5일 중한호조사 제2회 대회 개최, 10월 21일 교민대회, 11월 21일 개천 기념식, 12월 27일 국민대표회의 예비회의 개최
- 1923년 : 1월 3일 상해임시거류민회(국민대표회의 출석 대표 선정), 2월 3일 국민대표회의 대표자 환영회, 2월 10일 인성학교 연예회 개최, 4월 2일 한국노병회 정기총회, 7월 9일 인성학교 졸업식, 8월 29일 교민단 주최 국치기념식, 9월 1일 중한호조사 제3회 대회(이 해 4월부터 6월까지 야간에 삼일당에서 국민대표회의가 개최됨)
- 1924년 : 5월 5일 한인청년동맹 창립총회, 10월 30일 건국기원절 개최
- 1925년 : 2월 7일 한인유학생 주최의 강연회, 3월 7일 인성학교 졸업식, 3월 14일 만국성경연구회 주최의 강연회, 4월 7일 순국 독립운동가들을 추도하는 陣亡將士追悼會, 9월 24일 국무령 이상룡 취임식, 10월 10일 인성학교 신입생환영회, 10월 17일 청년동맹회 주최의 서북간도 被虐殺同胞 第五周年追悼會, 10월 31일 상해한인유학생회 등의 연합 연설회 개최

---

35) 金明洙, 『明水散文錄』, 삼형문화, 1985, 77쪽. 김명수는 초기 상해 한인기독교 지도자 가운데 한 사람이었던 金鍾商의 아들이다. 그는 1921년 이후 상해에 거주하며 문예활동을 하였다. 1940년대 전반기 上海大學 교원을 지냈으며 광복 후 서울대학교에서 오랫동안 봉직하였다.

- 1926년 : 2월 15일 인성학교의 가극대회, 7월 8일 안창호의 유일당 촉
  성 강연회, 7월 16일 김규식이 발의한 유일운동 경과보고대
  회, 7월 19일 임시정부 경제후원회 창립대회, 8월 29일 교민
  단이 주최한 국치기념식 개최
- 1927년 : 3월 26일 상해한인청년회 창립대회, 4월 11일 유일당 상해촉
  성회 창립대회 개최36)

이상에서 삼일당에서 열린 한인 행사들을 일별해 보았다. 물론 여기
에는 빠진 것들도 적지 않을 것이다. 이와 같이 삼일당은 변변한 공간이
없던 상해 한인들에게 활동의 장을 마련해주었다. 기본적인 종교 활동
외에 교민단 행사, 국경절 기념식, 인성학교 관련 활동, 독립운동단체의
회의, 연설회 등이 개최되었다. 그중에서도 가장 인상 깊었던 일은 아무
래도 이곳에서 열렸던 국민대표회의였다. 그러나 삼일당은 그 후 오래지
않아 상해 한인들과의 인연이 다하게 되었다. 현재까지의 자료 조사에
의하면, 1927년 4월 11일의 유일당 상해촉성회 창립대회 개최를 마지막
으로 상해 한인들이 삼일당에서 행사를 했다는 기록은 더 이상 보이지
않는다. 어떤 이유에서일까? 그것은 삼일당의 본당인 모이당의 상황과
깊은 관계가 있었다.

1927년 모이당은 늘어나는 신도들을 위해 새로운 교당을 짓고자 하
였다.37) 당시 교당을 신축하는 데는 40만 원이라는 큰 비용이 들었다.
모이당은 미국 總差會의 승인을 얻어 소속교당인 삼일당의 택지를 팔아
충당하기로 하였다. 모이당은 삼일당을 팔아 35만 원을 조달하고 부족한
5만 원은 신도들의 모금으로 충당하였다.38) 삼일당이 위치한 곳은 프랑

---

36) 국사편찬위원회의 한국사 데이터베이스 가운데 국사편찬위원회에서 간행한 『대
   한민국임시정부자료집』 별책 5, 6(국민대표회의 1, 2, 2011)를 참조하였다. 여기
   서는 지면관계상 일일이 전거주를 다는 것은 생략하였다.
37) 王榮華 主編, 『上海大辭典』 中, 上海辭書出版社, 2007, 780쪽의 '沐恩堂' 항목.
38) 『申報』 1926년 4월 26일, 「慕爾堂募金第二次揭曉」.

스조계의 상업중심지인 팔선교지역으로 지가가 꽤 높았던 것으로 보인다. 사실 삼일당은 이미 주변 지역이 개발되어 마치 섬처럼 남아 있었다. 따라서 삼일당이 개발되는 것은 시간 문제였다.

그동안 삼일당을 전용교회로 사용했지만 소유주가 아니었던 상해 한인들로서는 어쩔 수 없는 일이었다. 1927년 건축상에 팔린 삼일당은 머지않아 철거되어 개발되었다. 그 자리에는 상가건물과 合衆里, 太原坊이라는 弄堂(민간주택단지)이 들어섰다. 상가건물과 농당은 1929년에 완공되었던 것으로 보인다. 그것은 현재 삼일당 자리에 들어선 상가건물의 3층 외벽에 새겨진 'AD 1929'라는 년도로부터 잘 알 수 있다. 그리하여 1921년부터 한인들의 애환이 서린 삼일당은 역사 속으로 사라지고 말았다.

삼일당이 철거되면서 상해 한인들은 전용 예배장소를 잃었다. 한인 기독교인들은 다시 중국인의 장로교회당, 감리교회당, 성공회당 등을 전전하지 않으면 안 되었다.[39] 1934년 11월 국내 장로교 총회는 金聖培 목사를 상해에 파송하였다.[40] 이 해는 상해 한인교회가 설립된 지 20주년이 되는 해이기도 하였다. 김성배 목사는 상해 한인 전용교회의 신축을 추진하였으나 여의치 않았다.[41]

한인들이 다시 전용예배당을 가지게 된 것은 1940년경이었다. 상해에서 활동하던 方孝元 목사 등의 노력으로 상해 한인들은 虹口 蚓江支路 212弄 吉祥里 15호의 건물을 매입하여 교회로 활용함으로써 한인 전용예배당을 가지게 되었다.[42] 이 예배당은 그 후 1970년대 후반까지 상해

---

39) 『基督申報』 1929년 5월 29일, 「上海敎會彙報」.

40) 『基督申報』 1934년 12월 12일, 「上海敎會紀念禮拜」.

41) 「총회전도부 사무국 소식」, 『宗敎時報』 1935年 2月號.

42) 上海市檔案館, 「關于對上海朝鮮人學校改進管理的意見」(B105-2-960, 1966.7.22). 한편 「朝鮮예수敎長老會總會第三十四回會錄」(1941)에 의하면, "방효원목사는 상해에 5, 6년간 전도한 결과 성적이 양호하야 사백여명이 회집이 되며 염려하던 예배당도 虹口 중요지대에 사만오천원으로 基地 四百餘坪 大建物을 매수하여 平平히 예배하며 9월부터 완전히 自立牧師가 되었아오며"라고 하고 있다(김교철 편,

한인사회의 구심점이었던 인성학교로 활용되었다.43)

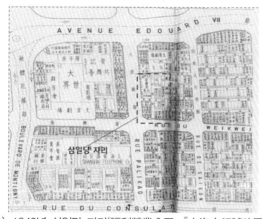

〈지도 1〉 1940년 삼일당 자리(福利營業公司, 『上海市行號路圖錄』(下),
法租界, 上海: 福利營業公司出版, 1940)

〈사진 1〉 삼일당 자리의 현재 모습
3층 창문 위로 'AD 1929'라는 건물 완공 년도가 보인다.

『朝鮮예수교장로회 上海敎會歷史 硏究 資料集』(미간행), 2005, 108쪽).
43) 김광재, 「광복이후 상해 인성학교의 재개교와 변천」, 『한국근현대사연구』 34,
2010. 길상리 예배당이 도시계획으로 헐린 것은 2000년대 중반이었다.

〈사진 2〉삼일당의 본당 모이당에 남아 있는 삼일당 초석

위에는 1879년이라는 설립 년도가 보인다. 년도 아래에는 耶蘇聖堂, 오른쪽에는 光緒五年歲次己卯, 왼쪽에는 監理會建立이라는 문구가 보인다.

3. 삼일당 위치 고증

1923년 1월 3일부터 상해에서 장장 6개월에 걸쳐 임시정부의 운명을 결정하고 민족운동의 장래를 전망한 국민대표회의가 열렸다. 국민대표회의가 개최되었던 장소는 침례당과 삼일당 두 곳이다.

삼일당의 위치에 대해 국내 신문들은 法界 즉 프랑스조계라고만 하였다. 임시정부의 기관지 독립신문에서도 삼일당의 위치에 대해 별다른 언급을 하지 않았다. 오히려 국민대표회의 회의장소에 대한 보안을 유지하기 위해 삼일당을 '상해 ○○로 ○○당'[44]으로 처리하였다. 국민대표회

---

44)『獨立新聞』1921년 5월 14일,「留滬同胞의 대연설회」.

의 주최측이 생산한 문서에도 삼일당이나 침례교당이라는 명칭이 나오지
않는다. 다만 회의장소에 대한 비밀을 위해 '전 장소' 혹은 '다른 장소'로
표기하였다. 즉 회의 제57일째 되는 1923년 4월 28일 "하오 1시 前 장소
에서 부의장 안창호씨의 사회로 계속 회의를 개하다"45)고 하였다. 그리
고 제58일째 회의는 침례당에서 주간 회의를 마친 후 "하오 8시부터 다
른 장소에서 의장 金東三씨의 사회로 다시 회의를 계속하다"46)고 하였
다. 여기서 '전 장소'는 침례교당이고 '다른 장소'는 삼일당을 가리킨다.
때문에 삼일당의 위치를 확인할 수 있는 구체적인 정보로서는 미흡하다
고 하지 않을 수 없다.

적지 않은 자료들에서 삼일당의 위치는 '팔선교 삼일당'으로 나온다.
팔선교 지역에 있는 삼일당이라는 말이다. 상해에는 다리 이름이 들어간
지명이 많았다. 원래 상해는 전형적인 강남 수향으로 하천이 미로처럼
종횡으로 얽혀 있었기 때문에 다리가 많았다. 명대 중엽 상해에 있었던
크고 작은 다리만 해도 5천 개에 달했다고 한다. 19세기 중반 이후 서양
제국주의세력이 상해에 조계를 만들고 확장하면서 하천을 매립하여 도
로를 건설하였다. 이 과정에서 많은 다리들이 철거되었다. 비록 다리는
없어졌지만 다리를 지명으로 했던 전통은 사라지지 않았다.47)

팔선교는 1900년 프랑스조계가 서쪽으로 확장할 때, 그때까지 조계의
서쪽경계를 이루고 있던 하천이었던 周涇에 놓여 있었던 교량이다. 현재
의 연안동로, 영해동로, 금릉동로에 老, 中, 南의 3개의 다리가 있었다.
1914년에 하천이 매립된 후에도 부근 일대를 가리키는 지명으로 남아
있다.48) 삼일당이 있던 팔선교 지역은 전통적인 상업 지대이자 유흥 장

---

45) 『獨立新聞』 1923년 6월 13일, 「國民代表會議記事(제57일-제63일)」.
46) 『獨立新聞』 1923년 6월 13일, 「國民代表會議記事(제57일-제63일)」.
47) 蘇智良 主編, 『上海城區史』 下冊, 上海: 學林出版社, 2011, 1099~1100쪽.
48) 蘇智良 主編, 『上海城區史』 下冊, 1099~1102쪽.

소였다. 상해 최대의 오락장인 大世界가 있던 유흥지역이기도 하였다.

삼일당의 위치를 좀더 구체적으로 언급하는 경우는 '法界 西新橋 삼일리의 삼일예배당'으로 표기되어 있다. 여기서의 서신교 삼일리는 삼일당이 있었던 농당을 가리키는 것으로 보인다. 삼일당이 있었기 때문에 농당 이름이 삼일리로 불렸던 것으로 보인다. 여기 나오는 또 하나의 다리 이름은 서신교이다. 서신교는 원래 洋涇濱이라는 하천의 다리로 공공조계와 프랑스조계를 가로지르는 愛多亞路(현재의 延安東路) 상의 다리였다. 상해에서 한인들이 활발하게 활동하던 1919년 당시 서신교라는 다리는 이미 양경빈이 매립되어 도로가 건설되면서 없어졌지만 그 일대는 여전히 서신교로 불렸다. 또한 삼일당이 서신교와 가까웠으므로 통상 서신교 삼일당이라고 하였다. 이곳 서신교 삼일리 지역에는 한인 의사 朱賢則, 申鉉彰이 개업한 '弍弌醫院'이 있었다.[49] 그리고 동쪽으로는 東新橋가 있었는데, 여기에도 한인 金斗滿과 李奎瑞이 과자가게를 운영하면서 평북의 독립운동단체와 연락 활동을 하였다.[50] 서신교와 동신교는 한인들이 황포강 부두에서 내려 마랑로 인근 한인 집중거주지역으로 가기 위해서는 거쳐야 할 길목에 위치하고 있었다.

또한 삼일당에 대해서는 '법조계 菜市街 삼일당'이라고도 하였다. 영흥가는 1865년 건설되었는데, 길 양쪽에는 상해에서도 가장 이른 시장(菜市)이 들어섰다.[51] 때문에 영흥가는 菜市街라고도 불렸다.[52] 이곳에 위치한 시장은 나중에 상해 한인들도 이용하였다. 한인들이 많이 살았던 보강리에서 걸어 갈 경우에도 20분이 채 걸리지 않았다.[53]

다음 프랑스조계 문서의 삼일당 관련 내용을 살펴보자. 프랑스조계당

---

49) 『獨立新聞』 1921년 3월 26일.

50) 禹昇圭, 『나절로漫筆』, 探求堂, 1978, 59쪽.

51) 上海市黃浦區人民政府 編, 『上海市黃浦區地名誌』, 上海社會科學院出版社, 1989, 382쪽.

52) 熊月之 主編, 『上海通史』 15, 附錄, 上海人民出版社, 1999, 274쪽.

53) 김희원 구술, 2014년 9월 20일 과천커피샵에서.

국의 내부 조사문서는 한인들의 집회와 회의가 삼일당에서 열리는 사실
에 대해 조사하였다. 1925년 프랑스조계 당국은 「상해 한인사회 일반정
보에 관한 건」이라는 문서에서 상해 한인 기독교회 삼일당에 대해 다음
과 같이 보고하고 있다.

> 기독교회는 巨籟達路(라따르 : Ratard) 善樂里 6번지에 사는 목사 宋秉
> 祚가 운영하고 있는데, 약 50명의 신도가 있다. 이 교회는 상해의 기독교인
> 에 의해 10년 전에 세워졌다. 상해 거류한인 약 70%가 기독교이다. 40에서
> 50여 명 정도가 매주 일요일 웨이케이街(Rue du Weikwei) 산이탕(San
> Yih-Tang) 교회에서 열리는 예배에 참석하고 있다. 이 교회와 法華民國路
> (레프블릭 : Republiques)의 미국교회인 제일침례교회에서 한인들이 국민대
> 표회의를 가졌다. 올해의 가장 중요한 집회는 독립선언 기념일을 축하한
> 것이다. 이 집회는 1925년 3월 1일 오후 3시 15분 침례교회에서 있었다.
> 600여 명이 참석한 바 500여 명 이상이 한국인이고 50여 명이 중국인, 2명
> 이 페르시아인이다. 집회가 시작되자 우울한 분위기에도 불구하고 독립운
> 동의 열기가 가득찼다.[54]

위의 산이탕(San Yih-Tang)은 삼일당의 중국어 발음이다. 삼일당은 웨
이케이가街(Rue du Weikwei)에 있는 것으로 되어 있다. 웨이케이가의
한자 명칭은 寧興街, 현재의 寧海東路에 해당한다.

또 다른 프랑스문서에는 삼일당이 팔리카오가(Rue du Palikao)에 있는
것으로 되어 있다. 1923년 4월 3일 팔리카오가 삼일당에서 이유필 주재
로 한인 50여 명이 모여 군사 관련 집회를 열었다고 하였다.[55] 이는 한
국노병회와 관련된 내용으로 보인다. 위의 팔리카오街는 한자 명칭이 八
里橋街이다. 팔리교가가 프랑스조계 당국에서 사용한 공식적인 거리명

---

54) 「상해 한인사회 일반정보에 관한 건」, 1925년 7월 21일, 프랑스조계 공동국 경무
　　처(국사편찬위원회, 『한국독립운동사』 자료 20, 임정편 Ⅴ, 1991, 59쪽).
55) 국사편찬위원회, 『한국독립운동사』 자료 20, 임정편 Ⅴ, 20쪽.

이었다. 하지만 상해의 중국인들은 팔리교가 대신에 八仙橋街라고 하였다. 프랑스조계 당국이 팔리교가라고 이름붙인 데는 1860년 제2차 아편전쟁 시기 영불 연합군의 북경 공격과 관련이 있다.[56] 영불 연합군은 북경 교외 通州 서쪽의 팔리교로 진공하여 북경을 위협하였다. 청군의 저항에도 불구하고 팔리교는 함락되고 다음날 咸豊帝는 熱河로 도주하였다. 청정부는 어쩔수 없이 중영북경조약, 중불북경조약을 체결하였다. '팔리교 전투'는 제2차 아편전쟁의 결과를 판가름하는 전투였던 셈이다. 상해 프랑스조계 당국은 이 팔리교 전역의 승리를 기념하기 위해 1865년 새로 건설한 도로를 팔리교가라고 명명하였다. 팔리교가라는 거리명은 중국인들에게는 치욕적인 것이었다. 때문에 상해인들은 '팔리교'라는 명칭을 사용하지 않고 팔리교와 음이 비슷한 팔선교라는 이름을 차용하여 팔선교가라고 하였다.[57] 동일한 길이었지만 프랑스조계 당국과 현지 중국인들이 사용하는 거리 이름은 달랐다.

어쨌든 삼일당의 위치를 설명할 때 영흥가 혹은 팔선교가의 두 거리명이 등장한다. 이것은 삼일당이 영흥가와 팔선교가가 교차하는 지점에 있었기 때문이다. 삼일당의 공식적인 주소는 영흥가이지만 경우에 따라 팔선교가에 있었던 것으로 말하기도 하였다. 이해를 돕기 위해 삼일당과 관련된 신구 주소들을 정리하여 표로 제시하면 다음과 같다.

---

56) 熊月之 主編,『上海通史』15, 附錄, 243쪽.
57) 蘇智良 主編,『上海城區史』下册, 1100쪽.

〈표 7〉 삼일당 소재 도로명 신구 대조표

중문 도로명	불문 도로명	현재 도로명
寧興街	Rue du Weikwei	寧海東路
茱市街		寧海東路
八仙橋街		雲南南路
八里橋街	Rue du Palikao	雲南南路

다음 일본문서를 살펴보자. 일본문서에는 대개 팔선교 삼일당으로 나온다.[58] 다행히도 한 문서에는 번지수까지 명기한 것이 있어 정확한 삼일당의 위치를 알 수 있다. 즉 삼일당의 공식적인 주소는 영흥가 262호이다.[59] 이는 1930년에 출판된 『增訂上海指南』이라는 상해 안내책자에 나오는 삼일당의 주소와 일치한다.[60] 다만 1927년 이후 철거된 삼일당의 정보가 수정되지 않고 수록되어 있다.

그러면 지도상에는 삼일당이 어떻게 나타날까? 위의 주소와 지리 정보들을 바탕으로 지도상에서 삼일당을 찾아보자. 삼일당은 1920년대 후반에 철거되어 없어졌으므로 1920년대 후반 이전의 지도에서 확인 가능하다. 현재 우리가 확인할 수 있는 1920년대 후반 이전의 지도 가운데 국민대표회의 개최 시기인 1923년과 가장 가까운 지도를 찾아야 할 것이다. 이러한 지도 가운데 현재 볼 수 있는 가장 근접한 지도는 1917년 商務印書館에서 제작한 「上海法國舊租界分圖」이다. 중국인이 제작한 지도이기 때문에 지명은 모두 중국식으로 되어 있다. 위에서 살펴본 바와 같이 팔리카오가(八里橋街)가 아닌 팔선교가로 되어 있는 것은 물론이다.

---

58) 국회도서관 편, 『한국민족운동사료』(중국편), 1976, 296, 412, 504쪽.

59) 국회도서관 편, 『한국민족운동사료』(중국편), 510쪽.

60) 林震, 『增訂上海指南』, 上海: 商務印書館, 1930(熊月之 主編, 『稀見上海史誌資料叢書』 5, 上海書店出版社, 2012, 649쪽).

〈지도 2〉上海法國舊租界分圖(1917)[61]

이 지도에는 菜市街 즉 영홍가와 팔선교가가 교차하는 지점에 삼일당
이 선명하게 표기되어 있다. '弍弍堂'으로 표기된 것은 앞에서 본 바와
같은 중국인들의 숫자 표기 관행에서 이해할 수 있다. 이는 앞에서 언급
한 바 있는 삼일당 초석에서도 확인되는 것이다.

위 지도에는 삼일당이 표시되어 있다. 먼저 지도 전체를 제시하고 난
다음 삼일당이 표기되어 있는 해당 부분을 확대하여 나타내면 <지도
3>과 같다.

---

61) 童世亨 編, 「上海法國舊租界分圖」, 上海: 商務印書館, 1917. 현재 이 지도는 상해
　　도서관에 소장되어 있으며 다음의 지도집에 영인 수록되어 있다. 上海圖書館, 『老
　　上海地圖』, 上海畫報出版社, 2001, 45쪽. 그러나 이 지도는 축소 영인되어 있기
　　때문에 지명들이 선명하게 보이지 않는 단점이 있다. 이것을 좀 더 크게 영인한
　　것은 『上海大辭典』의 부록에 포함되어 있다. 王榮華 主編, 『上海大辭典』 上·中·
　　下, 上海辭書出版社, 2007.

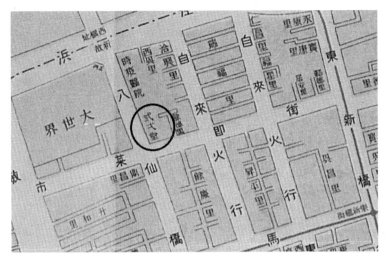

〈지도 3〉 上海法國舊租界分圖의 삼일당 위치 부분 확대도

대형 오락장 大世界 옆에 弍弍堂이 보인다. 삼일당 위로는 西新橋故址라는 표기가 보인다.

그러면 1923년 삼일당에서 국민대표회의가 열리던 모습은 어땠을까. 국민대표회의는 "밤낮 업시 계속하야 낫에는 침례교당에서 밤에는 삼일 예배당에서 날마다 의사를 진행 중인대"[62]라고 하였던 것이다. 주간에 는 침례교당[63], 야간에는 삼일당에서 열렸던 것이다. 주간에 회의가 열 린 침례당은 民國路(현재의 人民路) 704호에 있었다. 민국로와 뚜렌가 (Rue Tourane, 木橋路, 현재의 福建南路)의 교차지점에 있던 미국 제일 침례파 예배당이었다. 침례당을 이용할 수 있었던 데는 金澈의 교섭이 있었고 국민대표회의 기간 중 하루 18불의 비용을 지불하였다.[64] 단 집

---

62) 국사편찬위원회, 『대한민국임시정부자료집』 별책 6, 국민대표회의 Ⅱ, 2011, 123 쪽);『東亞日報』 1923년 5월 25일, 「上海 國民代表會議에서 생활문제 결의」(국사 편찬위원회, 『대한민국임시정부자료집』 별책 5, 국민대표회의 Ⅰ, 2011, 213쪽).

63) 침례교당은 1847년 미국선교사가 세운 교당이었다. 上海第一浸禮會堂 編, 『上海 第一浸禮堂百年史略』, 1947(『民國叢書』 第五編 15 哲學·宗教類); '上海宗教誌' 編纂委員會 編, 『上海宗教誌』, 上海社會科學院出版社, 2001, 433쪽.

회를 여는 데는 프랑스조계 공동국의 감시하에 집회를 연다는 조건이 붙었다.[65]

원래는 오전부터 침례교당에서 회의를 열고자 하였으나 교회에서 오전 중에는 회의장을 대여할 수 없다고 함에 따라 기본적으로 오후 1시 혹은 2시부터 시작되었다.[66] 4월 20일 제50차 회의부터는 오후에 진행되던 회의가 주야로 나뉘어 열리게 되었다.[67] 침례당에서의 오후 회의에 더하여 삼일당에서 야간 회의가 열리게 되었던 것이다. 매일 오후 2시에 회의를 시작하였으며 오후 4~5시 경우 일단 회의를 마쳤다. 저녁 식사 후 삼일당으로 회의장을 옮겨 다시 회의를 속개하였다. 낮에 침례교당에서 열린 회의는 대개 5시에 정회를 하고 저녁 8시에 다시 개회하였다. 오후 5시와 8시 사이에는 저녁 식사와 휴식이 있었던 것으로 보인다. 그리고 삼일당의 야간회의는 대개 밤 10시 30분이나 11시에 종료되었다.[68] 이렇게 볼 때 국민대표회의는 주야간에 걸쳐 진행된 마라톤회의였다고 할 수 있다.

국민대표회의가 열린 침례당과 삼일당은 한인들이 많이 거주하던 하비로 지역으로부터 그리 멀지 않은 곳에 있었다. 국민대표회의 당시 외지에서 온 대표들은 보강리와 그 주위에 많이 묵고 있었다. 삼일당은 하비로와 마랑로가 교차하는 지점에 위치한 대표적인 한인 거주지역인 보강리에서 출발할 경우 도보로 약 20분 거리이다. 그리 멀지 않은 거리이므로 회의에 참석하는 사람들은 걸어가는 사람들도 있을 것이고 인력거나 전차를 이용하여 가는 경우도 있었을 것이다. 보강리 인근의 嵩山路

64) 국사편찬위원회, 『대한민국임시정부자료집』 별책 6, 국민대표회의 II, 2011, 51쪽.
65) 국사편찬위원회, 『대한민국임시정부자료집』 별책 6, 국민대표회의 II, 66~671쪽.
66) 국사편찬위원회, 『대한민국임시정부자료집』 별책 6, 국민대표회의 II, 58쪽.
67) 반병률, 「'국민대표회의 출석원 서명부' 해제」, 『한국독립운동사연구』 제40집, 독립기념관 한국독립운동사연구소, 2011, 430쪽.
68) 국사편찬위원회, 『대한민국임시정부자료집』 별책 6, 국민대표회의 II, 58쪽.

전차역에서 전차를 타면 小菜場, 서신교가를 거처 세 번째 정거장인 동신교가 전차역에서 내려 도보로 몇 분 정도 가면 곧 침례당에 도착한다.

주간에 침례당에서 회의를 마친 다음 삼일당으로 장소를 옮겨 저녁식사 후 회의를 속개하였다. 삼일당은 침례당에서 그리 멀지 않은 곳에 있었다. 침례당에서 약 500미터 떨어진 삼일당까지는 도보로 약 5분이면 갈 수 있는 매우 가까운 거리였다. 삼일당으로 회의장소를 옮긴 민족운동 지도자들은 이곳에서 밤늦은 시간까지 회의를 계속하였던 것이다.

회의는 종종 밤 11시에 종료되었다. 삼일당이 위치하고 있던 팔선교 지역은 번화한 상업지역이자 유흥지역이었다. 삼일당에서 야간 회의를 마치고 나서는 민족대표들의 눈앞에는 대세계 등 팔선교지역의 휘황찬란한 야경이 펼쳐졌을 것이다. 눈부신 상해의 야경에 민족운동진영의 통합을 위해 멀리서 온 독립운동가들의 감회는 어땠을까.

4. 맺음말

1920년대 상해 프랑스조계 한인 기독교 예배당 삼일당(the Trinity Church)은 교회 본연의 종교활동 외에도 상해 독립운동진영, 교민사회의 수많은 집회와 행사가 열려 민족의 정체성을 확인하고 공동체의식을 다지던 곳이었다. 특히 1923년 전반기 국내외의 백여 명에 달하는 민족운동진영 지도자들이 모여 대한민국 임시정부의 운명과 민족운동의 전망을 토론하던 국민대표회의가 열렸던 역사적인 곳이었다.

그러므로 상해 삼일당의 위치를 확인하려는 노력은 한중수교 초기부터 이루어졌다. 1990년대 중반 상해 프랑스조계 삼일당은 공공조계 강서로의 영국 성공회 교당인 '성삼일당'(the Holy Trinity Cathedral)으로 잘못 알려지기도 했다. 최근 상해 복단대학 손과지 교수는 삼일당을 포함한 국민대표회의의 주요 유적지의 위치를 고증한 논문을 발표하였다. 이 논문은 국민대표회의와 관련된 유적지들의 위치를 일목요연하게 파악하는데 도움을 주고 있다. 주지하다시피 국민대표회의와 관련하여 가장 중요한 유적지 가운데 한 곳은 바로 삼일당이었다. 삼일당은 국민대표회의 기간 동안 야간 회의가 진행되었던 곳이다. 그러므로 손교수도 이 논문에서 한국독립운동에서 특별한 의미를 지니고 있는 삼일당의 위치 고증을 가장 먼저 시도하였다. 그러나 손교수는 팔선교가(현재의 운남남로)의 위치만 찾았을 뿐 삼일당이 팔선교가의 어디에 있었는지는 밝히지 못했다.

삼일당의 위치에 대해 프랑스조계 문서에는 두 가지 주소가 나타나고 있다. 먼저 웨이케이가(Rue du Weikwei) 삼일당(San Yih-Tang)에서 국민대표회의가 열렸다고 하였다. 웨이케이街의 한자 명칭은 영흥가로 현재의 영해동로이다. 또 다른 프랑스문서에는 팔리카오가(Rue du Palikao)에 삼일당이 있었다고 하였다. 팔리카오가의 한자명은 팔리교가이다. 중국인들이 상용했던 명칭은 팔선교가로 현재의 雲南南路이다. 그러므로 삼일당은 영흥가와 팔선교가 교차하는 지점에 위치해 있었다.

일본문서는 대개 팔선교 삼일당으로 표기하였다. 당시 중국이나 프랑스조계당국과 마찬가지로 삼일당을 팔선교 지역에 있는 것으로 파악하였다. 다행히도 일제의 문서에 의하면 삼일당의 주소가 영흥가 262호로 표기되어 있다. 영흥가 262호가 삼일당의 공식적인 주소였던 셈이다. 이러한 지리 정보들을 바탕으로 지도상에서 삼일당을 찾아 볼 수 있다. 1917년 상무인서관에서 제작한 「上海法國舊租界分圖」에서 삼일당의 위치 확인이 가능하다. 이 지도에는 팔선교가와 영흥가가 교차하는 지점에 삼일당이 선명하게 표기되어 있다.

그러나 삼일당은 1927년 이후 본당인 모이당이 늘어나는 신도들을 수용하기 위해 새로운 교당을 신축하면서 그 수명을 다하게 되었다. 모이당이 교당 신축비용을 산하 교당인 삼일당을 팔아 충당하게 되었던 것이다. 삼일당이 철거된 자리에는 상가건물과 주택단지가 세워졌다. 그리하여 삼일당은 사람들의 기억으로부터도 망각되었다.

끝으로 밝히고 싶은 것은 아직까지 한인 예배당인 삼일당이 모이당의 신축 비용을 충당하기 위해 철거되어 역사 속으로 사라진 사실과 관련된 한인측 자료나 회고 등을 확인하지 못하고 있다는 사실이다. 또한 1920년대 삼일당 건물을 찍은 사진도 찾지 못하고 있다. 이들 자료를 찾는 일은 향후의 과제로 남긴다.

제2부
개인과 사회의 생활사

제1장 독립신문 만평 「군소리」의 상해 독립운동과
한인 생활문화에 대한 풍자

1. 머리말

1919년 8월 21일 중국 상해에서 창간된『독립신문』은 1926년 폐간될 때까지 활발한 항일필봉투쟁을 벌였다. 독립신문의 지면은 대한민국 임시정부의 포고문을 비롯하여 법령, 국무회의와 임시의정원 관련 기사, 독립운동의 당위를 주장하는 논설, 연설문으로 넘쳐나기 마련이었다.[1] 그런데 그러한 고담준론들 사이로 「군소리」라는 제목의 짤막한 만평이 어렵사리 눈에 들어온다. 「군소리」는 독립신문 창간 다음 달인 1919년 9월 20일부터 11월 15일까지 17회에 걸쳐 연재되었다.[2]

「군소리」의 집필자는 자신을 독립신문 기자로 밝힌 '尖口子'라는 필명의 인물이다. 풀이하자면 '뾰족한 입'이라는 필명에서 알 수 있듯이,

---

1) 최준, 「대한민국임시정부의 언론활동」,『한국사론』10, 국사편찬위원회, 1981 ; 이연복, 「대한민국임시정부와 사회문화운동 - 독립신문의 사설분석」,『사학연구』37, 1983 ; 鄭晉錫, 「상해판 獨立新聞에 관한 연구」,『汕耘史學』4, 1990 ; 강병문, 「상해 임시정부계 독립신문의 창간과 사상」,『이원순교수정년기념 역사학논총』, 교학사, 1991 ; 孫安石, 「上海の朝鮮人コミユニテイの言論-獨立新聞とその周邊」,『一九二〇年代, 上海の朝鮮人コミユニテイ研究』, 東京: 東京大學 博士學位論文, 1998 ; 최기영, 「상해판 독립신문의 발간과 운영」,『대한민국임시정부 수립80주년기념논문집』(하), 국가보훈처, 1999 ; 이한울, 「상해판 독립신문과 안창호」,『역사와 현실』76, 2010.
2) 본고에서 활용한 독립신문 영인본은 다음과 같다. 국사편찬위원회,『대한민국임시정부자료집』별책 1, 독립신문, 2005 ; 대한민국 역사박물관,『독립신문』, 2016.

'첨구자'는 풍자와 비평을 자임한 것 같다. 그는 상해 독립운동진영과 한인사회에 대한 풍자와 비평, 감시라는 언론 본연의 임무에 충실하고자 했다. 그런데도 자신의 얘기를 「군소리」 즉 군더더기말이라고 한 것은 역설적이다. 그는 '뾰족한 입'의 소유자답게 상해 독립운동의 내밀한 모습과 인간군상들을 보이는 대로 느끼는 대로 자유롭고도 거침없이 풍자하고 비평하였다. 거기에는 촌철살인과 해학은 물론이고 따뜻한 인간애도 있었다.

그러면 '첨구자'라는 필명의 인물은 대체 누구인가? 안타깝지만 자신을 독립신문 기자라고 밝힌 것 외에 그가 누구인지 알려주는 직접적인 자료는 찾을 수 없다. 다행히 군소리의 내용 가운데는 첨구자가 어떤 인물인지 알려주는 단서들이 있다. 즉 내용 가운데 사회주의 성향을 보이거나 이동휘를 여러 차례 언급하면서 본받아야할 존재로 내세우고 있다. 그렇다면 '첨구자'는 이동휘와 밀접한 관계를 유지하던 사회주의 성향의 인물이었음을 짐작케 해준다. 현재로서는 독립신문에 군소리가 게재되던 1919년 9월에서 11월까지 독립신문 기자로 활동했던 인물 가운데 첨구자를 추적하는 외에는 달리 방법이 없다.

지금까지 학계의 연구에 의하면, 독립신문의 창간준비는 李光洙·李英烈·趙東祜·朱耀翰 등에 의하여 이루어졌다. 국한문 활자의 주조에서부터 문선에 이르기까지 이들의 노력이 있었다고 한다. 사장 겸 주필(편집국장) 이광수, 영업부장 이영렬, 출판부장 주요한의 진용으로 운영되면서, 조동호·車利錫·朴賢煥·金興濟 등이 기자로 참여하였다고 한다.3) 사장이었던 이광수와 출판부장이었던 주요한도 독립신문에 많은 기사를 썼다. 이광수의 경우 '長白山人', '春園', '春', '天才' 등4), 주요한은 '송아지', '頌兒', '牧神', '耀' 등의 필명을 사용하였다.5) 영업부장으로서

---

3) 최기영, 「해제」(국사편찬위원회, 『대한민국임시정부자료집』 별책 1, 독립신문, 2005.
4) 김주현, 「상해 시절 이광수의 작품 발굴과 그 의미」, 『어문학』 132, 2016, 221쪽.

독립신문 창간 때 상당한 액수의 자금을 내놓았던 이영렬의 경우 독립신
문에 기사를 썼는지는 확인되지 않는다.[6] 기자로 참여하였다고 하는 4
인 가운데 조동호를 제외한 차리석·박현환·김여제의 3인은 모두 홍사단
에 가입하여 활동한 안창호 계열 인물들이었다. 이들 3인은 당시는 물론
이후에도 사회주의단체나 활동에 관여한 적이 없었다. 차리석은 독립신
문에 '車必成'이라는 이름을 사용하였다.[7] 박현환은 독립신문에 기사를
실었는지는 확인되지 않고 있다. 김여제는 '金輿'와 '海日'이라는 필명
으로 여러 편의 시가를 독립신문에 실었던 문인이었다.[8] 이러한 사실들
을 미루어 볼 때, 이들 3인이 첨구자일 가능성은 거의 없어 보인다.

조동호의 경우는 어떤가. 이광수 등과 함께 독립신문 창간과정에 깊
이 관여하였던 조동호는 1920년 8월 상해에서 이동휘가 주도한 한인공
산당 결성에 참여하여 출판부 담당 중앙위원을 역임하는 등 초기 한인사
회주의운동에 뛰어들었던 인물이다.[9] 사회주의를 수용하고 이동휘와 밀
접한 관계를 유지했던 조동호야말로 위에서 제시된 두 가지 조건을 모두
충족하고 있다. 그런 측면에서 첨구자는 조동호로 보여진다. 물론 이러
한 추론을 확정하는 것은 향후 1차자료의 발굴을 기다려야 할 것이다.[10]

---

5) 권유성, 「상해 독립신문 소재 주요한 시에 대한 서지적 고찰」,『문화와 융합』29,
   2007, 155쪽.
6) 鄭晋錫, 「상해판 獨立新聞에 관한 연구」,『汕耘史學』4, 1990, 125쪽.
7) 장석흥, 『임시정부 버팀목 차리석 평전』, 역사공간, 2005, 176쪽.
8) 노춘기, 「상해 독립신문 소재 시가의 시적 주체와 발화의 형식 – 여암 김여제의
   작품을 중심으로」,『한국문학이론과 비평』58, 2013, 100쪽.
9) 조동호의 생애에 대한 보다 자세한 내용은 다음의 사전을 참고하기 바란다. 강만
   길·성대경,『한국사회주의운동인명사전』, 창작과비평사, 1996, 452~453쪽.
10) 유정조동호선생기념사업회도 조동호를 첨구자로 간주하고 있지만 근거자료는 제
    시되지 않고 있다. 아마도 조동호 생전의 구술에 근거한 것으로 보여진다. 나아가
    기념사업회측은 조동호가 첨구자 외에도 鐵血, 冷熱, 鐵默, 默望 등 다양한 필명을
    이용하여 독립신문에 많은 논설을 썼다고 한다. 기념사업회는 조동호가 독립신문
    에 기고하였다고 하는 글들을 모아 단행본으로 출간한 바 있다. 유정조동호선생기

필자가 누구인지 확실치 않음에도 불구하고 첨구자의 군소리는 1919
년 임시정부와 상해 한인군상의 모습을 엿보는데 더없이 훌륭한 사료임
에 틀림없다. 물론 내용 가운데 주관적이고 과장된 내용이 적지 않아 보
편적인 상해 한인들의 모습을 반영한다고 볼 수 없는 면도 있다. 상해
한인들의 일그러진 모습과 부정적인 측면도 많이 포착되고 있다. 이 점
은 풍자가 어떤 "감추어진 이면이나 같은 사안에 대한 기존의 해석과
다른 관점을 보게끔 해주는 정치의 기술 가운데 하나"라는 특성을 가진
다고 볼 때 하등 이상할 것이 없다.[11] 그렇게 볼 때 첨구자의 풍자는
당시 시대상과 사회상을 잘 반영하고 있다.

지금까지 상해 한인들의 모습에 대한 학계의 연구는 적지 않다. 그러
나 첨구자의 군소리에 대해서는 눈여겨보는 연구자가 없었다. 학계 최초
의 조동호 평전이라고 할 수 있는 이현희의 저서나 조동호의 생애와 활
동에 대한 연구에서도 이러한 사실들은 전혀 언급되지 않았다.[12] 이에
필자는 군소리라는 만평을 통해 첨구자의 눈에 비친 상해 임시정부와 독
립운동, 그리고 상해에 온 한인군상의 모습을 복원해보고자 한다. 독립
운동과 관련된 내용으로 초기 임시정부 직원들의 집무 광경, 일본 밀정
의 프랑스조계 잠입과 임시정부의 대응, 다음으로 상해 한인군상과 관련

념사업회 편, 『한민족의 독립』, 동방서적, 2002. 독립신문에 「군소리」와 비슷한 시
기에 연재된 「哭中笑」와 「바른소리」라는 만평의 필자도 첨구자로 보인다. 「哭中
笑」는 「군소리」와 동시에 10회 연재되었으며 「바른소리」는 「군소리」의 연재가 끝
난 후 4회에 걸쳐 연재되었다. 「哭中笑」는 필자가 적혀 있지 않지만 「바른소리」는
필자가 '놈이'로 되어 있다.

11) 전경옥, 『풍자, 자유의 언어 웃음의 정치 : 풍자 이미지로 본 근대 유럽의 역사』,
책세상, 2015, 20쪽.

12) 이현희, 『趙東祜 抗日鬪爭史: 급진적 항일투쟁가의 일생』, 청아출판사, 1992 ; 이
현희, 『애국지사 조동호 평전』, 솔과학, 2007 ; 홍윤정, 「榴亭 趙東祜 硏究」, 『성
신사학』 10, 1992 ; 정영희, 「榴亭 趙東祜의 抗日獨立運動硏究」, 『역사와 실학』
37, 2008. 이들 연구에서는 1919년 이후 한인공산당 가입 및 활동 등 조동호의
초기 사회주의운동에 대해서는 거의 다루지 못하고 있다.

된 내용으로 현지 중국인 인력거꾼들과 한인들의 관계, 한인들의 음주 및 소비 문화를 풍자하는 내용으로 나누어 살펴보고자 한다.

그럼으로써 1919년 하반기 임시정부 수립 직후 상해 한인들의 독립운동과 한인사회의 인간군상에 대한 모습을 여실히 볼 수 있을 것이다. 그것은 상해 독립운동가들을 비롯한 한인들의 인간적인 체취가 묻어나는 모습들이다. 이념과 명분을 중시했던 기왕의 독립운동사 연구에서는 찾아보기 힘들었던 것이다. 모쪼록 상해 한인 역사의 다양한 측면들이 조명되고 복원되는데 본고가 일조할 수 있기를 기대한다.

2. 상해 독립운동과 일제 밀정에 대한 풍자

1) 임시정부 운영에 대한 비판

독립신문 기자 첨구자가 군소리를 연재하기 시작한 1919년 9월은 그해 4월 상해에서 수립된 임시정부가 의욕적인 활동을 펼치고 있던 때였다. 아울러 노령 대한국민의회와의 임시정부 통합운동이 마무리되던 시기이기도 하였다. 전체적으로 볼 때, 희망과 어수선함이 교차되는 시기였다고 할 수 있다.

1919년 3·1운동 이후 국내외에서 상해 임시정부, 한성정부, 노령의 대한국민의회 등 임시정부 조직이 출현한 것은 잘 알려져 있다. 이들 임시정부를 통합하여 단일정부를 구성하는 것이 과제로 떠오르면서 상해 임시정부와 노령의 대한국민의회는 통합을 논의하였다. 상해 임시정부는 1919년 7월 14일 국무회의의 의결을 거쳐 상해 임시정부와 대한국민의회를 해산하고 한성정부로의 통일을 골자로 하는 통일안을 노령에 전달하였다.[13) 노령에서는 한성에서 국민대회의 명의로써 조직 발표된 임

시정부를 봉대하기로 하고, 해산을 선포하였다.[14]

상해에서는 8월 18일부터 9월 17일까지 제6회 임시의정원 회의가 개최되었다. 안창호는 정부개조안과 임시헌법 개정안을 제출하여 정부개조의 필요성을 피력하였다. 그러나 상해 임시정부의 정부개조는 유일한 임시정부로서 한성정부를 승인하다고 하는 노령 국민의회측의 생각과는 다른 것이었다. 노령측이 통합 임시정부 수립을 위해 상해로 왔을 때, 이러한 양자의 생각 차이가 확인되었다. 그 결과 한성정부에 대한 '승인·개조'를 둘러싼 분쟁이 일어나게 되었다. 1919년 9월 7일 임시의정원은 국무총리제를 대통령제로 개조하는 정부개조안을 승인하였다. 상해 임시정부는 한성정부를 정신적으로 승인하는 것이고, 실제에 있어서는 정부로서 기능을 수행하고 있던 상해 임시정부를 제도와 인원에 있어서 한성정부와 동일하게 개조한다고 하였다.[15]

이렇게 상해 임시정부의 개조가 이루어진 상황에서 9월 18일 대한국민의회 내에서 한인사회당을 이끌던 李東輝가 상해에 도착했고, 그 뒤를 이어 文昌範, 朴殷植 등 노령의 인사들이 상해로 왔다. 그들은 상해 임시정부의 개조가 한성정부를 승인하는 것이 아니라고 비판하였다. 상해의 임시의정원 역시 해산해야한다고 주장하였다. 임시정부의 개조 조치에 대한 항의의 표시로 이동휘, 문창범 등은 통합 임시정부의 내각 취임을 거부하였다.

이런 상황에서 대한국민의회의 문창범은 교통총장 취임을 거부하고 노령으로 돌아가 국민의회를 재건하였다. 하지만 국무총리 이동휘, 내무총장 이동녕, 법무총장 신규식, 재무총장 이시영, 노동국총판 안창호가

---

13) 국사편찬위원회, 『대한민국임시정부자료집』 2, 임시의정원 Ⅰ, 2005, 34~35쪽.
14) 반병률, 『성재 이동휘 일대기』, 범우사, 1998, 196쪽.
15) 이배용, 「임시정부 통합운동」, 『대한민국임시정부 수립80주년 기념논문집』(상), 국가보훈처, 1999, 114~115쪽.

11월 3일 대국적 차원에서 취임식을 거행함으로써 통합 임시정부가 출범하게 되었다. 이로써 한계가 있지만 상해 임시정부와 대한국민의회의 통합이 이루어졌다.

통합 임시정부의 출범에 즈음하여 첨구자는 임시정부와 독립운동에 대한 격려와 함께 따끔한 질타를 아끼지 않았다. 첨구자는 1919년 9월 18일 국무총리 이동휘의 상해 도착에 즈음한 감회를 다음과 같이 밝히고 있다.

> 新國務總理가 오시고 繼하야 各部總長도 다 出席하신다지. 全民族的 統一의 機運은 漸到한다 統一이면 곳 우리의 獨立은 定하여 노앗느니라 (1919-09-23).

첨구자는 통합 임시정부가 수립되고 국무총리와 각부 총장들이 속속 부임하게 되면서 한국의 독립은 결정된 것이나 마찬가지라는 희망에 가득찬 소회를 나타냈다.16) 계속하여 첨구자는 임시의정원 폐원 후 임시정부 각부서의 집무 모습에 대해 묘사하였다. 이때는 상해, 노령, 한성 정부가 하나로 된 통합 임시정부가 출범된지 며칠 지나지 않은 때였다. 첨구자는 임시의정원과 정부의 모습에 대해 풍자하고 있다.

> 議政院도 閉院되고 秋風이 불기 시작하며 政府에 보가가 各部가 다 活氣를 帶한 듯 部마다 空氣가 각기 다른 中 交通內務財務部는 테불이 빅빅하게 드러 노이고 보기만 하여도 奔走한 듯하여 거름 듸려노키가 무엇하다. 國務院室에는 (나혼자 그런지) 官僚臭가 橫溢하다. 外交部에는 李金兩女史가 羣靑中에 紅一點을 加하니 朝鮮開闢 以來에 처음이라 할가. 新國務總理來着함에 總理室을 내노아야 할 安總辦 아직도 갈 곳이 업다고…

---

16) 본문에서 군소리를 인용하는 경우 편의상 독립신문 기사의 날짜를 인용문 끝에 괄호로 밝혔다. 인용시 원문 그대로 제시하되, 뜻이 통하지 않는 경우는 괄호 속에 바른 글자를 기입하였다.

(1919-09-23).

위에서 보듯이 초기 임시정부의 속 모습이 여실히 묘사되고 있다. 제
6회 임시의정원 회의가 폐회된 것은 상해 거리에 '秋風'이 불기 시작하
던 1919년 9월 17일이었다.[17] 첨구자는 임시정부 청사의 각부 부서가
활기차게 일하고 있는 모습을 스케치하였다. 교통부, 내무부, 재무부는
'테블'이 빽빽하고 놓여 있는 사무공간에서 다들 분주하게 일하고 있어
들어가기가 미안할 정도라고 하였다. 이에 비해 이유는 확실치 않지만
국무원실은 관료적인 분위기가 농후하다고 하여 다소 부정적으로 그리
고 있다.

이동휘의 상해 도착과 부임으로 국무총리실을 비워주게 된 안창호가
아직 자신의 공간을 마련하지 못하고 있는 것을 해학적으로 풍자하였다.
'총리실을 내노야 할' 처지이지만 '아직도 갈 곳이 없'는 안창호의 처지
가 눈에 들어오는듯 하다. 당시 안창호는 내무총장이자 국무총리 대리로
서 임시정부를 실질적으로 이끌고 있었다. 그런데 9월 18일 통합임시정
부가 출범하고 국무총리와 각부 총장들이 속속 상해에 오면서 그의 국무
총리 대리 시절이 끝나게 되었던 것이다.

상해에 도착한 이동휘는 프랑스조계 徐家滙의 紅十字醫院에서 진료를
받으면서 노독을 풀었다.[18] 홍십자의원은 세브란스의학교 출신 金昌世가
근무하고 있던 곳으로 안창호 등 국외에서 도착한 인사들이 머물며 진료
겸 노독을 풀던 곳이었다. 이동휘는 홍십자의원에서 임시정부 요인들과
만나 환담하는 등 분주한 나날을 보냈다.[19]

그런데 위에서 언급되어 있는 바와 같이, 외교부에서 일한다는 '이김'

---

17) 백범김구선생기념사업협회, 『백범 김구 사진자료집』, 2012, 58~59쪽. 이날 회의
　　에 참석한 의원들의 기념촬영 사진이 남아 있다.
18) 『獨立新聞』 1919년 9월 20일, 「新國務總理來滬」.
19) 『獨立新聞』 1919년 9월 23일, 「李總理의 動靜」.

양여사는 누구일까. 이들 양여사는 李華淑과 金元慶이다. 사실 당시 이화숙과 김원경은 외무부가 아니라 국무원 참사로 있었다.[20] 어하튼 첨구자는 두 여성이 임시정부에서 일하고 있다는 사실에 대해 '朝鮮開闢以來 처음'이라고 하여 놀라움을 감추지 않았다. 정부기구 내 여성의 존재는 조선왕조 500년의 역사에 비추어 보아 이색적인 것임에는 틀림없다. 조선시대에 여자는 정치적으로 중요한 어떠한 공식적인 직책도 가질 수가 없었다. 이화숙과 김원경이 정부 내 상당한 직책을 맡은 것에 대해 남성인 첨구자가 놀란 것도 무리가 아니었다.[21]

이와 같이, 여성에 대한 첨구자의 시각은 여전히 전통적인 것으로 보인다. 뒤에서도 보겠지만 첨구자는 사회적 약자 계급인 인력거꾼에 대해서는 동정과 함께 사회제도의 개혁을 주장하여 진보적인 측면을 보였지만, 여성에 대한 인식은 여전히 보수적이고 전통적이었다. 상해 한인 여성들에게 한복 착용을 고집스럽게 요구한 데서도 잘 알 수 있다.

- 韓人이란 種族은 웨 그리 外國服을 닙기 됴화하는지 日本 가면 日本服 아라사 가면 아라사服 中國을 와보닛가 모조리 中國服을 닙엇단 말이야. 男子들은 제손으로 옷을 질 수도 업고 勿論 지어주는 이도 업고(大段(段)히 서분한 現象이지만은) 그라타고 本家에서 붓쳐오기도 거북하니 그라타 할망정 婦人네들이야 무엇이 不足해서 알뜰이 中國옷을 닙고 단닐까(1919-10-25).
- 한소리 또 함이 罪悚하나 군소리라 엇더라(1919-11-11).
- 우리 衣服닙어 주십사고 日前에 뾰죽한 입을 들넛던니 今番 總理就任式에 婦人二十餘名中 九分까지는 우리 服을 닙고 오서습 되다. 尖口子는 삼가 謝意를 表하는 바오이다(1919-11-11).

---

20) 「大韓民國臨時政府公報 第2號」(국사편찬위원회, 『대한민국임시정부자료집』1, 헌법·공보, 2005, 37쪽). 그들은 1919년 9월 5일자로 국무원 참사로 임명되었다.

21) 1919년 10월 11일 임시정부 직원 일동의 기념촬영 사진에서 두 사람의 모습을 볼 수 있다. 도산안창호선생전집편찬위원회, 『도산안창호전집』 제14권 사진, 2000. 125쪽. 제일 왼쪽 백색 상의를 입은 이가 이화숙, 제일 오른쪽이 김원경이다.

- 尖口子 卓上에 抗議를 提出한 者有하야 曰「韓服은 沒個性的이오」國
粹歎美者인 尖口子도 對答할 말이 업섯서요. 洋人의 服이 조흔 것이 아
니라 個人個人에게 또 드러맛게 지음으로 보기가 낫지요. 衣服改良이라
니 別 것인가요. 우리 新女子 諸君의 一考치 아니치 못할 것이 안인가
하오. 에헴(1919-11-11).

첨구자는 한인 특히 여성들에게 한복 착용을 권장하고 있다. 양장을
입는 '新女子' 즉 신여성에 대해서는 다소 부정적인 것 같다. 첨구자는
한인 여성들이 "아름다운 自己네 옷 버리고 보기 실흔 놈의 옷닙을 까닭
이야잇나"라고 비평하였다. 여하튼 첨구자는 자신의 발언 때문인지는
몰라도 이동휘 국무총리 취임식에는 참석한 여성들 가운데 90%가 한복
을 입고 참석하였다고 하였다. 당시 행사 때 남자들은 양복, 여자들은
한복을 입는 것이 이미 하나의 관습으로 굳어져 있었던 것으로 보인다.
1920년 4월 상해 靜安寺公墓에서 거행된 安泰國의 장례식 때 사진을
보면 남자들은 대개 양복차림이지만, 여성들은 한복 차림이 많았다.[22]
그런 의미에서 한복은 장구한 세월을 거쳐 그 맥과 전통이 여성들의 노
력에 의해 지켜져 왔다고 하겠다.[23]

계속하여 첨구자는 이동휘의 사례를 들면서 임시정부와 임시의정원
이 소모적인 회의를 반복하고 있다고 꼬집었다.

- 李國務總理는 諧謔이 能하오. 日前 談話中에「乙巳年頃에 余는 一日 八
處의 評議會에 出席하엿으나 오히려 날이 져물지 아니하더니 今日에는
當時의 一個評議會의 處理한 事件만 討議하랴도 八日도 猶不足하리라」
하는 句節이 잇섯소. 理論이 多歧하고 冗長하여짐은 知識進步의 一標徵
일지나 또한 萬事에 推毛覓疵하야 理論爲한 理論을 일삼음은 아직 때빠

---

22) 도산안창호선생전집편찬위원회, 『도산안창호전집』 제14권 사진, 134~135쪽.
23) 박춘순, 「임시정부 요인들의 복식과 중국 및 우리나라 복식의 변천」, 『백범과 민
족운동 연구』 제11집, 2015, 213~214쪽

지지 못한 얼 開化軍의 一標徵이오(1919-09-27).

- 會를 組織하면 規則制定과 任員選擧投票로 볼일 못보고 會를 開하면 식득꺽득한 動議再請改議再改議에 한참 팔을 들엇닥노앗닥하고 나서 들아보니 된 일이 잇서야지(1919-09-27).
- 사람이란 反對하기 즐기는 動物이오. 萬事에 작구 反對만 하노라면 愚者라도 頭角이 들어나는 일이 잇소. 마음에는 올치마는 人의 言人의 事면 한번 反對를 해야 속이 시언한 사람이 잇소. 잇소가 아니라 만소. 이러한 사람은 實로 精神잇는 이의 애를 태이오(1919-09-27).

　위에서 보는 바와 같이, 첨구자는 이동휘를 해학이 능한 지도자라고 하면서 그의 활동 경험을 소개하고 있다. 을사년 즉 1905년에 이동휘는 하루에 8곳의 평의회에 출석하였다고 하고 있는데, 아마도 1904년의 일이 아닌가 생각된다. 1905년의 경우 이동휘는 강화 부윤 윤철규의 무고로 법원에 수금되어 재판을 받고 풀려나 강화진위대장직을 사임하고 강화읍에 보창학교를 세우고 본격적인 교육운동을 전개하던 때였다. 그해 11월에는 을사늑약 체결 이후 상소운동을 전개하였다. 그러므로 평의회 등과는 거리가 있었던 것으로 보인다. 1904년의 경우 이동휘는 이 해 4월 대한보안회에 가입하여 평의장으로 활동하였고 그 후신인 대한협동회, 공진회 등에서 정치개혁과 일본의 내정간섭 저지를 위해 적극적으로 활약한 해였다.24) 하루에 8곳의 평의회에 출석했다는 것은 과장섞인 것으로 아마도 그 자신이 회의를 효율적으로 했다는 것을 강조한 것으로 보인다. 그에 비해 1919년 임시정부는 1개의 회의 안건을 처리하는데 8일도 오히려 부족하다고 한 이동휘의 발언을 소개하였다. 그리고 첨구자는 이동휘의 말을 빌어 반대를 위한 반대를 하면서 남의 발목을 잡고 사사건건 시비 걸기 좋아하는 회의 중독자들을 신랄하게 질타하였다. 나아가 다른 사람의 말이나 일을 한번 반대를 해야 속이 시원한 사람이

---

24) 반병률, 『성재 이동휘 일대기』, 48쪽.

많아 '精神'있는 사람들의 애를 태운다고 비판하였다.

첨구자는 임시정부 통합운동을 둘러싸고 전개된 '승인·개조' 논쟁에 대해서도 따끔하게 일침을 가하고 있다.

> 이즘에는 슬대업는 空論들만 하지 國家興亡에 匹夫有責이라는 覺悟도 업스면서 政府의 改造니 承認이니 하는 問題를 제라사 政客인 채 만나면 떠들지(1919-10-04).

첨구자는 일부 인사들이 승인 개조 문제에 대해 무책임하게 떠들고 있다고 비판하였다. 앞에서 언급한 바 있거니와, 당시 상해임시정부, 연해주의 대한국민의회, 한성정부가 통합 대한민국 임시정부로 체제를 정비하고 있던 때였다. 하지만 통합과정에서 연해주의 대한국민의회 세력은 이의를 제기하면서 정부 각료의 취임을 미루고 있었다.[25]

임시정부 직원들의 근무 태도에 대한 만평도 날카롭다. 국내에서는 치열한 정세가 전개되고 있는데 임시정부는 마땅히 해야 할 일들을 '싸보타-주' 중에 있다고 꼬집었다.

> 싸보타-주……라 하면 諸君의 귀에는 만히 듯지 못하던 말이겟지요. 日人은 이것을 怠業이라 飜譯하엿는가 붑듸다. 勞動者가 同盟罷工 代身에 使用하는 軍略인대. 일은 하는 톄하면셔도 아니하고 만든다고 만든 것은 原料의 浪費 或은 雜物을 석거 主人에게 損害주기만 爲主. 機械에는 남모르난 故障을 生기게 하난 것이 怠業이래요. 이 말을 웨 하느냐 하면 近來 政府職員이 그런 狀態中에 잇다고 某氏의 奪慨談. 本國서는 오늘 來日 불이 터진다는데 精神차려야 할걸(1919-10-11).

첨구자는 임시정부 직원들이 근무를 태만히 하고 있다면서 이를 노동운동의 태업인 '싸보타-주'에 빗대어 풍자하였다. 그는 임시정부 직원들

---

25) 임경석, 『한국사회주의의 기원』, 역사비평사, 2003, 105~108쪽.

의 태업에 분개한 모씨의 이야기를 소개하면서 국내에서는 '오늘 來日'
하는 긴박한 상황이라고 하면서 임시정부 직원들이 정신을 바짝 차려야
한다고 촉구하였다. 그런데 며칠 후 첨구자는 임시정부 직원들에 대한
자신의 쓴 소리를 취소하였다.

- 政府에서 싸보타주를 한다고 尖口子가 한 마듸 해떠니 톡톡이 꾸중을
  들잇서. 三十名職員이 午前九時 正刻에는 一齊히 國旗에 拜禮하고 國歌
  를 불으고 나서는 午後五時까지는 點心먹을 時도 업서 땀을 흘리는데
  (1919-10-14).
- 以上과 갓흔 까달그로 尖口子의 빼죽한 口가 속 드러가스나 한 마듸 더
  하야 속이 시연하겟소. 情報局에서 情報를 주지 안음으로 新聞材料가
  업구려. 新聞宣傳을 輕忽히 하다가 講和會에서 大失敗한 日本을 보지
  안소(1919-10-14).

첨구자는 '모씨'의 말을 인용하여 임시정부가 '싸보타-주' 중에 있다
고 비평을 하였는데, 이에 대해서는 임시정부로부터 '꾸중' 즉 비판을
받았던 것으로 보인다. 사실 임시정부 직원들은 오전 9시부터 오후 5시
까지 점심 먹을 '時'도 없이 땀을 흘리면서 근무하였던 것이다. 이는 임
시정부 수립에 깊숙이 관여했던 현순의 회고에서도 확인되고 있다.[26]
'빼죽한 口가 속 드러가스나'라고 하여 첨구자는 임시정부 직원에 대한

---

26) 玄楯, 『MY AUTOBIOGRAPHY, 玄楯自史』, 연세대학교 출판부, 2003, 50쪽. 임
시정부 수립에 깊이 관여했던 현순은 임시정부 직원들의 근무 광경에 대해 다음
과 같이 회고하였다. "政廳은 法界 霞飛路에 設置하고 部署를 排定하야 下層前面
右房에는 內部와 交通部를 두고, 左房은 財務部가 專用하고, 後面右房은 接待室로
정하고, 上層大房은 總理室이오, 前房은 法務와 書記官長이 竝用하며, 後房은 外
部와 軍部가 竝用하고, 長廊一座에는 金九의 指揮下에 있는 警護員 20명이 正服
으로 勤務하며, 政廳正門에는 印度人巡警으로 守直케 하였다. 每日出勤은 午前 9
시로 午後 4시까지 하고 每朝 出勤時에는 政府職員들이 集合室에 會集하야 無窮
花歌 一節을 齊唱하고 總理의 告諭가 있은 후 各部로 分進視務하니 一大修養所와
恰似하였다."

자신의 오해가 풀렸음을 밝히고 있다.

2) 일제 밀정에 대한 경계

1919년 4월 11일 임시정부가 상해 프랑스조계에서 수립되자 일본은 임시정부를 예의주시하였다. 처음 일제는 임시정부를 토지와 인민을 갖지 못한 정부라고 무시하면서 임시정부를 독립운동단체 가운데 하나로 치부하였다. 그러나 독립운동 자금이 답지하고 연통제와 교통국의 조직 등을 통해 국내에 영향력을 확대해 가면서 한인들이 임시정부에 대해 커다란 기대를 보이게 되자 내심 긴장감을 감추지 못하고 구체적인 대응책 마련에 부심하였다.

임시정부가 위치한 상해 프랑스조계는 일종의 치외법권 지역으로 일본 외무성이나 조선총독부가 한인 독립운동가를 단속하고 탄압하는 데는 한계가 있었다. 대신 일제는 첩보기관을 통해 임시정부의 실태를 파악하였다. 그리하여 상해에는 조선총독부는 물론 내무성, 육군, 해군, 외무성 등과 관계한 첩보기관이 파견되어 있었다. 이 가운데 조선총독부는 통역관 1명을 주재시켜 임시정부를 탐색하고 있었다. 상해 일본총영사관 역시 일본 거류민을 보호한다는 명분으로 임시정부에 대한 단속과 대책을 마련하고 있었다.[27]

일제의 임시정부에 대한 궁극적인 대책이라는 것은 조직을 해산시켜 근원적으로 파괴하는 것이었다. 그러면서도 강압책으로만 일관할 경우 그 부작용을 우려하여 회유 및 이간을 통한 붕괴 공작도 병행하였다. 그리하여 밀정을 침투시켜 임시정부 요인들의 일거수, 일투족을 파악하고 이를 교란하는 책동을 계속하였다.[28]

---

27) 한지헌, 「1920년대 초반 조선총독부의 대한민국임시정부에 대한 인식과 정책」, 『한국근현대사연구』 제30집, 2004, 80~81쪽.

이러한 상황 속에서 일본 민간신문 기자가 취재차 임시정부를 방문하는 일이 있었다. 상해 일본 교민 신문인 『상해일일신문』 기자는 프랑스 조계의 임시정부를 취재차 방문한 사건이었다. 상해일일신문은 상해 홍구에서 발간되던 일본 교민 신문으로 상해 한국독립운동에 대한 기사를 내보내고 있었다.

일본 기자는 1919년 9월 17일과 18일 두 차례 임시정부를 방문하였다.[29] 9월 17일 일본 기자가 취재차 프랑스조계 霞飛路(현재의 淮海中路) 321호의 임시정부 청사를 방문했지만 정문에서 입장이 거부되었다. '적국' 기자였기 때문에 당연한 조치였겠지만 여기에는 또 다른 사정이 있었다. 9월 17일은 제6회 임시의정원 회의가 폐회한 날이다. 제6회 임시의정원 회의가 끝나는 날이므로 일본 기자의 방문은 적절치 않았을 것이다. 첫날 취재가 좌절된 일본 기자는 포기하지 않고 다음날 다시 임시정부를 방문하였다. 이 날 일본 기자는 사무실 안에는 들어가지 못했지만 청사 정문을 통과하여 건물 주변을 둘러보고 사진을 찍었다.

---

28) 최유리, 「대한민국임시정부에 대한 일제의 정책」, 『대한민국임시정부 수립80주년 기념논문집』(상), 국가보훈처, 1999, 314~315쪽.

29) 『獨立新聞』 1919년 9월 23일, 「日本新聞記者의 來訪」. "上海日日新聞記者 某는 去十七八 兩日 我臨時政府를 訪問하다 該記者의 目的은 自稱韓人의 主唱을 聞하야 相互의 理解를 增케 함이라 하는대 第一日에는 彼의 目的을 達치 못하고 第二日 秘書長 崔昌植氏가 應待하야 數分間의 談話가 잇섯다 該記者는 許諾도 업시 政府의 寫眞을 新聞紙上에 發表하는 等 怪異한 行動이 不無라 上海日日은 去十八日붓터 (朝鮮獨立假政府)라는 記事를 連載中이라"고 하였다. 상해 일본거류민들이 발간한 『上海日日新聞』에 나오는 1919년 당시 임시정부 등 한국 독립운동 기사들을 찾는 작업은 향후의 과제이다. 지금까지 필자가 조사한 바에 의하면, 『上海日日新聞』은 상해도서관에 1929년 11월, 1932년 8~12월, 1933년 1~12월, 1934년 1~3월, 1935년 7월, 1937년 1월, 3월, 5~8월 분이 남아 있다. 일본에는 東京大學, 一僑大學, 立命館大學 및 국립국회도서관에 마이크로필름 혹은 DVD 형태로 소장되어 있는데, 발간 시기는 모두 1931년 이후의 것으로 1910~20년대의 것은 찾아 볼 수 없다. 지면을 빌어 일본 쪽 상해일일신문 현황을 조사해준 愛知大學의 武井義和 교수께 심심한 감사를 드린다.

일본 기자의 취재 결과는 9월 18일 당일 석간으로 발행된 상해일일신문에 게재되었다. 상해일일신문의 임시정부 취재 기사는 9월 23일 및 9월 30일자 독립신문에 그 전문이 한국어로 번역되어 실렸다.[30] 독립신문에 상해일일신문이 여러 차례 언급되는 것으로 보아 임시정부 관계자들은 현지 중국신문이나 영자 신문 외에 상해 일본 교민 신문인 상해일일신문 같은 것도 빠뜨리지 않고 구독하고 있었던 것으로 보인다.

취재 기사에 의하면, 상해일일신문 기자는 임시정부 청사가 예상외로 규모가 있어 일국의 영사관과 같다고 하면서 놀라했다. 그는 상해에 거주하면서 임시정부가 프랑스조계에 있다는 말을 듣고 있었는데, 어떤 곳인가 하는 호기심이 생겨서 이곳을 찾게 되었다고 하였다. 임시정부 청사에 도착한 즉 의외로 "宏大한 建物이 鬱蒼한 樹木으로 蔽하야 形容하야 말하면 一小國의 領事館 갓흐며 庭園은 廣하고 溫室花園까지 잇다"고 하면서 놀라움을 감추지 못했다. 이로 볼 때, 당시 임시정부 청사는 매우 수려하고 아름다운 건물이었던 것 같다. 이는 또 다른 일본 신문 기사에서도 알 수 있다. 지금이야 임시정부 청사 건물이 잿빛으로 탈색된 한 장의 흑백 사진으로 남아 있지만[31], 원래의 임시정부 청사는 "오래도록 상해에 있으면서 세인들의 주목을 끌던 빨간 벽돌(赤煉瓦)의 아름다운 건물"[32]이었다고 한다.[33] '빨간 벽돌의 아름다운 건물'에 더하여

30)『獨立新聞』1919년 9월 30일,「日記者가 본 我臨時政府」.

31) 대한민국임시정부기념사업회, 대한민국임시정부기념관 건립추진위원회,『사진으로 보는 대한민국임시정부』, 2016, 44쪽.

32)『大阪朝日新聞』1919년 10월 22일,「조선인의 본부 폐쇄되다/프랑스 관헌에 의해(상해 특전 21일 밤)」; 독립기념관,『大阪朝日新聞 韓國關係記事集(1919.9~1920.8)』, 2016, 88쪽. 이 기사는 임시정부 청사 건물에 대해 다음과 같이 묘사하고 있다. "상해 프랑스 조계 霞飛路 321의 붉은 조선인의 본부는 프랑스 경찰로부터 폐쇄 명령을 받았다. … 어쨌거나 결국 피하기 어려운 운명에 조우하여 오래도록 상해에 있으면서 세인들의 주목을 끌던 빨간 벽돌(赤煉瓦)의 아름다운 건물과 항상 문에 서서 망을 보고 지키고 있는 2명의 인도인, 끊임없이 출입하는 수많은 젊은 조선인의 양복 차림도 다시 볼 수 없을 것이다. 묘하게 우뚝 솟은 본부의 창이 굳게 닫혀져 있는 것을 볼

그 외벽에 태극기를 게양하였으니 세상 사람들의 '주목'을 끌고도 남았을 것이다.

두 명의 인도인 경비가 지키고 있는 임시정부 청사 정문을 통과한 일본 기자는 임시정부에서 나온 '白面無髥의 一少年' 혹은 '崔大臣'의 응대를 받았다. 그는 당시 국무원 비서장으로 재직하고 있던 崔昌植이다. 임시정부 건물이 의외로 '宏大'하다는 일본 신문의 보도에 대해 첨구자는 불편한 심기를 드러냈다. 즉 "上海日日新聞記者가 크다고 놀난 政府집이 우리 속살로는 (에구 좁아 에구 좁아)(1919-09-23)"라고 하였다. 첨구자는 상해일일신문 기자가 놀란 임시정부 청사가 실제로는 매우 좁다고 불평하였다.

계속하여 첨구자는 일제의 밀정에 대해 언급하고 있다. 밀정이라는 존재는 한국독립운동사에서 깊은 트라우마를 남긴 문제였다. 첨구자는 우선 상해에 와서 밀정 행위를 하려고 하는 이들에게 다음과 같이 경고하였다.

- 世上에는 못낫놈두 만허. 멀정한 절문놈이 上海꺼지 와서 倭探에게 白等矢身하고 개로 써달나는 請願書를 提出하고 눈이 멀도록 辭令書 오기만 苦待하는 놈이 다 잇대(1919-10-07).
- 寶康里近傍에서 한 집에 여러 분이 飯먹는 이들은 말슴을 조심하는 것

뿐이다."

33) 오래된 사진상으로만 남아 있는 상해 하비로 321호의 초기 임시정부 청사 건물과 외벽에 걸린 태극기의 모습은 우리에게 임시정부를 상징하는 이미지로 각인되어 있다. 그런데 초기 임시정부 청사 건물 정확한 위치는 지금까지 한중 양국 연구자들의 노력에도 불구하고 확인되지 않고 있다. 학계 안팍에서 그 정확한 위치를 찾아야 한다는 목소리는 높지만 여전히 오리무중이다. 옥성득, 「1919년 상해 임시정부 첫 청사는 어디에 있었나?」(http://blog.naver.com/1000oaks/220627581735). 다행히 필자는 최근 상해 프랑스조계 지적도를 입수하여 상해 하비로 321호 임시정부 초기 청사 건물이 소재했던 정확한 위치를 찾을 수 있었다. 그 구체적인 내용은 본서 제1부에 수록하였다.

이 조흘걸. 그리고 내암새 나는 놈이 잇거든 가슴이 뚤어지도록 흘겨보
아 주어서 땀을 한번 내주어야 될걸(1919-10-07).

  첨구자는 일부 한인 청년들이 상해에 와서 '왜탐' 즉 밀정이 되려고
하는 현상을 지적하였다. 특히 하비로 213호(현재의 회해중로 339호) 寶
康里의 하숙집에서 기거하는 한인들에게 주의를 주었다. 하비로와 馬浪
路가 교차한 지점에 있던 보강리는 한인들이 많이 거주하던 곳이었다.
또한 상해 기차역이나 부두에 도착한 한인들에게 보강리는 프랑스조계
의 한인 거주지역으로 가기위해서 반드시 거쳐야 하는 곳이었다.[34] 여
기서 1킬로미터 가까이 더 서쪽으로 가면 하비로 321호의 임시정부 청
사 건물이 있었다. 마랑로의 普慶里가 1925년에 건설되었던 것을 보더
라도 1919년 당시 상해의 한인들은 하비로 양쪽 대로변에 가까운 곳에
많이 거주하였다. 보강리에는 금강산호라는 한인 식당이 있었는데, 임시
정부나 한인사회의 연락 거점 역할을 하고 있었다. 보강리에는 한인들의
밥을 전문으로 대주는 집도 있어, 독신 남자들은 이곳에서 비용을 내고
식사를 해결하였다. 당연히 이곳은 사람들의 출입이 많았으며 밀정들이
잠입해 들어올 수 있는 여지도 컸다. 첨구자는 이들 가운데 밀정으로 보
이거나 거동이 수상한 사람에게는 흘겨봐서 경고를 줄 것을 부탁하였다.
혁명가나 독립운동가를 자처하고 상해에 오는 이들과 밀정에 대해서는
엄중한 경고를 잊지 않았다.

  • 火 갓흔 돈 까먹고 革命家니 獨立運動者니 하며 上海 와서 번둘번둘 놀
    며 다니는 者들 참 가이 업셔. 消毒班이 出動하면 경칠 걸. 良心自省하
    야 일자리를 求해야지(1919-10-16).
  • 들으니 消毒班의 罪目이 하고 만흔 中에 政府毀謗과 出處 모르는 돈 잘쓰

34) 김광재, 「'상인독립군' 金時文의 상해 생활사」, 『한국민족운동사연구』 64, 2010,
146쪽.

는 것이 第一重罪래. 金班指 끼고 金時計 찬 者는 다 목이 石炭酸筒에 집
어넛는다나. 金껍대기 쓴 박테리아는 王水에 담가야 될 걸(1919-10-16).

첨구자는 혁명가나 독립운동가를 자처하고 상해에 온 이들 가운데 실
제로는 빈둥거리며 날을 보내는 '가이업'는 즉 가엾고 불쌍한 경우가 많
다고 하였다. 그러면서 이들에게 대해 '良心自省'할 것을 촉구하였다.
아울러 소독반이 규정하고 있는 죄목 가운데 임시정부를 비방하는 것과
출처를 알 수 없는 돈을 잘 쓰는 경우가 '第一重罪'라고 하면서 이들을
'石炭酸筒'에 집어넣어야 한다고 하였다. 이러한 발언은 당시 밀정의 처
단 상황을 잘 보여주고 있다. 당시 상해 한인사회에는 거금을 소지하고
있거나 돈을 잘 쓰는 사람에 대해서는 의심하는 경향이 있었다. 또 그러
한 사람들 가운데 밀정으로 밝혀지는 경우가 적지 않았다. 돈을 많이 가
지고 있는 사람이 그 출처를 명쾌하게 소명하지 못하면 밀정으로 몰릴
가능성이 많았다.

첨구자는 금반지, 금시계를 차거나 돈 잘 쓰는 사람에 대해 적대적인
태도를 보여주고 있다. 나아가 첨구자는 금반지 끼고 금시계 찬 사람은
"金껍대기 쓴 박테리아는 王水에 담가야"한다고 극언하였다. '왕수'는
진한 질산과 진한 염산이 1대 3의 부피비로 섞인 혼합물인데, 금과 여러
귀금속을 녹일 수 있기 때문에 연금술사에 의하여 '왕수(royal water)'라
고 명명되었다.[35] 첨구자의 눈에 비친 돈 잘 쓰는 자들은 밀정일 가능성
이 높아 독성이 강한 '왕수'에 담가 없애야 할 대상들이었다.

위에서 첨구자가 언급한 消毒班은 消毒團을 가리키는 것으로 보인
다.[36] 임시정부 경무국의 외곽단체로 보이는 소독단은 "社會의 不正者
를 消毒"하는 것을 목적으로 하는 비밀단체였다. 단장은 孫斗煥으로 경

---

35) 포탈사이트 다음 백과사전.
36) 국회도서관 편, 『한국민족운동사료』(중국편), 1976, 213, 421쪽.

무국장 김구의 고향 학교 제자였다. 단원은 약 20명으로 주로 평안도 및 황해도 출신 청년들로 구성되었다. 크게 보아 경무국장 김구의 직계 청년들로 생각된다. 일제는 이 단체의 현황에 대해 "유사시에 돌연 분기한다"고 파악하였다. 지금까지 경무국의 밀정 처단 활동은 잘 알려져 있지만 그에 비해 소독단은 거의 알려지지 않았다. 임시정부 경무국에 협조하여 프랑스조계 한인사회에 섞여 들어오는 일제의 밀정을 감시하고 색출하는 임무를 수행하였던 것으로 보인다.

일본이 프랑스조계에 침투시킨 밀정은 임시정부 경무국에 의해 적지 않게 적발되어 처단된 바 있다.[37] 하지만 밀정들의 존재는 전혀 다른 문제를 야기했다. 밀정은 독립운동진영에 치유가 힘든 깊은 상처와 트라우마를 남겼다. 상해 독립운동진영은 밀정 그 자체보다는 밀정 문제가 야기한 전혀 다른 폐해에 시달렸다.

> 消毒은 조치마는 鼠잡으랴다가 독까트리지 말도록 注意해야 할 걸. 독이 까진 담에야 鼠를 잡으면 무엇하나(1919-10-16).

위에서 첨구자는 '消毒' 즉 밀정 처단도 좋지만 '鼠' 즉 쥐를 잡으려다가 '독'을 깨뜨리지 말 것을 당부하였다. 독이 깨진 다음에 쥐를 잡아봐야 소용없다는 것이다. 그런데 첨구자가 걱정한 바와 같이 독립운동진영에서는 쥐를 잡으려다가 독을 깨뜨리는 일이 자주 발생하게 되었다. 그후 독립운동진영에서 밀정 문제로 인해 심각한 폐해가 나타나는 것을 볼 때, 첨구자의 경고는 통찰력이 있는 지적이었다. 이는 군소리의 후속편으로 보이는 '바른소리'에서도 보인다.

---

37) 김도형, 「대한민국임시정부의 친일파 처단과 의열투쟁」, 『대한민국임시정부 수립 80주년 기념논문집』(하), 국가보훈처, 1999, 203~207쪽.

同志를 疑心하지 말아라. 넘어 밋다가 失敗를 당할지언뎡 疑心하여 分裂을 生하게말어라. 證據도 없는 臆測의 說을 流布하야 同志를 中傷하는 者는 日探과 同罪니라(1920-01-17).

첨구자의 경고가 있은 지 몇 년이 지난 후 독립신문은 밀정의 폐해에 대해 준엄한 역사적 평가를 내렸다. 1925년 독립신문의 기사에 의하면, 밀정에는 두가지 종류가 있다고 했다. 하나는 일본이 파견한 밀정이고 다른 하나는 독립운동진영에서 만든 밀정이다. 문제는 독립운동진영에서 만든 밀정들이 적지 않아 동지간의 신의가 약화되고 있다고 하였다. 따라서 밀정과 관련된 일은 사사로이 처리하지 말고 반드시 임시정부 경무국에 통보하고 경무국은 이를 신중히 조사하여 확실한 증거가 있은 연후에 처리할 것을 요청하였다.[38] 어쨌든 밀정 문제로 인해 독립운동가들은 분열되고 서로를 믿지 못하는 상호 불신의 늪에 빠지면서 결국 독립운동의 역량은 약화될 수밖에 없었다.[39]

첨구자가 기자로 근무하고 있던 독립신문도 일제의 탄압으로 시련을 겪었다. 일제는 임시정부의 기관지 독립신문을 폐쇄시키기고자 하였다. 결국 일제의 압력으로 독립신문사는 폐쇄되었다. 첨구자는 일제의 독립신문 폐쇄 행위에 대해 다음과 같이 풍자하였다.

- 하다 못하야 法國警察署에 哀乞伏乞하야 「獨立」 發行所 某處를 閉塞식 혓노라고 喜喜한다지. 요것도 속이 조뿐 까닭이야(1919-11-01).
- 正正堂堂히 論爭은 못하겟스니까 陰兇한 手段으로 「新聞」을 暗殺하려고 그러케 제 마음대로 잘되엿스면(1919-11-01).
- 每申이 것즛말 잘하난 證據를 들낫가, 上海政府가 解散을 當하고 不逞鮮人이 全滅하고 獨立新聞이 업서젓다고 十月二十八日號에 大書特書하

---

38) 『獨立新聞』 1925년 11월 1일, 「革命法庭에 訴함: 敵偵과 懲罰」.
39) 김광재, 「상해시기 玉觀彬 밀정설에 대한 재검토」, 『한국근현대사연구』 제63집, 2012, 47쪽.

엿슴듸다, 그말 한 그날이 卽每日申報의 信用은 아주 死刑 宣告를 밧는
날이지오, 웨, 업서젓슬 터인 獨立新聞이 작고 發刊되고 작고 本國으로
드러가닛가!(1919-11-08).

첨구자는 '속이 조뿐(좁은)' 일제가 정정당당하게 논쟁을 못하고 음흉
한 수단으로 프랑스조계 경찰서 즉 경무처에 '애걸복걸'하여 독립신문사
를 폐쇄시켰다고 하였다. 1919년 8월 21일에 창간되어 10월 16일자 제
21호까지 발행되던 독립신문은 이날로부터 열흘 동안 발행이 중단되었
다가 10월 25일에 제22호를 발행하였다. 상해 일본영사관의 압력으로
폐쇄된 독립신문은 다른 곳으로 이전하여 계속 발행되었다.[40]

계속하여 첨구자는 국내의 조선총독부 한글 기관지인 『매일신보』가
임시정부가 해산되고 독립신문은 없어진 것으로 대서특필하였다고 소개
하였다.[41] 매일신보는 임시정부 청사 폐쇄를 '임시정부의 해산'으로 기
정사실화했다. 이처럼 조선총독부는 임시정부가 폐쇄된 것을 마치 임시
정부의 존재가 사라진 것처럼 선전하였다. 임시정부와 독립신문이 없어
졌다고 한 매일신보의 악선전에 대해 첨구자는 "信用은 아주 死刑 宣告
를 밧는 날이지오, 웨, 업서젓슬 터인 獨立新聞이 작고 發刊되고 작고
本國으로 드러가닛가!"라고 하였다. 첨구자는 임시정부와 독립신문이
없어졌다고 떠들어대는 매일신보를 전혀 믿을만한 신문이 아니라고 혹
평하였다.

---

40) 최기영, 「해제」(국사편찬위원회, 『대한민국임시정부자료집』 별책 1, 독립신문).
41) 『每日申報』 1919년 10월 28일, 「상해 가정부 해산에 就하여 - 赤池 경무국장 談」.

3. 한인들의 생활문화에 대한 비평

1) 한인과 중국 인력거꾼의 갈등 고발

한인들은 외국땅인 상해에 살게 되면서 현지인과의 문화적 충돌이나 갈등, 분쟁이 발생할 가능성이 많았다. 또 일부 한인들의 교양없는 행동이 현지인들의 지탄을 받는 경우도 있었다. 상해 교민단은 이러한 현상들을 심각한 문제로 인식하고 있었다.

1920년 8월 9일 상해 대한거류민단 단장이었던 呂運亨은 상해 교민들의 문명교양과 위생관념을 강조하는 유인물을 배포하여 교민들의 주의를 환기하였다. 그는 상해한인들에게 국가와 민족을 대표하는 '大使' 같은 외교관의 마음가짐으로 생활할 것을 요청하였다. 즉 "상해교민동포에게. 제군이 잘못하면 우리 민족 전체의 수치가 되고 제군이 하는 바가 선하면 칭찬받는 바가 될 것이다. 만국인이 모여 거주하는 상해와 같은 곳에 있는 우리는 장유의 구별 없이 모두 우리 국가와 민족을 대표하는 大使 혹은 公使와 같다. … 따라서 제군이 항상 주의를 요하는 몇 건을 열기하니 …… 대한민족의 명예를 발양하는 데에 힘쓰라"고 하였다. 그리고 구체적으로 "인력거꾼과 품삯을 다투거나 또는 이를 때리는 것과 같은 일을 하지 말 것", "되도록 취하지 않게 주의하고 특히 노상에서 취한 모습을 보이지 말 것" 혹은 "茶樓 또는 창기집에 가지 말고 노상에서는 창기와 희롱하지 말 것" 등을 요청하였다.[42]

첨구자 또한 상해라고 하는 국제도시의 공공장소에서 체면을 잃는 행위 등 일부 상해 한인들의 비문명적이고 교양없는 행동을 목격하면서 이를 신랄하게 비판했다.

---

42) 국사편찬위원회, 『대한민국임시정부자료집』 30, 관련단체 Ⅰ, 2009, 19~21쪽.

먼저 한인들의 현지 중국인 인력거꾼에 대한 태도 문제이다. 1870년
대 일본에서 도입된 근대 중국의 인력거는 20세기 전반기 상해의 가장
대중적인 교통수단이었다. '黃包車', '東洋車'로도 불린 인력거는 상해
거리에 없는 곳이 없을 정도로 사람들의 눈에 가장 잘 띄는 존재들이었
다. 1920년에만 하더라도 상해에는 5만 대에 가까운 인력거들이 영업하
고 있었다.[43]

인력거꾼들은 현지 중국사회에서 최하층 빈민계급에 속했다. 인력거
꾼들은 대개 상해가 속해 있던 江蘇省 북부 즉 蘇北의 가난한 농촌 출신
들이었다.[44] 인력거꾼들의 고된 삶은 사람들에 의해 회자되었다. 그들은
고된 노동, 질병, 비위생적인 생활 등으로 인해 대개 단명한다고 얘기되
어졌다. 5년 동안 인력거를 끌면 골병이 든다고 하는 속설이 있을 정도
로 그들의 삶은 고달팠다.[45]

인력거꾼들은 현지 중국인들로부터 극심한 차별 대우를 받았다. 상해
에 와 있던 서양인들은 더 말할 나위가 없었다. 반대로 인력거꾼들은 외
지인들에게 몇 배의 운임을 받는 등 승객을 속이는 경우가 많아 현지
사회에서 전형적인 사기꾼이라는 사회적인 이미지가 따라다녔다.[46]

이런저런 이유로 현지 중국인이나 서양인들 가운데 인력거꾼을 학대
하는 경우가 적지 않았다. 특히 일부 서양인들은 인력거꾼들에게 운임을
주지 않거나 이를 따지는 인력거꾼을 난타하여 사망하는 경우도 있었다.

---

43) Lu Hanchao, *Beyond the Neon Lights : Everyday Shanghai in the Early Twentieth
Century*, University of California, 1999. 본고에서는 다음의 중역본을 참고하였다.
盧漢超 著, 段煉 外 譯, 『霓虹燈外 : 20世紀初日常生活中的上海』, 上海古籍出版社,
2004, 92쪽.

44) 上海市社會局, 『上海市人力車夫生活狀況調査報告書』, 1934(李文海 主編, 『民國時
期社會調査總編』(城市生活篇), 福州: 福建教育出版社, 2005, 1205쪽).

45) 문정진 외, 『중국 근대의 풍경 : 화보와 사진으로 읽는 중국 근대의 기원』, 그린
비, 2008, 154~162쪽.

46) 盧漢超 著, 段煉 外 譯, 『霓虹燈外 : 20世紀初日常生活中的上海』, 86~87쪽.

상해의 한인들도 운임 등의 이유로 인력거꾼들과 시비가 끊이지 않았다. 현지 중국인들이나 서양인들과 마찬가지로 일부 한인들도 현지 인력거꾼에 대한 차별적인 태도를 취했던 것으로 보인다.

상해에 왔던 한인들은 인력거꾼들에 대해 강한 인상을 받았다. 상해 부두나 기차역에 막 도착한 한인들이 가장 먼저 접촉하는 중국인은 인력거꾼들이었다. 여로에 지친 한인들의 눈에 손님들을 태우기 위해 '새카맣게' 몰려드는 인력거꾼들은 놀라움 이상이었다. 더욱이 말이 통하지 않고 운임을 속이는 인력거꾼들은 불신과 두려움의 대상이었다. 인력거꾼에 대한 기억은 한인들의 기행문이나 회고록에서도 드물지 않게 보이고 있다. 한인 사회주의자 洪陽明은 다음과 같이 묘사하고 있다.

> 黃浦江上에 雲集한 巨船小船의 엄청난 數에 놀낸 新參者는 上海의 最大碼頭 黃浦灘에 네리자마자 그 구데기가치 우굴우굴하는 人衆의 雜踏에 커다란 눈을 굴닌다. 手巾동인 印度巡警, 삿갓 쓴 安南兵丁 數만흔 양코들의 薰薰한 動物性 體臭에 新奇한 눈동자를 向하는 사이에 발서 新參者는 蝟集하는 黃包車의 襲擊에 完全히 包圍되고 만다. 「不要」쯤이나 힘차게 소리처 古參者風의 寸間劇에 奏效를 하면 旣어니와 그러치 안어 조고만 어름어름 하는 사이는 「둥 사듸팡취아」 - (어데가) - 하는 소리와 함께 新參者의 럭게지는 벌서 黃包車上에 설니워 잇는 것이다. 無數한 黃包車들의 無秩序한 競爭! 中國社會의 非統制性![47]

홍양명에게 상해 인력거꾼들은 '구데기'나 '蝟集'의 모기떼로 표현될 정도로 혐오감을 주는 존재들이었다. 더 나아가 이러한 인력거꾼들로 표상되는 상해의 상황은 '무질서' 또는 '비통제성' 그 자체였다. 이러한 홍양명의 상해에 대한 인식은 서구와 일본인의 중국에 대한 왜곡된 시선을 그대로 투영하고 있다.

---

47) 洪陽明, 「楊子江畔에 서서」, 『三千里』 제15호, 1931년 5월 1일, 10쪽.

인력거는 아니지만 이와 유사한 교통수단인 마차에 대한 기억을 보
자. 김산은 자서전 『아리랑』에서 상해에 도착한 당일의 경험을 다음과
같이 회고하고 있다.

> 1920년 겨울 어느 날, 기선 펑톈호가 싯누런 황푸강을 서서히 거슬러
> 올라감에 따라 거대한 상하이가 도전이라도 하듯이 강안으로부터 그 윤곽
> 을 나타냈다. 하지만 나도 거의 만 16세가 되었으므로 두렵지는 않았다.
> 마부는 1달러를 달라고 했지만 마차 삯을 깍아서 대한민국임시정부 사무
> 소까지 80센트에 가기로 하였다. 그런데 사무소에 도착하자 마부는 3달러
> 를 내라면서 마차에서 내리지 못하게 했다. 거리에는 도와줄만한 사람이
> 아무도 없었다. 그래서 나는 상하이 조선인 거류민단까지 가자고 강경하
> 게 말했다. 그리고 그곳에 도착해서는 냉랭한 태도로 1달러 50센트를 내
> 밀었다. 이런 행동으로서 나는 시골뜨기로 얕보인 인상을 불식시키려고
> 했다. 하지만 속으로는 마부가 거리 모퉁이로 나를 끌고 가서 가지고 있는
> 돈을 모두 강탈하지나 않을까 조마조마했다.[48]

김산에게 중국인 마부는 불합리한 운임을 강요하는 불신과 두려움의
대상이었다. 이는 인력거꾼도 마찬가지였다. 인력거꾼은 민족적인 편견
이 더해져 더욱 부정적인 모습으로 비쳐졌다. 일본의 유명 작가 아쿠타
가와 류노스케(芥川龍之介)는 상해의 인력거꾼에 대한 첫인상을 다음과
같이 남기고 있다.

> 선창 밖으로 나가자 몇 십 명인지 알 수 없는 인력거꾼이 우리를 에워
> 샀다. … 일본인에게 인력거꾼이라는 이미지는 결코 지저분하지가 않다.
> 오히려 그 기세 좋은 느낌은 어딘가 에도시대 이전의 마음가짐을 상기시

---

48) Nym Wales and Kim San, *Song of Ariran : A Korean Communist in the Chinese
Revolution*, San Francisco : Ramparts Press, 1941, p.111 ; 김산/辛在敦 譯, 「아리랑
－朝鮮人 反抗者의 一代記」, 『新天地』 3·4월합병호, 1947, 149쪽 ; 님웨일즈, 김
산 지음·송영인 옮김, 『아리랑 － 조선인 혁명가 김산의 불꽃 같은 삶』 개정판, 동
녘, 2005, 139쪽.

키기까지 하니 말이다. 그러나 중국의 인력거꾼은 불결함 그 자체라고 해
도 좋을 정도로 놀라웠다. 게다가 언뜻 보아도 모두가 천한 인상들이다.
그런 자들이 전후좌후로 온통 머리를 뻗치고 큰 소리로 무어라 아우성을
쳐대니, 방금 상륙한 여인들은 상당히 불쾌하게 생각하는 듯 했다. 실제로
나도 그들 중 한 명이 외투 소매를 잡아당겼을 때는 엉겁결에 키가 큰 존
스 뒤로 도망치고 싶을 정도였다.[49]

아쿠타가와는 중국의 인력거꾼을 '불결함 그 자체'라고 하여 극히 부
정적으로 묘사하였다. 거기에다 중국의 인력거꾼을 일본의 인력거꾼과
대비시키면서 민족적인 편견을 드러내었다. 그렇다면 첨구자는 인력거
꾼들을 어떤 시선으로 바라보았을까. 첨구자의 눈에 현지사회 최하층 계
급인 인력거꾼들의 존재는 구조적인 사회문제로 비쳐졌다. 그는 1919년
당시 상해에서 한인들이 인력거꾼과 다투고 그들을 천대하는 모습을 다
음과 같이 생생하게 그리고 있다.

> 人力車군과 다토는 紳士의 樣은 참 昌披莫甚하오. 더구나 人力車군에
> 게 손을 대고 발길질을 하야 銅錢一二分을 得하노라고 (타마가초비)의 詬
> 辱을 當함은 紳士의 못할 일. 우리 紳士中에 그러한 어른이 게시거든 翻然
> 改過하실 일 何必 人力車군이리오. 料理店客主 갓흔 데서도 아모조록 下
> 人에게 親切히 厚히 하는 것이 紳士롭소. 下人들을 向하야 성을 내고 金額
> 을 다 토는 昌披는 如干一二元돈에 비길 수가 업다오. 이로붓터 米價는 暴
> 騰하고 日氣는 漸漸 寒冷하여 가는데 人力車 끄는 親舊들의 情境은 더욱
> 可憐할 것이외다. 不公平한 社會制度를 根本的으로 改造키는 從此로 하고
> 爲先 부대(디) 銅錢分式이나 넉넉히 주실 일(1919-09-20).

첨구자는 한인 '紳士'들이 운임 한두 푼을 아끼기 위해 '人力車군'과
다투고 심지어는 그들에게 손을 대고 발길질을 하는 모습을 '창피막심'

---

49) 아쿠타가와 류노스케 지음·곽형덕 옮김, 『아쿠타가와의 중국 기행』, 섬엔섬, 2016,
22쪽.

한 것으로 꼬집었다. 그 때문에 '詬辱'을 당하는 한인 신사들의 반성을
촉구하였다. 첨구자는 사회적 약자인 인력거꾼들을 지식인 특유의 따뜻
한 눈길로 바라보았다. 당장 불공평한 사회제도를 근본적으로 개혁하는
것은 힘들지만 우선은 미가의 폭등과 점점 추워지는 날씨에 고생하는 불
쌍한 인력거꾼들에게 운임을 넉넉하게 줄 것을 당부하였다.

계속하여 첨구자는 임시정부 관리들 가운데도 인력거꾼과 시비 끝에
싸우는 경우가 있다고 통렬하게 고발하고 있다.

> 政府官吏險談 하나 더 하리까. 政府문 아페서 人力車군과 쌈하는 것 브
> 기 실여. 남이 보면 昌皮하고 내가 보면 구역이 나서(1919-10-11).

위에서 보는 바와 같이, 일반 한인뿐만 아니라 심지어 임시정부 관리
들 가운데서도 정부 청사 정문 앞에서 인력거꾼과 다투는 경우가 그리
드물지 않았던 것으로 보인다. 이러한 장면은 1919년 임시정부 초기 시
절 상해에서 생활했던 우승규의 회고에서도 잘 보인다.

> 또 나는 종종 봤다. 亡命客 중에 성질이 거친 사람은 '黃包車'(일명 洋
> 車 = 人力車)를 탔다가 삯다툼으로 싸우고 때리고 '不省人事'하는 사람들.
> 祖國을 욕먹인 그따위 체통이 救國革命家에게 어찌 있을 것인가. '과일가
> 게 망신은 모과'라더니 그들이 그격. 중국 사람 보기에 얼굴이 홧홧할 노
> 릇이다.[50]

우승규는 임시정부의 관리를 포함한 한인들이 인력거 삯 문제로 인력
거꾼과 싸우고 심지어 그들을 때리는 등 불미스러운 일로 체면을 구긴
일이 드물지 않았음을 증언하고 있다.

중국인 인력거꾼에 대한 첨구자와 같은 연민의 시각은 후일 朱耀燮의

---

50) 禹昇圭, 『나절로漫筆』, 探求堂, 1978, 55쪽.

소설에서도 보여진다. 상해에서 오랫동안 거주했던 주요섭은 인력거꾼
을 소재로 한 소설을 발표하였다. 1925년 국내 종합지 『개벽』에 실린
주요섭의 「人力車軍」이라는 소설이다. 주요섭은 독립신문을 창간하고
운영했던 주요한의 동생이었다. 3.1운동 후 상해로 망명한 주요섭은
1920년 상해 滬江大學 부속중학을 졸업하고 1927년에는 호강대학 교육
학과를 졸업한 다음 미국, 국내, 북경, 국내에서 활동하였다. 「인력거군」
은 주요섭의 상해 호강대학 재학시절 작품이었다. 이 소설에는 상해 인
력거꾼들의 비참한 생활이 여실히 묘사되어 있는데, 그 일단을 보면 다
음과 같다.

> 八年 동안 人力車 끌든 생각이 낫다. 애스톨하우스호텔에서 엇던 서양
> 신사를 태우고 오리나 되는 올림픽극장까지 가서 동전 열닙 밧고 어굴한
> 김에 동전 두닙 더 달나고 졸으다가 발길로 채우고 순사에게 어더 맛든
> 생각이 낫다. 또 언젠가는 한번 밤이 새로 두시나 되어서 大東旅舍에서 술
> 이 잔득 취해 나오는 카울리(高麗人) 신사 세 사람을 다른 두 동모와 가티
> 태우고 법계 보강리까지 십리나 되는 길을 가서 셋이 도합 十錢 은화 한
> 닙을 밧고 어처구니 업서서 더 내라구 야료치다가, 그들은 이들한테 단장
> 으로 죽도록 어더 맛고 머리가 깨여저서 급한 김에 人力車도 내여 버리고
> 도망질처 나오든 광경이 다시 생각이 낫다. 그러고는 또 다시 한번 손님을
> 태우고 靜安寺路로 가다가 소리도 업시 뒤로 오는 자동차에 떠밀니워서
> 人力車 바수고, 다리 불어진 끗헤, 자동차 운던수 발길에 채우고 인도인
> 순사 몽둥이에 매맛든 것도 생각이 낫다.[51]

소설에서는 ‘카울리(高麗人) 신사’들로부터 죽도록 얻어맞는 중국인

---

51) 주요섭, 「人力車軍」, 『開闢』 제58호, 1925.4, 18쪽. 주요섭의 소설은 그보다 한
   해 전인 1924년의 『開闢』(48호, 1924.6)에 발표된 玄鎭健의 「운수좋은 날」이라는
   소설에 영향을 받은 것으로 보인다. 이 소설도 인력거꾼을 소재로 했음은 잘 알려
   져 있다. 그렇지만 주요섭의 「人力車軍」은 상해 인력거꾼의 생생한 생활상을 바
   탕으로 한 데서 현진건의 그것과 내용적인 차별성이 있다.

인력거꾼 아정의 모습이 핍진하게 그려지고 있다. 소설 속의 '大東旅舍'는 상해 한인들이 자주 가던 공공조계 南京路 영안백화점에서 운영하던 호텔 '大東旅社'이다. 이 호텔은 1919년 임시정부 수립 전후부터 상해 한인들과는 인연이 깊었던 곳이다.[52] 공공조계 남경로의 대동여사에서 한인들이 많이 거주하던 프랑스조계 하비로의 보강리까지만 해도 가까운 거리가 아니었다. 소설 '인력거꾼'은 중국 남성 하층계급의 마지막 날을 통해 그의 일생을 압축적으로 제시하고 있다. 하층계급의 공통적인 삶의 문제가 민족적이고 국가적인 경계를 넘어 하층계급의 문제를 주요섭이 정면에서 제기하고자 한 것이라는 견해는 경청할만하다.[53]

다만 인력거꾼에 대한 첨구자와 주요섭의 시각은 하층 계급에 대한 지식인 특유의 동정심이 크게 작용한 것으로 보인다. 물론 이러한 인식을 불편부당한 것이라고는 할 수는 없다. 왜냐하면 이러한 다툼이 인력거꾼들이 운임을 속여서 발생하는 경우도 많았기 때문이다. 상해사 연구자 盧漢超에 의하면, 인력거꾼이 농민들이나 도시의 부두 하역인들보다 결코 더 힘든 것이 아니라는 실증적인 고찰을 통해, 사회 최하층 계급으로 고통을 받고 있는 인력거꾼에 대한 신화는 민국시기 지식인들에 의해 주조된 것이라고 하였다.[54] 그렇긴 해도 당시 상해 한인들이 중국인들로부터 '망국노'라고 손가락질을 받으면서 중국인 인력거꾼에 대해서는 차별적인 태도를 취했던 이중적인 모습을 부정할 수는 없다. 이는 식민지 백성으로서 억눌린 감정을 인력거꾼이라는 중국 사회의 약자에게 표출함으로써 손상된 자존감을 보상받고자 했던 일그러진 모습들이었다.

---

52) 김광재, 「대한민국 임시정부 신년축하회 문화에 대한 일고찰 - 1920·1921년 기념 촬영사진의 분석을 중심으로」, 『한국근현대사연구』 제72집, 2015, 73~74쪽.

53) 박자영, 「1920년대 상하이의 조선인 작가 연구 : 월경(越境)의 감각과 경험의 재구성, 주요섭의 경우」, 『중국어문학논집』 98, 2016, 213~214쪽.

54) 盧漢超 著, 段煉 外 譯, 『霓虹燈外 : 20世紀初日常生活中的上海』, 75쪽.

2) 한인들의 소비 문화 비판

한인들은 상해의 소비문화에 적극적으로 참여하였다. 상해에 처음 오는 한인들은 국내에서 억눌렸던 소비 욕구를 자유롭게 표출하였다. 상해 한인들도 중국 자본의 대형 백화점이 주도하는 상해 도시소비문화의 소비 주체로 등장하였다. 상해 한인들은 한적한 프랑스조계를 벗어나 공공조계의 남경로가 상징하는 근대문명과 소비문화를 적극적으로 받아들였다.

독립운동을 위해 고국에서 가산을 처분하고 온 경우가 적지 않았기 때문에 이주 초기 한인들은 경제적으로 여유가 있는 편이었다. 1920년 말부터 상해에 유입된 러시아의 레닌자금도 한인들의 소비를 촉진하는 계기가 되었다.[55] 한인들은 '상해의 번화에 취해 衣食에 濫費'[56]되는 현상이 있었다고 하는 일제의 과장된 보고는 당시 상황을 일정하게 반영하고 있다. 일부 한인들의 경우 과시적 소비 행태를 보여주었다.[57]

첨구자는 사치와 환락을 일삼는 일부 한인들을 풍자하고 그들에게 검소하게 생활할 것을 당부하였다.

> 누구나마 國務總理 한번만 차자 뵈우면 大洋四五十元짜리 洋服에 거둘어거리고 밤이면 先施永安 기상家로 단이며 「부란데」 「위쓰기」에 泥醉하야 오는 군들 良心에 쓰리지 안을가. 한 달에 包飯五元자리 잡수시고 露草마라 피우시고 半間房에 게시고 二三元자리 中服 입으시는 誠齋先生을 좀 뵈아(1919-10-04).

위에서는 일부 상해 한인들이 상해 번화가에서 환락에 빠지는 모습을 잘 보여주고 있다. 비싼 양복에 밤이면 고급 요리점이나 '기상家' 즉 기

---

55) 한국정신문화연구원 현대사연구소 편, 『遲耘 金錣洙』, 1999, 11쪽.
56) 국회도서관 편, 『한국민족운동사료』(중국편), 145쪽.
57) 김광재, 「대한민국 임시정부 신년축하회 문화에 대한 일고찰」, 56~57쪽.

생집을 다니며 양주에 취하는 경우가 있었다. 당시 상해 노동자의 한 달 임금이 20~30원이었음을 볼 때 40~50원에 달하는 양복은 대단한 사치임에 틀림없다.[58]

이러한 사치 현상에 대해 첨구자는 '誠齋先生'을 본받으라고 하였다. '성재선생'은 다름아닌 이동휘를 가리킨다. 이동휘의 검소한 생활은 유명했던 것 같다. 첨구자는 이동휘가 상해에 온 후 1달에 5원하는 '包飯' 즉 월식사로 해결하고 있으며 값싼 의복에 누추한 곳에서 기거하고 있다고 하였다. 당시 독립신문 기자를 역임했던 김여제는 "물론 임시정부 요인들의 월급은 없었다. 이동휘선생의 바지 엉덩이가 찢어진 것, 그리고 도산선생의 중국신이 떨어져 발가락이 솟아 나온 것을 직접 눈익혀 볼 수 있었다"고 회고한 바 있다.[59] 그래서 첨구자는 사치와 환락을 일삼는 일부 한인들에게 검소하게 생활하는 이동휘를 본받을 것을 강조하였던 것이다.

상해 한인들의 지나친 음주 문화는 종종 문제가 되었다. 술은 전 세계 인류가 농경생활을 시작한 이후 줄곧 함께 해온 기호품이다. 인간의 의식에 신성함을 더해 주고 축제의 즐거움을 만끽하게 해주는 술은 사람 사이의 소통에 윤활유 역할을 한다. 그러나 지나친 음주는 커다란 사회 문제가 되기도 했다. 19세기 한국에서 활동했던 서양인 천주교 선교사에 의하면, 음주벽의 폐단은 일일이 다 말하기 어려울 정도로 나라를 황폐하게 하였다고 한다.[60] 지나친 음주문화는 한인들에게는 그리 심각하게 인식되지 않았다. 오히려 사회적으로 관대하게 받아들여지는 분위기였다.

첨구자는 한인들이 음식점에서 종업원 등 시중드는 사람들에게 역정

---

58) 김광재, 「대한민국 임시정부 신년축하회 문화에 대한 일고찰」, 57쪽.
59) 한승인, 『민족의 빛 도산 안창호』, 1980, 170쪽.
60) 노용필, 「18·19세기 한국의 벼농사·쌀밥·술에 관한 서양인 천주교 선교사들의 견문기 분석」, 『교회사연구』 32, 2009, 104쪽.

을 내고 음식 값 때문에 싸우는 모습을 풍자하였다.

> … 料理店客主 갓흔 데셔도 아모조록 下人에게 親切히 厚히 하는 것이
> 紳士롭소. 下人들을 向하야 성을 내고 金額을 다 토는 昌披는 如干一二元
> 돈에 비길 수가 업다오. …… (1919-09-20).

위에서 보는 바와 같이, 음식점에서 한인들이 종업원들에게 화를 내
고 음식 비용을 다투는 경우가 적지 않았음을 보여주고 있다. 인력거 운
임과 마찬가지로 음식 비용을 둘러싸고도 시비가 많았다. 실제로 음식점
에서 종업원과 시비가 붙었다가 경찰에 끌려가는 경우도 있었다. 1920
년 12월 공공조계에 위치한 一品香이라는 유명 음식점에서 종업원과 시
비가 붙었다가 체포되었던 李春塾 일행이 그러했다. 당시 이춘숙은 군
무차장을 역임하는 등 임시정부 내 핵심인물 가운데 한사람이었다.[61]
첨구자는 한인들이 음식점에서 종업원들에게 친절하게 대할 것을 당부
하였다.

또한 첨구자는 한인들의 기생 문화에 대해 신랄하게 비평하였다.

- 더러워서 記者의 神聖한 붓을 안즉 들지 안엇스나 이 판에 妓生 더 불
  고 上海 오는 閔朴 兩兒야 녀도 生각이 잇겟지. 明成皇后가 汝의 四寸이
  안인가. 魕子 들고 厚朴한 村에 가면 굼지는 안을 터이니 速히 退去하
  라. 엇던 鐵椎한 맛 번기 前에(1919-09-30).
- 우리 절문 놈들은 좀 目각하여야 하게서. 다른 것은 고만 무(두)고 妓生
  왔다닛가 엇던 料理집으로 請하여 銀燭夢을 耽하엿다는 風說이 잇다.
  일한다고 나와서 그런 일은 업슬지나 좀 操`心하여야 할걸. 蝙蝠과 如
  히 外面으로 韓國人이라 하면서 그런 行動만 하면 未久에 딱끔하리라
  (1919-09-30).

---

61) 「不逞鮮人 李春塾 外 1명에 관한 건」, 『不逞團關係雜件-朝鮮人의 部-上海假政府
　　3』, 1920년 12월 9일(국사편찬위원회 한국사 데이터베이스).

● 技生問題는 衆論이 沸騰하야 上海 바닥이 온통 야단이라고 ○○한 ○○
   諸氏는 하로밤 失手에 身邊에 危險이 非常하다니 조심할 일(1919-10-04).

첨구자는 '閔朴' 두 사람이 국내에서 기생을 데리고 상해에 왔다고
밝혔다. 두 사람 가운데 '閔'은 閔泳翊의 아들 閔庭植으로 보인다. 민영
익은 상해에 온 후 蘇州 여자와 결혼하여 민정식을 낳았다.[62] '명성황
후'의 사촌으로 소개했는데, 실제는 손자뻘이다. 민정식은 조선 말기 상
해로 망명 와서 홍삼 판매로 거금을 축적한 부친 민영익의 부를 물려받
아 풍족한 생활을 하던 터였다. '朴'은 누구인지 확실치 않다.

첨구자는 상해에 기생을 데려와 한인사회의 풍기를 문란시키고 있는
민정식에게 철퇴를 맞기 전에 하루빨리 상해를 떠나라고 경고하였다. 그
리고 기생이 왔다는 소문에 일부 젊은이들이 그 기생을 요리점으리고 어
울렸다는 풍설이 있다고 하였다. 그러한 '蝙蝠' 즉 박쥐와 같이 밤과 낮
이 다른 행동에 대해 未久에 '딱금하리라'고 하여 경고하였다. 그리고
'민박'이 기생을 데리고 상해에 온 행위에 대해서도 상해 한인들 가운데
논의가 비등하다고 하면서 그 때문에 어떤 이는 실수로 인해 신변이 위
험하게 되었다고 하면서 거듭 조심할 것을 당부하였다.

4. 맺음말

독립신문 기자 첨구자는 1919년 9월 20일부터 11월 15일까지 17회에
걸쳐 「군소리」를 독립신문에 연재하였다. 첨구자 즉 '뾰족한 입'이라는
필명으로 1919년 상해에서 펼쳐졌던 독립운동과 그곳의 인간군상들을
거침없이 풍자하고 비평하면서 언론 본연의 책무를 다하였다.

---

62) 金俊燁 編, 『石麟 閔弼鎬 傳』, 나남출판. 1995, 80쪽.

첨구자는 상해지역 임시정부를 비롯한 독립운동을 독려하고 풍자하였다. 첨구자는 1919년 9월 하순 통합 임시정부가 출범하고 이동휘와 각부 총장의 상해 도착, 부임에 즈음하여 한국의 독립은 결정된 것이나 마찬가지라는 희망에 가득찬 소회를 피력하였다. 국무총리 이동휘의 부임으로 국무총리실을 비워주게 된 안창호가 아직 자신의 공간을 마련하지 못하고 있다고 익살스럽게 묘사하였다. 여성에 대한 첨구자의 시각은 여전히 전통적이었다. 상해 한인 여성들에게 한복 착용을 고집스럽게 요구하였다.

첨구자의 눈에 임시정부와 임시의정원은 비효율적 모습으로 비쳐졌다. 첨구자는 임시정부와 임시의정원이 소모적인 회의를 반복하고 있다고 꼬집었다. 이에 대해 첨구자는 이동휘를 모범 사례로 제시하였다. 즉 이동휘는 국내에서 활동하던 시기 하루에도 여러 차례 회의를 열 정도로 회의를 효율적으로 운영했던 경험을 소개하고 있는 것이 흥미롭다. 또 일부 인사들이 승인 개조 문제를 무책임하게 떠들고 있다고 비판하였다. 임시정부 직원들의 근무 태만에 대한 만평도 날카롭다. 국내에서는 정세가 치열한데 임시정부는 '싸보타-주' 중에 있다고 풍자하면서 임시정부 직원들이 정신을 바짝 차릴 것을 촉구하였다. 하지만 실제 임시정부 직원들이 아침부터 오후 늦게까지 점심 먹을 시간도 없이 열심히 근무하고 있다는 지적을 받고 미안함을 표시하기도 하였다. 첨구자는 일제가 프랑스조계에 보낸 밀정에 대해서도 언급하였다. 임시정부에 대해서는 쥐를 잡으려다가 독을 깨뜨리는, 즉 밀정으로 인한 폐해에 대해 충분한 주의를 기울일 것을 요청하였다. 후일 독립운동진영에서 밀정 문제로 인해 심각한 폐해가 나타나는 것을 볼 때, 첨구자의 경고는 선견지명적인 지적이라 하지 않을 수 없다.

다음으로 첨구자는 상해 한인사회의 인간군상에 대해서도 날카로운 비평을 아끼지 않았다. 한인들의 현지 중국인 인력거꾼들과의 관계이다.

상해 부두나 기차역에 막 도착한 한인들이 가장 먼저 접촉하는 중국인은 인력거꾼들이었다. 여로에 지친 한인들의 눈에는 손님들을 태우기 위해 '새카맣게' 몰려드는 인력거꾼들은 놀라운 경험이 아닐 수 없다. 게다가 말이 통하지 않고 운임을 속이는 인력거꾼들은 불신과 두려움의 대상이 기도 하였다. 때문에 상해에 온 한인들은 인력거꾼들과 시비가 끊이지 않았다. 현지 중국인들이나 서양인들과 마찬가지로 한인들도 현지 인력 거꾼에 대해 차별적인 태도를 취했다. 첨구자는 인력거꾼 문제에 대해 비평하면서 불공평한 사회제도를 근본적으로 개혁하여야 마땅하겠지만 우선은 불쌍한 인력거꾼들에게 운임을 넉넉하게 줄 것을 당부하는 따뜻 한 인간애를 보이기도 하였다.

첨구자는 상해 한인들의 사치성 소비문화를 지적하였다. 또 사치와 환락을 일삼는 한인들을 풍자하고 있다. 일부 한인들이 비싼 양복에 밤 이면 고급 요리점을 다니며 양주에 취하는 경우를 고발하였다. 첨구자는 이들 한인에 대해 검소한 생활을 하고 있던 이동휘 국무총리를 본받을 것을 당부하였다. 또한 첨구자는 한인들의 과도한 음주 문화를 비판하였 다. 일부 한인들이 음식점 종업원들에게 역정을 내고 음식 값 때문에 싸 우는 모습에 대해 풍자하면서 그들을 친절하게 대할 것을 당부하였다. 첨구자의 눈에 비친 상해 한인들의 모습은 그동안의 독립운동사 연구에 서는 볼 수 없었던 생생한 모습들임에 틀림없다.

제2장 상인독립군 김시문의 생활사

1. 머리말

1990년대 중반까지 상해지역 한인사에 대해서는 임시정부 등 상해지역 독립운동의 배경으로 언급되는 정도였다.[1] 상해지역 한인사회에 대해 연구가 본격적으로 이루어지기 시작한 것은 1990년대 후반이었다. 이때 이루어진 연구 덕택으로 일제강점기 상해 한인사회에 대해서는 많은 것들이 밝혀지게 되었다.[2] 하지만 다양하고 복잡했던 측면을 지니고 있었던 상해 한인사회를 제대로 이해하기 위해서는 보다 심화된 연구를 필요로 하고 있다.[3]

본고는 상해 한인사회에 대한 보다 심화된 연구를 위해 일제강점기부터 일제 패망, 신중국 수립 이후 1960년대 말까지 상해에 살았던 金時文(1892~1978)의 생활사를 복원하고자 한다. 1916년 상해에 이주한 김시문은 1968년까지 무려 50여 년을 상해에서 거주하면서 霞飛路(현재의 淮海中路) 대로변에서 金文公司라는 잡화상을 경영하였다. 그는 독립운동단체에 직접 참여하여 활동한 직업적인 독립운동가는 아니었지만 임

---

1) 김희곤, 『중국관내 한국독립운동단체 연구』, 지식산업사, 1995.

2) 孫科志, 『上海韓人社會史(1910~1945)』, 한울, 2001; 孫安石, 『一九二〇年代, 上海の朝鮮人コミュニテイ研究』, 東京大學 博士學位論文, 1998.

3) 필자는 그동안 학계에서 다루어지지 않았던 上海居留朝鮮人會를 고찰한 바 있다. 이 단체는 프랑스조계에서 임시정부 산하에 있던 대한교민단과 달리 공공조계 虹口지역에서 상해 일본총영사관의 정책적인 지원을 받고 조직된 교민단체였다. 김광재, 「'상해거류조선인회'(1933~1941) 연구」, 『한국근현대사연구』 35, 2005.

시정부의 독립운동을 지원하였다. 때문에 1920년대 상해에서 유학했던
禹昇圭는 김시문을 상해 海松洋行의 韓鎭敎와 더불어 "총대없는 商人
獨立軍"으로 표현하면서 그의 가게를 만주 安東의 怡隆洋行이나 부산
의 白山商會에 비유하였다.[4] 상인이면서 독립운동에도 뛰어들었던 한
인물의 생활사를 고찰하는 작업은 상해 한인사회의 다양한 측면을 이해
하는데 도움이 될 것으로 생각된다.

   본고에서 기본적으로 활용한 자료는 당시 일제문서, 신문, 잡지, 회고
록 뿐만 아니라 김시문 자녀들의 구술자료와 그들이 소장하고 있던 편
지, 사진 등이다. 특히 본고에서는 문헌자료와 아울러 구술자료를 많이
활용하였다. 김시문 자녀들의 구술은 그 어느 문헌자료에서도 볼 수 없
는 한 집안의 100년간에 걸친 생생한 이야기가 담겨 있다.[5] 그런 차원에
서 구술자료는 문헌자료의 공백을 메꾸는 데서 더 나아가 그 자체로 하

---

4) 禹昇圭, 『나절로漫筆』, 探求堂, 1978, 57~58쪽.
5) 김시문은 7명의 자녀를 두었다. 熙敬(1925년생, 현재 상해거주), 熙元(1927년생,
   한국거주), 熙善(1930년생, 홍콩거주), 熙玉(1932년생, 캐나다거주), 熙淑(1934년
   생, 홍콩거주), 熙宗(1938년생, 병사), 熙吉(1945년생, 홍콩거주)이다. 여섯째 희종
   이 1967년 상해에서 병사한 외에는 모두 생존해 있다. 필자가 처음 면담한 이는
   김시문의 장남 熙元으로 그는 1927년 상해 하비로(현재의 회해중로) 보강리에서
   태어나 1949년 9월까지 상해에서 거주하다 가족과는 떨어져 단신으로 귀국하였
   다. 필자는 2005년 3월 이래 20여 차례 그와 면담하였다. 2008년 이후부터는 상
   해에 거주하는 김시문의 첫째딸 熙敬과 外孫女 王敏蘭과 9차례 면담하였다. 王敏
   蘭의 소개로 1943년부터 1950년까지 김문공사에서 점원으로 일했던 중국인 柯興
   康(1932년생, 한족)의 구술도 수집하였다. 상해 한인사회를 이해하기 위해 지금도
   상해에 거주하고 있는 劉眞順(1932년생), 金元培(1949년생), 金用哲(1942년생), 崔
   慰慈(1939년생), 具本奇(1942년생) 및 일찍이 상해에 거주한 바 있는 崔允信(1917
   년생), 金滋東(1929년생), 具益均(1908년생), 韓泰東(1924년생, 이상 한국 거주),
   金顯大(1924년생, 연길거주), 崔榮芳(1924년생, 미국 거주) 등 여러분들과 면담하
   였다. 이들로부터 상해 한인사회와 관련하여 유익한 구술을 청취할 수 있었다. 아
   울러 김희경, 김희원, 유진순, 김용철, 최영방 등 여러분들이 필자에게 제공한 귀
   중한 사진들은 상해 한인사회를 이해하는데 많은 도움이 되었다. 지면을 빌어 심
   심한 감사를 드린다.

나의 훌륭한 자료가 된다고 생각된다. 그외 김시문 일가가 동란의 세월에도 고이 간직한 편지나 사진 등도 당시의 생활상이나 시대상을 파악하는데 훌륭한 자료가 된다. 이들 자료들은 관찬자료 등 문헌자료에서는 포착할 수 없는 한 개인과 집안의 생활사를 온전하게 복원하는데 일조할 수 있을 것으로 생각된다.[6]

2. 일제강점기 김시문의 상해 이주

1) 상해 한인사회의 형성

20세기 전반기 중국 상해는 아시아 최대의 국제도시였다. 청말 이래 상해는 외국인들의 눈에는 동방의 낙토로 비쳐졌다.[7] 1842년 남경조약의 결과로 형성된 외국인 조계는 영국인, 미국인, 프랑스인, 러시아인, 유태인, 일본인 등 많을 때는 58개 국가에서 온 사람들로 붐볐다.[8] 각국 열강의 조계지내 세력 관계를 이용하여 약소민족국가의 수많은 망명가들이나 혁명가들이 들어와 활동하고 있었다.

한국이 일제의 식민지로 전락하던 1910년대 초부터 한인 독립운동가들이 망명해오면서 상해에도 소규모의 교민사회가 형성되기 시작하였다.[9] 1914년 수십명의 상해 거주 한인들이 공공조계에 상해한인기독교

---

6) 정연식에 의하면, 한국학계의 생활사 연구는 1990년대 후반부터 하나의 분야로서 자리잡기 시작했다. 생활사의 개념은 여전히 불분명한 측면이 있지만 대체적으로 보아 매일, 다달이 또는 매년 되풀이되는 일상적인 일들, 그리고 그 일상을 구성하는 사회경제적, 물질적 조건에 관한 역사라고 한다. 정연식, 「일상생활사는 왜 연구하는가」, 『제33회 국사편찬위원회 사료조사위원회의 발표요지』, 2010, 3쪽.

7) 熊月之 主編, 『上海通史』 9, 民國社會, 上海人民出版社, 1999, 345쪽.

8) '上海租界誌'編纂委員會 編, 『上海租界誌』, 90쪽.

회를 설립하고 1916년 교민수가 200명으로 늘어나면서 교민자제들을
위한 인성학교가 개교하였다. 1917년 상해 거주 한인들의 숫자가 약
500명으로 늘어나고 이듬해인 1918년에는 상해지역 최초의 교민단체인
상해고려교민친목회가 조직되면서 상해에도 교민사회가 본격적으로 형
성되기 시작하였다. 1919년의 3·1운동과 임시정부 수립을 전후한 시기
에는 1천 명 정도로 증가되었다. 1919년에 절정에 달했던 한인 수는
1920년대에 다소 감소했다가 1930년대에 들어서면서 다시 늘어났다.[10]

초기 상해에 이주한 한인들은 대개 공공조계나 華街에 거주하였고 프
랑스조계에 거주하는 경우는 그리 많지 않았다. 이러한 거주 분포는
1919년 프랑스조계에서 임시정부가 수립되면서 달라지기 시작했다. 항
일운동의 지휘본부인 임시정부가 수립되면서 상해 일본총영사관은 상해
의 한인에 대한 감시와 탄압을 강화하기 시작하였다. 때문에 공공조계와
화가에 살던 한인들은 일본세력이 개입할 수 없는 프랑스조계로 이전하
였다.

프랑스조계에는 현지 중국인 외에도 많은 외국 교민들이 거주하였다.
그 가운데 구미 교민들은 주로 하비로의 서쪽 지역에 많이 거주하였다.
러시아인들은 하비로의 중간 지역에 많이 거주하였다. 그에 비해 한인들
은 하비로 동쪽 지역에 주로 거주하였다.[11] 물론 하비로 중간 및 서쪽
지역에 거주하는 한인들이 없지 않았다. 하비로 중간 지역에는 몇몇 한
인 상점들이 있었으며 하비로 서쪽 지역에 사는 한인들도 있었지만 숫적
으로 많지 않았다.

대개 동으로는 淡水路에서 서로는 嵩山路의 양측과 북으로는 金陵西
路, 남으로는 復興中路에 이르는 지역으로 오늘날의 盧灣區에 포함된다.

9) 孫安石, 『一九二〇年代, 上海の朝鮮人コミュニティ研究』, 23쪽.

10) 김희곤, 『중국관내 한국독립운동단체 연구』, 38쪽.

11) 許洪新, 『從霞飛路到淮海路』, 上海社會科學院出版社, 2003, 57쪽.

그 속에는 貝勒路(현재의 黃陂南路), 馬浪路(현재의 馬當路), 薩坡賽路
(현재의 淡水路), 白爾路(현재의 太倉路), 順昌路 북쪽과 自忠路 동쪽, 望
志路(현재의 興業路), 西門路(현재의 自忠路) 서쪽 일대가 포함된다.[12)
한인들이 많이 거주하였던 弄堂(일종의 동네)은 하비로 북쪽의 長安里,
新民里와 하비로 상의 寶康里, 하비로 남쪽의 吳興里·永吉里·崇一里·
明德里·永慶坊·普慶里 등이다.

1919년 이후 상해 한인들의 직업은 기업가, 노동자, 인삼장사, 잡화
상, 아편매매, 음식점, 기타 잡직업 등 다양하였다. 상해 한인들은 회해
중로에서 상점이나 소규모 기업체를 경영하던 소수를 제외하고는 대부
분 힘들고 고단한 생활을 꾸려나갔다. 어려운 속에서도 한인들은 교회를
세워 자신들의 신앙생활을 계속 유지하였다. 또한 초등교육기관인 인성
학교를 설립하여 자녀들의 민족의식을 양성하였다.[13)

프랑스조계 한인사회는 강한 정치성을 띠고 있었다. 일제는 1921년
현재 프랑스조계의 한인 약 700명 가운데 200명 가량을 직업적인 독립
운동가들로 파악하였다.[14) 이러한 사실은 상해 한인사회가 매우 정치적
인 성격을 띠고 있는 교민사회였음을 보여준다. 직업적인 독립운동가가
아니더라도 대개 임시정부와 독립운동을 지지하거나 동정적이었다. 프
랑스조계 한인사회는 그 자체가 독립운동을 수행하거나 임시정부 등 독
립운동진영의 정신적, 물적 기반으로 역할하였다.

프랑스조계의 한인들은 임시정부가 1932년 4월 윤봉길의 홍구공원의
거로 상해를 떠날 때까지 끈끈한 교민사회를 유지하였다. 1932년까지
상해 한인사회는 대략 600명에서 800명 선을 유지하였다. 1932년 4월
윤봉길의거와 그로 인한 일제의 탄압은 프랑스조계 한인사회를 근본적

---

12) 上海市盧灣區誌編纂委員會 編, 『盧灣區誌』, 1101쪽.

13) 孫科志·金光載, 『上海的韓國文化地圖』, 上海文藝出版總社, 2010, 57쪽.

14) 국회도서관 편, 『한국민족운동사료』(삼일운동편 其一), 931쪽.

으로 뒤흔들었다. 홍구공원의거로 인한 일제의 탄압으로 한인사회의 구심점인 임시정부가 상해를 떠나자 프랑스조계의 한인사회는 결속력이 약화되었다. 1935년에는 어려운 여건속에서도 상해 한인사회의 결속을 위해 노력하던 교민단이 해체되고 민족교육의 상징적 존재이던 인성학교 마저 일본총영사관의 강압에 의해 문을 닫고 말았다. 이로 인해 프랑스조계 한인사회의 두 개의 정신적인 구심점이 사라지고 말았다.

반면에 공공조계에 거주하는 한인들은 늘어났다. 공공조계 홍구지역에는 일본영사관의 지원하에 조직된 교민단체 상해거류조선인회가 상해 한인사회를 장악하고 통제하기 시작하였다. 프랑스조계에 남아 있던 한인들도 일제의 정책에 의해 하나 둘 공공조계 홍구지역으로 옮겨 갔다. 1937년 중일전쟁 이후 홍구지역의 건설경기가 고조되면서 조선, 만주, 기타 관내지역에 거주하고 있던 한인들도 상해로 쏟아져 들어왔다. 1930년대 말에 이르면 프랑스조계 거주 한인들은 공공조계에 거주하는 한인들에 비해 소수로 전락하고 말았다.[15] 1940년대 전반기 상해 한인사회는 태평양전쟁에서 일제의 패색이 짙어지면서 일부 한인들이 서둘러 귀국하는 경우도 있었지만 전체적으로 보면 대략 8천 명에서 1만 명 수준을 유지하였다.

2) 김시문의 상해 이주

김시문은 1892년 한국 경기도 개성에서 가난한 소작농 집안의 외아들로 태어났다. 본관은 경주이다.[16] 부는 金東鎭, 모는 장張씨였다. 본명은 正文으로 언제 時文으로 개명하였는지는 확실치 않다. 그가 태어난 개성은 고려인삼으로 유명하였는데 뒷날 상해에 정착한 김시문이 고려

---

15) 김광재, 「'상해거류조선인회'(1933~1941) 연구」, 166쪽.
16) 金熙元 구술, 2010년 7월 24일 과천커피샵에서.

인삼을 판매하는 배경이 되기도 하였다. 그는 6세가 되던 1898년부터 1902년까지 서당에서 한문을 배웠다. 1902년 모친이 사망하고 부친도 병환에 시달리다 이듬해 세상을 떠났다. 어린 시절 그는 천연두를 앓았다.[17) 13세때 부모를 모두 여의고 고아나 마찬가지가 된 김시문은 어쩔 수 없이 시집간 누나를 찾아서 평안도 江西로 갔다. 이곳에서 매부의 일을 거들면서 지냈는데 후에 매부도 사정에 의해 떠나는 바람에 그는 남의 집에서 종살이를 할 수밖에 없었다.[18)

그는 1907년 鄭元奉이라는 사람의 집에서 점원 노릇을 하게 되었다. 이 상점에서 3년간 일하였으며 이곳을 그만 둘 때 주인이 30원을 주었다. 김시문은 이 돈으로 조그만 식료품 가게를 열어 장사를 하기 시작하였다. 낮에는 장사를 하면서 밤에는 彰信學校 야학부를 다녔다. 이 학교의 교사들 가운데는 민족의식이 강한 이들이 많았다. 김시문은 이들의 영향으로 민족의식을 키웠다.[19)

김시문은 일제에 의해 위험분자로 낙인찍히고 박해를 받았다. 국내에서는 더 이상 생활할 수 없다고 판단한 그는 6년간 했던 식료품 장사를 정리하였다. 처음 김시문은 상해를 거쳐 미국으로 갈 생각을 했다.[20) 아마도 하와이 이민과 같은 노동이민을 생각했던 것으로 보인다. 고아나

---

17) 일제는 「要視察人·要注意人略名簿(朝鮮人之部: 1935年 10月 現在)에서 김시문이 민족주의자이며 신체 특징으로 얼굴은 검고 길며 천연두를 앓은 흔적이 있으며 키는 약 165센티미터로 파악하였다(社會問題資料硏究會編, 『思想情勢視察報告集』 2, 東洋文化社, 1976, 250쪽). 그리고 우승규는 김시문을 "박박곰보"로 기억하였다(禹昇圭, 『나절로漫筆』, 57~58쪽).

18) 「김시문 자서전」(1958년 11월 26일). 김시문은 1953년 상해 한인들의 교민단체 上海朝鮮人協會가 설립된 이후 애국주의교육이 강화됨에 따라 1958년 자신의 일생을 기술한 2쪽 정도의 간단한 자서전을 제출하였다. 자서전이라기 보다는 이력서에 가깝다. 김시문이 국내에서 태어나 상해로 이주할 때까지의 개인사는 이 이력서를 많이 참조하였다. 이하 「자서전」으로 표기한다.

19) 「자서전」(1958년 11월 26일).

20) 『東亞日報』 1976년 6월 1일, 「잃었던 祖國 … 꿈같은 還國」.

마찬가지가 된 그로서는 생계를 유지하는 문제가 절박했다. 이때부터 그는 경제 자립의 중요성을 체득하기 시작했던 것으로 보인다.[21] 상해에서 그가 상업에 종사하면서 독립운동에는 직접 뛰어들지 않고 독립운동을 지원해주는 간접적인 방식을 취하는 것도 그러한 이유에서였다.

마침내 20대 중반이 되던 1916년 6월 26일 그는 상해로 이주하였다.[22] 어떤 경로를 거쳤는지는 확실치 않지만 배에서 내린 곳은 프랑스 조계의 황포강변에 있는 十六鋪 馬頭였다고 한다.[23] 중국 기선을 이용하는 경우 대개 이 십육포 부두에서 하선하였다. 일본이나 서양 선박을 이용하는 경우는 대개 공공조계의 양수포 부두에 도착하였다. 양수포 부두는 일본의 영향력이 강한 부두로 초기 독립운동을 위해 상해로 망명하는 경우 양수포 부두에 도착하는 바람에 일본영사관 경찰의 검문으로 체포되는 경우도 적지 않았다.

김시문은 상해로 오는 도중에 여비를 거의 다 쓰고 수중에는 1원만 남는 절박한 상황에 처하였다. 때문에 당초 계획했던 대로 미국에 가지 못하고 상해에 눌러 앉게 되었다.[24] 처음 김시문은 호구를 위해 패륵로 농당 입구에 앉아 구두를 수선하였다. 그후 2년 동안 인삼행상을 하면서 반유랑생활을 하였다. 인삼 보따리를 들고 이집 저집을 다니면서 판매하는 식이었다. 1931년 상해로 온 뒤 인삼행상을 했던 윤봉길의 경우와 같이 이 일은 개인의 판매 능력에 따라 영업실적의 차이가 컸다.[25] 1919년

---

21) 「老上海 成功譚(一) : 百折不撓의 勇士 金時文氏」(上海居留朝鮮人會,『光化』제2권 7호, 1941년 12월호, 16쪽). 김시문은 잡지 기자와의 인터뷰에서 "내야 무엇입니까. 남의 힘을 빌지 않고 나의 손으로 생활을 유지하자는 것이 동기입니다"라고 하였다.

22) 위와 같음.

23) 金熙元 구술, 2010년 4월 13일 과천 국사편찬위원회에서.

24) 「老上海 成功譚(一) : 百折不撓의 勇士 金時文氏」(上海居留朝鮮人會,『光化』제2권 7호, 1941년 12월호, 16쪽).

25) 金光, 『尹奉吉傳』, 韓光社, 1934, 81쪽. 윤봉길은 친구로부터 인삼 장사가 적은

4월 프랑스조계에서 임시정부가 수립된 후 김시문은 패륵로에 있던 독립신문사에서 사무원으로 일하기 시작하였다. 『독립신문』은 1919년 8월에 창간된 임시정부의 기관지였다. 그는 식자공으로 일하면서 신문사가 바쁠 때는 『독립신문』을 구독자 집으로 직접 배달하기도 하였다. 그러나 이것도 오래하지는 못했다. 다음해인 1920년에는 이곳을 그만두게 되었다. 독립신문사 사장인 이광수가 자신의 사람을 채용했기 때문에 그는 자의반 타의반으로 이곳을 나오게 되었다고 한다.[26] 독립신문사를 그만 둔 김시문은 다시 예전과 같이 구두수선이나 행상을 하였다. 그리고 백이로 吉益里 9호에서 『동아일보』, 『조선일보』, 『개벽』 등 국내의 신문·잡지의 통신 및 대리판매도 하였다.[27] 이 과정에서 김시문은 상해 소식들을 국내 신문사에 전달해주는 국내 신문사의 상해지국과 같은 역할을 했다.

3. 일제강점기 김시문의 상해 생활

1) 김문공사의 개업과 상업 활동

김시문은 1922년 마침내 한적한 백이로 길익리를 벗어나 프랑스조계의 제일 번화가인 하비로로 진출하였다. 하비로는 프랑스조계를 동에서 서로 관통하는 간선도로로 프랑스조계에서 가장 번화한 상업가였을 뿐

자금으로 이익이 많다고 듣고 인삼 행상에 나섰다. 그는 상해의 부자집들을 찾아다녔으나 중국말도 부족하고 게다가 소박하고 말재주가 없으며 강직한 성격으로 손님의 환심을 사지 못하고 발품만 팔다가 결국 한 달만에 그만두었다고 한다(林敏英, 『愛國誌 : 의사 윤봉길 선생 편』, 愛國精神宣揚會出版部, 1951, 57쪽).

26) 金熙元 구술, 2006년 5월 2일 과천 국사편찬위원회에서.

27) 『獨立新聞』 1922년 1월 1일, 「廣告」.

만 아니라 낭만과 문화의 거리이기도 하였다.28) 하비로는 상해 한인들
과도 깊은 인연이 있었다. 임시정부가 수립 초기 하비로 321호 花園洋
房(저택)에 청사를 두고 짧은 시간이었지만 공개적인 활동을 벌였던 것
은 잘 알려진 사실이다.

김시문은 자신이 수년간 모은 돈과 주위의 도움으로 하비로 213호(현
재의 339호)로 가게를 옮겼다. 원래 이 곳은 한인 鮮于燻이 내외국 요리
를 팔던 金剛山號라는 식당이었다.29) 임시정부 수립에 중요한 역할을
했던 鮮于爀의 동생이었던 선우훈은 105인사건으로 옥고를 치른 후 상
해로 망명하여 활동하고 있었다.

이 식당은 당시 프랑스조계에 살던 한인들이 주고객이었다. 하비로의
금강산호 뒤쪽 동네에는 한인 집거지역인 보강리·오흥리·영길리·숭일
리·명덕리·영경방·보경리 등이 자리잡고 있었다. 때문에 금강산호는 당
시 이들 지역에 거주하는 한인들의 편지를 중계하거나 기타 제반 연락소
역할을 하였다. 동시에 한인들의 유일한 회식 장소이기도 하였다.30) 그
리고 이곳에는 임시정부 지방선전부 사무소가 설치되어 있었다. 지방선
전부는 임시정부가 국내의 연통제와 교통국이 파괴당하는 상황에서 새
로운 국내활동을 위해 설치된 기관이었다. 임시정부의 통합과 함께 안창
호는 국내외 국민들을 임시정부로 통일 집중시키는 문제를 내정활동의
기본 목표로 설정하고, 국내를 대상으로 한 선전기관으로 지방선전부를
설치하였다. 지방선전부는 기왕의 연통제를 보완하거나 대행하는 조직
성격을 지니고 있었다.31)

---

28) 徐逸波·翁祖亮·馬學强 主編,『歲月 : 上海盧灣人文歷史圖册』, 上海辭書出版社, 2009,
    111쪽.
29)『朝鮮民族運動年鑑』(국사편찬위원회,『대한민국임시정부자료집』별책 2, 2009, 68쪽).
30)「高警第三壹五九號 上海情報」(『不逞團關係雜件』朝鮮人ノ部 在上海地方(4), 1922
    年 10月 5日).
31) 장석흥,「나창헌의 생애와 독립운동」,『한국학논총』24, 국민대학교 한국학연구

때문에, 금강산호는 처음부터 영리와는 거리가 멀었다. 손님들 가운데 음식을 먹고 현금을 지불하는 경우는 드물었고 대개는 외상거래였다. 상해 한인들의 주머니 사정이 넉넉하지 못했기 때문에 외상 대금을 회수하는 것도 쉽지 않았다. 결국 자본금까지 모두 소진한 금강산호는 1922년 9월 초순 가게문을 닫고 말았다. 선우훈은 금강산호를 내놓고 친형인 선우혁이 있던 남경으로 갔다. 당시 선우혁은 남경의 金陵大學에 재학하고 있었다.[32)

마침 김시문이 이 가게를 인수하여 상점을 열었다.[33)] 그는 상점 이름을 자신의 이름을 따 '金文公司'라고 하였다.[34)] 물론 건물을 구입한 것은 아니고 월세를 내는 임대였다. 그나마 단독으로 이 가게를 인수한 것도 아니었다. 자본금이 부족해서 그런지는 몰라도 잡화를 취급하는 李奎瑞의 東新公司와 함께 가게를 인수했다.[35)] 얼마 후에는 동신공사의 이규서에게 배상금을 지불하고 하비로 339호 가게를 단독으로 경영하게 되었다.[36)

김문공사 건물은 하비로 대로변의 가게가 딸린 상가였다. 전면에는 출입문과 그 양쪽에는 쇼윈도우가 있었다. 홀에는 테이블과 아이스크림

소, 2001, 129쪽.

32) 「高警第三壹五九號 上海情報」(『不逞團關係雜件』 朝鮮人ノ部 在上海地方(4), 1922年 10月 5日).

33) 金熙元 구술, 2010년 5월 27일 국사편찬위원회에서. 선우훈이 가게를 내놓을 때 사전에 김시문을 불러 자신의 가게를 인수할 것을 제의하였다고 한다. 아마도 선우훈이 평소 성실하고 묵묵하게 일하는 김시문에 대해 호감을 가지고 있었던 것이 아닌가 한다.

34) 당시 기록에 의하면, 개업 초기에는 '金文洋行'이라는 명칭을 사용하였고 나중에는 '金文公司'로 변경하였다. 개업 초기를 제외하고는 '金文公司'라는 상호명이 사용되었다. 본고에서는 특별한 경우를 제외하고는 '金文公司'로 통칭한다.

35) 「高警第三壹五九號 上海情報」(『不逞團關係雜件』 朝鮮人ノ部 在上海地方(4), 1922年 10月 5日).

36) 「김시문 비망록」.

냉장고가 있었다.[37] 1층의 천정이 높았기 때문에 1층과 2층 사이에 閣
樓(다락방)를 만들어 공간부족 문제를 해결하였다.[38] 2층에는 방이 4개
있었다. 한 두 개의 방은 세를 주기도 하여 비용 부담을 줄였다. 사람에
비해 집이 부족하였던 당시 상해에서는 흔한 풍경이었다.[39]

김시문은 독립신문에 자신의 개업 사실을 광고하였다.[40] 개업 공고와
함께 그는 본격적인 상업의 길로 들어섰다. 1922년 설립된 김문공사는
1956년 중국정부의 '公私合營' 실시 때까지 34년 동안 운영되었다. 상
해에서 한인이 경영한 업체 가운데 역사가 가장 오래된 곳이었다.

김문공사는 일종의 잡화점으로 취급품목은 매우 다양하였다. 인삼,
사과 등 고정적인 품목 외에는 시기나 시세에 따라 가변성이 컸다. 우선
『독립신문』광고에 의하면, 개업 초기의 취급 품목은 중국수산물·수정·
안경·시계·洋靴 및 양말 제조 등이었다.[41] 양화 판매는 그가 독립신문
사를 그만두고 호구를 위해 구두수선을 했던 경험에서 나온 것이었다.

그후 김문공사의 주요 취급 품목은 인삼, 사과 등 조선의 특산물이었
다. 현지 중국인들이 선호하는 고려인삼, 사과 등 특산품을 수입하여 판
매하였다. 먼저 고려인삼은 사과와 함께 김문공사의 주요 취급 품목이었
다. 조선후기 이래 중국으로 수출한 상품 가운데 가장 중요한 것이 인삼으
로 그 가운데 홍삼이 대부분을 차지했다.[42] 비록 인삼 수출은 조선 수출
전체를 놓고 볼 때는 1%에도 미치지 못했지만 대중국 무역에서는 가장
큰 비중을 차지하였다. 이는 일제강점기에 들어와서도 크게 달라지지 않

---

37) 金熙元 구술, 2010년 7월 24일 과천커피숍에서.
38) 위와 같음.
39) 張生,『上海居, 大不易 : 近代上海房荒硏究』, 上海辭書出版社, 2009, 106~107쪽.
40)『獨立新聞』1922년 9월 20일,「廣告」.
41) 위와 같음.
42) 송규진,「근대 조선과 중국의 무역」,『근대 중국 대외무역을 통해 본 동아시아』,
    동북아역사재단, 2008, 51쪽.

았다. 중국에서 고려인삼은 '죽은 사람도 살린다는 '靈藥'[43]·'神藥'[44]·
'仙藥'[45] 등으로 알려져 대단한 환영을 받았다. 중국 북방보다는 남방 사
람들이, 남방보다는 남양 방면의 화교들이 고려인삼을 선호하였다.[46] 한
국 사람이 가지고 다녀야 진짜 고려인삼이라고 하여 안 살 사람도 산다
는 얘기가 있을 정도였다.[47] 때문에 한인들이 중국으로 올 때 인삼을 들
고 와서 현지에서 판매하여 여비나 학비, 생활비로 충당하는 경우가 많
았다. 상해에서 중국 내륙으로 가거나 동남아로 여행할 때에도 인삼을
휴대하는 경우가 많았다. 인삼이 부피가 작아 휴대와 현금화가 용이했기
때문이다.

　김문공사는 인삼을 꾸준하게 취급하였다. 1940년대 신문이나[48] 1950
년대 김문공사 바깥에 걸린 간판[49]에는 '고려인삼'이라는 광고 문구가
또렷하였다. 당시 상해 프랑스조계에서 고려인삼을 취급했던 곳은 김문
공사 외에 1914년 韓鎭敎가 설립했던 海松洋行 등 여러 곳이 있었다.
해송양행은 개성상인으로부터 고려인삼을 들여와 중국 전역 및 싱가포
르에 설치된 판매망과 중국인 판매사원을 각지에 파견하여 판매하고 있
었다. 그에 비해 김문공사는 개성 상인이 가져온 고려인삼을 가게에서
판매하는 형태로 영업하였다.[50] 김문공사는 이들이 가져온 인삼을 판매

43) 韓泰東 구술, 2010년 4월 9일 서울 연희동 자택에서.
44) 金光, 『尹奉吉傳』, 81쪽.
45) 『獨立新聞』 1922년 5월 20일, 「上海에 韓國物産會社設立을 建議」.
46) 玉觀彬, 「高麗人蔘輸出에 對하아(一)」, 『朝鮮日報』 1923년 2월 1일.
47) 林敏英, 『愛國誌 : 의사 윤봉길 선생 편』, 56쪽.
48) 『上海時報』 1941년 2월 13일, 3월 6일, 6월 24일자의 「廣告」에 김문공사 광고가
　　보이고 있다. 『上海時報』는 金璟載가 일본군의 지원하에 남경 汪精衛정부를 선전
　　하기 위한 목적으로 1940년 12월 1일부터 1942년 2월 13일까지 상해에서 중문으
　　로 발간한 신문이었다.
49) 「金熙元 소장 김문공사 사진」.
50) 韓泰東 구술, 2010년 4월 9일 서울 연희동 자택에서.

하고 이익을 나누어 가졌다.[51)

김문공사가 취급한 인삼은 백삼이었다. 홍삼은 일본 재벌 三井이 전매를 하고 있었기 때문에 취급할 수 없었다. 물론 가끔 가게에서 인삼을 쪄서 홍삼으로 만들어 판매하는 경우도 있었다.[52) 그런데도 일제가 쉽게 단속을 하지 못한 것은 김문공사가 프랑스조계에 있었기 때문이었다.[53)

1941년의 『上海時報』에 게재된 김문공사 광고문을 보더라도 고려인삼의 비중이 매우 컸다.

金文公司
霞飛路 三三九號
電話 八五三三六號
春節禮品 特別便宜
補精强壯 長壽不老
高麗人參
每斤十六兩 減售七十六元
高麗參尾
每斤十六兩 減售四十元
高麗苹果(國光)
每箱三十三鎊 減售二十二元
電話購貨 隨接隨送[54)

위의 광고에서 보는 바와 같이, 광고 품목은 고려인삼, 고려삼미, 고려사과가 있었다. 고려인삼과 관련하여 "補精强壯, 長壽不老"라는 광고문구가 흥미롭다. 삼미는 인삼의 잔뿌리로 한국에서는 '尾蔘'으로 불리는 것이다. 고려삼미의 가격은 고려인삼의 절반 가격이었다. 이들 품목

---

51) 金熙元 구술, 2010년 4월 13일 과천 국사편찬위원회에서.
52) 金熙元 구술, 2010년 9월 4일 과천 커피샵에서.
53) 金熙元 구술, 2010년 8월 7일 과천 커피샵에서.
54) 『上海時報』1941년 2월 13일, 「廣告」.

에 대해 '減售' 즉 할인판매도 하였다. "電話購貨 隨接隨送"의 광고 문구로 보아 전화로 주문하면 배달도 해 주었다.[55]

한국 사과도 김문공사의 중점 품목이었다. 한국 진남포, 황주, 대구에서 수입한 사과는 현지 중국인들이 매우 선호하였다. 김문공사에 사과가 들어오는대로 팔릴 정도였다고 한다.[56] 당시 상해에는 한국산 사과가 수입되고 있었다. 1932년 상해 대한교민단의 기관지인 『上海韓聞』(1932.10.17)의 「국산 사과 출현」이라는 제목의 글에 의하면, 김문공사에 사과가 430상자가 들어왔다고 소개되어 있다.[57] 이들 사과는 현지 중국인 과일상들에게 도매로 판매하거나 직접 소비자들에게 팔렸다.[58] 김문공사는 한국 사과를 다른 한인들에게 소개해주기도 하였다.[59]

조선 토산물 가운데, 哈士嗼도 강장제로 중국인들의 선호를 받았다. 합사막은 개구리를 말린 것인데 고가에 팔렸다.[60] 처음 김문공사는 합사막의 판매를 대행하였다. 1930년경 洪錫恩이라는 사람이 합사막 5백 근을 가져 와서 김문공사에서 판매하였다. 그런데 합사막이 의외로 잘 팔려 홍석은도 깜짝 놀랐다. 김시문은 口文料로 50원을 챙기는 재미를

55) 柯興康 구술, 2010년 5월 20일 상해 淮海中路 王敏蘭댁에서. 김문공사의 점원이었던 柯興康은 물건 배달을 많이 하였다. 그는 작은 물건(아이스크림 등)은 손에 든채 자전거를 타고, 큰 물건(사과 상자 등)은 자전거 뒤에 리어카를 단 교통수단(平板車)으로 배달했다고 회고하였다.

56) 金熙敬 구술, 2009년 9월 5일 상해 淮海中路 자택에서.

57) 『上海韓聞』 1932년 10월 17일, 「국산 사과 출현」(단국대학교 동양학연구소 편, 『이봉창의사 재판관련 자료집』, 단국대 출판부, 2004, 597쪽).

58) 柯興康 구술, 2010년 5월 20일 상해 淮海中路 王敏蘭댁에서.

59) 1930년대 중반 군관학교 사건으로 검거된 李初生은 1936년 2월 崔學謨와 함께 김시문의 주선으로 조선 진남포 능금 약 500상자를 구입하여 홍콩에서 판매하였다고 한다. 「民族革命黨 李初生 訊問調書」(국사편찬위원회, 『한민족독립운동사자료집』 46, 중국지역독립운동 재판기록 4, 2001, 107쪽).

60) 申彦俊, 「조선 대 중국 : 무역의 과거, 현재」, 『東亞日報』 1935년 3월 6일(민두기 엮음, 『신언준 현대 중국 관계 논설선』, 문학과 지성사, 2000, 617쪽).

보았다.[61] 1940년대 신문의 광고에도 나오는 것으로 미루어 합사막은 꾸준하게 팔렸던 것으로 보인다.[62]

빵, 과자, 아이스크림과 맥주, 빙수 등 제과 및 음료도 취급하였다.[63] 김문공사 개업 초기에는 과자나 카스테라를 구워서 팔기도 하고 아이스크림 제조법을 배워서 아이스크림을 만들어서 판매하였다.[64] 나중에는 아이스크림회사에서 주문하여 받아다가 판매하였다. 당시 김문공사의 아이스크림은 꽤나 유명했던 것으로 보인다. 1920년대 후반 상해에 유학하였던 金光洲는 김문공사를 '아이스케키'를 파는 다과점으로 회고하였다.[65] 1930년대 張谷泉이라는 중국인 작가는 김문공사를 "金文飮氷室"로 기억하였고 이곳의 아이스크림과 냉음료를 시음한 후에 "價廉物美"(가격은 저렴하고 품질은 우수함)니 과연 "名不虛傳"이라고 극찬하였다.[66]

1920년대 한때 생계를 위해 상해에서 아이스크림 장사를 했던 아나키스트 鄭華岩에 의하면, 상해에서 아이스크림이 잘 팔리는 때는 5월부터 7월 말까지였다. 8월이 되면 날씨가 서늘해지고 시장에 과일이 많이

---

61) 「김시문 비망록」.

62) 『上海時報』 1941년 6월 24일, 「廣告」.

63) 禹昇圭, 『나절로漫筆』, 57쪽. 초기 임시정부 시절 상해에 유학했던 禹昇圭는 김문공사를 '냉면집'으로 기억하였다.

64) 金熙元 구술, 2006년 5월 2일 국사편찬위원회에서. 김희원은 어린 시절 김문공사에서 아이스크림을 만들 때 옆에서 기다리고 있다가 아이스크림을 만들고 남는 것이 있으면 재빨리 먹던 일을 떠올렸다.

65) 金光洲는 김문공사에 대해 다음과 같이 회고하였다. "제중약방에서 다시 비스듬히 이편으로 넓은 거리를 건너선 곳에 한국사람 김시문이란 분이 경영하는 아이스케키 전문의 꽤 아담하고 깨끗한 다과점이 있었다. 한인학우회에서는 이 다과점 아래층 홀을 치우고 농구팀 전원을 초대했고, 그 자리에 도산선생을 나오시게 해서 몇 말씀 환영, 환송을 겸한 인사말을 해달라고 했다. … 이렇게 말을 시작한 지 채 2, 3분도 못되어서 좌석은 흐느끼는 울음의 바다로 변했다"고 하였다(金光洲, 「上海時節回想記(上)」, 『世代』, 1965년 12월호, 254쪽).

66) 張若谷, 「飮氷室巡禮」, 『異國情調』, 上海: 漢語大詞典出版社, 1996, 34쪽.

나오므로 아이스크림이 잘 팔리지 않았다고 한다.[67] 실제로 아이스크림
이나 빙수는 그해 여름의 날씨에 따라 매상의 부침이 심하였다.[68] 정화
암도 하비로에서 아이스크림 가게를 차렸다가 장마가 계속되는 바람에
결국 가게 문을 닫았던 쓰라린 경험이 있었다.[69] 김시문의 경우 프랑스
조계 당국의 아이스크림 제조시설에 대한 위생 검사에 불합격하여 벌금
을 2차례 낸 일도 있었다.[70]

또한 맥주의 매상도 많았다. 그의 가게 근처에 프랑스조계 公董局과
프랑스 군대가 주둔하고 있었고, 하비로 길 건너에는 老大華跳舞廳이라
는 무도장이 있었다. 군인들이나 무도장에서 나오는 손님들이 맥주와 아
이스크림의 주요 고객들이었다.

1922년 개업한 후 처음 몇 년동안 김문공사의 영업은 저조하였다. 처
음에는 밑천이 없어서 물건을 제대로 갖추지 못하였다. 우유나 과일 통조
림도 빈통을 쌓아 진열해놓고 진짜는 겨우 한 두 개로 장식을 해놓고 하
나 팔면 하나 사다가 보충하는 식이었다.[71] 1924년 결혼한 후에도 장사
가 뜻대로 되지 않자 김시문의 부인 정이환은 자신이 가져온 옷가지들을
전당포에 맡기고 자금을 대기도 하였다. 부인 정이환의 내조와 김시문의
근면으로 1925년 무렵부터 가게의 영업이 조금씩 호전되기 시작했다.[72]

김문공사의 주요고객은 중국인들이었다. 이 점에서 선우훈이 경영했
던 금강산호 음식점과는 달랐다. 금강산호가 프랑스조계의 경제적으로
곤궁한 한인들을 주고객으로 하였던 결과 누적된 외상 대금을 회수하지

---

67) 정화암, 『어느 아나키스트의 몸으로 쓴 근세사』, 자유문고, 1992, 88쪽.

68) 「김시문 비망록」.

69) 정화암, 『어느 아나키스트의 몸으로 쓴 근세사』, 87~88쪽.

70) 金熙元 구술, 2010년 7월 24일 과천커피샵에서. 그 외에도 김문공사는 베란다와
가로수에 줄을 메어 조기를 건조하다 조기의 소금물이 지나가던 행인의 몸에 떨
어져 벌금을 낸 적도 있었다.

71) 金孝淑, 『上海 大韓民國臨時政府와 나』(未刊行), 1996, 4쪽.

72) 金熙元 구술, 2010년 4월 13일 과천 국사편찬위원회에서.

못하여 문을 닫은 것과 비교가 된다. 김문공사가 취급하는 인삼, 사과, 아이스크림, 맥주 등은 한인 고객도 있었지만 현지 중국인 고객이 더 많았다. 이는 김문공사가 꾸준하게 영업을 계속 해나갈 수 있는 요인이 되었다.

1920년대 중후반부터는 김문공사에 일을 도와주는 점원이 있었다. 조선 진남포의 사과를 실은 선박이 대개 프랑스조계의 황포강변 부두인 십육포에 정박하는데, 이 사과를 싣고 오는 일이라든가 물건 배달을 하는 점원이 필요하였다. 먼저 1920년대 후반에는 李龍植이라고 하는 한인 점원이 있었다. 그는 14세 때 부모 슬하를 떠나 상해로 밀항하였다. 그런 그가 김시문의 눈에 띄었고 김문공사로 와서 일을 하게 되었던 것으로 보인다. 그는 김문공사에서 일을 하는 한편 중국인이 경영하는 保石學院에서 공부도 하였다. 나중에 김문공사를 떠난 그는 광동군관학교와 육군항공학교를 거쳐 국민당 군대 連長을 지내다 사퇴하고 상해 韓人靑盟의 일원으로 활동하였다.[73]

이후에도 여러 사람이 점원으로 일했다. 현재 이름을 알 수 있는 점원은 杭正立·阿陸·阿康 등이다. 항정립은 江蘇省 揚州 출신으로 원래 인성학교에서 사환으로 일하다 김문공사에서 점원으로 일하게 되었다. 그가 김문공사에서 일했던 시기는 아류·아강이 김문공사에 들어오기 이전이었다.[74] 그는 후에 독립하여 英士路에 萬象公司라는 업체를 설립하고 경영하였는데, 1946년경 김시문이 송사에 휘말릴 때 그의 보증인으로 나서기도 하였다.[75]

그외 상해 출신의 아강(본명은 柯興康, 1932년생)이 있었다. 그는 자신이 김문공사에 들어가 일할 때 아류이라는 점원이 있었고, 또 그 이전

73) 『中外日報』 1930년 10월 1일, 「李龍植公判, 檢事2年役求刑, 蔣介石의 部下로 活動」.
74) 金熙元 구술, 2010년 7월 24일 과천커피샵에서.
75) 上海市檔案館, 「上海地方法院吳桂芳訴金時文妨害風化案의文件」, Q185-2-13177, 1946.

에 이미 두 사람의 점원이 김문공사에서 일하다가 독립하여 나갔다고 하였다. 그는 1943년부터 1950년 12월까지 김문공사에서 점원으로 일했다.[76] 상해에서 태어난 그는 집안이 가난하여 어릴 때부터 십육포 부두 근처에서 작은 좌판을 벌여 장사를 했다. 그가 김시문을 만난 것은 14세가 되던 1943년 더운 어느날 십육포 부두에서였다. 그날 조선에서 온 사과를 하역하여 차에 실을 때 그가 옆에서 거들어주게 되었다. 그의 민첩하게 일하는 모습을 본 김시문의 제의를 받은 그는 그때부터 1950년 12월 '항미원조전쟁'으로 중국인민지원군에 입대할 때까지 김문공사에서 일을 하였다. 그는 아침 저녁으로 가게 문을 열고 닫는 일도 하였다. 가게는 대개 아침 8시에 문을 열고 밤 12시에 문을 닫았다.[77] 낮에는 가게에 물건 주문 전화가 오면 배달을 하고 십육포 부두에 한국 사과를 실은 선박이 오면 가서 차로 운반하였다.[78]

김시문은 어느 정도 자본을 모은 다음 옆의 337호 가게도 인수하여 상점을 확장하였다. 대략 1940년 이후의 시점으로 보인다.[79] 339호와

---

76) 柯興康 구술, 2010년 5월 20일 상해 淮海中路 王敏蘭댁에서. 柯興康은 김시문 가족과 끈끈한 인연을 맺었다. 김시문부부는 그를 아들처럼 좋아했고 그는 가난한 사람을 업신여기지 않는 김시문 부부를 阿爸奇(아버지), 阿媽妮(어머니)라고 부르며 따랐다. 그는 1950년 12월 '항미원조전쟁'시 중국인민지원군에 입대할 때, 가슴에 큰 꽃을 달고 김문공사를 떠나는 날 모든 가족들이 섭섭해하였는데, 특히 김시문의 부인은 눈물을 흘리며 전송하였다. 당시 맏아들 김희원이 1949년 9월에 귀국하여 한국전쟁의 와중에 연락이 끊어져 생사를 모르고 있을 때이므로 김시문 부부가 그를 친아들이나 마찬가지로 생각하고 있었다. 전쟁이 끝나고 상해에 돌아온 그는 당원이자 노조 간부로 활동하면서 매년 김시문 집안을 찾아가 인사를 하고 있다.

77) 柯興康 구술, 2010년 5월 21일 상해 淮海中路 王敏蘭댁에서.

78) 위와 같음.

79) 金熙元 구술, 2010년 4월 13일 과천 국사편찬위원회에서. 김희원에 의하면, 1933,4년경 337호를 인수한 것으로 기억된다고 하였다. 그러나 『上海市行號路圖錄』(下, 法租界, 上海: 福利營業公司出版, 1940)에 의하면, 337호는 여전히 다른 사람의 가게로 표기되어 있다. 그런데 『上海市行號路圖錄』(下, 上海福利營業股分

337호 사이의 벽을 뚫어 출입문을 내어 왕래하였다. 339호의 전면은 출
입문과 쇼윈도우, 중간에 아이스크림 냉장고, 뒤에는 아이스크림 제조장
소가 있었다. 새로이 인수한 337호에도 전면은 출입문과 쇼윈도우, 홀에
는 테이블이 있었고 뒤쪽은 창고로 활용하였다. 다과나 맥주를 마시는
손님들은 이 홀의 테이블을 이용하였다.[80]

다음으로 김문공사가 상해 한인들의 사업체 가운데 어느 정도인지 살
펴 보자. 개업한 지 2년이 지난 1924년 김문공사는 자본금 1만 원의 자영
업자로 성장하였다. 상해의 다른 한인 기업체와 비교해서는 여전히 영세
성을 벗어나지 못하였다. <표 1>에서 보듯이, 한국 국내 기업의 상해 출
장소로서 상해 한인들이 경영하였던 기업으로 보기 힘든 '출장소' 계열의
기업을 제외하더라도 김문공사는 그렇게 큰 편은 아니었다. 이 시기 상해
지역 한인들이 경영하는 기업이나 자영업 경영 현황은 다음과 같다.[81]

〈표 1〉 1924년 5월 현재 상해 한인이 경영하였던 주요 商社

商社名	位置	經營形態	取扱物品	資本金(元)
金文洋行	프랑스租界	個人經營	製菓業	10,000
日雲軒菓店	〃	〃	食料品	30,000
金照俊商店 出張所	〃	〃	絹織物	1,000,000
平壤頭髮同業組合 出張所	〃	〃	頭髮貿易	100,000
海松洋行	〃	〃	中國藥材	100,000

　有限公司 編印, 1949)에는 337호가 김문공사로 표기되어 있다. 그러므로 337호
인수는 1940년 이후로 보는 것이 타당할 것이다.

80) 金熙元 구술, 2010년 7월 24일 과천커피샵에서.

81) 국회도서관 편, 『한국민족운동사료』(중국편), 1976, 507쪽. 위 표의 한인 商社 현
　황은 1924년경 상해에서 三德洋行 및 對華貿易韓國商人駐滬代表處를 운영하던
　玉觀彬이 조사한 것이었다. 그는 국내에서 105인사건으로 옥고를 치른 후 상해로
　망명하여 임시정부 초기 시절 독립운동에 참여하였다. 1920년대 중후반부터 그는
　독립운동과는 거리를 유지하면서 경제활동에 치중하였다. 1933년 일제에 협력했
　다는 이유로 독립운동세력에 의해 처단되었다.

亞細亞公司	〃	〃	雜貨	5,000
興業洋行	〃	〃	〃	100,000
海東公司	〃	〃	〃	10,000
三一印刷館	〃	〃	印刷業	30,000
大昌貿易株式會社 出張所	不明	株式會社	絹織物	1,000,000
東洋物産株式會社 出張所	不明	株式會社	不明	2,000,000엔
三德洋行	공공조계	合幷	輸出入	金500,000佛
太平洋行	虹口	個人經營	麥粉	不明
大森鐵工場	楊樹浦	組合組織	鐵工業	不明

1937년 중일전쟁과 일본군의 상해 점령으로 상해는 일본군 천지가 되었다. 특히 공공조계 홍구지역에는 전후 복구로 인한 건설경기가 고양되었다. 이때 프랑스조계에 있던 한인 기업가나 자영업자들도 홍구지역으로 사업 근거지를 이전하여 큰돈을 버는 경우가 많이 생겨났다. 홍구지역에는 자본금이 수십만원에 달하는 한인 업체들도 많이 출현하였다. 그에 비교할 수 없지만 하비로를 떠나지 않고 있던 김문공사도 자본금 5만원의 중견 업체로 양적 성장을 보였다.[82]

이즈음 상해거류조선인회의 기관지인 『光化』(제2권 7호, 1941년 12월호)는 김시문의 성공담을 다음과 같이 소개하고 있다.

바람 비 자금도 넉넉지 못한 것을 갖고 오날의 금문공사(김문공사 : 인용자)를 만들기까지에는 그 노력 그 풍파 헤아리기에 족하다. 그러나 지금에 와서는 상해에서 금문공사라면 중국인에게 일홈이 널리 알니어졌고 신용이 두텁다. 이가 모두 주인되는 김시문씨의 피와 땀으로 엇은 수확이다. 그뿐 아니라 근대의 말로 하면 외화획득의 용감한 용사다. 대개가 동포의 상점은 우리간에 팔고 사고 하는 경향이 있고 따라서 이 동포의 돈이 저 동포의 주머니로 왔다갔다 하것만 그는 전연히 중국인이나 서양인을 상대로 하는 장사이니 외국사람의 돈을 나의 손에 오게 한다. 여게 금문공사는

---

82) 楊昭全 編,『關內地區朝鮮人反日運動資料彙編』, 上册, 遼寧民族出版社, 1987, 25~27쪽.

공적이 있다. 주인이 되는 김시문씨 개인 자산가가 되었다는 그런 개인 문
제 외에도 금문공사의 존재는 필요하다. 조선인삼을 널리 선전하고 조선
사과를 중국인 서양인에게 널리 팔아서 그로하야 개인도 이익하였으려니
와 국가적으로도 공노가 있다.[83]

이와 같이 상해에서 김문공사와 김시문의 이름은 상해 한인뿐만 아니
라 현지 중국인들에게도 널리 알려지고 신용도 매우 두터워졌다고 소개
하고 있다. 나아가 김시문을 "百折不撓의 勇士"로 평가하였다.[84] 이로
보아 당시 상해 한인사회에서는 김시문이 자수성가한 사업가로 인식되
고 있었던 것으로 생각된다.

2) 가정 및 사회생활

(1) 가정생활

김문공사를 개업한 지 2년 후인 1924년 김시문은 노총각 신세를 면하
게 되었다. 32세의 나이는 당시로서는 결혼 적령기를 한참 넘긴 나이였
다. 그는 1923년 상해에 온 20대 초반의 평안도 宣川 출신의 鄭利煥을
배우자로 맞이하였다. 정이환은 집안이 곤궁하여 거의 무작정 상해로 건
너오다시피 했다. 노총각으로 지내고 있던 김시문은 주위의 소개로 정이
환을 만나 부부의 연을 맺게 되었다.

김시문 부부는 슬하에 7명의 자녀를 두었다. 결혼한 다음해인 1925년
에 첫째 딸 熙敬이 출생하였다. 두해 후인 1927년에는 장남 熙元이 태어
났다. 그 아래로 熙善(1930년생)·熙玉(1932년생)·熙淑(1934년생)·熙宗

---

83) 「老上海 成功譚(一) : 百折不撓의 勇士 金時文氏」(上海居留朝鮮人會, 『光化』 제2
   권 7호, 1941년 12월호, 16쪽).
84) 위와 같음. 柯興康도 당시 김문공사가 상해 회해로상에서 제법 명성이 있었다고
   했다. 외국교민인데다 김시문의 사람됨이 성실하여 현지 거래처에서 좋아했다고
   구술하였다.

(1938년생)·熙吉(1945년생)이 있었다. 그의 집안에는 늘 아이들의 소리가 넘쳐났다. 장사가 힘들었지만 자녀들의 재롱을 보면서 행복한 나날을 보냈다. 김시문의 자녀들은 항상 가게 근처 농당에서 놀았는데, 인근 중국인들은 그들을 '小高麗'라고 불렀다.85) 그렇게 김시문의 자녀들은 어릴 때부터 중국 농당에서 놀면서 성장하였다.

김문공사는 늘 사람들로 북적댔다. 아이들과 점원 외에도 많은 손님들이 드나들었다. 우승규의 표현 그대로 '문전성시' 혹은 '천객만래'였다. 때문에 밥과 빨래를 하고 아이들을 돌보는 보모를 두어야 했다. 집 근처에 경제적으로 어려운 한인들이 많았기 때문에 끼니 때가 되면 사람들이 와서 밥을 먹고 가는 경우가 많았다. 한인들이 음식점에서 음식을 먹고 연락을 하면 그곳에 가서 식대를 계산해주는 경우도 많았다. 돈을 벌기도 했지만 이런저런 지출이 많았기 때문에 집안에는 큰 돈이 없었다고 한다.86)

김시문 가족은 집에서는 전통적인 한국 음식을 먹었다. 밥과 김치, 각종 찌개, 잡채, 생선구이 등이었다. 또 한국과 중국의 음식이 혼합된 형태의 음식도 있었다. 중국 음식점에 갔다와서 중국 음식을 모방하여 만드는 경우도 있었다. 예를 들어, 양파와 고기를 섞어 볶는 요리 같은 것이다. 장사를 하는 집이었기 때문에 결혼식이나 행사 외에는 일가족이 외식을 하는 경우는 거의 없었다. 가끔 한 두명의 가족이 근처의 러시아 식당에 가서 음식을 사먹는 경우는 있었다.87)

김시문 가족들의 의복은 기본적으로 서양식이었다. 김시문은 주로 양복을 착용하였다. 어쩌다 중국식 옷인 長衫을 입는 경우가 있었지만 매

---

85) 費名煌, 「霞飛路上外國人開設的商店」(盧灣區政協文史資料委員會 編, 『盧灣史話』 4, 1994, 213쪽).

86) 柯興康 구술, 2010년 5월 20일 상해 淮海中路 王敏蘭댁에서.

87) 金熙元 구술, 2010년 7월 24일 과천커피샵에서.

우 드물었다. 김시문의 부인의 경우 가끔 중국식 치파오를 입거나 결혼
식 등 행사 때는 한복을 입는 경우가 더러 있었다. 김시문의 자녀들은
대개 티셔츠와 바지를 입고 생활하였다.[88]

한국의 전통명절인 설날이 돌아오면 집에서는 떡을 쳐서 나누어 먹기
도 하였다. 추석 때는 그다지 특별한 활동이 없었다. 오락으로는 집안에
서 윷놀이를 자주 하였다. 특히 김시문은 윷놀이를 좋아하였다. 윷놀이
는 명절 때도 하였지만 평소에도 손님들이 오면 하기도 하였다. 중국에
서 오래 거주한 한인들이 즐겼던 오락문화인 마작은 거의 하지 않았다.

상해 프랑스조계에 거주하던 한인들은 매년 7월 14일 프랑스혁명기
념일이 돌아오면 이 날을 자신들의 명절인양 즐거운 마음으로 보냈다.
한인들에게는 프랑스혁명기념일은 삼일절에 다음가는 중요한 날이었다.
이 날 하비로에는 꽃전차와 가장행렬이 다니고 사람들로 넘쳐났다. 오후
에는 프랑스공원에서 갖가지 경축행사가 열렸다. 경축행사의 하나로 이
곳에서 열리는 운동경기에 한인들도 참가하기도 하였다. 그리고 밤이 되
면 프랑스공원은 불야성을 이루었다.[89] 하비로에 살았던 김시문 가족에
게 프랑스혁명기념일은 더욱 더 각별했을 것이다.

김시문의 자녀들 가운데 셋째까지는 임시정부 산하의 초등교육기관
인성학교에서 공부하였다. 첫째 딸인 희경과 첫째 아들인 희원, 둘째딸
희선은 마당로 協成里에 있던 인성학교를 다녔다. 1935년 인성학교가
일본 상해총영사관의 압력으로 폐교되자 희원은 諸聖堂 부근의 중국인
학교인 聖德學校를 다녔다. 1939년부터는 일제당국의 강요로 홍구에 있
던 일본 제4국민학교를 다녔다. 처음 5학년에 편입되었으나 일본어를 할
줄 몰랐기 때문에 1학년부터 다시 시작하지 않을 수 없었다. 초등학교
졸업 후에는 마찬가지로 홍구지역의 일본인 학교인 '상해일본중학교'를

---

88) 위와 같음.
89) 孫科志·金光載, 『上海的韓國文化地圖』, 129쪽.

다녔다.

첫째 딸 희경은 어릴 때부터 병치레가 잦았다. 두 차례나 코 수술을 하는 바람에 학교를 잘 다니지 못했기 때문에 진도를 잘 따라가지 못했다. 대신 그는 음악에 소질이 있어 집에서 피아노를 치거나 근처에 사는 趙尙燮의 딸 趙東宣에게 피아노를 배우기도 하였다.[90] 나중에 성악가가 된 그는 바이올리니스트인 한족 王延晧와 결혼하였다.

둘째 딸인 희선은 인성학교 유치원을 다녔다. 인성학교 폐교 후 상해의 한인 자제들에게 일본어를 가르친다는 일본당국의 정책에 따라 희원과 함께 홍구의 일본인 학교로 옮기게 되었다. 넷째 희옥과 다섯째 희숙, 여섯째 희종, 막내 희길은 인성학교가 폐교되고 없었기 때문에 처음부터 성방제학교나 진단여중 등 서양계통 학교를 다녔다.

(2) 사회생활

김시문은 상해 한인교민의 일원으로 교민단체인 대한교민단에 소속되었다. 그의 김문공사가 있던 하비로 339호는 교민단이 설정한 본구에 소속되어 있었다.[91] 그는 교민단이 주최하는 각종 집회, 회의, 기념식 등의 행사에 열심히 참여하였다. 1926년 9월 30일 교민단 제7회 의사원 총선거 때는 김붕준 등과 함께 교민단의 15인 의사원의 한 사람으로 당선되었다.[92] 1932년 윤봉길의 홍구공원의거 이후 일제의 탄압으로 교민단이 침체에 빠지게 되었는데, 그는 교민단의 정상화를 위해 노력하였다.[93]

---

90) 王敏蘭 구술, 2009년 5월 19일 상해 淮海中路 자택에서.

91) 「機密第一一〇號 上海在留朝鮮人現在人名簿」(『不逞團關係雜件』 朝鮮人ノ部 在上海地方(3), 1921年 9月 28日).

92) 『獨立新聞』 1926년 10월 3일, 「上海民團總選擧」.

93) 국회도서관 편, 『한국민족운동사료』(삼일운동편 其一), 767쪽. 일제는 김시문이 1933년 1월 2일 프랑스조계 呂班路에 있던 교민단 단장 金弘敍의 집에서 열린 회합에 참석한 것으로 보고하였다.

물론 그는 상인단체에도 가입하여 활동하였다. 상해에도 한인 경제인들의 권익을 옹호하는 단체가 있었다. 1929년에 창립된 바 있는 상해고려상업회의소가 그것이다.[94] 고려상업회의소는 1929년 4월 20일 프랑스조계 하비로 林盛公司에서 창립회의를 열고 다음달인 5월 20일 선언 및 규약을 발표하면서 결성되었다. 상업회의소가 내건 목적은 "재상해 조선인 상업동지는 단결하여 상호동포애의 순결한 덕의를 競習增進하고 경제의 학술을 상호 전수하여 식산기능을 서로 교환하고 신래의 동포에 대해서는 친절한 지도를 하여 그 영업의 안전을 도모하여 공존공영을 기하고 장래 세계적 商戰 무대에 일대 웅비한다"고 하는 것이었다. 회원으로는 김시문을 비롯하여 옥관빈·손창호·전용덕·임승업·조상섭·곽헌·박창세·김붕준 등이 있었다.[95] 임원은 집행위원장에 조상섭, 집행위원에 옥관빈·전용덕, 회계위원에 전용덕 등이었다.[96]

상업회의소의 활동은 1931년 9·18사변(만주사변) 이후 두드러졌다. 9·18사변이 일어나자 일본의 무력침략과 중국국민정부의 무저항방침에 대하여 거센 항의의 소리가 높아져 전에 볼 수 없었던 강력한 배일운동이 전개되었다. 상해에서는 9월 24일 학생 10만 명, 항만노동자 3만 5천 명이 파업에 들어가고, 26일에는 시민 20만 명이 참가하여 항일구국대회

---

94) 『朝鮮日報』 1924년 1월 9일, 「上海僑民團의 大進步」. 1924년 상해교민단은 상해에 있는 조선 상업인들을 단합하여 상업회의소와 같은 기관을 조직하여 상해에 있는 동포의 상업방침을 연구하여 발전을 도모하고자 하였다. 그런데 조만간 각 상업인들을 소집하여 구체적으로 협의될 예정이던 상업회의소가 창립되었는지에 대해서는 확실치 않다.

95) 『朝鮮民族運動年鑑』(국사편찬위원회, 『대한민국임시정부자료집』 별책 2, 2009, 181~182쪽). 상해에서 활동하고 있던 좌익단체인 중국본부 한인청년동맹 상해지부는 1929년 7월 25일 성명서를 발표하여 "상업회의소라는 것은 내지(조선)에서 경제적 착취상 일본인의 어용적인, 이른바 일선인 융화기관으로서 조직된 것임에도 불구하고 혁명지대에서 이와 동일한 단체가 출현한 것은 상해 교민의 명예를 더럽히는 행동이므로 경고"한다고 하였다.

96) 孫科志, 『上海韓人社會史(1910~1945)』, 79쪽.

를 열고 대일경제단교를 결의하였다. 이러한 항일구국운동은 순식간에
전국으로 퍼져나가 '정지내쟁, 일치대외'를 슬로건으로 하여 정부에 철저
항전을 요구함과 동시에 배일불매운동을 추진하여 갔다. 9월 이후 만주
를 제외한 전국의 일본상품 수입은 전해의 약 1/3로 격감하고, 12월에는
1/5까지 내려갔다. 상해에서는 대일무역이 거의 두절되고, 일본상선을 이
용하는 중국인의 화물은 전무하게 되었다.[97]

9·18사변의 영향으로 중국인들의 일화배척운동이 치열해짐에 따라
조선 상품의 중국 수출도 급감했다. 고려인삼도 그 영향에서 벗어나지
못했다. 중국인들은 인삼이 조선물산인줄 알았는데, 일본 재벌 三井이
인삼을 전매하는 것을 알고 인삼도 일화로 규정하여 배척하였다. 이때
상업회의소는 임시정부 교민단과 협의하여 중국항일구국회에 청원하여
현지 중국인들의 일화배척운동에서 한인들의 상품을 일화로 간주하지
말아달라고 호소하였다.[98] 상업회의소의 호소는 일정한 효과를 거둔 것
으로 보인다. 한인들이 직접 중국인들에게 이들 물산을 판매하면 어느
정도까지는 일화배척의 영향을 받지 않게 되었다.[99] 1931년 만주사변과
일화배척운동으로 급감했던 인삼 수출은 그후 점차 늘어나는 추세를 보
였다.

한때 일화배척운동에서 인삼과 같은 한인들의 상품도 포함되어 있었
기 때문에, 김문공사도 적지 않은 영향을 받았을 것이다. 물론 비슷한
품목을 취급했던 해송양행이나 원창공사도 마찬가지였을 것이다. 그러
나 상업회의소와 임시정부, 교민단의 노력과 김시문 등 한인 상인들의
신용과 친화력으로 그 피해를 최소화할 수 있었을 것으로 보인다.

---

97) 小島晋治·丸山松幸 著/朴元熇 譯, 『中國近現代史』, 지식산업사, 1998, 125~126쪽.

98) 在上海日本總領事館警察部, 『特高警察ニ關スル事項』, 1934年.

99) 申彦俊, 「조선 대 중국 : 무역의 과거, 현재」, 『東亞日報』 1935년 3월 6일(민두기
    엮음, 『신언준 현대 중국 관계 논설선』, 문학과 지성사, 2000, 615~617쪽).

다음으로 김시문이 상해 프랑스조계 한인사회의 독립운동과 어떤 관계를 맺고 있었는지 살펴보자. 김시문은 독립운동단체에 가입하여 활동한 직업적인 독립운동가는 아니었다. 비록 독립운동의 일선에서 활동하지는 않았지만 일제의 압박을 피해 상해에 온 만큼 그의 민족의식은 그누구보다도 강렬했다. 때문에 임시정부 등 독립운동과 일정한 관계를 맺고 있었다. 그가 수행한 역할은 주로 독립운동에 대한 경제적 지원의 형태로 나타났다. 초기 임시정부 시절 상해에서 유학했던 우승규는 김시문의 민족의식을 보여주는 다음과 같은 일화를 소개하고 있다.

> 다음엔 상해에서다. 앞서 말한 해송양행 외에 선우혁·선우훈 두분 형제의 '금강산호'라는 표면상 과자집과 김시문씨의 김문양행이란 냉면집 등이 망명한인들로 문전성시했다. 겉엔 상간판들을 걸었지만 2층이나 뒷방에선 임정산하의 각기관이 있어 밤낮으로 千客萬來였다. 그런데 그 가운데 김시문씨는 평안도 출신의 박박곰보나 사람이 매우 좋았다. 게다가 열렬한 애국자로 그 앞에선 독립운동에 방해될 만한 말은 티끌만큼도 못했다. 했다간 금방 벼락이 떨어졌던 열혈남아였다. 하루는 정체불명의 한인 한 사람이 냉면을 먹으러 들어왔다가 혼쭐이 났다. 즉 그 자는 홍콩서 온 인삼장수인데 임정 모씨에게 빌려준 돈을 받으러 왔다가 못만나고 홧김에 모씨의 험담을 씨부렁댔다. 그러자 김씨는 멱살잡이를 하고 흠씬 두들겨 주어 줄행랑을 친 화제의 주인공이 되기도 했다.[100]

위에서 보는 바와 같이 우승규는 김시문을 열렬한 애국자로 소개하였다. 그는 해송양행의 한진교와 함께 김시문을 가리켜 "총대없는 상인독립군"이라고 표현하였다. 상업활동을 통한 독립운동인 것이다. 또 우승규는 해송양행과 더불어 김문공사를 당시 독립운동의 거점으로 유명했던 만주 안동의 이륭양행이나 부산의 백산상회에 비유하였다. 물론 만주의 안동이나 부산과는 달리 상해에는 임시정부와 교민단이 있어 직접 비

---

100) 禹昇圭, 『나절로漫筆』, 57~58쪽.

교하기는 힘들지만 김문공사와 해송양행이 독립운동의 거점이나 중계기지 역할을 하였던 사실은 높이 평가하여야 할 것이다.

김시문은 상업에 종사하는 한편 상해의 한인독립운동에 대한 지원을 아끼지 않았다. 그는 프랑스조계의 다른 한인들이 그랬듯이 특히 임시정부가 어려움에 처해 있을 때는 후원을 자임하였다. 그 가운데 김시문이 임시정부의 기관지『독립신문』이 자금난에 처해 있을 때 그 발행을 떠맡았던 사실은 주목할만하다. 당시『독립신문』은 1919년 이후 일제의 탄압과 자금 부족으로 발행 중단이 잦았다. 그는 한때 자신이 초창기 독립신문사에서 조판일도 하고 직접 신문 배달도 했던 터라『독립신문』의 발행 중단을 보고만 있을 수 없었을 것이다. 더구나 당시 그는 독립신문사 사원회의 3인 집행위원으로 있었다. 그는 1925년 만성적인 재정부족으로 휴간 상태에 있던 독립신문사의 경영권을 인수하였다. 1925년 10월 21일자인 제187호부터 11월 21일자인 제190호까지 발행하였다.[101] 하지만『독립신문』4개호를 발행하고 중단할 수밖에 없었다. 1925년부터 김문공사의 영업 성적이 조금씩 호전되고 있었지만 계속적인『독립신문』발행에는 적지 않은 무리가 따랐을 것으로 보인다.

한편 그는 1920년대 중반 이후 재정부족 등의 요인으로 침체에 빠진 임시정부를 살리기 위해 노력하였다. 1926년 7월 8일 안창호는 상해 삼일당에서 '우리가 혁명운동과 임시정부 문제에 대하여'라는 제목의 연설회를 열어, 임시정부 후원단체의 조직을 호소하였다. 그 결과 임시정부 경제후원회가 결성되었다.[102] 김시문도 이 후원회에 참여하여 활동하였다.[103] 후원회는 회원들로부터 후원금을 모아 임시정부를 재정적으로

---

101)『不逞團關係雜件 朝鮮人ノ部－新聞雜誌』4.3.2/2-1-1-1(최서면,『일본외무성외교사료관소장 한국관계사료목록, 1875~1945』, 국사편찬위원회, 2003, 220쪽); 최기영,「독립신문 해제」(국사편찬위원회,『대한민국임시정부자료집』별책 1, 독립신문, 2005, 해제 8쪽).

102) 孫科志,『上海韓人社會史(1910~1945)』, 76쪽.

지원하고자 하였지만 여러 가지 사정으로 인해 활발한 활동을 전개하지
는 못하였다. 김시문의 부인 정이환은 상해 한인애국부인회에 가입하여
독립운동에 참여하였다. 애국부인회는 1932년 제1차 상해사변(1·28사
변) 때 일본군에 맞서 영웅적인 항쟁을 벌인 중국 19로군 부상병들에게
위문품을 전달하는 등의 활동을 펼친 바 있었다.[104]

김문공사의 인삼 판매대금 가운데 일부가 임시정부의 김구나 독립운
동진영으로 흘러들어갔다. 해송양행 한진교의 아들 韓泰東은 김시문이
김구 계열 인사였으며 김문공사에 김구가 자주 출입하였다고 하였다. 그
리고 정기적으로 인삼 판매대금의 일부가 김구나 임시정부로 들어간 것
으로 회고하였다.[105] 물론 이같은 내밀한 상황은 자료상으로 잘 확인되
지 않지만 적어도 당시의 사실을 일정하게 반영하는 것으로 보인다. 김
시문은 홍구공원의거 이후 상해를 탈출하여 항주와 남경에 있던 김구와
연락을 계속하였다. 일제의 보고에 의하면, 김시문은 1933년 9월 중순
십육포 부두 근처인 南市 小東門에 있던 중국요리점 冠生園에서 김구의
심복이자 대외연락 담당자였던 金東宇와 회담한 적이 있었다.[106] 이 회
담에서는 아마도 활동자금 지원과 관련된 사항이 협의되지 않았을까 생
각된다.

김시문은 자신의 가게를 교민들을 위한 연락장소나 독립운동 회합을
위한 장소로 제공하기도 했다. 당시 그의 집에는 독립운동가들이 빈번하
게 출입하고 있었다. 그의 상점은 프랑스조계의 번화가인 하비로 한인거

---

103) 夢陽呂運亨全集發刊委員會,『夢陽呂運亨全集』1, 한울, 1991, 587쪽. 여운형은
　　　임시정부경제후원회에 대해 안창호가 종전부터 상해에 거주하면서 본업에 종사
　　　하여 일정한 수입이 있는 사람들로 구성하였다고 진술하였다.
104) 국사편찬위원회,『한국독립운동사』자료3, 임정편 Ⅲ, 1973, 561쪽.
105) 韓泰東 구술, 2010년 4월 9일 서울 연희동 자택에서.
106) 朝鮮總督府警務局,『金九一味ノ動靜ニ關スル件』, 1933~1935(金正柱編,『朝鮮統
　　　治史料』8, 東京: 韓國史料硏究所, 1971, 456쪽).

주지역의 길목에 자리잡고 있었다. 그 뒤로는 한인들이 많이 거주했던 보강리가 있었다. 보강리는 상해에서도 비교적 이른 시기인 1913년에 지어진 石庫門 주택단지이다. 모두 120채의 집이 바둑판처럼 정연하게 들어서 있었다. 김문공사와 같이 큰 길에 접한 경우는 모두 상업용 점포를 겸하였고 그 뒤로는 일반 주택들이 있었다. 석고문 주택은 그 수효가 많아 근대 이래 상해를 상징하는 주택으로 상해의 주거문화를 대표하는 존재였다. 석고문의 문테는 돌로 만들었으며, 문은 보통 2.3미터의 높이에 검은 칠을 한 튼튼한 나무문으로 구리로 만든 문고리를 달았다. 매우 견고하고 안전한 느낌을 주는 이 문은 마치 庫房에 들어가는 듯한 느낌을 준다고 하여 석고문이라고 불리었다. 개인생활이 보다 존중되는 주거공간인 석고문 주택은 많은 사람들의 환영을 받았다. 석고문 주택은 수많은 중국 혁명가와 문학가들이 활동하였을 뿐만 아니라 민중들의 애환이 깃든 곳이었다.

보강리가 위치한 곳은 오늘날과 마찬가지로 당시 프랑스조계에서도 가장 번화한 지역이었다. 뛰어난 입지적인 조건 때문에 초기 임시정부 시절 신규식·안창호·이동휘·김구 등을 비롯한 많은 임시정부 요인들이 이곳에 살았다.[107] 독립운동 기관지를 발간하던 곳을 비롯하여 임시정부 지정숙소도 이곳에 있었다. 김문공사 바로 뒤의 보강리 65호는 임시의정원 의장을 역임했던 金朋濬 가족이 살았다. 원래 이 집에는 朴錫洪이라는 이가 東新公司라는 간판을 걸고 인삼, 해산물 등을 판매하였다. 그런데 영업이 시원치 않자 그는 가게를 김붕준에게 넘기고 귀국하였다. 이 집에서 오래 살았던 김붕준 가족은 1932년 윤봉길의거 이후 불가피하게 상해를 떠나게 되었다. 김시문과 더불어 보강리에 오래 살았던 이

---

107) 寶康里는 1992년 상해 도시 계획으로 철거되어 역사속으로 사라졌다. 현재는 太平洋百貨店 등 현대식 상업업무빌딩 瑞安廣場이 들어서 있다. 김희원의 구술에 의하면, 김문공사가 있던 자리는 瑞安廣場이라는 표지석이 서있는 곳이라고 한다.

는 조상섭이었다. 그는 원창공사라는 간판을 걸고 한국의 인삼, 사과 등
을 수입하여 팔고 중국산 물건을 한국으로 수출하였다. 조상섭은 김시문
과 마찬가지로 윤봉길의거 이후에도 보강리에서 살다가 1941년 생을 마
쳤다.108)

김문공사는 가게 맞은 편에 전차역이 있어 교통이 매우 편리하였다.
양수포나 십육포 부두에서 배를 내린 후 전철이나 인력거를 이용하여 쉽
게 김문공사에 도달하였다. 김문공사 안에는 전화가 두 대나 있어 많은
사람들이 이용하였다. 앞에서 보았거니와 김문공사는 늘 사람들로 북적
댔다.

이러한 김문공사의 역할을 잘 말해주는 회고담을 보자. 한때 상해 의
열단에 적을 둔 바 있던 李淑은 1923년 상해에 처음 도착했던 날의 상
황을 다음과 같이 회고하였다.

먼 동이 틀락말락할 때 상해 楊樹浦 馬頭에 도착하였다. … 이렇게 천
천히 가다가 보니 상해의 제일번화가인 永安公司 先施公司 있는 곳에 이
르렀다. 영안공사 제일 윗층 식당에 올라가 조반을 간단히 사먹고 영안공
사 밑에 내려와 비로소 황포차를 타고 법조계에 도착했다. 다과점을 경영
하는 김시문을 찾았다. 시문씨는 나와의 知面이 있어 찾은 것이 아니라 황
포차에서 내려 조선인을 찾다가 보니 우연히 김씨 다과점으로 안내된 것
이다.

이 다과점은 대로변과 직면한 꽤 아담하고 깨끗한 편이었다. 각종 고급
과자, 청량음료, 아이스께기가 즐비하게 진열되어 비교적 큰 상점이다. 상
점의 주인 김시문과 인사한 다음 전일 서울서 친분이 많던 尹滋瑛, 徐永阮
등의 거처를 물었다. "좀 있으면 그분들이 놀러 오던지 설령 안올지라도
연락이 될 것이니 좀 있어 보시오." 이렇게 김씨는 좀 기다려 보라해서 나
는 모르는 사람 보기에는 주인도 같고 손님도 같이 참 주인 김씨와 같이
앉아 있었다.

아침 때가 훨씬 지나고 보니 여러 사람들이 자꾸만 찾아든다. 김씨의

---

108) 孫科志·金光載, 『上海的韓國文化地圖』, 120쪽.

소개로 인사를 하고보니 북경서 듣던 사람도 더러 있었다. 대개는 독립운
동자들이었다. 팔자 수염에 퍽이나 쾌활해 보이는 한 사람이 들어오니 역
시 김씨는 나에게 소개한다. 결국 통성명을 하고 보니 전일 국내있을 때나
북경 있을 때나 익숙히 듣던 呂運亨씨였다.109)

이와 같이 김문공사는 프랑스조계 한인들의 만남의 장소이기도 하였
다. 상해에 처음 오는 경우 처음부터 김문공사를 소개받거나 하여 알고
찾아 오는 경우도 있었고 프랑스조계에 발을 들여놓았다가 우연히 발견
하고 들르는 경우도 있었다.

김시문은 한국에서 상해로 처음 오는 동포들을 안내하거나 그들의 정
착을 도왔다. 체포된 독립운동가들의 가족을 돕기도 하였다.110) 그는 지
인들에게 돈을 빌려 주는 경우가 많았다. 상해에 처음 오는 경우라든가
국내로 돌아가는 경우 여비를 빌려주는 경우가 허다했다.111) 피천득·구
익균·차균찬·손원일 등 상해의 한인 유학생들에게 학비의 일부를 빌려
주거나 지원해주기도 했다.112) 그러나 나중에 돌려 받는 경우는 많지 않
았던 것으로 보인다. 장남 희원이 1949년 홀로 귀국한 후 생활비를 마련
하기 위해 돈을 빌려준 사람들을 찾아 갔으나 그들도 형편이 여의치 않
아 받지 못하였다고 한다.113)

김시문은 곤란에 처한 사람들을 위해 신원보증을 잘 섰다. 외국교민
으로서 상해 하비로와 같은 번화가에서 수십년 동안 영업을 하는 것은
결코 쉬운 일이 아니었다. 때문에 그의 이름과 상점 자체가 신용을 의미
하였다. 일례로 김시문은 林得山의 신원보증을 섰다. 일찍이 그는 상해

---

109) 李淑, 『竹槎回顧錄 - 祖國光復에 命을 걸고』, 1993, 165~166쪽.
110) 일례로 『東亞日報』 1923년 8월 10일자에는 김시문이 義烈團 활동으로 체포된
    黃鈺의 가족을 동정하여 돈 일원을 동아일보사에 보냈던 사실이 소개되어 있다.
111) 「자서전」(1958년 11월 26일).
112) 金熙元 구술, 2010년 7월 24일 과천커피샵에서.
113) 金熙元이 金時文에게 보내는 편지(1949년 12월 30일).

에서 만년필 영업을 하여 돈을 벌었는데, 1937년 상해를 탈출한 후 남경
을 거쳐 중경으로 갔다. 그후 신병 치료 겸 상해에 있던 처자식을 만나
러 홍콩에 갔다가 체포되었다. 그가 상해에 압송되어 왔을 때 김시문의
보증으로 석방되었다.114) 그리고 일본 패망 후 손창식의 공장에서 일했
던 이가 재판을 받는 과정에서 자신의 가게를 담보로 보증을 서 보석으
로 풀려 나온 일이 있었다.115)

　일제 패망 후에는 많은 이들이 그의 집을 거쳐 귀국하였다. 1932년
윤봉길의거 이후 상해를 떠난 이들이 1945년 일제 패망 이후 귀국을 위
해 다시 상해를 찾았다. 상해에 온 임시정부 가족들은 상해 동포사회의
연락거점이었던 김문공사에 와서 그동안의 소식을 접할 수 있었다.116)
때문에 그에게는 '한국총영사' 혹은 '사설영사관'이라는 별명이 붙게 되
었다.117)

　다음으로 1932년 이후 상해 한인사회가 점점 일본세력의 영향권에
편입되는 과정에서 김시문이 어떻게 대처하였는지 살펴보자. 1932년 4
월 29일 윤봉길의 홍구공원의거는 상해 한인사회의 지각을 뒤흔들었다.
이날 보강리에는 상해 일본총영사관의 경찰들이 들이닥쳤다. 윤봉길의
홍구공원의거를 막후 지휘한 김구를 비롯한 임시정부 요인들을 체포하
기 위해서였다. 그때까지 일본측의 임시정부 탄압 요구에 으레 소극적으
로 대처하거나 사전에 미리 통보해주던 프랑스조계 당국으로서도 일본
경찰의 난입을 지켜 볼 수밖에 없었다. 이날 근처의 숭산로 순포방의 모
인사로부터 이러한 소식을 통보받은 김시문은 임시정부 요인들에게 급
히 알려주어 그들의 탈출을 도왔다.

---

114) 金熙元 구술, 2005년 9월 27일 과천 국사편찬위원회에서.
115) 上海市檔案館,「上海市警察局關于朝鮮籍孫昌植材料」, Q131-4-3967, 1946.8.8~1947.6.18.
116) 金孝淑,『上海 大韓民國臨時政府와 나』(未刊行), 1996, 122쪽.
117) 具益均 구술, 2010년 3월 28일 서울 낙원아파트 자택에서.

상해 일본총영사관은 윤봉길의거를 계기로 산하에 영사관 경찰부를 신설하고 방대한 특별고등경찰체제를 운영하였다.[118] 일반경찰인 경찰부 제1과와 달리 제2과는 항일운동 및 사회주의운동을 전문적으로 탄압하는 특고과로 영사가 경시 및 과장을 겸임하였다. 특고과에는 섭외계·서무계·調査規劃係 외에 '선인계'(직원 9명), '일본인계'(3명), '노서아계'(5명), '대만인계'(3명), '지나계'(6명) 등이 있었다.[119] 이 가운데 '선인계'는 가장 많은 인원이 배치되었는데, 윤봉길의거 이후 한층 강화된 한인정책을 엿볼 수 있다.[120]

동시에 일제는 프랑스조계의 한인들에 대해서는 공공조계 홍구지역으로의 이주를 장려하였다. 때문에 프랑스조계에 살던 한인들이 일본 세력권인 홍구지역으로 이전하는 경우가 늘어났다. 그러나 프랑스조계 지하에는 여전히 독립운동단체들이 비밀리에 활동하면서 친일 한인들을 견제하고 있었다. 김시문과 조상섭·임승업 등 일부 한인 상인들도 프랑스조계 한인의 터전을 계속 지켜갔다. 이들은 일본당국 및 친일한인단체와는 일정한 거리를 유지하였다. 상해 일본총영사관에서는 정기적으로 이들에 대해 조사를 하고 일제의 정책에 협력할 것을 강요하였다. 김시문의 경우도 일제에 의해 '요주의인물'로 지목되어 감시를 받고 있었다.[121]

1937년 1월 28일 아침 상해 일본총영사관 경찰은 프랑스조계로 출동하여 프랑스조계 경찰과 함께 프랑스조계 한인거주지역에 들이닥쳤다. 상해 특히 프랑스조계 거주 한인들에 대해 이른바 '거류계' 제출과 영사관의 통제하에 있던 상해거류조선인회의 가입을 강제하기 위해서였다. 이때 김시문은 임득산·張聖山(張德櫓)·曺奉吉 등과 함께 검거되어 홍구

---

118) 高綱博文·陳祖恩 主編, 『日本僑民在上海』, 上海辭書出版社, 2000, 12쪽.

119) 「外務省警察史 : 支那の部 第18篇 在上海總領事館」(국회도서관 MF SP126, 21658~21662쪽, 21915쪽).

120) 김광재, 「'상해거류조선인회'(1933~1941) 研究」, 152쪽.

121) 社會問題資料研究會編, 『思想情勢視察報告集』 2, 東洋文化社, 1976, 250쪽.

의 일본총영사관으로 연행되었다. 체포 이유는 영사관에 거류계를 제출하지 않았다는 것이다. 이로 보아 그때까지만 하더라도 프랑스조계 한인들은 일본영사관에 대한 '거류계' 제출 요구를 거부하는 방법 등을 통해 소극적인 저항을 계속하고 있었다. 마침 조상섭과 한진교는 부재 중이어서 검거되지 않았지만 영사관 경찰은 이들의 가택을 수색하고 돌아갔다. 검거된 이들 가운데 임득산은 5일 동안 구류되었고 나머지는 석방되었다.[122] 영사관 경찰은 김시문 등에게 거류계 제출과 조선인회 가입뿐만 아니라 자제들의 일본인 학교 전학을 강요하였다. 앞에서 살펴본 바와 같이, 김시문은 결국 1939년에는 희원과 희선 2명의 자제를 홍구 일본인학교로 전학시키지 않을 수 없었다. 1935년 인성학교가 폐교된 후 김희원은 집근처에 있는 중국인 소학교인 聖德小學을 다니고 있었다.[123] 1940년 이후 일본인 학교에 다니고 있을 때 그는 金熙元에서 金本熙元으로 창씨개명을 하였다.[124] 김희원은 홍구의 '일본제4국민학교'를 졸업한 후에는 역시 홍구에 있던 '상해일본중학교'에 진학하였다.

1941년 태평양전쟁 발발 이후 조선 국내에서는 내선일체운동이 전개되면서 많은 한인들이 창씨개명을 하고 일제에 협력하기 시작했다. 그 여파는 상해에도 밀어 닥쳤다. 이 무렵 상해지역 한인들의 명단을 실은 『在支半島人名錄』을 볼 때, 많은 한인들이 창씨개명을 하였다. 김시문, 조상섭 등 일부 한인들은 창씨개명을 하지 않고 있었다. 그런데 1941년 12월 태평양전쟁 발발 이후 상해의 일본군은 조계에 진입하여 무력으로 점령하였다. 프랑스조계의 한인들도 조계라고 하는 완충지대를 완전히 상실하게 되었다. 한인들은 일제의 협력 요구를 따르지 않으면 안되는

처지에 놓이게 되었다. 1942년 3월 일제는 상해의 한인들에게도 일본군 위문대를 만드는데 필요한 성금을 내도록 하였다. 이때 성금을 내겠다고 한 사람들의 명단인 '皇軍感謝慰問袋應募者名簿'에는 240여 명의 상해 한인 성명이 실려 있다. 그 가운데는 김시문의 이름도 보이고 있다.[125] 위문대 응모는 당시의 강압적인 분위기 하에서 이루어진 것으로 그 자신의 의지는 아니었을 것으로 보인다. 그 과정에서 민족의식이 강했던 그의 고뇌를 미루어 짐작할 수 있다. 어쩌면 이는 1932년 윤봉길의거 이후 상해를 탈출하지 못하고 남은 자들의 비애이기도 하였다. 일본군 점령하의 상해에서 살아가기 위해서는 일제에 대한 최소한의 타협은 불가피한 것이었는지도 모른다. 이후 김시문의 행적에서 상해지역 한인들의 조선인회라든가 鷄林會와 같은 단체 활동 자료에서 그의 이름이 나타나지 않은 것으로 보아 8·15때까지 기본적으로 일제와는 일정한 거리를 유지하였던 것으로 보인다.

4. 일제 패망·신중국 수립과 김시문의 상해 생활

1) 일제 패망과 상해 잔류

1945년 8월 15일 일제는 연합국에 대해 무조건 항복을 선언하였다. 해외에 망명해 있던 한인독립운동세력은 민족국가를 수립하기 위해 귀국을 서둘렀다. 일제 패망 후 중국관내지역에 이주했던 다수의 한인들은 귀국을 위해 상해를 비롯한 북경, 천진, 청도, 광주 등 대도시로 몰렸다. 상해에는 원래 거주하고 있던 이들 외에도 華中地方 일대에 흩어져 살

---

125) 上海居留朝鮮人會, 『光化』 제1권 9호, 1942년 4월 20일, 22쪽.

던 한인들이 귀국을 위해 몰려들고 있었다.[126] 상해의 한인들은 임시정
부 선무단의 지도하에 한인들의 재산보호와 안전한 귀국을 위해 상해한
국교민단이라는 교민자치기구를 설립하였다.[127] 교민단은 한인들에게
증명서를 발급하고 상해시 당국에 대해 한인의 생명과 재산 보호를 요청
하였다. 그리고 교민들의 안전한 귀국을 주선하였다. 상해의 한인들은
1946년 3월부터 본격적으로 귀국하기 시작하였다. 1948년 말까지 3년여
에 걸쳐 상해에서 귀국한 한인은 3만여 명에 달했던 것으로 알려지고
있다.[128]

　1948년 대한민국 정부 수립 후 상해에는 대한민국 주상해 총영사관
이 설립되었다. 상해지역의 한인들도 한국총영사관의 관할하에 들어갔
다. 1949년에 접어들면서 중국정세가 급박하게 돌아갔다. 국공내전의 전
화가 상해지역으로까지 밀어닥쳤다. 1949년 5월 초에는 상해에도 멀리
서 포성이 들려오기 시작했다. 중국공산당 신사군의 상해 입성이 임박하
자 상해총영사관은 대만으로 철수하였다. 교민 귀국 작업은 그후에도 계
속되었다. 1949년 5월 한국 정부에서는 상해지역 교민들의 안전한 귀국
을 위해 광동에 있는 李鼎邦 영사를 상해에 급파하였다.[129] 1949년 9월
말까지 신사군 점령하의 상해에서 교민 귀국 등 영사업무를 수행하던 그
는 마지막 귀국선 플라잉 인디펜던스호(Flying Independence)를 타고 귀
국하였다.[130]

---

126) 馬軍·單冠初, 「戰後國民政府遣返韓人政策的演變及在上海地區的實踐」, 『史林』
　　　2006年 第二期, 上海社會科學院 歷史研究所, 65쪽.
127) 上海市檔案館 編, 『中國地域韓人團體關係史料彙編』 1, 東方出版中心, 1999, 70쪽.
128) 장석흥, 「해방직후 상해지역의 한인사회와 귀환」, 『한국근현대사연구』 28, 2004,
　　　280쪽.
129) 『東亞日報』 1949년 5월 14일, 「上海僑胞 救濟次 李鼎邦廣東領事를 急派」; 1949
　　　년 5월 18일, 「政府, 上海居住僑胞 600名을 救助하기위해」.
130) 『釜山日報』, 1949년 10월 11일, 「中華民國에 抑留中이던 … 中國僑胞들을 싣고
　　　釜山에 入港」.

1945년 8월 일제가 패망하였지만 김시문은 귀국하지 않았다. 생활기반이 상해에 있었고 이미 그곳에 뿌리를 내리고 있었기 때문이다. 일제 패망 당시 그는 교민단 단장 선우혁 등과 마찬가지로 상해에 산지 이미 30년이나 되었다. 주위 사람들은 그를 '老上海'로 부르고 있었다. 그에게 있어 상해는 제2의 고향이었다. 일제가 패망하자 그의 가게 김문공사에는 1932년 윤봉길의거 이후 상해를 탈출하였던 임시정부 요인 등 독립운동가들이 귀국을 위해 모여들었다. 독립운동의 연락처였던 왕년의 김문공사를 보는듯 했다. 먼저 김문공사 뒷집인 보강리 65호에 살았던 김붕준 가족이 돌아왔다. 중경에서 임시의정원 의장을 지냈던 김붕준은 상해로 오기 전에 사전에 김시문에게 편지를 보냈다.[131]

상해에 돌아온 그들은 자신들이 10년 이상 살았던 보강리를 돌아보면서 예전과 마찬가지로 변함없는 보강리의 모습에 감회가 새로웠다.[132] 그밖에도 많은 이들이 이곳에 와서 그간의 상해 한인사회의 소식을 들을 수 있었다. 여비나 생활비가 부족한 경우 김시문에게 빌리기도 하였다.

김시문은 김문공사를 경영하는 한편 교민단체인 상해한국교민협회에 참여하여 활동하였다. 1947년 6월 23일 인성학교에서 열린 교민협회 임시총회에서 이사 11명이 선출되었는데 그는 安定根 등과 함께 5인 후보이사로 선출되었다.[133] 한편 그는 상해 한인 상인들의 권익옹호 단체인 상해한상총회에도 가입하였다. 한상총회는 1929년 상해에서 조직되었던 고려상업회의소의 맥을 잇는 단체였다. 한상총회는 일본 패망 다음해인 1946년 3월 "중한 국교를 두텁게 하고 상공업을 발전시켜 무역을 촉진

---

131) 上海市檔案館, 「財政部上海直接稅務局關于金時文要求徹查職員鍾維石强占民房問題的批示」, 1947年 10月(Q433-2-306).
132) 金孝淑, 『上海 大韓民國臨時政府와 나』, 122쪽.
133) 「臨時總會經過及任員改選에 關한 報告의 件」, 上海韓國僑民協會 理事長 金鉉軾 → 韓國駐華代表團長, 1947年 6月 29日(국사편찬위원회 수집자료, 『대한민국임시정부 관련자료(3)』).

한다"는 취지하에 설립되었다. 이 단체의 간부진은 1929년 고려상업회의소부터 활동했던 인사들과 그 이후 상해에 들어와 경제활동을 했던 인사들이었다.[134) 김시문은 한상총회에서 평의원으로 활동하였다.

김시문이 김문공사와 상해한국교민단, 한상총회 활동으로 분주할 무렵 조국의 정국은 혼란을 거듭하였다. 그는 직접 자신의 눈으로 조국의 정정을 확인하기 위해 1948년 12월 일시 귀국하였다가 두 달만에 다시 상해로 돌아 왔다. 당시 극도로 혼란했던 조국의 정국은 상해 잔류에 대한 그의 결심을 더욱 굳혔다.[135)

김시문은 큰 아들 희원 만큼은 귀국하도록 하였다. 1949년 5월 신사군의 상해 점령으로 인해 김시문으로서는 집안을 유지하기 위해 큰 아들이라도 조국에 보내고 싶었던 것이다. 희원은 가족들을 상해에 남겨둔채 혼자 귀국을 하게 되었다. 천안문에서 중화인민공화국 성립이 선포되기 이틀전인 1949년 9월 29일 한인 110명이 탄 마지막 귀국선이 상해를 출항하였다. 이 배에는 희원뿐만 아니라 한인들의 마지막 귀국을 지휘했던 총영사 이정방과 김홍일의 아들 김용재 등이 타고 있었다. 장강 어구를 벗어나 황해상으로 진입한 귀국선은 국민당 군함의 해상봉쇄로 1주일 동안 바다위에서 억류되었다. 국민당 정부는 1949년 6월부터 중공을 견제하기 위해 상해항을 봉쇄하고 있었다.[136) 배위에서 추석을 보낸 이들은 10월 9일이 되어서야 가까스로 한국 부산에 도착하였다.[137)

부산에서 서울로 간 희원은 신당동의 김효숙 부부집에 기거하였다. 김효숙은 김붕준의 큰 딸이었다. 일찍이 희원의 가족과 김붕준 가족은 상해 보강리에서 앞뒷집에 살던 사이였다. 한국에 혼자 떨어져 생활하던 희원

---

134) 上海市檔案館 編, 『中國地域韓人團體關係史料彙編』 1, 490쪽; 秋憲樹, 『자료 한국독립운동』 1, 연세대 출판부, 1972, 504~505쪽.

135) 金熙元 구술, 2010년 5월 27일 과천 국사편찬위원회에서.

136) 石源華 主編, 『中華民國外交史辭典』, 上海古籍出版社, 1996, 753쪽.

137) 金熙元 구술, 2005년 4월 2일 과천 국사편찬위원회에서.

은 상해의 가족들과는 홍콩, 북한을 경유하여 편지를 주고 받았다.[138]
상해에서 가져간 와이셔츠 등 의류를 팔아 근근히 생활하였다.

그가 한국에 도착한 지 8개월만인 1950년 6·25전쟁이 발발하였다.
미처 피난하지 못했던 그는 북한 의용군에 징집되었다. 그후 가까스로
북한 의용군에서 풀려났지만 부역 혐의로 2년여의 부산 및 거제도 포로
수용소 생활을 하는 우여곡절을 겪었다. 그가 자유의 몸이 된 것은 정전
직전인 1953년 6월이었다. 큰 아들을 혼자 한국에 보낸 김시문 부부는
자식의 생사 걱정으로 눈물로 날을 보냈다.[139] 혼자 한국에서 생활하던
큰 아들 김희원이 부친 김시문과 다시 상봉한 것은 근 30년이 지난후인
1976년이었다.

2) 신중국 수립 이후의 상해 생활

(1) 신중국 수립과 상해 한인들

중국공산당이 상해를 해방시킨 약 4개월 후인 1949년 10월 1일 북경
에서 중화인민공화국이 수립되었다. 신중국 수립 직후인 1949년 11월
현재 상해에 잔류한 한인들은 503명으로 조사되었다.[140] 상해 한인들은
신중국과 국교를 수립한 조선민주주의인민공화국(이하 조선) 국적으로
편입되었다.[141] 당시 중국과 조선 정부는 중국에 있는 한인들의 국적에

---

138) 金熙元이 金時文에게 보낸 편지(1950년 1월 8일). 1949년 5월 신사군의 상해 해
    방 이후 한국과 중국에 떨어진 이산가족들은 주로 홍콩을 경유하여 서신을 왕래
    하였다. 1950년대 이후 중국 대륙에 있던 한인들은 홍콩을 거쳐 한국이나 제3국
    으로 가는 경우도 있었다. 홍콩은 한국과 중국간의 서신 및 인적, 물적 교류가
    이루어지던 중계기지였다.

139) 金熙元이 金時文에게 보낸 편지(1953년 8월 5일).

140) 『1949年上海市綜合統計』(鄒依仁, 『舊上海人口變遷的硏究』, 上海人民出版社, 1980,
    147쪽).

141) 金滋東 구술, 2007년 12월 11일 서울 임시정부기념사업회 사무실에서. 김자동

대해 다음과 같은 합의를 보았다고 한다. 중국 동북지방에 살고 있는 한
인들은 모두 자동적으로 중국 공민으로 인정받으나, 그밖의 한인들은 중
국이나 북한의 국적을 선택하도록 하였다는 것이다. 그 과정에서 동북지
방이 아닌 산해관 이남 즉 관내지역의 몇 천 명에 달하는 한인들은 조선
국적으로 편입되었다.[142]

　1949년 중화인민공화국 수립 이후 상해에 남아 있던 한인들은 상해
시 외사처로부터 국적 선택에 대한 사항을 통보받았다. 국적 선택 과정
에서 대부분 한인들은 중국과 국교를 맺고 있던 조선 국적을 선택하였
다.[143] 중국 국적(조선족)을 선택하는 사람이 없었던 것은 아니나 극소
수였다. 이미 중국 국적을 가지고 있던 경우는 이를 그대로 승계할 수
있었다. 당시 한반도 남쪽 즉 한국에 고향을 두고 있던 한인은 한국 국
적을 선택하는 사람도 있었으나 이 경우 '무국적자'가 되었다.[144] 당시
한국은 중국의 미수교국가였기 때문이다. 이렇게 자의반 타의반으로 상
해지역 대부분의 한인들은 조선 국적으로 편입되었다. 이듬해 6·25전쟁

　　회장은 중화인민공화국 수립후 '조선인 신분 협정'이 체결되어 장성 이북 조선
　　인은 중국 국적, 이남 조선인은 조선 국적(북한교민)으로 되었다고 하였다.
142) 李珠昤, 『中國 안의 朝鮮族』, 청계연구소, 1988, 63쪽. 일제패망후 중국에 있던
　　한인들의 국적 문제에 대해서는 대략적인 사실만 알려져 있을 뿐 아직까지 구체
　　적인 사실은 잘 알려져 있지 않다. 여기에는 조중 양국 정부의 관련자료 미공개
　　에 기인하는 바 크다. 향후 이 방면에 대한 자료 발굴이 이루어져야 할 것으로
　　보인다.
143) 1978년 개혁개방 이후 생활의 편의나 한국을 방문하기 위해 조선 국적에서 중국
　　국적(조선족)으로 변경하는 경우가 더러 있었다. 김시문의 첫째딸 김희경은 중국
　　에서 태어나고 남편도 중국인임을 들어 1990년대 중반 북경 조선대사관에 국적
　　변경을 신청하여 중국 조선족으로 바꾸었다고 한다(王敏蘭 구술, 2009년 2월 16
　　일 淮海中路 자택에서).
144) 劉眞順 구술, 2009년 9월 15일 상해 四川北路 好享來에서. 1932년 평양에서 태
　　어난 劉眞順은 그해 독립운동가였던 부친 劉一平을 따라 상해로 건너갔다. 1936
　　년 인성학교 유치원을 다녔으며 1946년 재개교된 인성학교의 첫 번째 졸업생이
　　기도 하였다. 나아가 1951년부터 1979년까지 인성학교 교사를 역임하였다.

발발 직후인 1950년 8월 북경의 주중 조선대사관 관원이 상해로 출장하여 조선 국적을 선택한 한인들에게 여권을 분배함으로써 상해지역 한인들의 국적 문제는 일단락되었다. 이 과정에서 김시문 가족은 모두 조선 국적에 편입되었다.

이때 상해에 온 조선대사관 관원은 상해지역 한인들에게 민족적 단결과 '抗美衛國'을 호소하였다. 그 결과 朝僑學習會가 조직되어 애국주의 교육을 실시하고 인성학교유지회를 설립하여 인성학교를 관리하였다. 1953년 10월, 조교학습회와 인성학교유지회는 합병하여 교민단체 상해 조선인협회를 설립하였다.145)

인성학교는 상해 한인들의 정신적인 구심점 역할을 하였다. 1935년 일제에 의해 폐교된 인성학교는 광복 다음해인 1946년 6월 다시 문을 열었다.146) 재개교한 인성학교는 임시정부 시절 인성학교의 이념을 계승하였다. 당시 한인들이 홍구지역에 많이 살고 있었기 때문에 인성학교는 蚓江支路 吉祥里 212호의 한인기독교회를 빌어 개교하였다.147) 1935년 폐교 당시 교장이던 선우혁이 다시 교장으로 선임되었고, 초등과정 외에 중학 과정이 증설되었다.

상해 한인들의 자제들은 대개 인성학교를 다녔다. 이는 김시문 집안도 마찬가지였다. 당시 상해 한인사회에는 현지학교가 아니라 한인이 운영하는 인성학교에 보내는 것이 자연스럽게 여겨지고 있었다. 김시문의 외손녀는 한족이었지만 1961년부터 1963년까지 2년 반 동안 회해중로 옛 하비로에서 먼거리에 있는 홍구의 인성학교로 통학하였다. 등교 때는 먼저 회해중로 집에서 인민광장 옆의 西藏中路로 가서 거기서 다른 버스로 갈아 타고 학교로 갔다. 10세 전후의 어린아이가 통학하기에는 먼

---

145) 上海外事誌編輯室 編, 『上海外事誌』, 上海社會科學院出版社, 1999, 346쪽.
146) 上海市檔案館, 「上海敎育局有關外僑學校情況報告」(B105-1-1115, 1950~1952.7).
147) 上海市虹口區敎育局 編, 『虹口敎育史話』, 學林出版社, 2000, 254쪽.

거리였다. 물론 몇 년후에는 통학이 너무 힘들어 어쩔 수 없어 집근처의
중국인 학교로 전학을 했다고 한다.[148]

한편 1949년 5월 중국공산당의 상해 해방 이후 기존의 한인 교민단체
들은 해산되고 조선 및 중국과 우호적인 교민단체가 설립되었다. 이전의
교민단체였던 상해한국교민단은 같은 해 7월 5일 이미 해산되었다.[149]
대신 북한의 인민공화당이 주도한 조선인민민주연합회가 교민단체로서
기능하였다. 1953년에 가서는 조선인협회가 조직되어 교민단체 역할을
하였다. 조선인협회는 중국정부의 공식적인 인정을 받은 단체는 아니었
지만 비공적인 묵인하에 활동하였다.[150]

조선인협회는 상해 교민들을 조직하여 여러 가지 활동을 벌였다. 먼저
상해시와 교섭하여 교민의 권익을 옹호하고 구제하는 활동을 전개하였
다. 그 가운데는 직장이나 주택 알선 등 업무도 있었다.[151] 그리고 교민
들을 대상으로 학습반을 조직하였다. 학습반은 주로 조선의 노동신문을
읽어주는 형식으로 이루어졌는데, 홍구반과 회해로반이 운영되었다.[152]
교민들을 위한 야유회, 운동회를 조직하여 친목을 도모하였다. 교민 가운
데 사망자가 있으면 부고를 돌리고 영안소를 지키는 일도 하였다.[153]

조선의 전통문화 공연, 영화 상연 등을 통해 민족적 정체성을 유지하
는 활동을 정기적으로 펼쳤다.[154] 정기적인 전통문화 공연은 대개 인성
학교 2층 강당에서 열렸다. 주로 교민들의 아리랑 등 민요 합창이나 가

---

148) 王敏蘭 구술, 2008년 10월 27일 상해 淮海中路 자택에서.
149) 上海外事誌編輯室 編, 『上海外事誌』, 346쪽.
150) 金元培 구술, 2009년 10월 15일 상해 紫藤路 한국식당에서.
151) 劉眞順 구술, 2009년 11월 19일 상해 魯迅公園 옆 九牛一品에서.
152) 金元培 구술, 2009년 10월 15일 상해 紫藤路 한국식당에서. 회해로반은 회해로
    가 蘇州河 남쪽에 있었기 때문에 '강건너반'으로 불리었다. 조선에서 발행된 노
    동신문은 대개 일주일이나 열흘이면 상해에 도착하였다고 한다.
153) 金元培 구술, 2009년 10월 15일 상해 紫藤路 한국식당에서.
154) 劉眞順 구술, 2008년 11월 17일 상해 多倫路 茶館에서.

야금 병창 등이 공연되었다. 가야금과 같은 악기는 상해 조선영사관에서 제공했다.[155] 1970년대 말까지 상해 교민들은 정기적으로 민족의 전통 공연이나 영화상연 등을 통해 민족정체성을 유지해 갔다.

하지만 1949년 이후의 상해 한인사회가 유지되는데 걸림돌도 적지 않았다. 특히 사회주의국가의 특성상 전출입이 거의 없는 폐쇄적인 사회 구조로 인해 외부의 충원이 없었기 때문에 교민수는 갈수록 줄어들었다. 그에 따라 교민학교인 인성학교의 학생수도 감소하였다. 급기야 1979년 가을 인성학교는 재개교된 지 33년만에 인근 중국인 소학교에 합병됨으로써 상해 한인사회의 구심점은 사라지게 되었다. 이때부터 상해 한인들의 민족정체성을 고취하는 활동은 눈에 띄게 줄어들었다. 조선인협회도 교민수의 감소로 인해 별다른 활동을 할 수 없게 되었다.[156]

상해에 거주하는 조선 국적 교민들의 경제적 수준은 중국인들에 비해 낮은 편이었다. 교민들 가운데 일부 의사, 간호사, 교사 등과 같은 직업 외에는 대부분 노동에 종사하면서 하층생활을 영위하고 있었다. 당시 상해시의 조사에 의하면, 상해의 외국교민 가운데 조선교민의 생활이 가장 곤란하였다고 한다. 특히 조선으로부터의 원조가 끊긴 6·25전쟁 기간 동안은 더욱 더 어려웠다. 1952년 조선 국적 교민 167호(351인) 가운데 실업 상태에 놓여있거나 생활이 곤란한 경우가 100~110호(300인에 육박)였다고 한다. 이 가운데 62호는 상해 조선인성학교관리위원회에 구제미를 신청하여야만 하였다.[157] 상해시의 조선교민에 대한 지원은 실질적인 교민단체 역할을 하고 있던 인성학교 관리위원회를 통해 이루어지고 있었다.

조선교민들은 상해에서 '외국인영구거류증'을 가지고 있었으며 선거

---

155) 王敏蘭 구술, 2009년 2월 16일 상해 淮海中路 자택에서.
156) 劉眞順 구술, 2009년 1월 20일 상해 多倫路 한식당에서.
157) 上海市檔案館, 「關于上海朝鮮僑民救濟案的報告及批復」(政1-2-919, 1952.12~1953.12).

권은 없지만 연금이나 의료혜택을 받을 수 있었다.[158] 주택은 상해시 외
사처에서 주선하여 저가로 임대하였다.[159] 상해교민들은 1950년대 말부
터 몇 년에 걸친 중국의 대기근 때는 식량 등 각종 배급에서 우대를 받
기도 하였다.[160] 상점에서 조선여권을 제시하면 일반 중국인들이 구하
기 힘든 물건도 구입할 수 있었다.[161]

다만 여행 등과 같은 개인의 이동은 제한을 받았다. 상해에서 그리
멀지 않은 杭州에 가는 경우에도 반드시 사전에 외사처에 신고를 하여
야 했고 그렇지 않을 경우 처벌이나 불이익이 따랐다. 대체적으로 보아
여행 등과 같은 개인 활동에서 제한을 받기도 했지만 조선교민들의 최소
한의 의식주 생활은 보장되었던 것으로 보인다.

(2) 김시문의 임시정부 요인 유해 이장

1949년 이후 중국대륙의 한인들은 한반도로부터 점점 잊혀가고 있었
다. 그 무렵 김시문은 상해 한인사회의 원로지도자이던 선우혁을 도와
교민사회를 이끌어 갔다. 틈 날 때마다 상해지역에 있던 임시정부 요인
등 독립운동가들의 묘소도 관리하였다.[162]

---

158) 金元培 구술, 2009년 10월 15일 상해 紫藤路 한국식당에서.
159) 金用哲 구술, 2009년 11월 15일 상해 徐家滙 兩岸呵啡館에서.
160) 劉眞順 구술, 2009년 1월 20일 상해 多倫路 한식당에서. 유진순은 1950, 60년대
    기근 때는 배급을 받았는데, 매월 배급량이 중국인은 2량 반인데 비해 자기와
    같은 외국 교민은 반근(중국인의 2배)를 받았고 쌀은 중국인은 안남미를 받았는
    데 외국 교민은 그런대로 괜찮은 쌀을 받았다고 한다.
161) 崔慰慈 구술, 2009년 11월 13일 상해 万科城市花園 자택에서. 1950년대 말
    1960년대 초 김문공사 근처에 살면서 김시문 일가와 가까이 지냈던 최위자(崔
    采의 딸)는 자신은 중국 국적(조선족)이었지만 조선 국적을 보유하고 있던 김문
    공사 가족들의 여권을 빌려서 당시에는 의약품으로 취급되어 귀했던 우유 등을
    사먹을 수 있었다고 한다.
162) 金昌錫 구술, 2009년 3월 20일 상해 紫藤路 한식집에서. 중국 조선족 선박 엔지
    니어였던 李哲鎬는 1958년 상해 조선소에 직장을 배치받아 상해에 거주하였다.

1920년대 이래 독립운동이 장기화되면서 연만한 지도자들은 상해에서 타계하여 현지 공동묘지에 묻히는 경우가 많았다. 徐家滙 萬國公墓에는 신규식 등이 묻혀 있었고, 靜安寺公墓에는 임시정부 대통령을 지낸 박은식을 비롯한 노백린, 안태국, 윤현진 등의 유해가 안장되어 있었다. 그런데 일제 패망 이후부터 '갑작스러운' 중국공산당의 상해 해방으로 이어지는 급격한 정세 변화로 인해 유해를 국내로 봉환할 수 없었다. 그런데 1953년 상해시 도시개발로 정안사공묘가 교외지역으로 이전하는 것으로 결정되었다.163) 박은식을 비롯한 임시정부 요인들의 묘가 무연고묘가 될 지경에 처하게 되었다. 당시 상해에 살고 있던 선우혁, 김시문은 신문에 게재된 정안사공묘의 이전 사실을 홍콩에 있는 李義錫에게 급히 연락을 하였다.164) 이의석은 안태국의 손녀(安孝實) 사위로 당시 홍콩에서 사업을 하고 있었다. 이 소식을 들은 그는 임시정부 요인들의 묘소 이장비용으로 300 홍콩달러(인민폐 12,810위안)를 송금하였다. 이장 비용을 받은 선우혁·김시문·金鉉軾은 여러 방면으로 노력을 한 끝에 요인들의 유해를 大場鎭公墓로 이장하고 묘비를 세웠다.165) 김시문은 이장을 완료한 후 이장과 관련한 비용 명세서를 이의석에게 보냈다. 이 명세서를 통해 이장이 어떻게 이루어졌는지 대체적으로 알 수 있다.

그는 어느날 회해중로를 거닐다 우연히 김시문을 만나게 되었다. 그후 이철호는 틈나는대로 김문공사에 들렀는데, 한번은 김시문의 안내로 안중근의 모친 조마리아의 묘소도 참배하였다고 한다.

163) 『文滙報』 1953년 9월 29일, 10월 30일, 10월 31일에 게재된 「上海市人民政府民政局殯葬管理所公告」 및 「上海市人民政府民政局殯葬管理所通告」.

164) 金熙元 구술, 2006년 7월 20일 과천 국사편찬위원회에서.

165) 「鮮于爀·金時文이 홍콩의 李義錫에 보내는 安泰國선생 등 移葬費用 使用內譯書(1953)」(金熙元 소장).

〈표 2〉 정안사공묘 임시정부 요인 유해 이장비용 사용내역서

연월일 (1953년)	내용	지출	수입	잔고
10월 23일	鮮于爀 條件入存金額		12,810.00	
10월 25월	鮮于先生 車代用	100.00		12,710.00
10월 27일	〃	500.00		12,210.00
10월 27일	金鉉軾 車代支給	100.00		12,110.00
10월 28일	三人去墓地하여 踏査하고 夕食代	505.00		11,605.00
10월 28일	來往車代	40.00		11,565.00
10월 30일	金鉉軾 車代附去	400.00		11,165.00
10월 30일	鮮于爀 附去	300.00		10,865.00
11월 03일	〃	100.00		10,765.00
11월 03일	靜安公墓 碑石一件來包	40.00		10,725.00
11월 06일	鮮于爀 附去	100.00		10,625.00
11월 06일	金文 自車費	20.00		10,605.00
11월 07일	鮮于爀 附去	100.00		10,505.00
11월 09일	公墓事件議 碑石賣□餘□車代	20.00		10,485.00
11월 09일	鮮于□來 車代	20.00		10,465.00
11월 10일	今朝十時에 墓件去車代來用	40.00		10,425.00
11월 21일	鮮于爀 附給紙票	1,097.00		9,327.00
12월 07일	往靜安寺墓 車代	40.00		9,287.00
12월 08일	往鮮于爀宅 車代	30.00		9,257.00
12월 08일	到墓車 鮮于 □□車代	24.00		9,233.00
12월 08일	回家 車代	20.00		9,213.00
12월 11일	鮮于爀 附去	800.00		8,413.00
12월 20일	鮮于爀 現入		1,000.00	9,413.00
12월 21일	公墓所 支給額	6,000.00		3,413.00
12월 21일	電話費 及 車代	30.00		3,383.00
12월 21일	사진필림 一個	36.00		3,023.00
12월 24일	大場鎭 吃糆代	30.00		2,993.00
	靜安寺	20.00		2,973.00
12월 28일	碑石 搬運費代	3,500.00		-527.00
			差額 不足金	527.00

위 내역서에 의하면, 전체 비용 12,810위안 가운데 직접적인 비용은 공묘(묘지관리소)에 납부한 이장비용 6,000위안과 묘비 운반비 3,500원이다. 도합 9,500위안으로 전체 비용의 약 75%를 차지한다. 나머지 비

용은 주로 차비와 식비이다. 위의 표에서 보듯이, 비용은 527위안 정도 부족했는데, 이는 아마도 김시문이 자신의 돈으로 충당했던 것 같다. 김시문은 나중에 이 이장비용 명세서와 함께 묘지 증명서를 홍콩의 이의석에게 보냈다.

　박은식 등의 유해는 안전하게 상해 북쪽지역인 江灣의 대장진공묘로 옮겨졌다. 대장진공묘로 옮겨진 임시정부 요인들의 유해는 다시 浦東公墓로 이장되었다.[166] 대장진공묘의 유해 가운데 외국인의 유해는 포동공묘로 이장한다는 결정에 따른 것이었다.[167] 십수년이 지난 1976년 상해의 여러 공묘에 흩어져 있던 외국인의 묘는 한 곳에 집결시킨다는 상해시의 방침에 따라 이들의 유해는 다시 이장되었다. 그곳이 바로 서가회 宋慶齡陵園 내의 만국공묘였다.[168] 1976년 서울을 방문한 김시문은

---

166) 朱富康, 「韓國獨立運動領導人遺骨遷移追記」, 『移居上海』 第83期, 2009, 65~66쪽. 1954년 1월 임시정부 요인 유해가 정안사공묘에서 포동공묘로 이장되었던 것으로 기술하고 있다. 그러나 당시 선우혁과 김시문의 정안사공묘 유해 이장관련 문서를 볼 때, 최소한 먼저 대장진 공묘로 옮겨진 후 다시 포동공묘로 이장되었던 것으로 보인다.

167) 朱富康 구술, 2010년 6월 19일 상해 江寧路 찻집에서. 朱富康은 상해시 인민정부 외사판공실에서 근무하다 정년퇴임하였다. 그는 외사판공실 재임중이던 1993년 만국공묘 임시정부 요인들의 유해 봉환을 진두지휘했다. 최근 필자는 朱富康으로부터 1993년 마당로의 상해 임시정부청사가 개관되는 과정이라든지 임시정부 요인들을 도와준 프랑스조계 공동국의 수석변호사 顧守熙와 관련한 구술과 문서를 제공받았다. 지면을 빌어 朱富康님에게 심심한 감사를 드린다.

168) 金用哲 구술, 2009년 12월 9일 상해 徐家滙 兩岸呵啡館에서. 김용철의 구술에 따르면, 1960년대 중반까지만 하더라도 만국공묘에는 한국식 묘지 수십기가 있었다. 그런데 문화대혁명이 한창이던 1967년 그는 부친과 함께 만국공묘에 찾아갔으나 바로 며칠전에 이미 홍위병들이 난입하여 묘지를 크게 훼손하였다고 한다. 묘지를 관리하던 노인도 홍위병에 의해 고깔모자를 쓰고 비판을 받고 있는 모습을 목격하였다고 한다. 대한민국임시정부기념사업회 회장인 김자동에 의하면, 원래 만국공묘에는 金嘉鎭의 유해도 묻혀 있었으나 1960년대 후반 홍위병의 파괴로 인해 묘소의 위치만 파악될 뿐 유해는 확인할 길이 없다고 한다(金滋東 구술, 2009년 7월 12일 상해 宋慶齡陵園에서).

박시창과 최윤신을 만난 자리에서 박은식의 묘소에 대해 이야기를 해주었다.[169] 박시창과 최윤신은 1984년 서울을 방문한 조카 최위자(최채)의 딸에게 상해의 박은식 묘소를 직접 확인할 것을 부탁하였다. 상해에 돌아온 최위자는 만국공묘의 박은식 묘소를 확인하고 박시창과 국가보훈처에 연락을 취했다. 당시 상해 시장이던 汪道明에게도 유해 이장을 교섭하였으나 아직 수교전이었기 때문에 성사되지 못했다.[170] 그후 한중수교 이후인 1993년 양국정부의 노력으로 임시정부 요인들의 유해가 비로소 한국으로 봉환되었다. 이들 임시정부 요인들의 유해가 역사의 격동 속에서 훼손되지 않고 안전하게 보존된 데는 선우혁과 김시문 등 상해 한인들의 숨은 노력이 있었다.[171]

(3) 김문공사의 폐점과 가족들의 디아스포라

1949년 9월 장남 희원이 귀국한 후에도 김문공사는 영업을 계속하였다. 그런데 1950년대 중반부터 중국대륙에 공사합영 운동의 열풍이 불어닥쳤다. 1949년 신중국 수립 이후 한국전쟁을 통해 중국공산당의 주도권이 한층 강화되었다. 이러한 조건하에 1953년 이래 사회주의적 공업화의 실현과 농업집단화, 상공업의 사회주의 개조로의 움직임이 시작되었다. 기본적인 내용은 1953년부터 3차례의 5개년계획을 통하여 한걸음씩 농업과 수공업을 사회주의적인 집단소유제로, 또한 자본주의 상공업을 점차 사회주의 전인민소유제(국유·국영)로 개조하고 사회주의 공업화를 실현한다는 것이다. 농업집단화와 병행하여 1956년에는 수백만명의 수공업자를 수공업 생산합작사로 조직하여 사기업을 공사합영기업으로 바꾸

---

169) 金熙元 구술, 2010년 3월 21일 과천 커피샵에서.
170) 崔慰慈 구술, 2009년 11월 13일 상해 万科城市花園 자택에서.
171) 『東亞日報』 1993년 8월 3일, 「朴殷植 盧伯麟 安泰國先生 3人墓 保存, 中國僑胞 '숨은 功' 있었다」.

었다. 공사합영이라고 하지만 관리권은 국가가 장악하여 실질적으로는 국유국영이었다.[172] 이러한 공사합영의 여파는 김문공사도 예외가 아니었다. 1956년 공사합영의 원칙에 의해 김문공사는 폐쇄되었다.[173]

김문공사의 1층 가게는 인민들이 집단적으로 일하는 재봉공장으로 바뀌었다. 김시문은 지정된 노동장소인 大同食品店에서 일했다. 일을 마치고 돌아온 그는 자기 가게 2층에서 가족들과 함께 생활했다. 아울러 조선인협회의 애국주의 활동이 강화되어 학습반이 만들어짐에 따라 '학습'에도 동원되었다. 학습에 동원된 김시문은 곤욕을 치렀다. 그 자신이 '반동사상'이 없다는 것을 서면으로 제출했던 것으로 보아 저간의 사정을 알 수 있다.[174]

1956년부터 1958년까지의 몇 해 동안은 김시문에게는 일생을 바쳐 일군 김문공사가 폐쇄되고 게다가 자신은 '반동'으로 몰리는 착잡한 날들이었다. 더욱이 1967년에는 차남 희종이 서른의 젊은 나이에 백혈병으로 사망하였다.[175] 장남 희원이 한국에 있어 오랫동안 떨어져 있었기 때문에 희종이 장남이나 마찬가지였다. 그의 병사는 김시문 부부에게는 이루 말할 수 없는 슬픔을 주었다.

1960년대 중반부터 시작된 중국의 문화대혁명도 그에게 깊은 상처를 안겼다. 문화대혁명은 1966년 5월부터 1976년 10월까지 장장 10년이라는 기간동안 중국 전역에서 일어난 대중운동이었다. 그 과정에서 심각한 내란과 경제적인 손실을 초래하였다. 문화대혁명은 "인민 오직 인민만이 역사를 만든다"고 되풀이 하여 말해왔고, 궐기한 대중에 의한 '참된 사회주의'의 실현을 기대하였던 모택동이 그의 만년에 저지른 최대의 역

---

172) 小島晋治·丸山松幸 著/朴元熇 譯, 『中國近現代史』, 180~183쪽.
173) 王敏蘭 구술, 2008년 4월 10일 상해 淮海中路 자택에서.
174) 「자서전」(1958년 11월 26일).
175) 金用哲 구술, 2009년 12월 9일 상해 徐家滙 兩岸呵啡館에서.

설이며 비극이었다.

문화대혁명이 절정으로 치닫던 1960년대 후반 상해에도 외국교민을 배척하는 현상이 없지 않았다. 조선 교민에 대해서 직접적인 위해는 없었지만 조선으로 돌아가라는 일부 주민들의 항의가 있었다고 한다.[176) 김시문 가족도 직접적인 피해를 당하지는 않았지만 외국 교민 배척의 분위기는 피부로 느꼈을 것으로 보인다. 이러한 위압적인 분위기 속에서 조선 교민들은 가급적 외출을 삼가고 집안에만 있어야 했다. 게다가 큰 사위였던 한족 王延晧는 자신이 외국인과 결혼했다는 사실이 알려질까 전전긍긍하였다. 김시문 가족 사진첩의 사진 가운데 가족들이 함께 찍은 사진들에는 사위인 왕연호와 그의 아이들이 있는 부분이 도려 내어 없어진 사진들이 많다. 이는 왕연호가 자신이 외국인과 결혼한 사실이 알려질까 두려워 사진에서 자신의 존재를 제거하였기 때문이다. 문혁으로 인한 일련의 일들은 김시문으로서는 받아들이기 힘든 일들이었을 것이다.

설상가상으로 생활 형편도 점점 곤궁해졌다. 1955년 공사합영 이후 김문공사가 폐쇄되었기 때문에 직접적인 수입도 줄어들고 두 부부도 점점 연로하여 갔지만 생활비는 나올 데가 없었다. 물론 홍콩에 간 둘째딸 희선이 가끔 생활비를 송금해오기도 하고 결혼한 후 분가하여 근처에 살고 있던 희경이 간혹 소액의 생활비를 보내기도 하였지만 근본적인 해결책은 되지 못했다. 때문에 김시문 부부는 아직 결혼하지 않은 막내 아들 희길을 데리고 둘째 딸이 있는 홍콩으로 가기로 결심하였다.

하지만 김시문 부부는 상해시 인민정부로부터 1949년 신중국 수립 이후 밀린 임대료 600위안을 납부하여야만 홍콩으로 이주할 수 있다는 통보를 받았다. 김문공사가 있던 건물도 이미 국유화되었던 것이다. 당시 600위안은 현재 60만 위안 정도라고 한다. 셋째 딸 희옥이 친구들에게 빌린 돈으로 겨우 밀린 임대료를 납부할 수 있었다.

176) 劉眞順 구술, 2008년 11월 17일 상해 多倫路 名人街 茶館에서.

김시문은 홍콩으로 가기 위해 북경의 조선대사관에 가서 조선 국적을 포기했다. 무국적자가 된 김시문은 76세가 되던 1968년 홍콩행을 결행하였다. 상해에서 기차를 타고 며칠 걸려 광주를 거쳐 홍콩의 둘째딸 희선의 집에 정착하였다.[177] 홍콩에 정착한 김시문 부부는 홍콩 주민(홍콩적)이 되었고 나중에는 중국 국적을 취득했다.

1976년 5월에는 꿈에도 그리던 조국 서울을 방문하였다.[178] 이 해 8월 서울 중림동 국일반점에서 김시문을 위한 환영회가 열렸다. 이 자리에는 왕년에 상해에서 알고 지냈던 주요한·장홍·박시창·피천득·구익균 등 인사들이 대거 참석하여 지난날의 회포를 풀었다. 같은해 11월 그는 6개월 간의 조국 방문을 마치고 홍콩으로 돌아갔다. 채 2년이 지나지 않은 1978년 3월 6일 홍콩 성바오로의원에서 김시문은 향년 86세의 나이로 장서하였다. 그의 유해는 한국 파주의 천주교묘지에 묻혔다. 김시문의 부인 정이환도 1993년 홍콩에서 별세하였고 그의 남편 옆에 묻혔다.

김시문의 여섯 자녀들은 현재 상해, 홍콩, 한국, 캐나다 등지에 흩어져 살고 있다. 상해에는 지금도 김시문의 첫째 딸인 희경(1925년생)이 살고 있다. 성악을 전공한 김희경은 1952년 음악공작단일종의 음악선전대에서 함께 활동하던 바이올리니스트 왕연호와 결혼한 후 분가하여 지금까지 회해중로 上海新村에서 살고 있다. 둘째 희원(1927년생)은 1949년 귀국하여 지금까지 한국에서 살고 있다. 셋째 희선(1930년생)은 홍콩으로 옮겨 중국인과 결혼하고 식당을 운영하여 적지 않은 돈을 벌었다. 1950, 60년대 김시문 가족이 상해에서 어려운 가운데 나름대로 생활이 가능했던 것은 홍콩에 있던 희선의 송금에 힘입은 바 컸다. 넷째 희옥(1932년생)은 결혼 후 한국을 거쳐 캐나다로 가서 살고 있다. 다섯째 희숙(1934년생)은 천주교 계통을 통해 1963년 마카오로 갔다가 나중에 홍

177) 王敏蘭 구술, 2009년 5월 19일 상해 淮海中路 자택에서.
178) 『東亞日報』 1976년 6월 1일, 「잃었던 祖國 … 꿈같은 還國」.

콩으로 건너갔다. 막내 희길(1945년생)은 1968년 김시문 부부와 함께 홍콩으로 가서 지금까지 거주하고 있다. 1968년 상해에서 병사한 차남 희종을 제외한 김시문의 여섯 자녀들은 70~80대의 고령임에도 불구하고 지금도 매년 5월이면 상해에서 재회하고 있다. 상해는 자신들이 태어난 고향이다.

5. 맺음말

1910년대 이후 상해에 한인들의 이주가 늘어나면서 소규모 교민사회가 형성되기 시작했다. 특히 1919년 4월 상해에 대한민국 임시정부가 수립되면서 프랑스조계에 한인사회가 본격적으로 형성되기 시작했다. 이 시기 상해에 이주한 한인들 가운데는 김시문과 같이 프랑스조계 하비로에서 상업에 종사하면서 뿌리를 내리는 이들도 있었다.

1892년 한국 개성에서 소작농의 외아들로 태어난 김시문은 어린 시절부터 가난한 생활을 하였다. 주경야독을 하면서 민족의식에 서서히 눈을 뜨기 시작하던 그는 일제의 박해를 피해 1916년 24세의 나이로 상해로 이주하였다. 상해에 온 그는 처음 구두수선, 인삼장사를 하면서 반유랑생활을 하였다. 1919년 4월 임시정부가 수립되자 김시문은 독립신문사에서 식자공이나 배달원으로 일하기도 하였으며 국내 잡지와 신문을 대리 판매하기도 하였다.

1922년 9월 김시문은 자신이 수년간 부지런히 모은 돈과 주위의 도움으로 마침내 번화한 하비로 339호에서 자신의 이름을 딴 김문공사라는 잡화점을 열었다. 김문공사는 한국에서 사과, 인삼 등 특산품을 수입하여 판매하고 그밖에 음료나 제과도 취급하였다. 그의 상점이 길목에 자리잡고 있었기 때문에 영업은 그리 나쁘지 않았다. 어느 정도 자본을 모은 그는 옆의 337호도 인수하여 가게를 확장하였다. 김시문과 김문공사는 상해 한인뿐만 아니라 현지 중국인들에게도 널리 알려지고 신용도 두터워졌다.

김문공사를 경영한 지 2년만인 1924년 집안이 곤궁하여 거의 무작정 상해로 건너온 평북 선천 출신의 정이환과 결혼하였다. 결혼 후 부인이 가게일을 돕게 되면서 생활은 점점 안정을 찾게 되었다. 김시문 부부는 슬하에 7명의 자녀를 두었다. 그의 집안은 식구들뿐만 아니라 늘 손님들로 붐볐다.

김시문은 직업적인 독립운동가는 아니었지만 민족의식은 누구보다도 강했다. 독립운동이 어려울 때는 그에 대한 재정적인 지원에 발 벗고 나섰다. 임시정부의 기관지『독립신문』이 자금난에 처해 있을 때 그 발행을 떠맡았던 것이 가장 대표적인 사례이다. 그는 독립운동단체를 지원하는 형식으로 독립운동을 전개하였던 것이다. 임시정부가 상해에서 그렇게 오랫동안 지속될 수 있었던 것은 상해 한인사회내에 소규모 기업가나 자영업자들의 물적 지원이 있었기에 가능했던 것이다. 1920년대 상해에서 유학했던 우승규는 김시문을 가리켜 "총대없는 상인독립군"이라고 표현하였다.

김시문은 프랑스조계 한인 집단거주지역의 길목에 자리한 자신의 가게를 교민들을 위한 연락장소나 독립운동 회합을 위한 장소로 제공하였다. 그는 한국에서 상해로 처음 오는 동포들을 안내하거나 그들의 정착을 도왔다. 그는 체포된 독립운동가들의 가족을 돌보기도 하였다. 일제 패망 후에는 많은 이들이 그의 집을 거처 귀국하였다. 때문에 그에게는 '한국총영사'라는 별명이 붙었다.

1945년 8월 일제가 패망한 후에도 김시문은 귀국하지 않았다. 당시 극도로 혼란했던 조국의 정국으로 인한 이유도 있었고 그리고 무엇보다도 이미 30년 동안 거주한 상해에 생활기반이 있었기 때문이다. 그러나 큰 아들 희원 만큼은 귀국하도록 하였다. 1949년 9월 29일 희원은 상해를 출항하는 마지막 귀국선 플라잉 인디펜던스호에 승선하여 우여곡절 끝에 한국에 도착하였다. 혼자 한국에서 생활하던 희원이 부친 김시문과 다시 상봉하게 된 것은 근 30년이 지난후인 1976년이었다.

1949년 이후 중국대륙에는 중화인민공화국이 수립되었다. 이 무렵 그는 상해 한인사회의 지도자 선우혁을 도와 교민사회를 이끌어 갔다. 1950년대 중반 그의 활동 가운데 상해에 있던 임시정부 지도자들의 유해를 보존하기 위해 노력하였던 사실은 잊을 수 없는 일이다. 1953년 상해시 도시개발로 임시정부 요인들의 묘가 무연고묘가 될뻔 하였으나 선우혁 등과 함께 이들의 유해를 보존하였다. 40년 후인 1993년 임시정부 요인들의 유해가 한국으로 봉환될 수 있었던 데는 선우혁과 김시문과 같은 숨은 공로자가 있었다.

김시문의 노년 생활은 순탄치 못하였다. 1950년대 중반부터 시작된 신중국의 '공사합영' 운동의 여파는 회해중로의 김문공사에도 불어 닥쳤다. 그 와중에서 김시문은 자신이 평생 피땀 흘려 일군 김문공사가 폐쇄되는 것을 지켜 보았다. 김문공사의 폐쇄는 김시문 가족의 경제적 궁핍으로 이어졌다. 1958년 상해에 주상해 조선총영사관이 설립되고 애국주의교육이 강화되면서 김시문은 '반동'으로 몰려 곤욕을 치렀다. 1960년대 중반부터 시작된 문화대혁명도 김시문에게 상처를 안겨주었다. 당시의 외국교민 배척 분위기와 그로 인한 한족 사위의 행동은 받아들이기 힘든 것이었다. 게다가 1967년에는 장남이나 마찬가지이던 희종의 사망으로 슬픈 나날을 보냈다. 공사합영 이후 악화되던 생활난으로 인해 결국 김시문은 76세되던 1968년 둘째 딸이 자리잡은 홍콩으로 이주하였다. 1976년에는 꿈에도 그리던 조국 서울을 방문하였고 왕년의 동지들과 상봉하였다. 조국 방문을 마치고 홍콩으로 돌아온지 채 2년이 지나지 않은 1978년 3월 김시문은 향년 86세의 나이로 세상을 떠났다.

　김시문은 1916년 상해로 이주하여 1968년까지 무려 53년을 상해 하비로 일대에서 살았다. 그는 하비로에서 상해 한인사회의 애환, 임시정부의 고난과 윤봉길의거, 1945년의 일제 패망과 1949년 중화인민공화국 수립이라고 하는 격동의 역사를 지켜본 산증인이었다고 해도 과언이 아닐 것이다.

제3장 상해 한인사회의 위생의료 생활

1. 머리말

지금까지 상해 한인사 연구는 주로 대한민국 임시정부를 둘러싼 독립 운동단체와 인물들에 대한 연구가 주류를 이루어 왔다. 그 결과 방대한 관련 연구성과가 축적되어 있음은 주지하는 바와 같다. 다만 최근 들어 상해 한인사회를 다양한 각도에서 조명하려는 시도가 이어지고 있어 연구의 다양성을 생각할 때 바람직한 경향이라 하지 않을 수 없다.[1] 그럼에도 불구하고 1919년 대한민국 임시정부가 수립되면서 한인사회가 형성되었던 상해지역 한인들의 위생의료생활에 대해서는 연구가 이루어지지 못했다.

일찍이 상해 한인사회에 대한 개척적인 연구를 수행했던 孫科志는 상해 한인들의 계층, 경제, 교육, 문화, 종교 등 다방면의 측면을 분석한 바 있다. 하지만 한인사회의 위생의료생활에 대해서는 연구의 손길이 미치지 못했다.[2] 그 이유로 우선 위생의료문제에 대한 관심 자체가 적었다는 점을 들 수 있다. 상해 한인사 연구가 주로 임시정부를 둘러싼 독립 운동단체와 그 인물들에 대한 연구가 주류를 이루어 온 사정과 무관하지 않을 것이다. 그 외에 연구에 필요한 관련 자료의 부족 문제도 지적될

---

1) 김광재, 「'상인독립군' 金時文의 상해 생활사」, 『한국민족운동사연구』 제64집, 2010 ; 조덕천, 「상해시기 대한민국임시정부 구성원의 생활사 연구」, 『백범과 민족운동연구』 제8집, 2010.
2) 孫科志, 『上海韓人社會史(1910~1945)』, 한울, 2001.

수 있다.

위생의료 문제는 한 사회의 존속과 유지, 근대민족국가의 건강한 국민을 창출한다는 차원에서 역사연구에서 빠뜨릴 수 없는 중요한 주제이다. 상해한인사회를 온전히 이해하고 복원하기 위해서도 그들의 위생의료 생활에 대한 고찰은 필수적인 작업으로 생각된다.

따라서 본고는 상해한인들의 위생의료생활에 대해 구체적으로 고찰하고자 한다. 먼저 1919년 4월 상해에서 수립되는 임시정부의 위생 정책, 산하 단체인 대한적십자회와 대한교민단의 위생의료 활동을 살펴본다. 이어 상해 한인사회에서 활동했던 한인 의사들과 약국, 그리고 전통적인 양생과 근대적인 위생을 융합한 개인적인 사례로써 안창호의 의료생활 경험을 살펴본다.

본고는 중국측 자료 뿐만 아니라 한국 및 일본측 자료, 구술자료 등도 최대한 활용하고자 한다. 다루는 시기는 주로 1919년부터 1920년대 초까지이다. 지역적으로는 상해 프랑스조계지역의 한인사회로 제한한다.

2. 공공 위생의료

1) 임시정부와 대한적십자회의 위생의료활동

1919년 이전 상해한인사회는 그 규모가 매우 작아 교민사회의 위생이나 보건의료활동이라고 할만한 것이 거의 없었다. 교민의 위생보건과 의료문제는 개인적으로 해결해야할 영역이었다. 위생보건과 의료문제가 교민사회의 문제로 대두되는 것은 아무래도 1919년 4월 임시정부의 수립을 전후한 상해 한인사회의 본격적인 형성을 기다려야 했다. 상해에 교민사회가 본격적으로 정착되고 교민단체가 설립되면서 교민사회의 위생보건이나 의료문제에도 조직적인 업무를 수행하게 되었다.

임시정부는 1919년 11월 5일 '대한민국임시관제'를 선포하였다.[3] 임시관제에서 위생과 관련한 사무는 내무부가 관장하도록 규정하였다. 제2절 내무부 관제에서 "내무총장은 헌정경비 의원선거 지방자치 경찰위생 농상공무와 종교자선에 관한 일체 사무를 통할함"이라고 하였다. 즉 정부 가운데서도 내무부가 경찰과 위생을 관장한다는 사실을 명문화하였다. 내무부 산하에는 비서국, 지방국, 경무국, 농상공국의 4국을 설치하였는데, 위생은 경무국에서 관장하였다. 근대국가에서 경찰이 위생을 관장하는 제도를 수용한 것이다. 경무국은 행정경찰, 고등경찰, 도서출판 및 저작권에 관한 사항, 일체 위생에 관한 사항을 '掌理'하였다. 그리고 군무부에서는 육군국이 "육군 위생 醫政과 기타 사항", 그리고 해군국이 "해군 위생에 관한 의정 및 기타 사항"을 '장리'하는 것으로 하였다. 이렇게 하여 임시정부는 인민의 위생을 국가가 관장함으로써 근대국가가 갖추어야할 위생 제도를 적어도 형식적이나마 갖추게 되었다.[4]

그러나 임시정부는 평상적인 정부가 아니었고 상해라고 하는 외국 영토에서 활동해야 했던 어려움이 있었다. 따라서 임시정부는 국내외 인민에 대해 직접적인 위생의료 정책을 시행할 수 없었다. 또한 당장의 대일독립전쟁을 수행해야 하는 형편에 있었기 때문에 위생의료 정책의 주요

---

3) 「大韓民國臨時官制」, 1919年 11月 5日(연세대 현대한국학연구소, 『雩南李承晚文書』 東文篇 8, 1998, 148~171쪽).

4) 「議案」, 1943년 10월 14일(국사편찬위원회, 『대한민국임시정부자료집』 5, 임시의정원 IV, 2005). 임시정부는 1943년에 가서는 衛生部 설치를 추진하였다. 이 해 10월 14일 의사이자 독립운동가로 활동했던 劉振東 등 임시의정원 의원들은 임시정부 내 위생부 설치를 제의하였다. 議案의 주요내용은 다음과 같다. "우리는 數十年 동안 海外에서 流離生活을 繼續하느니만침 精神的으로나 肉體的으로 日益疲廢되엇다 그리하야 熱血의 革命鬪士로써 馬革에 屍를 裏치 못하고 不幸히 病魔에게 犧牲되는 同志 同胞가 非一非再함을 깊히 痛嘆하는 바이다 要컨대 現下 臨時政府所管內 - 卽關內 - 革命運動者의 保健工作은 革命工作의 能率을 提高하는 急先務로 認定치 아느면 아니된다. …"

한 방향을 독립전쟁의 수행과정에 필요한 전시 위생의료로 제한했다. 대신 상해 한인사회의 위생의료는 임시정부 산하의 대한적십자회와 대한교민단에 의해 시행되었다.

임시정부로서는 대일전쟁을 수행하여 독립을 쟁취해야하는 것이 지상과제이자 급선무였다. 때문에 대일전에서 부상당하는 독립군을 치료할 위생 및 의료활동을 수행할 의사와 간호부의 양성이 시급한 과제로 떠올랐다. 그리하여 임시정부가 수립된지 3개월 후인 1919년 7월 13일 임시정부 내무부 총장 안창호의 명의로 대한적십자회의 설립이 인가되었다.5) 설립 목적은 각국의 적십자사와 같이 "전시 및 천재사변에서의 상병자를 구호하는 것"이었다. 사무소는 상해 長濱路 愛仁里 39호에 두었다. 회장에는 李喜儆, 부회장에는 金聖謙, 이사에는 여운형이 선임되었다.6)

대한적십자회는 발족한지 한 달 만에 첫 의료사업을 벌였다. 1919년 여름 상해에 호열자가 유행하자 대한적십자회는 임시정부로부터 100원을 하부받아 상해 교민들을 대상으로 호열자 예방주사를 놓아주기로 했다. 교민단 사무소 내에 임시병원을 설치하고 8월 15일부터 사흘 동안 교민들에게 예방주사를 놓아주었다.7) 요금은 50전씩 받기로 하고 하루에 90명 정도 실시하려고 계획했으나 막상 첫날에 병원을 찾은 교민은 30여 명에 불과하였다. 그후에도 예상인원의 반 정도 밖에 오지 않아 기대한만큼의 성과는 거두지 못했다.8)

대한적십자회는 1920년에 접어들어 회원수가 늘어나고 재정의 기틀이 잡히게 되자 좀더 조직적인 위생의료사업을 전개하기로 하였다. 간호

---

5) 『獨立新聞』 1920년 5월 1일, 「大韓赤十字會의 現狀 및 그 將來方策의 大略」.

6) 大韓赤十字社, 『大韓赤十字社七十年史』, 1977, 77~78쪽.

7) 『獨立新聞』 1919년 8월 21일, 「赤十字會의 活動」.

8) 大韓赤十字社, 『大韓赤十字社七十年史』, 193쪽.

원의 양성은 독립전쟁 시에 부상병의 치료를 위해서도 시급히 추진해야 할 사업이었다. 의사는 양성하기는 힘들지만, 간호원 양성은 당장 착수할 만한 사업이었다. 그리하여 1920년 1월 31일 상해 프랑스조계에서 적십자회 간호원양성소가 설치되어 개학식을 가졌다.[9]

1920년 1월 31일 개설된 간호원양성소는 독립전쟁을 펼치는 현장에서 군의관과 간호원의 1인 2역의 몫을 해낼 인력을 양성하는 데 목표를 두었다. 간호원양성소의 교육과정은 3개월이었으며 매주 18시간의 수업을 받도록 했다. 학과목은 간호과 과목은 물론, 필요하다고 인정되는 의학 과목도 배우도록 했다. 이는 전시에 의사의 부족이 있을 것을 감안하여 간호원들로 하여금 구급에 필요한 의학의 지식을 보다 넓게 알게 하여 의사 부족을 메꾸어보려는 의도에서였다.[10]

제1기에 입소한 사람들은 모두 중등 이상의 교육을 받은 이들로 남자가 3명, 여자가 10명으로 모두 13명이었다. 독립신문 기사에 의하면, 강사는 '金郭鄭' 3의사였다.[11] 즉 金昌世, 郭炳奎, 鄭永俊이었다. 김창세는 세브란스의학교 출신으로 1917년 상해 홍십자의원에 와서 연수생 겸 의사로 활동하고 있었다. 김창세는 상해에 오기 이전 평안남도에서 안식교회가 운영하는 순안병원에서 의사로 활동하였다.[12] 러셀은 김창세가 더 발전된 병원에서 연수할 기회를 갖는 것이 필요하다고 생각하고 그를 중국 상해의 홍십자의원에서 의학연수를 받도록 주선했다.[13] 그는 1920년 미국에 가서 의학공부를 한 후 국내를 거쳐 다시 상해로 돌아와서 폐병 전문 개인병원을 경영하기도 하였다. 특히 김창세는 1919년 5월 이후 임시정부를 실질적으로 이끌던 안창호와는 특별한 인연이 있었다.

9) 『獨立新聞』 1920년 2월 7일, 「赤十字看護員 養成所의 개학」.
10) 大韓赤十字社, 『大韓赤十字社七十年史』, 1977, 94쪽.
11) 위와 같음.
12) 이영린, 『한국재림교회사』, 시조사, 1965, 199쪽.
13) 이종근, 「의술을 통한 독립운동가 김창세 박사」, 『도산학연구』 11·12, 2006, 245쪽.

안창호와 동서 간이었던 그는 1919년 5월 안창호가 상해로 올 때 누구
보다도 반가웠을 것이다. 안창호는 김창세의 손윗 동서이자 홍사단에서
함께 활동한 동지였다. 나아가 상해시기 안창호의 건강을 돌본 주치의이
기도 하였다. 그러므로 김창세도 누구보다도 임시정부 및 상해 한인사회
의 공공위생 문제에 적극적으로 관여하였던 것이다. 곽병규는 세브란스
의학교 3회 졸업생으로 블라디보스톡에서 개업하였다가 후에 상해로 왔
다.14) 정영준은 개성 출신으로 의학교 수학에 대한 자료는 찾아 볼 수
없다. 다만 1920년 경 상해 霞飛路 220호에서 高麗病院을 운영하였다는
기록이 남아 있다.15)

간호원들의 실습은 김창세의 주선으로 상해 홍십자의원을 비롯하여,
상해 시내 각 병원에 의뢰하여 실시하였다. 김창세가 근무하고 있던 상
해 홍십자의원은 대한적십자회와 설립 목적이 같았으므로 양자는 상호
협력이나 연대활동을 할 수 있는 여지가 많았다. 이들 병원에서 구급간
호를 익힌 간호원들은 동포들을 대상으로 예방주사를 놓기도 하고 환자
진료를 돕기도 했다. 하지만 간호원양성소는 1기생을 배출한 다음 자금
부족으로 중단되고 말았다.

이외에도 적십자회는 동포들을 돕는 구제회 활동을 보다 적극적으로
전개했다.16) 구제회 회원들은 상해의 기독교단체와 연락하여 국내나 만
주 또는 시베리아에 사는 동포들의 참상을 널리 선전하여 외국인으로부
터 의연금과 구호물자를 거두어 동포들을 지원해주었다.

---

14) 박윤형, 홍태숙, 신규환, 임선미, 김희곤, 「일제시기 한국의사들의 독립운동」, 『醫
     史學』 17-2, 2008, 226쪽.
15) 日本外務省, 「海外要注意 鮮人連名簿」, 218, 416면(국가보훈처 수집자료). 정영준
     은 1918년 만주 奉天에서 天和醫院을 운영하다가 1919년 4월 임시정부 수립을
     즈음하여 상해에 온 것으로 보인다. 1923년 7월 신병으로 고향 개성에 귀향했다
     가 얼마 후 사망하였다. 『志山外遊日誌』(독립운동사편찬위원회, 『독립운동사자료
     집』 제8집, 1974, 413쪽) ; 『東亞日報』, 1923년 7월 22일, 「소식」.
16) 『獨立新聞』 1920년 2월 7일, 「救濟會의 活動」.

2) 대한교민단의 위생의료활동

상해 교민들에 대한 체계적인 위생의료활동은 교민단이 수행하였다. 상해지역에서 결성된 교민단의 기원은 1918년 가을 무렵에 출범한 상해 고려교민친목회(이하 친목회)로 거슬러 올라간다. 제1차 세계대전이 끝나가던 그 해 여름부터 상해에서 同濟社 소속 청년들은 국제정세의 변화를 주시하면서 독립의 기회를 포착하고자 했다. 그 과정에서 뒷날 교민단이 될 친목회가 결성되었다.[17]

친목회는 1919년 9월에 들면서 새로운 장을 맞이했다. 그것은 그해 4월에 임시정부가 수립된 뒤, 친목회가 그 산하조직으로 편제되었기 때문이었다. 9월 22일 친목회는 상해대한인민단이라 개칭하고, 여운형을 단장으로 선출했다. 교민단은 1920년 1월 9일에 다시 상해거류민단이라 개칭하고, 임원을 개선하였다. 그리고 그해 3월 16일에는 임시정부가 '거류민단제'를 국무원령으로 공포함에 따라 임시정부에 의해 상해대한인거류민단으로 정식 추인되기에 이르렀다. 임시정부가 법령을 공포하였다는 점은 동포사회에 이미 존재하고 있던 자치기관을 정부차원에서 합법화했음을 의미한다. 이어서 그해 10월 7일에는 임시정부가 외지 거류민의 자치를 제도화하기 위해 내무부령으로 교민단제를 발표함에 따라 민단은 대한교민단으로 개편되었다.[18]

교민단의 기본 업무는 교민의 생활을 보호하고 임시정부의 기반조직으로서의 기능을 수행하는 것이었다. 구체적인 업무는 교민의 교육, 위생, 소방, 교통, 兵具모집, 빈민구제, 민적사무, 교민보호와 치안 확보, 밀정 제거 등이다.[19] 위생은 교민단의 기본 업무 가운데 하나였음을 알

---

17) 김희곤, 「상해 대한인민단의 성립과 독립운동」, 『水邨朴永錫教授華甲紀念 韓民族
     獨立運動史論叢』, 탐구당, 1992, 823쪽.
18) 『獨立新聞』, 1920년 4월 8일, 「臨時居留民團制」.
19) 위와 같음.

수 있다. 특히 교민단은 교민들의 건강과 보건을 위해 위생 관련 활동을 수행하였다. 그것은 위생강연과 예방접종, 무료진료소의 운영이라는 형태로 나타났다.

우선 교민단은 위생 강연을 여러 차례 개최하였다. 임시정부의 기관지인 독립신문에는 1920년 전반기 교민단이 교민들을 대상으로 위생 강연을 시행하였다는 기사들이 보이고 있다. 첫 번째 위생강연은 1920년 4월 3일에 있었다. 연사는 상해 홍십자의원 부원장인 미국인 施列民(A. C. Selmon)이었다. 시열민은 미국 안식교회의 선교의사로서 중국에서의 본격적인 안식교회 선교를 위해 1903년 간호사인 부인과 함께 중국에 파견되어 선교의료활동을 전개하고 있었다.[20] 시열민 부원장이 교민단 주최 위생강연회의 첫 번째 연사로 초빙된 데에는 홍십자의원에서 근무하고 있던 김창세의 주선이 있었음은 두 말할 나위가 없다. 상해 안식교회 선교의사였던 시열민 부원장은 1918년 의학서적인 『延年益壽』를 집필한 바 있다.[21] 상해 時兆報館에서 간행된 『연년익수』는 인간의 신체와 건강, 질병치료법 등에 대해 종합적으로 다룬 대중 의학서였다. 각종 질병에 대한 소개와 그에 대한 안식교회 특유의 치료법을 제시했다는 점이 특징이다. '연년익수'라는 말은 "수명을 연장한다"는 뜻으로 중국에서 예로부터 축사로 널리 쓰였다. 시열민은 자신이 집필한 의학서적의

---

20) 오만규, 『재림교회사』, 162쪽.

21) 施列民, 『延年益壽』, 上海時兆報館, 1918. 施列民의 『延年益壽』는 1924년 한국 안식교회 출판사 時兆社에서 번역되었다. 醫學博士 에이·씨·셸몬 著, 『延年益壽』, 時兆社編輯部 編譯, 서울: 時兆社, 1924. 『延年益壽』는 김창세와 인연이 깊다. 김창세는 1920년 하반기 미국으로 갈 때 『延年益壽』를 가지고 갔다. 여기에는 중국에서 알고 지냈던 중국 외교부장을 역임했던 伍廷芳의 추천서를 첨부하였다. 그는 이 책을 미국 샌프란시스코 등지에서 화교들을 대상으로 판매하여 그 수익금으로 미국에서 생활하면서 의학을 공부하였다(이종근, 「의술을 통한 독립운동가 김창세 박사」, 『도산학연구』 11·12, 2006, 245~246쪽). 미국에 갔던 김창세가 1922년 『延年益壽』 1부를 미주 흥사단 이사부에 기증한 바 있다. 김창세의 서명이 있는 이 책은 현재 독립기념관에 소장되어 있다.

제목으로 중국인들이 일상에서 쓰던 용어를 차용하였다. 이는 자신의 책을 보다 널리 보급하고 의생지식을 계몽하려는 뜻이 있었을 것이다. 『연년익수』에 소개된 의학지식은 1918년 상해 홍십자의원에서 근무했던 김창세는 물론이고 상해 한인들에게도 영향을 미쳤던 것으로 보인다. 그의 책은 1924년 국내 안식교회 출판사인 시조사에서 번역되어 소개되기도 했다. 그후 중국은 물론 국내에서도 그의 서적이 판형을 거듭한 것으로 보아 꾸준한 수요가 있었던 것으로 보인다. 1924년 인도에서 영문판이 발간되기도 했다.[22]

여기서 김창세와 시열민이 근무하고 있던 상해 홍십자의원에 대해 살펴보자. 홍십자의원은 일제에 의해 1919년 6월 프랑스조계 長安里 민단사무소, 四川路 기독교청년회관과 더불어 당시 상해 한인들의 반일운동 근거지 3개소 가운데 첫번째로 일컬어질 정도로 한인들과 깊은 관계가 있던 곳이었다.[23] 그 해 5월 하순 미국에서 상해로 온 안창호는 이 병원에서 병약한 몸을 정양하면서 국내외의 독립운동을 지휘하고 있었다. 홍십자의원은 중국 상해의 최고 의료기관으로 안식일교회에서 운영하고 있었다.[24] 홍십자의원의 정식명칭은 '中國紅十字會總醫院'이다. 1904년 만국홍십자 상해지회가 설립되고 1907년 중국홍십자회로 개명하였다. 같은 해 중국홍십자총의원 및 의학당이 정식으로 문을 열었다. 중국홍십자회와 중국홍십자의원의 창설자 沈敦和가 원장을 맡았다. '중국홍십자회총의원 장정'에 의하면, "診治疾病, 救護傷兵, 宣傳衛生, 促進醫學敎育"을 설립취지로 함을 명확히 밝혔다. '중국홍십자회총의원 護士學校章程'은 "護理교육 및 기능을 교수하여 수준높은 護士(간호원-인용

---

22) A. C. SELMON, *HEALTH AND LONGEVITY,* The Oriental Watchman Publishing House Salisbury Park, Poona 1, India, 1924.

23) 「上海方面의 情況」, 1919년 6월 18일(국회도서관 편, 『한국민족운동사료』(3.1運動篇 其一), 1977, 197쪽).

24) 이종근, 「의술을 통한 독립운동가 김창세 박사」, 245~246쪽.

자)를 양성한다"는 취지를 천명하였다. 홍십자의원은 설립 직후부터 "인도, 박애, 봉사"의 홍십자 정신을 받들어 부상병을 치료하고 빈곤자를 구제하여 수많은 감동적인 이야기를 남겼다.

1919년 임시정부가 상해에 수립될 무렵 홍십자의원은 미국 안식교회에서 맡아서 경영하고 있었다.[25] 홍십자의원은 1913년 미국 하바드대학교 의대와 계약하여 5년 간 홍십자의원의 경영을 위탁하였다. 1918년 하바드대학교와의 5년 계약이 종료되자 홍십자의원은 안식교회와 3년 기간으로 병원 경영에 대한 위탁 계약을 체결하였다.[26] 국내 안식교회 병원에서 활동했던 김창세가 상해 홍십자의원에서 근무했던 것은 바로 이 시기에 해당한다. 1920년 3년 계약이 끝나자 중국홍십자회는 더 이상 안식교회와 계약을 연장하지 않고 직접 병원을 경영하였다.[27] 1920년 후반기 김창세가 홍십자의원 근무를 끝내고 미국 유학을 떠나는 것도 이러한 사정과 무관하지 않을 것이다.

홍십자의원에는 김창세 외에도 한국 안식교회 초기 지도자였던 임기반의 딸도 간호원으로 근무하고 있었다.[28] 이광수의 경우 1919년 홍십자의원이 여의사를 채용한다는 소식을 듣고 곧바로 국내에서 의사로 활동하던 자신의 애인 허영숙에게 편지를 보내 상해로 와서 홍십자의원에 취직할 것을 권유하기도 하였다.[29] 홍십자의원은 이런 저런 이유로 상해 한인들의 이용이 잦았다. 특히 국외에서 상해에 도착한 인사들이 이 병원에 머물며 진료 겸 노독을 푸는 중요한 장소가 되었다. 3.1운동 계획을

---

25) 蔣露,「晩淸至北京國民政府時期的中國紅十字會醫院(1904~1927)」,『湖南工程學院學報』22-1, 2012, 78쪽.
26) 中國紅十字會,『中國紅十字會歷史資料選編』, 南京大學校出版社, 1993, 458~459쪽.
27) 張建俅,『中國紅十字會初期發展之硏究』, 上海: 中華書局, 2007, 104쪽.
28) 이종근,「의술을 통한 독립운동가 김창세 박사」, 247쪽.
29)「1919년 6월 22일 이광수가 허영숙에게 보내는 편지」(『李光洙全集』제18권, 삼중당, 1962, 468쪽).

추진하기 위해 국내와 상해를 오가던 선우혁은 1919년 3월 국내에서 상해로 돌아와 홍십자의원에서 지친 몸을 요양하였다.[30] 임시정부 국무총리 이동휘의 경우, 1919년 9월 18일 상해에 도착한 후 이곳에서 진료를 받으면서 노독을 풀었다.[31] 이동휘는 이곳에서 임시정부 요인들과 만나 환담하는 등 분주한 나날을 보냈다.[32] 1920년 4월 만주에서 상해로 온 안태국은 장티프스에 걸려 안창호가 입원하고 있던 같은 호실에 입원하였다. 안창호와 홍십자의원의 관계는 뒤에서 다시 살펴 볼 것이다. 안창호는 김창세와 함께 안태국의 임종을 지켰다.[33] 안창호와 가까웠던 한진교의 아들 한태동도 어린시절 이곳에서 목수술을 했다고 한다.[34]

홍십자의원 부원장 시열민 의사의 위생 강연은 1920년 4월 3일 저녁 7시 30분 하비로 康寧里 교민단 사무소에서 열렸다. 독립신문은 홍십자의원과 그 치료법에 대해 특별히 소개하고 있다. 즉 "홍십자의원은 안식교회의 경영인데 그 치료방법은 재래의 투약만능주의와 달라 일광, 전기, 수력, 찜질 등 자연적 물리학적 치료를 위주하나니 미국도처에 재한 '쎄니테리엄'이 是라 그리고 施氏는 斯道의 명인인즉 씨의 강연은 재래의 흔히 무미건조하기 쉬운 위생강연과 달라 의사에게나 일반 인사에게 다대한 흥미를 주리라"고 소개하였다.[35] 시열민의 『연년익수』 서문에서 "본서는 약물의 응용방을 주론으로 하지 않고 가급적으로 천연적 요법이 영속적 건강을 유지하는 큰 보조가 됨을 말하였다. 즉 태반의 약제와

30) 『朝鮮日報』 1954년 2월 28일, 「三·一節回想(鮮于壎)」.
31) 『獨立新聞』 1919년 9월 20일, 「新國務總理來滬」.
32) 『獨立新聞』 1919년 9월 23일, 「李總理의 動靜」.
33) 『獨立新聞』 1920년 4월 13일, 「安泰國先生의 長逝」.
34) 韓泰東 구술, 2014년 10월 11일, 자택에서. 한태동은 1924년 상해에서 태어났다. 부친은 상해에서 海松洋行을 경영하면서 독립운동에 종사했던 韓鎭教이다. 그는 1940년대 초 상해의 미국 성공회 계열 聖約翰大學 의학과를 다녔다. 1948년 귀국하였다가 도미하여 신학을 공부한 뒤 연세대학교에서 교수로 오랫동안 봉직하였다.
35) 『獨立新聞』 1920년 4월 3일, 「紅十字 病院副長의 上海 民團에서 하는 講演」.

같이 병자로 하여금 그 동통을 일시적으로 감각치 못하게 하는 대신에
생리적 작용인 천연적 요법으로써 그 동통을 면하자는 그것이다"[36]라고
한 것과 같은 취지이다.

　시열민의 강연제목은 '국가와 국민위생'이었다. 상해 교민 약 200명
이 강연회에 참석하였다. 좁은 교민단 사무소에서 200명이 참석하여 입
추의 여지가 없었다. 독립신문에 보이는 강연 내용은 다음과 같다.

> 博士는 '健康과 國家興亡의 關係'라는 問題로 먼져 健康이 國家를
> 形成하는 여러 要素 中에 不可缺할 것임을 말하고 그 例證을 드러 가르대
> '法國이 巴奈馬運河 開拓에 失敗한 原因은 病毒과 疾苦로 工人 中에 1年
> 間 죽는 者가 7人에 하나식 되엇슴이라. 其後 美國은 먼져 醫師를 보내여
> 同地의 衛生狀態를 改良하야 毒蚊과 12支腸蟲의 防禦設備를 充分히 하고
> 着手하매 工人 70人 中에 1人의 死者가 出할 쑨이엇슴으로 運河開拓을 成
> 功하다.'
> 　博士는 連하야 東洋人의 疾病率이 歐美人의 3배가 됨을 指摘하고 그
> 病人으로 因하야 밧는 損害가 巨額에 達함을 數字上으로 證明하다. 坯 歐
> 美人의 平均壽命이 44年이오. 東洋人의 그것은 23年에 不過함을 들고 23
> 歲로 44歲ᄭ지가 人生의 가장 活動的 時機임을 附言하고 坯 兒童死亡率
> 도 歐美에는 1年에 7人 中 1인대 東洋에서는 7人의 嬰兒 中 4人이 死亡함
> 을 例證하야 國家興亡이 國民의 健康 如何에 달넛슴을 붉히다.
> 　最後에 博士는 語하되 '吾人의 疾病은 거의 다 不注意와 無識함에서
> 나아오나니 吾人의 疾苦 中 10分之 9ᄭ지는 能히 預防할 수 잇는 者라.
> 폼人은 지금 國民의 健康이 國家의 興亡과 엇더한 密接한 關係가 잇슴을
> 아럿슨즉 나아가 國民健康增進의 事業을 計劃치 못할지언정 個人 一身 坯
> 는 1家庭의 健康을 注意함은 吾人의 急務'라 하엿다.[37]

　이와 같은 시열민의 강연은 상해 교민들의 큰 호응을 얻었다. 이날
강연을 통역했던 김창세는 깊은 인상을 받았던 것으로 보인다. 김창세는

---

36) 施列民, 『延年益壽』(上海時兆報館, 1918)의 序言.
37) 『獨立新聞』 1920년 4월 8일, 「民團의 衛生講演」.

1926년 국내 세브란스학교 교수로 있을 당시 안식교회의 『時兆』라는 잡지에 「民族衛生을 槪論흠」(『時兆』, 1926년 1월호)이라는 글을 게재한 바 있다. 그 글 가운데는 1920년 상해 교민단이 주최한 위생강연에서 시열민이 언급했던 미국의 파나마 운하 개척과 위생에 관련된 내용이 그대로 전재되어 있다.[38] 따라서 김창세의 공중보건학 내지 공공위생학의 뿌리가 1918년부터 1920년까지 3년에 걸친 상해 홍십자의원 시절에서 출발하는 것임을 미루어 알 수 있다.

계속하여 교민단에서는 4월 8일 제2차 위생 강연을 추진하였다. 강사는 마찬가지로 홍십자의원의 시열민 의사였다. 강연은 이른바 '화류병'에 대한 내용이었다. 그래서 교민단은 독립신문에 차회 위생 강연에 대해 "금번에는 특별히 청년남자에게 대하야 불가결의 지식을 공급할 목적임으로 차회에는 부인의 참석이 업기를 원한다고"고 하였다.[39] 약 150명의 교민들이 청중으로 참석하였다. 지난번 강연보다 청중수가 50명 정도 감소한 것은 독립신문의 요청대로 여성들이 참석치 않았기 때문이다. 그럼에도 불구하고 상해 교민 가운데 남자들이 150명이나 참석한 것은 위생, 특히 화류병 문제에 대한 관심이 적지 않았음을 잘 보여주고 있다.

'世人은 肺結核, 虎列刺를 二大病이라 하나 淋疾과 梅毒도 此에서 지지 안는 大病이라, 이번 戰時에 調査한 것을 보건대 壯年 10人 中 7人은 淋疾, 10人 中 1人은 梅毒患者라, 此를 韓國의 人口로 보면 1,400萬은 淋疾, 200萬은 梅毒患者요, 梅毒患者의 半數 100萬은 子女에게 遺毒하는 것이라, 先年 美國이 調査한 結果 陸海軍 모든 病의 4分之 1은 花柳病이엿섯다. 그러나 世人은 아직도 感氣와 갓치 尋常히 녁인다' 하고 花柳病의 危險性을 述하야 梅毒病者의 子女 10人 中 8名은 2歲 前에 死亡함과 子女의

---

38) 이종근, 「의술을 통한 독립운동가 김창세 박사」, 29~33쪽.
39) 『獨立新聞』 1920년 4월 8일, 「民團의 衛生講演」.

가장 만흔 死亡率은 梅毒의 原因임과, 流產의 原因의 2分之 1, 精神病者의
原因의 4分之 1이 梅毒임과, 盲者의 4分之 1, 不姙娠夫人의 2分之 1은 그
原因이 淋疾임을 證하고 花柳病의 壽命에 對한 關係에 及하야 人의 死亡
率은 花柳病이 다른 모든 病의 倍라 하고 60을 살 사람이 梅毒을 알으면
50밧게 못산다하고 쏘 한 가지 花柳病의 危險한 理由로 難治를 擧하야 今
日 專門家는 梅毒은 3年 前에는 完治키 不能하다 하며 淋疾은 或은 3月,
或은 3年 乃至 10年, 或은 全然 完治치 못한다 하다. … '花柳病問題는 卽
道德問題라 花柳病의 豫防은 德性을 涵養함에 잇다. 淋疾患者는 다 말하
기를 나는 엿재 이 病이 生기엿는지 모른다 하나 이는 虛言이라 淋疾이나
梅毒에 걸니는 唯一의 길은 不潔한 行爲에 잇다' 하고 禁酒, 交友를 善히
할 것, 花柳病의 危險한 것을 쌔다를 것, 淫蕩한 小說을 익지 말 것이라
하다.[40]

위와 같이 교민단에서 화류병과 관련하여 위생 강연을 기획한 것은
당시 상해지역 화류병 발병 증가 추세를 반영하는 것이다. 화류병은 기
생들의 병, 노는 여자들의 병으로 지칭되는 매독과 임질 등의 성병을 통
칭하는 용어로 문란의 이미지를 담고 있다. 일제시기에는 성병과 화류병
이 두 용어가 쓰였는데, 성병보다는 화류병이라는 용어가 일반적으로 쓰
였다.[41] 일찍이 魔都로 불린 상해는 세계의 대도시 가운데 성병 발병률
이 가장 높았다고 한다.[42] 상해에서 발간되던 『申報』에는 감기약이나
소화제 광고처럼 성병치료제 광고를 일상적으로 접할 수 있었다.[43] 상
해 한인들의 성병 발병이 어느 정도인지는 알 수 없다. 단지 상해 현지
중국인들의 성병 발병이 꾸준하게 증가하고 있었고 교민단에서 이 주제
로 위생강연을 할 정도임을 감안하면 상해 한인들 가운데는 성병 감염자

---

40) 『獨立新聞』 1920년 4월 15일, 「民團 主催의 第2次 衛生講演」.

41) 김은정, 「일제강점기 위생담론과 화류병」, 『민족문학사연구』 49, 2012, 293~294쪽.

42) '上海衛生誌'編纂委員會 編, 『上海衛生誌』, 上海社會科學院出版社, 1998, 306쪽.

43) 黃克武, 「從申報醫藥廣告看民初上海的醫療文化與社會生活:1912~1926」, 『中央研
    究院近代史研究所集刊』, 臺北 中央研究院, 1988年 12月 第17期 下册, 141쪽.

가 더러 있었을 것으로 보인다.44) 독립신문의 "기생문제는 중론이 비등
하야 상해 바닥이 온통 야단이라고 ○○한 ○○ 제씨는 하로밤 실수에
신변에 위험이 비상하다니 조심할 일"45)이라고 한 기사에서 당시 상황
의 일단을 유추할 수 있다. 그 내용은 당시 일부 한인들이 妓院에 출입
하다 성병에 걸리는 사실을 보여주고 있다.46)

　위생 강연 외에도 교민단은 교민들에게 위생을 계몽하는 유인물을 배
포하였다. 1920년 8월 9일 교민단 단장이었던 여운형은 "주의해야 할
12조"라고 하여 상해 교민들의 문명교양과 위생관념을 강조하는 유인물
을 배포하여 교민들의 주의를 환기하였다. 그 가운데 위생관념을 강조하
는 내용으로 "5. 가옥과 의복을 검소하게 하고 청결을 제일로 여기며 안
은 위생을 중시하고 밖은 외국인이 보는 것을 생각하여 무례함이 없도록
할 것, 6. 부인과 아이들의 의복과 기타 단장을 절대로 깨끗하게 할 것,
9. 茶樓 또는 창기집에 가지 말고 노상에서는 창기와 희롱하지 말 것.

---

44) 『윤치호일기』, 1885年 8月 4日. 1884년 말 甲申政變 후 상해로 망명한 尹致昊도
　자신의 일기에서 상해의 집창촌이었던 四馬路 東洋茶館을 언급하고 있다. 八仙橋
　근처에 있던 四馬路는 오늘날의 福州路이다. 김구도 백범일지에서 "八仙橋에 있
　는 하등 창녀촌인 野鷄窟"(김구 지음·도진순 주해, 『백범일지』, 돌베개, 1997,
　349쪽)이라고 하였다. 팔선교는 사마로 근처에 있었다.
45) 尖口子, 「군소리」, 『獨立新聞』 1919년 10월 4일.
46) 尖口子, 「군소리」, 『獨立新聞』 1919년 10월 4일. 이 기사에는 1919년 상해 한인
　들의 경우 국내에서 온지 얼마 되지 않아 아직은 경제적 여유가 있음을 보여주고
　있다. 아울러 국내에서 일제의 간섭으로 통제를 받던 상황에서 상해의 자유로운
　분위기를 만끽하는 경우가 적지 않았던 것으로 보인다. 다음 기사는 일부 한인들
　이 상해 번화가에서 환락에 빠지는 모습을 잘 보여주고 있다. "누구나마 國務總理
　한번만 차자 뵈우면 大洋四五十元짜리 洋服에 거둘어거리고 밤이면 先施永安 기
　상家로 단이며 '부란데' '위쓰기'에 泥醉하야 오는 군들 良心에 쓰리지 안을가 한
　달에 包飯五元자리 잡수시고 露草 마라 피우시고 半間房에 게시고 二三元자리 中
　服 입으시는 誠齋先生을 좀 뵈아." 일부 한인들이 비싼 양복에 밤이면 고급 요리
　점이나 '기상家'(기생집)를 다니며 양주에 취하는 경우가 적지 않았음을 보여주고
　있다. 그러면서 이 기사의 작자인 尖口子는 사치와 환락을 일삼는 일부 한인들에
　게 검소하게 생활하는 誠齋 李東輝를 본받을 것을 강조하였다.

이것은 단지 체면을 손상시킬 뿐만 아니라 나을 수 없는 병에 걸려서 자기의 일생을 불행하게 하고 나아가서는 자손대대의 불행을 남기는 것이니 특히 주의할 것, 12. 제군의 몸은 나라를 위해 바친 것이니 건강과 몸을 유지하는 데에 특히 주의하여 일찍 자고 일찍 일어나며 책을 읽고 운동을 하여 무슨 일이든 착실하게 공부할 것"47) 등이다.

위에서 본 바와 같이 교민단은 교민들의 위생, 청결을 중시했으며 부주의로 인해 화류병에 걸리지 않고 각자 개인의 건강 유지를 위해 노력할 것을 당부하였다. 위의 주의사항 가운데 화류병과 관련된 것은 당시 상해의 성병 증가와 관련된 것으로 보인다. 앞에서 살펴본 홍십자의원 부원장 시열민의 화류병 강연과도 관련이 있는 것으로 보인다.

또한 교민단은 법정 전염병 예방주사 접종 및 무료진료소 운영을 실시하였다. 한인들이 많이 걸리는 천연두에 대한 예방주사인 종두를 실시하였다. 교민단은 1920년 4월 12일부터 5일간 매일 오후 2시부터 5시까지 蒲石路 14호 대한적십자회 사무소에서 무료종두를 시행하였다.48) 천연두는 동서양을 막론하고 가장 무서운 전염병 가운데 하나였다. 지리상의 발견 이후 유럽인의 아메리카대륙 상륙으로 천연두가 번져 인디언 인구가 급감했던 것은 잘 알려져 있다.49) 조선에서도 천연두는 매우 높은 치사율을 보여준 바 있었다.50) 상해도 예외는 아니었다. 상해의 천연두는 80%라는 가공할만한 치사율을 보이기도 한 법정전염병이었다. 천연두 통제를 위한 가장 효율적인 방법은 바로 예방접종을 실시하는 것이었다.51)

교민단의 위생 강연 및 종두 실시 등 위생의료활동은 1920년 중반을

47) 국사편찬위원회, 『대한민국임시정부자료집』 30, 관련단체 Ⅰ, 2009, 19~21쪽.
48) 『獨立新聞』 1920년 4월 13일, 「民團種痘」.
49) 주경철, 『대항해시대 - 해상팽창과 근대세계의 형성』, 서울대출판부, 2008, 402~408쪽.
50) 신동원, 『한국근대보건의료사』, 한울, 1997, 30쪽.
51) 신규환, 『국가, 도시, 위생 : 1930년대 베이핑시정부의 위생행정과 국가의료』, 아카넷, 2008, 186쪽.

넘어가면서 침체되었던 것으로 보인다. 그동안 홍십자의원 의사이면서 교민단 위생의료활동에 적극적으로 참여했던 김창세가 1920년 하반기 의학 공부를 위해 미국유학을 떠났던 것과 무관하지 않을 것이다.[52]

3. 개인 위생의료

1) 한인 의사들과 의료시설

상해는 조계와 중국인 지역으로 나누어져 있었다. 공공조계와 프랑스 조계 등 조계지역은 조계당국이 근대적인 위생 및 의료정책을 시행하였다. 당시 상해에는 많은 서양 의료시설이 있었다. 1910년을 전후하여 公濟醫院, 同仁醫院, 寶隆醫院, 廣仁醫院, 廣慈醫院 등 14개소의 서양계통 종합병원들이 설립되었다.[53]

하지만 이들 서양의료시설은 상해 한인들과 거리가 있었다. 물론 본격적인 외과치료가 필요한 경우가 있었지만 매우 드문 것이었다.[54] 이처럼 상해 한인들이 서양의료시설을 거의 이용하지 않은 데는 여러 가지 이유가 있을 것이다. 우선 서양의료시설을 이용하려면 큰 비용이 들었다. 서양계통 병원은 말할 것도 없고 1920년 경 상해 한인들이 자주 이용했던 홍십자의원도 결코 싸지 않았다. 홍십자의원에 입원한 바 있던 車敬信의 경우를 보자. 한인 의사 朱賢則으로부터 늑막염 진단을 받은

---

52) 박윤재, 「김창세의 생애와 공중위생 활동」, 『의사학』 15-2, 2006, 214쪽.

53) '上海衛生誌'編纂委員會 編, 『上海衛生誌』, 90쪽. 그에 비해 중국인이 설립한 병원은 上海醫院, 紅十字總醫院 및 分醫院, 滬寧鐵路醫院 등 4개소에 지나지 않았다.

54) 1923년 상해에서 윤해는 반대파로부터 총격을 받아 프랑스 천주교 병원인 廣慈醫院(Mari Hospital)에 입원하여 치료한 바 있었다.

그는 1920년 2월 11일 홍십자의원에 입원하였다가 2월 25일에 퇴원하였다. 총 14일 입원에 치료비까지 포함하여 병원비 洋 85원을 냈다.[55] 14일 입원과 치료비용에 85원이니까 매일 평균 입원 및 치료비가 8원에 달했다. 당시 한 달 노동자의 임금이 20원에서 40원 사이였음을 감안하면 어느 정도인 잘 알 수 있다.[56] 고가의 비용 외에도 다른 원인도 있었다. 상해 한인들 가운데는 서양 의학보다는 동양 의학을 신뢰하거나 언어의 장벽으로 서양 의사를 기피하는 경우도 많았다.

상해의 날씨는 한인들의 위생 건강에 큰 영향을 미쳤다. 상해에 처음 오는 한인들의 경우 상해의 열악한 환경으로 인해 질병에 걸리기 쉬운 편이었다. 덥고 습한 여름 날씨는 전염병이 창궐할 수 있는 여건을 제공해주었다. 상해의 무더운 여름 날씨는 널리 알려져 있다. 하지만 상해의 겨울날씨는 그다지 잘 알려져 있지 않다. 만주와 같은 북방의 겨울날씨는 혹독한 추위이지만 난방을 하기 때문에 실내에서는 춥지 않다. 하지만 난방을 하지 않는 상해의 겨울 추위는 서서히 사람의 몸에 영향을 준다. 이른바 '刺骨' 즉 뼈마디를 쑤시는 추위라고 한다. 겨울철 온돌 문화에 익숙한 한인으로서는 상해의 겨울 날씨가 낯설 수밖에 없었다. 때문에 상해에서 정작 여름의 무더위가 아닌 겨울의 추운 날씨 때문에 고생하는 경우가 많았다. 1919년 상해에 1년 동안 체재하다 떠난 독립운동가 계봉우는 상해의 날씨에 대해 생생한 증언을 남기고 있다.

> 나는 1920년 구월 23일에 상해를 이별하였다. 내가 상해를 이별하던 그날에 일변으로는 시원하다는 생각도 있었고, 또 일변으로 섭섭하다는 생각도 있었다. 말한다면 상해의 기후와 풍토는 나에게 이롭지 못한 조건이 많았다. 시월부터 정월까지는 한 달이면 사흘이나 혹은 나흘이나 햇빛

---

55) 도산안창호선생전집편찬위원회, 『도산안창호전집』 제4권 일기, 1921년 2월 25일, 984쪽.

56) 王玉茹, 『近代中國物價, 工資和生活水平研究』, 上海財經大學出版社, 2007.

을 겨우 보게 되는, 그렇게 음침하고 궂은 비가 자주 뿌리는 겨울의 기후, 그렇더라도 집안의 온도를 적당히 할만한 조건이었으면 별일이 없겠지마는, 밤낮 축축하고 냉랭한 널마루 방에 밤마다 이불 속으로 드는 때면 온몸에 소름이 끼치고, 아침마다 양화를 신는 때면 퍼렇게 끼인 곰팡이를 씻게 되었다. 나는 그러한 조건에서 脚氣病을 얻어 糠精도 사서 먹어보고 자라도 삶아서 먹어보았다. 그러나 그 병을 떼지 못하였다. 이월부터 구월까지는 태양의 열기에 삼층집의 벽돌이 달면서 방안의 널마루에 송진이 부글-부글 끓어 번지는, 인력거꾼이 손님을 태워 가지고 달려가다가 숨이 막혀서 죽어 넘어지는, 긴긴 여름의 기후, 그렇더라도 부자 놈들처럼 방 안에는 電氣風扇을 놓고, 또는 하루에 몇 번씩 자동차를 타고 나는 듯이 골목으로 돌아다니면서 선-선한 바람을 청하였으면 아무 관계도 없겠지만 나에게는 그러할 힘이 없었다. 앉으나 다니나 비지땀을 흘리고 숨이 헐떡여서 음식도 바로 먹지 못하여 온몸이 몹시 파리하였다.[57]

상해 한인들 가운데는 폐병이나 폐결핵, 늑막염과 같은 호흡기 계통의 질병이 많았다. 김구의 부인 최준례의 경우는 『백범일지』에 소개되어 잘 알려져 있다. 아들 김신을 낳은 후 세숫물을 버리려 계단을 내려가다 낙상하였다. 이때 생긴 늑막염을 치료하기 위해, 보륭의원, 홍구폐병원을 거쳐 1923년 최준례는 결국 사망했다.[58] 독립운동가 崔重鎬도 105인사건으로 인한 고문의 후유증과 상해에서 얻은 폐병으로 사망하였다.[59] 폐병을 얻은 경우 상해의 중국인들은 날씨 좋은 杭州에 가서 요양을 하는 경우가 많았다. 때문에 상해의 현지 중국인들은 항주를 상해사람들의 요양지로 간주하였다. 폐병에 걸린 한인 金文世가 항주에 가서 요양을 한 바 있었다.[60] 그 외에도 중병에 걸린 이들 가운데 일부는 귀

57) 계봉우 지음, 김필영 옮김, 『꿈속의 꿈 : 고려인 민족운동가 계봉우 자서전』, 강남대학교 출판부, 2009, 178쪽.
58) 김구 지음·도진순 주해, 『백범일지』, 287쪽.
59) 류연산, 『최채 : 불멸의 영혼』, 재외동포재단, 2008, 86쪽.
60) 『獨立新聞』 1925년 10월 21일, 「金文世君을 弔함」.

국하여 치료하는 경우도 적지 않았다.

이들 한인 환자들의 존재는 한인 의사들이나 의료시설을 필요로 하였다. 상해 한인사회내 환자의 존재는 교민사회의 유지를 위협하는 요소로 작용한다. 따라서 이들 한인들을 치료하는 의사들의 역할은 중요하다고 하지 않을 수 없다. 상해에는 한인 의사들과 그들이 개업한 병원들이 적지 않았다. 한인 의사들이 개업한 병원의 주고객은 상해 교민들이었다. 형편이 어려운 한인들은 치료비를 내지 못하는 경우도 많았다.[61]

그러면 이들 한인 의사의 면면을 살펴보자. 1919년 3.1운동 이후 경성의전이나 세브란스의전을 졸업한 한인들이 상해로 망명하는 경우가 많았다. 그들은 독립운동에 참여하는 한편 본업인 의사로서 활동하였다. 그러나 그들 개인병원의 경우 규모가 그리 크지 않았으며 영세성을 벗어나지 못했을 것으로 짐작된다. 상해에서 활동했던 의사들을 정리하여 표로 나타내면 다음과 같다.[62]

〈표 1〉 상해에서 활동한 한인 의사들

연번	성명	출신학교	본적	병원	비고
1	金昌世	세브란스의학교	평남 순안	紅十字醫院 폐병원	1920년대 후반 상해에서 폐병 전문 개인병원 운영
2	李喜儆	시카고대학 의대	평남 순천	대한적십자회	1915년 하와이에서 개업

---

61) 한태동 구술, 2014년 10월 11일 서울 자택에서.
62) 상해에서 직접 의료활동을 하지 않은 의사들은 이 표에서 제외하였다. 즉 이미륵이나 유상규, 邊極 등과 같은 이들이다. 이 표의 작성에는 다음의 논저와 자료들을 참조하였다. 이종근, 「의술을 통한 독립운동가 김창세 박사」, 『도산학연구』 11·12, 2006; 박윤재, 「김창세의 생애와 공중위생 활동」, 『의사학』 15-2, 2006 ; 박윤형, 홍태숙, 신규환, 임선미, 김희곤, 「일제시기 한국의사들의 독립운동」, 『醫史學』 17-2, 2008; 도산안창호선생전집편찬위원회, 『도산안창호전집』 제4권 일기, 2000; 在上海日本總領事館警察部, 『特高警察ニ關スル事項』, 1934, 日本外務省外交史料館, D.2.3.28; 日本外務省, 「海外要注意 鮮人連名簿」.

3	郭炳奎	세브란스의학교	황해도 송천	대한적십자회	1919년 5월 海蔘威에서 개업
4	羅昌憲	경성의학전문학교	평북 희천	世雄醫院	四川省 萬縣醫院
5	申鉉彰	세브란스의학교		海春醫院	韓國勞兵會 활동
6	朱賢則	세브란스의학교	평북 삭주	三一醫院	三一堂 근처 위치
7	劉震東	상해 同濟大學	평남 강서	寶隆醫院	김구 주치의
8	崔惠順	光州醫院 간호원	전남 광주	惠生醫院	산파, 金澈의 부인
9	鄭永俊	미상	경기 개성	高麗病院	대한적십자회 활동
10	朴用俊	미상	미상	福世醫院	후에 劉基錫 경영
11	李武相	미상	미상	치과	안창호 치아 치료
12	朴世榮	미상	미상	치과	안창호 치아 치료
13	李東一	미상	미상	치과	申江醫院내 위치

이상에서 보는 바와 같이 상해에서 활동한 한인 의사는 적지 않았다. 그 가운데 김창세, 이희경, 나창헌, 신현창, 주현측, 유진동 등은 이미 잘 알려져 있다. 하지만 정영준, 이무상, 박세영, 이동일 등은 그동안 알려지지 않았던 이들이다. 아직까지 그들의 자세한 이력은 알 수 없다.

상해 한인들은 한인 병원 외에 중국인 병원을 이용하기도 했다. 대표적인 경우는 하비로에 있었던 申江醫院이다. 어린 시절 상해에 살았던 김효숙에 의하면, 신강의원을 깨끗하고 아담한 병원으로 기억하였다.[63] 일찍이 신규식이 여기에 입원했다가 위중해지자 안창호의 주선으로 홍십자의원으로 옮긴 적이 있었다. 국민대표회의 개최를 주장한 박은식이 젊은이들에게 구타당하여 입원한 곳도 신강의원이었다. 무엇보다도 신강의원은 바로 옆집에서 김문공사를 경영했던 김시문 집안의 식구들이 자주 이용했다.[64] 김시문 집안 사람들은 근처에 있는 南洋醫院도 종종

63) 金孝淑, 『上海 대한민국임시정부와 나』(未刊行回顧錄), 1996, 10쪽.
64) 김광재, 『어느 상인독립군 이야기 - 상해 한상 김시문의 생활사』, 선인출판사,

이용하였다. 남양의원은 중국인이 경영하던 병원이었다. 그리고 흔치 않지만 프랑스조계 천주교 계통 병원인 광자의원 등을 이용하는 경우도 있었다. 1930년대 중후반 김시문의 아들 희원도 홍구의 일본인 대형 종합병원 福民醫院에서 코수술을 한 바 있었다.65)

현지 중국인들과 마찬가지로 상해 한인들은 한의에 많이 의존했던 것으로 보인다. 서양의학에 익숙치 않았던 한인들의 의료사각지대를 메워주던 것이 바로 儒醫라는 존재였을 것이다. 경제적으로 형편이 여의치 않은 한인들은 유학자로서 한의에 밝았던 유의들로부터 의료상의 도움을 받았다. 유의란 유교적 사상을 바탕으로 의학의 이치를 연구한 사람들이었다. 유학자로서 독립운동에 뛰어들었다가 나중에 상해에 망명한 이들의 경우 대개 한의학에 대한 소양이 있었다고 할 것이다. 이시영 같은 이가 그러한 부류에 포함될 수 있을 것이다. 이시영은 구한말 태의원 부제조를 지냈다. 그의 부친은 구한말 시의로서 태의원경을 지낸 李裕承이었다.66) 그는 자신의 한의학 지식을 활용하여 동포 가운데 아픈 사람이 있으면 처방전을 주어 한인 약재상이나 중국인 한약방에 가서 약을 조제하도록 했다.67) 한인 한진교가 경영하였던 海松洋行의 경우와 같이 인삼을 취급했지만 기타 한약재도 함께 취급한 약종상도 있었다.

상해 한인들이 운영한 약국도 있었다. 먼저 李甲成의 濟衆藥局이 있었다.68) 민족대표 33인의 한 사람으로 저명했던 이갑성은 별다른 소개가

2012, 41쪽.

65) 김희원 구술, 2014년 9월 20일 과천커피샵에서.

66) 朴昌和, 『省齋李始榮小傳』, 을유문화사, 1984, 21~24쪽.

67) 이시영의 중경 한인들에 대한 한의학적 봉사에 대해서는 다음의 논고를 참고할 수 있다. 김성은, 「중경임시정부시기 중경한인교포의 생활상」, 『역사와 경계』 제70집, 2009, 74쪽.

68) 在上海日本總領事館警察部, 「中國歸化朝鮮人調」, 『特高警察ニ關スル事項』, 1934 (『在支滿本邦警察統計及管內狀況報告雜纂(支那27)』(日本外務省外交史料館, D.2.3.28).

필요없을 것이다.[69] 세브란스의학교 약학과 출신인 그가 상해에서 약방을 차린 것은 그리 이상하지 않다. 이갑성은 1913년 세브란스의학교를 졸업하고 우수한 실력과 능력을 인정받아 세브란스병원 제약부 주임으로 선임되었다. 이갑성의 상해와의 인연은 1918년 4월 이갑성의 상해 출장으로부터 시작되었다. 상해의 프랑스 의약회사와 협의해 병원에 한국대리점을 개설하고자 했던 것인데 뜻을 이루지 못했다. 1919년 3·1운동 후 정치운동에 참여하였다가 1929년 약종류 무역을 위해 상해로 갔다. 상해 시절인 1932년 그는 상해 약학전문학교를 졸업한 최마리아와 결혼하였다. 김효숙은 이갑성의 부인 최마리아를 세브란스 출신 약사로 기억하였다.[70] 이갑성 부부는 상해에서 제중약국을 차렸다. 제중약국으로 이름을 붙인 것은 이갑성이 세브란스의학교 출신이기 때문일 것이다.[71] 아마도 세브란스병원의 전신인 제중원의 설립 취지를 기념하기 위한 것으로 보여진다. 이갑성이 상해에서 친일을 했다는 세간의 평과는 달리 그의 약국은 한인 청년의 아지트로 활용되었다고 한다.[72] 그 외에도 孔凱平이 경영한 百濟藥局이 있었다. 백제약국은 하비로에서 제중약국과 얼마 떨어지지 않은 곳에 위치해 있었다. 공개평은 1920년대 한때 김구 등이 조직한 한국노병회 회원으로 활동하는 등 독립운동에 관여한 바 있었다. 하지만 그 외의 독립운동 관련기록이 나타나지 않는 것으로 보아 그는 기본적으로 자신의 본업인 약국 경영에 종사했던 것으로 보인다.

제약업에 종사한 한인들을 살펴보자. 대표적인 경우가 상해에서 중약 제조회사인 佛慈大藥廠을 설립하여 크게 성공한 玉觀彬이었다.[73] 불자

69) 고춘섭, 『연동교회 애국지사 16인 열전』, 도서출판 카이로스, 2009, 210쪽.
70) 金孝淑, 『상해 대한민국임시정부와 나』(미간행), 16쪽.
71) 유준기, 「최연소 3.1운동 민족대표, 이갑성」, 『춘담유준기박사 정년퇴임기념논총』, 2007, 202쪽.
72) 金光洲, 「上海時節回想記(上)」, 『世代』, 1965년 12월호 ; 김명수.
73) 김광재, 「玉觀彬의 상해 망명과 활동」, 『한국근현대사연구』 59, 2011.

대약창을 설립하기 이전 옥관빈은 독일 약품을 수입하여 판매하기도 하였다. 또 자신이 배달상보라는 신문을 만들어 취급 약품을 소개하거나 제휴 병원을 이용할 경우 할인한다는 광고를 게재하기도 하였다. 1930년 설립한 불자대약창은 과학적인 방법에 의한 國藥 개량이 목적이었다. 불자약창에서 생산된 중약은 중국 전역은 물론이고 일본, 동남아 각지로 수출되었다.74)

2) 개인의 養生과 위생 - 안창호의 사례를 중심으로

상해 한인사회 가운데 개인의 위생의료에 대한 고찰을 통해 상해 한인들의 위생의료생활의 한 단면을 볼 수 있다. 대상은 임시정부 및 상해 한인사회의 최고 지도자 가운데 한 사람이었던 안창호이다. 그의 경우 전통적인 양생과 근대적인 위생의 경험들에 대한 기록들이 비교적 많이 보인다. 그의 상해 생활은 위생과 보건, 그리고 의료 측면에서 주목된다.

안창호는 어린 시절부터 크고 작은 질병에 시달렸다. 그는 동지들에게 보내는 편지에서 그러한 자신을 '病弟'로 표현하였다. 그는 죽을 때까지 자신의 질병에 대한 치료와 위생 혹은 양생에 대해 깊은 관심을 보였다. 안창호는 수양과 독서에 힘썼을 뿐 아니라 정의돈수에도 남다른 노력을 기울였다. 양생과 위생의료는 그의 상해생활 가운데 중요한 하나의 일과가 되었다. 항상 거처를 깨끗이 하는 등 위생에도 많은 관심을 기울였다. 그는 근대적인 의미의 위생이나 보건에도 많은 관심을 가지고 있었지만 전통적인 양생에도 큰 관심을 가지고 수행했다. 건강한 신체에 대한 요구는 흥사단원 입단에도 필수적으로 요구되던 조건이었다. 흥사단 입단에는 병원의 건강진단서가 제출되어야 했다.75) 특히 1920년 1월

---

74) 左旭初, 『百年上海 民族工業品牌』, 上海文化出版社, 2013, 171~174쪽.
75) 도산안창호선생전집편찬위원회, 『도산안창호전집』 제7권 흥사단, 325, 331, 337

부터 8월까지 그가 쓴 일기가 남아 있어 그의 위생의료생활의 일단을
볼 수 있다.[76]

1919년 3.1운동 발발 직후인 4월 5일 안창호는 미주 국민회 북미지방
총회 특파원 자격으로 중국 상해를 향해 출발했다. 안창호가 캘리포니아
에서 배를 타고 호주, 홍콩을 거쳐 상해에 도착한 것은 5월 25일이었다.
약 50일에 걸친 긴 여정의 노독을 채 풀기도 전에 그는 공식적인 활동에
들어갔다. 도착 다음날인 5월 26일 저녁 그는 공공조계에 있는 북경로
예배당에서 열린 환영회 석상에서 동포들을 대상으로 감동어린 일장 연
설을 하였다.[77]

그는 프랑스조계 瑞康里에서 중국 셋방을 얻어 거처했고, 몸이 쇠약
했기 때문에 수시로 홍십자의원에 입원했다. 안창호는 상해에 도착한 다
음날 북경로 예배당 연설을 마친 후 곧바로 홍십자의원에 입원하여 치료
를 받았다. 이때 어떤 병명으로 장기간 입원했는지는 자료가 남아 있지
않지만 긴 항해에 따른 피로 누적과 어리 시절부터 고질병이었던 위장병
이 도졌던 것으로 보인다. 특히 홍십자의원은 안창호의 전용병원이다시
피 하였다. 안창호는 한때 홍십자의원을 자신의 편지 수령처로 하였다.
가까운 사람들 가운데 환자가 있을 경우 이 병원을 추천하기도 하였
다.[78] 그래서 안창호의 서북파와 대립하는 기호파 인사들은 홍십자의원

쪽. 여기에는 申鉉彰의 海春醫院에서 발급한 鮮于爀의 건강진단서, 羅世雄의 世雄
醫院이 발급한 李裕弼의 건강진단서 등이 수록되어 있다.
76) 朱耀翰, 『安島山全書』, 三中堂, 1963, 223쪽.
77) 朱耀翰, 『安島山全書』, 195쪽.
78) 피천득, 『인연』, 샘터, 1996, 139쪽. 상해 滬江大學을 다녔던 피천득은 홍십자의
원에 대해 다음과 같이 회고하였다. "나는 서가회라는 곳에 있는 요양원에 입원을
하였다. 그리 심한 병은 아니었으나 기숙사에는 간호해줄 사람이 없어서 입원을
하였던 것이다. 요양원이 있는 곳은 한적한 시외였다. 주위에는 과수원들이 있었
고, 멀리 성당이 보였다. 병실이 많지 않은 아담한 이 요양원은 병원이라기보다는
별장이나 작은 호텔 같았다."

을 안창호의 서북파 인사들이 이용하는 병원으로 인식하고 있었다. 일찍이 이 병원을 이용했던 기호파 청년 나창헌은 병원에 있는 동안 서북파 사람들로부터 위해를 받을까 두려웠다고 고백을 한 바 있었다.[79]

안창호는 청년시절부터 소화불량과 위장병으로 고생하였다. 1920년 1월 16일 일기를 보면, 소화불량에 따른 위통을 겪고 있었음을 알 수 있다. 아마 안창호의 위장병은 가난 때문에 제때 식사하는 경우가 드물었다. 이같은 불규칙적인 식생활에서 얻은 병일 가능성이 높다. 또한 그는 치아가 부실하여 자주 치과 신세를 졌다. 그의 일기에 의하면 치아가 상하여 朴世榮 의사에게 치료받았으며 나중에는 틀니를 사용하였다. 이것도 위장병과 밀접한 관련이 있었을 것이다.

그럼에도 불구하고 1920년 일기를 보면, 안창호는 거의 날마다 국무원 회의, 의정원 회의, 선전위원회, 흥사단, 독립신문사, 애국부인회, 구제회 등을 역방하고 수많은 방문객들을 만났다. 게다가 애인리 폭발사건, 철혈단 청년 폭행 사건, 사관학교 학생 반항 사건 등을 처리 무마하는 등 평안한 날이 없었다.[80] 낮에는 정무수행, 밤에는 입원하는 등 매우 힘든 나날을 보냈다. 어떤 때는 새벽 2, 3시까지 내방객과 협의를 하는 경우도 적지 않았다. 예를 들어 임시정부 문제로 찾아온 윤현진과 "三時頃에 至토록 討議하고 安眠치"[81] 못하는 경우가 있었다. 2월 일기에 심한 두통과 불면증으로 고통 받는 적도 있었다.

안창호는 병원에 입원하고 있는 동안 아침에 임시정부 정청으로 출근하고 오후에 퇴근한 후 홍십자의원으로 돌아와 신병을 치료하였다. 안창호는 부인에게 보내는 1920년 2월 23일자 편지에서 다음과 같이 말하고

---

79) 도산안창호선생전집편찬위원회, 『도산안창호전집』 제4권 일기, 1920년 6월 23일, 943쪽,

80) 朱耀翰, 『安島山全書』, 225쪽.

81) 도산안창호선생전집편찬위원회, 『도산안창호전집』 제4권 일기, 1920년 2월 19일, 863쪽.

있다. "내가 병원에서 유하다가 경비가 너무 많이 드는 고로 집을 잡고 밥은 한국사람 집에 12원씩 주고 부쳐 먹습니다. 평안북도 강계군 사람 유상규라 하는 23세 된 청년이 이왕 영도와 같이 나를 극진히 도와주므로 다행이외다. 두 주일 전에 뇌가 심히 아프므로 일을 할 수가 없어서 병원에 들어가 치료하였더니 지금은 좀 나으므로 다시 일을 하나이다. ……"82)고 하였다. 안창호는 많은 독립운동가들과 면담하고 토론할 뿐만 아니라 종종 장시간의 사자후도 토했기 때문에 성대를 상하기도 했고 극심한 정신적 긴장 상태에 있었다.

공사다망 중에 그는 쇠약해져가는 자신의 신체에 대하여 수치료, 냉수욕, 정좌법, 체조훈련, 그리고 때때로 입원 휴양 혹은 호텔에서 정양하는 방법 등으로 건강을 유지하고자 노력하였다. 홍십자의원을 퇴원한 안창호의 하루 일과는 새벽에 일어나 냉수욕을 하는 것으로 시작되었다. 그 다음 홍사단 단소에 가서 동지들과 함께 정좌를 수행하고, 홍십자의원으로 가서 수치료를 받거나 김창세 의사를 집으로 오게 하여 수치료를 받았다. 홍사단원으로 안창호를 곁에서 지켜봤던 주요한에 의하면, 수치료는 물리 치료법의 하나로서 인식일교 병원의 특색이었다고 한다. 사실 수치료는 서양 고대 로마시대 이래로 전해져 내려오는 물리치료법이었다. 19세기 중반 위통과 소화불량으로 고생하던 영국의 찰스 다윈도 수치료를 시술한 바 있었다. 그에게 "물치료는 확실히 '엄청난 발견'이었는데, '5~6년쯤' 일찍 시도했다면 얼마나 좋았을까"83)고 토로하였다고 한다.

안식일교 병원에서 행하는 수치료는 두꺼운 타올을 끓인 물과 얼음물에 번갈아 담갔다가 전신에 찜질을 하는 것이다. 안창호의 병은 과로로

---

82) 「안창호가 부인에게 보내는 편지」, 1920년 2월 23일(독립기념관 독립운동사 DB).
83) 에이드리언 데스먼드·제임스 무어 지음, 김명주 옮김, 『다윈 평전 : 고뇌하는 진화론자의 초상』, 도서출판 뿌리와이파리, 2009, 614쪽.

인한 소화기의 장애와 전신의 피로, 때로는 심한 두통 등이었고, 수치료
는 전신의 혈액 순환을 촉진하여 피로를 덜고 심신을 회복시키는 효과가
있었다고 한다. 또한 수치료는 그의 기관지염과 위하수증의 치료를 겸한
것이었다.[84]

김창세의 수치료는 안식교회의 치료법에 근거했을 것으로 짐작된다.
특히 1918년 간행된 안식교회 선교의사 시열민의 『연년익수』에 소개되
어 있는 수치료법의 원리를 살펴보자.

> "水는 가장 凡常하고도 가장 低廉한 物質이로되 … 水는 人類의 種種
> 疾病을 治療함에 對하야 거의 다 有效하고 療病의 藥品을 造劑함에 아모
> 것보다도 더욱 必要하니 現今 發明된 何種 藥物보다도 더욱 有用하니라
> … 血液이 疾病을 治療한다 함은 … 대개 血液은 能히 身體의 熱度를 支
> 持하며 病原菌을 殺하야 體內의 有疾部나 受傷한 部分을 修補하난 故로
> 身體의 有疾한 何部分을 治療하랴면 반드시 血液으로 該部에 流通케 하야
> 沮礙가 少無케 할지니라. 그런데 身體의 何部를 勿論하고 血液이 잘 循環
> 케하랴면 溫冷浴으로써 調節하난 것이 甚好하니 그리하면 血液의 循環이
> 顯著히 促進될지니라. 身體의 何部던지 熱水로 約 2分間만 灌洗하면 該受
> 熱處의 血管은 곧 膨大하고 血管이 이미 膨大하면 身體中 他部의 血液이
> 突然 湊入하야 該血管 等을 充滿케 할 것이오. 그뒤에 冷水로써 該部를 十
> 乃至 二十秒間만 灌洗하면 該膨大하였던 血管이 곧 收縮되면서 此處의 血
> 液은 壓迫을 受하야 他處의 血管으로 流入할 것이니 此와 如히 熱冷水를
> 交迭하야 反復灌洗하면 一種의 噴吸法을 成하야 該患部의 循環하난 血量
> 을 大히 增加할지니라."[85]

위에서 보는 바와 같이 수치료의 원리는 혈액이 질병을 치료하므로, 냉
온욕을 시행하여 환부에 혈액을 보내 치료한다는 것이다. 계속하여 『연년

---

84) 朱耀翰, 『安島山全書』, 405쪽.
85) 施列民, 『延年益壽』, 上海時兆報館, 1918, 106쪽 ; 醫學博士 에이·씨·셀몬 著, 『延
年益壽』, 時兆社編輯部 編譯, 서울: 時兆社, 1924, 100~103쪽.

익수』는 수치료에 溫罨法(더운물찜질)과 냉수마찰법 등이 있다고 하였다. 먼저 수치료 가운데 온엄법이 가장 유효하다고 하였다. 온엄법은 더운 물에 적신 천으로 몸을 덮는 방법이다. 온엄법은 각종의 고통을 경감할 수 있고 또 이 법은 매우 안전하며 그 효능은 각종 고약과 도포제보다도 더 낫다고 하였다. 또 냉수마찰법은 온엄법과 함께 병행하면 그 공효가 더욱 현저한데, 온엄법과 냉수마찰법을 매일 1회 혹은 2~3회 번갈아 가며 행하면 많은 환자들에게 효과를 거둘 수 있다고 하였다.[86]

1920년 2월 24일의 안창호 일기에는 "냉수욕과 정좌법을 오늘부터 실행한다"고 적혀 있다. 냉수욕은 위에서 살펴본 바와 같다. 그러면 정좌법은 무엇인가. 안창호를 측근에서 지켜봤던 주요한에 의하면, 정좌법이라 하는 것은 눈을 감고 꿇어 앉아서 아랫배에 힘을 주고 심호흡을 하면서 정신통일을 하는 것이다. 이것은 일본에서 시작된 것인데 안창호는 그것을 정신의 수양과 건강에 도움이 되는 것으로 생각하였던 모양이다. 안창호가 정좌법을 행한 것은 李甲의 권면을 따른 것이었다. 이갑이 망명 직후 러시아에 들어갔다가 전신불수의 병을 얻은 후, 1914년 시베리아에서 별세할 때까지 6년 간, 매일 일과가 아침 6시에 일어나 정좌법과 냉수욕, 기도, 성경 낭독을 실천하였다. 지인들에게는 양생법으로 정좌를 적극적으로 권하였다.[87] 이갑이 정좌법을 수행하게 된데는 지인의 권유가 있었다. 이갑이 穆陵에 있을 때 해삼위 동양대학 교사로 있던 金顯土라는 이가 岡田式靜坐法이란 책을 요양에 참고하라고 부쳐왔다. 이갑은 밤을 새워 그 책을 읽고 매일 아침 일과로 정좌법을 실행하였다. 안중근의 모친과 가족들까지 따라했다. 1919년 상해에 온 안창호가 일부러 정좌법 관련 책을 사서 읽고 수년간 새벽마다 흥사단 단소에서 단원들과 함께 정좌를 실행하였다. 이는 이갑이 편지로 안창호에게 정좌법

---

86) 施列民, 『延年益壽』, 107~111쪽 ; 醫學博士 에이·씨·셀몬 著, 『延年益壽』, 105~106쪽.
87) 주요한, 『秋汀 李甲』, 民衆書林, 1964, 76~77쪽.

을 적극적으로 권했던 사실과 무관하지 않을 것이다. 안창호는 이를 기억하였다가 중국 상해에 온 이후 크고 작은 스트레스로 건강상태가 악화되자 일종의 양생법으로 실행한 것으로 보인다.[88]

이갑이 안창호에게 정좌법을 권유한 편지가 현재 남아 있다. 1914년경 이갑은 안창호에게 보내는 편지에서 정좌법을 적극적으로 권유하고 있다. 이 편지의 내용은 국외 한인, 특히 독립운동가들의 양생과 관련된 내용들을 잘 보여주고 있다.[89] 이갑은 안창호에게 정좌법을 수행한 이후 자신의 몸이 몰라보게 좋아졌다고 하여 그 효험을 거듭 강조하였다. 편지를 끝맺으면서도 그는 추신에서 안창호에게 개인이 아니라 단체, 국가 전체로 정좌법을 확대해서 시행할 것을 강조하였다. 그러면서 우선 흥사단 전체 단원에게 전파할 것을 역설하는 것을 잊지 않았다.[90]

비슷한 시기 蘇王領에서 이갑을 만난 바 있는 안창호의 측근 李剛은 안창호에게 정좌법을 적극적으로 추천하였다. 그는 안창호에게 보내는 편지에서 "愛弟는 靜坐法을 이행한 이후로 所수가 점점 減하는 듯하외다. … 秋汀(이갑)은 지금까지 소왕령서 치료하는 바 곤란함은 一筆難狀이외다. 弟의 소수는 岡田式 정좌법을 근 일년간 실행한 결과로 諸症이 만히 감손 되앗나이다. 선생도 此 정좌법을 실행하옵소서. … 매우 有利한 호흡법이외다"라고 하였다.

안창호는 서점에서 건강과 양생에 관한 서적을 구입하였던 것으로 보인다. 이들 서적에 관한 정보는 중국 일간지인 『신보』 등의 광고란을 참고했던 것으로 보인다. 1920년 1월 16일, 18일의 일기에 참고 서적 구입 예정 22권이 다음과 같이 기록되어 있다.

---

88) 위와 같음.
89) 「이갑이 안창호에게 보내는 편지」, 1914년 8월 4일(독립기념관 독립운동사 데이터베이스).
90) 위와 같음.

- 1920년 1월 16일 일기에 보이는 구입대상 서적 목록 : 瑞典式療病體操, 體操上生理, 體育上之論理及實際, 師範學校新敎科書論理學, 新體論理學講議, 師範學校 敎科書 心理學, 心理學(楊保恒著), 敎育學講議(蔣維喬著), 國民性之訓鍊, 人格修養法, 意志修養法, 歐美憲政眞相, 萬國比較政府議院之權限, 政法名詞票, 普通敎育生理衛生學, 人種改良學, 독일富强之由來.[91]
- 1920년 1월 18일 일기에 보이는 구입대상 서적 목록 : 江間式 心身鍛鍊法, 藤田式 心身調和法, 靜坐三年, 康德人心能力論, 因是子靜坐法.[92]

1월 16일 구입 대상 서적들은 주로 체조, 체육, 심신 수양에 관한 것과 당시 간행된 논리학이나 각국의 헌정 체제에 관한 서적들이다. 안창호는 독립운동과 건강에 도움이 되는 것이라면 폭넓게 읽었던 것으로 보인다. 그에 비해 1월 18일 구입 대상 서적들은 모두 정좌법에 관한 것이다. 당시 중국에는 정좌법과 관련하여 일본의 양대 학파인 등전식정좌법과 강전식정좌법이 모두 중국어로 번역되어 서점에서 구입할 수 있었다.[93] 중국에서는 蔣維喬가 자신의 정좌법을 『因是子靜坐法』이라는 제목으로 간행하였다. 그리고 『康德人心能力論』이라는 책도 구입 대상이었다. 康德 즉 칸트의 『人心能力論 : 論意志能制疾病』이다. 이 책은 1914년 상해 최대의 출판사 상무인서관에서 번역 출판되었다. 책 제목에서 알 수 있거니와, 내용은 1797년 칸트가 의사 후페란에게 양생의 도에 대해 답장한 편지이다. 역시 인간의 의지로 질병을 이긴다는 것으로 중국 및 일본의 정좌법과 취지가 대동소이하다.

그리고 1월 28일 일기에 "아침에 일어나 각 신문을 펴보고 靜坐三年을 네 페이지 가량을 읽다"하였고 그후 거의 매일 『정좌삼년』을 4~5페

---

91) 도산안창호선생전집편찬위원회, 『도산안창호전집』 제4권 일기, 1920년 1월 16일, 835쪽.

92) 도산안창호선생전집편찬위원회, 『도산안창호전집』 제4권 일기, 1920년 1월 18일, 837쪽.

93) 蔣維喬 譯述, 『岡田式靜座法』, 上海: 商務印書館, 1919.

이지씩 읽고 있다. 정좌법을 행할 때는 이광수, 박현환, 주요한 등이 흥사단 단원들과 함께 행하였다.

이와 같이, 안창호는 이갑의 생전 당부대로 흥사단 원동위원부에서 단우들과 조직적으로 정좌를 실천하였다. 1920년 4월 11일 처음 단소에서 정좌회에 참석했다는 기록으로 볼 때 여러 단우들과 함께 정좌 운동을 시작한 것으로 보인다. 이후에는 단소의 정좌회에 자주 참석하면서 생활화하고 있다. 물론 위장병이나 기관지염과 같은 고질병을 완치하지는 못했지만 이를 통해 심신의 안정과 건강 유지에 일정한 도움을 받았던 것으로 보인다.

4. 맺음말

1919년 이전 상해한인사회는 본격적인 위생의료활동을 펼치기에는 그 규모가 크지 못했다. 1919년 4월 임시정부 수립을 전후하여 상해 한인사회가 확대되면서 교민사회는 위생의료 영역에서도 조직적인 업무를 수행하게 되었다.

상해에서 한국역사상 최초의 공화제정부로 수립된 임시정부는 내무부가 경찰과 위생을 관장한다고 규정하였다. 그럼으로써 임시정부는 근대국가가 갖추어야할 위생 제도를 형식적이나마 갖추게 되었다. 하지만 임시정부는 국내외 인민에 대해 직접적인 위생의료 정책을 시행할 수 없었다. 또한 당장의 대일독립전쟁의 수행을 위해서는 위생의료 정책의 방향을 독립전쟁 수행과정에 필요한 전시 위생의료로 집중할 수밖에 없었다. 대신 상해한인사회의 위생의료는 임시정부 산하의 대한적십자회와 대한교민단에서 제한적인 범위 내에서 시행되었다.

대한적십자회는 1919년 7월 1일 임시정부 내무총장의 인가를 받음으로써 설립되었다. 대한적십자회는 설립 초기 선전활동이나 회원 모집에 힘을 기울였다. 그렇지만 대한적십자회의 핵심 사업은 간호원과 군의를 양성하는 것이었다. 이들은 모두 독립전쟁을 벌이는 과정에 반드시 갖추어야 하는 요원들이었다. 이를 위해 설립된 간호원양성소는 1기생을 배출한 다음 자금 부족으로 중단되고 말았다. 대한적십자회는 발족한지 한 달 만에 첫 의료사업을 벌였다. 1919년 여름 상해에 호열자가 유행하자 교민들을 대상으로 예방접종을 시행하였던 것이다.

상해 교민들에 대한 체계적인 위생의료활동은 교민단이 수행하였다. 그것은 위생강연과 예방접종, 무료진료소의 운영이라는 형태로 나타났다. 교민단은 교민들의 위생 지식을 계몽하기 위해 위생 강연을 여러 차례 개최하였다. 위생 강연에는 상해 홍십자의원 부원장이자 미국 안식교회 선교의사이던 시열민이 국가와 위생의 관계, 화류병 등에 대해 강연하였다. 이들 문제는 임시정부나 상해 한인사회가 관심을 갖고 있던 것들이었다. 교민단이 미국 안식교회 선교의사를 위생강연에 초빙할 수 있었던 데는 홍십자의원에 근무하던 한인 의사 김창세의 역할이 있었다. 교민단은 유인물 등을 배포하여 교민들의 위생, 청결을 강조했으며 부주의로 인해 화류병에 걸리지 않고 각자 개인의 건강을 유지하고 나아가 민족과 국가를 위해 헌신할 것을 당부하였다. 또한 교민단은 교민들을 위한 무료진료소를 운영하기도 하였다.

한인들이 많이 거주하던 프랑스조계에는 서양 의료시설이 비교적 완비되어 있었다. 다만 한인들이 이들 의료시설을 이용하는 데는 적지 않은 어려움이 있었다. 큰 비용이 필요할 뿐만 아니라 서양의에 대한 불신, 언어 장벽으로 한인들이 이들 서양의료시설을 이용하는 경우는 거의 없었던 것으로 보인다. 상해에 거주하던 한인들의 경우 열악한 현지 환경과 영양 부족으로 질병에 걸리기 쉬운 여건에 놓여 있었다. 상해 한인들 가운데는 폐병이나 폐결핵, 늑막염과 같은 호흡기 계통의 질병이 많았다. 따라서 한인 의사들이나 의료시설이 없을 수 없었다. 상해에는 한인 의사들과 그들이 개업한 병원들이 적지 않았다. 다만 그들 개인병원의 경우 규모가 그리 크지 않았으며 영세성을 벗어나지 못했다. 상해 한인들은 조계의 서양병원을 이용하는 대신 한인이나 중국인 병원을 많이 이용하였다. 상해 한인들은 한의에도 많이 의존했던 것으로 보인다. 경제적으로 형편이 여의치 않은 한인들은 유학자로서 한의에 밝았던 일종의 유의로 볼 수 있을 이시영 같은 이로부터 의료상의 도움을 받았다. 상해 한인들이 운영한 약국도 있었다. 이갑성의 제중약국, 공개평의 백제약국이 있었다. 옥관빈같은 이는 상해에서 중약 제조기업 불자대약창을 설립하여 근대 중국의 중약제조산업에 크게 공헌하였다.

안창호와 같은 개인의 위생의료 경험을 통해 상해 한인들의 위생의료 생활의 한 단면을 엿볼 수 있다. 안창호는 어린 시절부터 크고 작은 질병에 시달렸기 때문에 자신의 질병에 대한 의료와 위생 혹은 양생에 대해 남다른 관심을 보였다. 양생과 위생의료는 그의 상해생활 가운데 중요한 하나의 일과가 되었다. 그는 근대적인 의미의 위생이나 보건에도 적극적으로 임했지만 전통적인 양생에 대한 관심 또한 적지 않았다. 그는 쇠약해져가는 자신의 신체에 대하여 수치료, 냉수욕, 정좌법, 체조훈련, 그리고 때때로 입원 휴양 혹은 호텔에서 정양하는 등 다양한 방식으로 건강을 유지하고자 노력하였다. 그는 1919년 5월 말 상해에 도착한 후 지병에 노독이 겹쳐 홍십자의원에 장기간 입원하였다. 그는 병원에 입원하고 있는 동안 아침에 임시정부 정청으로 출근하고 오후에 퇴근한 후 다시 홍십자의원으로 돌아와 신병을 치료하였다. 홍십자의원을 퇴원한 후 안창호의 하루 일과는 새벽에 일어나 냉수욕을 하는 것으로 시작되었다. 그 다음 흥사단 단소에 가서 단원들과 함께 정좌를 수행하고, 홍십자의원으로 가서 수치료를 받거나 김창세 의사를 집으로 오게 하여 수치료를 받았다. 전통적인 양생의 하나인 정좌 수행은 독립운동가 이갑의 권유로 실행하였다. 안창호는 이갑의 생전 당부대로 흥사단 원동위원부에서 단우들과 조직적으로 정좌를 실천하였다. 물론 정좌 수행을 통해 위장병과 기관지염 같은 고질병을 근본적으로 고치지는 못했지만 적어도 심신의 안정과 건강 유지에는 일정한 도움을 받았던 것으로 보인다.

제4장 상해 고려인삼 상인들의 생활사

1. 머리말

주지하다시피 '고려인삼'[1]은 조선후기 이래 중국으로 수출한 가장 중요한 품목이었다. 특히 고려홍삼은 오늘날 달러와 같은 국제 통용 화폐와 같은 기능을 지니고 있었다. 다른 토산품과는 달리 한국의 고려인삼은 수입 대체재가 없는 독보적인 것이었다. 일제시기 중국은 일본과 더불어 고려인삼의 주요 소비국이었다. 한국의 인삼 수출은 중국 상해에 집중되었다. 상해는 중국내 대표적인 인삼 집산지이자 소비지역으로 중국 남방의 홍콩, 남양의 싱가포르와 함께 중요한 지역이었다. 상해에 모인 고려인삼은 현지에서 소비되거나 다시 중국 대륙으로 퍼져나갔다. 한국의 고려인삼 상인들도 상해를 근거지로 하여 홍콩, 나아가 동남아나 북미, 중남미 등 세계 각지로 뻗어나갔다.

고려인삼은 한인들에게 생계 유지를 위한 중요한 수단이었다. 일제시기 중국, 특히 상해에 이주한 한인들은 인삼 상점을 차리거나 혹은 특별

---

1) 본고에서 언급하는 '高麗人蔘'은 중국에 유통된 미국의 花旗參, 중국의 關東參, 일본의 竹節人參과 구별하여 한국에서 생산된 인삼, 그 가운데서도 땅에서 캐낸 水蔘을 건조시켜 제조한 白蔘을 가리킨다. 본문에서는 편의상 '인삼'으로 표기하기도 한다. 장기간 보관의 목적으로 수삼을 수증기로 찐 다음 건조시킨 紅蔘은 조선총독부가 전매하여 일본기업 三井이 독점적으로 판매했기 때문에 일반 한인들은 취급할 수 없었다. 인삼의 종류나 제조방식 등에 대해서는 다음의 문헌을 참조할 수 있다. 옥순종, 『교양으로 읽는 인삼 이야기』, 이가서, 2005 ; 양정필, 「1910~20년대 개성상인의 백삼(白蔘) 상품화와 판매 확대 활동」, 『醫史學』 제20권 제1호, 2011.

한 기술이나 자본이 없는 경우 호구를 위해 인삼 행상에 나섰다. 또 상
해에 오는 한인 가운데 소지금이 넉넉지 않은 이들은 으레 인삼 몇 근을
들고 와서 현지에서 판매하여 여비나 생활비, 학비 등을 조달하였다. 뿐
만 아니라 상해에서 중국 내륙으로 가거나 동남아로 여행할 때에도 인삼
을 휴대하는 경우가 많았다. 인삼은 부피가 작아 휴대하기 편리하고 현
금화가 용이했다.

  인삼 판매자금은 독립운동진영으로도 흘러들어 간 것으로 얘기되고
있다. 인삼 무역상점은 단순한 영업점이 아니라 독립운동의 거점 역할을
했으며 인삼 행상이라는 직업은 독립운동가들이 생활 자금과 운동 자금
을 조달하는 방편이었다고 알려져 왔다. 이와 같이 인삼은 재중 한인들의
경제 활동에 무시할 수 없는 역할을 수행한 것이 아니었나 생각된다. 그
럼에도 이에 대한 실증적인 연구는 찾아 볼 수 없는 실정이다.[2]

  본고는 종래 주목되지 않았던 일제시기 상해지역 한인들의 인삼 판매
와 그 실태에 대해 살펴보고자 한다. 먼저 일제시기 중국지역 한인들의
인삼 판매에 대한 전반적인 현황을 살펴본 다음 상해의 대표적인 한인
고려인삼 상점과 행상들의 활동에 대해 고찰하고자 한다. 상해 외에 광
동이나 홍콩, 싱가포르 등지에서 인삼 판매를 한 경우라도 상해와 관련
이 있는 경우는 분석 대상에 포함하였다. 다만 관련 자료의 부족으로 인
해 당시 한인들의 인삼 판매활동에 대해 깊이 있게 천착하지 못하는 한
계가 있음을 미리 밝혀 둔다. 그럼에도 불구하고 이러한 고찰은 일제시
기 국외 한인, 특히 상해 한인들의 경제 활동과 그 기반을 이해하는데
도움이 될 것으로 기대된다.

---

  2) 일제시기 재중 한인의 인삼 판매에 대해서는 아직까지 본격적인 고찰이 없는 것
    으로 보인다. 다만 1920년대 동남아지역 한인의 인삼 판매 활동에 대한 대략적인
    실태에 대해서는 김도형의 연구가 있어 참고가 된다. 김도형, 「한국인의 동남아지
    역 진출과 인식」, 『1920년대 이후 일본·동남아지역 민족운동』, 한국독립운동의
    역사 55, 독립기념관, 2008, 211~220쪽.

2. 재중 한인과 고려인삼

한국은 1876년 개항 직후부터 중국 상해와 밀접한 관계를 갖기 시작하였다. 임오군란 직후 청정부는 한국과 조청수륙무역통상장정을 체결하였으며 1883년 11월 한국과 상해 사이에는 윤선의 왕래 협약이 체결되었다. 상해와 조선 사이에 정기항로가 개통됨에 따라 두 지역의 인원과 무역 왕래도 용이하게 되었다. 1884년에는 상해의 쌀을 조선으로 운반하여 한국의 기근을 구제하였다.[3] 이후 한국에 흉년이 들면 조선정부는 상해에서 미곡을 수입하여 재난을 구제하였다. 또한 상해는 한국이 서양의 선진기술을 습득하는 창구 역할을 하였다.[4]

상해와 한국 사이의 정기항로를 통해 상해로 가는 한인들도 늘어났다. 초기 상해로 간 한인은 대개 정부관리, 부호자제와 상인이었다. 개항과 함께 한국 상인은 중국대륙으로 건너가 상업활동을 본격적으로 시작하였다. 그들은 양국의 접경지역뿐만 아니라, 甘肅, 陝西, 湖北, 四川, 貴州, 雲南 등 내륙지역에까지 들어가 인삼, 포목, 소가죽 등의 장사를 하였다.[5] 이들 지역으로 진출하는 창구의 하나가 바로 상해였다. 상해는 유리한 지리적 이점을 갖고 있었기 때문에 상해로 온 한국 상인이 적지 않았다. 1884년 말 갑신정변의 난리를 피해 잠시 상해로 망명해온 尹致昊가 공공조계 四馬路(현재의 福州路를 걷다가 우연히 3명의 한국 상인을 만났다는데서 상해에 적지 않은 한국 상인들이 활동하고 있었음을 알 수 있다.

---

3) 「招商局採辦米石接濟元山饑荒」, 『駐朝鮮使館檔 輪船招商局 陳樹棠檔』, 1885.5.7 (대만 중앙연구원 근대사연구소 소장, 국사편찬위원회 수집).

4) 孫科志, 『上海韓人社會史(1910~1945)』, 한울, 2001, 32~35쪽.

5) 고려대학교 아세아문제연구소, 『舊韓國外交文書』 제8권 淸案 1, 1970, 40~41, 266쪽.

한국의 인삼 수출 역시 상해에 집중되었다. 문호개방 이후 한국은 개항장을 통한 백삼 수출을 허용하였다. 또한 1882년 중국과 조약을 체결하면서 한국 상인에게 홍삼 수출을 허용하였다. 1895년 가을에는 해로를 통한 홍삼 수출도 허용하였다. 이 무렵부터 중국으로 수출하는 홍삼은 인천으로 집중되었으며 중국 상인이 주된 수출업자로 등장하였다.[6] 특히 1909년 인천을 통해 수출된 인삼의 대부분은 상해에서 수입한 것으로 그 해 3월 상해에 수입된 인삼은 12,000근에 달했다.[7]

고려인삼은 중국에서 죽은 사람도 살린다는 '영약', '신약', '선약', '불로초' 등으로 알려져 대단한 환영을 받았다. 당시 상해로 수입된 인삼은 대부분이 홍삼이었다. 이 가운데는 밀조된 것도 적지 않았다.[8] 중국인들은 고려인삼하면 홍삼을 떠올렸고 백삼에 대한 인지도는 떨어졌다. 상해에서 유통된 백삼은 많지 않았다. 중국에서 판매된 대부분의 백삼은 미국에서 수입한 花旗蔘이거나 일본의 東洋蔘이었다. 인삼을 선호하는 성향도 지역에 따라 달랐다. 중국 북방보다는 남방 사람들이, 남방보다는 남양 방면의 화교들이 고려인삼을 더 선호하였다.[9]

근대 이래 중국 상해에서 인삼 무역에 나섰던 대표적인 경우는 閔泳翊이었다. 그는 상해와 홍콩을 오가며 고종이 위탁한 홍삼을 판매하여 거금을 벌어들였다. 민영익은 홍삼 판매자금을 자신의 망명자금으로 썼다. 민영익 사후 그가 남겼다고 하는 거액의 홍삼 판매자금은 세간의 관심사였다. 1920년대 임시정부 관계자는 상해에 온 민영익의 서자 閔庭植을 구금하여 민영익이 滙豊銀行에 보관해두었다고 하는 홍삼 판매자금을 인출하기 위해 은행금고를 열었는데, 정작 소송 관련 서류 몇 장만

---

6) 최광식 외, 『한국무역의 역사』, 청아출판사, 2010, 477쪽.
7) 「淸韓貿易幷二上海ノ經濟地位」, 『貿易月報』 13, 1909년 7월, 여강출판사 영인, 부록 27쪽.
8) 한국인삼사편찬위원회, 『한국인삼사』 상권, 1980, 420쪽.
9) 玉觀彬, 「高麗人蔘輸出에 對하야(一)」, 『朝鮮日報』 1923년 2월 1일.

나와 관계자들을 실망시킨 바 있었다.[10]

일찍이 상해에는 한인들이 설립한 고려인삼 상점들이 있었을 것으로 추정된다. 자료상으로 볼 때, 상해의 인삼 상점 가운데 가장 오래된 것은 李惟善의 志成公司가 아닌가 생각된다.[11] '李容翊時代'에 상해에 와서 그대로 눌러 앉아 인삼과 독일약품을 팔고 있다고 하였다. '이용익시대' 라고 하는 것으로 보아 1905년 '을사조약' 체결 이전이 아닌가 생각된다. '을사조약'이 체결되던 그해 8월에 이용익은 상해를 거쳐 러시아로 망명하였다. 이유선에 대해서는 이용익의 홍삼 매매에 관련된 자가 아니었나 추측될 뿐이다. 후에 지성공사는 惟善公司로 이름을 바꾸었다.[12]

일제시기 상해에서 고려인삼을 취급했던 곳은 여러 곳이 있었다. 그 대표적인 곳은 1914년 韓鎭敎가 설립했던 海松洋行이었다. 그 외에도 金時文의 金文公司, 趙尙燮의 元昌公司, 玉觀彬의 倍達公司, 金弘叙의 三盛公司 등이 있었다. 상해에서 인삼을 취급한 상점 가운데 인삼만을 전문적으로 거래한 곳은 드물었다. 해송양행처럼 한약방 간판을 내걸거나, 김문공사의 경우와 같이 잡화점, 원창공사나 배달공사처럼 무역상의 형태로 인삼을 취급했다. 다만 인삼이 자타가 공인하는 한국의 특산품이었기 때문에 인삼이 거래에서 차지하는 비중은 다른 것보다 컸다. 인삼 판매점은 아니지만 인삼을 판매하는 경우도 있었다. 馬浪路(현재의 馬當路) 임시정부 청사 근처에서 崔惠順(金澈의 부인)이 경영했던 惠生醫院은 고려인삼을 가져다 판매한 바 있었다.[13] 대개 의원에 오는 환자나 근

---

10) 국회도서관 편,『한국민족운동사료』(중국편), 1976, 507~510쪽, 527쪽, 529쪽.

11) 孔聖求 外,『香臺紀覽』, 1928, 62쪽.

12)『東亞日報』1926년 8월 13일, 「'中國과 歐米에 同胞商業狀況' 명일밤 청년회관에서 李惟善 講演」. 1926년 이유선이 국내를 방문한 사실이 신문에 보도되었다. 동아일보는 이유선이 20여 년 전부터 중국, 남양, 러시아, 미국 등지를 두루 다녀 상업에 대한 경험이 풍부하다고 소개하고 있다.

13) 윤선자,『영원한 대한민국임시정부의 요인 김철』, 독립기념관, 2010, 104쪽.

처 지인을 대상으로 해서 소량 판매하여 부수입을 올렸던 것으로 보인다.

다음 인삼 행상에 대해 살펴보자. 중국 남방에서 활동했던 한인 인삼 행상들은 수적으로 적지 않았을 것으로 추측된다. 자료상으로 수치가 나타나는 상해의 경우는 다음과 같다. 상해 일본총영사관의 조사에 의하면, 1910년 9월 21일 현재 상해 거주 한인 37세대주 가운데 6세대주의 직업이 인삼 행상이었다. 세대주의 직업 가운데 인삼 행상이 가장 많았다.[14] 1914년 3월 현재 상해 거주 한인 53명 가운데 인삼 행상은 8인이었다.[15] 이는 상해 일본영사관이 조사한 수치로서, 조사에 누락된 경우도 적지 않았을 것으로 보인다. 이들은 대개 현지 여관에 장기 투숙하면서 인삼 판매에 종사하였다. 인삼 행상들은 한 곳에 정착하는 것이 아니라 각처로 전전하는 등 유동성이 강하였다. 때문에 이들 인삼 행상들의 활동영역은 발을 디디지 않은 곳이 없을 정도로 넓었다.[16] 흥미로운 사실은 화교가 있는 곳이라면 전세계 어디든지 한국 인삼 행상들의 존재를 찾을 수 있다는 것이다.[17]

상해에 온 한인들이 인삼 행상에 나선 동기는 다양하다. 자본이 어느 정도 있는 경우는 양행이나 공사를 차려 인삼을 판매하였지만 그렇지 않은 경우는 대개 행상에 종사하였다. 인삼 행상은 전업적인 행상과 부업적인 행상이 있지만 그 구분이 확실치 않은 경우도 적지 않다. 우선 호구지책을 위한 것이 가장 보편적이다. 일찍이 의열단에 가입했던 張承祚의 경우 상해에 와서 임시정부 군무부에서 활동했다. 몇 년후 그는 임

---

14) 「機密第六三號 在留朝鮮人動靜報告の件」(『不逞團關係雜件』 朝鮮人ノ部 在上海地方 ①, 1910年).

15) 「機密第三二號 朝鮮人排日運動企劃狀況に關する內報の件」(『不逞團關係雜件』 朝鮮人ノ部 在上海地方 ① 1914年).

16) 김희곤, 「19세기 말~20세기 전반, 한국인의 눈으로 본 상해」, 『지방사와 지방문화』 제9권 1호, 역사문화학회, 2006, 255쪽.

17) 李光洙, 『島山安昌浩』, 太極書館, 1947, 104쪽.

시정부가 재정난으로 식대도 주지 못하는 형편이라 부득이 인삼 한 근을 구하여 호북성 漢口로 인삼 행상을 떠났다고 한다.[18] 그밖에 학비나 여비, 독립운동자금을 조달하는 등 여러 가지 유형이 있었다. 중국에서 활동했던 독립운동단체 구성원 가운데 홍사단, 의열단, 민족혁명당 계열 인사들이 인삼 행상으로 생계를 유지하고 독립운동자금을 조달하는 경우가 많았다.

중국에서는 한국 사람이 가지고 다녀야 진짜 고려인삼이라고 해서 안 살 사람도 산다는 얘기가 있을 정도였다.[19] 그래서 초기 인삼 행상 가운데 상투를 튼 이들이 많았다. 인삼 행상들은 중국 내륙으로 들어가서는 갓 쓰고 한복을 입고 인삼을 판매했는데, 그래야만 인삼이 잘 팔렸다고 한다.[20] 인삼 행상으로 많은 돈을 버는 경우도 더러 있었다. 1930년대 상해와 화남에서 인삼 행상을 했던 李初生은 월 수익 100원 정도를 벌었는데, 그 가운데 모친에게 월 2, 30원을 송금했다고 하였다.[21] 당시 월 100원은 작은 금액이 아니었다. 상해에서 한인들이 선호했던 전차 검표원(인스펙터)이 버는 수입의 2배 정도였으며 반년 치 노동자 임금에 해당하는 금액이었다. 반면에 호구를 하는데 만족해야 하는 인삼 행상도 적지 않았다. 인삼 행상은 결코 쉬운 직업이 아니었다. 이들이 행상하는 지역은 도시 보다는 주로 교통이 불편한 오지였다. 그 이유는 영세한 인삼 행상들이 도회지의 즐비한 한약방과는 경쟁이 되지 않기 때문이었다.[22] 1927년만 하더라도 상해 시내에는 현지 중국인들이 경영하는 인

---

18) 국사편찬위원회, 『한민족독립운동사자료집』 30 의열투쟁 Ⅲ, 1997, 59쪽.

19) 林敏英, 『愛國誌 : 의사 윤봉길 선생 편』, 愛國精神宣揚會出版部, 1951, 56쪽.

20) 韓泰東 구술, 2010년 12월 4일 서울 연희동 자택에서. 한태동(1924~)은 상해 해송양행주 한진교의 아들이다.

21) 국사편찬위원회, 『한민족독립운동사자료집』 46, 중국지역독립운동 재판기록 Ⅳ, 2001, 222쪽.

22) 『東亞日報』 1931년 1월 23일, 「南洋消息, 不老草行商人 2」.

삼점이 50개소, 약재상은 1937년 경 108개소에 달했다.[23] 게다가 한인 인삼 행상은 현지인으로부터 조롱이나 핍박, 봉변을 당하는 경우가 많았다. 심지어 일본 첩자로 오인되어 구타당하고 쫓겨나는 경우도 있었다고 한다.[24] 이와 같이 일제시기 해외, 특히 재중 한인들의 애환이 어린 것이 바로 인삼이었다.

인삼 행상은 독립운동에 활용되었다. 특이하지만 독립운동가들이 인삼 행상으로 변장하여 배일선전활동을 수행하였다는 기록이 있다. 독립신문은 1919년 『上海日日新聞』(11월 17일자)의 기사 내용을 번역하여 다음과 같이 소개하고 있다.

韓人은 中國의 過激派와 聯絡하야 數百名의 團員이 賣藥 高麗人參 等의 行商人으로 變裝하야 揚子江沿岸 各地交通頻繁한 街頭에 露店을 設하고 外面으로는 賣藥한다 하고 內容으로는 朝鮮亡國慘狀과 日本의 苛酷한 待遇를 演說하야 中國人의 排日氣勢를 煽動하는 故로 中國官憲은 中日國交에 關係가 及할가 하야 嚴重 取締하나 該韓人等은 中國語에 流暢하야 中國官憲이 判明하야 逮捕하기 極難하다고.[25]

즉 수백 명의 배일단체 단원이 인삼 행상으로 변장하여 배일선동활동을 하고 있다는 것이다. 물론 이 기사는 어느 정도 과장된 내용이 없지 않은 것으로 보인다. 1919년의 5·4운동으로 촉발된 배일운동의 여세를 이용한 한인 인삼 행상들의 배일선전활동이 일본측의 주목을 받을 정도로 맹렬하였음은 분명하다고 할 것이다.

한인 인삼 행상에 대해서는 부정적인 측면도 없지 않았다. 다음의 독립신문 기사에서 부정적인 인삼 행상들의 모습을 엿볼 수 있다.

---

23) 兪斯慶 主編, 『上海醫藥誌』, 上海社會科學院出版社, 1997, 368~369쪽.
24) 韓泰東 구술, 2010년 12월 4일 서울 연희동 자택에서.
25) 『獨立新聞』 1919년 11월 20일, 「排日裏에 韓人」.

中國은 人衆地大하야 其販路가 無邊하니 例컨대 中國南方의 我國人參
行商이 서투른 言語와 草草한 行色으로도 一二斤의 參片으로 數百金의 暴
利를 取하야 生活하는 者 其數 不少하지안은가.26)

위에서 보는 바와 같이, 인삼 행상들이 인삼 1, 2근을 가지고 중국 오
지에 들어가서 간단한 중국어로 의사소통을 하면서 인삼을 판매하였다.
그런데 세상 물정 모르는 오지 사람들에게 감언이설로 폭리를 취하는 자
가 적지 않았다. 그외에 중국산 인삼을 고려인삼이라고 속여 파는 경우
도 있었던 것으로 보인다.27)

중국에서 고려인삼 판매가 늘 순조로웠던 것은 아니었다. 주기적으로
벌어진 '日貨排斥運動'(일본상품 불매운동)은 인삼 판매의 큰 장애 요인
이었다. 1919년 일본이 21개조의 수용을 중국정부에 강요하면서 반일감
정을 격화시켰는데, 그후 중일간에 외교적인 마찰이나 무력충돌이 일어
날 때마다 중국에서는 치열한 일본상품 불매운동이 전개되었다. 1925년
5월 30일 발발한 5·30 반제운동 때는 일본상품 불매운동의 일환으로 상

---

26) 『獨立新聞』 1922년 5월 20일, 「上海에 韓國物産會社設立을 建議하노라」. 필자 불
명의 이 논설은 옥관빈의 글로 보인다. 그의 다른 글에 보이는 논조와 비교하여
볼 때 그가 기고한 논설이 아닌가 판단된다.

27) 한인 인삼 행상의 부정적인 이미지는 李光洙의 논설에서도 볼 수 있다. 이광수는
1922년에 발표한 「民族改造論」에서 한국 인삼상인의 부정적인 모습을 여실히 묘
사하고 있다. "다음 西隣인 漢族에게 朝鮮民族의 信用을 失墜한 最大한 原因은 人
蔘장사와 假志士들이외다. 무릇 中國方面에서 商業을 經營하는 吾人은 十에 八九
는 漢人을 속이기로 長技를 삼아 이것을 한 자랑으로 아는 傾向이 잇습니다. 말똥
을 淸心丸이라고 팔앗단 말은 中國에 在한 朝鮮商人의 商略을 說明하는 말이라
하겟습니다. 그러나 가장 詐欺를 代表함은 紅蔘장사니 그네는 滿洲蔘을 松蔘이라
고 속이고 十圓 자리면 百圓 자리라고 속여 참말 非人道暴利를 貪합니다. … 넓은
中國에 朝鮮商人이라고는 이러한 紅蔘장사 鴉片장사 뿐이니 民族의 羞恥가 이에
서 더한 것이 어대 잇겟습니까. …"(李春園, 「民族改造論」, 『開闢』, 開闢社, 1922
년 5월, 58쪽). 부정적인 모습만 과도하게 부각한 감이 없지 않지만 여하튼 위와
같은 부정적인 인삼상들이 적지 않았음은 틀림없다.

해의 중국 인삼상들이 직접 동북으로 가서 인삼을 들여와 외국 인삼을 대체하고자 했다.[28]

일본상품 불매운동은 특히 1931년 9·18사변(만주사변) 때 두드러졌다. 9·18사변이 일어나자 일본의 무력침략과 중국국민정부의 무저항방침에 대하여 거센 항의의 소리가 높아가, 전에 볼 수 없었던 중국인들의 강렬한 배일운동이 전개되었다.[29] 9·18사변으로 인한 일본상품 불매운동의 와중에서 한국 상품의 중국 수출도 급감했다. 고려인삼도 그러하였다. 중국인들은 고려인삼이 한국 물산인줄 알았는데, 일본 재벌 三井物産이 홍삼을 전매하는 사실을 알고 고려인삼도 일본상품으로 간주하여 배척하였다.

한국 상품 판매가 일본상품 불매운동으로 타격을 받게 되자 상해고려상업회의소는 임시정부 교민단과 함께 중국 항일구국회에 청원하여 현지 중국인들의 일본상품 불매운동에서 한인들의 상품을 일본상품으로 간주하지 말아달라고 호소하였다.[30] 이러한 상업회의소의 호소는 일정한 효과를 거둔 것으로 보인다. 한인들이 직접 중국인들에게 이들 물산을 판매하면 어느 정도까지는 일본상품 배척의 영향을 받지 않게 되었다.[31] 즉 중국 항일구국회는 상해의 한인이 수입하는 사과나 인삼 등 물품 상자에는 검사표를 붙여 중국인들의 불매운동에서 제외가 되도록 하였다.[32] 1931년 9·18사변과 일본상품 불매운동으로 급감했던 인삼 수출은 그 후 점차 늘어나는 추세를 보였다. 여기에는 교민단과 한인 상업

---

28) 兪斯慶 主編, 『上海醫藥誌』, 385쪽.

29) 小島晋治·丸山松幸 著 / 朴元熇 譯, 『中國近現代史』, 지식산업사, 1998, 125~126쪽.

30) 在上海日本總領事館警察部, 『特高警察二關スル事項』, 1934年.

31) 申彦俊, 「조선 대 중국 : 무역의 과거, 현재」, 『東亞日報』 1935년 3월 6일(민두기 엮음, 『신언준 현대 중국 관계 논설선』, 문학과 지성사, 2000, 615~617쪽).

32) 『上海韓聞』 제2호, 1932년 1월 11일, 「우리 商界의 打擊」(국사편찬위원회, 『대한민국임시정부자료집』 33, 한국독립당Ⅰ, 2009, 82쪽).

회의소의 노력이 있었다.

3. 상해의 한인 고려인삼 상점

1) 해송양행

해송양행은 1914년 상해로 이주한 한진교(1887~1973)가 설립하였다. 그는 평남 중화 출신으로 호는 松溪, 본관은 청주이다. 원래 한진교의 집안은 청주에 세거하였는데 19세기 후반 난을 피해 평안도로 이주하였다가 청일전쟁 이후 그곳에 정착하였다. 그의 집안은 사상의학을 창시한 이제마와 절친하여 이제마가 집안에 왕래하였다.[33] 그런 연유로 그의 집안은 한의학의 영향을 많이 받았다. 이는 후일 한진교가 상해에서 한약재상 해송양행을 설립하는 배경으로 작용하였다.

1910년 이후 한진교는 북경으로 이주하였다. 그곳에서 이발소를 운영하였는데, 이곳은 북경 한인들의 연락처, 면회소의 역할을 하였다.[34] 윤치호의 동생 尹致旺은 1913년 봉천을 거쳐 북경으로 갈 때 봉천의 한인으로부터 북경에 있는 한진교의 이발소를 소개받았다. 한진교는 자신의 가게에 온 윤치왕에게 김규식 등을 소개해주었다고 한다.[35]

1914년 6월 한진교는 북경에서 상해로 이주하여 해송양행을 설립하였다. 해송양행이라는 상호는 '상해'와 '송도'(개성)에서 한 글자씩 따온

---

33) 韓泰東 구술, 2010년 12월 4일 서울 연희동 자택에서.

34) 朝鮮總督府 警務局, 『國外ニ於ケル容疑朝鮮人名簿』, 1934, 21쪽 ; 손염홍, 『근대 북경의 한인사회와 민족운동』, 역사공간, 2010, 512쪽.

35) 박형우·홍정완·박윤재, 「윤치왕의 생애와 의료활동」, 『醫史學』 제17권 제2호, 2008, 207쪽.

것이다. 그는 북경에서 상해로 가기 전에 국내에 들어가 개성 상인들과 인삼 판매에 대해 협약을 체결하였다고 한다. 인삼은 1년에 1~2번 개성에서 들여왔다. 상해에서 개업한 해송양행은 인삼만 취급한 것은 아니었다. 일제의 조사에 의하면, 해송양행은 약종상으로 분류되었다. 해송양행은 인삼과 더불어 여러 가지 한약재를 취급하였다.

한진교는 중국내 한인의 인삼판매구역을 지정하고 조정하는 역할을 수행하였다. 당시 한인 인삼상들 사이에는 일정한 판매구역이 있었다. 인삼 판매구역 때문에 시비가 많았다. 안창호가 미국 샌프란시스코의 어느 길가에서 서로 상투를 잡고 싸우는 한인들에게 그 이유를 물어보니 인삼판매구역 문제로 시비가 붙어서 다툼이 일어난 것이었다. 당시 한인들은 미국의 화교들을 상대로 인삼 장사를 하였는데, 다른 사람의 인삼 판매구역을 침범할 경우 분쟁이 일어나곤 했다.[36] 그런만큼 인삼판매구역 지정에 해송양행의 역할이 컸다. 해송양행은 상해 한인들을 인삼 행상으로 사천, 광동 등 중국 전역, 싱가포르 등으로 보냈다. 판매를 마친 행상들은 상해로 돌아가 판매한 인삼대금을 분배받았다.

해송양행의 인삼 판매 수익금은 그 일부가 독립운동자금으로 헌납되었다. 해송양행의 인삼판매자금이 1916년 9월 개교된 인성학교의 설립자금으로 지원되었다. 1919년 초 김규식이 파리강화회의 참석을 위해 프랑스로 갈 때 거액의 여비를 제공하였다. 그는 1920년 안창호가 홍콩, 북경 등지로 미의원단을 만나러 갈 때 그 비용을 제공하였다.[37] 간혹 임시정부에서 그에게 자금 제공을 요청하기도 하였다.[38]

한진교가 운영하였던 해송양행은 국외 독립운동가들의 거점이자 연락처로 이용되었다. 1920년대 초 상해에 유학했던 언론인 나절로 우승

---

36) 李光洙, 『島山安昌浩』, 24쪽.
37) 도산안창호선생전집편찬위원회, 『도산안창호전집』 제4권 일기, 2000, 968쪽.
38) 위의 자료, 848쪽.

규는 한진교의 해송양행, 김시문의 김문공사를 만주 안동의 이륭양행이
나 부산의 백산상회에 비유하면서 그들을 '총대없는 상인독립군'이라고
하였는데,[39] 적절한 비유가 아닐 수 없다.

2) 김문공사

김문공사는 상해의 한인 상점 가운데 가장 오랫동안 영업하였던 상점
이었다. 김문공사를 개업한 김시문은 1892년 한국 개성에서 태어나 평
안도 강서를 거쳐 1916년 24세의 나이로 상해로 건너왔다. 상해에 온
그는 처음 구두수선, 인삼 행상으로 전전하였다.[40] 1922년 9월 김시문
은 자신이 수년간 모은 돈과 주위의 도움으로 마침내 번화한 하비로(현
재의 淮海中路) 339호에서 자신의 이름을 딴 김문공사라는 잡화점을 열
었다. 김문공사는 한국에서 사과, 인삼 등 특산품을 수입하여 판매하고
그밖에 음료나 제과도 취급하였다.

김문공사의 주요 취급품목인 인삼은 김문공사가 유명해지는데 한 몫
하였다. 그렇지만 김문공사가 처음부터 인삼을 취급한 것은 아니었다.
김문공사가 인삼을 취급하기 시작한데는 김구의 권고가 있었다고 한
다.[41] 프랑스조계 최대의 번화가에 있던 김문공사는 어떤 품목을 취급
하든 간에 월등한 입지조건을 갖추고 있었다. 그래서 김구가 김시문에게
인삼 판매를 권고한 것으로 보이는데, 이는 물론 판매이익의 일부를 독
립운동자금으로 충당하는 것과 관련이 있었을 것이다. 그런지는 몰라도
그로부터 김문공사는 인삼을 꾸준하게 취급하였다. 후에 보듯이, 1940년
대 신문이나[42] 1950년대 김문공사 바깥에 걸린 간판[43]에도 '高麗人蔘'

---

39) 禹昇圭, 『나절로漫筆』, 探求堂, 1978, 57~58쪽.

40) 김문공사의 인삼 판매에 대해서는 필자의 다음 논문을 참고하였다. 김광재, 「'상
인독립군' 金時文의 상해 생활사」, 『한국민족운동사연구』 제64집, 2010.

41) 韓泰東 구술, 2010년 12월 4일 서울 연희동 자택에서.

이라는 글자가 또렷하였다.

김문공사는 개성상인이 가져온 고려인삼을 가게에서 판매하는 형태로 영업하였다.[44] 판매이익은 개성상인들과 나누어 가졌다.[45] 김문공사의 간판에 '高麗蔘業社 中國經理'라는 문구를 볼 때, 김문공사가 '고려삼업사'의 중국 지점과 같다는 느낌을 받는다. 고려삼업사는 1918년 개성의 '인삼왕'으로 유명했던 孫鳳祥이 설립한 인삼 제조 및 판매 회사였다.[46] 본사는 개성에 있었는데, 고려인삼의 성가를 세계적으로 알리는 데는 고려삼업사의 공로가 컸다고 한다.[47] 고려삼업사가 상해에 지점을 둔 것은 분명해 보인다. 1923년 고려삼업사 사장인 손봉상을 대표로 하는 인삼 판로 시찰단이 상해를 방문하여 시장 조사를 하였고 상해에 지점을 설치하기로 계획한 바 있었다.[48] 따라서 김문공사는 고려삼업사와 일정한 연계를 맺고 있었던 것은 틀림없어 보인다.

다른 한인 인삼 상점과 마찬가지로 김문공사가 취급한 인삼은 백삼이었다. 홍삼은 조선총독부가 일본 재벌 삼정물산에 위임하여 전매를 하고 있었기 때문에 취급하지 못하였다. 물론 가게에서 몰래 백삼을 쪄서 홍삼으로 만들려고 시도하였지만 결과는 신통치 않았다.[49]

김문공사를 경영한 김시문은 여러 차례 언론에 소개되었다. 우선

---

42) 『上海時報』1941년 2월 13일, 3월 6일, 6월 24일자의 「廣告」.

43) 「金熙元 소장 김문공사 사진」.

44) 韓泰東 구술, 2010년 4월 9일 서울 연희동 자택에서.

45) 金熙元 구술, 2010년 4월 13일 과천 국사편찬위원회에서. 김희원(1927~)은 김시문의 장남이다.

46) 윤선자, 「일제의 경제수탈과 개성의 삼업」, 『한국근현대사연구』 제35집, 2005, 115~119쪽.

47) 『삼천리』 제10권 제1호, 1930년 1월 1일, 「半島醫藥界大觀」.

48) 『朝鮮日報』1923년 6월 9일, 「人蔘販路視察團 開城蔘業組合代表」; 1923년 6월 11일, 「和領博覽會에 朝鮮人蔘出品」.

49) 金熙元 구술, 2011년 4월 23일 과천 커피샵에서.

1939년 11월 국내 동아일보는 「상해소개판」이라는 지면을 할애하여 상해 한인사회를 움직이는 지도자, 유지, 실업가 등 50여 인의 사진과 프로필을 소개하였다. 여기에 김시문이 포함되어 있다. 이 기사는 김시문이 상해에 와서 온갖 신고를 다 겪은 끝에 자력으로 내외가 공인하는 "견실한 실업가"가 되었다고 소개하고 있다. 이어서 상해거류조선인회의 기관지인 『광화』는 김시문의 성공담을 소개하였다.[50] 이 기관지는 상해에 와서 성공한 한인들을 소개하는 시리즈를 연재하였는데, 그 첫 번째로 김시문을 선정하였다. 고려인삼을 외국에 소개한 "백절불요의 용사"로 김시문을 높이 평가하였다. 김문공사는 1945년 광복 이후에도 상해를 떠나지 않고 계속 운영되었지만 1950년대 중반 중화인민공화국의 '公私合營' 정책이 실시되면서 문을 닫고 말았다.

3) 원창공사

원창공사는 상해 임시정부의 요직을 역임했던 조상섭이 설립한 무역회사이다. 그는 1885년 평북 의주 출신으로 1919년 상해로 망명하여 임시정부와 임시의정원, 교민단, 노병회 등 독립운동단체에서 활발한 활동을 하였다. 목사였지만 과격한 무장항일투쟁을 주장했기 때문에 '군인목사'라는 별명이 붙은 바 있었다. 조상섭은 윤봉길의거 이후에도 상해를 떠나지 않고 살다가 1940년 1월 생을 마쳤다.[51]

조상섭이 하비로 보강리에서 원창공사를 개업한 것은 1924년 한국노병회가 이곳에서 창립되었다는 사실로 미루어보아 1920년대 초반으로 추정된다. 원창공사라는 상호는 자신의 또다른 이름인 元昌을 딴 것이었

---

50) 「老上海 成功譚(一) : 百折不撓의 勇士 金時文氏」(上海居留朝鮮人會, 『光化』 제2권 7호, 1941년 12월호, 16쪽).

51) 「조상섭 목사 부고 (1940. 1. 20)」 (독립기념관 소장자료 1 - A00002 - 031).

다. 원창공사는 한국의 인삼, 사과 등을 수입하여 팔고 중국산 물건을 한국으로 수출하였다. 물론 외형상으로는 원창공사라는 간판을 걸고 있었지만 이곳도 해송양행이나 김문공사와 마찬가지로 독립운동의 거점으로 활용되었다. 특히 1924년 임시정부가 침체에 빠져 있을 때 그 돌파구를 열기 위하여 김구, 여운형 등 임시정부 요인들이 한국노병회라는 단체를 설립하고 사무소를 둔 곳도 바로 이곳이었다. 국내에서 소개 편지와 주소를 들고 먼저 이곳을 찾아 와서 며칠 동안 묵으면서 상해 동포사회의 근황을 살피는 이들이 많았다.[52]

특히 조상섭은 인삼을 팔아 독립운동에 필요한 자금을 조달하고자 하였다. 그는 한국 독립운동을 성원하는 중국인들과 함께 조직한 중한호조사에서 인삼을 판매하여 활동자금을 조달하려는 계획을 세운 바 있었다. 중한호조사 제3회 이사회가 1922년 12월 18일에 개최되었다. 호조사 영업과 주임을 맡고 있던 조상섭은 자금 3천원을 조달하여 '고려인삼판매점'을 설립하자고 제안하였다. 토의 결과 먼저 호조사에서 약간의 자금을 모아 시험적으로 판매하여 그 성공 여부를 본 다음 계획대로 하기로 결정하였다. 이어 김홍서가 제출한 인삼판매 영업계획서는 심사원 2명을 선정하여 재심사하기로 하였다. 조상섭과 마찬가지로 김홍서도 흥사단 단원으로 상해에서 인삼판매점인 삼성공사를 경영한 바 있는 인물이었다.[53] 그 결과가 어떻게 되었는지 알려주는 자료는 현재로서는 찾아볼 수 없다. 다만 중한호조사의 고려인삼판매점 설치 계획에 대해 조선총독부 경무국은 고려인삼의 중국수출이 한인들의 독립운동에 이용되는 것에 대해 상당한 주의를 기울여야 한다고 지적한 것이 눈에 띈다.[54]

---

52) 安炳武, 『七佛寺의 따오기』, 범우사, 1988, 53, 57쪽.

53) 이명화, 『도산안창호의 독립운동과 통일노선』, 경인문화사, 2002, 387쪽.

54) 「高警第4163號 上海情報」(『不逞團關係雜件』 朝鮮人ノ部 上海假政府 ④), 1922年 12月 28日).

조상섭은 1920년대 후반부터 직접적인 독립운동과는 거리를 두기 시작했다. 생업에 종사하는 것 외에는 본연의 기독교신앙에 열중하였다. 1932년 4월 상해 홍구공원 폭탄의거 이후 자신이 존경하는 안창호가 체포되어 국내로 압송되자 그는 세상에 대한 미련을 잃고 말았다고 한다.[55] 때문에 그가 변절했다는 소문도 있었다.

그런데 그의 상점에 있던 인삼은 상해에서 활동하고 있던 한인 아나키스트들의 자금 조달을 위한 표적이 되었다. 인삼에 대해서는 아나키스트들로서도 적지 않은 관심을 가진 바 있었다. 1920년대 후반 재중 한인 아나키스트들은 중국 호남성 漢水縣 洞庭湖畔에 있는 중국인 동지의 소유지에 한국의 인삼 경작자를 다수 이주시켜, 이들을 중심으로 이상농촌을 건설한다는 원대한 계획을 세웠지만 여러 가지 사정으로 실현되지 못했다. 그러한 예에서 알 수 있듯이, 한인 아나키스트들도 인삼의 가치를 충분히 인식하고 있었다고 하겠다.[56]

1930년대 전반기 상해에서 활동하던 남화한인청년연맹 계열의 아나키스트들은 운동자금을 조달하기 위해 '掠'이라는 과격한 자금조달 방법을 취하고 있었다.[57] 조상섭의 가게도 그 조달 대상이 되었던 것이다. 1933년 6월경 아나키스트들은 조상섭의 집에 잠입, 일가족을 위협하여 인삼 2상자를 '강탈', 도주하였다. 조상섭이 인삼을 빼앗긴데 대해 원한을 품고 비난하자 아나키스트들은 다시 조상섭의 집을 습격하여 그로부터 사죄를 받아내고 동시에 추가적으로 그의 재산을 '강탈'하고자 했다. 1935년 1월 21일 아나키스트들은 조상섭의 집을 재차 습격하였으나, 이 사실을 미리 간파한 조상섭이 도주하는 바람에 실패했다.[58] 이 시기 한

---

55) 구익균 구술·이창걸 면담, 2007년 7월 29일(국사편찬위원회 구술사업 수집 구술자료).

56) 무정부주의운동사편찬위원회, 『한국아나키즘운동사』, 형설출판사, 1994, 288~289쪽.

57) 이호룡, 『아나키스트들의 민족해방운동』, 한국독립운동사의 역사 45, 독립기념관, 2008, 166쪽.

인 아나키스트들은 운동자금 조달의 어려움이 가중되면서 상해 거주 한
인들에 대한 '강탈' 행위도 불사하게 되었던 것으로 보인다. 동시에 재
중 한인 아나키스트에 대한 연구에서 지적된 바와 같이, 일제 기관이나
요인이 아닌 상해 한국 교민에 대한 아나키스트들의 일련의 '강도행위'
나 '테러'는 1930년대의 자포자기적 상태에서 행해진 '허무주의적' 경향
을 띤 것이었던 것으로 지적되고 있다.[59]

4) 배달공사

배달공사는 한말 청년애국지사이자 상해 굴지의 한인 실업가로 이름
이 높았던 옥관빈이 설립한 무역회사였다. 옥관빈은 1891년 평남 중화
출신으로 평양의 대성학교와 숭실학교, 서울의 보성전문학교 법과를 졸
업하고 대한매일신보 기자로 활동하며 신민회와 청년학우회의 중심인물
로 활동했다. '청년애국지사'로 이름이 높던 그의 연설은 스승인 안창호
도 감탄할 정도로 뛰어났다. 그는 '105인사건' 당시 윤치호와 함께 최종
적으로 유죄판결을 받은 6인 가운데 한 사람이었다. 옥중에서는 다방면
에 걸쳐 많은 독서를 하였다. 출옥 후에는 주로 실업 방면에서 활동하였
다. 일본인이 세운 三和銀行의 부지배인으로 있다가 그만 둔 뒤에는 關
西材木商會를 설립하고 경영하였다.[60]

옥관빈은 3·1운동이 일어나던 1919년 그해 11월 상해에 건너가 임시
정부, 임시의정원, 시사책진회, 상해 교민단, 독립신문사(총무) 등의 간부
로 활동했다. 국내에서와 마찬가지로 상해에서도 옥관빈은 안창호와 밀

---

58)「上海元民會副會長李容魯暗殺事件檢擧送局ノ件(1935.7.24)」,『警察情報綴』(독립
    기념관 소장 조선총독부의 조선인 항일운동 조사기록).

59) 이호룡,『아나키스트들의 민족해방운동』, 170쪽.

60) 馮明政,「玉慧觀先生略歷」,『海潮音』, 第14卷 第9號, 1933.10(黃夏年 主編,『民國
    佛敎期刊文獻集成』第185卷, 北京: 全國圖書館文獻縮微複製中心, 2006, 8쪽).

접한 관계를 유지하였다.[61] 하지만 그는 독립운동에는 열성적으로 참여
하지는 않았던 것 같다. 여기에는 두 가지 요인이 있는 것으로 보인다.
그는 1910년대부터 경제활동에 관심이 많았는데, 이러한 성향은 상해에
와서도 크게 달라지지 않았다. 상해에 오자마자 받은 밀정 혐의도 좀더
일찍 그가 경제활동으로 뛰어들게 한 요인이 되었다. 그후 그는 배달공
사, 여화공사, 삼덕양행, 불자대약창유한공사를 설립하고 사업을 확장하
여 상해 한인 가운데 제일의 부자가 되었다. 하지만 1933년 밀정 혐의로
상해에서 활동하던 한인 아나키스트들에 의해 불귀의 객이 되고 말았다.

상해에 온 옥관빈은 인삼 무역에 대해 남다른 관심을 보였다. 그는
1923년 국내 조선일보에 인삼과 관련된 글을 연재하였다.[62] 옥관빈이
신문에 경제 관련 논설을 많이 게재한 데는 일찍이 대한매일신보나 독립
신문에서 활동했던 것과 무관하지 않을듯하다. 특히 1923년 무렵에는
국내 물산장려운동에 발맞추어 이와 관련된 글들도 많이 기고하였다. 이
때 고려인삼에 관련된 글을 국내 조선일보에 기고하였다. 이 기고문에서
먼저 그는 조상들이 후대를 위하여 고려인삼이라는 영약을 발견하고 물
려주었다고 하였다. 그리고 물산이 빈약한 한국의 형편으로는 무엇보다
도 가장 적절한 해외무역품은 오직 고려인삼뿐이라고 하였다.[63]

또 중국 각지방에는 약방이나 약국마다 문전에 '고려인삼'이라는 네
글자를 '黃金大字'로 써서 걸어 놓는 경우가 많은데, 이는 중국인이 고
려인삼을 대단히 귀하게 여기기 때문이라고 하였다. 고려인삼은 인도의
면화, 호주의 양모, 중국의 홍차와 같은 세계적으로 유명한 특산이 되었
다고 하였다. 그러기에 그는 다른 나라 상인과 무역을 상담할 때마다 늘

---

61) 安玄卿이 李承晩에게 보내는 편지, 1919년 12월 3일(유영익·송병기·이명래·오영
    섭 편, 『李承晩 東文 書翰集』 下, 연세대출판부, 2009, 10쪽).
62) 『朝鮮日報』 1923년 2월 1일~5일, 「高麗人蔘輸出에 對하야(一~五)」.
63) 『朝鮮日報』 1923년 2월 1일, 「高麗人蔘輸出에 對하야(一)」.

고려인삼에 대해 얘기를 듣는다고 하였다.[64]

그는 중국인들이 알고 있는 인삼은 고려홍삼이라고 하면서 중국내 일본상품 불매운동으로 중국 각지의 三井物産 창고에 홍삼 재고가 산적하고 있는데, 이를 한인들이 판매하면 일본상품 배척의 영향을 받지 않아 그 실적이 다대할 것으로 주장하였다. 실제 그는 고려홍삼에 대한 독점 판매를 하고 있는 상해의 삼정양행에 가서 특약점이나 대리점 신청을 했으나 거부당했던 것으로 보인다. 그는 삼정양행이 오직 현지 중국인들과 거래하고 있는 현실을 비판하였다.[65]

계속하여 그는 현행 법률이 허용하는 범위 내에서 가능한 것은 백삼 및 인삼정 판매라고 하였다. 홍삼은 관영이지만 백삼은 민영으로 수출 무역상 하등 장애가 없으므로 백삼 수출의 전도는 밝다고 하였다. 다만 백삼이 보관이나 중국인들에게 광고가 아직 많이 되지 않았다는 사실을 애로사항으로 들고 있다. 먼저 백삼은 기후가 습한 중국 남방이나 남양에서는 보존이 매우 곤란한데 자신의 실험에 의하면, 석회분 위에 종이를 깔고 그 위에 백삼을 보관하면 방부의 효과가 있다고 소개하였다. 백삼을 조직적으로 광고한다면 미국의 백삼인 화기삼처럼 잘 팔릴 수 있다고 하였다. 이어 그는 자신도 어떤 중국인에게 백삼 약 2근을 판매하였는데, 그 사람이 고려 백삼의 효과를 보고 다른 사람들에게 광고하여 그 후에 수십 근의 백삼을 판매하였던 경험을 소개하였다. 중국 남방에서 인삼 행상하는 한인들이 매월 일정량의 백삼을 판매하는 실적을 올리는 것만 보아도 광고만 잘 하면 판로가 밝다고 주장하였다.[66] 그는 한인 학생이 백삼 두 어 근을 가지고 중국 사천에 갔더니 그곳 사람들이 앞을 다투어 인삼을 구매하는 바람에 급하게 상해로 연락하여 백삼 수 십 근

---

64) 『朝鮮日報』 1923년 2월 2일, 「高麗人蔘輸出에 對하야(二)」.
65) 『朝鮮日報』 1923년 2월 3일, 「高麗人蔘輸出에 對하야(三)」.
66) 『朝鮮日報』 1923년 2월 4일, 「高麗人蔘輸出에 對하야(四)」.

을 추가로 보낼 정도로 판매가 양호하였다는 사례도 소개하였다.[67]

다만 "間或 斯業에 有志한 者가 有하나 僅少한 資本과 淺薄한 經歷으로 營業의 正路를 失하고 行商의 小規模로 詐欺를 是事하고 權利를 濫取하야 信用을 墮落하고 名譽를 毁損하는 者 比比有之하니 此는 過去 先祖와 未來 後生에게 罪人이 될지라"[68]라고 하여 부정적인 방법으로 중국인을 속이는 인삼 행상에 대해서는 경계하였다.

고려인삼의 판매를 강조한 옥관빈은 실제로 자신이 설립한 무역회사에서 인삼을 주요 품목으로 취급하였다. 그는 1922년 福煦路(현재의 延安中路) 애인리에서 배달공사를 설립하였다.[69] 이 회사는 무역상으로서 중국을 비롯한 외국과 한국의 무역을 중계하는 업무를 하였다. 배달공사는 백삼 외에도 고려인삼정을 중국으로 수입하여 판매하기로 하였다. 국내에서 인삼정을 구입하는 것은 배달공사의 국내 총대리점인 玉田洋行이 맡아 하기로 하였다. 동시에 인삼정에 대한 광고를 대대적으로 펴기로 하였다.[70]

옥관빈은 상해를 방문한 국내 인삼 판매 시찰단을 만나 인삼 무역과 관련하여 의견을 나누었다. 1923년 4월 개성삼업조합 대표 손봉상, 공성학 일행이 상해로 인삼 판로 시찰을 왔다.[71] 당시 개성 인삼상들은 1910년대부터 자신들이 재배한 인삼 가운데 조선총독부에 홍삼 제조용으로 납품하고 남은 인삼을 백삼으로 제조하여 그 수출에 주력하고 있었다.[72] 옥관빈은 이들을 영접하여 면담하고 인삼 판로에 대한 의견을 교환하였

---

67) 『朝鮮日報』 1923년 5월 18일, 「高麗白蔘輸出의 有望」.
68) 『朝鮮日報』 1923년 2월 5일, 「高麗人蔘輸出에 對하야(五)」.
69) 『倍達商報』 1922년 3월 1일, 「倍達公司設立에 對하야」.
70) 『朝鮮日報』 1923년 1월 23일, 「蔘精輸出을 計劃」.
71) 孔聖學, 『中游日記』, 1923, 25쪽.
72) 양정필, 「1910~20년대 개성상인의 백삼(白蔘) 상품화와 판매 확대 활동」, 『醫史學』 제20권 제1호, 2011, 87~88쪽.

다. 개성삼업조합 대표들은 중국지역 판로의 무한함을 인식하고 귀국한
후 다시 손홍준을 보내 상해에 지점을 두어 화남지역과 남양에도 고려인
삼을 수출하기로 결정하였다.[73] 1928년 개성삼업조합 대표 손봉상과 공
성구 등이 대만과 홍콩의 인삼 판로 시찰을 마치고 상해를 거처 귀국할
때 옥관빈을 만나 면담하였다.[74]

4. 상해의 한인 고려인삼 행상

1) 흥사단 계열

흥사단은 1913년 미국 샌프란시스코에서 창단된 이래 북미와 하와이,
멕시코 등지에 지부가 설치되었다. 1919년 5월 안창호가 상해로 와서
임시정부에 참여하면서부터 중국을 포함해 러시아, 일본, 국내 등지에서
도 흥사단운동의 필요성을 절감하고 '원동'이라는 지역 단위로 흥사단
조직을 확장시키고자 하였다. 흥사단의 목적은 인재를 양성하며 경제적
실력을 키우는 것이었다. 단원 개개인에 대한 훈련을 중시했으며 이를
바탕으로 혁명활동을 수행하고자 했다.[75]

안창호는 단원들의 경제적 자립을 강조하면서 단원들에게 일정 수입
이 보장되는 직업을 가질 것을 역설했다. 그는 임시정부의 활동과 그 외
모든 독립운동, 혁명활동을 수행하는데 무엇보다도 재정 확보가 중요하
다고 강조하였다. 안창호의 이러한 사상은 "우리의 주의와 정신이 아무

---

73) 『朝鮮日報』 1923년 6월 9일, 「人蔘販路視察 開城蔘業組合代表」 ; 『朝鮮日報』
    1923년 6월 11일, 「和領博覽會에 朝鮮人蔘出品」.
74) 孔聖求 外, 『香臺紀覽』, 1928, 67쪽.
75) 이명화, 『도산안창호의 독립운동과 통일노선』, 309~312쪽.

리 좋다하더라도 물질, 금력이 없으면 그 좋은 주의와 좋은 정신을 실현키 불능할 것이요, 그 주의와 정신은 실지상 실현이 없으면 공상과 허론이 되고 말지니 좋은 주의와 정신이라 하는 것이 무슨 의미있는 것이 되겠소"[76]라고 하는 그의 발언에서도 잘 알 수 있다. 따라서 임시정부 초기부터 독립운동에 뛰어들었던 홍사단계열은 독립운동뿐만 아니라 일정한 직업을 가지고 경제활동을 하였다. 당시 상해에서 홍사단원들이 몸담았던 대표적인 직업은 전차 검표원(인스펙터)과 인삼 행상이다. 한인들이 선호하였던 검표원은 일정한 영어실력이 요구되었고 매일 정해진 시간을 근무해야 하는 대신 안정적인 수입이 보장되었다. 그에 비해 인삼 행상은 큰 자본이나 기술이 필요하지 않고 때에 따라 높은 수입을 올릴 수 있지만 고객을 찾아 광범위한 지역을 전전하여야 하는 고충이 있었다.

먼저 상해 망명후 홍사단에 가입했던 김붕준의 경우를 보자. 그는 평남 용강 출신으로 1919년 3·1운동 이후 일제의 검거를 피해 상해로 망명하였다. 김붕준은 안창호가 조직한 홍사단의 이념에 공감하게 되었고, 1921년 예비단우로 홍사단 원동위원부에 입단하였다.[77] 그의 집안은 약 10만원의 자산을 보유하고 있어 상해로 망명할 때 어느 정도 생활 자금을 가지고 간데다 고향 용강의 친형인 김긍준이 생활비를 송금해주었기 때문에 한동안은 큰 어려움이 없이 생활하였다. 그러나 시간이 흐르면서 가지고 있던 생활자금이 떨어져 감에 따라 곤궁한 생활을 피하기 어렵게 되었다. 이에 다시 친형 김긍준에게 송금을 요청하였고, 김긍준은 진남포에 나가서 매월 30원씩 생활비를 송금하였다. 그런데 이 사실을 눈치 챈 일제 용강경찰서가 송금을 중지시켰다. 송금이 막힌 김붕준은 이번에

---

76) 「興士團第七回遠東大會經過(1920.12.29)」(이명화, 『도산안창호의 독립운동과 통일노선』, 323쪽에서 재인용함).

77) 이재호, 「金朋濬의 중국에서 독립운동」, 『安東史學』 제13집, 2008, 108쪽.

는 방법을 바꾸어 사과, 인삼 등 현물을 보내도록 요청하였다.

　김붕준은 김긍준에게 상해 현지에서 인삼이 잘 팔리므로 인삼을 부쳐 달라고 부탁하였다. 1922년 11월 3차례에 걸쳐 생활유지를 위해 상해에서 인삼 행상을 경영할 뜻을 피력하였다. 이에 김긍준은 개성에서 감리교 목사로 있던 8촌 친척 김상준에게 이를 부탁했다. 일찍이 김상준은 용강에서 김붕준의 뒷집에 살았는데, 3·1운동때 김붕준과 함께 만세시위운동을 주도하였다가 체포되어 옥고를 치렀다. 김상준은 일찍이 기독교를 수용하여 후일 한국 성결교회를 개척한 종교인이었다. 그는 1922년 당시 개성에서 설교 활동에 종사하고 있었다. 김긍준은 김상준에게 200원을 송금하여 인삼을 구입하여 상해의 김붕준에게 보내도록 부탁하였다. 그런데 갑자기 김긍준이 김상준에게 200원을 현금으로 직접 상해로 송금할 것을 요청하였다. 상해에 보낼 인삼을 준비하고 있던 김상준은 송금하는 문제에 대해 개성경찰서에 문의했는데, 개성경찰서는 김상준의 송금을 중지시켰다.[78] 다만 김붕준의 딸 김정숙의 구술에 의하면, 한때나마 한국에서 보내온 인삼을 상해에서 판매한 적이 있었다고 한다.[79]

　그 외에도 흥사단원으로서 인삼 행상을 한 이들로는 張德櫓, 文一民, 許相璉, 朴永順, 우상룡, 박태열 등이 있었다. 1924년 입단했던 장덕로는 목사 신분으로 목회 활동에 종사하면서 인삼 행상 등 상업 활동으로 생활을 영위하였다. 그는 후에 松高織도 판매하였으며 公平社를 설립하여 상해 한인들의 생활필수품을 공동으로 구입하여 분배하는 일종의 협동조합운동을 전개하기도 하였다. 문일민은 1928~29년 인삼을 판매하는 고려물산공사를 운영하였다.[80] 당시 동남아에서 중국과 동남아지역

---

78) 亞細亞局 第二課, 『要視察人名簿』, 1925(국가보훈처, 『대한민국임시정부관련 요시찰인명부』, 1996, 49~50쪽).

79) 김정숙 구술(국가보훈처, 『독립유공자증언자료집』 2, 2002, 10쪽).

80) 이명화, 『도산안창호의 독립운동과 통일노선』, 390쪽.

에 고려인삼을 판매하는 최대의 회사였던 고려물산공사[81]와 어떤 관계
가 있었는지는 확실치 않다. 1922년에 입단한 허상련은 평북 의주 출신
이다. 그는 장덕로와 마찬가지로 기독교 목사로 있으면서 인삼 행상을
하였다. 인삼 외에 인삼주도 만들어 판매하였다.[82] 우상룡, 박태열 등도
인삼 행상을 하였으나 구체적인 내용은 알려지지 않고 있다.[83]

박영순은 홍사단에 입단하기 전에 이미 인삼 행상을 했었다. 1900년
인천에서 상해로 와서 인삼 행상에 종사하였다. 그는 1905년까지 약 5
년 동안 인삼 행상을 하였는데, 처음 약 2년간(1900~1901)은 상해에서
홍콩을 오가며 인삼 행상을 했다. 그후 미국(1902~1903), 캐나다(1903),
멕시코(1904) 등지를 전전하였다.[84] 특히 미국 캘리포니아에서 멕시코
로 가서 인삼 행상을 하던 중 그곳 한인들의 비참한 처지를 북미 한인공
립협회에 알려 소개하였던 사실은 잘 알려져 있다.[85]

홍사단 계열 인삼 행상들은 상해와 홍콩 중간에 위치한 福建省 廈門
에서 鄭濟亨이 경영하던 태백산인삼공사를 중간거점으로 적극 활용하였
다. 1886년 평북 용천 출신인 정제형은 1920년 홍사단에 입단하였다. 의
주 양실중학교 교원으로 있던 그는 일찍부터 상업의 길로 들어섰다.
1911년에서 1914년까지는 남양으로 가서 행상을 하였으며 1915년부터
는 광업, 인삼상에 종사하였다. 아마도 1910년대 후반에는 태백산인삼공
사를 설립하였던 것으로 보인다. 그러다가 1919년 임시정부가 수립되자
내무부 참사로서 임시정부 파견 지방선전부 선전대원으로 활동하기도

81) 김도형, 「한국인의 동남아지역 진출과 인식」, 218쪽.
82) 이명화, 『도산안창호의 독립운동과 통일노선』, 435쪽. 金京河의 회고록에 허모로
    나타나고 있는 허상련은 남경에서 인삼상을 하기도 했다(김경하, 『태산을 넘어 험
    곡에 가도』, 한국장로교출판사, 1999, 148쪽).
83) 이명화, 『도산안창호의 독립운동과 통일노선』, 395쪽.
84) 홍사단 이력서(독립기념관 소장).
85) 1905년 11월 17일 박영순이 북미한인공립협회에 보낸 편지(『동아일보』 1998년
    3월 1일, 「고국을 떠났던 선조들」에서 재인용함).

하였다. 그는 적어도 1922년부터는 다시 하문으로 가서 태백산인삼공사를 운영하였던 것으로 보인다.[86]

태백산인삼공사는 인삼상들의 거점이자 독립운동가들의 연락장소였다.[87] 태백산인삼공사는 홍콩에 본점을 두고 하문과 汕頭에 지점을 두고 있었기 때문에 독립운동가들이 이곳을 거점으로 인삼 행상을 하였다. 일찍부터 한인 인삼상들은 광주와 홍콩, 하문, 산두 등지를 왕래하였다. 광주와 홍콩에는 1915년 경 약 30명의 한인이 인삼 좌상이나 행상을 하고 있었다.[88] 이들 지역에 거주하는 한인들은 대개 인삼과 관련된 일을 하였던 것이다. 민족혁명당원 이초생이 廣州에서 알고 지냈다는 金一鉉은 1914년 광주에 와서 인삼 행상을 하면서 현지에 정착했던 인물이었다.[89] 특히 홍콩은 상해와 광주를 연결하는 중요한 곳으로 한인 독립운동가들의 안전한 피난처이자 연락처였다.[90] 하문은 대만, 상해, 홍콩 간의 중개무역으로 발전한 세계적인 양항이었다. 이곳에는 1927년 경 십여 명의 한인들이 있었는데, 대부분 인삼 매매에 종사하였으며 산두 또한 배일근거지이자 남양 화교의 출신지로 1937년 이전에 한인 1인이 있었다.[91] 산두의 한인은 아마도 태백산 인삼공사 산두 지점에서 일하던 인삼상이었을 것으로 추측된다. 특히 독립운동가들이 자주 방문하는 하문은 한인 인삼상들이 동남아지역으로 가는 길목 역할을 하였다. 뒤에서 보듯이, 李斗山이 태국 방콕에 거주지를 두고 1930년대 하문을 중심으

---

86) 「홍사단 원동위원부 諸狀況報告(1922년 10월 10일)」에 의하면, 정제형에 대해 "這間 廈門地方에서 商業하면서 病患 들었다가 近間 上海에 와서 얼마 留하고 다시 그곳으로 갔음"이라고 되어 있다.

87) 柳基石, 『三十年 放浪記 : 유기석 회고록』, 국가보훈처, 2010, 146쪽.

88) 楊昭全 編, 『關內地區朝鮮人反日運動資料彙編』上册, 沈陽: 遼寧民族出版社, 1987, 73쪽.

89) 楊昭全 編, 『關內地區朝鮮人反日運動資料彙編』上册, 76쪽.

90) 楊昭全 編, 『關內地區朝鮮人反日運動資料彙編』上册, 79쪽.

91) 楊昭全 編, 『關內地區朝鮮人反日運動資料彙編』上册, 80~81쪽.

로 인삼 행상을 하였다. 또한 이초생도 홍콩의 태백산인삼공사에서 여러 독립운동가들과 접촉하면서 활동하였다. 그는 1934년 11월경 상해에서 홍콩으로 도망하여 태백산인삼공사의 점원으로 취직하였다.[92]

흥사단원은 아니지만 흥사단과 일정한 관계가 있었던 윤봉길의 경우를 보자. 1931년 5월 상해에 첫 발을 디딘 윤봉길은 생계유지에 고민하던 중 친구로부터 인삼 장사가 적은 자금으로 이익이 많다는 얘기를 듣고 인삼 행상에 나섰다. 그런데 그가 들고 다닌 인삼은 한국에서 가져온 것이 아니고 상해의 큰 약재상에서 구입한 것으로 가격이 저렴하지 않아 판매하기에는 무리가 있었다. 상해에 온 직후라 물정에 어두웠던 것이다. 인삼 보따리를 들고 상해의 부잣집을 찾아 다녔으나 문전박대 당하기 일쑤였다. 인삼 행상은 개인의 판매 능력에 따라 영업실적의 차이가 컸다.[93] 윤봉길은 중국말도 부족하고 게다가 소박하고 강직한 성격으로 손님의 환심을 사지 못하고 밭품만 팔았다. 결국 윤봉길은 인삼 행상을 시작한지 한 달 만에 그만두지 않을 수 없었다.[94]

2) 의열단 및 민족혁명당 계열

1919년 창설되어 일제 고관 및 관공서 폭파 등 과격한 의열투쟁을 적극적으로 전개하던 의열단은 일제로서는 공포의 대상이었다. 그러한 의열단도 1924년 말부터 1925년 상반기까지 사이에 조직세의 약화와 재정적 곤궁으로 매우 어려운 처지에 놓이게 되었다. 상해에서 새로운 활로를 암중모색하고 있던 간부진과 단원 19명은 1925년 8월 중순에 광주로 근거지를 옮겼다.

---

92) 김도형, 「한국인의 동남아지역 진출과 인식」, 218~219쪽.
93) 金光, 『尹奉吉傳』, 上海: 韓光社, 1934, 81쪽.
94) 林敏英, 『愛國誌 : 의사 윤봉길 선생 편』, 57쪽.

사실 의열단은 이미 1924년 봄부터 경제적 지원을 얻기 위해 국민당에 접근하고 상호 연대의 구축을 시도했으나 이렇다 할 성과를 거두지 못하였다. 대일관계를 의식한 국민당측이 소극적 태도를 보였기 때문이다. 그러나 1925년 5·30운동 이후로는 국민당이 반일의 입장과 태도를 분명히 취하면서 양상은 달라졌다. 5·30운동을 계기로 하여 반제 국민운동의 에너지가 분출하기 시작하면서 상해를 중심으로 한 중국지역의 한인 독립운동가들은 국민정부가 한국독립운동의 진정한 동지이자 후원자가 되어줄 것이라는 기대를 가지게 되었다. 그래서 한인 독립운동가들은 1925년 가을부터 광주로 속속 집결하기 시작하였다. 이러한 배경 하에서 의열단 간부진과 핵심단원들이 광주로 이동하게 되었던 것이다.[95]

광주로 이동한 의열단의 재정 결핍은 호전되지 않다. 재정 문제를 해결하기 위해 각 단원들은 중국 각지로 흩어져 인삼 행상을 하면서 자금을 모집하였다.[96] 먼저 權晙은 광동성 인근 광서성으로 갔다. 그는 1925년 5월 상해에서 인삼을 조달하여 광서성 梧州, 南寧 등지로 가서 인삼 판매를 했다. 그는 현지에서 활동하던 동지 孫士敏에게 판매를 위탁했는데, 손사민은 인삼을 판매한 자금을 도박에 모두 탕진하여 버렸다. 권준은 그전부터 알고 지내던 유주 병공창의 중국인으로부터 300원을 빌려 다시 인삼을 주문하였다.[97] 그 결과는 알 수 없지만, 권준의 인삼 판매는 순조롭지 않았던 것으로 보인다. 또 다른 의열단원인 李英駿은 광동성 柳谷縣에서 인삼 장사를 했다.

남양으로 간 단원도 있었다. 韓潘隱 등은 남양으로 가서 인삼 행상을 하는 동시에 그곳 소재 국민당지부의 간부와 교류하면서 의열단 활동 자

---

95) 김영범, 『한국 근대민족운동과 의열단』, 창작과비평사, 1997, 157-160쪽.
96) 「當地方不逞鮮人ノ動靜報告ノ件」, 廣東總領事代理 → 外務大臣, 1925年 12月 28日(국사편찬위원회, 『한국독립운동사』 資料 33, 義烈團 Ⅱ, 1996, 389쪽).
97) 「當地方不逞鮮人ノ動靜報告ノ件」, 廣東總領事代理 → 外務大臣, 1925年 12月 28日(위의 자료집, 386쪽).

금을 조달하고 있었다.[98] 일찍부터 남양은 중국 혁명인사들의 자금줄 역할을 했는데, 당연하지만 한국 독립운동가들도 남양에 대해 관심이 컸다. 의열단계열의 남양 진출은 여러 사람들에 의해 시도되었는데, 가장 마지막으로는 1941년 조선의용대 대원의 남양 파견 시도였다. 당시 의열단이 주축이 되어 결성되었던 민족혁명당은 韓志成 등 대원들을 남양에 파견하고자 했는데, 표면상의 명분은 항일선전활동과 남양 각 민족의 공동항일전선 구축이었다. 실제로는 남양 화교들로부터 자금을 모집하기 위한 목적이 컸다.

의열단원 徐應浩는 국내 잠입에 필요한 자금을 마련하기 위해 인삼을 판매하였다. 1927년 8월 경 그는 李學淵이라는 이로부터 인삼을 선사받아 그것을 팔아서 여비 40여 원을 마련했다. 8월 초순 광동을 출발, 상해로 나와서 배로 營口에 상륙하여 奉天, 안동을 거쳐 국내로 잠입하였다가 체포되었다. 신문 과정에서 의열단의 인삼 판매 활동이 드러나게 되었다. 각지에 흩어져 인삼 행상을 하던 의열단 간부들은 1926년 11월 경 의열단의 조직 진흥을 위해 개최된 의열단 전국대표대회에 참석하기 위해 다시 광주에 집결하였다.[99] 이처럼 인삼 행상은 의열단이 재정의 궁핍을 타개하는데 일조하였던 것이다.[100]

민족혁명당 계열 인사 가운데 인삼 행상을 했던 이들로는 이두산, 이

---

98) 국사편찬위원회, 『한민족독립운동사자료집』 30 의열투쟁 Ⅲ, 1997, 8~9쪽.

99) 국사편찬위원회, 『한민족독립운동사자료집』 30, 9쪽.

100) 의열단원으로서 광주꼬뮨에 참여했던 김산은 인삼 상인과 특별한 인연이 있었다. 광주꼬뮨이 3일천하로 끝나자 그는 백색테러를 피해 말라리아에 걸린 몸으로 홍콩으로 잠입했는데, 이때 홍콩의 '인삼장수 박씨' 덕택으로 체포 위기에서 벗어날 수 있었다. 홍콩에서 김산은 그의 보호를 받고 있다가 함께 상해로 가서 치료를 받았다. 한 달 가까운 병원 치료비를 흔쾌히 지불한 이가 바로 홍콩의 '인삼장수 박씨'였다(님웨일즈·김산 지음, 송영인 옮김, 『아리랑』, 동녘, 1984, 293-298쪽). 홍콩의 인삼장수 박씨가 누구였는지에 대해서는 자료상으로 확인되지 않고 있다.

초생(李載祥) 등이 확인된다. 이두산은 민족혁명당이 창당되던 해인 1935년에, 이초생은 1938년 민족혁명당에 각각 가입하였다. 두 사람은 광동성에서 인삼 행상을 할 때 밀접한 관계를 유지하였다. 우선 이두산에 대해 살펴보자.[101]

　1896년 경북 달성 출신인 이두산은 대구의 기독교학교인 계성학교를 졸업한후 숭실전문학교에 진학하였다. 1917년 9월 상해로 갔다가 홍콩, 광동, 하문, 산두 등지를 다니면서 독립운동가들과 교류하였다. 1919년 3월 모친상을 당한 그는 잠시 귀국하였다가 상해에 임시정부가 수립되었다는 소식을 듣고 다시 상해로 망명하였다. 임시정부 재무부 서기를 역임하고 임시정부에서 설립한 무관학교에 입학하였다. 1920년 8월 그는 인쇄물의 배포를 통한 인심 동요, 독립공채 모집, 국내 연락기관의 설치 등을 지시받고 국내로 들어갔다. 1923년 활동중 일제 경찰의 수사가 확대되자 신변의 위협을 느낀 그는 경찰에 자수하였다.

　1924년에 출옥한 그는 다음해 다시 상해로 망명하였다. 이 무렵 이두산은 한진교의 해송양행에 하숙을 했다.[102] 인삼을 판매하는 해송양행에 기거하다보니 그도 자연스럽게 인삼판매에 관심을 보이게 되었다. 그는 한진교의 권유로 인삼 판매를 시작하게 되었는데, 인삼판매구역으로 광동을 지정받았다고 한다.[103] 아무튼 이러한 인연으로 이두산은 나중에 한진교와 사돈 관계를 맺게 되었다. 1938년 11월 1일 상해에서 장남 이정호가 한진교의 차녀와 결혼식을 올렸다.

　이두산은 1926년 임시정부 외곽단체인 병인의용대에서 활동하다가 1928년 이후에는 하문, 광동, 홍콩 그리고 태국 등지까지 오가며 인삼

---

101) 이두산의 생애와 독립운동에 대해서는 다음의 논고가 상세하다. 최기영, 「李斗山의 재중독립운동」, 『한국근현대사연구』 제42집, 2007.
102) 李淑, 『竹槎回顧錄 - 祖國光復에 命을 걸고』, 1993, 185~186쪽.
103) 韓泰東 구술, 2010년 12월 4일 서울 연희동 자택에서.

행상에 종사하였다. 1930년대 중반 일제의 조사에 의하면, 그는 태국 방콕에 거주하면서 인삼 행상을 했다.[104] 이두산은 1920년대 후반 이래 인삼 행상으로 복건과 광동, 홍콩뿐 아니라 멀리 태국에까지 그 장사 영역을 넓힐 정도로 장사수완이 있었다.[105] 상해에 살았던 김정숙의 기억에 의하면, 이 무렵 그는 태국 여자를 만나 가정을 이루기도 하였다.[106]

이두산은 인삼 행상을 하면서 하문에 있던 이강, 이기환, 유기석, 김유광, 안유재와 같은 독립운동가들과 가깝게 지냈다. 한국독립당 광동지부에서 활동하던 그는 1935년 창립된 민족혁명당에 가입하였다. 광주에서 한국독립당과 민족혁명당 활동을 전개하면서도 이두산은 여전히 인삼 행상으로 경제적인 문제를 해결하였던 것 같다. 이초생에 의하면, 광동 거주의 한인들, 특히 중산대학 유학생들이 학비와 생활비를 인삼 행상으로 변통하였다고 한다. 이에 대해서는 뒤에서 다시 구체적으로 언급할 것이다. 학생 이외의 인삼 행상을 한 대표적인 경우가 이두산이었다. 중일전쟁 발발을 전후하여 그는 광동에서 『東方戰友』라는 잡지를 발간하여 반전운동을 벌였으며 조선의용대와 한국광복군에 참여하여 활동하다 광복을 맞이했다.

다음 이초생의 경우를 살펴보자. 그의 독립운동과 인삼 행상의 구체적인 내용에 대해서는 그가 체포된 후 작성된 신문기록에 상세하게 나타나 있다.[107] 이초생은 1907년 인삼의 고장인 개성에서 태어났다. 어린 시절 서당과 송도보통학교를 다녔다. 18세때인 1925년 서울, 동경 등지에서 전기치료 등을 공부하다가 고향에서 운송회사, 동아전료원 등을 개

---

104) 朝鮮總督府 警務局, 『國外ニ於ケル容疑朝鮮人名簿』, 1934, 298쪽.
105) 최기영, 「李斗山의 재중독립운동」, 137쪽.
106) 金孝淑, 『상해 대한민국임시정부와 나』(미간행), 1996, 24쪽.
107) 이초생의 독립운동과 인삼 행상에 관련된 내용은 다음의 신문조서에 근거하였다. 국사편찬위원회, 『한민족독립운동사자료집』 46, 중국지역독립운동 재판기록 Ⅳ, 2001, 100~237쪽.

업하였다. 그러나 사업이 잘 되지 않아 폐업을 하고 1928년 11월 상해로 건너갔다. 여러 직업을 거쳐 다시 국내로 왔다가 1932년 4월 백삼 50근과 미삼 100근(우송)을 가지고 다시 상해로 왔다.[108]

상해로 온 그는 공공조계 楊樹浦路 楡林里 50호 秦榮均의 집에서 하숙하였다. 이곳에서 李學洙라는 사람과 함께 北四川路 北四川里 4호에서 南洋公司를 개업하였다.[109] 영업 종목은 인삼과 일용 잡화 등이다. 상호를 남양공사라고 한 것으로 보아 그는 남양과의 무역과도 염두에 둔 것으로 보인다. 이러한 그의 구상은 1938년 중경으로 간 뒤 임득산, 李尙奎와 함께 자금을 마련하여 남양으로 진출하고자 노력했던 사실에서도 잘 알 수 있다.

남양공사는 1933년 10월까지 영업하였지만 실적이 신통치 않아 문을 닫고 말았다. 그후 그는 일본인 회사에서 근무하다 횡령건에 휘말리기도 하고 장사밑천을 마련하기 위해 마약을 판매하다가 일본영사관에 검거되어 벌금을 물기도 하였다. 여러 차례의 실패 끝에 그는 인상 행상을 시작하였다. 처음 그는 인삼 5근을 가지고 安徽省 安慶으로 가서 이전에 인삼상을 경영할 당시 거래했던 중국인 인삼상 和泰蔘行, 老人和蔘行 및 益和泰蔘行 등에 판매하여 4, 50원을 받았다.[110]

1934년 11월 홍콩에 간 그는 정제형의 태백산인삼공사를 찾아갔다. 이전에 남양공사를 경영할 때부터 거래 관계로 가까운 사이였다. 태백산인삼공사는 홍콩 文咸東街 66호에 본점이 있었고 하문에 지점이 있었다. 그는 태백산인삼공사에 점원으로 취직하였다. 그는 만 1년간 태백산인삼공사 하문 지점, 산두의 인삼공사를 오가며 영업하였다. 그 당시의 점원으로는 李禎植, 崔順基 그 밖에 공사에 기숙하고 있는 崔學模(인삼

108) 국사편찬위원회, 『한민족독립운동사자료집』 46, 106쪽.
109) 국사편찬위원회, 『한민족독립운동사자료집』 46, 199쪽.
110) 국사편찬위원회, 『한민족독립운동사자료집』 46, 200쪽.

행상인), 池天龍(무직) 등이 있었다. 태백산인삼공사에는 남양 방면에서 인삼 장사를 하는 이들이 출입하였다. 이초생은 인삼과 약을 구입하러 오는 이들에 대한 안내와 편의 제공으로 중개료를 받았다. 1935년 1월 경에는 최학모와 함께 상해 김시문의 소개로 진남포 사과 500상자를 구입하여 팔았으나 큰 이익을 내지 못하였다. 그래서 그는 다시 인삼 장사에 나섰다. 1935년 5월 초순경, 그는 일본 홍삼 30근을 구입하여 이정식과 함께 광동으로 행상을 나갔다. 이정식은 광동, 광서 등 중국 오지 방면의 인삼 행상의 선배였다. 광주 漢民北路의 大同旅館에 투숙하고, 그곳의 중국인 유지 등에게 행상을 하면서 여러차례 홍콩으로 인삼구입 차 왕래하였다.[111]

그는 광동에서 대학을 다니던 한인 학생들과도 거래하였다. 중산대학 학생들은 학비는 면제였지만 식비와 용돈은 나올 데가 없었다. 이때의 궁핍한 생활은 이루 말할 수 없었다.[112] 생계를 해결하기 위해 그들은 학업과 병행하여 인삼을 팔았다. 이들이 팔 인삼은 이초생이 공급하였다. 잘 파는 학생은 매월 5~6근, 보통은 2~3근 정도는 판매하였다고 한다. 당시 이초생이 인삼거래 관계로 알게 된 사람들은 다음과 같다.

- 中山大學校 : 李慶山, 李禎浩, 李東浩, 韓泰宙, 徐尙浩, 金鏈, 李秉勳, 金億麟, 鄭求麟
- 國立法科學院 : 李孝得, 金龜泳, 金景雲
- 仲元中學 : 鄭元衡
- 일반 재류민 : 李斗山[113]

위의 학생들 가운데 이정호와 이동호는 이두산의 자제들이었다. 한태

---

111) 국사편찬위원회, 『한민족독립운동사자료집』 46, 201쪽.
112) 安炳武, 『七佛寺의 따오기』, 53, 78~79쪽.
113) 국사편찬위원회, 『한민족독립운동사자료집』 46, 201쪽.

주는 상해 해송양행주 한진교의 장남이었으므로 인삼장사에는 어느 정
도 익숙했을 것이다. 그러나 이초생의 입장에서는 광동에서 학생들과의
인삼 거래는 만족스럽지 못했다. 300여 원에 달하는 수금이 생각대로 되
지 않았기 때문이다.[114]

　홍콩으로 돌아간 이초생은 중국 내륙 인삼 행상을 본격적으로 시작하
였다. 우선 1935년 11월 인삼 30근과 매약 약간을 가지고 광동성 鬱南
縣(광서성과 경계)으로 가 한인 李雲峯(평북 의주 출생)의 소개로 행상을
하였다. 이운봉은 성안에서 鬱南醫院을 경영하고 있었다. 이초생은 행상
5일째에 광서성으로 갔다. 광서성 오주로부터 鬱江을 거슬러 올라가 연
안의 大湟江鎭, 桂平을 경유하여 柳州縣으로 가서 柳州縣立 제4중학 농
과교수인 孫三民과 유주 中和醫院長 金雨作을 방문하였다. 평북 출신인
손삼민은 평양 의학강습소를 졸업한 이였으며 본명이 金鉉俊인 김우작
은 평북 의주 출신으로 湘軍 군의로 있었던 인물이었다. 두 사람의 소개
로 5일 만에 약 300원의 매상을 올렸다. 홍콩으로 돌아 간 것은 행상에
나선지 4개월만인 1936년 2월 초순경이었다.

　1937년 2월 말경 이초생은 귀주성 행상을 목적으로 인삼 50근과 매
약 약간을 가지고 출발하였다. 1937년 3월 초순경 홍콩을 출발하여 곧
바로 광서의 오주로부터 계평을 경유하여 류주, 慶遠縣으로 가서 행상
을 하였으며, 광서성과 귀주성 사이의 六塞를 거쳐 貴陽으로 갔다. 귀양
에 도착한 그는 각 학교의 교원들이나 유지들을 대상으로 행상을 하였는
데, 5일만에 500원 이상의 매상을 올렸다. 현지 중국 헌병대의 출경 명
령으로 다시 광서성으로 간 그는 각지를 다니며 가지고 있던 상품을 전
부 매각하고 6월 20일경에 홍콩으로 돌아왔다. 신문조서에서 보이듯이,
오지 인삼 행상은 그 결과가 아주 만족스러운 것이었다.[115] 이초생의 인

---

114) 국사편찬위원회, 『한민족독립운동사자료집』 46, 108쪽.
115) 국사편찬위원회, 『한민족독립운동사자료집』 46, 109쪽.

삼 판매자금이 어느 정도 민족혁명당 등 독립운동진영에 흘러들어 갔는
지는 알 수 없지만 적어도 일정 금액은 들어가지 않았을까 추측된다.

홍콩으로 돌아온 그는 세 번째 내륙오지 인삼 행상을 계획하였다. 목
적지는 운남성이다. 운남성은 광서성과 귀주성을 거쳐야 도달할 수 있는
먼 곳이었다. 이곳에는 일찍부터 한인 인삼 행상들이 들어가 인삼을 팔
고 있었던 것으로 보인다. 1924년 운남 昆明에는 金學海라는 한인 인삼
행상이 있었다. 그는 唐繼堯의 주선으로 雲南講武堂에 입학하기 위해
임시정부의 소개로 상해에서 운남에 온 학생들을 맞이하여 곤명 시내 기
숙사로 안내하는 모습이 운남 일본영사관에 의해 포착되기도 하였
다.[116] 이로 미루어 운남의 인삼 행상이 상해 임시정부와 운남 현지의
독립운동가들을 매개하는 역할을 하고 있었음을 알 수 있다.

이초생은 마침 남경에 있는 부인의 편지를 받고 남경에 갔다가 다시
홍콩으로 돌아왔다. 홍콩으로 돌아올 무렵인 1937년 7월 7일의 노구교
사건으로 전면적인 중일전쟁이 발발하고 각지에서 항일운동이 치열해져
갔다. 그로 말미암아 오지 인삼 행상은 계획대로 실행할 수 없었다. 전쟁
으로 인해 인삼은 별 가치가 없는 물건으로 전락되고 말았다. 그는 자신
이 가지고 있던 인삼을 동료 인삼상에게 헐값에 처분하여 생활비로 충당
하였다. 그후 남경을 거쳐 중경으로 간 이초생은 임득산의 만년필상점에
서 일하다가 남양으로 가기 위해 노력하였다. 1938년 남양 진출이 실패
하자 그는 가족이 있는 상해로 갔다가 다음해 일본영사관 경찰에 의해
체포되었다.[117] 신문조서와 판결문에는 나오지 않지만 그가 중경에서
다시 상해로 간 것은 민족혁명당의 지하 공작원으로 파견되어 활동했던
것으로 보인다. 체포후 국내로 압송된 그는 경성지방법원에서 징역 2년

---

116) 「機密公第四十九號 雲南政府ニ於ケル不逞鮮人教育ノ件」(『不逞團關係雜件』朝鮮
　　　人ノ部 在支那各地 ③), 1924年 8月 23日).

117) 국사편찬위원회, 『한민족독립운동사자료집』 46, 220쪽.

의 판결을 받고 옥고를 치렀다.[118]

3) 여운형의 '인삼 판매'

여운형이 남양에서 인삼 판매를 했다고 하는 얘기는 잘 알려져 있다. 1929년 그가 남양에 갈 때 인삼 300근을 휴대하여 현지에서 판매, 상당한 수입을 올렸다는 소문이 상해에 나돌았던 바 있었다. 여운형이 남양으로 가서 인삼판매를 시도했던 것은 분명하나 실제로 그것을 행동으로 옮겼는지에 대해서는 확실치 않다.

여운형의 인삼 판매 시도의 배경을 이해하기 위해서는 우선 1927년 장개석의 쿠데타로 인한 중국 정세의 급변 상황을 설명하여야 할 것이다. 중국 국민당정부는 소련이 보내준 고문관들 덕택으로 북벌을 개시할 수 있었는데, 장개석이 공산당원들을 학살하고 소련 고문관들을 모두 축출해버렸으니 그들과 밀접하게 활동했고 상해 소련영사관에서 일하고 있던 여운형에게는 너무나 큰 충격이었다. 게다가 당시 자행된 백색 테러에 그 자신도 하마터면 목숨을 잃어버릴 뻔했다.[119] 소련영사관이라는 직장을 그만둔 그로서는 우선 생활 문제부터 해결하지 않으면 안 되었다. 다행히 상해 복단대학의 체육 코치 자리를 구할 수 있었다. 그러나 중국의 정세가 앞을 내다볼 수 없는 상황이었기 때문에 그는 자신의 앞날을 중국 밖에서 찾지 않을 수 없었다. 그래서 생각한 것이 남양으로 진출하는 것이었다.[120] 본격적인 남양 진출에 앞서 우선 남양 방면에 대

---

118) 「李載祥 判決文, 昭和十四年刑公第一九六一號, 1939年 12月 19日」(국가기록원 소장).

119) 이정식, 『여운형 : 시대와 사상을 초월한 융화주의자』, 서울대학교출판부, 2008, 394쪽. 여운형의 인삼 판매에 대해서는 위 저서를 많이 참고하였다.

120) 「피의자신문조서 제3회」, 1929년 7월 20일(夢陽呂運亨全集發刊委員會, 『夢陽呂運亨全集』 1, 한울, 1991, 428쪽).

한 사전 현지조사를 추진하였다. 마침 1월 상해에 있던 개성상인 이무순으로부터 남양으로 가서 인삼을 판매하자는 제의를 받게 되었다. 이에 동의한 여운형이 남양으로 떠난 것은 그해 3월이다. 복단대학의 축구부가 남양 제도 원정을 떠나게 되었는데, 학교측에 사정을 얘기하여 인솔교수로서 편승할 수 있었다.

여운형의 인삼 판매 소문은 남양 진출을 시도하는 과정에서 흘러나온 것으로 보인다. 나중에 여운형을 취조하고 보고서를 쓴 경기도 경찰부 고등경찰과의 田邊孝 경부는 1929년 7월 12일에 제출한 보고서에서 여운형의 인삼 매매에 관한 소문을 다음과 같이 기록했다.

> 위 사람은 상해를 출발할 때에 프랑스조계 霞飛路의 조선인 인삼상 개성지점 洪淳五에게서 인삼 3백근(원가 6천원)을 외상으로 사들여 휴대하고 싱가포르에서 상당량을 판매했다. 이어 마닐라에서는 자신은 한국임시정부의 派遣員으로서 목하 동 정부재정이 궁핍하기 때문에 이것을 구제책으로 삼아 인삼의 판매에 종사하고 있는 것이라는 구실을 붙여 거주 조선인에 대해 한 근에 평균 백 달러로 팔아서 상당한 대금을 입수하고, 본인이 머물고 있는 곳으로 2천불을 전송했으며 개성지점에는 한 푼도 송금을 하지 않아 홍순오에게서 몇 차례에 걸쳐 독촉을 받았지만 어떠한 대답도 하지 않아 사기의 목적이었을 것으로 사료되는 바, 위의 사항에 관해 상해 임시정부에서는 여운형이 정부의 파견원이라고 칭하고 인삼 판매를 위해 자신의 이익을 도모했다고 여겨 크게 분해하며 그 대책을 협의중이라고 한다.121)

즉 여운형이 외상으로 구입한 인삼으로 사기를 칠 뿐만 아니라 임시정부 파견원이라는 거짓 행세를 하고 다닌다는 얘기였다. 홍순오는 1924년 개성에서 설립되었던 開城號라는 인삼전문회사의 사장이자122) 개성에

---

121) 「치안유지법 위반혐의자에 관한 보고」, 1929년 7월 12일(夢陽呂運亨全集發刊委員會, 『夢陽呂運亨全集』 1, 395쪽).
122) 윤선자, 「일제의 경제수탈과 개성의 삼업」, 120쪽

본점을 둔 開城賣藥(株)의 감사역을 맡고 있던 인물이었다.[123] 자세한 내용은 알 수 없지만 개성호라는 인삼전문회사가 아마도 이때 상해에 인삼판매점을 차리고 영업하고 있었던 것으로 보여진다. 그러나 인삼 300근을 한 번에 조달해서 외국으로 가지고 가는 것은 쉽지 않은 일이었다. 게다가 300근의 인삼은 매우 고가였을 것이기 때문이다. 그렇게 많은 인삼을 조달한다고 하더라도 이를 전부 휴대하고 출국하는 것은 더더욱 어려웠을 것이다. 또한 "거주 조선인에 대해 한 근에 평균 백 달러로 팔아서 상당한 대금을 입수하고"라고 하였는데, 당시 남양에는 고가의 인삼을 구입할만한 한인은 많지 않았다. 인삼을 구입한다면 오히려 그곳의 화교들일 것이었다. 남양에 거주하던 한인들은 대개 인삼을 판매하는 입장이었기 때문에 이들에게 인삼을 팔았다는 주장은 현실성이 떨어진다. 그래서 만일 전변효 경부가 여운형에게 이 문제에 대한 더 추궁을 하지 않고 그 기록만이 남아 있었다면 여운형은 사기꾼으로 알려지게 되었을 것이다. 불행 중 다행으로 전변효 경부는 7월 24일에 있었던 신문에서 이 문제에 대해서 여운형 본인의 말을 들었다.

> 문 : 너는 洪淳五라는 자로부터 인삼 3백근을 요청하여 사들이고 싱가포르에서 임시정부가 현재 재정이 궁핍하기 때문에 구제책으로서 사들인 것이라고 하며 1근당 100불에 판매했다는 것이 사실인가?
> 답 : 금년 1월중 개성 출신인 이무순이라는 사람과 상해 寶山路에서 만났을 때 나는 금년 여름 南洋 방면의 상업시찰을 위한 여행의 희망이 있다는 뜻을 이야기했는데 동인은 개성인삼을 판매하면 유리할 것이니 판매해 보라고 한 적이 있다. 내가 3월중 남양 방면으로 출발한 후 이무순은 홍순오의 인삼 84근을 상해에서 지참했는데 세관 관계상 동지역에서 수취하지 못하고 즉시 상가포르 고려물산 공사 金東勳에게 송부해왔다. 이무순은 나중에 온다는 전보가 있었지만 나는 학생을 인솔하고 있는 관계상 마닐라에 간바, 이무순

123) 『한국근현대회사조합자료』(국사편찬위원회 한국사데이터베이스).

은 싱가포르에 도착해 전보 4회, 편지를 2회 부쳐 나에게 즉시 와
달라고 하였지만 학생을 인솔하고 있었기 때문에 갈 수 없었다.
그후 마닐라로부터 직접 상해로 귀환했다. 그래서 이무순은 인삼
을 모두 고려물산공사에 맡겨 두고 7월 초순에 상해로 돌아와 나
에게 싱가포르에 다시 가자고 권유했지만, 상당한 자본을 조달할
필요가 있으면 그것을 조달하고 가을 무렵에 가자고 말해 두었다.
이와 같은 상황으로 인삼을 판매한 적은 없다. 또한 이무순은 현
재 홍순오의 집에서 기식하고 있다.[124]

　이무순은 인삼의 세관 통과 문제 때문에 인삼 84근을 싱가포르의 고
려물산공사로 부치고 자신은 직접 싱가포르로 갔다. 그가 싱가포르에 도
착한 때는 여운형이 그곳에서 볼일을 마치고 필리핀 마닐라로 떠난 뒤였
다. 이무순은 마닐라의 여운형에게 전보와 편지를 보내 싱가포르로 돌아
올 것을 요청하였다. 학생을 인솔하고 있는 여운형으로서는 이 요구에
응할 수 없었고 6월 중순 상해로 돌아오고 말았다. 그후 상해에서 만난
두 사람은 ‘상당한 자본’을 조달하여 가을 무렵에 다시 싱가포르에 가기
로 약속하였다. 그러나 여운형이 상해에 돌아온 다음 달인 7월 10일 공
공조계 경마장내 야구경기장에서 일본영사관 경찰에 의해 체포됨으로써
이러한 약속은 실행에 옮겨질 수 없었다.

5. 맺음말

　조선후기 이래 한국의 대표적인 특산품인 고려인삼은 일제시기 해외
한인들의 생계와 활동에서 빼놓을 수 없는 중요한 존재였다. 고려인삼은

---

124) 「피의자신문조서 제5회」, 1929년 7월 24일(夢陽呂運亨全集發刊委員會, 『夢陽呂
　　運亨全集』 1, 437쪽).

중국에서 영약, 불로초 등으로 알려져 대단한 환영을 받았다. 인삼은 조선 사람이 팔아야 진짜 인삼이라는 말이 있을 정도였다. 때문에 큰 자본이나 특별한 기술이 없던 한인들은 고려인삼 판매와 관련된 일에 종사하였다. 일제시기 중국, 특히 상해에 이주한 한인들은 생계를 위해 인삼 상점을 차리거나 혹은 인삼 행상을 하는 경우가 많았다. 부피가 작아 휴대하기 편리한 인삼은 단순한 토산품이 아니라 국제적으로 통용되는 화폐나 마찬가지였다. 그러기에 상해에 오는 한인 가운데 소지금이 넉넉지 않은 이들은 으레 인삼 몇 근을 들고 와서 현지에서 판매하여 여비나 생활비, 학비로 충당하였다.

상해에서 설립된 한인 인삼 상점은 적지 않았다. 그 가운데 개성의 인삼회사 지점과 같이 인삼만을 전문적으로 거래한 곳은 드물었다. 대개 해송양행처럼 한약방 간판을 내걸거나, 김문공사의 경우와 같이 잡화점, 원창공사나 배달공사처럼 무역상의 형태로 인삼을 취급했다. 다만 인삼이 자타가 공인하는 한국의 특산품이었기 때문에 거래에서 차지하는 인삼의 비중은 다른 것보다 컸다. 중국에서 고려인삼을 널리 알리는데 공을 세웠던 것이 바로 이들이었다.

상해에 온 한인들 가운데 특별한 기술이나 자본이 없는 이들은 인삼 행상에 나섰다. 그들이 인삼 행상에 나선 동기는 다양하다. 인삼 행상은 전업적인 행상과 부업적인 행상이 있지만 그 구분이 확실치 않는 경우도 적지 않다. 우선 호구지책을 위한 것이 가장 보편적이다. 그밖에 학비나 여비, 독립운동자금을 조달하는 등 여러 가지 유형이 있다. 중국에서 활동했던 독립운동단체 구성원 가운데 흥사단, 의열단, 민족혁명당 계열 사람들이 인삼 행상으로 생계 유지와 자금 조달을 하는 경우들이 적지 않게 확인된다. 물론 그 외에도 많은 사람들이 일시적으로 인삼 행상에 종사하였다. 인삼 행상은 중국에서 여러 가지 직업을 전전하거나 사업에 실패한 한인들에게 항상 열려 있었다.

그렇지만 인삼 영업이 늘 잘 되었던 것은 아니다. 중국에서 일본상품 불매운동이 일어날 때마다 인삼이 일본 물건으로 오인되어 배척을 받았다. 인삼 행상도 결코 쉬운 일이 아니었다. 물론 돈을 많이 버는 경우도 있었지만 그렇지 못하고 호구하는데 만족해야 하는 경우도 적지 않았다. 또한 오지를 전전하는 관계로 현지인으로부터 핍박을 당하거나 쫓겨나는 경우도 잦았다. 이와 같이 일제시기 해외, 특히 재중 한인들의 애환이 서린 것이 바로 인삼이었다.

고려인삼은 일제시기 상해 한인들의 중요한 생계 수단 가운데 하나였다. 구체적인 자료가 남아 있지는 않지만, 고려인삼 판매자금의 일부는 독립운동진영으로도 흘러들어갔을 것으로 보인다. 해송양행이나 김문공사, 원창공사의 경우와 같이, 인삼 상점은 단순한 영업점이 아니라 상해 한인사회의 연락처나 독립운동의 거점 역할을 했다. 고려인삼은 재중 한인사회의 경제적 기반 형성에 빼놓을 수 없는 중요한 역할을 수행했던 것이다.

제3부
이산과 기원의 교육사

제1장 인성학교의 설립과 운영

1. 머리말

19세기 후반 이래 한인은 다양한 이유로 조국을 떠나 낯선 이국땅으로 이주하여 뿌리를 내리며 살아왔다. 재외 한인들은 오랜 세월 동안 거주국의 문화에 동화되지 않고 민족의 혼과 뿌리를 꿋꿋하게 지켜낼 수 있었다. 그 원동력은 무엇보다도 교육의 힘 때문이라는 데는 이견이 없는 것 같다. 그들은 많은 역경에도 불구하고 민족교육을 위한 학교를 세움으로써 한국의 말과 글 그리고 문화와 역사를 가르치고 전하는 일에 많은 힘을 기울였다. 이러한 노력을 통해 재외 한인들은 거주국에서 공동체를 형성하며 고유의 정체성을 유지하고 발전시켜 나갈 수 있었다.[1]

재외 한인들에게 자녀 교육은 그 무엇보다도 중요한 일이었다. 낯선 외국에 이주 혹은 망명하여 현지에서 안정적으로 정착하고 소기의 목적을 달성하는 데는 자녀 교육 문제가 우선적으로 해결되지 않으면 곤란하다. 때문에 일제시기 국외로 이주한 한인들은 도처에서 학교를 세우고 자제들을 가르쳤다. 만주, 러시아, 중국본토, 미주 등지가 그랬다. 특히 중국본토의 상해 지역에서 전개된 한인 교육은 일제시기 국외 한인 민족교육의 전형적인 모습을 보여주고 있다.

상해에 한인들이 본격적으로 이주하기 시작한 것은 1910년대 후반부터였다. 상해에 거주하는 한인들이 늘어나면서 자녀 교육 문제가 현안으

---

1) 김경근·임채완·고형일·황기우, 『재외한인 민족교육의 실태』, 집문당, 2005, 3쪽.

로 떠올랐다. 그 결과 설립된 한인 교육기관이 바로 인성학교였다. 인성
학교는 일제시기인 1916년부터 1935년까지, 그리고 광복이후인 1946년
부터 1976년까지 중화민국 및 중화인민공화국 시기 동안 상해 한인사회
구성원들과 그 자녀들의 민족 정체성을 지켜주는 든든한 보루였다. 특히
일제시기에는 한인 자제들에 대한 일반적인 교육 뿐만 아니라 민족의식
을 불어넣어 예비 독립운동가를 양성하는 목적도 수행하였다. 그리하여
인성학교는 일제시기 뿐만 아니라 광복 후에도 상해 한인사회의 정신적
인 구심점 역할을 다하였다.

이러한 역사적 위상에도 불구하고 일제시기 인성학교에 대해서는 아
직까지 전론적인 연구가 없는 실정이다. 대개 상해 임시정부나 독립운동
을 연구하는 과정에서 간략하게 언급될 뿐이었다.[2] 때문에 일제시기 상
해 인성학교의 역사적 위상을 제대로 이해하는 데는 여러 가지로 한계가
없지 않다고 할 것이다.

본고는 일제시기 인성학교의 설립 및 운영과 관련된 사실들을 복원하

---

2) 인성학교를 언급하고 있는 연구업적은 다음과 같다. 다만 이명화의 논문을 제외하고
   는 모두 내용이 소략하다. 김호일, 「대한민국임시정부의 교육사상 - 건국강령에 나
   타난 삼균주의를 中心으로 - 」, 『한국사론』, 국사편찬위원회, 1981 ; 천경화, 「일제
   하 在中國 한국인 민족교육운동 연구」, 『국사관논총』9, 국사편찬위원회, 1989 ;
   김형석, 「상해거류 한인기독교도들의 민족운동」, 『용암차문섭교수화갑기념 사학논
   총』, 1989 ; 유준기, 「대한민국 임시정부의 교육·문화·홍보활동」, 『한민족독립운동
   사』7, 국사편찬위원회, 1990 ; 이명화, 「상해에서의 한인 민족교육운동」, 『한국독
   립운동사연구』4, 독립기념관 한국독립운동사연구소, 1990 ; 김정의, 『한국소년운
   동사 : 1860년~1945년』, 民族文化社, 1992 ; 김희곤, 「상해 대한인교민단의 성립과
   독립운동」, 『水邨朴永錫敎授華甲紀念 韓民族獨立運動史論叢』, 탐구당, 1992 ; 崔
   志鷹, 「大韓民國臨時政府在上海的敎育活動」, 『檔案與史學』, 5月號, 上海市檔案館,
   1995 ; 최경민, 「상해 대한인교민단의 결성과 활동」, 동국대학교 교육대학원 석사학
   위논문, 1996 ; 孫科志, 『上海韓人社會史(1910~1945)』, 한울, 2001 ; 孫安石, 『一九
   二〇年代, 上海の朝鮮人コミュニティ硏究』, 東京大學 博士學位論文, 1998 ; 김호일,
   「대한민국임시정부의 교육활동」, 『대한민국임시정부 수립80주년 기념논문집(下)』,
   국가보훈처, 1999 ; 姜德相, 『呂運亨 評傳 2 : 上海臨時政府』, 東京: 新幹社, 2005.

는데 일차적인 목적이 있다. 우선 인성학교의 설립 배경으로 1910년 이후 상해 한인사회의 형성과 1916년 인성학교가 설립되기 이전의 초기 상해 한인교육의 내용을 다룬다. 다음으로 인성학교의 설립 과정과 교육 방침을 살펴본다. 마지막으로 인성학교의 학제와 교육과정, 학교의 구성원들에 대해 고찰하고자 한다. 다만 지면관계상 인성학교 학생들의 교과외 활동, 설립 후의 재정난과 이를 극복하고 해결하려는 학교 유지운동과 폐교에 이르는 과정에 대해서는 별도의 논문에서 고찰하고자 한다. 기본적으로 활용한 자료는 신문, 잡지, 회고록, 문집 등이다. 그 외에도 일부 上海市檔案館의 당안자료, 구술자료, 사진 자료도 활용하였다.[3]

2. 인성학교의 설립 배경

1) 상해 한인사회의 형성

한국이 일제의 식민지로 전락하던 1910년대 초부터 한인 독립운동가들이 망명해오면서 상해에도 소규모의 교민사회가 형성되기 시작하였다.[4] 그때까지 한인들을 위한 교민단체가 없었으므로 1914년 공공조계

---

3) 필자는 최근 몇 년 동안 인성학교를 졸업했거나 교사를 역임했던 분들을 면담하였다. 崔允信(1917년생), 具益均(1908년생), 韓泰東(1924년생), 金熙元(1927년생), 金滋東(1929년생), 상해에 거주하고 있는 金熙敬(1925년생), 미국에 거주하고 있는 崔榮芳(1924년생) 등이다. 또한 이 분들은 필자에게 인성학교와 관련된 사진, 동창회 명단, 교지 등 귀중한 자료를 제공해주었다.

4) 상해지역 한인사 연구는 1990년대 중반까지만 해도 임시정부 등 상해지역 독립운동의 배경으로 언급되는 정도였다. 상해지역 한인사회에 대해 연구가 본격적으로 이루어지기 시작한 것은 1990년대 후반이었다. 상해 한인사회사를 언급하고 있는 연구논저는 다음과 같다. 김희곤, 『중국관내 한국독립운동단체 연구』, 지식산업사, 1995 ; 孫安石, 『一九二〇年代, 上海の朝鮮人コミュニティ研究』, 東京大學 博士學位論文,

에서 설립된 상해한인기독교회가 그 역할을 대신하였다. 1916년 교민수
가 200명 정도로 늘어나면서 교민자제들을 위한 인성학교가 개교하였
다. 1917년 상해 거주 한인들의 숫자가 약 500명으로 늘어났다. 이듬해
인 1918년에 상해지역 최초의 교민단체인 상해고려교민친목회가 조직
되면서 상해에도 본격적인 교민사회의 형성을 보게 되었다. 1919년의
3·1운동과 임시정부 수립을 전후한 시기에는 교민이 1천 명 정도로 증
가되었다. 1919년 절정에 달했던 한인 수는 1920년대에 다소 감소했다
가 1930년대에 들어서면서 다시 늘어났다.5)

　초기 상해에 이주한 한인들은 대개 공공조계나 華街에 거주하였고 프
랑스조계에 거주하는 경우는 그리 많지 않았다. 이러한 거주 분포는
1919년 프랑스조계에서 임시정부가 수립되면서 달라지기 시작했다. 항
일운동의 지휘본부인 임시정부가 수립되면서 상해 일본총영사관은 상해
의 한인에 대한 감시와 탄압을 강화하기 시작하였다. 때문에 공공조계와
화가에 살던 한인들은 일본세력이 개입할 수 없는 '안전지대'인 프랑스
조계로 이전하였다.

　프랑스조계에는 현지 중국인 외에도 많은 외국 교민들이 거주하였다.
그 가운데 구미 교민들은 주로 霞飛路(현재의 淮海中路)의 서쪽 지역,
러시아인들은 하비로의 중간 지역에 많이 거주하였다. 그에 비해 한인들
은 하비로 동쪽 지역에 주로 거주하였다.6) 물론 하비로 중간 및 서쪽
지역에 거주하는 한인들이 없지 않았다.

　　1998 ; 孫科志, 『上海韓人社會史(1910~1945)』, 한울, 2001 ; 김광재, 「'상해거류조
　　선인회'(1933~1941) 연구」, 『한국근현대사연구』 제35집, 2005 ; 조덕천, 「상해시기
　　대한민국임시정부 구성원의 생활사 연구」, 『백범과 민족운동연구』 제8집, 2010 ; 김
　　광재, 「광복이후 상해 인성학교의 재개교와 변천」, 『한국근현대사연구』 제54집,
　　2010 ; 김광재, 「'상인독립군' 金時文의 上海 생활사」, 『한국민족운동사연구』 제54
　　집, 2010.
　5) 김희곤, 『중국관내 한국독립운동단체 연구』, 38쪽.
　6) 許洪新, 『從霞飛路到淮海路』, 上海社會科學院出版社, 2003, 57쪽.

1919년 이후 상해 한인들의 직업은 독립운동, 자영업, 노동, 인삼장사, 잡화상, 음식점, 기타 잡직업 등 다양하였다. 상해 한인들은 하비로에서 상점이나 소규모 기업체를 경영하던 일부를 제외하고는 대부분 힘들고 고단한 생활을 꾸려나갔다. 어려운 속에서도 한인들은 교회를 세워 자신들의 신앙생활을 계속 유지하면서 정체성을 지켜갔다. 또한 초등교육기관인 인성학교를 통하여 자녀들의 민족의식을 양성하였다.[7]

또한 프랑스조계 한인사회는 강한 정치성을 띠고 있었다. 일제는 1921년 현재 프랑스조계의 한인 약 700명 가운데 200명가량을 직업적인 독립운동가들로 파악하였다.[8] 이러한 사실은 상해 한인사회가 매우 정치적인 성격을 띠고 있는 교민사회였음을 보여준다. 직업적인 독립운동가가 아니더라도 대개는 임시정부와 독립운동을 지지하거나 동정적이었다. 나아가 상해 프랑스조계 한인사회는 그 자체가 독립운동을 수행하거나 임시정부 등 독립운동진영의 정신적, 물적 기반으로 기능하였다.

프랑스조계의 한인들은 임시정부가 1932년 4월 윤봉길의 홍구공원의거로 상해를 떠날 때까지 끈끈한 교민사회를 유지하였다. 1932년까지 상해 한인사회는 대략 600명에서 800명 선을 유지하였다. 1932년 4월 윤봉길의거와 그로 인한 일제의 탄압은 프랑스조계 한인사회를 근본적으로 뒤흔들었다. 홍구공원의거로 인한 일제의 탄압으로 한인사회의 구심점인 임시정부가 상해를 떠나자 프랑스조계의 한인사회는 결속력이 약화되었다. 1935년에는 어려운 여건 속에서도 상해 한인사회의 결속을 위해 노력하던 교민단이 해체되고 민족교육의 상징적 존재로 외롭게 버티고 있던 인성학교가 일본총영사관의 강압에 의해 문을 닫고 말았다. 이로 인해 프랑스조계 한인사회는 두 개의 정신적인 구심점을 잃고 말았다.

---

7) 孫科志·金光載, 『上海的韓國文化地圖』, 上海文藝出版總社, 2010, 57쪽.
8) 국회도서관 편, 『한국민족운동사료』(삼일운동편 其一), 1977, 931쪽.

2) 초기 상해지역 한인교육

1876년 한국의 문호개방 이후 많은 한국 학생들이 배움의 길을 찾아 상해로 이주하였다. 초기 상해 한인들은 주로 서양 선교사들이 세운 학교에 입학하여 수학하였다. 비교적 유명한 학교로는 中西書院, 格致書院, 英華書館 등이 있었다. 1883년에 尹貞植, 閔周鎬 등은 영화서관에서 공부하였고, 1884년 尹致昊는 중서서원에서 공부하였으며, 그 후 金美理士, 梁柱三 등이 이 학교를 졸업하였다.[9]

1910년 이후 중국에 유학하는 한인 학생들이 늘어났다. 1925년 미국 교회에서 설립한 滬江大學에 재학했던 한인 학생은 12명이었고, 同濟大學은 13명에 달했다. 1926년 현재 상해의 전문학교와 대학에서 공부하고 있던 한인 학생은 모두 33명이었다.[10] 1930년대에도 상해의 호강대학, 동제대학, 復旦大學, 聖約翰大學, 震旦大學 등과 일부 전문학교 가운데에는 적지 않은 한인 학생들이 수학하고 있었다.

상해에 한인이 세운 교육기관이 등장하는 것은 1908년 초이다. 大同保國會 上海聯會에서 설립한 大同學校였다. 대동보국회는 1907년 1월 미주에서 결성된 교민단체였다. 이 단체는 관서 출신이 주도한 共立協會와 대립, 경쟁관계에 있었다. 교육과 실업, 자치 등 실력양성론을 주장하면서 의열투쟁을 중시한 이 단체는 공립협회에 비해 保皇的인 색채가 강하였다. 특히 청국 康有爲 계열의 保皇會와 무관하지 않았다. 대동보국회의 조직은 중앙회와 지방연회 및 경찰국으로 구성되어 있었다. 상해에 연회를 조직하였고, 국내에도 내지위원회를 두었다.[11]

---

9) 孫科志, 『上海韓人社會史(1910~1945)』, 175쪽.
10) 孫科志, 『上海韓人社會史(1910~1945)』, 176쪽.
11) 최기영, 「구한말 대동보국회에 관한 일고찰」, 『수촌박영석교수화갑기념 한민족독립운동사논총』, 탐구당, 1992, 1331쪽. 대동보국회는 1910년 경쟁관계에 있던 공립협회로 흡수, 통합되어 大韓人國民會로 조직되었다.

대동보국회 상해연회는 1907년 11월 24일 조직되었다. 회장에는 玄尙健, 부회장에는 田炳埰가 선임되었다. 또 총무 이중진, 張鴻法(張景), 학무 이위리암, 회계 김용식, 서기 이위리암, 申龜永, 경찰 김용식으로 임원진이 구성되었다.[12] 이들 외에 李學均이 연회에 관심을 보였다. 회원은 24명 정도였다. 이들 가운데 현상건과 이학균은 1904년 1월 러일전쟁이 발발하기 직전, 황제의 밀명으로 한국의 국외중립을 선언하는데 관여한 전직고관이었다. 황제의 측근이던 현상건이 상해연회의 회장을 맡은 것으로 보아 상해연회의 보황적 성격을 짐작할 수 있다. 회원들은 상해에 거주하던 한인들로 일부 정치적 망명자를 제외하면 유학생과 상인들이었을 것으로 생각된다.[13]

대동보국회는 주요 활동으로 학교를 운영하였다. 이 단체가 운영했던 대동학교는 1908년 초에는 설립되었던 것으로 보인다. 연회는 2층 양옥의 회관을 마련하고, 학교와 기숙사로 사용하였다. 학교는 徐相潤이 교감을 맡아 주관하였다. 대동학교는 주학과 야학을 설치하였는데, 오전 8시부터 12시까지는 경제, 물리, 산술을, 오후 8시부터 9시까지는 영어를 가르쳤다고 한다. 영국인과 미국인 교사들이 영어를 가르치고, 주일마다 예배와 연구회를 가졌다.[14] 교사로는 '웃별'이라는 서양인과 이위리암이라는 한인 교사가 있었다. 한때 이곳에서 미국인 해군제독이 가르친다는 소문도 있었다.

대동학교는 오래가지 못하였다. 학교나 기숙사의 개설은 막대한 자금이 소요되는 사업이다. 이러한 비용을 연회의 회장인 현상건이 제공하였겠지만 계속적인 비용의 부담과 게다가 상해 한인들의 숫자가 많지 않기 때문에 1909년 여름에 가면 자연 해산되게 되었다.[15]

---

12)『大同公報』1908년 1월 2일,「會報」.
13) 최기영,「구한말 대동보국회에 관한 일고찰」, 1332쪽.
14)『大同公報』1908년 2월 27일,「廣告」.

대동학교를 이은 한인교육기관이 상해에 출현한 것은 1913년이었다. 1912년 상해에서 가장 먼저 조직된 독립운동단체인 동제사에서 설립한 박달학원이 그것이다. 동제사는 1912년 7월 상해에서 신규식을 비롯하여 박은식, 신채호, 조소앙 등의 주도로 조직되었다. 동제사는 '同濟'의 의미가 말하듯이 동포들이 다같이 한 마음 한 뜻으로 같은 배를 타고 彼岸에 도달하자는 것이다. 동제사는 겉으로는 상해 한인들의 호조기관을 표방했지만 실제로는 독립운동단체였다.

한국강제병합 직후 많은 한인 청년들이 독립운동과 배움의 길을 찾아 상해로 망명하였다. 당시 상해는 국내의 학생들이 외국 유학을 갈 때 경유지로서 각광받고 있었다. 국내에서는 구미지역으로 유학하고자 하여도 일제가 비자를 발급해주지 않았기 때문에 비자없이 갈 수 있었던 상해는 한인들이 이들 지역으로 진출하기 위한 경유지가 되었다. 뿐만 아니라 상해는 최신 사조를 접할 수 있는 국제적인 도시로서, 중국혁명의 근원지로서, 그리고 정치행동의 자유로움 등으로 그 자체로서도 상당한 매력을 갖고 있었다. 즉 상해는 한인 청년들이 식민지하에서 갈구하던 학문과 정치운동을 동시에 병행할 수 있었던 '동경지'였다.[16]

신규식, 박은식, 신채호 등 동제사의 중심세력은 해외유학을 희망하여 상해지역으로 모인 한인학생들이 많아지자 이들에 대한 보다 조직적이며 체계적인 민족교육의 필요성에 인식을 같이 하였다. 외국 유학을 위해 상해에 온 한인 학생들의 부족한 외국어 능력을 제고하는 것도 중요했다. 실제로 상해에 온 한인 학생들은 언어 장벽으로 인해 중국과 구미의 학교에 진학하는 데는 어려움이 많았다. 그 결과 1913년 12월 17일 프랑스조계 明德里에 박달학원을 설립하였다. 이 학원에서는 한인들

---

15) 최기영, 「구한말 대동보국회에 관한 일고찰」, 1333쪽.

16) 강영심·김도훈·정혜경, 『1910년대 국외항일운동 II - 중국·미주·일본』, 독립기념관, 2008, 19~20쪽.

이 중국 및 구미지역에 유학하기 위한 예비교육을 실시하였고, 1년 6개월 동안 영어, 중국어, 지리, 역사, 수학 등을 배우도록 하였다.[17] 수학기간은 1년 반이었다. 우선 영어반과 중국어반으로 구분하여 전문적으로 어학을 훈련시키면서 아울러 민족의식을 키워주기 위한 역사·지리과목을 교수하였다. 이곳에서 강의를 담당한 교수는 박은식, 신채호, 홍명희, 문일평, 조소앙 등과 중국인 農竹, 미국화교 毛大衛 등이었다.[18] 박달학원은 교육뿐만 아니라 유학을 주선하기도 하였다. 동제사는 군사교육을 강조하였는데 중국 혁명인사들의 협조로 중국의 각 군관학교에 한국청년들을 입학시켜 군사인재로 양성하였다.[19] 학원 내에는 구락부를 조직하고 규칙을 제정하여 학생들간의 친목을 도모하고 학원의 기강을 세우는 등 비교적 체계를 갖춘 교육기관으로서의 면모를 갖추었다. 박달학원은 3기에 걸쳐 졸업생 100여 명을 배출하였다.

박달학원은 단순한 학문의 보습 기능만을 한 것은 아니었다. 신규식, 박은식, 신채호 등 민족주의 역사학자들은 박달학원을 통해 역사·지리 과목을 학생들에게 교수하면서 학생들이 실력을 쌓기 위해 이민족의 학교로 유학을 가더라도 한국의 혼과 역사를 잃지 않도록 지도하였다. 한국혼을 강조하는 교육의식은 이후 상해의 유일한 교육기관이나 마찬가지였던 인성학교로 계승되어 민족교육의 중심 이념이 되었다.[20]

---

17) 鄭元澤, 『志山外遊日誌』, 탐구당, 1983, 83쪽.
18) 閔弼鎬, 「晩觀申圭植先生傳記」(金俊燁 編, 『石麟閔弼鎬傳』, 나남출판, 1995, 304쪽).
19) 김희곤, 『중국관내 한국독립운동단체 연구』, 58쪽.
20) 강영심·김도훈·정혜경, 『1910년대 국외항일운동 Ⅱ - 중국·미주·일본』, 22~23쪽.

3. 인성학교의 설립

1) 설립

1919년 이전 상해에 이주한 한인들이 공공조계에 많이 거주하였음은 앞서 본 바와 같다. 한인들은 공공조계 가운데 옛 미국조계였던 홍구 일대에 많이 정착하였다. 그들 가운데는 기독교도가 다수를 차지하고 있었다. 대개 이들은 국내 서양인 선교사의 소개로 상해에 왔고 상해에 온 이후에는 교회를 중심으로 네트워크를 형성하고 있었다. 그 가운데는 독립운동가들도 적지 않았다. 1916년 상해 미국조계 홍구지역 兆豊路에 자리를 잡고 거주한 선우혁이 그 대표적인 경우였다.[21] 공공조계의 한인들은 상해 한인교회를 중심으로 공동체를 이루고 일상생활을 영위하였다. 그리고 이곳은 당시 상해 한인기독교들이 활동했던 西(熙)華德路의 미국 해군청년회관과 멀지 않은 곳으로 종교활동에 있어 매우 편리한 곳이었다. 홍구 일대에는 미국영사관이나 미국 교회, 학교 시설 등이 집중되어 있어 종교 및 사회생활에 많은 도움을 받을 수 있었던 것이다.

상해 한인교회는 1914년 9월부터 崔在鶴, 林學俊, 李起龍, 卞志明 등이 중국 YMCA 총무로 있던 락우드(Lockwood)의 협조로 서화덕로 미국 해군청년회에서 영문 사경회를 개최하였는데, 그해 11월에는 한인 30명의 예배회로 발전하였다.[22] 그 후 1916년에는 상해 교민수가 200명으로 증가하고 이 가운데 교인이 70여 명으로 늘어나게 되었다. 1917년 1월에는 남경 金陵大學에서 수학한 여운형이 상해로 돌아와 協和書局 위탁판매부 주임과 한인교회 전도인이 되고 임학준, 韓鎭敎가 교회 임원을 맡으면서 상해 한인교회는 신앙공동체로서의 기능과 민족운동체로서의

---

21) 길선경, 『靈溪吉善宙』, 종로서적, 1980, 26쪽.
22) 『基督申報』 1922년 6월 28일, 「上海鮮人敎會史 第一章 緖言」.

역할도 아울러 가지게 되었다. 인성학교가 공공조계 홍구지역 昆明路에 설립된 데는 이 일대에 한인들이 초보적인 교민사회를 형성하고 있었기 때문이다. 곤명로는 위에서 언급한 선우혁의 자택에서 그리 멀지 않은 곳에 있었다.

상해에서 한인들이 날로 늘어남에 따라 자녀 교육 문제가 상해 한인 교민사회의 현안문제로 떠오르게 되었다. 만주, 노령지방에는 많은 민족주의학교들이 설립되어 한인 자제들에게 근대교육과 함께 민족주의교육이 실시되었으나 상해에는 아직 한인교육기관이 없어 상해 한인 자제들은 외국학교에서 교육받을 수밖에 없는 처지였다. 일제에 의해 조국이 강제병탄되고 국외에서 유랑생활을 경험한 한인들은 "교육은 우리 민족의 생명이다"[23]는 신조를 갖고 있었다. 이에 따라 민족의식이 박약해지는 위기감은 여러 제국주의 국가의 학교가 세워진 상해지역에서 한층 더하였다. 이에 따라 이민족에 의한 고등교육을 받기 전에 초등교육만큼은 철저한 민족교육이 동반되어야 한다는 필요성이 요구되었다.[24] 자제들에 대한 교육을 더 이상 미룰 수 없게 되어 자체적인 한인 교육기관을 설립하지 않을 수 없었다.

이에 한인교회에서 활동하고 있던 선우혁, 한진교, 김철 등은 교민들의 교육을 담당할 교육기관을 설립하는데 뜻을 모았다.[25] 이에 필요한 비용은 한인교회의 교민들이 낸 비용으로 충당하였다. 물론 그 가운데 가장 큰 비중을 차지한 것은 海松洋行의 한진교가 내놓은 인삼판매자금이었다.[26] 1916년 9월 1일 마침내 공공조계 昆明路 載福里 75호에서 4

---

23) 국회도서관 편, 『한국민족운동사료』(중국편), 1976, 274쪽.

24) 이명화, 「상해에서의 한인 민족교육운동」, 17쪽.

25) 『基督申報』 1922년 8월 20일, 「上海鮮人敎育史」. 다만 『基督申報』에는 인성학교 설립 시기가 1917년 가을로 기재되어 있는데 이는 1916년 9월의 착오로 보인다.

26) 韓泰東 구술, 2010년 4월 9일 서울 연희동 자택에서. 海松洋行을 경영하던 韓鎭敎는 한인소학교를 설립한 후 이 학교의 재무를 맡았다고 한다. 해송양행은 국내 개

명의 학생으로 상해한인기독교소학이 개교되었다.[27] 처음 인성학교는 상해한인기독교소학이라는 이름으로 출발하였다.

인성학교 설립 시기에 대해서는 특별히 언급할 필요가 있다. 사실 그 동안 학계에서는 인성학교 설립 시기에 대한 학설이 분분하였다. 인성학교가 직접 설립 일자에 대해 분명히 밝히거나 개교기념식을 거행한 경우는 거의 없었다. 때문에 당시 자료들에서도 인성학교의 설립 일자에 대해서는 여러 가지로 나타나고 있다. 어떤 자료를 근거하느냐에 따라 인성학교의 설립 시기에 대해서는 조금씩 차이가 나고 있다. 현재까지 인성학교의 설립 시기는 아래 표와 같이 6가지로 나타나고 있다.

<표 1> 인성학교 설립시기에 대한 논의 현황

번호	설립시기	근거사료	연구논저
1	1916년 가을	Korean School, Shanghai, China August 15, 1920.	유준기, 「대한민국임시정부의 교육. 문화. 홍보 활동」 김희곤, 「상해 대한인교민단의 성립과 독립운동」 孫科志, 『上海韓人社會史(1910~1945)』.
2	1916년 9월 1일	上海市檔案館, 「上海敎育局有關外僑學校情況報告」(B105-1-1115, 1950~1952.7).	

성상인으로부터 고려인삼을 수입하여 중국 전역 및 싱가포르에 판매망을 설치, 중국인 판매사원을 고용하여 판매하였다. 판매 이윤은 판매사원에 대한 수고비, 운영비, 생활비 등 비용을 제외한 비용은 독립운동을 지원하였다고 한다. 한진교가 운영하였던 북경의 이발소나 상해의 해송양행 모두 국외 독립운동가들의 연락처로 이용되었다(朝鮮總督府 警務局, 『國外ニ於ケル容疑朝鮮人名簿』, 1934, 21쪽 ; 박형우·홍정완·박윤재, 「윤치왕의 생애와 의료활동」, 『醫史學』 제17권 제2호, 2008, 207쪽 ; 손염홍, 『근대 북경의 한인사회와 민족운동』, 역사공간, 2010, 512쪽).

27) 上海市檔案館, 「上海敎育局有關外僑學校情況報告」(B105-1-1115, 1950~1952.7). 광복 이후인 1946년 재개교한 인성학교는 인성학교가 1916년 9월 1일에 개교하였다고 밝히고 있다.

3	1916년 9월 27일	村田左文, 『上海及南京方面に於ける朝鮮人の思想狀況』, 朝鮮總督府 高等法院, 1936.	
4	1917년 2월	金正明編, 『朝鮮獨立運動』 2, 東京: 原書房, 1967. 『呂運亨被疑者訊問調書』(경찰신문조서 제5회, 1929년 7월 24일).	千敬化, 「日帝下 在中國 韓國人 民族敎育運動 硏究」 李明花, 「上海에서의 韓人 民族敎育運動」 金鎬逸, 「대한민국임시정부의 교육활동」
5	1917년 봄	『呂運亨被疑者訊問調書』(검찰신문조서 제3회, 1929년 8월 2일).	
6	1917년 가을	『基督申報』, 1922년 8월 30일자.	김형석, 「상해거류 한인 기독교도들의 민족운동」.

위의 표에 보이는 6가지 설립 시기 가운데 시간적으로 가장 이른 시기의 자료는 인성학교가 외국인을 상대로 모금활동을 펴기 위해 만든 팜플렛(Korean School Shanghai, China August 15, 1920)이다. 1920년 제작된 이 팜플렛에는 인성학교가 1916년 가을에 설립되었다고 밝히고 있다. 그리고 광복 이후 인성학교가 상해시교육국에 제출한 자료(위의 상해시당안관 자료)에 인성학교의 개교일을 1916년 9월 1일로 규정하고 있다. 이는 인성학교 개교 때 직접 참여하였던 선우혁의 진술에 의거한 것으로 보인다. 또 위의 조선총독부 고등법원의 자료에서는 1916년 9월 27일에 인성학교가 설립되었다고 한 것으로 보아 1916년 9월에 인성학교가 설립된 것은 확실하다. 1917년 2월이나 봄에 인성학교가 설립되었다고 하는 것은 여운형의 진술에 의거한 것이다. 1929년 상해에서 체포되어 국내로 압송된 여운형은 검찰 피의자 신문에서 자신이 1917년 2월 인성학교를 설립했다고 하여 자신이 모든 책임을 떠안으려고 했던 것으로 보인다. 때문에 그의 진술은 이러한 상황을 감안해야 할 것으로 판단된다. 1917년 가을이라고 하는 『基督申報』의 내용은 여운형의 진술보다

도 시기가 더 늦어 신빙성이 떨어진다. 그러므로 1946년 재개교된 인성학교가 중국당국에 제출한 학교연혁 관련 문서에서 인성학교 설립시기를 '1916년 9월 1일'로 규정하고 있는 만큼 인성학교가 1916년 9월 1일에 설립되었다고 보는 것이 무리가 없을 것이다.

1916년 9월 1일 설립된 기독교소학의 위상에 변화가 온 것은 개교 후 약 2년이 흐른 1918년 9월경이었다. 이때 기독교소학의 소속과 교명이 바뀌게 되었다. 1918년 9월 상해고려교민친목회라는 상해 한인사회 최초의 공식적인 교민단체가 조직되자 기독교소학을 운영하던 한인교회는 학교 경영을 고려교민친목회에 넘겼다. 고려교민친목회는 기독교소학을 인수하여 동회의 교육부 소관 하에 두고 운영하였다.[28] 이때 교명도 한인기독교소학에서 '인성학교'로 개칭한 것으로 보인다.[29]

운영주체로 볼 때, 인성학교가 사립에서 공립으로 전환되는 것은 상해에 임시정부가 수립된 이후였다. 1919년 4월 상해에 임시정부가 수립되자 그해 9월 기존의 고려교민친목회는 상해대한인민단으로 개칭하고 임시정부 산하단체로 바뀌었다. 민단은 다음해인 1920년 1월 다시 상해거류민단, 3월에 상해대한인거류민단, 10월에는 대한교민단으로 개편되었다. 교민단은 교육, 위생, 소방, 교통, 兵員募集, 빈민구제, 민적 등의 사무를 담당하였으며 의경대를 두어 교민 보호 등 경찰 업무를 담당하였다.[30] 상해지역 한인 자제들의 교육 관련 업무도 교민단의 고유업무 가운데 하나였다. 특히 1920년 3월 임시정부 국무원령으로 '거류민단제'를 공포하여 해외 한인거주자에 대해 교민단제가 실시되었다. 이때 사립으로 운영되던 인성학교는 임시정부가 인정한 공립학교로 바뀌었고 그 운

---

28) 『獨立新聞』 1920년 4월 8일, 「上海大韓人居留民團의 過去及現在狀況」.
29) 이명화, 「상해에서의 한인 민족교육운동」, 120쪽.
30) 국사편찬위원회, 『한국독립운동사』 자료 4, 임정편 Ⅳ, 1973, 84쪽 ; 『獨立新聞』 1920년 4월 8일, 「上海大韓人居留民團의 過去及現在狀況」.

영은 상해 교민단에서 맡게 되었다. 상해 교민단 이사회에서는 교민단 내에 교육과를 두어 직접 인성학교 행정을 관할하고 아울러 학무위원회를 두어 경영의 어려움을 해결하고자 하였다.[31]

2) 교육방침

인성학교는 소학교로 출발하였다. 하지만 그 목표는 상해뿐만 아니라 해외 한인들의 가장 완비된 모범교육기관으로서 초등·중등·전문과정을 교육하는 종합학교를 지향하였다. 그리고 전문과정을 수업하기 위하여 외국에 유학하고자 하는 청년들에게는 그 기초를 마련해주고자 하였다. 이후 인성학교는 초등·중등교육기관으로 밖에는 발전하지 못하였으나 고등교육을 위한 준비과정으로서의 보습교육을 중시하였다.

인성학교의 교육목표는 민족교육을 통해 민족정신과 민족역량을 배양하고 자활능력을 양성하여 완전한 민주시민 육성과 신민주국가를 건설하는데 그 목적이 있었다. 먼저 '인성학교'라는 교명에서 '仁成'이라는 말은 "仁을 이룬다"는 뜻으로 보인다. 교명에 유교의 '仁'을 넣었다고 해서 전통적인 유교 교육이념의 영향을 받았다고 할 수는 없을 것이다. '仁'을 교명에 사용한 것은 단순한 지식의 학습 보다는 지식, 체육, 인격이 조화를 이루는 전인교육을 강조했던 것이 아닌가 생각된다. 그리고 인성학교의 교가 가사에 "덕지체로 터를 세우고"라는 구절이 있는 것으로 보아 '德智體'의 三育도 강조하고 있음을 알 수 있다.[32] 사실 三育論은 서양 근대교육가인 페스탈로치의 대표적인 교육이론이다. 삼육이라면 페스탈로치, 페스탈로치하면 삼육을 연상할 정도이다. '삼육론'에

의하면, 교육이란 학문만을 위한 것도 아니요, 특정 교리를 익히는 것만
도 아니요, 특정기술을 익히는 것도 아니다. 그러면 무엇인가. 머리, 가
슴, 몸을 고루 도야하여 하나의 인격으로 키워내는 것이다. 智育, 德育,
體育의 조화적 발전을 기하는 인격도야의 과정, 그것이 교육이라고 하는
이론이다.[33] 1895년 2월 고종이 교육입국의 뜻을 밝힌 교육조서에도 명
시되어 있듯이 '덕지체'의 삼육은 근대 한국의 교육사상에 영향을 미친
바가 컸다.

　여기에 더하여 인성학교는 학생들에게 민족의식 즉 "한국혼" 혹은
"조선혼"의 주입을 중시하였다. 국권을 상실하고 상해에 망명한 독립운
동가들로서는 학생들에게 강렬한 민족의식을 배양하여 장차 독립운동
인재로 키워내는 것이 무엇보다도 중요하였다. 이와 같은 교육방침은 인
성학교 존속 기간내내 확인되고 있다. 1924년 인성학교 교장 李裕弼이
밝힌 교육 방침과 학교운영의 계획에 대한 「조선혼을 기르고 보습과와
도서관을 설치할 계획」이라는 담화문을 보아도 잘 알 수 있다.[34] 이유
필이 밝힌 바와 같이 인성학교는 학생들에게 "조선혼"을 심어주는 것을
지상의 교육 목표로 하였다. 결국은 장차 독립운동을 추진하는 데 필요
한 인재를 양성하고자 하였던 것이다.

　한편 인성학교 교장으로서 국어의 중요성을 누구보다도 강조했던 金
枓奉은 1929년 8월 상해를 방문한 한글학자 李允宰와의 대화에서 인성
학교의 정체성을 다음과 같이 피력하고 있다.

　　그렇습니다. 학교가 창립된지 10여년에 요만큼이라도 돼가는 것은 순
　전히 교민들의 힘이지요. 그리고 上海에 居留하는 우리나라 사람들이 천
　여명이나 됩니다. 아이들만 해도 수백명이 되는데 아이들을 中國사람의
　소학교에 보내면 中國의 교육을 밧게 됨으로 母國말을 다 이저버리고 中

---

33) 남궁용권·김노연, 『교육의 역사와 사상』, 형설출판사, 2005, 175쪽.
34) 『東亞日報』 1924년 1월 4일, 「上海 音樂會, 학교경비를 위하야」.

國말만 하게 됩니다. 어찌 朝鮮사람의 구실을 할 수 잇슴니까. 이러한 관계로해서 더욱이 학교에 힘을 쓰지 아니할 수 업게 됩니다.[35]

'조선사람의 구실'을 하는 인재를 배양하려는 인성학교의 소박한 교육방침은 그후 1932년과 1933년의 자료에서도 계속해서 확인되고 있다. 우선 1932년 3월 28일의 『上海韓聞』(제12호)에는 「인성학교의 위기」라는 제목으로 다음과 같은 글이 게재되어 있는데, 인성학교의 교육 방침을 비교적 상세하게 알 수 있다.

"인성학교는 상해에 있어서 한국아동에게 일층 고조한 민족성을 주입하고 이것을 발휘하기 위한 기관이다. 고로 우리들이 인성학교에 대해서 희망하는 것은 여기에서 백만장자나 학사, 박사를 양성함이 아니고 우리들 자제로 하여금 이민족의 교양을 받기 전에 공고한 민족의식을 주입하는데 있다. 환언하면 종족의 보존에 자하는 데 있다"[36]

그리고 1933년 인성학교 제19회 졸업식장에서 교장 선우혁은 다음과 같이 훈화하고 있다.

"하나같이 자기의 자제로서 자국의 언어, 자국의 역사, 자국의 지리, 자국의 정신을 다소라도 함양하여 한국인의 후계자를 얻고자 함이다. 금일까지 본교에서 교육하는 바는 장래의 학술상의 하등 비익한 바 없다 하더라도 금일까지 배양한 한국혼을 기초로 한 주춧돌 위에 모두 진로를 구하지 않으면 안된다"[37]

한국혼을 강조하는 이러한 인성학교의 교육방침은 1935년 11월 폐교

35) 『別乾坤』 제24호, 1929년 12월 1일, 「한글大家 金枓奉氏 訪問記, 在外名士訪問記」.
36) 金正明 編, 『朝鮮獨立運動』 2, 516, 547쪽.
37) 「不逞鮮人經營仁成學校ノ卒業式其他ニ關スル件」(『日本外務省陸海軍省文書』(218), 167쪽).

시까지 계속 유지되었다.

4. 인성학교의 운영

1) 학제와 교육과정

인성학교는 7세부터 13세까지의 학령의 아동들이 입학하였다.[38] 인성학교의 초기 학제는 4년제로 운영하다가 학교를 새로이 정립해가면서 1924년에 6년제로 변경하였다.[39] 이후 학교운영의 어려움으로 5년제로 운영되다가 1934년 다시 6년제로 변경되었다. 이밖에 인성학교에는 유치원, 보습과 등이 설치되어 있었다.[40] 보습과에서는 중국 중등학교 진학에 필요한 영어, 한문, 산학 등을 중점적으로 교육하였다.[41]

안타깝지만 설립 초기 인성학교의 교육과정이 어떻게 이루어졌는지 알려주는 자료는 남아 있지 않다. 다만 국어나 국사, 현지 중국어 등 몇 과목의 단순한 과정으로 되어 있었을 것으로 추측될 뿐이다. 1920년대 이후가 되면 어느 정도 구체적인 내용의 파악이 가능하다. 인성학교의 교과내용은 민족의식을 고취하는 내용 위주로 구성되었다. 교과목도 한국어, 한국사, 한국지리, 역사 등에 치중하였다. 수업은 한국어로 하고 일본어는 절대로 사용하지 못하게 하였다.[42] 1920년대 초 상해에 있었던 우승규는 인성학교의 수업 모습에 대해서 다음과 같이 회고하고 있다.

---

38) 金正明 編,『朝鮮獨立運動』2, 308쪽 ; 국사편찬위원회,『한국독립운동사』자료 3, 임정편 Ⅲ, 1973, 245쪽.
39)『東亞日報』1924년 2월 23일,「仁成校 進級式」.
40) 金正明編,『朝鮮獨立運動』2, 516쪽.
41)『東亞日報』1923년 11월 5일,「上海仁成校 制度變更 보습과도 설치」.
42) 金正明 編,『朝鮮獨立運動』2, 516쪽.

"가갸거겨"하는 어린이들의 글 외는 소리가 중국인의 거리에서 이른 아침부터 들려온다. 혹은 "사랑애"(愛), "나라국"(國) 하는 한자 익히는 음성도 낭랑하게 울려 퍼진다.[43]

그 후에 교과목을 늘려서 국어, 국사, 본국지리, 한문·산술·이과·수공 외에 3,4년급에는 중국어와 영어가 추가되었다. 그 외 체조와 圖畵 시간도 있었다.[44] 거의 모든 수업은 교실에서 수업이 진행되었다. 다만 체조 수업은 길건너에 있는 天文臺路(현재의 合肥路) 운동장을 자주 이용하였다. 학생들은 이곳에서 체조나 축구도 하였다. 그리고 학생들은 매월 시험을 치렀다. 성적에 따라 공책, 연필, 필통 등의 상품을 받기도 하였다.[45]

교과서는 인성학교에서 직접 등사로 밀어 제본한 등사교본을 사용하였다.[46] 그러나 초기에는 국내에서 발행된 보통학교 교과서도 사용하였던 것으로 보인다. 다만 이 교과서속의 "우리나라"는 "적국"이나 "왜국", "일본"이라는 명칭으로 수정하여 사용하였다.[47] 이러한 현실을 고려하여 1923년 11월 임시정부 학무부와 인성학교는 임시정부에서 직접 발간한 '국정교과서' 개발에 착수하게 되었다. 학무부에서는 종전의 재외한인 아동 교육이 일정하지 않아 국민의 능력발휘에 영향을 미치고 있다고 판단하고 대책마련에 고심하였다. 그 결과 1923년 11월 5일부터 프랑스조계 명덕리 26호 임시정부 청사에서 임시정부 총리 노백린, 외교총장 겸 학무총장 조소앙, 내무총장 김구, 재무총장 이시영, 의정원에서는 의장 윤기섭을 비롯하여 의원 趙尚燮, 金承學, 여운형, 趙琬九, 인성학교장 이유필, 교원 金鍾商, 김두봉 등이 대책을 협의하고 교과서를 편

---

43) 禹昇圭, 『나절로漫筆』, 探求堂, 1978, 60쪽.
44) 金孝淑, 『상해 대한민국임시정부와 나』(미간행), 1996, 94쪽.
45) 金貞淑 구술(국가보훈처, 『독립유공자 증언자료집』 Ⅱ, 2002, 16쪽).
46) 金孝淑, 『상해 대한민국임시정부와 나』, 94쪽.
47) 「假政府의 財政難 其他에 관한 건」, 1922년 08월 07일, 不逞團關係雜件-朝鮮人의 部-上海假政府(국사편찬위원회 한국사데이터베이스).

찬하기로 결정하였다.[48)]

편찬된 교과서는 재외한인이 있는 각 학교에 배부하기로 하였다. 교
과서 편찬 비용으로는 평안북도 의주 출신의 許 모씨가 임시정부 및 교
민단에 기부한 유산 1,500원을 사용하기로 하였다. 교과서 편집위원으로
윤기섭을 비롯하여 이유필, 조상섭, 白基俊, 김승학, 李奎瑞가 선임되었
다. 이때 교과서 편찬에 참여하였던 김승학은 이 교과서가 한자를 제한
하였는데 초등과에는 1,500자, 중등과에는 2,500자 이내로 하였다고 회
고하였다.[49)] 1923년 12월 현재 집필이 완료되어 독립신문사에서 편집
중이던 교과서는 1924년부터 인성학교를 비롯한 국외 각지의 한인학교
에서 사용하기로 예정하였다.[50)] 새로이 편찬된 교과서가 어떻게 활용되
었는지는 확인되지 않고 있다.

한편 인성학교는 교과목을 늘려나갔지만 인성학교 졸업생이 중국 중
학교에 진학할 수 있는 교과목을 가르치지 못하는 형편이었고 아울러 본
국에서 오는 한국 유학생은 날로 늘어나는 실정이었다. 특히 이들 본국
유학생들은 언어가 잘 통하지 못하고 중국 사정에 어두울 뿐만 아니라
학제가 본국과 달라서 어려움이 많았다.[51)]

이에 대하여 인성학교에서는 고국에서 오는 유학생들의 어학실력이 부
족한 것을 염두에 두고 제도를 변경해 보습과를 설치 운영하였다. 1924년
부터는 김규식 외 수명의 인사들이 인성학교 내에 예비강습소를 설치하여
6월 초부터 개강하였다.[52)] 당시의 교사진용을 보면 영어에 김규식, 어운

---

48) 「상해 임시정부의 국정교과서 제정에 관한 건」, 1923년 12월 10일, 在上海 矢田
   총영사 발신(국사편찬위원회 한국사데이터베이스).
49) 金承學, 「亡命客行蹟錄」, 『한국독립운동사연구』 12, 독립기념관, 1998, 431쪽.
50) 「상해 임시정부의 국정교과서 제정에 관한 건」, 1923년 12월 10일, 在上海 矢田
   총영사 발신(국사편찬위원회 한국사데이터베이스).
51) 유준기, 「대한민국 임시정부의 교육, 문화, 홍보활동」, 109쪽.
52) 『新韓民報』 1924년 7월 10일, 「상해에 예비강습소 설립」.

형, 玄鼎健, 수학 및 산학에 崔昌植, 徐丙浩, 중국어에는 金文淑, 국어 및 국사에는 김두봉 등이 있었다.[53]

2) 교원과 학생

(1) 교원

인성학교의 교원은 교장·교감·학감·교사·시간강사 등으로 이루어졌다. 교장으로는 여운형, 金泰淵, 孫貞道, 선우혁, 김두봉 등이 역임하였다. 인성학교 교원들은 대개 상해 임시정부나 기타 독립운동단체 인사 가운데 교육에 종사했던 경력이 있던 인사들이 담임하였다. 이들은 학교 재정이 어려웠기 때문에 대개 월급이 없는 의무 교원이었다.[54] 인성학교의 역대 교장 및 교사진은 다음의 표와 같다.[55]

〈표 2〉 인성학교 역대 교장 및 교사

연도	교장	교감·학감·교사	비고
1916.9.	鮮于爀		鮮于爀, 韓鎭敎, 金澈 등이 협의, 상해한인기독소학 설립
1917.2.	呂運亨		1917.1. 남경에서 돌아온 여운형이 교장 역임
1919.	金泰淵	학감: 朱永允 교사: 鄭仁果, 金弘敍	
1919.10.	孫貞道	학감: 金泰淵 교사: 尹宗植, 鄭愛敬, 金蓮實	
1920.9.	呂運弘		

---

53) 『東亞日報』 1924년 6월 6일, 「上海에 豫備講習」.
54) 具益均 구술, 2010년 3월 28일 서울 자택에서 ; 崔允信 구술, 2006년 11월 28일 서울 자택에서.
55) 이 표의 작성에는 주로 천경화, 이명화, 김희곤, 손과지 등의 연구성과를 참조하되 일부 보완하였음을 밝혀둔다.

1921.4.	呂運弘	교사: 金元慶, 尹宗植, 金泰淵, 金鍾商, 金禮鎭	
1921.7.	金泰淵		1921.10. 사망
1921.11~	安昌浩		명예교장
1919~1922		교사: 朴永台, 朴春根, 金公緝, 劉相奎, 李秉周, 沈星雲	흥사단 이력서 등
1922.	金鍾商		
1922.9.	金仁全		대리
1922.10.	都寅權	학감 尹琦燮	1923.8. 노령행
1923.8-	李裕弼	학감 尹琦燮 교사: 金承學, 白基俊, 金鍾商, 김두봉 시간강사 : 權基玉(1923.6~1923.11)	
1924.3.	趙尙燮	학감 尹琦燮(1924.6.7.사직), 후임 申彦俊 교사: 黃勳(崔重鎬), 陳壯權(陳海運), 崔蕉芽 시간강사: 羅昌憲, 金枓奉	
1924.8.		교사: 朴震(朴魯永)	
1924.12.	呂運亨		
1926.10.	趙尙燮	교감: 姜景善 학감: 黃勳	
1927.	金朋濬		1927년 7월 제7회 졸업 기념사진
1928.11.	金枓奉	교사: 尹琦燮, 張道善	
1930.	金枓奉	교사: 全昌根, 安偶生, 朴成根, 鄭海理, 李炳勳, 具益均	
1930.	金朋濬		
1931.6.	金枓奉	교사: 尹琦燮, 金斌, 安偶生, 朴成根, 朴英鳳	배준철 제공 1931년 제11회 졸업사진
1932.9.	鮮于爀	교사: 朴基福, 崔大福, 金惠周, 李尙奎, 具益均, 金兢鎬(金惠一, 金佐卿)	
1933.	金枓奉	교사: 尹琦燮, 趙琬九, 金判洙(李景采) 그 외 한중 여교원	
1934.	鮮于爀	교사: 安昶孫, 鄭炳淳, 朴明順, 鮮于愛	

		그 외 중국인 교사 2명	
1934.	鮮于爀	교사: 朴基福, 安昶孫, 嚴尙斌, 鮮于愛, 車永愛, 邵臨深(중국인)	

위의 표에 보이는 바와 같이, 인성학교 교장 및 교사진은 임시정부나 민단의 주요 간부들이다. 특히 민단장이 인성학교 교장을 겸임하기도 했는데, 1923년의 이유필과 1924년의 여운형이 그렇다. 그 외에도 김태연, 鄭仁果, 金弘敍, 손정도, 안창호, 金仁全, 都寅權, 윤기섭, 羅昌憲, 黃勳, 선우혁, 조완구 등은 임시정부의 주요 간부들이었다. 동시에 이들 대다수는 민단의 간부를 지내기도 했다.[56]

인성학교의 초대 교장은 선우혁이 역임했던 것으로 보인다. 지금까지 인성학교의 초대교장은 여운형으로 알려져 있다. 그런데 앞에서도 살펴본 바와 같이 인성학교는 1916년 9월 1일에 설립되었는데 이때는 여운형이 상해가 아니라 남경에 있을 때다. 그가 남경에서 상해로 온 것은 이해 말 혹은 다음해인 1917년 초이다.[57] 그가 인성학교 교장에 취임한 것은 빨라도 1917년 2월 이후로 보인다. 그러므로 여운형이 초대 교장이 아닌 것은 확실하다. 광복 후 중국 언론에 의하면, "(인성학교에 대해) 스스로 설립자 겸 교장을 맡은 선생이 처음 학교를 열었을 때"[58]라고 하여 선우혁이 1916년 9월 인성학교를 설립하였음을 암시하고 있다. 또한 광복 이후에 나온 인성학교의 문집을 보면 인성학교 역대 교장의 이름을 열거하고 있는데, 선우혁이 초대 교장으로 명시되어 있다.[59] 이로

---

56) 김희곤, 「상해 대한인교민단의 성립과 독립운동」, 833쪽.
57) 1916년 9월 인성학교가 기독소학으로 출범할 때, 여운형은 남경에 있었고 그가 남경에서 상해로 온 것은 1917년 초였다(姜德相 著·金光烈 譯, 『呂運亨 評傳 1 : 중국·일본에서 펼친 독립운동』, 역사비평사, 2007, 135쪽 ; 이정식, 『여운형 : 시대와 사상을 초월한 융화주의자』, 서울대학교출판부, 2008, 133쪽).
58) 『中央日報』 1945년 11월 30일, 「한인은 자주를 절실히 원하고 있다」(국사편찬위원회, 『대한민국임시정부자료집』 11, 한국광복군 II, 2006, 170쪽).
59) 仁成學校復興第三回, 『卒業紀念文藻』, 4282年(1949) 7月.

보아 선우혁이 초대 교장을 역임했거나 적어도 설립 초기의 인성학교를 운영했던 것으로 보인다.

앞에서 본 바와 같이 인성학교가 설립되고 유지되는데는 당시 상해에 있던 많은 애국지사들의 노력에 힘입은 바가 컸다. 그 가운데서도 대표적인 인사로는 교장을 역임했던 선우혁, 여운형, 김태연, 김두봉을 꼽아야 할 것이다. 우선 선우혁은 일제강점기 및 광복이후의 두 인성학교의 설립에 깊이 관여하였다. 그는 1916년 9월 인성학교가 설립될 때 참여하였으며 1930년대 전반기부터 1935년 인성학교가 폐교될 때도 교장으로 있었다. 그리고 1946년 인성학교의 재개교를 직접 주관하고 첫 번째 교장을 역임하였던 인물이다. 여운형은 상해 교민단 단장을 지내면서 인성학교 교장을 역임했는데 1920년대 재정난으로 인성학교가 문을 닫을 위기때마다 학교를 구해냈다. 그의 동생 呂運弘도 미국 유학후 상해로 돌아와 인성학교 교장으로 재직하면서 교사건축 모금운동을 주도하였다. 그는 국내에 들어가 인성학교 모금운동을 벌인 결과 상당액수의 금액을 상해로 보내오기도 하였다. 김태연은 3년 동안 초기 인성학교의 발전을 위해 노력하였으며 여운홍 교장이 사임한 후 교장직에 취임하여 인성학교의 운영을 위해 불철주야로 노력하다 1921년 10월 25일 과로로 타계하였다. 그는 인성학교 학생들이 애창한 인성학교 교가를 작사·작곡하기도 하였다.60) 역대 교장 가운데 인성학교가 철저한 국어, 국문교육과 역사교육을 실시한 데는 한글학자 김두봉의 공로가 컸다. 1920년대 후반 김두봉이 교장으로 재직하던 시절 이곳을 자주 드나들던 金光洲는 그를 "정말 한교 어린이들에게 한글을 가르쳐 주기 위해서 태어난 사람"이라고 묘사하였다.61) 그는 상해에 망명한 이후에도 독립운동과 한글 연구를 병행하였다. 인성학교의 민족교육이 중단되지 않고 면면히

---

60) 김경하, 『태산을 넘어 험곡에 가도』, 한국장로교출판사, 1999, 68쪽.
61) 金光洲, 「上海時節回想記(上)」, 256~257쪽.

이어간 데는 이들의 자기희생적인 헌신이 있었기 때문에 가능하였던 것이다.

(2) 재학생 및 졸업생

인성학교의 재학생 현황이다. 1916년 개교 당시 인성학교는 4~5명의 학생으로 시작하였다. 1919년경 학생수는 남자 10명, 여자 9명으로 총 19명인데 연급별로 보면 고등과 1명, 3년급 7명, 2년급 3명, 1년급 5명, 예비과 3명이었다.[62] 그후 1920년도 신학기에는 학급수는 4개, 유치원급이 있고 학생수는 30명이었다. 특히 1920년도 신학기에는 俄領 및 기타 중국관내지역에서 온 유명인사들의 자제들이 인성학교에 입학하였다. 그 대표적인 인물로는 안중근의 子姪, 권진오의 자제, 학무총장 김규식의 자제였다.[63]

1921년 신학기에는 학생들이 늘어났는데 당시의 학급은 4개이고 유치급을 특설하여 학생수는 총 30명이었다. 그후 1922년(40명), 1923년(25명), 1926년(48명), 1927년(약 30명), 1928년(40여 명), 1929년(약 50명), 1932년(50여 명), 1933년(약 50명), 1934년(70여 명) 그리고 인성학교가 폐교되던 1935년에는 60여 명이었다.[64] 대체적으로 보아 1920년대 후반 이후에는 매년 50~70명 선을 유지하였다.

교사를 友記里에서 協成里로 이전하던 1926년 10월 현재 학생들의 학년 및 남녀 구성은 다음과 같다.[65]

---

62) 『獨立新聞』 1919년 9월 13일, 「仁成學校 現況」.
63) 『獨立新聞』 1920년 3월 25일, 「仁成學校 狀況」.
64) 孫科志, 『上海韓人社會史(1910~1945)』, 161쪽.
65) 『獨立新聞』 1926년 10월 13일, 「仁成學校充實」.

〈표 3〉 1926년 10월 현재 인성학교 학생 현황

급	남	여	합
5학년	3	1	4
4학년	8	5	13
3학년	4	4	8
2학년	1	6	7
1학년	7	9	16
합	23	25	48

다음 졸업생 현황에 대해 살펴보자. 졸업식은 일년에 한번씩 있었다. 졸업식에 즈음해 임시정부 기관지인 독립신문에 공고를 실어 인성학교 졸업식의 개최 사실을 알렸다.[66] 교장은 교민사회 각계에 초청장을 발송하여 졸업식에 초청하였다.[67] 졸업식은 三一堂 등 프랑스조계에 있던 교회당을 빌려 거행했는데, 이때는 학부형 교민들이 와서 축하를 해주었다. 첫 번째 졸업생은 1919년에 졸업한 崔敬燮인데, 졸업식은 거행되지 않은 것으로 보인다. 공식적인 제1회 졸업식이 거행된 것은 1920년이었다. 1920년 5월경 손정도가 교장을 맡고 있을 때 제1회 졸업식이 거행되었다.[68] 1923년 7월 9일 오후 2시 제4회 졸업식 및 진급식이 거행되었다. 이날은 아침부터 큰 비가 내렸음에도 불구하고 임시정부 요인 및 각 단체 인원들이 많이 참석하였다. 졸업식장인 삼일당은 조선의 명주로 만든 태극기를 높이 달고 화려하게 치장하였다. 애국가 합창으로 시작된 졸업식은 교장 도인권의 사회로 졸업증서, 진급증서, 상품수여가 있었고 학교직원의 학사보고가 있었다. 내빈 가운데 이청천, 金昌煥 두 사람의

---

66) 『獨立新聞』 1922년 6월 24일, 「敬啓者」
67) 延世大學校 現代韓國學硏究所, 『梨花莊所藏 雩南李承晩文書』, 東文篇 제18권 簡札 3, 1998, 150쪽. 이 자료집에는 1922년 7월 인성학교 교장 안창호가 보낸 졸업식 초청장이 수록되어 있다.
68) 『新韓民報』 1920년 5월 28일, 「상해인성학교 성황」.

축사와 졸업생 대표의 답사가 있은 후 유량한 음악소리 속에서 금빛으로
태극기 무늬를 수놓은 졸업증서를 수여한후 폐회하였다. 졸업생은 玄保
羅, 鄭興順, 金永愛, 玉仁愛 등 4명이었다.[69] 1926년 3월 6일에는 제6회
졸업식이 거행되었는데, 졸업생이 2명, 진급생은 32명, 유치반에서 1학
년이 된 학생이 11명이었다.[70]

진급식도 성대하게 거행하였다. 1924년 2월 16일 오후 2시 인성학교
는 삼일당에서 진급식을 거행하였다. 이때 학제상 4년급을 6년급제로 변
경하였기 때문에 졸업생은 없었다. "무궁화"의 애국가로 시작한 진급식
은 교장 이유필의 개회사에 이어 진급 증서와 상품 수여가 있었다. 내빈
가운데 金甲의 축사가 있었고 진급생의 답사가 있은 후에 식을 마쳤다.
식이 끝난 후에는 계속하여 학무위원 김두봉, 여운형 등의 학생 모집과
학교교사 건축 문제에 대한 연설이 있었고 학생들의 여흥이 있은 후에
헤어졌다.[71]

1933년의 졸업식은 구체적인 내용을 자료상으로 확인할 수 있다.
1932년 4월 윤봉길의거 이후 프랑스조계 당국의 한인 집회 금지로 강제
휴교되었다가 그해 9월 복교한 후 처음 맞는 졸업식이었으므로 남다른
감회가 있었다.[72] 애국가에 이어 교장 선우혁은 학생들과 학부형들에
대해 민족의식을 고취하는 개회사를 하였다.[73] 이어 학사보고, 졸업증서
수여식이 있었다. 이어 졸업가 제창과 우등생 상품 수여가 있은 후에 내
빈으로 참석한 송병조와 조상섭이 축사를 하였다. 그 내용은 선우혁 교

69) 『獨立新聞』 1923년 7월 21일, 「仁成學校 卒業式」 ; 『朝鮮日報』 1923년 7월 19일,
「仁成校의 卒業式」 ; 『新韓民報』 1923년 8월 30일, 「인성학교졸업식」.

70) 『朝鮮日報』 1926년 3월 31일, 「上海에 잇는 仁成校 卒業式」.

71) 『獨立新聞』 1924년 3월 1일, 「仁成小學校進級式」 ; 『東亞日報』 1924년 2월 23
일, 「仁成校 進級式」.

72) 『在外朝鮮人學校教育關係雜件 第一卷 3.中國 (2)上海仁成學校』(日本 國立公文書
館 アジア歴史資料センター 데이터베이스).

73) 위와 같음.

장의 훈사와 대동소이하였다. 계속하여 재학생들의 송별가, 전체 학생들의 교가 제창이 진행된 후 졸업식은 끝났다. 이때 배출된 졸업생은 8명이었다.

인성학교는 1935년 폐교때까지 소학교 95명, 유치원 150여 명, 도합 245여 명의 졸업생을 배출한 것으로 알려지고 있다.[74) 당시 독립신문 등 제1차 자료에 나오는 졸업생들의 명단을 살펴보자. 그런데 졸업회수 및 년도에 대해서는 당시에도 혼동이 있었다. 당시 인성학교도 졸업회수 등에 대해 특별히 주의하지 않았기 때문에 졸업회수와 연도를 산정하는 데는 적지 않은 어려움이 있다. 『독립신문』 등 제1차 자료에 나오는 졸업생들의 명단은 다음과 같다.

- 1919년 졸업 : 崔敬燮(『獨立新聞』 1919년 9월 2일.)
- 1922년 졸업 : 趙東宣, 韓泰順, 金弼立, 玉仁信, 金鍵奭, 朴容卿(『獨立新聞』 1922년 7월 15일)
- 1923년 졸업(제4회) : 玄保羅, 鄭興順, 金永愛, 玉仁愛(『獨立新聞』 1922년 7월 21일)

이와 같이 초창기 졸업생들은 독립신문을 통해 확인가능하나 1920년대 중반 이후의 졸업생들은 자료부족으로 확인하기 힘든 실정이다. 다만 인성학교를 졸업한 金孝淑이나[75) 인성학교 동창회가 조사한 졸업생 명단을 통해 그 대체적인 내용을 알 수 있다. 인성학교 동창들이 기억에 의존하여 정리한 명단이니만큼 위의 독립신문 등 제1차 자료에 나오는 명단이나 김효숙이 기억하고 있는 명단과 비교할 때 연도 및 회수에서 다소 상위를 보이고 있다.[76) 인성학교 동창회에서 졸업회수나 년도에

---

74) 村田左文, 『上海及南京方面に於ける朝鮮人の思想狀況』, 朝鮮總督府 高等法院, 1936, 157쪽.
75) 金孝淑, 『상해 대한민국임시정부와 나』, 101~102쪽.
76) 「인성학교 동창회 작성·확인 졸업생 명단」(김희원 제공).

구애를 받지 않고 인성학교를 거쳐간 이들의 이름을 가나다 순서로 작성한 "인성동창 명단(가나다순)"이 있다. 2000년에 작성된 인성학교 동창명단에는 약 140명의 이름이 수록되어 있다.

가: 김선희, 김민희, 김명수(김종상), 김양수(김종상), 김형수(김종상), 김옥인, 김동철, 김동빈, 김숙정, 김소영, 김선영, 김건석(김홍서), 김건영, 김건옥, 김건화, 김필립, 김상엽(김두봉), 김희경(김시문), 김희원(김시문), 김희선(김시문), 김호연(김두봉), 곽난영(곽헌), 곽성호, 곽소희(곽헌), 곽연호, 곽□□, 곽□□, 김순애, 김정애, 김병철, 김병유, 길운기, 김영애, 김효숙(김붕준), 김인식(김태준), 김정숙(김붕준), 김은주, 김덕목(김붕준)

나: 나성돈(나우), 나성은(나우), 나운기

마: 문찬진(문일민)

바: 박진숙, 박진옥, 박근원, 박상원, 박□□, 박진수, 박진영, 박복경, 박용은(박용각), 박용경(박용각동생), 박해봉, 박영봉, 박류바, 박제도(박창세), 박제근(박창세), 박제숙(박창세), 박제원(박창세), 박제선(박창세), 박형준(박규명), 박이준(박규명), 박해준(박규명), 박해숙(박규찬), 배준명, 배준철, 배준일

사: 송성환(송병조), 송성찬(송병조), 송영진(송세호), 송영매(송세호), 신화순(양애삼)

아: 안효실(안태국), 안대윤, 안대삼, 안대숙, 안지생(안공근), 이운선, 이운남, 이운해, 이운호, 이노아, 이효상, 이상해, 이신길(이춘태), 이신효(이춘태), 이□□, 임혜란, 임수봉(임득산), 임인덕(임승업), 임계덕(임승업), 임계웅(임승업), 오도영(오영선), 오세영(오영선), 오무영(오영선), 오홍근, 옥인신(옥성빈), 옥인섭(옥성빈), 옥인찬(옥성빈), 옥인애(옥성빈), 옥인방, 옥인선(옥홍빈), 옥인근(옥홍빈), 옥인경, 이만영(이유필), 이영희, 이영원, 유명순(유일평), 위사라, 여홍구(여운형), 이상연

자: 정옥녀(정인태), 조계림(조소앙), 조동선(조상섭), 정광순, 조순애, 조기현, 조세옥(조봉길), 장애리(장덕로), 조유동, 조유익

차: 최윤상(최중호), 최윤신(최중호), 최윤경(최중호), 최윤애(최중호), 최경섭, 최동선(최석순), 최동수, 최영화, 최정순, 최영방(최창식), 최

노마(최창식)

하: 한태학(한진교), 한태순(한진교), 한태주(한진교), 한태은(한진교), 한태
동(한진교), 한유동(한백원), 현보라, 황은주(황일청), 황은실(황일청)[77]

위 명단에는 인성학교 졸업생 뿐만 아니라 거쳐간 이들과 부설 유치
원에 재학하였던 이들도 포함되어 있다. 그리고 인성학교 동창에는 형제
자매들이 많았는데 이 명단에서 인성학교에 다닌 상해 한인 자제들의 현
황을 잘 알 수 있다. 괄호 속의 이름은 학부형의 이름이다. 그러므로 이
명단이 오히려 인성학교 동창들의 전체적인 윤곽을 볼 수 있는 명단으로
판단된다. 이들은 인성학교를 졸업한 후 대개 현지의 상급학교에 진학하
였으며 후일 독립운동가, 교육자, 예술가, 상인 등 상해 한인사회와 광복
후 한국사회에서 중요한 역할을 담당하였다. 다만 지면관계상 인성학교
학생들의 졸업 후 인생 행로를 면밀하게 추적하는 작업은 향후 별도의
과제로 남겨둔다.

5. 인성학교와 상해 한인

인성학교는 학생들에게 근대적 학문과 민족교육을 실시하는 교육의
장이면서 동시에 임시정부 및 민단의 행사가 치러지던 공공장소였다. 그
리고 인성학교는 상해 한인사회의 정신적 구심적이기도 하였다. 특히
1916년 인성학교 설립 초기부터 상해 한인 지도자들은 인성학교 교사를
독립운동의 거점으로 삼아 활발한 활동을 하였다.[78]

---

77) 「인성동창 명단」(가나다순, 2000년 현재). 동창회 명단을 제공해준 김희원님께 감
사드린다. 물론 누락된 이름이 없지 않지만 현재로서는 이 명단이 가장 많은 졸업
생이 파악된 명단으로 판단된다.

78) 김경하, 『태산을 넘어 험곡에 가도』, 한국장로교출판사, 1999, 87쪽.

1919년 프랑스조계에 임시정부가 수립된 후 인성학교는 학교 교사를 프랑스조계로 옮기고 교민단 및 임시정부와 더욱더 밀접한 관계를 맺게 되었다. 처음 얼마동안 인성학교는 별도의 교실이 없이 민단 사무실을 교실로 활용하였다. 인성학교가 康寧里나 長安里 민단 사무실 2층에 교실이 있을 때는 저녁에 민단이 주최하는 많은 행사들이 거행되었다. 임시정부 대통령인 이승만이나 김규식 등 요인들이 상해에 도착할 때 민단은 이들에 대한 환영회를 민단 사무실 2층인 인성학교 교실에서 거행하였던 것이 대표적인 경우이다.

인성학교는 평소 상해 한인사회의 각종 단체의 강습이나 모임에 학교 공간을 개방하였다. 먼저 中韓國民互助社總社가 설립한 '평민어학강습소'에 장소를 제공하였다. 호조사는 제국주의에 반대하는 한인 독립운동가들과 이를 지지하는 중국의 인사들이 연대하여 1921년 5월 28일 설립한 단체였다.[79] 이 단체는 설립후 한중 양국인의 실제적인 호조와 감정상의 융화를 위해서는 먼저 언어와 문자를 잘 통하게 할 필요성을 느끼고 프랑스조계 白爾路 人傑里 320호 인성학교 내에 어학강습소를 설치하였다. 어학강습소는 1922년 10월 1일부터 야학부로 개강하였다. 과정에는 중국어와 한국어가 있었는데, 수업시간은 매일 오후 7시부터 9시까지였다. 호조사총사는 강습소 운영 경비를 마련하기 위해 1923년 3월 2일 오후 7시 15분부터 10시까지 사천로 중국기독교청년회관에서 遊藝大會를 개최하기도 하였다.[80]

인성학교는 화동유학생연합회, 상해한인청년동맹, 상해한국여자구락부, 화동한국학생연합회, 노병회 등 상해에 소재한 각종 학생. 청년단체의 모임에 학교를 개방하였다. 사례를 들면 다음과 같다.

---

79) 孫安石, 『一九二〇年代, 上海の朝鮮人コミュニティ研究』, 東京: 東京大學 博士學位 論文, 1998, 116쪽.
80) 『獨立新聞』 1923년 3월 7일, 「中韓互助社主催 遊藝大會의 經過」.

- 사회과학연구회 : 상해 재류동포 가운데 유지청년들이 사회과학에 대한 학술을 연구하는 기관으로 사회과학연구회 창립총회를 인성학교에서 개최하였다.[81]
- 중국본부 한인청년동맹 상해지부 : 제1회 정기대회를 인성학교에서 개회하고 역원을 선거한 결과 집행위원장에 趙漢用이 당선되다.[82]
- 상해 한국여자구락부 : 제1차 및 2차 대회를 인성학교에서 개최하였다.[83]
- 유학생 연합대회 : 1922년 7월 7일 화동한국학생연합회의 연합대회가 인성학교에서 각 지방 대표 40여 명이 참석한 가운데 개회되었다. 동회는 중국 강소, 절강, 안휘, 강서 등지에 유학하고 있는 한인유학생들의 조직체로서 유학생간의 정의돈수와 학생계의 향상을 위한 것이다.[84]

그 외에 인성학교 교실은 상해에 온 문학청년들의 아지트로 활용되었다. 김광주, 김명수 등의 문학청년들이 문학 동인지를 발간하기 위해 인성학교 교장 김두봉의 승낙을 얻은 후 학교 사무실에 있는 등사판을 활용하였다. 이들은『習作』이라는 문학 동인지를 발간해 교민들에게 배포하기도 하였다. 그리고 항일청년들도 이곳의 등사기로 일제의 만행을 규탄하는 성토문을 찍어내기도 하였다.[85]

또 많은 이들이 상해에 처음 와서 현지 사정을 모르는 경우 인성학교를 찾아가 도움을 구하였다. 인성학교는 상해에 처음 오는 사람들 가운데 형편이 어려운 이들의 숙소로 이용되었다. 젊은이 가운데 경제적 형편이 어려워 투숙할 곳이 없을 경우 인성학교 내에서 숙식을 해결하면서 공부하였다.[86] 일례로『아리랑의 노래』로 유명한 김산은 1921년경 상해

---

81)『東亞日報』1926년 10월 20일, 「上海在住同胞, 中國事情研究會 社會科學會 二會를 組織」;『新韓民報』1926년 11월 8일, 「상해재류 동포들이 등국사정 사회과학 二회조직」.
82) 國史編纂委員會,『日帝侵略下 韓國三十六年史』7, 탐구당, 1973, 862쪽.
83)『朝鮮日報』1929년 8월 17일, 「여자구락부 제2차 대회 성황」.
84)『獨立新聞』1922년 7월 15일, 「華東留學生大會」.
85) 金光洲, 「上海時節回想記(上)」, 257, 260쪽.
86) 國史編纂委員會,『韓民族獨立運動史資料集』43, 中國地域獨立運動 裁判記錄 1,

에서 활동할 때 저녁마다 인성학교에서 영어와 에스페란토어, 무정부주의 이론 등을 공부하였다고 한다.[87]

후일 의열단에서 활동했던 徐應浩는 미국으로 건너갈 목적으로 우선 1921년 3월 하순 상해에 도착하였다. 그러나 그는 상해에 아는 곳도 없었기 때문에 일단 공공조계의 일본 여관에 투숙한 후 프랑스조계의 한인 거주지역을 배회하였다. 때마침 하비로에서 음식점을 하던 鮮于燻의 처를 만나 거처를 소개받았다. 그는 같은 해 9월 상순 광동으로 갈 때까지 5개월 여를 인성학교에서 기거하였다.[88] 또한 한인애국단원으로 활동했던 柳相根이 처음 상해에 왔을 때 현지에 대한 정보 제공 등 도움을 줄 수 있는 한인을 소개받기 위해 인성학교를 방문하였다. 이때 인성학교 교사 申基燮이 교민단을 소개했고 이에 유상근은 교민단으로 가서 김구와 회견하게 되었던 것이다.[89]

그런데 1929년에 들어와서는 사회주의계열의 단체에 대해서는 학교 시설의 이용이 제한되었다. 그 배경에는 임시정부의 사회주의계열에 대한 달라진 태도에 있었다. 그 이유 가운데 하나는 프랑스조계 당국의 사회주의자에 대한 태도였다. 즉 "독립운동자는 보호해주어도 공산주의는 절대로 허용할 수 없다"는 것이 프랑스조계 당국의 입장이었다. 프랑스조계 당국은 사회주의에 대해서는 강경한 입장을 취하고 있었다. 프랑스조계 공동국은 교육자선사업 보조금이라는 명목으로 연액 6백불을 인성학교에 지원하고 있었다. 더욱이 한인사회를 대표하는 임시정부는 프랑

山東獨立黨籌備會 金義浩事件 金義浩 신문조서(제二회). 金義浩는 1926년 1월 인성학교에서 20일 정도 기거하면서 공부하였다.

87) 님웨일즈(NymWales) 저·송영인 역, 『아리랑(Song of Ariran : The Life Story of Korean Rebel)』(개정판), 동녘, 1992, 140쪽.

88) 國史編纂委員會, 『韓民族獨立運動史資料集』 30, 義烈團 3, 徐應浩 신문조서, 1997, 4쪽.

89) 국사편찬위원회, 『대한민국임시정부자료집』 30, 한인애국단 Ⅲ, 2008, 133쪽.

스조계 당국을 거슬리면 그 존립마저도 위협받을 수 있었다.[90] 이러한 프랑스조계 당국의 정책에 따라 임시정부도 어쩔 수 없이 한인 사회주의 세력에 대해서는 경계하기 시작하였다.

마침내 인성학교 시설 이용을 둘러싸고 갈등이 빚어지게 되었다. 중국 본부 한인청년동맹 상해지부에서는 인성학교가 공립임에도 불구하고 민중의 정치적 집합을 위한 장소 대여를 허락지 않음은 혁명정신을 몰각하고 교육의 종지를 포기한 것이라고 비난성명을 발표하였다.[91] 이에 대해 인성학교 상무위원회에서는 "정치분쟁적 악영향을 소학교 교육기관에 직접 파급시키지 않기 위하여, 그리고 우리들 자신의 무위한 소란으로 외

---

90) 『別乾坤』제24호, 1929년 12월 1일의 「한글大家 金枓奉氏 訪問記, 在外名士訪問記」. 1929년 8월 상해를 방문한 한글학자 李允宰가 당시 인성학교 교장으로 있던 김두봉을 만나 나눈 대화에서 당시 상황을 잘 알 수 있다. 『… 그런데 이것보세요. 이런 일도 잇습니까.』하고 책상 우에서 인쇄물 한장을 내어 보인다. 그것은 학교 이사회의 명의로 쓴 성명서다. 나는 그것을 밧아서 읽어보고 『하, 학교를 반대하는 자도 잇습니다그려.』『네, 수일전에 공산당 사람들이 우리 仁成學校聲討文을 돌린 일이 잇섯습니다. 이것은 그것을 辨明하려는 성명서입니다.』『아, 그럿습니까. 그네들이 웨 學校를 聲討할가요? 참 이상합니다.』『글세올시다. 그네들은 학교의 교실을 그들의 집회장으로 빌리지 안는다는 것이 이유라고 햇지마는 여기 성명서에 쓰인 말과 가티 신성한 교육장소를 일반 집회로 쓰는 것이 不合할 뿐더러 천진한 아동의 머리 속에 그런 정치적 투쟁의 악습관을 길러주는 것이 참아 못할 일이요 또 남의 租界 안에 붓터 잇스면서 租界政治에 違反되는 짓을 함부로 하다가 外國官憲에게 注目을 밧게되면 그로말미암어 학교에 不利할 일이 생길는지도 알수 업서 그들의 집회함을 허락지 아니햇던 것입니다. 그럿타고 聲討를 하니 참 딱합니다.』『이 성명서를 보면 그네들도 짐작이 잇겟지요. 이뿐아니라 여러가지로 어려운 일이 만켓습니다. 그런데 기본금은 얼마나 잇습니까.』『기본금이 잇슬 수 잇습니까. 다만 교민유지의 月捐金과 학도의 月謝金이 한 기본재산입니다. 어떠케 해서라도 기본금을 좀 장만해야 하겟습니다. 그래서 이번에도 朝鮮魔術團이 이곳으로 온 기회로 仁成學校의 主催로 法國사람의 俱樂部會館을 빌어 가지고 하로밤 游藝會를 하엿던바 비용이 넘어 마니 든 관계로 수입은 커녕 부족이 만이 나서 재미를 보지 못햇습니다. 운수 사나운 놈은 잡바저도 코를 깬다고 하하』.

91) 『朝鮮民族運動年鑑』, 1929년 7월 25일(국사편찬위원회, 『대한민국임시정부자료집』별책 2, 조선민족운동연감, 2009, 181쪽).

인 경찰의 직접 간섭을 야기시키는 것과 같은 수치를 면하기 위하여" 등
의 내용으로 반박 성명서를 발표하였다.[92] 이처럼 인성학교라는 공공장
소는 프랑스조계 당국의 반공적 태도 및 독립운동진영내 좌우대립의 와
중에 휘말리기도 하였다.

6. 맺음말

한국이 일제의 식민지로 전락하던 1910년대 초부터 상해에는 소규모
의 한인사회가 형성되기 시작하였다. 상해 한인들은 상점이나 소규모 기
업체를 경영하던 일부를 제외하고는 대부분 힘들고 고단한 생활을 꾸려
나갔다. 그런 가운데서도 한인들은 교회를 세워 자신들의 신앙생활을 계
속 하면서 정체성을 지켜갔다. 상해에 거주하는 한인들이 늘어나면서 자
녀 교육 문제가 현안으로 떠올랐다. 당시 상해 한인 자제들은 한인 교육
기관이 없었기 때문에 외국학교에서 교육을 받을 수밖에 없는 처지였다.
독립운동을 하던 이들이 많던 상해 한인들의 입장에서는 이러한 현상을
수수방관할 수 없는 일이었다. 일제에 의해 조국이 강제병탄되고 국외에
서 유랑생활을 경험한 한인들은 "교육은 우리 민족의 생명이다"는 신조
를 갖고 있었다. 상해로 이주한 한인들은 날로 늘어나는 자제들에 대한
교육을 더 이상 미룰 수 없게 되었다.

인성학교는 이러한 요구를 수용하여 설립되었다. 인성학교는 1916년
9월 1일 상해 공공조계 곤명로 재복리 75호에서 '상해한인기독교소학'
이라는 교명으로 개교하였다. 인성학교는 소학교로 출발하였지만 그 목
표는 상해뿐만 아니라 해외 한인들의 가장 완비된 모범교육기관으로서

---

92) 『朝鮮民族運動年鑑』, 1929년 8월 8일(국사편찬위원회, 『대한민국임시정부자료집』
　　별책 2, 183쪽).

초등·중등·전문과정을 교육하는 종합학교를 지향하였다. 당초 인성학교는 사립학교로 출발하였으나 1918년 가을 상해에 한인 교민단체가 조직되면서 인성학교의 관리는 교회에서 교민단체로 이관되었다. 그럼으로써 인성학교는 사립학교에서 공립학교로서의 면모를 갖추게 되었다.

인성학교의 교육목표나 내용은 민족교육을 통해 민족정신과 역량을 배양하고 자활능력을 양성하여 완전한 민주시민 육성과 신민주국가를 건설하는데 있었다. '덕지체'의 삼육을 바탕으로 건전한 육체와 인격을 갖춘 인재 양성을 중시하였다. 여기에 더하여 인성학교는 학생들에게 투철한 '한국혼'을 주입하여 장차 독립운동인재로 양성하고자 하였다. 인성학교의 교과내용은 민족의식을 고취하는 내용이 위주였다. 교과목도 한글, 한국의 역사와 지리 등에 치중하였다. 수업은 한국어로 하고 일본어는 절대로 사용하지 못하게 하였다. 교과서는 인성학교에서 직접 등사로 밀어 제본한 교본을 사용하였다.

인성학교의 교장을 비롯한 교원들은 임시정부와 관계있는 독립운동가들로 구성되었다. 선우혁, 여운형, 김태연, 김두봉 등이 교장으로 역임하였다. 일반 교사들도 임시정부나 교민단의 간부들이었다. 학생수는 1916년 개교 당시 4명이었지만 1920년도 신학기에는 학급수가 4개로 늘어나고 유치원급이 증설되면서 학생수는 30명으로 늘어났다. 1920년대 후반 이후에는 매년 50~70명 선의 학생 수를 유지하였다.

인성학교는 학생들에게 근대학문과 민족주의교육을 실시하는 교육의 장이면서 동시에 학부형과 일반 교민들이 민족적 단결을 요구할 때는 함께 모이는 운동의 장이기도 하였다. 인성학교는 평소 상해 한인사회의 각종 단체의 강습이나 모임에 학교 공간을 개방하였다. 인성학교는 임시정부 등 독립운동단체와 일반 교민들과 기쁨과 슬픔을 함께 하는 공간으로 기능하였다.

제2장 인성학교의 학생 활동

1. 머리말

1916년 상해에서 설립된 인성학교는 1935년 일제에 의해 폐교될 때까지 상해 한인 민족교육의 상징적인 존재로 역할하였다. 상해 한인사회의 초등 교육기관이었던 인성학교는 학생들의 민족 정체성과 동질성을 함양하는 데 가장 큰 목표를 두었다. 동시에 '덕지체'의 삼육을 바탕으로 건전한 육체와 인격을 갖춘 인재 양성도 중시하였다. 인성학교는 학생들에게 투철한 '한국혼'을 주입하여 장차 독립운동인재로 양성하고자 하였다. 따라서 인성학교의 교과내용은 민족의식을 고취하는 내용이 위주였다. 교과목도 한글, 한국의 역사와 지리 등에 치중하였다.

인성학교의 교육은 교실 안의 정규적인 교과수업에서만 이루어진 것은 아니었다. 인성학교 학생들은 연습회, 학예회, 연주회, 가극대회, 운동회 등 다채로운 활동을 통해 '덕지체'를 함양하였다. 또한 상해 한인사회와 임시정부 등 독립운동진영의 각종 기념일 의식에 참여하여 봉사활동을 펼쳤다. 아울러 소년회, 척후대 등 소년운동 조직을 통하여 심신을 수련하였다.

일제시기 상해 한인교육의 상징적인 의미를 띠고 있는 인성학교에 대해서는 그동안 적지 않은 연구들이 축적되어 있다.1) 필자도 인성학교에 대한 몇 편의 논문을 발표한 바 있다. 이들 논문에서 인성학교의 설립과

---

1) 인성학교에 대한 선행 연구의 소개는 본서 제3부 제1장 「일제시기 인성학교의 설립과 운영」의 각주 3)을 참고하기 바란다.

운영, 재정난 극복을 위한 유지운동과 폐교에 이르는 과정, 광복 후 인성
학교의 재개교와 변천에 대해서 구체적으로 고찰한 바 있다.[2] 그럼으로
써 인성학교의 구체적인 역사상을 복원하고자 하였다.

앞서의 몇 편의 논고에 이어 필자는 지금까지 다루어지지 않았던 인
성학교 학생들의 학예활동, 운동회 개최, 기념일 활동, 소년운동 등 학생
활동에 대해 고찰하고자 한다.[3] 이러한 고찰을 통해 인성학교 역사의 전
체적인 모습을 복원하는데 한 걸음 더 나아갈 수 있을 것으로 생각된다.
또한 본고는 상해 한인사회와 독립운동의 배경을 이해하는데 더욱 더 풍
부한 내용들을 제공할 것으로 생각한다.

2. 학예 활동

인성학교 학생들은 한국어 및 한국역사, 지리 등 투철한 민족교육을
받았다. 그렇다고 해서 인성학교 학생들의 교육이 교실 안에서만 이루어
진 것은 아니었다. 정규 수업 외에 연습회, 학예회, 연주회, 가극대회 등
다채로운 학예 활동이 있었다.

우선 인성학교의 연습회 개최 모습을 살펴보자. 연습회는 수업 중에
배운 실기를 학부형 앞에서 선보이는 행사였다. 1920년 5월 29일 오후

---

2) 김광재, 「광복이후 상해 인성학교의 재개교와 변천」, 『한국근현대사연구』 제34
집, 한국근현대사학회, 2010 ; 김광재, 「일제시기 상해 인성학교의 설립과 운영」,
『동국사학』 제50집, 동국사학회, 2011 ; 김광재, 「일제시기 상해 인성학교 유지운
동과 폐교」, 『백범과 민족운동 연구』 제9집, 2012.

3) 본고에서는 지면관계상 인성학교 설립 배경, 교육 목표, 유지 운동, 폐교에 이르는
과정 등의 내용에 대해서는 따로 언급하지 않는다. 이와 관련해서는 본서 제3부
제1장 「인성학교의 설립과 운영」 및 제2장 「인성학교의 유지운동과 폐교」를 참
고하기 바란다.

8시부터 교민단은 교민단 사무실에서 학생연습회 및 학부형회를 개최하였다. 참석자는 교민 70여 명 및 남녀 학생 40명이었다. 교장 孫貞道의 사회로 애국가를 합창하고 개회사 및 학사에 관한 보고가 있었다. 이어 창가, 습자, 도서, 기타 각 과목을 일일이 연습하여 부형들의 갈채를 받았다. 계속하여 교민단 2층에서 학부형회를 개최하고 하기 방학기간 등에 관한 주의와 토론이 있었다. 그 외에 학생의 작품전람회가 있었는데 수공품 등을 일반에 전시하였다.4)

인성학교는 학예회를 개최하였다. 1921년 4월 9일 오후 7시부터 프랑스조계 한인예배당 삼일당에서 인성학교 학예회가 열렸다. 식장에는 만국기가 휘날리고 벽에는 태극기가 높이 걸렸다. 일동은 기립하여 애국가를 합창하였다. 그 다음 어린 학생의 개회사가 있은 후 순서에 따라 행사가 진행되었다. 몇몇 학생의 감동적인 연설이 있었고 여학생의 곤봉체조가 있었다. 이어 玄皮得이라는 학생의 '임진란의 아픔'이라는 비통한 연설이 있었다. 다음으로 학생 韓泰學이 '조상나라를 위하야 무엇을 할까'라는 주제로 교육의 필요성을 고창하는 연설을 하였다. 한태학은 인성학교를 설립하는데 재정적으로 기여했던 韓鎭敎의 장남이었다. 그리고 두 여학생이 반도가를 불렀다. 반도가의 가사는 다음과 같다.

> 반도가
> 容庵 金泰淵
> (一) 금슈강산 三千리에 됴흔경개는 텬연으로 비져내인 공원이로다 산은 놉고 물은 빗난 고흔 모양이 한폭 그림일세
> 만셰만셰 우리 나라
> 만셰만셰 우리 강산
> 만셰만셰 우리 반도
> 거룩한 꼿동산

---

4) 『獨立新聞』 1920년 6월 1일, 「仁成學校 父兄會 學生練習會」.

(二) 호호탕탕 태평양에 넓은 그 물은 동서남을 보기 됴케 둘너 잇으며
북편으로 련한 대륙 끗이 업스니 슈류전진하세
(三) 백두산이 북에 소사 남에 끗치며 남해 속서 소사나니 한라산일세
그 가온대 금강산악 一만 二千이 병풍 갓치 섯네
(四) 거록하다 반도로 된 화원 속에서 뛰고 노는 二千만의 딸과 아달들
아름답고 건장함이 녯날에던에 아담에와 갓다
(五) 반만년의 긴 력사를 등에 실은 후 二千만의 귀한 자녀 품에 안고
서 용맹잇게 뛰며가는 반도 형세가 맹호긔상일세5)

위에서 보는 바와 같이 반도가는 한반도의 수려함과 씩씩한 기상을
표현하고 있다. 몸은 이국땅인 상해에 있지만 조국인 한반도를 예찬하며
언젠가 돌아갈 것을 염원하고 있다. 이 노래의 작사자는 앞서 살펴 본
바와 같이 인성학교 교가를 지은 金泰淵이다. 그는 1919년부터 임시정
부에 참여하면서 인성학교 교장 및 학감 등으로 활동하다 30대 초의 젊
은 나이에 과로로 순국한 인성학교의 공로자였다.6) 반도가와 함께 학예
회가 모두 끝났다. 이때 시계는 밤 10시 20분을 가리키고 있었다.7)

1921년 12월에는 연주회를 개최하였다. 크리스마스 전야인 12월 24
일 저녁 7시부터 삼일당에서 玉成彬의 사회로 인성학교 학생의 음악대
회가 열렸다. 처음 崔贊鶴, 姜孝根, 金奎澤 등 제군의 바이올린, 하모니
카, 코넷 등의 연주가 있었다. 이어 정혜원, 오의순 등 두 여사 및 김영

---

5)『獨立新聞』1921년 2월 17일,「半島歌」; 이중연,『신대한국 독립군의 백만용사
야 - 일제강점기 겨레의 노래사』, 혜안, 1998, 334쪽.
6) 容庵 金泰淵(1891~1921)은 황해도 長淵 사람이다. 1919년 5월 중국 상해에서 상
해대한인거류민단을 조직하고 의사원으로 활동했다. 동년 7월 1일에는 임시정부
의 후원과 전시 부상자 구호를 목적으로 대한적십자회를 결성하였으며 대한교육
회에도 참여하였다. 임시의정원 서기 및 황해도 의원으로 선임되었으며 구국모험
단 참모부장으로 선임되어 군자금 모집과 폭탄 제조, 무기 구입, 일본인 고위관리
암살 및 관청 파괴를 목적으로 활동을 펼치기도 하였다. 생전에 그는 '쇠큰못'이
라는 필명으로 독립신문에 적지 않은 글들을 기고하였다.
7)『獨立新聞』1921년 4월 21일,「仁成學校 學藝會」.

희, 안기영 양군의 합창과 독창이 계속되었다. 그리고 국내에서 명성이
자자한 김현숙 여사의 태평가, 공명가 등 13종의 옛 가곡과 사이사이에
삽입된 김덕진의 소극이 만장의 갈채를 받았다. 음악대회는 밤 10시경에
산회하였다.[8]

1923년 2월 10일 저녁 7시 상해 한인 청년들의 발기로 인성학교 후원
연예회가 공공조계 慕爾堂에서 열렸다.[9] 이때는 설을 앞두고 고국을 생
각하는 때이기도 하였다. 이날 회장에는 서양인, 중국인들도 많이 참석
하여 인산인해를 이루었다고 한다. 공연은 주로 조선의 전통적인 음악으
로 이루어졌다. 이날 연예회의 순서는 구체적으로 다음과 같다.

一. 奏樂開會
二. 개회사 : 조상섭
三. 二人幷唱 : 金永愛, 朴英鳳
四. 喜劇(□分의 銀行員) : 定員
五. 독창(英國新歌) : 孫聖實양
六. 코넷 합주 : 安基永, 陳德義
七. 孔明歌 : 金鉉淑여사
八. 가극(草露人生) : 인성학생
九. 舞蹈 : 趙順愛양, 朴永鳳양
十. 코넷, 피아노 합주 : 安基永, 裴吉順여사
十一. 正劇(運命) : 상해유학생
十二. 喜劇(假촬리처플린) : 朴震
十三. 독창(中國新調) : 鄭仁濟
十四. 二人合唱 : 孫眞實양, 金蓮實양
十五. 中國拳術 : 陳德義
十六. 바요린, 만돌린, 피아노 합주 : 鄭友鉉, 鄭基鐸, 鄭昭君여사[10]

---

8) 『獨立新聞』 1921년 12월 26일, 「仁成學校 演奏會」.
9) 『朝鮮日報』 1923년 2월 20일, 「大盛況의 演藝 仁成學校後援會」. 이 기사에는 慕爾
    堂이 프랑스조계에 있는 것으로 되어 있으나 공공조계에 소재하고 있었다.
10) 『朝鮮日報』 1923년 2월 20일, 「大盛況의 演藝 仁成學校後援會」.

인성학교 학생들은 삼일절 등 민족적인 경축일을 기념하는 공연도 벌였다. 1924년 3월 1일 저녁에는 삼일절을 기념하는 사극을 공연하였다.[11] 1926년에는 "오누이"라는 제목의 연극을 공연하기도 하였다. 安世均이 연출하였고 오빠 역에는 崔允祥, 여동생 역은 朴德順이 맡았다. 그 내용은 아버지가 체포되고 어머니가 살해되는 바람에 의지할 데가 없는 고아가 된 오누이의 비참한 삶을 그린 이야기였다. 오누이가 눈물을 흘리면서 감옥에서 보내온 아버지의 편지를 읽는 모습은 '관중들의 심장을 도려내는 아픔'을 불러일으켰다.[12]

인성학교 졸업생과 재학생들은 함께 문예잡지 『上海少年』을 발행하였다. 여기에 참여한 졸업생 및 재학생은 김명수, 현보라, 안우생, 노화경 등으로 이들은 매월 두 번씩 문예잡지를 발간하였는데 내용이 매우 충실하였다고 한다.[13] 1935년 폐교 즈음에는 인성학교 내에 인성학우잡지부를 두어 『仁成學友』라는 잡지를 발간하였다.[14] 『인성학우』는 1935년 3월 2,3월 합호를 간행하고 5월에는 4,5월호를 발간하였다.[15]

---

11) 『獨立新聞』 1924년 3월 1일, 「史劇慶祝」.

12) 류연산, 『불멸의 영혼, 최채』, 재외동포재단, 2008, 56쪽. 이때 예술적 재능을 보였던 최윤상(后에 최채로 개명)은 정기탁, 전창근 등 상해에 온 영화인들이 안중근을 소재로 한 민족영화 '애국혼'을 촬영할 때 조수 역할을 하였다.

13) 『東亞日報』 1924년 6월 15일, 「上海少年創刊, 달마다 두 번식, 내용은 충실해 ; 仁成小學校 卒業生 및 在學生들이」.

14) 『東亞日報』 1935년 3월 30일, 「新刊紹介」 ; 이명화, 「상해에서의 한인 민족교육운동」, 『한국독립운동사연구』 제4집, 독립기념관, 1990, 126쪽. 인성학교에서 발간되었다는 문예잡지 『上海少年』과 『仁成學友』의 실물은 현재 전해지지 않고 있다.

15) 『東亞日報』 1935년 5월 24일, 「新刊紹介」 ; 『朝鮮出版警察月報』 第82號.

3. 운동회 개최

체육 행사는 근대 이후 국가가 노동자를 국민으로 통합하는 촉진제 역할을 하였다. 운동 경기는 최고의 구경거리를 제공해주었고 많은 사람들이 모였다. 때문에 운동 경기는 경기장에 모인 선수와 관중으로 하여금 일체감을 느끼게 하고 그들의 배후에 있는 민족이라는 공동체를 상상하고 실감할 수 있게 하였다.[16] 운동회는 상해 한인들이 모처럼 한 자리에 모이는 기회를 제공하였다. 아울러 운동회라는 자리를 통해 상해 한인들은 그들이 하나의 민족이라는 운명 공동체임을 절실히 깨닫게 해주었다.

인성학교는 매년 4월 초순이나 5월 5일 어린이날을 즈음하여 춘계운동회를 개최하였다. 춘계운동회가 열리는 날은 삼일절 못지않은 명절 분위기를 연출하였다. 운동회에는 학생뿐만 아니라 프랑스조계에 거주하는 대부분의 한인들이 참여하였다. 춘계운동회는 상해 교민 전체의 행사로 진행되었다. 물론 독립운동노선을 둘러싸고 첨예하게 대립하던 때에도 정쟁을 잠시 멈추고 운동회에 참여하여 화합을 이루었다. 특히 1923년 수백 명에 달하는 내외의 독립운동가들이 모인 민족운동사상 최대의 회의였던 국민대표회의 때도 지도자들은 이날 운동회에 참석하였다.

1923년의 춘계운동회는 4월 7일 상해의 제스필드공원에서 개최되었는데, 이날은 날씨도 청명하였다. 국내의 조선일보는 이날의 모습을 다음과 같이 보도하고 있다.

중국 상해에 잇는 인성소학교(仁成小學校)의 주최로 재호동포 춘긔대운동회(在滬同胞春期大運動會)를 지나간 칠일에 상해법조계(法租界) 「제스

---

16) 이동진, 「민족과 국민 사이 : 1940년의 체육행사에서 나타나는 만주국, 조선인, 공동체」, 『만주연구』 제1집, 만주학회, 2004, 188쪽.

필드」공원 「그라운드」에서 개최하얏는데 이날은 맛참 텬긔가 청명하얏슴
으로 상해에 잇는 우리의 혈긔있는 동포들은 널분 「그라운드」 한가온대에
서 춘풍에 훗날리는 태극긔(太極旗)를 바라보고 름름한 긔상을 띄인 오백
여의 군중이 모히여 유쾌히 운동을 하다가 대성황리에서 서산(西山)에 떨
어지는 낙조를 바라보고 태극긔를 흔들며 「대한민국독립만세」를 세 번 불
느고 헤어졌다는 바 당일에는 림시정부 국무총리 로백린(盧伯麟)씨를 위시
하야 각총장들과 금번 국민대표회의에 참석하러온 각디의 대표자들이며
각국 영사들이 만이 참석하엿섯다하며 특별히 운동하는 동안에 운동신문
(運動新聞)을 발행하야 당일 참석한 이들의 흥미도 도왓다더라(상해).17)

위에서 보는 바와 같이 인성학교 운동회에는 임시정부 요인들과 국민
대표회의에 참석하기 위해 상해에 온 각지 민족대표들이 참석하였다. 그
러므로 인성학교 운동회는 상해 독립운동진영의 갈등을 완화하는 효과
도 있었다. 각국 영사들이 참석했다고 하는데, 확실치는 않다. 태극기가
휘날리는 교외 공원에서 열린 운동회는 교민단장의 축사와 애국가 제창
으로 시작되었다. 이어 인성학교 운동가를 고창함으로써 운동회의 분위
기는 고조되었다. 인성학교 운동가의 가사는 다음과 같다.

---

17) 『朝鮮日報』 1923년 4월 17일, 「在滬同胞의 春期運動」. 당시 상해 교외에 있는 제
   스필드공원(현재의 中山公園)은 상해 한인들과 인연이 깊다. 1919년 10월 추석을
   맞이하여 임시정부와 청년단 주최로 遠足가 제스필드공원에서 개최되었다(『獨
   立新聞』 1919년 10월 14일, 「遠足會」). 이후 1920년대 상해 한인들의 운동회나
   야유회 등이 이곳에서 많이 열렸다. 제스필드공원은 처음 영국인 호그(James
   Hogg)의 개인 정원으로 그의 양행의 이름을 따 兆豊花園으로도 불렸다. 1914년
   공공조계 공부국이 이 화원을 매입하여 공원으로 개발했는데, 제스필드로와 인접
   했기 때문에 제스필드공원으로 명명하였다. 조풍공원이라는 이름도 여전히 사용
   되었다. 1944년에 현재의 中山公園이라는 이름으로 개명되었다. 면적은 21만 평
   방미터로 中日園林과 서양 정원의 특징을 통합하였다. 남쪽에는 넓은 잔디밭이
   있고 북쪽에는 260여 종의 수목이 식재되어 있는 상해에서도 종합적인 공원으로
   알려져 있다. 공원내에는 아동오락장, 스케이트장, 원형극장 등 오락시설이 있었
   다(上海社會科學院, 『上海大辭典』 上, 上海辭書出版社, 2008, 660쪽).

인성학교 운동가

1. 기다렸네 기다렸네 오늘 하루를
   손을 꼽아 기다렸네 오늘 하루를
   무쇠같은 팔과 차돌같은 다리 한 번 뽐내려
2. 우레같은 발자욱 소리 땅을 울리고
   번개같은 대열 속에 지축을 향해
   달려나가자 소년소녀들 누구가 이기리
   (후렴) 펄펄펄 날리는 태극기 훨훨훨 나가는 곳에
   왜무리냐 배달이냐 나가자 쌈터로[18]

운동경기는 청홍 2대로 나누어 진행되었다. 종목은 뜀뛰기, 높이뛰기, 넓이뛰기, 장애물경주, 공집어넣기, 줄다리기, 2인3각 달리기 등 매우 다채로웠다. 경주에는 상품도 있었다.[19] 1920년대 후반에 개최된 운동회에는 상해의 한인 문학청년들이 신문반을 조직하여 운동회보를 등사판으로 발행하였다. 인성학교의 재산목록에 한몫을 하고 있는 등사판을 야외로 끌어다놓고 한 시간에 서 너 장 씩 장내의 풍경을 유머러스하게 스케치하였다. 즉석에서 배포된 스케치는 운동회의 명물이 되었다.[20] 점심은 각자 준비해 온 것을 함께 나누어 먹으며 하루를 즐겁게 보냈다.[21] 1920년대 후반 상해에 유학갔던 김광주는 이 운동회에 대해 "화창한 봄 날씨에 애국가를 마음껏 부르며, 여인들의 한복 색채를 오래간만에 구경하는 것도 감격적인 장면이었다. 그리고 조국광복을 위하여 여념이 없는 노투사들의 한가로운 미소를 한곳에 모아놓고 마음 든든히 바라 볼 수 있는 것도 감명 깊은 일이었다."고 회고하였다.[22]

운동회는 기본적으로 매년 열렸지만 그렇지 못한 해도 있었다. 윤봉

18) 독립군가보존회, 『독립군가곡집 - 광복의 메아리』, 1982, 154쪽.
19) 金孝淑, 『상해 대한민국임시정부와 나』(미간행), 1996, 95쪽.
20) 金光洲, 「上海時節回想記(上)」, 『世代』, 1965년 12월호, 259쪽.
21) 金孝淑, 『上海 大韓民國臨時政府와 나』, 95쪽.
22) 金光洲, 「上海時節回想記(上)」, 259쪽.

길의거가 일어났던 1932년이 그러했다. 윤봉길의거의 영향으로 프랑스
조계 당국은 한인들의 집회를 금지하고 인성학교에 대해서는 휴교 조치
를 취하였다. 같은 해 9월까지 프랑스조계 당국에 의해 휴교되는 바람에
운동회를 열지 못했다. 다음해 1933년 5월에 가서야 운동회를 열 수 있
었다. 1933년의 운동회는 휴교 이후 복교된 인성학교의 상황을 선전하
는 의미도 있었다. 따라서 인성학교는 이 해의 운동회를 성대하게 열기
로 결정하고 교민들로부터 기부금을 모집하였다. 프랑스조계 당국은 운
동회 개최시 운동장 내에서의 주의사항을 준수하는 것을 조건으로 운동
회 개최를 허락했다. 프랑스조계 당국은 운동회 당일 조계 경찰관 수명
을 운동회에 임석하게 하였다.

　1933년의 운동회는 5월 20일 토요일에 개최하려고 했지만 우천으로
같은 달 27일로 연기되었다. 5월 27일 오전 10시 그토록 기다리던 운동
회가 프랑스조계의 영국인 모리스의 정원에서 개최되었다.[23] 당일 오전
9시 인성학교 직원과 학생 일동은 학교를 출발, 도보로 학교 근처에 위
치한 운동회장에 도착하였다. 운동회에 모인 교직원 및 학생은 약 50명,
학부형과 기타 참관자는 약 300명이었다.[24]

　오전 10시가 되자 인성학교 교장이자 춘계대운동회 회장인 선우혁의
축사가 있었다. 이어 참관자 부형과 학생 일동은 애국가를 합창하고 프

---

23) 모리스가든은 영국인 모리스의 개인 정원 겸 공원이었다. 모리스는 기독교인으로
　　상해 한인들과 인연이 있었다. 상해 한인들은 이곳에서 많은 행사를 치렀다. 『基
　　督申報』(1929년 5월 29일, 「上海敎會彙報」)에 의하면, 1929년 모리스는 한인 기
　　독교 유년주일학교 소풍 때 자신의 정원을 무료로 빌려주었을 뿐만 아니라 유년
　　생들에게 여러 가지 상품과 과자를 보내주었다고 한다. 당시 한인들은 모리스를
　　영국인이 아닌 미국인으로 알고 있었다. 현재 모리스가든은 고급 호텔 瑞金賓館
　　으로 활용되고 있다.

24) 일제는 운동회에 참석한 교민 가운데 '不逞鮮人'으로 대한교민단장 송병조, 교민
　　단의 간사인 이경산, 이수봉, 의경대장 박창세, 임시정부 국무원 차리석, 한국대일
　　전선통일동맹의 김두봉이 있었다고 보고하였다.

로그램에 따라 각종 운동경기를 진행하였다. 정오에 이르러 점심 및 1시간의 휴식 후 오후 1시 30분부터 부형 등의 여흥 경기가 이어졌다. 운동회가 진행되는 동안 전창근은 등사판으로 각종 만화, 산문 등을 인쇄, 배포하여 운동회의 분위기를 돋우었다. 동제대학 의학생인 유진동은 구호반을 조직하였다. 운동회는 마지막으로 상품수여, '인성학교만세' 삼창을 끝으로 오후 5시 30분 폐회하고 해산하였다.[25]

춘계운동회가 끝난 후 주최측은 교민들에게 운동회 수지명세서를 배포하였다. 이해 8월 졸업식 때 배포된 춘계운동회 수지명세서는 운동회의 경비 상황을 잘 보여주고 있다. 수지명세서는 6월 26일자로 작성되었는데 사람이 많이 모이는 졸업식을 이용해 배포되었다. 명세서에서 교장 선우혁은 "삼가 아룁니다. 본교의 올해 춘계대운동회에 대한 의연금 및 물품의 총수입과 지출을 아래와 같이 발표하며 이제 일반 부형 및 재류 인사에게 감사드립니다. 현재 나날이 빠른 속도로 인류생활을 위협하는 세계적 대공황에 포위되어 살고 있는 우리들은 각자 생활난에 몰두하여 의무에 대해서 아무런 생각조차 하지 않는 것이 사실이 아니겠습니까? 그러나 여러분은 본교를 사랑하는 성의로 이번 운동회에 매우 많은 의연금과 물품을 기증하여 일반 賣品과 각 항목 비용에 부족함이 없이 오히려 나머지가 있었던 것은 대단히 감사해 마지않습니다. 아울러 이제 앞으로도 더욱 사랑해 주실 것을 희망합니다."고 하였다.

수지명세서
- 총수입액
  - 약속 기부액 260.65원
  - 현수입액 251.65원
  - 미수입액 9.00원

---

25) 『在外朝鮮人學校敎育關係雜件 第一卷 3.中國 (2)上海仁成學校』(日本 國立公文書館 アジア歷史資料センター 데이터베이스).

- 총지출액
  - 운동장 교섭비 7.00원
  - 각종 거마비 13.86원
  - 비품대 51.20원
  - 비품비 33.42원
  - 설비 및 잡비 70.60원
  - 운반비 10.00원
  - 고용인 및 도포급 12.82원
  - 통신비 2.36원
  - 잔액 50.39원
- 기부물품 목록
  연필 33타, 잡기첩 18타, 수건 6타, 시계 2개, 온도계 1개, 탈지면 2
  포, 커피 1포, 흑판 4개, 만년필 1개, 유동연필 1개, 하트볼 2개, 유아
  차 1개[26]

선우혁은 이와 같은 결과를 보고하면서 운동회 경비 내역에 대한 문
부를 학교 내에 비치할 예정이므로 의문이 있을 경우 하시라도 학교에
와서 관련 사항을 확인하라고 당부하였다.

다음해인 1934년에도 운동회는 열렸다.[27] 인성학교의 마지막 운동회
는 인성학교가 폐교되던 해인 1935년 5월 11일에 있었다.[28] 이해의 운
동회를 끝으로 프랑스조계에서 한인들이 모두 모이는 운동회는 더 이상

---

26) 『在外朝鮮人學校敎育關係雜件 第一卷 3.中國 (2)上海仁成學校』(日本 國立公文書
館 アジア歷史資料センター 데이터베이스).

27) 김희원 소장 「인성학교 운동회 안내문(1934.5.10)」. 그 내용은 다음과 같다. 1934
년 운동회는 아마도 교외에서 거행했던 것으로 보인다. "경게자 來日 운동장에 가
는데 대하여 될수 있는대로 학부형들께 便利를 드리고져하와 학교로서 반쟝 치차
를 부르오니 가시기를 원하는 분들은 八時붙어 同四十五分까지 每一人分에 往返
車費 小洋 四角을 가지고 오시웁소서. 一九三四 五月 十日. 仁成學校 運動會 會長
鮮于爀 / 注意 一. 한 차에 三十五名이 차지못하면 실행치 못함. 二. 明日 早朝 학
생 오는 편에 各 집에서 몇 분이 오겠다고 통지하여주시웁."

28) 『東亞日報』 1935년 5월 5일, 「仁成學校 運動會날은 上海同胞의 어린이날」.

볼 수 없게 되었다.

4. 기념일 활동

인성학교 학생들은 삼일절 기념행사 등 임시정부 및 교민사회의 각종 행사나 집회에 참여하였다. 매년 돌아오는 삼일절 기념행사에서 인성학교 학생들의 활동은 두드러졌다. 3.1운동으로 임시정부가 세워질 수 있었기 때문에 프랑스조계의 한인들에게 3.1운동 기념일은 무엇보다도 중요한 날이었다.

상해 임시정부도 삼일기념일을 한인들의 가장 큰 국경절로 지정하고 성대한 기념식을 거행했다. 이 날 상해의 한인들은 임시정부를 중심으로 해서 나라 잃은 백성들의 서러움을 위로하고 결사항전을 다짐하였다.[29] 1920년부터 프랑스조계의 한인들은 해마다 한 곳에 모여 3.1운동 기념 활동을 거행하였다. 그리하여 삼일절은 상해 한인사회에서 가장 성대한 명절로 자리를 잡았다. 이는 인성학교 학생들도 마찬가지였다. 매년 삼일절이 돌아오면 인성학교 어린이들은 어머니가 정성껏 마련해주는 한복 저고리 때때옷을 입고 하루를 보냈다.[30]

특히 처음 맞이하는 1920년의 3.1운동 기념일은 대단히 뜻 깊은 날이 아닐 수 없었다. 3월 1일 새벽 6시부터 霞飛路(현재의 淮海中路) 寶康里 일대 등 한인이 많이 사는 곳에는 가가호호 태극기가 게양되어 바람에 휘날렸다. 인성학교 찬양대원들은 새벽 2시부터 프랑스조계 및 공공조계에 있는 교민들의 집을 다니며 우렁차게 노래를 불렀다. 이때 인성학

---

29) 『獨立新聞』 1920년 3월 4일, 「上海의 三一節」.

30) 金孝淑, 『상해 대한민국임시정부와 나』, 99~101쪽.

교 학생들이 부른 삼일절 노래의 가사는 다음과 같다.

> 1. 참 기쁘고나 삼월 하루, 독립의 빛이 빛쳤구나, 금수강산이 새로웠
>   고, 이천만 국민이 기뻐한다.
> 2. 십년간 받은 원수 치욕, 오늘에 씻어 버렸구나, 금수강산이 새로웠으
>   니, 천만대 가도록 잊지마라.
> 3. 잊지 말어라 삼월하루, 반도에 사는 소년 소녀들아, 자자손손이 전해
>   가며, 억만대 가도록 잊지마라.
> (후렴) 만세 만세 만세, 우리민국 우리동포 만세, 만 만세 만세 만세 만
> 세, 대한민국 독립 만만세라."[31]

인성학교 학생들은 새벽 시간임에도 불구하고 기념가와 만세를 힘차
게 불렀다. 때 아닌 새벽의 노래 소리에 인근 중국 사람들이 놀라 잠에
서 깨기도 했다. 그날의 모습에 대해 당시 동아일보는 다음과 같이 감동
적으로 묘사하고 있다.

> 고요한 새벽 찬바람에 목이 맺치는 노래와 동리를 움지기는 만세 소리
> 를 들을 때에 잠결에 깨인 동포들은 무한한 비회를 이기지못하야 마조 나
> 서서 만세를 부르는 사람도 있으며 먹을 것을 준비하였다가 주는 사람도
> 있었고 더욱이 安重根씨의 아우 安定根씨의 집에서는 이날을 기념하기 위
> 하야 노인과 어린아해까지라도 모두 자지 아니하고 있다가 마중을 나와서
> 만세를 마주 불렀는대 安氏의 대부인은 어린학생을 보고서 "춥지 아니하
> 냐 언제나 너희들로 하야금 이곳에서 이 노릇을 하지 아니하게 한단말이
> 냐"고 말하는 그 심중에는 깊은 의미와 회포가 있었을것이다[32]

위에서 보는 바와 같이, 인성학교의 어린 학생들은 교민들 집을 찾아

---

31) 金孝淑, 『상해 대한민국임시정부와 나』, 99~101쪽.
32) 『東亞日報』 1924년 3월 10일, 「上海와 3月 1日 居留同胞들의 盛大한 紀念 仁成
    學校의 목맷친 祝賀歌」.

다니며 노래와 만세를 불렀다. 특히 안중근 의사의 모친인 조마리아 여사는 잠을 자지 못하고 집집마다 찾아다니는 어린 학생들에게 안타까움을 표시하였다.

3월 1일 이날 오전에는 교민단 주최로 성대한 삼일절 기념식이 개최되었다. 기념식 장소는 공공조계 靜安寺路(현재의 南京西路) 올림픽극장(夏令配克大戲院)이었다. 임시정부가 프랑스조계를 벗어나 공공조계의 번화가에 위치한 올림픽극장에서 행사를 거행한 데는 대외적인 선전효과가 컸기 때문이었다. 1914년 개관한 올림픽극장은 당시 공공조계에서 가장 훌륭한 시설을 갖추고 있던 대형극장이었다. 독립신문의 보도와 기념사진 등을 통해 당시의 장엄한 광경을 생생하게 볼 수 있다.[33]

기념식장에는 만국기와 태극기가 바다를 이루어 분위기는 더없이 고조되었다. 주석단에는 두 면의 큰 태극기를 교차하였다. 주석단 양쪽에는 한자로 '獨立萬歲'라는 표어를 걸었으며 장내에는 일본국기를 제외한 만국기를 게양하였다. 식장의 전면에는 인성학교 학생들이 자리 잡았다. 교민단 단장 여운형은 기념식 개최를 선언하였다. 다음 군악대가 연주하는 반주에 맞춰 전체가 기립하여 애국가를 고창한 후 태극기 게양식을 거행하고 삼일독립선언서 낭독 등이 있었다. 참석한 이들 가운데 성대한 기념식 광경을 본 후 감격하여 독립운동에 참여하는 경우도 있었다. 1924년 삼일절의 경우 인성학교 학생들은 식장에서 삼일절 기념가를 불러 사람들의 목을 메이게 했다.[34]

3월 1일 교민단 주최로 삼일절 기념식이 성대하게 열린 것과는 별도로 인성학교도 삼일절 축하회를 개최하였다. 1922년 3월 3일 저녁 7시

---

33) 『獨立新聞』 1920년 3월 4일, 「上海의 三一節」 및 1920년 3월 16일, 「上海의 三月一日慶祝」. 특히 3월 16일자 독립신문에는 삼일절 경축식 사진을 게재하여 당시의 분위기를 생생하게 볼 수 있다.

34) 『東亞日報』 1924년 3월 10일, 「上海와 3月 1日 居留同胞들의 盛大한 紀念 仁成學校의 목맷친 祝賀歌」.

인성학교는 삼일당에서 삼일절 축하회를 열었다. 축하회의 식순은 다음
과 같다.

> 一. 개회
> 一. 애국가 : 일동
> 一. 개회사
> 一. 창가 : 삼일절, 여자 4인
> 一. 연설 : 吉雲起
> 一. 독립가 : 학생일동
> 一. 기념사
> 一. 창가 : 대한독립 완성의 날까지
> 一. 만세 : 학생일동
> 一. 폐회
> 一. 학생들의 여흥[35]

독립기념 축하식이 끝난 다음 인성학교 학생들은 가상의 호외를 뿌렸
다. 호외의 내용은 독립군이 만주 안동현에서 압록강을 건너 일본군을
공격하고 다시 부산까지 추격하여 일본으로 퇴각시키고는 서울로 돌아
오니, 휴전을 요구하는 일본 천황의 전보가 전달되었다는 것이다. 이후
매년 삼일절 기념식이 있은 후에는 독립군과 일본군이 교전하여 일본군
이 패망하고 독립군이 서울로 개선한다는 내용의 연극을 공연하였다. 이
러한 공연을 통해 학생들은 민족의식을 공고히 하였고 교민들은 민족적
울분을 해소할 수 있었다.[36]

인성학교는 매년 8월 29일 국치기념일 기념식을 거행하였다. 임시정
부가 수립된 이후 첫 번째 국치기념일은 1919년 8월 29일이었다. 이날

---

35) 「不逞鮮人 仁成學校 祝賀會 狀況의 件」, 1922년 03월 07일, 『不逞團關係雜件-鮮
   人의 部-在上海地方』(국사편찬위원회 한국사데이터베이스).
36) 이명화, 「상해에서의 한인 민족교육운동」, 125쪽.

오후 3시에 개최된 기념식에는 교장의 비장한 식사와 여운형의 연설, 인성학교 졸업생 최경섭의 감상연설이 있었다.[37] 건국기념절 기념식도 인성학교에서 거행되었다.[38] 건국기념절은 개천절로 1909년 11월 15일(음력 10월 3일)에 처음으로 거행된 대종교의 의식이었는데, 상해 독립운동 진영에서도 국조 단군을 추모하는 대대적인 경축행사를 거행하였다. 임시정부가 수립된 1919년 11월 24일(음력 10월 3일) 임시정부 국무원의 주최로 개천절 기념행사가 성대히 거행된 바 있다. 개천절은 국조 단군의 탄생을 축하하는 大皇祖聖誕節이자 대한민국의 건국을 기념하는 건국기념일로 선포되었다.[39] 인성학교 학생들은 기념행사에 참석함으로써 학생들의 민족의식과 항일의식을 드높이는 계기가 되었다.

인성학교가 재정적으로 어려움을 겪고 있었기 때문에 오늘날처럼 개교기념일을 기념한 경우는 거의 보이지 않고 있다. 다만 1934년에는 인성학교 창립 제19회 기념식을 거행한 적이 있었다. 1934년 10월 10일 인성학교는 창립기념식을 모리스가든에서 거행하였다. 상해의 전체 교민들을 초청한 자리에서 교장 선우혁은 지난 시절 인성학교의 "눈물겨운 력사"를 보고하였다. 이어서 학생들의 유희, 체조 등 여흥으로 성황을 이루었다.[40]

37) 『獨立新聞』 1919년 9월 2일, 「國恥日의 仁成學校」.
38) 『東亞日報』 1924년 11월 9일, 「上海에 建國紀元節」.
39) 佐佐充昭, 「예관 신규식의 종교사상과 민족독립운동 - 디아스포라 공간에서 종교성의 표출」, 『국학연구』 10집, 2005, 61~62쪽.
40) 『東亞日報』 1934년 10월 20일, 「上海 仁成校 19週 紀念」.

5. 소년 운동

인성학교 학생들은 소년운동을 전개하였다. 그것은 上海少年會라는 인성학교 학생들의 자치조직을 통해 전개되었다. 인성학교의 민족주의 교육은 자연스럽게 소년회 배태의 온상이 되었다.[41] 소년회는 오늘날의 보이스카웃과 같은 것이었다. 동자군이나 척후대라고 하는 조직은 서양의 소년수양단체인 보이스카웃에서 온 것이었다. 보이스카웃은 영국에서 시작된 청소년 조직으로 성인이 청소년을 지도하는 준 군사조직이다. 야외생활 등의 방식을 통해 인격을 도야하고 기능을 연마하여 좋은 습관을 기르고 건전한 육체와 정신을 기르고자 하였다.

상해소년회는 1919년 덕지체의 삼육과 장래 사회공헌의 훈련을 하는 것을 주지로 조직되었다. 상해소년회는 인성학교 학생을 주축으로 하고 상해의 다른 학교에서 공부하고 있던 한인학생들도 망라하였다. 상해소년회의 설립은 국내의 원산소년단이나 안변소년회, 왜관소년회의 탄생과 시기를 같이 하는 것이었다. 국내 소년단체들의 설립목적이 추측만 될 뿐 불분명한데 반해 상해소년회의 설립목적은 다음과 같이 분명하게 남아 있다.

"지덕체삼육과 및 공부에 열심하는 결심을 고취하며 따라서 일후 사회공헌의 훈련을 하기로 주지로 삼고...."[42]

이를 위해 상해소년회는 수시로 집회를 갖고 회원 상호간의 친목 및 주의를 통합하여 갔다. 소년회는 1924년 2월 7일 인성학교에서 회장 韓奎永의 사회하에 정기총회를 개최하고 과거의 보고와 장래의 방침을 의

---

41) 김정의, 『한국소년운동사 : 1860년~1945년』, 民族文化社, 1992, 234쪽.
42) 『東亞日報』 1924년 2월 18일, 「上海 少年會 토론회까지 개최」.

결하였다. 이어진 임원 선거에서 회장 徐載賢 이하의 임원이 새로 뽑혔다. 이어 2월 9일 밤에는 성대한 친목회를 개최하여 학생들은 밤이 늦도록 유희를 즐겼다. 2월 13일 밤에는 "나라를 찾는데는 돈이냐 피냐"라는 주제로 토론회를 개최하여 두 편의 열변이 있었다.[43] 이러한 사실로 미루어보아 상해소년회가 전개하고 있던 소년운동은 바로 민족독립운동으로 직결되고 있음을 알 수 있다.[44]

상해소년회는 1925년 7월 7일 발전적으로 해체되고 상해한인소년회로 거듭났다. 상해한인소년회는 얼마 후 상해한인동자군으로 개칭하였는데, 그 시기는 확실치 않다. 1928년에는 다시 상해한인척후대로 명칭을 바꾸고 다음과 같이 임원을 선정하였다.

- 고문 : 김구, 여운형, 라우
- 대장 : 이규홍
- 부대장 : 박성근, 안창남
- 대원 : 위요섭, 여봉구, 최윤상, 옥인찬, 이만영, 여홍구, 김양수 등[45]

소년회를 척후대로 개칭한 것은 좀 더 조직적이고 국제성을 띤 척후대가 민족운동에 적합하다고 판단하였던 것으로 보인다. 그리고 고문으로 추대된 김구나 여운형은 모두 당시 상해 독립운동의 지도자들이었다. 특기할만한 인물은 안창남이다. 한국 최초의 비행사로 유명했던 그는 이즈음 중국 상해로 망명하여 독립운동에 투신하고 있었다. 1928년 경 그는 山西省 太原으로 가 閻錫山의 비행학교 교관으로 비행사를 양성하였다. 그가 산서성으로 가게 된 데는 상해에서 여운형을 만나 북경 청화대학 교장 曹雲祥을 소개받고 조운상은 다시 그를 염석산에게 소개하는 일련

---

43) 『東亞日報』 1924년 2월 18일, 「上海 少年會 토론회까지 개최」.
44) 김정의, 『한국소년운동사 : 1860년~1945년』, 235쪽.
45) 韓國보이스카우트연맹, 『韓國보이스카우트연맹六十年史』, 1984, 178쪽.

의 과정이 있었다.[46] 염석산 군대는 1925년 겨울 20여 명의 인원으로 산
서항공병단을 조직하고, 1926년 5월 1일 산서항공대의 성립을 선포하였
다. 산서항공대에 있었던 한인 학생 유기석은 안창남으로부터 비행기술
을 배웠다고 한다. 불행히도 그는 1930년 4월 비행사고로 사망하고 말았
다.[47]

상해 한인사회의 지도자 안창호 또한 척후대의 든든한 후원자였다.
1932년 4월 29일 상해 홍구공원의거 당일 안창호가 일경에 체포된 것도
척후대와 관련이 있었다. 그는 이유필의 아들 이만영에게 약속한 척후대
기부금 2원을 마련하여 하비로 보강리 54호에 있는 그의 집을 방문하였
다가 일본영사관 경찰에 의해 체포되고 말았다. 이와 같은 임시정부 지
도자들의 후원에 힘입어 소년척후대 대원들은 독립의 역군으로 성장할
수 있었다.

상해한인척후대는 보이스카웃의 제복을 갖추고 야영을 통해 심신을
단련하였다. 1928년 11월에는 박성근[48], 안창남과 소년 대원들은 산서
성 태원을 탐방하였다.[49] 척후대는 국제행사에도 파견되었는데 영국의
해밀턴 캠프에 참가하여 국위를 선양한 것이 그 예이다.[50] 현재 소년척
후대의 활동과 관련한 당시 사진들이 남아 있다. 여기에는 박성근, 심성
운 등 인성학교 교사나 학생들이 다수 보이고 있다.[51] 이들 사진에는

46) 유기석, 『삼십년방랑기』, 국가보훈처, 2010, 115쪽.
47) 최기영, 「1920~30년대 柳基石(樹人)의 재중독립운동과 아나키즘 운동」, 『한국근
현대사연구』 제55집, 2010, 141쪽.
48) 동자군 및 소년척후대의 활동에서 중심적인 인물은 척후대 대장이자 인성학교 교
사였던 박성근이었다. 황해도 사리원 출신인 그는 상해에서 전차회사 검표원(인스
펙터) 생활도 하였다. 당시 상해 한인사회에서는 그를 '박대장'이라고 불렀다(김구
저·도진순 주해, 『백범일지』, 돌베개, 1997, 341쪽).
49) 김정의, 『한국소년운동사 : 1860년~1945년』, 239쪽.
50) 김정의, 『한국소년운동사 : 1860년~1945년』, 239쪽.
51) 김희원 제공 사진.

1930년경 약 50명의 단체복을 입은 학생들이 야외에서 한국 보이스카웃 (KOREAN BOY SCOUT)이라는 깃발 하에 활동을 하는 모습들이 보이고 있다. 사진 속의 교사 4인, 학생 44인은 모두 인성학교 교사이거나 학생들이다. 척후대에는 소년뿐만 아니라 소녀들의 낭자군도 함께 참여하여 활동하였다.[52]

상해한인척후대는 어린 나이에도 불구하고 독립운동에도 참여하였다. 임시정부 등 독립운동진영에서 벌이는 각종 행사의 경호 및 연락, 독립 지사들의 전령 역할을 담당했던 것이다. 더욱이 1931년 9월 18일에 발발한 만주사변에 대처해서 9월 21일 임시정부 청사에서 병인의용대, 노병회, 교민단, 학우회, 여자청년동맹, 애국부인회, 독립운동청년동맹, 홍사단 등의 상해 한인 각단체 대표회의가 개최된 바 있었다. 소년척후대는 선전대를 조직하여 「告中國民衆書」를 인쇄, 살포할 것을 결의하였다.[53] 이밖에도 척후대는 한인청년회가 발행하는 『임시시보』를 배달하는 봉사활동을 수행하기도 하였다.

1930년 8월 1일 소년척후대는 花郞社라는 청소년 단체와 통합하여 상해 한인소년동맹을 조직하였다. 당시 화랑사는 화랑 정신을 통한 소년운동을 전개하였으며, 독립운동가들 사이의 전령으로 활동하고 있었다. 성격이 비슷한 두 단체가 통합한 것이다. 한인소년동맹의 집행위원장은 이만영이었고, 지도자로는 옥인섭, 조이제, 차영선, 김양수, 이규홍, 박성근, 조시제 등이었다. 소년동맹 역시 보이스카웃 활동을 통해 심신을 단련하며 독립정신을 고취시켰다. 비록 상해의 보이스카웃 활동이 국내의 조선소년군 총본부나 소년척후단 조선총연맹과는 직접적인 연관이 없었으나 망명지 상해에서 한인 교민들과 인성학교를 중심으로 소년운동을 전개하였다는 것은 주목되는 사실이다.[54]

---

52) 韓國보이스카우트연맹, 『韓國보이스카우트연맹六十年史』, 178쪽.

53) 국회도서관 편, 『한국민족운동사료』(中國篇), 1976, 689~690쪽.

마지막으로 언급할 것은 인성학교 학생들의 상해 한인사회와 관련된 각종 의식이나 활동에도 적극적으로 참여하였다는 사실이다. 먼저 임시정부 요인들의 장례식은 인성학교 학생들이 반드시 참여하는 큰일이었다. 1919년 이후 상해에 거주하는 한인들이 늘어나면서 생로병사의 문제가 자연스럽게 대두되기 시작했다. 특히 3·1운동 직후 상해로 망명해 온 인사들 가운데 고령이거나 지병이 있는 경우 상해에서 세상을 떠났다. 그들은 운명의 순간 유언을 남겼는데, 대개 나라를 찾는 걸 못보고 세상 떠나는 것이 오직 천추의 한이라는 게 이구동성이었다.[55] 신규식, 안태국, 노백린, 박은식 등 임시정부 요인들의 장례식에는 어른들 뿐만 아니라 인성학교 학생들도 모두 참석하였다.[56] 임시정부 대통령을 지낸 박은식의 장례식 때의 모습을 살펴보자.

1925년 11월 1일 오후 8시 박은식은 상해의원에서 향년 67세에 서거하였다. 임시정부는 박은식의 장례를 국장례로 거행한다고 선포하였다.[57] 임시정부 대통령을 지낸 박은식의 장례는 근대적 의미로 최초의 國葬이었다.[58] 그에 대한 장례는 간소하면서도 엄숙했다. 발인은 11월 4일 오후 2시 蒲石路(현재의 長樂路) 14호 자택에서 시작되었다. 수 백 명에 달하는 동포들이 상여마차 양쪽으로 나란히 서서 묘지를 향하여 행렬하였다. 인성학교 학생 및 교직원 50여 명은 전도의 바로 뒤에서 2열로 나란히 걸어가면서 상여를 인도하였다.[59] 인성학교 학생 뒤로 삼일공학 학생, 銘旌, 상여, 치상위원, 일반호상인, 후위 등이 뒤를 이었다. 장의행렬이 거리를 지날 때 노상의 행인들이 모두 모자를 벗어 경의를

---

54) 韓國보이스카우트연맹, 『韓國보이스카우트연맹六十年史』, 178~179쪽.
55) 禹昇圭, 『나절로漫筆』, 探求堂, 1978, 65쪽.
56) 金孝淑, 『上海 大韓民國臨時政府와 나』(未刊行回顧錄), 106쪽.
57) 『獨立新聞』 1925년 11월 11일, 「葬儀行列圖, 禮式堂圖」
58) 조동걸, 『독립군의 길따라 대륙을 가다』, 지식산업사, 1995, 190쪽.
59) 『獨立新聞』 1925년 11월 11일, 「白巖朴殷植先生葬儀」.

표시하였다고 한다. 상해의 각 신문사 기자들도 경쟁적으로 이 모습을
취재하였다. 상여마차가 장지인 靜安寺公墓(현재의 靜安公園) 예식당에
도착하였다. 당시 공공조계에 있던 정안사공묘는 徐家匯의 만국공묘와
마찬가지로 외국인 묘지였다. 엄숙한 분위기 속에서 애국가를 합창하는
것으로 영결식이 거행되었다. 인성학교 학생들은 고인의 유해가 안장되
는 오후 5시경 영결식이 끝날 때까지 자리를 지켰다.[60]

　인성학교 학생들은 상해에서 벌어지던 각종 행사에도 참석하였다. 즉
1927년 4월 상해에 입성한 북벌군 즉 국민혁명군의 환영식에 참여하였
다.[61] 1926년부터 국민혁명군은 군벌통치를 타도하기 위해 파죽지세로
장강과 황화유역을 석권하였다. 상해 시민들은 조계밖의 南市 공공체육
장에서 국민혁명군의 상해 입성 환영대회를 대대적으로 개최하였다. 당
시 교민단과 인성학교의 교직원과 학생들은 모두 이 환영대회에 참가하
였다. 교민단 및 인성학교 대열은 프랑스조계에서 남시 공공체육장으로
행진하여 국민혁명군을 열렬하게 환영하였다. 이들 국민혁명군 가운데
는 황포군관학교와 중산대학을 졸업한 한인 장교들도 있었다.[62]

6. 맺음말

　상해 한인사회의 초등 교육기관이었던 인성학교는 학생들의 민족정
신과 민족역량을 배양하고 자활능력을 양성하여 완전한 민주시민을 육
성하는데 그 목적을 두었다. 동시에 '덕지체'의 삼육을 바탕으로 건전한
육체와 인격을 갖춘 인재 양성을 중시하였다. 이를 위해 인성학교 학생

---

60) 『獨立新聞』 1925년 11월 11일, 「白巖朴殷植先生葬儀」.
61) 이이화, 『이이화의 중국역사기행: 조선족의 삶을 찾아서』, 웅진출판, 1993, 295쪽.
62) 류연산, 『불멸의 영혼, 최채』, 38쪽.

들은 정규적인 수업 외에 다양한 학생활동을 펼쳤다.

우선 인성학교 학생들은 연습회, 학예회, 연주회, 가극대회 등 다채로운 학예활동을 진행하였다. 1920년 5월 29일 오후 8시부터 교민단에서 학생연습회를 개최하였다. 학생들의 창가, 습자, 도서, 기타 각 과목을 일일이 연습하여 부형들의 갈채를 받았다. 학예회에서는 학생들이 애국적인 연설을 하였으며 체조 시연이 있었다. 1921년 12월에 열린 연주회에서는 다양한 악기 연주와 합창, 독창이 있었다. 학생들의 연극 공연도 적지 않았다. 학생들은 1924년 3월 1일 저녁 삼일절을 기념하는 사극을 공연하였다.

인성학교는 매년 4월 초순이나 5월 5일 어린이날을 즈음하여 춘계운동회를 개최하였다. 춘계운동회는 상해 교민 전체의 행사이기도 하였다. 그러므로 춘계운동회가 열리는 날은 삼일절 못지않은 명절 분위기를 연출하였다. 운동회에는 학생뿐만 아니라 프랑스조계에 거주하는 대부분의 한인들이 참여하였다. 물론 독립운동노선을 둘러싸고 첨예하게 대립하던 때에도 정쟁을 잠시 멈추고 운동회에 참여하여 화합을 이루었다. 운동회는 상해 한인들로 하여금 그들이 하나의 민족 공동체라는 생각을 절실하게 만들어주었다. 특히 1923년 수백 명에 달하는 내외의 독립운동가들이 모인 민족운동사상 최대의 회의였던 국민대표회의 때가 그러했다.

운동회는 기본적으로 매년 열렸지만 그렇지 못한 해도 있었다. 윤봉길의거가 일어났던 1932년이 그러했다. 윤봉길의거의 영향으로 프랑스조계 당국에 의해 휴교되는 바람에 운동회를 열지 못했던 것이다. 다음해 1933년 5월에 가서야 운동회를 열 수 있었는데, 인성학교의 복교를 알리는 의미도 있었다. 인성학교의 마지막 운동회는 인성학교가 일제에 의해 강제로 폐교되던 해인 1935년 5월 11일에 있었다. 이해의 운동회를 끝으로 프랑스조계의 한인들은 더 이상 운동회로 모이는 기회를 가질 수 없게 되었다.

인성학교 학생들은 삼일절 기념행사 등 임시정부 및 교민사회의 각종 행사나 집회에 참여하였다. 매년 돌아오는 삼일절 기념행사에서 인성학교 학생들의 활동은 두드러졌다. 3.1운동으로 임시정부가 세워질 수 있었기 때문에 프랑스조계의 한인들에게 3.1운동 기념일은 무엇보다도 중요한 날이었다. 상해 임시정부도 3.1기념일을 한인들의 가장 큰 국경절로 지정하고 성대한 기념식을 거행하여 나라 잃은 백성들의 서러움을 위로하고 결사항전을 다짐하였다. 매년 삼일절이 돌아오면 인성학교 학생들은 어머니가 정성껏 마련해주는 한복 저고리 때때옷을 입고 하루를 보냈다. 인성학교 학생의 삼일절 기념활동은 3월 1일 새벽부터 시작되었다. 인성학교 찬양대원들은 새벽 2시부터 프랑스조계 및 공공조계의 교민들 집을 다니며 우렁차게 노래를 불렀다. 3월 1일 이날 오전에는 교민단 주최로 개최된 삼일절 기념식에도 참여하였다. 이러한 활동을 통해 인성학교 학생들은 민족의식을 공고히 하였다.

인성학교 학생들은 소년운동을 전개하였다. 그것은 상해소년회라는 인성학교 학생들의 자치조직을 통해 전개되었다. 소년회는 오늘날의 보이스카웃과 같은 것이었다. 상해소년회는 1919년 덕지체의 삼육과 장래 사회공헌의 훈련을 하는 것을 주지로 조직되었다. 상해소년회는 수시로 집회를 갖고 회원 상호간의 친목 및 주의를 통합하여 갔다. 상해소년회는 1925년 7월 7일 발전적으로 해체되고 상해한인소년회로 거듭났다. 상해한인소년회는 얼마 후 상해한인동자군, 상해한인척후대로 명칭을 바꾸었다. 척후대는 고문으로 김구나 여운형 같은 독립운동가들을 추대하였다. 이 시기 상해로 망명한 한국 최초의 비행사인 안창남도 상해 소년운동의 지도자로 활동했다. 척후대는 어린 나이에도 불구하고 임시정부 등 독립운동진영에서 벌이는 각종 행사와 의식의 경호 및 연락, 전령 역할을 담당했다. 이러한 경험을 통해 인성학교 학생들은 자연스럽게 민족의식을 배양할 수 있었다.

제3장 인성학교의 유지운동과 폐교

1. 머리말

1910년대 초부터 상해에는 거주하는 한인들이 늘어나면서 자녀 교육 문제가 현안으로 대두되었다. 그러한 요구를 받아들여 1916년 설립되었던 교민학교가 바로 인성학교였다. 하지만 인성학교는 당초 일정한 재정 자산없이 출범하였기 때문에 설립 직후부터 재정난에 시달렸다. 설상가상으로 1932년 4월 윤봉길의 홍구공원의거 이후 상해 일본총영사관의 일본어 교육 강요로 1935년 11월 11일 결국 폐교되고 말았다.

인성학교가 일제시기 상해 한인교육의 상징적인 의미를 띠고 있음에도 불구하고 지금까지 그에 대해서는 구체적인 연구가 이루어지지 않았다.[1] 다만 필자는 최근 인성학교의 설립과 운영, 1945년 일제 패망 후 인성학교의 재개교와 변천에 대해서 구체적으로 고찰한 바 있다.[2] 계속하여 필자는 인성학교에 대한 일련의 연구 차원에서 인성학교가 재정난으로 인한 어려움을 극복하기 위해 벌인 유지운동과 상해 일본총영사관의 압박으로 폐교에 이르는 과정을 구체적으로 살펴보고자 한다.

---

[1] 인성학교에 대한 선행 연구의 소개는 본서 제3부 제1장 「일제시기 인성학교의 설립과 운영」의 각주 3)을 참고하기 바란다.

[2] 김광재, 「광복이후 상해 인성학교의 재개교와 변천」, 『한국근현대사연구』 34, 2010 ; 김광재, 「일제시기 상해 인성학교의 설립과 운영」, 『동국사학』 50, 2011.

2. 인성학교유지회의 조직

1) 인성학교의 재정 형편

인성학교는 당초 재정적인 자산없이 출범하였다. 처음 학교 설립에 필요한 경비는 상해 교민들이 출연하였다. 그러나 시간이 지나면서 수입보다는 경상비로 지출되는 비용이 많아 재정확보에 어려움이 많았다. 인성학교는 1935년 폐교될 때까지 만성적인 재정난에 시달렸다.

인성학교의 예산 현황을 알려주는 자료는 거의 남아 있지 않다. 다만 1920년과 1934년의 두 해 정도는 대략적인 예산 현황을 알 수 있을 뿐이다. 1920년의 학교 운영 예산 현황을 보자. 학교가 문을 연지 4년이 지난 1920년부터 학교가 정비되면서 인성학교는 1년간의 경상비로 2,600원을 책정하였다. 교민단에 소속된 500여 명의 교민에게 매월 수角의 교육비를 징수하였고, 몇몇 유지들의 특별 연조금, 그리고 소수의 학부형에게 수업료 10원씩을 거두어 학교 유지비로 충당하였다.

다음은 인성학교가 폐교되기 한 해 전인 1934년의 예산 현황이다. 이 해에는 매년 2학기로 나누어 매학기에 유치반 5원, 예비반 8원, 보습반 10원을 학비로 받아 7백원 정도의 수업료를 받았고, 상해교민들이 의연금 약 7백원을 모금하였다. 당시 필요한 1년간 학교경상비는 4천원 정도로 1년간의 수업료와 의연금을 모두 합쳐도 턱없이 부족하였고 학교운영은 계속 적자상태를 유지하였다.[3]

인성학교가 재정적으로 늘 어려웠던 것은 상해 교민사회가 전반적으로 가난했기 때문이었다. 인성학교 학생들의 집안 형편이 어려웠던 것은 말할 것도 없다. 때문에 학생들은 학비를 내지 못하는 경우가 많았고 이

---

3) 『東亞日報』 1934년 12월 7일, 「異域風霜에 艱步 20年 經營難中의 仁成學校」.

것이 다시 학교의 재정난을 가중시켰다. 임시정부 요인 김구의 아들로 힘들게 인성학교를 다녔던 金仁의 경우에서 이러한 상황을 잘 알 수 있다. 김구가 아들 김인을 교민 집에 데리고 가서 아침을 얻어 먹이고 난 다음에 등교시키고 점심때 다시 학교로 가서 김인을 데리고 나와 교민 집에 가서 점심을 얻어 먹었다고 한다.[4] 1930년 인성학교를 졸업했던 崔允信(崔重鎬의 딸)의 졸업식과 관련된 다음의 회고에서도 당시 교민 가정의 형편을 엿볼 수 있다.

> 하루는 백범 선생님이 들어오세요. 그러고는 "얘는 왜 이렇게 울고 앉았어?" 그러시자 우리 어머니 말씀이 "철없는 것이 먹고 살기도 힘들고, 아버지 병이 나서 약값 때문에도 힘든 형편인데, 졸업식이 뭐 대단한 거라고, 졸업식에 헌 옷 빨아서 입고 가라니까 서러워서 울고 앉았어요." 그렇게 얘기하시더라고요. 그 이튿날 선생님이 아침 일찍 오셨어요. 그러곤 돈 1원을 어머니 앞에 내놓으시면서, "제수씨, 윤신이 옷 한 벌 해주세요." 어머니가 깜짝 놀라서, "선생님, 또 어디 가서 뭘 저당 잡히셨어요?" 그땐 돈 없으면 여름에 겨울 것을, 겨울엔 여름 것을 저당해야 돈이 쉽게 나오거든요. 어디 가서 돈 구할 데가 없으니까 당장 우리 어머니가 그렇게 말하시더라고요. 선생님께선 웃으시면서 "글쎄, 그건 묻지 말고...., 그 어린 것이 자기 딴엔 졸업식인데...... 어서 옷 해 입혀 졸업식에 보내세요" 하시더라고요. 어린 맘에 그게 어찌나 기뻤던지, 제가 지금 여든이 넘었는데 아직도 그 일이 제 가슴 속에서 쟁쟁합니다.[5]

학비를 납부하지 못하는 경우도 적지 않았던 것으로 보인다. 이노아의 경우가 그러하였다. 이노아의 부친 이치겸은 天津 주둔 미군에 복무할 때 이치선과 혼인하여 1921년 노아를 낳았다. 그런데 이치겸이 미국 샌프란시스코의 알카즈섬 부대로 전근하면서 서로 떨어져 살게 되었다.

---

4) 金信 구술(李炫熙 대담, 『한국독립운동증언자료집』, 한국정신문화연구원, 1986, 59쪽).

5) 崔允信 구술(이봉원, 『대한민국임시정부 바로 알기』, 정인출판사, 2010, 70쪽).

이때까지만 해도 이치겸은 상해에 두고 온 처자에게 생활비를 보내주었다. 그런데 그 후 이치겸이 군대에서 제대한 후부터는 소식이 끊어지게 되었다. 상해에서 어린 아들을 데리고 문전걸식을 하다시피 어려운 생활을 하던 부인은 미국의 신한민보에 여러차례 편지를 보내 남편을 찾아달라고 호소하였으나 효과가 없었다. 노아도 1933년 11월경 재상해 미국영사에게 호소하였으나 아버지를 찾을 길이 없었다. 다행히 이들 모자의 사연을 들은 미국 동포들이 미화 15달러(상해 달러 45원 10전)를 거두어 상해의 元昌公司 趙尙燮을 거쳐 노아 가족에게 보내 주었다. 인성학교도 노아에게 학비를 받지 않았는데, 덕분에 노아는 1934년 인성학교를 졸업할 수 있었다.[6]

인성학교가 운영상의 어려움을 겪은 데는 외부적인 요인도 컸다. 우선 1920년에 접어들면서 인성학교의 최대 지원단체였던 임시정부의 정보 및 자금의 통로였던 교통국과 연통제가 일제의 의해 무너지면서 상해 독립운동계에 혹심한 궁핍이 몰아닥쳤던 것이다. 이러한 상해 독립운동계의 고통은 인성학교의 어려움을 가중시켰다.[7] 그리고 1925년 이후 교민단의 권위가 떨어져 교육비 징수가 어렵게 됨에 따라 그만큼 인성학교의 재정도 어려워졌다.[8] 상해 교민단에서는 인성학교의 재정난을 해결하기 위해 의사회를 여러 차례 소집하여 상해에 거주하는 교민들로부터 기부금을 요청하였으나, 성과를 거두지 못하였다.[9]

인성학교의 재정난은 학교의 잦은 이전으로 나타났다. 인성학교가 처음 곤명로 재복리 75호에서 설립된 다음해인 1917년에는 근처의 梅原里로 옮겼다가 1918년 10월 공공조계 北四川路(현재의 사천북로)에 위

---

6) 『新韓民報』 1934년 10월 25일, 「리로아에게 동정금」.
7) 김희곤, 「상해 대한인교민단의 성립과 독립운동」, 834쪽.
8) 「仁成學校維持會發起文(1928.1)」, 『日本外務省陸海軍省文書』(218), 144~145쪽.
9) 金正明 編, 『朝鮮獨立運動』 2, 東京: 原書房, 1967, 307쪽.

치한 明强中學校 내로 이전하여 겨우 명맥을 유지하였다.[10] 임시정부가
수립된지 몇 달이 지난후인 1919년 9월 28일에는 프랑스조계 愷自邇路
長安里로 옮겼다가 다시 같은 조계 안에서 霞飛路 康寧里 등을 전전하
다 마지막에 馬浪路 協成里에 안착하였다.[11] 인성학교의 이전지를 표로
나타내면 다음과 같다.

〈표 13〉 인성학교 이전지 현황[12]

연 도	조 계	주 소	비 고
1916. 9.~	공공조계	昆明路 載福里 75호	
1917. 당시		提藍橋 排原里 46호	梅原里의 오기임
1918.10.~		北四川路 明强中學校내	
1919.9. 당시	프랑스조계	愷自邇路 長安里 267호	민단사무소
1919.10.~		霞飛路 康寧里 2호	민단사무소
1920.9. 당시		白爾路 239호	민단사무소
1920.9.30.~		蒲栢路 厚福里 370호	
1922.10.		白爾路 人傑里 320호	
1923. 1월말		辣斐德路 友記里 1호	
1926.10.~1935.11.		馬浪路 協成里 1호	폐교때까지 사용

2) 인성학교유지회의 조직

재정난으로 인한 인성학교의 폐교를 막기 위한 유지운동은 1920년부
터 본격적으로 시작되었다. 상해 한인사회에서는 인성학교유지회를 조
직하여 인성학교를 후원하였다.[13] 그 후 유지회는 몇 차례 해산되었다

---

10) 玄圭煥, 『韓國流移民史』上, 語文閣, 1967, 679쪽.
11) 유준기, 「대한민국 임시정부의 교육, 문화, 홍보활동」, 104쪽.
12) 이 표는 이명화(「상해에서의 한인 민족교육운동」)의 논문을 참조하되 일부(이탤릭
   체) 보완하였음을 밝혀둔다.
13) 국회도서관 편, 『한국민족운동사료』(삼일운동편 其一), 1977, 737쪽.

가 다시 조직되곤 하였다. 첫 번째 유지회가 설립된 것은 1920년이었다. 유지회가 조직되면서 인성학교는 교민단에서 분리되어 유지회가 관리하게 되었다.[14] 이후 인성학교는 중간에 교민단이 다시 학교의 관리권을 회복하는 때도 있었지만 기본적으로 유지회가 학교를 운영하였다. 1920년 현재 유지회의 회원 및 특별 찬조자, 고문위원 명단은 다음과 같다.

- 유지회 회원 : 崔昌植, 鮮于爀, 韓鎭敎, 呂運亨, 李光洙, 金泰淵, 金順愛, 趙基千
- 특별찬조자 : 李東輝, 李東寧, 李始榮, 安昌浩, 申圭植, 南亨祐, 孫貞道
- 고문위원 : 피치(G. F. Fitch, 미국선교사)
  파아카(A. P. Parker, 미국선교사, 재상해 잡지 興華報의 주필)
  로링슨(A. Rawlinson, 미국선교사, 차이니즈 레코더의 주필)
  메이슨(Isac Mason, 프랑스 외국선교사협회 부속 프랑스 선교사)
  질레트(P. L. Gillitt, 미국선교사, 재남경 중국기독청년회 주사)[15]

이와 같이 인성학교유지회 회원 및 특별찬조자는 대개 임시정부 요인들이었다. 이채를 띠는 것은 인성학교유지회 고문위원에 당시 상해 및 남경에서 활동하고 있던 5인의 외국 선교사들이 포함되어 있었다는 사실이다.[16] 당시 이들 서양 선교사들은 음으로 양으로 한국독립운동을 원조하고 있었다. 외국선교사들을 고문위원으로 선정한 것은 아마도 기독교단의 후원을 얻고자 한 것으로 보인다. 국내와 만주, 특히 간도지역의 미선계통 학교들의 운영은 기독교단 본부의 재정적 후원에 전적으로

---

14)『獨立新聞』1922년 9월 20일,「仁成學校開學期」.
15) 국회도서관 편,『한국민족운동사료』(중국편), 274~275쪽.
16) 이기동,「피치 - 한국의 독립운동과 기독교청년회를 도운 은인」,『한국사시민강좌』 34, 2004, 61쪽. 그런데 1920년 당시 상해 일본영사관은 본국에 보낸 보고서에서 인성학교 고문이었던 피치를 부친 피치가 아닌 아들 피치로 오인하고 있다. 피치 부자에 대해서는 다음과 같은 자서전이 참고가 된다. George Ashmore Fitch, *My Eighty Years in China, Taipei: Meiya*, 1967.

의지하였다. 인성학교에 관계하던 교민단의 구성원들 가운데 기독교도
가 많았다는 점에서 외국선교사들의 협조와 후원을 기대한 것은 충분한
이유가 있었다.

위의 인성학교 외국인 고문위원 가운데 특기해야 할 인물로는 피치
(Gorge Field Fitch, 중국명 費啓鴻) 목사를 꼽아야 할 것이다.『독립신문』
은 피치 목사를 '同胞의 恩人'이라고 칭송하였다.[17] 1910년대 후반 그는
상해에 온 한인들의 정착을 돕거나 미국으로 유학가는 경우 비자를 주선
하는 등 한국독립운동을 지원하고 있었다.『독립신문』의 보도에 의하면,
1920년 당시 피치 목사는 상해의 한인들을 위하여 다수의 의복과 침구
류, 구제금을 모집하여 전달하였다. 1920년 2월 그는 재중 선교사들과
함께 한인구제회를 조직하여 상해에 거주하는 어려운 처지에 있는 한인
들을 도왔다.

피치의 한인을 위한 자선 활동을 못마땅하게 여긴 상해 일본총영사관
은 상해 미국영사에게 항의하였다. 미국영사관에 호출된 피치는 한인을
원조하는데 대한 자신의 소신을 당당하게 밝혔다. 즉 그는 "余는 政治的
으로 韓人의 獨立運動을 幇助한 일이 업노라. 그러나 饑寒에 泣하는 韓
國同胞를 爲하야 救濟의 事業은 經營하노니 이는 宣教師인 나의 神聖
한 義務라"라고 하였던 것이다.[18] 선교사였던 그의 아들(Gorge Ashmore
Fitch, 중국명 費吾生) 역시 선교활동을 하면서 한국독립운동을 원조하
였다. 특히 그가 윤봉길의거 이후 일제의 추격을 받고 있던 김구 일행을
자택에 숨겨주었던 사실은 한국독립운동사의 미담으로 남아 있다.[19]

미국 출신의 YMCA 운동가인 질레트(P. L. Gillett, 1874~1939) 또한
한국독립운동과 깊은 인연이 있었다. 그는 1901년 조선에 건너와 1903

---

17)『獨立新聞』1920년 2월 7일, 「時事短評」.

18)『獨立新聞』1920년 2월 7일, 「救濟會의 活動」.

19) 김구 저·도진순 주해,『白凡逸志』, 돌베개, 1997, 338, 342~343쪽.

년 10월 서울YMCA를 창설하고 총무에 취임했다. '105인사건'의 전모
를 해외에 알리려다 발각된 그는 1913년 6월 일제에 의해 중국으로 추
방되었다. 그 후 남경YMCA, 상해YMCA 총무로 재직하며 중국 내의 한
국독립운동을 지원했다. 일설에 의하면, 대한민국 임시정부 설립에 재정
지원을 했다고 한다.[20] 피치와 질레트 외에 외국인 고문위원에 대해서
는 자료 부족으로 인적사항이 파악되지 않고 있다.

　인성학교유지회는 취지서를 만들어 재미교포들에게 인성학교 교사건
축기금의 지원을 호소하였다.[21] 서양인들에게는 "KOREAN SCHOOL,
SHANGHAI CHINA, AUGUST 15, 1920"라는 제목의 다음과 같은 영
문 팜플랫을 만들어 배포하였다.

　　　"너희가 여기 내 형제 중에 지극히 작은 자 하나에게 한 것이 곧 내게 한
　　　것이니라."
　　　상해의 한인학교는 1916년 가을, 한 개인집에서 5인의 학생으로 시작
　　하였습니다. 학생은 급증하여 2년이 지난 후에는 집에서 넘쳐날 정도였습
　　니다. 1918년 가을, 학교는 로저스 교장의 친절한 허가 하에 明强學校로
　　이전하였습니다. 1919년 가을 학기가 개시될 때 학교는 다시 이곳에서 프
　　랑스조계의 작은 집으로 옮겼는데, 불행히도 입학을 열망하는 자제를 모
　　두 수용하기에는 턱없이 좁았습니다. 적어도 35인, 혹은 40인의 신입생이
　　금번 가을에 입학을 희망하고 있는데, 현재 시설로서는 우리는 한 사람도
　　받아들일 수가 없습니다. 상해의 한인 인구는 최근 몇 년간, 특히 작년 3
　　월 조선독립선언 이래 급속하게 늘어가고 있습니다. 이미 800인에 육박하
　　고 있으며, 금후 얼마나 많은 사람들이 올지 상상할 수 없습니다. 이들 가
　　운데 대부분은 정치적인 망명객이며 따라서 정치문제가 만족스럽게 해결
　　될 때까지는 귀국이 불가능한 실정입니다. 우리는 금후 수년간 상해에 한

---

20) 김상태 편역,『윤치호 일기 : 한 지식인의 내면세계를 통해 본 식민지 시기』, 역사
　　비평사, 2001, 75쪽.
21)『新韓民報』1920년 11월 4일,「상해한인학교 긔본금모집취지서」;「上海韓人學
　　校의 基金募集과 外人援助에 關한 件」, 大正10年(1921年 1月 27日), 高警第2068
　　號(國史編纂委員會,『韓國獨立運動史』資料3, 臨政篇Ⅲ, 1973, 313~316쪽).

인 취학 적령기 아동이 200명이 넘지 않을까 추측하고 있습니다. 우리들
은 작년 (취학) 요망에 응할 수 없었는데, 시설 개선이 되지 않으면 금년에
도 마찬가지일 것입니다. 우리는 150명에서 200명의 아동을 입학시킬 수
있는 넓은 교사를 건설하는데, 약 2만 달러의 자금을 조달할 계획을 수립
하고 있습니다. 자금의 반액은 한인들이 스스로 모집하고 학교의 유지도
또한 그들이 담당할 것입니다. 우리는 아이들을 사랑하고 교육, 문명 그리
고 휴머니즘의 중요성을 믿는 모든 인사들의 원조를 통해 나머지 반액을
모집하고자 합니다.

유지회 위원

손정도(C. D. SOHN)

여운홍(W. H. LYUH)

한송계(S. K. HAN)

김태연(T. Y. KIM)

선우혁(H. SOHNOUGH)[22]

성경의 저명한 구절로 시작되는 영문 팜플렛은 구미인을 주된 대상으
로 설정하고 있다. 내용은 사랑, 교육, 문명 그리고 휴머니즘에 입각하여
인성학교에 대한 지원을 호소하고 있다. 그리고 유지회의 5인 가운데 손
정도, 여운홍, 김태연, 선우혁의 4인은 모두 인성학교 교장을 역임한 인
물들이다. 한송계, 즉 한진교는 인성학교 설립 때 재무를 맡아 학교 설립
자금을 모금하였는데, 여기에는 그가 경영하던 海松洋行의 고려인삼 판
매자금이 적지 않게 투입되었다고 한다.[23] 팜플렛의 내용은 상해의 서양
신문인 상해가제트(Shanghai Gazette, 『英文滬報』 1920년 9월 16일)와
차이나 프레스(China Press, 『大陸報』 1920년 9월 20일) 등에 실렸다.[24]

---

22) "*KOREAN SCHOOL*, SHANGHAI CHINA, AUGUST 15, 1920"(「不逞鮮人의 行
動에 관한 件」 2, 1920년 8월 25일, 『不逞團關係雜件-鮮人의 部-在上海地方』, 국
사편찬위원회 한국사데이터베이스, 이하 동일). 이 팜플렛에는 인성학교 39명의
생도와 여운형 등 7인의 교사가 함께 찍은 단체사진이 실려 있다.

23) 韓泰東 구술, 2010년 4월 9일 서울 연희동 자택에서.

24) 「上海 鮮人의 動靜에 관한 件」 3, 1920년 9월 20일(『不逞團關係雜件-鮮人의 部-

기사의 내용은 위의 영문 팜플랫의 내용과 대동소이한데, 다만 마지막에 영문 팜플랫에는 보이지 않는 신축될 교사의 배치 및 용도에 대해 언급하고 있다. 인성학교 교장 여운홍의 계획에 의하면, 학생 200~300명을 수용할 수 있는 3층 건물을 세우는데 25,000달러의 비용을 상정하고 있다. 건물의 1층은 사무실 및 신문 열람실, 2층은 교실, 3층은 예배당으로 만든다는 것이다. 예배당을 같이 건축하기로 한 것은 상해 한인들 가운데 기독교도가 많았는데, 이들도 변변한 교당이 없어 중국인 교회나 YMCA를 전전하고 있었기 때문이었다.

신문기사는 기부를 희망하는 경우 교사신축 주비처 사무실이 있는 龍門路 206호나 혹은 사천로 중국기독교청년회 피치(G. A. Fitch) 간사 경유, 피치(G. F. Fitch) 박사에게 전달할 것을 요청하였다.25) 용문로 206호는 여운형이 살던 곳으로26) 당시 동생 여운홍과 함께 거주하였던 것으로 보인다. 물론 인성학교 교장 여운홍의 교사 신축 계획은 1920년 9월 사천로 중국기독교청년회에서 인성학교유지회 및 서양인 고문단의 합동회의에서 승인되었던 것으로 보인다.

유지회는 서양 인사들에게 학교신축 자금의 원조를 요청하는 편지도 보냈다. 그 가운데 인성학교 교장 여운홍의 요청을 받은 상해 美隆洋行의 미국인 친구 큐란(Garner Curran)이 미국 시애틀 상업회의소 소속 광고구락부 서기에게 편지와 취지서를 함께 보낸 바 있었다.27) 여운홍은 중국측 인사들에게도 '上海韓人學校 建築募捐啓'라는 중국어로 된 취지

在上海地方』).

25) 영자신문에 실린 기사내용은 그 다음날 중국신문 『時報』(1920년 9월 17일, 「旅滬韓人募捐興學」 ; 9월 20일, 「韓人在滬興學續誌」 ; 9월 23일, 「旅滬韓人興學三誌」)에 번역 소개되었다. 秋憲樹, 『資料 韓國獨立運動』 2, 연세대 출판부, 1972, 36~38쪽.

26) 1920년 2월말 현재 여운형은 龍門路 206호에 거주하고 있었다(독립운동사편찬위원회, 『독립운동사자료집』 9, 280쪽).

27) 국회도서관 편, 『한국민족운동사료』(중국편), 273~274쪽.

서를 발송하여 기부를 요청하였다. 여운홍은 이 모연계를 휴대하고 직접 중국 남방의 혁명근거지인 廣州로 가서 광동호법정부 요인들을 방문하고 지원을 호소하였다.[28] 1920년 11월 28일 손문이 광주로 돌아가 호법정부를 재건하고 1921년 5월 호법정부 비상대총통에 취임하자 상해 임시정부는 여운홍을 광주에 축하사절로 파견하였던 것이다.[29]

상해 한인들의 호소에 중국의 유지인사들도 화답하였다. 광동호법정부 사법부장 徐謙, 상해현 지사 沈寶昌, 광동호법정부 대리 사법부장 吳山, 강소성 교육회 회장 黃炎培 등은 한인 교육에 대한 지원을 호소하는 성명서를 발표하였다.[30] 이들 가운데 서겸은 호법정부 손문의 측근으로 중한호조사에서 중국측을 대표하는 인물로 상해 한인들을 도와준 친한 인사였다.[31] 그는 "한인의 복국운동은 일본인의 간담을 서늘하게 해주어 중국에 대한 침략 야심을 저지시켜 줄 수 있다. 때문에 한인들이 스스로 독립을 도모하는 것은 간접적으로 중국을 돕는 것이 된다. 중국이 그 능력을 다해서 한인의 독립을 도와주는 것은 중한호조의 정신을 실행하는 것만이 아니라 중국을 위한 자위 방법이기도 하다"고 피력한 바 있다.[32] 심보창(1883~1935)은 절강성 사람으로 1903년 향시에 합격하여 舉人이 되었으며 1914년부터 1924년까지 상해현 지사를 역임하였다.

---

28) 「呂運弘ノ行動ニ關スル報告ノ件(1921.5.4)」(독립기념관 데이터베이스).

29) 徐方民, 『中韓關係史(近代卷)』, 北京: 社會科學文獻出版社, 1996, 187쪽.

30) 「不逞鮮人呂運弘ノ行動ニ關スル件(1921.5.4)」(外務省外交史料館藏, 『外務省警察史』 第53卷, 支那ノ部 南支, 東京: 不二出版(株), 2001, 21~22쪽).

31) 『朝鮮日報』 1923년 9월 8일, 「徐謙氏를 惜別」. 徐謙은 그후 상해 중국기독교 구국회장을 지내다가 1923년 광동의 嶺南大學 문과 주임교수로 갈 때 상해의 한인들은 그의 도움에 대해 감사를 표하기 위해 동년 8월 28일 南京路의 大東旅社에서 惜別宴을 베풀었다. 徐謙의 정치활동에 대해서는 다음의 논문이 참고된다. 민두기, 「徐謙(1871~1940) ; 政客과 革命家의 사이 - 國民革命期 政治指導者像에의 한 接近 - 」, 『東洋史學硏究』 제33집, 1990.

32) 『民國日報』 1923년 5월 30일.

그는 상해현 지사 재임중 체육사업을 중시하여 중국 최초의 공설운동장
인 상해 공공체육장을 건설하였을 뿐만 아니라 문화재의 외국 유출을 막
는 등 중국 국민들의 애국심을 고취하였던 인물이다.[33] 吳山은 한국독
립운동에 동정과 원조를 보내던 친한인사로 특히 윤봉길의거 이후 어려
움에 처한 한국독립운동가들을 적극적으로 도와주었다.[34] 그는 상해의
한인들이 중국 국적으로 귀화할 때 그 보증을 서기도 하였다.[35] 황염배
는 중국의 저명한 교육학자였다.[36] 아무튼 중국 교육계 인사들은 한인
학생들을 각지 학교에 입학시키기로 결의하고 동시에 인성학교 교사건
축 모금운동을 벌여 다소의 교사건축비를 기부하였다고 한다.[37]

---

33) 『紹興縣報』 2010년 10월 10일, 「沈寶昌: 國內第一个建造体育場的安昌人」(2012년
   3월 22일 중국 포털사이트 百度에서 검색).

34) 국회도서관 편, 『한국민족운동사료』(중국편), 751쪽. 吳山(1876~1936)은 중국 四
   川省 출신으로 일찍부터 반청운동에 뛰어들었다가 여러차례 체포되거나 도피생활
   을 하였다. 후에 일본으로 가서 明治大學 법과에서 수학하였다. 1915년 11월 2일
   中華革命黨 사천지부 회계과 과장이 되었다. 袁世凱 사후 일본대학 법학과를 졸
   업한 후 오랫동안 광동에서 정치활동에 종사하였다. 이후 북벌군이 남경에 들어
   오기 전부터 상해에 체류하여 전국철로협회 총간사의 직함으로 배일운동이 일어
   날 때마다 항일단체의 지도자로 활동하였다. 劉國銘 主編, 『中國國民黨 百年人物
   全書』 上, 北京: 團結出版社, 2005, 1015쪽.

35) 『朝鮮日報』 1923년 5월 23일, 「同胞의 歸化」.

36) 黃炎培(1878~1965)는 중국 江蘇省 川沙縣(현재는 上海에 포함됨) 출신으로 상해
   南洋公學에서 수학하였으며 蔡元培의 소개로 同盟會에 가입하였다. 민국 초 강소
   성 敎育司 司長을 지냈으며 1916년에는 직업교육연구회를 조직하였다. 1919년
   5·4운동시기 江蘇省敎育會 책임자로서 상해 각학교 교장 회의를 소집하여 5·4운
   동을 성원하였다. 1928년 조선과 일본을 시찰하였으며 귀국후 『朝鮮』 등을 저술
   하여 조선 망국의 경험을 본보기로 자국인에게 경고하였다. 중일전쟁 중에는 國
   民參政會 상임위원, 民主同盟의 중진으로서 민주주의의 옹호에 진력하였다. 1949
   년 중화인민공화국 수립후 政務院 부총리 등을 역임하였다(劉國銘 主編, 『中國國
   民黨 百年人物全書』 下, 2067쪽). 그리고 황염배가 지은 『朝鮮』(上海: 商務印書館,
   1929)이라는 책자의 부정적이고도 왜곡된 韓國觀에 대해서는 일찍이 임시정부 요
   인인 李始榮이 『感時漫語』(1934)라는 중문으로 된 책을 지어 痛駁한 바 있다(李
   始榮, 『感時漫語 - 駁黃炎培之韓史觀』, 一潮閣, 1983으로 번역됨).

한편 재정난에 허덕이고 있던 인성학교도 자구책을 강구하였다. 교민단장 金澈은 교원 金秉祚로 하여금 인성학교 소녀하기 임시연극단를 조직하여 모금하도록 하였다. 연극은 1922년 8월 5일 저녁 삼일당에서 개최되었다.[38] 교민들도 마찬가지로 어려운 형편이었기 때문에 모금은 성공적이지 못했다.[39] 때문에 연극회는 9월 4일에도 개최되었다. 이번에는 신임 교민단장 여운형의 주도로 번화한 공공조계 모이당에서 개최하였다. 연극 개회시 교민단장 여운형은 다음과 같은 연설을 하였다.

우리 동포의 자유를 얻고자 한다면 하루라도 빨리 국권의 회복에 힘써야 합니다. 나라의 광복도 민족의 행복 발달 향상도 그 기초는 국민 교육에 기대해야 합니다. 그런데 그 일대 기관도 현재는 경비가 나오는 곳이 없어서 폐교의 모습이 되었습니다. 나는 이번에 단장에 당선된 이상 당연한 책임자로서 이를 차마 방관할 수 없습니다. 모름지기 제군의 원조에 맡겨 하다못해 집세만이라도 얻어 하루라도 빨리 개교하는 것을 급무라고 생각하여 이번에 이 연극회를 개최한 것이니 여러분도 저 소녀들의 미숙한 재주에 만족은 할 수 없겠지만 이것이 우리 민족의 자유로 이끄는 것이라 생각하여 최후까지 연극을 관람해주시기를 바라마지 않는 바입니다.[40]

위의 연설에서 여운형은 국권 회복과 광복의 기초는 국민 교육이라고 강조하였다. 연극회 입장자도 대폭 증가하였다. 지난달의 80여 명에서 한인 170명, 중국인 35명 등 205명으로 크게 늘어났다. 입장료 수입 123

---

37) 崔志鷹, 「大韓民國臨時政府在上海的敎育活動」, 64쪽. 崔志鷹은 당시 중국 교육계 인사들이 한인측에 1만원을 기부하였다고 하는데, 그 근거는 제시되지 않았다.
38) 『獨立新聞』 1922년 8월 12일, 「小女夏期演劇會」.
39) 「假政府의 財政難 其他에 관한 건」, 1922년 8월 7일(『不逞團關係雜件 - 朝鮮人의 部-上海假政府』).
40) 「교민단대회에서의 남북 선인의 감정 충돌과 仁成學校 궁핍에 관한 건」, 1922년 9월 7일, 상해총영사→외무대신(국사편찬위원회, 『대한민국임시정부자료집』 31, 관련단체Ⅰ, 2009, 43쪽).

원 가운데 제잡비를 공제하고 순익으로 2개월분의 집세를 지불할 수 있었다.

1922년 해산되었던 유지회는 그해 다시 조직되었다. 1922년 임시정부와 교민단은 인성학교의 운영과 경비 마련을 위해 유지회를 다시 조직하였다. 같은해 9월 7일 프랑스조계 新民里 24호 임시정부 청사에서 제2회 유지회가 열렸는데, 이때의 간부진은 다음과 같다.

- 회장 : 金仁全
- 위원 : 呂運亨, 安昌浩, 尹琦燮, 趙尙燮, 南亨祐, 車利錫, 韓松溪, 金九, 朴鎭宇, 金鍾商[41]

위와 같이, 인성학교 유지회에는 임시정부와 교민단의 주요인사가 망라되어 있었다. 이 날 회의에서 교장이던 안창호가 사임하였고 후임에 김종상이 선임되었다.[42] 교민단장 여운형은 인성학교가 재정적으로 어려운 상황에 처해 있으므로 우선 교민단비를 지출할 것을 주장하였다. 이에 남형우가 교민단에 그만한 여유가 있는지 의문을 표시하였다. 여운형은 국내의 여운홍으로부터 재외동포위문회가 이미 4만원을 모집하였고 인성학교에 대해서는 매년 2천원씩 지원금이 올 것으로 통보를 받았다고 밝혔다. 계속하여 그는 "교육은 국민의 의무이므로 상해 재주 아동은 상해 거주민이 교육시킬 의무가 있다"고 발언하여 참석자 모두가 공감하였다.[43] 유지회는 수업료로 예비반 7원, 본과 10원을 징수하기로 결

---

41) 「朝鮮人 仁成學校 維持方針 및 校長辭職에 관한 件」, 1922년 9월 13일(『不逞團關係雜件-鮮人의 部-在上海地方』).

42) 『獨立新聞』 1922년 9월 20일, 「仁成學校開學期」. 김종상은 9월 13일에 열린 제3회 인성학교유지회 회의에서 교장직을 사임하였으므로 유지회 회장인 金仁全이 교장으로 결정되었다(「仁成學校 維持方針 決定에 관한 件」, 1922년 9월 16일(『不逞團關係雜件 - 鮮人의 部 - 在上海地方』).

43) 위와 같음.

정하고 백이로 321호 2층의 7간을 월 58달러에 임대하여 이전하고 9월 22일부터 수업을 개시할 수 있게 되었다.[44]

물론 외부의 기부금이 전혀 없었던 것은 아니었다. 종래 교민단에서는 프랑스조계 당국으로부터 인성학교에 대한 '교육자선사업보조금'으로 매년 600불씩 지원을 받고 있었다.[45] 또 1920년대 초에는 이른바 모스크바 자금 가운데 극히 일부 금액이 교민단과 인성학교에 유입되기도 하였다. 1919년 12월 韓馨權이 모스크바에서 레닌으로부터 받은 60만 루불 가운데 남은 20만 루불을 가지고 상해에 왔는데, 그 가운데 인성학교에 135원, 교민단에 500원이 지원되었다.[46] 그러나 135원이라고 하는 액수는 인성학교가 정상화하는 데는 큰 도움이 되지 못하였음에 분명하다. 자금을 가지고 온 세력이 자파와 가까운 단체에 수 만원 이상의 많은 금액이 지원된 것과 비교하면 대단히 빈약한 것이었다.

---

44) 「鮮人 仁成學校 授業開始에 관한 件」, 1922년 9월 20일(『不逞團關係雜件-鮮人의 部-在上海地方』).

45) 「大韓僑民團의 近況」, 1934년 1월 26일, 상해총영사→외무대신(국사편찬위원회, 『대한민국임시정부자료집』 31, 관련단체 I, 2009, 73쪽). 1934년경 교민단은 프랑스조계 당국의 인성학교에 대한 지원금을 600불에서 1,000불로 인상하여 요구하기로 결정하였다.

46) 『倍達公論』 제2호, 1923년 10월 1일(국사편찬위원회, 『대한민국임시정부자료집』 별책3, 배달공론·독립공론, 2010, 44쪽 ; 윤대원, 『상해시기 대한민국임시정부 연구』, 서울대학교출판부, 2006, 253쪽). 한형권이 가져온 20만 루불의 사용 내역은 다음과 같다. "온다 간다하는 여비로 5만 5천 3백 55원, 기밀통신 기타 잡비 1만 1천 9백 44원, 국민대표회의에 준 것 6만 4천 9백 75원, 정부에 준다하고 일허먹은 것 3만원, 정부유지운동비라는 것 6천 3백 35원, 의열단에 준 것 4만 6천 7백원, 신의단에 준 것 4천 7백 58원, 十八團에 준 것이 2천 3백 50원, 인성학교에 1백 35원, 상해민단에 5백원, 활자매입비 1천 10원, 폭탄매입비 6백원, 쓰다 남은 것이 4백 20원" 등이었다. 이러한 사실은 최근 러시아에서 발굴된 자료들에서도 입증되고 있다(조철행, 『國民代表會 前後 민족운동 최고기관 조직론 연구』, 고려대학교 사학과 박사학위논문, 2010, 99쪽).

3) 국민대표회의 이후의 유지운동

인성학교를 살리기 위한 교민들의 노력에도 불구하고 학교의 경영난
은 좀처럼 개선되지 않았다. 그런데 마침 1923년 상해에서 국민대표회의
가 열리고 상해에 모인 한인들은 독립운동의 방향을 모색하기 위해 분주
하였다. 국민대표회의에서는 한인 교육문제도 진지하게 토의되었다.[47]
교육분과위원회는 한인 교육에 관한 다음과 같은 결의안을 통과시켰다.

1. 교육종지는 조국광복의 정신하에서 건전한 시대적 인물을 양성할 것.
2. 교육방침은 최신 교육의 원리를 응용하여 우리 민족에 적합하도록
   학교 특수의 양종 교육을 시행할 것.
3. 교육제도는 현대의 실용제도를 채용하되, 소학은 남녀 만 7세부터
   13세까지 의무제로 할 것.
4. 교과용 도서는 중앙교육기관에서 최단기간 내에 편찬 발행토록
   할 것.[48]

위의 결의안도 '조국광복의 정신'을 언급하는 것으로 보아 민족의식
향상에 역점을 두었던 것으로 보인다. 이를 위한 의무교육 제도 실시를
강조하였다. 하지만 처음 의욕적으로 발족한 국민대표회의가 임시정부
처리 문제를 둘러싸고 창조파와 개조파, 임시정부 고수파 등으로 나뉘어
져 대립되다가 결렬되면서 교육문제에 대한 논의는 더 이상 진전되지 못
했다.

1923년 6월 국민대표회의가 끝난 후 인성학교는 재정난을 타개하기
위하여 자구책을 모색하지 않을 수 없었다. 교민단장과 인성학교 교장을
겸임하고 있던 도인권이 국민대표회의가 결렬된 후 노령으로 떠나버려

---

47) 孫科志, 『上海韓人社會史(1910~1945)』, 159쪽.
48) 『獨立新聞』 1923년 6월 13일, 「國民代表會議記事」.

교장이 공석으로 있었다.[49] 교민단에서는 도인권을 면직시키고 노병회 경리부장으로 있던 이유필을 교민단장에 선정하였다.[50] 인성학교유지회 에서도 도인권에 대해 인성학교 교장의 직분을 버리고 타지로 갔다고 하 여 면직처분을 하고 이유필을 교장으로 호선하였다.[51] 1923년 8월 25일 부터 교민단장 이유필이 인성학교 교장을 겸임하였으며 교감에는 조상 섭, 학감으로는 윤기섭이 임명되었다.[52] 명예교사로 김승학, 백기준 등 4~5인을 초빙하고 교육방법을 일신하여 9월 10일 개학하였다.[53]

새로이 취임한 인성학교 운영진은 우선 각계에 인성학교에 대한 지원 을 호소하였다. 인성학교는 재외동포위문회에 편지를 보내 기왕에 모집 한 후원금의 일부를 송금해줄 것을 요청하였다.[54] 앞에서 살펴 본 바 있 거니와, 1920년 여름에 여운홍이 미국에서 돌아와 교장으로 선임됨과 동시에 인성학교 육성책을 제시하고 교사신축계획을 발표한 바 있었다. 여운홍 교장은 교사신축에 필요한 2만 5천원의 기금을 모금하기로 예정 하고, 예정금액의 반은 교민들 및 고국에서 구하여 충당하고 나머지 반 액은 재미 교포들에게 갹출하기로 계획하였다. 그리고 교민단과 임시정 부 학무부는 외국인들로부터도 자금을 모집하기로 협의하였다.[55] 인성 학교 신축기금 모집운동을 가속화하기 위해 교장 여운홍은 1921년 9월

---

49) 都寅權, 『竹軒 都寅權 自敍傳』, 石室, 2010, 61쪽.
50) 『朝鮮日報』 1923년 9월 8일, 「民團長更迭」.
51) 『朝鮮日報』 1923년 9월 12일, 「仁成校長更迭, 리유필시로 選任」.
52) 김광재, 『대한민국임시정부의 민족혁명가 윤기섭』, 역사공간, 2009, 127~128쪽.
53) 『東亞日報』 1923년 9월 20일, 「上海仁成學校 교실까지 신축계획」. 이때 인성학교 는 아울러 학교 명칭도 변경하였다. 즉 '인성소학교'라는 명칭 앞에 '공립'이라는 말을 붙여 '공립인성소학교'로 개정하였다(『朝鮮日報』 1923년 11월 12일, 「仁成 學校의 名稱 公立二字를 增加」). 이는 임시정부 내무부령으로 설립된 교민단이 경 영한다는 취지에서 학교의 공립적인 성격을 부각하기 위한 것이었다.
54) 『朝鮮日報』 1923년 10월 9일, 「仁成學校의 維持困難」.
55) 「不逞鮮人의 行動에 관한 件」 2, 1920년 8월 25일(『不逞團關係雜件-朝鮮人의 部-上海假政府』).

직접 국내로 들어갔다. 학교 운영의 정상화를 위해서는 무엇보다도 국내
동포들의 지원이 절대적으로 필요했기 때문이다.

국내에서 여운홍이 모금운동을 하는 동안 인성학교는 극심한 재정난
을 겪고 있었다. 인성학교는 "인성학교의 사정을 내외지동포에게 訴하
는 글"이라는 호소문을 각계에 배포하였다. 국내의 조선일보에 게재되
었던 호소문의 내용은 다음과 같다.

> 인성학교의 직원된 저희들은 여러분께 인성학교를 위하여 힘을 도와주
> 시기를 바라고 삼가 고하나이다. 이 학교는 본래 칠년전부터 멧멧 사람들
> 이 이곳에 사는 여러 동포의 아희들을 가르치려고 세운 것이올시다. 그세
> 울 때로부터 지금까지 오도록 아모 밋천도 업고 집 한 간도 업시 오직 여
> 러사람의 의연금과 학도의 학비금으로 셋집에서 근근히 지내와 늘 곤난이
> 막심하엿습니다.
>
> 이제와서는 학도는 점점 늘어서 오십명이나되고 집세와 물가는 더욱
> 올라서 경비지출은 만하가는데 학부형의 살님이 더욱 간고하여가고 유지
> 자의 의연금은 만치못하여 학교를 지탱하여가기가 매우 어려워가옵니다.
> 교육을 계속하여가자니 경비지출이 길이 업고 교육을 그만두자니 피어나
> 오는 꽃송이를 꺽기는 참아 못하겟나이다.
>
> 여러분! 우리가 지금 당한 처지를 생각하면 가슴이 아푸지 안슴닛가.
> 이것은 우리가 배우지 못한 죄갑시라 하려니와 그 인목이 이번 뜻하고 행
> 동이 활발하고 천진이 난만한 꽃송이갓흔 우리의 져 아희들이야 무슨죄로
> 개밥의 도토리가 되옵잇가. 또 우리가 압길을 생각하면 우리가 암만 애를
> 써서 사업을 이루어노흘지라도 이것을 지니고 늘어갈 져 아희들을 도야
> 지갓치 버리어두면 헛일이 안이오닛가. 허물며 멀지 않이하여서 져 아희
> 들도 우리의 큰 일에 몸소 참예하게 되겟슴에오닛가. 그런즉 우리가 엇지
> 아희들의 교육을 헐후하게 여기겟슴닛가.
>
> 더구나 이곳은 모든 나라사람이 모이어 사는 데임으로 각국사람들은 각
> 각 져의 후생들의 잘난 것을 나타내는데 우리는 엇지 아모데로 뜨더보아도
> 남의 아희들보다 못하지만은 우리의 아희들로 남의 밋에 들게하여 우리가
> 두 번 부끄러움을 당하겟슴닛가. 이것은 참아 못할 것이 아니오닛가.
>
> 그러한데 우리의 일은 우리박게 서로 함에 하여갈이가 업슴니다. 그러

함으로 비록 여러분의 어려우심은 알으오나 티끌모아 태산되고 백지장도 마조들면서 쉽다함을 생각하고 이 사정을 들이고하오니 깁히 생각하사 도아주심을 바라고 밋삼나이다. 인하와 여러분의 건강하심을 삼가빌오옴나이다.

上海法租界辣斐德路友記里一號

仁成學校校長 李裕弼

校監 趙尙燮

學監 尹琦燮[56]

이러한 인성학교의 호소에 조선일보도 칼럼을 실어 인성학교에 대한 지원을 호소하였다.[57] 이와 같은 호소에 의한 결과 일부 후원금이 접수되었던 것으로 보인다. 그 가운데 몇몇 경우가 신문에 보도되었다. 예를 들어, 평북 초산군에 거주하는 李瑞容이라는 사람은 인성학교의 곤경을 접하고 주머니를 털어 돈 60전을 상해인성학교에 보내달라고 조선일보사에 기탁하였다.[58] 경기도 이천군의 김정목, 구종서 두 사람은 후원금 55전을 인성학교에 보내달라고 맡겨왔다.[59]

1924년 교민단은 의사회를 개최하여 인성학교 규칙을 개정하였다. 교민단 의사회에서는 교육문제를 전담하면서 인성학교를 효율적으로 운영하기 위해 학무위원회를 두었다.[60] 동년 1월부터는 교민단 학무위원회 조례를 마련하고 학무위원을 선임하였다. 학무위원회는 교민단의 교육행정에 협조하기 위해 교민단 구역내에 거주하는 학식과 덕망이 있는 다음과 같은 10인의 인사들을 학무위원으로 선정하였다.[61]

---

56) 『朝鮮日報』 1923년 11월 18일, 「仁成學校의 事情을 內外地 同胞에게 訴하는 글」.

57) 『朝鮮日報』 1923년 11월 20일, 「民聲」.

58) 『朝鮮日報』 1923년 11월 22일, 「李瑞容君美擧」.

59) 『朝鮮日報』 1923년 12월 25일, 「仁成學校에 同情」.

60) 『新韓民報』 1924년 1월 24일, 「인성학교에 학무위원회를 두어」.

61) 『朝鮮日報』 1924년 1월 4일, 「上海僑民團의 新事業, 義警隊와 學務委員會를 設置」.

文伯宇, 閔弼鎬, 吳永鮮, 閔橿, 鄭光好, 金枓奉, 呂運亨, 羅昌憲, 趙德津, 金甲[62]

학무위원회는 김두봉을 위원장으로 임명하고 매년 1월과 7월에 정기 회의를 열고 교육사항을 의결하기로 하였다.[63] 또 임시정부에서 교육정 책으로 지향하던 의무교육제에 입각하여 "학령에 달한 아동과 소학교육 을 받아야 할 아동은 반드시 인성학교로 입학할 것을 권유할 것"을 결정 하였다. 아울러 인성학교 경비에 관하여 교민단 의원 전부의 연서로써 교민들에게 동정을 구하는 한편, 교육비 납부 관념을 고쳐 보급할 것을 결정하였다.[64] 예를 들어, 1924년 2월 2일 상해유학생회가 프랑스조계 모처에서 정기총회를 개최하자 학무위원장 김두봉과 정광호가 여기에 참석하여 인성학교 교사 건축에 대한 협조를 당부하는 연설을 하였다. 유학생회에서도 이에 적극적으로 노력할 것을 약속하였다.[65]

인성학교는 공립학교로서의 면모를 갖추기 위해 국내외 동포들의 호 응을 받아 교사와 도서관을 건립하고자 하였다. 사실 인성학교는 참고서 적류가 부족하여 학생 교육에 애로를 겪고 있던 중이었다.[66] 이들 참고 서적류는 인성학교 뿐만 아니라 상해에 있는 일반 동포들에게도 열람하 게 하여 문화발전에 이바지하도록 하였다. 이같은 취지에서 국내외의 동 포들에게 신문, 잡지와 책을 기부해줄 것을 요청하였던 것이다.[67] 그 결

---

62) 上海日本總領事館 警察部第2課, 『朝鮮民族運動年鑑』, 1923년 12월 16일자, 1924 년 1월 12일자(국사편찬위원회, 『대한민국임시정부자료집』 별책 2, 조선민족운동 연감, 2009, 145쪽).

63) 『朝鮮日報』 1924년 1월 4일, 「上海僑民團의 新事業, 義警隊와 學務委員會를 設置」.

64) 『東亞日報』 1924년 2월 9일, 「仁成學校 建築決定」.

65) 『東亞日報』 1924년 2월 11일, 「上海 留學生會 任員을 새로 改選」.

66) 『朝鮮日報』 1924년 1월 5일, 「上海仁校 附屬文庫計劃」.

67) 『東亞日報』 1923년 9월 20일, 「上海 仁成學校 교실까지 신축계획」 ; 10월 13일, 「上海 仁成學校 圖書寄附勸誘 각처에 향하여」 ; 12월 12일, 「圖書寄附希望」.

과 도서관 설치를 위해 필요한 일부 도서들이 답지하였는데, 인성학교측은 책을 보내준 동포들에게 감사장을 발송하였다.

한편 인성학교 지원금을 모집하기 위해 국내에 들어간 여운홍은 거의 반년만에 동아일보 주필 장덕수, 조사부장 김동성 등과 함께 재외동포위문회를 조직하였다.[68] 재외동포위문회가 적극적인 모금운동을 벌였지만 모금액이 상해로 온 것은 여운홍이 국내에 들어간지 2년 여의 시간이 흐른 뒤인 1924년 1월이었다. 일제의 방해로 재외동포위문회가 모금액을 송금하는데 2년에 가까운 시간이 걸렸던 것이다.

1924년 1월 국내 재외동포위문회의 후원금 1,144원이 상해에 도착했다.[69] 인성학교는 이 가운데 1000원을 학교와 교민단의 숙원사업인 교사신축비로 예치해 두었다.[70] 나머지 144원은 교비로 충당하였다.[71] 이렇게 재외동포위문회의 성금은 상해 뿐만 아니라 동북, 미주 등지에도 보내져 한인 아동교육을 위해 긴요하게 활용되었다.[72]

1924년에는 학교를 전담하는 교장과 교민단장을 분리하기로 하여 조상섭이 인성학교 교장으로 임명되었다.[73] 조상섭은 부임 직후 교사신축을 계획하고 1만원의 예산을 책정하였다. 그는 학교에서 소요되는 겨울철 연료 비용을 절약하였으며 교사들도 교장의 이러한 열의에 감동되어

---

68) 姜德相, 『呂運亨 評傳 2 : 上海臨時政府』, 64쪽.

69) 『朝鮮日報』 1924년 1월 23일자, 「仁校에 千五百圓」. 이 기사에는 이때 인성학교에 송금된 금액이 1,500원이라고 하였는데, 이는 1,144원의 오기로 보인다. 그런데 이보다 전인 1923년 3월 안창호가 북경에 가서 이광수를 만났는데, 이때 안창호는 동아일보사의 재외동포 위문금 1,700원을 전달받았다고 한다(이명화, 『도산 안창호의 독립운동과 통일노선』, 338쪽).

70) 『新韓民報』 1924년 2월 14일, 「인성학교 건축비를 모흐려고 내디유지의 긔부를 갈망한다」.

71) 金正明 編, 『朝鮮獨立運動』 2, 307~308쪽.

72) 『新韓民報』 1924년 4월 24일, 「東亞日報와 海外同胞慰問會」. 신한민보는 재외동포위문회의 해외 아동교육을 위한 성금 전달에 대해 감사하고 높이 평가하였다.

73) 유준기, 「대한민국 임시정부의 교육, 문화, 홍보활동」, 106쪽.

자신들의 월급을 희사한 결과 몇 천원의 기금을 모을 수 있었다. 여기에
용기를 얻은 조상섭은 국내외에 있는 유지와 교육에 열성을 보이는 국내
외 교민들에게 청연문을 보내 교사 신축에 부족한 금액을 기부해 줄 것
을 요청하였다.[74]

　　1925년에 가서는 교민단과는 별도로 인성학교찬조회라는 조직이 생겨
났다. 이 조직은 상해 교민들이 인성학교의 재정난을 덜어주기 위해 자발
적으로 조직한 단체로 보인다. 찬조회는 매월 1회 은 1불의 彩票(복권)를
발행하여 발행액 총액의 반은 당첨자에게 교부하고 나머지 반액은 인성
학교에 찬조금으로 충당하고자 하였다. 찬조회의 임원은 다음과 같다.

- 회장 : 秦熙昌
- 재무 : 李根永
- 위원 : 朴昌世, 金貞根, 朴奎明, 李斗煥[75]

---

74) 『東亞日報』 1924년 4월 2일, 「仁成校 請捐文」. 동아일보는 당시 인성학교의 교사
　　신축 노력에 대해 다음과 같이 보도하고 있다. "건축비 긔부 간망, 임의 여러번
　　보도한 바와 가치 상해에 있는 우리 동포의 자뎨를 교육하는 인성학교(仁成學校)
　　는 그 학교의 집을 건축하기 위하야 년래에 당국자들이 힘써 왓섯스나 경비의 여
　　의치 못한 것으로써 뜻을 이루지 못하얏든 바 최근에 그 학교의 새로 선임된 교
　　댱 조상섭(趙尙燮)씨가 취임한 뒤에 긔어히 금년안으로 실현케 하기로 방침을 세
　　우고 금년도 예산에까지 편입하야 대개로 일만원은 가져야 할 터인데 현재에 잇
　　는 돈으로는 년래에 당국자가 학교 집을 짓기에 목　을 세우고 치운 겨울에 어린
　　학생들은 발발 떨어도 석탄 한 짐을 사서 피우지 못하며 교사들이 곤궁하여도 월
　　급을 타서 쓰지 아니하여 가면서 모아둔 돈 수천여원밧게 업다 만일 금년 안에
　　집을 짓지 아니하면 장래에 지을 긔회가 영영히 업게 되겟는 고로 그 학교 당국에
　　서는 이왓가치 터문이가 업시 부족한 건축비를 엇지하면 보충하야 녀태에 경영하
　　든 것을 성공할까하야 백방으로 연구중이엿는데 근일에 와서 한가지 방침을 생각
　　하고 그 학교장 조상섭씨의 일흠으로 해내외(海內外)에 잇는 유지와 종래 교육에
　　렬심하든 여러사람들에게 청연문(請捐文)을 보내고 이 부족한 건축비를 도와서 상
　　해 부두(埠頭)에 우리 동포의 자제를 교육하는 긔관 하나가 완전히 잇게 되도록
　　하기를 바란다더라 (상해)"
75) 『獨立新聞』 1925년 3월 1일, 「仁成學校贊助會」. 인성학교 찬조회가 처음 생긴 것

위의 임원 가운데 회장 秦熙昌, 朴昌世, 朴奎明 등은 전차 검표원으로 있었고 그 외의 인사들도 모두 고정된 직업과 수입이 있었던 것으로 보인다. 아마도 고정수입이 있는 이들이 찬조회를 조직하여 인성학교를 돕고자 했던 것으로 보인다. 찬조회는 별도로 회칙 겸 추첨 방법 등을 배포하고 이미 60여 매의 추첨권을 발매하고 2월 14일 제1회 추첨을 하기로 예정하였다.[76] 하지만 그 후 별다른 기록이 없는 것으로 볼 때, 찬조회의 활동은 그리 활발하지는 못했던 것으로 보인다.

3. 인성학교유지회의 재조직

1) 협성리 교사 이전과 유지회의 재조직

1926년 인성학교는 馬浪路(현재의 馬當路) 협성리 1호에 교사를 마련하여 이전하면서 이전과 같은 잦은 이사에서 벗어날 수 있었다. 협성리 교사는 인성학교가 폐교되는 1935년까지 사용되었다. 하지만 재정적인 어려움은 여전하였다. 한때 인성학교가 거의 폐교 지경에까지 이르게 되자 교민사회에서는 학교는 절대 유지해야 한다는 주장이 고조되면서 새로운 학교운영 방안을 두고 고민하였다.

그리하여 1928년 1월 교민단 단장 韋惠林을 중심으로 51명의 인사들이 발기하여 인성학교유지회를 다시 조직하였다.[77] 교민단은 인성학교

은 1923년으로 보인다. 이해 인성학교의 재정난을 덜기 위해 김두봉의 발기로 인성학교 찬조회를 조직하여 은화 334불의 의연금을 모집한 바 있었다(『朝鮮日報』 1923년 7월 16일, 「仁成校의 義捐金」).

76) 「仁成小學校 贊助會 設置에 관한 件」, 1925년 2월 12일(『不逞團關係雜件 – 鮮人의 部 – 在上海地方』):

77) 『在外朝鮮人學校敎育關係雜件 第一卷 3.中國 (2)上海仁成學校』(日本 國立公文書

경영권을 유지회에 이양하였다. 2월 25일 오후 7시부터 辣斐德路 聖德學校에서 유지회 창립총회가 열렸다. 회원 97명이 참석한 회의에서 이동녕이 임시주석에 추대되고 정태희가 서기로서 회무를 진행하였다. 이유필의 취지 설명, 김두봉과 곽헌의 발기회 경과보고가 있은 후 유지회 규약을 수정, 통과시켰다.[78] 아울러 유지회 규약 외에 구체적인 세칙도 마련하였다.[79] 이날 회의에서는 이동녕, 정태희, 이유필, 김두봉, 황훈, 김철 등 6인의 임시위원을 선임하여 3월 정기총회 개최 준비 및 상해 한인 전부를 망라하는 회원 모집에 노력하기로 하고 산회하였다. 이들 임시위원들은 3월 1일 삼일절 기념식이 끝난 후 참석자들에게 유지회의 취지를 선전하고 기부금을 모집하였다. 그 결과 유지회의 창립에 대해 화동한국학생연합회는 선언문을 발표하여 유지회를 성원하였다.[80]

이어 유지회는 1928년 3월 16일의 집행위원 선거에서 39명의 집행위원을 선거하고 그 가운데 상무위원으로 다음과 같은 9인의 인사들을 선출하였다.

李東寧, 嚴恒燮, 趙琬九, 尹琦燮, 秦熙昌, 金枓奉, 鄭泰熙, 宋秉祚, 黃勳[81]

유지회는 다음해인 1929년 10월 4일 현재 176명으로 구성된 유지회 명부를 작성하여 회원들에게 우송하였다. 이어 유지회 집행위원의 선거를 통신투표에 부쳤다. 10월 12일 인성학교에서 개표한 결과 다음과 같

館 アジア歴史資料センター 데이터베이스).

78) 「仁成學校維持會規約」, 別紙第二號(『日本外務省陸海軍省文書』(218), 147~150쪽).
79) 「仁成學校維持會細則」, 「在滬鮮人團體綱領規約宣言聚」, 在上海日本總領事館 警察部 第2課, 1932.
80) 『在外朝鮮人學校教育關係雜件 第一卷 3.中國 (2)上海仁成學校』(日本 國立公文書館 アジア歴史資料センター 데이터베이스).
81) 「在上海仁成學校維持會執行委員選擧ニ關スル件」(『日本外務省陸海軍省文書』(218), 153쪽).

은 집행위원이 선정되었다.

- 집행위원장 : 秦熙昌
- 상무위원 : 鮮于爀, 金枓奉, 尹琦燮, 金澈, 安昌浩, 鄭泰熙, 宋秉祚, 韓鎭教, 李滇玉, 金玄九, 李春泰, 嚴恒燮[82]

10월 21일 집행위원장 진희창의 명의로 유지회 간부 및 부서 조직, 직원의 선임을 발표하였다. 유지회는 규약에 제시된 바대로 집행위원회를 두고 집행위원과 상무위원을 선출하였다. 집행위원회는 서무, 학무, 재무의 3과를 두어 학교의 유지, 운영에 관한 모든 업무를 관장토록 하였다.

- 서무과 : 安昌浩, 鄭泰熙, 金澈(주임)
- 재무과 : 宋秉祚(주임), 韓鎭教, 李滇玉, 李春泰, 嚴恒燮, 金玄九
- 학무과 : 鮮于爀(주임), 金枓奉, 尹琦燮[83]

그럼에도 불구하고 인성학교는 재정난으로 인해 거의 문을 닫을 곤경에 빠졌다. 그럴 때마다 인성학교 후원금 기부가 없지 않았다. 1928년경 상해에서 성공한 실업가였던 옥관빈이 안창호를 통하여 인성학교에 2천원의 금액을 기부하였다. 국내의 재외동포위문회가 보내온 지원금이 1천 여 원임을 고려할 때 2천원의 기부액은 거액임에 틀림없다. 옥관빈의 기부에 의해 폐교 기로에 있던 인성학교는 얼마동안 학교를 충실히 할 수 있었다.[84] 옥관빈은 일찍이 국내에서 105인사건으로 옥고를 치르고 3·1운동 후 상해에 망명하여 독립운동에 종사하다가 1920년대 전반부터는 본격적으로 사업에 뛰어들어 상해 유수의 한인 실업가가 되었던 인

---

82) 위와 같음.

83) 『在外朝鮮人學校教育關係雜件 第一卷 3.中國 (2)上海仁成學校』(日本 國立公文書館 アジア歷史資料センター 데이터베이스).

84) 『東亞日報』 1928년 12월 12일, 「上海 仁成校 曙光」.

물이다.[85] 동아일보와 신한민보는 옥관빈의 기부를 보도하면서 상해에
도 한인 사업가들이 늘어나고 있기 때문에 인성학교의 재정난도 호전될
것으로 낙관하였다.[86]

　그후에도 인성학교에 대해서는 국내외에서 간헐적으로 기부금이 들
어왔다. 1930년대 초반 인성학교 교사를 역임했던 구익균의 회고에 의
하면, 1931년 8월 구미 순방을 마치고 귀국길에 상해에 들른 김성수가
안창호를 찾아가 인성학교 후원금을 내놓았다.[87] 김성수는 1929년 11월
국내를 출발하여 세계 각국의 교육, 문물을 시찰하였는데, 1년 10개월만
인 1931년 귀국하였던 것이다.[88] 앞에서 보았거니와 김성수의 동아일보
사가 관여한 재외동포위문회는 1924년 대양 1,144원을 인성학교에 기부
한 바 있었다.

　인성학교는 각 신문사에도 지원 호소문을 보냈다. 인성학교와 안창호
등 상해 한인사회 지도자들은 미주의 한인 신문인 신한민보사에 원조를
요청하는 편지와 광고문을 보내 게재하였다. 먼저 인성학교 교장 김두봉

---

85) 옥관빈에 대해서는 다음의 논고가 참고된다. 김광재, 「玉觀彬의 상해 망명과 활동」,
　　『한국근현대사연구』 제59집, 2011.
86) 위의 『東亞日報』 및 『新韓民報』 1929년 1월 10일, 「상해인성학교의 서광」. 그런
　　데 당시 옥관빈의 기부를 둘러싸고 異論이 없었던 것은 아니었다. 일부 독립운동
　　단체에서는 옥관빈이 1920년대 후반부터 독립운동진영을 이탈하여 일제 관헌과
　　내통한다는 혐의를 두고 있었다. 그는 佛慈藥廠이라는 제약회사를 운영하면서 상
　　해의 유명사업가로 활동하고 있었는데, 안창호를 통하여 임시정부와 인성학교에
　　후원금 지원 의향을 밝혀 왔다. 임시정부는 옥관빈의 제의를 반대했지만 인성학
　　교의 윤기섭, 김두봉, 조완구는 우선 학교를 살리기 위해 옥관빈의 기부금을 수용
　　하였다. 상해 독립운동가들간에는 옥관빈의 기부 제의를 받아들이는 문제를 놓고
　　며칠동안 심각한 논의가 있었다고 한다(정화암, 『어느 아나키스트의 몸으로 쓴 근
　　세사』, 자유문고, 1992, 154~155쪽).
87) 구익균, 『새역사의 여명에 서서 - 격동속의 일생을 돌아보며』, 일월서각, 1994,
　　127쪽. 구익균은 상해에 들른 김성수가 인성학교에 대한 기부금 외에도 안창호에
　　게 독립운동 지원금도 기부하였을 것으로 회고하였다.
88) 仁村紀念會, 『仁村金性洙傳』, 1976, 786~787쪽.

의 협조 요청 편지 전문이 신한민보 1930년 7월 17일자 1면 사설란에 게재되었다. 신한민보사는 광고문 뿐만 아니라 편지도 신문에 게재함으로써 미주 동포들의 인성학교 지원을 호소하였다. 편지 전문은 다음과 같다.

> 귀샤에서 우리 민족사업을 위하야 분투하여 오심을 앙모하오며 아울러 그 사업 발전을 비압나이다. 본교에서 귀샤의 공무에 분망하신줄을 알면서도 본교의 넘우 절박한 사정으로 말미암아 부득이 이 성가신 청을 안이할 수 업게 되엇습니다. 본교는 상해 우리 교민의 유일한 교육긔관인 바 이제 경비 곤란으로 도져히 유지키 불능한 지경에 이를엇는데 덕의 관게로 내디 동포에게는 청연할 형편이 되지 못하고 그러하고 그냥 문을 닫을 수도 업서서 부득이 만리 밖에서 고생하시는 미·묵·포 재류 동포 여러분께 귀보를 통하여 청연하는 것이 비교뎍 유망한 일로 아오며 겸하여 귀사에서 잘 주선하여 주실줄로 믿고 별기한 광고문(뎨三면 뎨六란 참조)을 올다오니 만흔 동정으로 이 광고를 내여주시고 이 일이 잘 되도록 특별 주선하여 주심을 간절히 바라나이다.
>
> 긔원 四二六三년 六월 十二일
> 상해 인성 학교 교쟝 김두봉[89]

인성학교 교장의 편지와 아울러 상해 임시정부 요인이자 한인사회의 지도자들인 이동녕, 안창호, 김구 3인도 연명으로 편지를 써서 신한민보에 게재하였다. 이들의 편지는 인성학교 교장 김두봉의 호소를 측면에서 지원하는 목적이 있었다. 편지의 원문은 다음과 같다.

> 귀샤의 여러분 동지께 간구하는 바는 이곳에 있는 인성학교의 사정을 그곳에 게신 여러 동포의 앞에 넓히 소개하고 힘쓰어 주선하여 그 학교로 만흔 돕음을 얻도록 하여 주십시사함이외다.
> 인성학교의 사정은 그 학교의 교장 김두봉씨의 귀샤에 보내는 공함을

---

89) 『新韓民報』 1930년 7월 17일, 「상해인성학교의 곤경」.

476 제3부 이산과 기원의 교육사

의지하여 자세히 알오시겟스며 또 바다밖에 헐어지어 사는 우리의 어린 아이들은 우리가 우리의 글로 가르치지 못하고 외국학교에서 배우게 하는 데 대하여 큰 고통을 당함은 여러분의 몸소 겪어 보시어 잘 아시는 바가 안이오닛가.

이 곳에 헐어 나오아 자라는 우리의 어린 아이들을 우리 글로 가르치는 기관은 오즉 이 인성학교 하나 뿐이온데 이 곳 있는 동포들이 맘과 피를 암만 쥐여 짜아내나 본시 이 곳 동포들의 전톄 경계가 곤란하므로 학교의 형편이 해마다 늘어가기는 고사하고 그나마 지탱하여 가기가 점점 길이 업서 가오니 이 엇지 아프지 안이 합니까. 우리가 일혼 옛 나라를 찾는 운동에 직접 골몰하여 다른 일을 돌아볼 겨를이 업다 하겟사오나 그 한 이유로 우리 겨레의 새싹이며 새나라의 주인될 이 우리의 어린 아이들의 우리 글로 가르침을 엇지 예사롭게 보겟나잇가.

우리네의 절박한 사정은 먼저 우리네 끼리 서로 알아 힘있는데 까지 서로 돕기를 구함이 우리의 올혼 일이므로 이에 이 사정을 들어 여러분 동지께 간구하는 바이오니 만히 힘쓰어 주시옵기를 바라고 믿나이다.

대한민국 十二년 六월 十二일
리동령 안창호 김구 (도쟝)[90]

교장 김두봉은 편지와 아울러 인성학교에 대한 지원을 호소하는 광고 문을 함께 보냈다. 광고문은 미주 동포들이 인성학교의 형편을 잘 알 수 있도록 인성학교의 간단한 현황을 제시하였다. 이 광고문은 그후 4개월 가까이 11회에 걸쳐 신한민보의 제3면에 고정적으로 실렸다.[91] 신문을 통한 지원 호소는 큰 효과를 거두지 못했던 것으로 보인다. 미주가 지리적으로 멀리 떨어져 있는 데다 미주 동포들이 임시정부나 미주 한인단체에 대한 각종 의무금을 이미 내고 있었기 때문에 추가로 인성학교 후원금을 낼 수 있는 여력이 되지 못했기 때문일 것이다. 따라서 신한민보사

---

90) 『新韓民報』 1930년 7월 17일, 「상해인성학교의 곤경」.
91) 『新韓民報』의 「상해인성학교를 돕아주소서」라는 광고문은 1930년 7월 17일 이 래 8월 7일, 8월 14일, 8월 21일, 9월 11일, 9월 18일, 9월 25일, 10월 2일, 10월 9일, 10월 16일 등 11차례에 걸쳐 게재되었다.

는 1930년 10월 16일자 사설에서 다시 한번 더 인성학교에 대한 지원을 호소하였다.[92] 신한민보의 재차 호소 때문인지 몰라도 약간의 지원금이 들어왔지만[93] 근본적인 해결책은 될 수 없었다.

2) 윤봉길의거 이후의 시련과 폐교

1932년 4월 29일의 윤봉길의거는 침체에 빠져 있던 임시정부가 기사회생하는 중대한 계기를 마련해주었다. 동시에 상해 한인사회와 임시정부는 물론 인성학교에도 시련을 안겨주었다. 상해 일본총영사관은 프랑스조계 당국에 압력을 가해 임시정부 요인들을 체포하는데 혈안이 되었다. 이때 인성학교에 대해 큰 관심을 가지고 후원하던 안창호라는 걸출한 지도자가 일제에 의해 체포되고 말았다. 게다가 프랑스조계 공동국이 한인에 대해 일체의 집회금지령을 내렸기 때문에 상해 한인사회의 활동은 한때 마비되기에 이르렀다. 이때 인성학교도 일시 휴교령이 내려졌다가 그해 9월 다시 개교하였다.

인성학교는 다시 개교하였지만 재정난은 여전하였다. 인성학교를 조직적으로 지원했던 한인 검표원들이 전차회사에서 대량 해고되는 바람에 더 이상 인성학교에 대한 지원이 불가능하게 되었다. 인성학교로서는 2중, 3중의 시련이 아닐 수 없었다. 새로이 교장에 취임한 선우혁은 재정난을 타개하기 위해 다시 미주의 신한민보사에 편지를 보내 미주 동포들의 인성학교에 대한 원조를 호소하였다. 교장 선우혁이 1933년 8월 보낸 편지는 그 전문이 1933년 9월 28일자의 신한민보 제3면에 게재되었다.[94]

---

92)『新韓民報』1930년 10월 16일,「상해인성학교에 동정심을 표합시다」.

93)『新韓民報』1930년 11월 20일,「상해인성학교를 위하야」에는 미주 "뉴욕 흥사단 월례회회 十원, 차경석 五원"이라고 하여 인성학교에 대한 후원금이 들어온 것으로 보도되었다.

1934년에 가서는 학생들이 근로하여 학교 경비를 보충한다는 계획을 세울 정도로 재정난은 극심하였다. 이때 동아일보는 1934년 12월 7일자의 상해특신으로 인성학교의 어려운 상황을 상세하게 보도하였다.[95] 이 기사에 의하면, 학교운영을 위한 1년 경상비가 최소 4천원 이상인데, 수입으로는 수업료로 7백원, 학부형의 의연금 7백원이 있었는데, 이 둘을 합쳐도 2천 5백원 이상은 부족한 형편이었다. 때문에 교장 선우혁은 자신의 직업은 희생하고 심지어 행상까지 해서 경비를 보태고 있다고 하였다. 그리하여 학과시간에 근로시간을 도입하여 학생들로 하여금 하루 1시간씩 수공예품을 만들게 하여 경비를 보충하는 계획을 세우게 되었던 것이다.[96]

설상가상으로 상해 일본총영사관은 임시정부가 상해를 떠난 후 외롭게 프랑스조계에 남아 민족교육을 유지해가던 인성학교에 압력을 가하기 시작했다. 1930년대에 접어들면서 프랑스조계와는 달리 공공조계에는 상해거류조선인회와 같이 일제에 협력하는 교민단체가 생겨나기 시작했다.[97] 일본총영사관과 상해거류조선인회는 프랑스조계의 인성학교를 '온건한 교육기관'으로 바꾸려고 인성학교에 대해 압력을 가하기 시작하였다.[98]

1935년 10월 일본총영사관은 인성학교에 대해 같은 해 11월 10일부터

---

94) 『新韓民報』 1933년 9월 28일, 「인성학교 교정(장)의 호소」.

95) 『東亞日報』 1934년 12월 7일, 「異域風霜에 艱步二十年 經營難中의 仁成學校」.

96) 金孝淑에 의하면, 당시 상해 한인 부인과 아이들은 와이샤스 단추구멍 감치기, 아르리케수, 핸드백 만들기, 아동복 수놓기 등의 부업을 많이 했다고 한다. 그 가운데 박은식의 며느리가 되는 최윤신이 어린 시절 이런 일들을 가장 많이 했는데, 나중에는 어깨가 굽을 정도였다고 한다(金孝淑, 『상해 대한민국임시정부와 나』(未刊行), 1996, 21쪽).

97) 김광재, 「'상해거류조선인회'(1933~1941) 연구」, 『한국근현대사연구』 제35집, 2005, 161쪽.

98) 『韓民』, 1936년 4월 29일, 「其罪可殺의 甲寧昌植輩」.

일본 국정교과서에 의한 일본어교육의 실시를 강요하였다. 상해에 남아 있던 독립운동가들은 일제의 요구에 타협하는 한인이 있다면 암살도 불사하겠다고 하는 강경한 자세로 맞섰다.[99] 인성학교 당국도 11월 4일 부형회와 유지회를 소집하여 이에 대한 대책을 협의하였다. 그러나 뚜렷한 결론을 내리지 못하다가 최종적으로 학교당국의 판단에 따를 것을 결정하고 그에 대한 조치를 일임하였다. 결국 1935년 11월 11일 선우혁 교장을 비롯하여 학교 교직원들은 모두 사직함으로써 일제의 요구를 거부하였다. 인성학교는 무기한 휴교상태에 들어가면서 사실상 폐교되었다.[100]

4. 맺음말

1916년 개교한 인성학교는 설립 직후부터 재정난에 시달렸다. 인성학교가 재정적으로 어려웠던 것은 상해 한인들의 경제적 형편이 어려웠기 때문이었다. 학생들은 학비를 내지 못하는 일이 많았고 이것이 다시 인성학교의 재정난을 가중시켰다.

인성학교가 운영상의 어려움을 겪은 데는 외부적인 요인도 컸다. 우선 1920년에 접어들면서 인성학교의 최대 지원단체였던 임시정부의 정보 및 자금의 통로였던 교통국과 연통제가 일제의 탄압에 의해 무너지면서 임시정부 또한 경제적으로 어려운 상황에 처했다. 1925년 이후 교민단의 권위가 떨어져 교육비 징수가 어렵게 됨에 따라 그만큼 인성학교의 재정도 악화되었다. 교민단에서는 인성학교의 재정난을 해결하기 위해 의사회를 여러 차례 소집하여 상해에 거주하는 교민들로부터 기부금을

---

99) 千敬化, 「일제하 재중국 한국인 민족교육운동 연구」, 253쪽.

100) 村田左文, 『上海及ビ南京方面ニ於ケル朝鮮人思想狀況』, 朝鮮總督府 高等法院, 1936(金正柱 編, 『朝鮮統治史料』 10, 864~865쪽).

요청하였으나, 이렇다 할 성과를 거두지 못하였다.

재정난으로 인한 인성학교의 폐교를 막기 위한 유지운동은 1920년부터 본격적으로 시작되었다. 1920년 첫번째 유지회가 조직되면서 인성학교는 교민단에서 분리되어 유지회가 관리하게 되었다. 이후 인성학교는 중간에 교민단이 다시 학교의 관리권을 회복하는 때도 있었지만 기본적으로 유지회가 학교를 운영하였다. 그 후 인성학교유지회는 몇 차례 해산되었다가 다시 조직되곤 하였다. 유지회 회원 및 특별 찬조자는 대개 임시정부 요인들이었다.

인성학교유지회는 취지서를 만들어 재미교포들에게 인성학교 교사건축기금을 호소하였다. 유지회는 서양 인사들과 중국측 인사들에게도 취지서를 발송하여 기부를 요청하였다. 중국 교육계 인사들은 한인학생들을 각지 학교에 입학시키기로 결의하고 동시에 인성학교 교사건축 모금운동을 벌여 다소의 교사건축비를 기부하였다고 한다. 또한 프랑스조계 당국으로부터 인성학교에 대한 '교육자선사업보조금'으로 매년 600불씩 지원을 받고 있었다. 그외에 1920년대 초 이른바 모스크바 자금 가운데 일부 금액이 교민단과 인성학교에 유입되었다. 하지만 너무 소액이었기 때문에 인성학교가 재정난을 타개하는 데 큰 도움이 되지 못하였다.

인성학교는 재외동포위문회에 편지를 보내 모집한 후원금의 일부를 송금해줄 것을 요청하였다. 1924년 1월 국내 재외동포위문회의 후원금이 상해에 도착했다. 한때나마 재외동포위문회의 후원금은 인성학교의 교육에 긴요하게 활용되었다.

1925년에 가서는 교민단과는 별도로 인성학교찬조회라는 조직도 생겨났다. 이 조직은 전차 검표원 등과 같이 고정수입이 있는 이들이 인성학교를 지원하고자 했다. 하지만 찬조회의 활동은 그리 활발하지는 못했던 것으로 보인다. 1928년 1월 교민단 단장을 중심으로 51명의 인사들이 발기하여 인성학교유지회를 다시 조직하였다.

1932년 4월 29일의 윤봉길의거 이후 일제의 압박을 받은 프랑스조계 당국의 태도 변화는 인성학교에 시련을 안겨주었다. 프랑스조계 당국은 한인들의 단체 활동을 제한하고 인성학교에 대해 휴교령을 내렸다. 그해 9월 인성학교는 다시 개교하였지만 재정난은 여전하였다.

윤봉길의 홍구공원의거로 임시정부가 상해를 떠나가자 상해 일본영사관은 프랑스조계에 외롭게 남아 민족교육을 지속해가던 인성학교에 압력을 가하기 시작했다. 1935년 10월 일본영사관은 인성학교에 대해 같은 해 11월 10일부터 일본 국정교과서를 사용하는 일본어교육을 실시하라고 강요하였다. 결국 1935년 11월 11일 선우혁 교장을 비롯하여 학교 교직원들이 일제의 요구를 거부, 모두 사직하면서 인성학교는 사실상 폐교되고 말았다.

제4장 광복 후 인성학교의 재개교와 변천

1. 머리말

상해 인성학교가 1916년 설립되어 1935년 일제에 의해 강제로 폐교될 때까지 일제강점기 상해지역 교민자제들의 민족의식을 배양하였던 사실은 너무나 잘 알려져 있다. 그러나 인성학교가 광복이후인 1946년 다시 문을 열어 1979년까지 상해지역 교민자제들에 대한 민족교육을 수행했던 사실을 아는 사람은 그리 많지 않을 것이다.

그 이유는 우선 광복 이후의 인성학교가 일제강점기 상해지역 독립운동과 직접적인 관계가 없다고 하여 관심의 대상이 되지 못하였기 때문이다. 그 다음은 광복 이후의 상해 한인사회와 인성학교가 일제패망 이후 중국 국내의 혼란, 1949년 중국공산당의 대륙 석권과 중화인민공화국(이하 신중국)의 수립 이후 한국과의 상호왕래가 수십 년 동안 단절됨으로써 잊혀진 존재가 되었기 때문일 것이다.

따라서 한국 학계에서는 광복 이후의 인성학교에 대해서는 연구는 차치하고 그 존재 자체에 대해서도 분명하게 알지 못하고 있는 실정이다. 한국 학계의 연구는 일제강점기의 인성학교에 국한되어 있다.[1] 그런만큼 우선은 광복 이후의 인성학교 역사를 실증적으로 복원하는 것이 급선무가 아닐 수 없다. 이러한 작업은 인성학교 전체 역사의 반쪽을 복원한다는 의미가 있다. 더 나아가 1949년 신중국 수립 이후 잊혀진 상해 한

---

[1] 인성학교에 대한 선행 연구의 소개는 본서 제3부 제1장 「일제시기 인성학교의 설립과 운영」의 각주 3)을 참고하기 바란다.

인사회를 복원할 수 있는 토대를 만들 수 있다는 연구사적 의의도 적지
않을 것으로 생각된다.[2]

본고에서 주로 활용한 자료는 문헌자료와 구술자료이다. 문헌자료는
上海市檔案館 및 上海市虹口區檔案館에서 수집한 당안자료이다.[3] 이들
자료에는 당시 인성학교의 구체적인 상황에 대해 귀중한 정보를 담고 있
다. 구술자료는 국내외에 살고 있는 인성학교 졸업생이나 교사를 역임했
던 분으로부터 수집하였다.[4] 이들의 구술은 문헌자료에서는 볼 수 없는
상해한인사회와 인성학교의 모습을 포착하는데 도움되는 바가 크다.

---

2) 1946년 재개교한 인성학교는 조선(북한)과 중국 정부의 정책에 따라 다음과 같이
여러 차례 교명이 바뀌었지만 특별한 경우를 제외하고는 '인성학교'로 통칭하고자
한다. 1946년 : '仁成學校', 1949년 : '上海朝鮮僑民仁成學校', 1951년 : '上海朝
鮮人民仁成學校', 1959년 : '上海朝鮮人學校', 1976년 : '中州路第一小學 附屬 朝
鮮人小學班', 1979년 : '中州路第一小學'에 합병

3) 주로 당시 상해시 外事處, 敎育局 및 상해시 虹口區 敎育局이 인성학교와 관련하
여 왕복한 문서들이다.

4) 필자는 인성학교를 졸업하였거나 교사를 역임한 바 있는 국내외 여러분들의 구술
자료를 수집하였다. 우선 국내에서는 崔允信(1917년생, 1930년 졸업), 具益均
(1908년생, 교사 역임), 韓泰東(1924년생, 1935년 졸업), 金熙元(1927년생, 1935년
재학), 상해에 거주하는 金熙敬(1925년생, 1935년 재학), 劉眞順(1932년생, 1949
년 졸업 및 교사 역임), 金元培(1949년생, 1961년 졸업), 金用哲(1942년생, 1955년
졸업), 崔慰慈(1939년생), 具本奇(1942년생, 1954년 졸업), 王敏蘭(1954년생, 1961
년 재학) 등 여러분들을 면담하였다. 아울러 김희경, 김희원, 유진순, 김용철, 崔榮
芳 등 여러분들은 고이 간직하고 있던 귀중한 사진을 필자에게 제공해주어 인성
학교와 상해 한인사회를 이해하는데 많은 도움이 되었다. 지면을 빌어 심심한 감
사를 드린다.

2. 인성학교 재개교의 배경

1) 일제패망 이후의 상해 한인사회

1945년 8월 15일 일제는 연합국에 대해 무조건 항복을 선언하였다. 일제패망 이후 상해 한인사회의 형편은 일제 패망 직전의 상황과 크게 달라지지 않았다. 다른 점이 있다면 1945년 가을부터 1949년까지 상해 한인사회에는 외지로부터 흘러들어온 수만명의 한인들로 붐볐다는 점일 것이다. 일본 패망 후 중국관내지역에 이주했던 다수의 한인들은 귀국을 위해 상해를 비롯한 북경, 천진, 청도, 광주 등 대도시로 몰렸다. 상해에는 원래 거주하고 있던 이들 외에도 화중지방 일대에 흩어져 살던 한인들이 귀국을 위해 몰려들었다.[5]

상해의 한인 지도자들은 임시정부 선무단의 지도하에 한인들의 재산 보호와 안전한 귀국을 위해 상해한국교민협회라는 교민자치기구를 설립하였다.[6] 교민협회는 한인들에게 증명서를 발급하면서 상해시 당국에 대해 한인의 생명 및 재산 보호를 요청하였다. 그리고 1946년 3월부터 상해의 한인들은 본격적으로 귀국하기 시작하였다. 1948년 말까지 3년여에 걸쳐 상해에서 귀국한 한인은 3만여 명에 달했던 것으로 알려지고 있다.[7]

1948년 8월 대한민국 정부 수립후 상해에는 대한민국 주상해 총영사관이 설립되었다. 상해지역의 교민들은 한국총영사관의 관할하에 편입되

---

5) 馬軍·單冠初, 「戰後國民政府遣返韓人政策的演變及在上海地區的實踐」, 『史林』 2006年 第二期, 上海社會科學院 歷史硏究所, 65쪽.

6) 上海市檔案館 編, 『中國地域韓人團體關係史料彙編』 1, 上海: 東方出版中心, 1999, 70쪽.

7) 장석흥, 「해방직후 상해지역의 한인사회와 귀환」, 『한국근현대사연구』 제28집, 2004, 280쪽.

었다. 그러나 1949년에 접어들면서 상해 한인들의 처지는 일변하였다. 중국 대륙의 정세가 급박하게 돌아갔다. 1949년 5월초 신사군의 상해 입성이 임박하자 상해총영사관은 대만으로 철수하였다. 그러나 교민 귀국 작업은 그후에도 계속되었다. 1949년 5월 한국 정부에서는 상해지역 교민들의 안전한 귀국을 위해 광동에 있는 李鼎邦 영사를 상해에 급파하였다. 그는 1949년 9월말까지 신사군 점령하의 상해에서 교민 귀국 등 영사업무를 수행하다가 교민들과 함께 마지막 귀국선 플라잉 인디펜던스호 (Flying Independence)를 타고 귀국하였다.[8]

그런데 원래 상해에 오래 거주하였던 한인들은 1949년 신중국 이후에도 상해를 떠나지 않았다. 그들 가운데는 교민단 단장 鮮于爀, 金文公司의 金時文 등과 같이 상해에서 30년 이상 거주한 경우도 적지 않았다. 이들의 경우 생활기반이 상해에 있었기 때문에 상해를 떠나는 것이 쉽지 않았다. 그들에게 상해는 제2의 고향이었다.

2) 신중국 이후의 상해 한인사회

중국공산당이 상해를 해방시킨 약 4개월 후인 1949년 10월 1일 북경 천안문광장에서 중화인민공화국이 수립되었다. 원래 상해는 19세기부터 중국의 여러 도시 가운데 외국 교민들이 상대적으로 집중해 거주하던 곳이었다. 물론 일제패망 이후부터 1949년 5월 중국공산당의 상해 해방 때까지 많은 외국 교민들이 상해를 철수하여 귀국하였다. 그렇지만 신중국 수립 이후에도 적지 않은 외국 교민들이 남아 있었다. 이때 상해에 남아 있던 외국 교민 현황은 다음의 표와 같다.[9]

---

8) 『釜山日報』 1949년 10월 11일, 「중화민국에 억류중이던 미국 화물선 플라잉 인디펜던스호, 李正邦 상해주재영사와 중국 교포들을 싣고 부산에 입항」.

9) 『日本大陸年鑑』(1942年), 『上海市年鑑』(1946年 및 1947年), 『1949年上海市綜合統計』(鄒依仁, 『舊上海人口變遷的硏究』, 上海人民出版社, 1980, 146~147쪽) ; 上

〈표 14〉 1942∼1949년 상해 외국교민 국적 통계표

	1942년	1945년	1946년	1949년 11월
영국인	5,865	670	3,103	3,228
미국인	1,369	290	9,775	1,720
일본인	94,768	72,654		441
프랑스인	2,000	2,109	3,872	1,279
독일인	2,538	2,251	1,496	889
소련인	1,622	1,548	8,834	6,740
무국적 러시아인	1,657	**	7,017	5,066
월남인	1,391	**	2,350	43
포르투갈인	2,177	2,043	2,281	1,402
이태리인	492	1,048	873	375
오스트리아인	127	32	3,453	803
덴마크인	468	466	422	224
스웨덴인	170	173	198	78
노르웨이인	387	191	148	132
스위스인	248	275	407	152
네델란드인	152	71	201	71
스페인인	171	384	493	247
그리스인	305	241	627	195
폴란드인	1,042	62	842	663
체코인	301	10	581	197
인도인	2,027	1,826	1,427	467
조선인	*	**	2,381	503
무국적	28,994	31,811	11,468	2,393
기타	2,660	4,643	3,160	1,375
합계	150,931	122,798	65,409	28,683

* 당시 한인 숫자는 일본인내에 포함되어 있었음
** 당시 무국적 러시아인은 무국적인, 월남과 한인도 무국적인수에 포함됨

위의 표에서 보는 바와 같이, 신중국 수립 직후인 1949년 11월 현재

海外事誌編輯室 編,『上海外事誌』, 上海社會科學院出版社, 1999, 252쪽.

상해에 잔류한 한인들은 503명으로 조사되었다.[10] 상해 한인들은 신중
국과 국교를 수립한 조선민주주의인민공화국(이하 조선) 국적으로 편입
되었다. 당시 중국과 조선 정부는 중국에 있는 한인들의 국적에 대해 다
음과 같은 합의를 보았다고 한다. 중국의 동북지방에 살고 있는 한인들
은 모두 자동적으로 중국 공민으로 인정되지만, 그밖의 한인들은 중국이
나 북한의 국적을 선택하도록 하였다는 것이다. 그 과정에서 산해관 이
남의 몇천명에 달하는 한인들은 조선 국적에 편입되었다.[11]

1949년 신중국 수립 이후 상해에 남아 있던 한인들은 상해시 외사처
로부터 국적 선택에 대한 사항을 통보받았다. 국적 선택 과정에서 대부
분의 한인들은 조선 국적을 선택하였다.[12] 중국 국적(조선족)을 선택하
는 사람이 없었던 것은 아니나 극소수였다. 중국 정부는 국적문제에 대
해서는 엄격한 정책을 취하고 있었다.[13] 중국 국적을 신청한다고 하여
도 절차가 까다롭고 그 가능성도 극히 희박하였다.[14] 물론 이미 중국 국

---

10) 『1949年上海市綜合統計』(鄒依仁, 『舊上海人口變遷的硏究』, 147쪽).

11) 李采畛, 『중국 안의 조선족』, 청계연구소, 1988, 63쪽. 일제패망후 중국에 있던 한
    인들의 국적 문제에 대해서는 대략적인 사실만 알려져 있을뿐 아직까지 구체적인
    사실은 잘 알려져 있지 않다. 여기에는 조중 양국 정부의 관련자료 미공개에 기인
    하는 바 크다. 향후 이 방면에 대한 자료 발굴이 이루어져야 할 것으로 보인다.

12) 1978년 중국의 개혁개방 이후 생활의 편의나 한국을 방문하기 위해 조선 국적에
    서 중국 국적(조선족)으로 변경하는 경우가 있었다. 김시문의 첫째딸 김희경은 중
    국에서 태어나고 남편도 중국인임을 들어 1990년대 중반 북경 조선대사관에 국적
    변경을 신청하여 중국 조선족으로 바꾸었다고 한다(王敏蘭 구술, 2009년 2월 16
    일 淮海中路 자택에서).

13) 上海市虹口區檔案館,「關于處理國籍問題事, 爲不准朝僑黃俊玉入籍希口頭告知事」
    (上海市虹口區民政科, 29-2-56, 1954年5月17日)의「關于處理國籍問題的指示」.

14) 上海市虹口區檔案館,「爲呈報朝鮮僑民崔泰京加入中國國籍審核」(上海市虹口區民政
    科, 29-2-21, 1953年1月-2月);「關于處理國籍問題事, 爲不准朝僑黃俊玉入籍希口頭
    告知事」(上海市虹口區民政科, 29-2-56, 1954年5月17日). 예를 들어, 중국적을 신청
    했던 교민 崔泰京에 대해서는 전쟁복구를 위해 조선에 돌아가야 한다는 이유로 중
    국적 부여를 거부했다. 그리고 黃俊玉에 대해서는 "신중국"에 대한 인식이 없다는
    이유로 중국적 부여를 승인하지 않았다.

적을 가지고 있던 경우는 중국 국적을 그대로 승계할 수 있었다.

당시 한반도 남쪽 즉 한국에 고향을 두고 있던 한인은 한국 국적을 선택하는 사람도 있었으나 이 경우 '무국적자'가 되었다.[15] 한국은 중국의 미수교국가였기 때문이다. 상해지역 대부분의 한인들은 조선 국적으로 편입되었다. 이듬해 6·25전쟁 발발 직후인 1950년 8월 북경의 주중 조선대사관 관원이 상해로 출장하여 조선 국적을 선택한 한인들에게 여권을 교부함으로써 상해지역 한인들의 국적 문제는 일단락되었다.

상해의 조선 국적 교민들의 경제적 수준은 중국인들에 비해 열악하였다. 교민들은 일부 의사, 간호사, 교사 등과 같은 직업 외에는 대부분 노동에 종사하고 있었다. 생활이 어려운 교민들은 집안의 의복 등 물건을 내다 팔거나 주위로부터 돈을 빌려 연명하기도 하고 弄堂내 일을 도와주고 생활하는 경우도 적지 않았다. 당시 상해시의 조사에 의하면, 상해의 외국 교민 가운데 조선 교민의 생활이 가장 곤궁하였다고 한다. 특히 조선으로부터의 원조가 끊긴 6·25전쟁 기간 동안은 더욱 더 어려웠다. 1952년 조선 국적 교민 167호(351인) 가운데 실업 상태에 놓여있거나 생활이 곤란한 경우가 100~110호(300인에 육박)였다고 한다. 생활이 불안정했던 조선 교민들은 홍콩이나 브라질 등지로의 출국 신청자가 적지 않았다. 특히 6·25전쟁이 끝난 후 출국 신청 교민들은 더욱 더 증가하였다.[16]

상해시는 생활이 어려운 조선 교민에 대한 긴급 지원을 결정하였다. 우방 국민인 조선 교민에 대한 인도주의적인 차원 뿐만 아니라 "추위 및 기아로 인한 사회치안의 혼란이나 기타 정치적으로 좋지 않은 영향을

---

15) 劉眞順 구술, 2009년 9월 15일 상해 四川北路 好享來에서. 1932년 평양에서 태어난 劉眞順은 그해 독립운동가인 부친 劉一平을 따라 상해로 건너갔다. 1936년 인성학교 유치원을 다녔으며 1946년 재개교된 인성학교의 첫 번째 졸업생으로 1951년부터 1979년까지 인성학교 교사를 역임하였다.

16) 上海市檔案館, 「關于上海朝鮮僑民救濟案的報告及批復」(政1-2-919, 1952년12월~1953년12월), 42쪽.

미연에 방지"하기 위한 목적도 있었다. 북경의 중앙정부도 조선 교민 생활곤란자에 대한 지원을 승인하고 지지하였다. 중앙정부 외교부는 "상해 조선 교민 처우 원칙"을 통해 조선 교민에 대해서는 "단결, 교육, 개조 및 필요한 보호를 해야 한다"는 방침을 추진하였다. 좀도둑이나 건달, 娼妓 같은 "品行惡劣分子"는 수용관리와 노동개조를 실시하며, 청장년들에 대해서는 취업을 알선하고 스스로 생활할 수 있도록 도와주고 노약자 및 연소자나 생활곤란자에 대해서는 구제하도록 하였다. 구제는 금전이 아니라 실물로 하되, 추후의 처리 상황을 수시로 보고할 것을 지시하였다.

상해의 경우 실업 상태에 놓여있거나 생활이 곤란한 조선 교민 100~110호 가운데 62호는 1952년 상해 조선인성학교관리위원회에 救濟米를 신청하였다.[17] 당시 상해시는 인성학교관리위원회를 통해 조선 교민에 대한 지원을 하고 있었다. 상해시는 인성학교관리위원회가 상해 교민들의 실질적인 교민단체 역할을 맡고 있는 것으로 간주하고 있었다.

인성학교 관리위원회에 구제를 신청한 62호 가운데 상해시 외사처의 심사를 거쳐 58호가 지원 대상으로 결정되었다. 그 가운데 56호가 1952년 12월말 실제적으로 지원을 받았다. 구제미는 호별 가족의 다소에 따라 다양했다.

〈표 15〉 조선교민 생활곤란자 호별 구제미 지원 현황

구제미(근)	140	120	100	80	60	55	40	30	총 4,230근
호수	8	2	7	9	1	20	2	7	총 56호

조선 교민들은 구제미 외에도 겨울을 나기 위한 겨울 솜옷을 지급받

---

17) 上海市檔案館, 「關于上海朝鮮僑民救濟案的報告及批復」(政1-2-919, 1952年12月~1953年12月), 42쪽.

았다. 모두 115.5벌이 지급되었다. 상해시는 긴급구제에 대한 조선 교민의 반응이 양호하며 겨울철 생활상의 곤란이 해결됨으로써 조선 교민들의 '學習'에 대한 적극성이 제고되었다고 평가하였다. 이전에 생활난으로 학습에 열심히 참여하지 않던 부녀자들도 학습에 참가하면서 중국 인민과 정부에 대해 감사를 표시하고 있다고 파악하였다.[18]

또한 상해시는 생활이 어려운 조선 교민에 대해서는 구제를 하는 동시에 직업을 소개하거나 취로사업에 동원하는 계획을 수립하였다. 하지만 이러한 계획은 그리 원활하게 진행되지는 못했다. 왜냐하면 기업체들은 "歷史情況이 복잡한" 조선 교민의 고용을 주저하고 있었고 고용한다 하더라도 관리상의 번거로운 문제가 많을 것으로 판단하고 있었기 때문이었다. 중국측은 상해의 조선 교민들을 일제통치시기와 국민당 통치시기 동안 부정적인 영향을 받은 경우가 많아 개조의 대상으로 인식하고 있었다. 취로사업도 계획보다 그리 많지 않았기 때문에 당초 기대했던 효과를 거두지 못했다.

생활이 어려웠던 조선 교민 가운데 하나의 사례를 보자. 1962년 12월 상해시 十六五金廠에는 韓昌東(당시 64세)이라는 조선 교민이 노동자로 일하다가 병사한 경우가 있었다. 한창동은 두 딸이 있었는데, 장녀 韓英淑은 18세로 아직 직업이 없었고 차녀는 14세로 아직 初中에 재학중이었다. 평소 생활비를 부친 한창동의 노임에 의지했기 때문에 그가 사망하고 난후에는 수입이 끊어지게 되었다. 상해에는 도와줄 친척이 없었고 수령한 구휼 장례비 304원도 모두 사용했기 때문에 당장 생계유지가 곤란해졌다. 때문에 상해시 輕工業局과 한영숙은 생계를 위해 공장 취업을 요청하였다.[19]

---

18) 上海市檔案館, 「關于上海朝鮮僑民救濟案的報告及批復」(政1-2-919, 1952年12月~1953年12月), 15쪽.

19) 上海市檔案館, 「關于安置上海市十六五金廠因病死亡職工朝鮮僑民韓昌東女兒進廠工作的函」(B163-2-1580-13, 1963年3月5日). 한영숙은 1957년 인성학교를 졸업하

상해의 조선 국적 교민들은 상해시로부터 "외국인영구거류증"을 발급받았다. 그들은 선거권은 없지만 연금이나 의료혜택은 받을 수 있었다.[20] 주택은 상해시 외사처에서 주선하여 저가로 임대하였다.[21] 또한 상해 교민들은 1950년대 말부터 몇 년에 걸친 중국의 대기근 때는 식량 등 각종 배급에서 우대를 받았다.[22] 조선 여권을 제시하면 상점에서 일반 중국인들이 구하기 힘든 물건도 구입할 수 있었다.[23]

다만 여행 등과 같은 개인 이동에서는 제한을 받았다. 예를 들어, 상해에서 항주로 갈 경우에는 반드시 사전에 상해시 외사처에 신고를 하여야 했고 그렇지 않을 경우 처벌이나 불이익이 따랐다. 대체적으로 보아 여행 등과 같은 개인 활동에서 제약이 있었음에도 불구하고 조선 교민들의 기본적인 의식주 생활은 해결되었던 것으로 보인다.

다음으로 교민단체에 대해 살펴보자. 1949년 중국공산당의 상해 접수 이후 조선 및 중국과 우호적인 교민단체가 설립되어 운영되었다. 이전의 교민단체였던 상해한국교민협회는 신사군이 상해를 점령한 직후인 1949년 7월 5일 이미 해산되었다.[24] 대신 조선의 인민공화당이 주도한 조선

였으며 1988년 한국에 입국하여 한국 국적을 취득하였다가 1990년 다시 한국 국적이 취소되는 우여곡절을 겪었다(엄상익, 『엄마 합의합시다』, 나남출판, 1996, 242~246쪽).

20) 金元培 구술, 2009년 10월 15일 상해 紫藤路 한국식당에서.

21) 金用哲 구술, 2009년 11월 15일 상해 徐家滙 兩岸커피샵에서.

22) 劉眞順 구술, 2009년 1월 20일 상해 多倫路 한식당에서. 유진순은 1950, 60년대 기근 때는 배급을 받았는데, 배급량은 매월 중국인은 2량 반인데 비해 외국 교민은 반근(중국인의 2배)를 받았고 쌀은 중국인은 안남미를 받았는데 외국 교민은 그런대로 괜찮은 쌀을 받았다고 한다.

23) 崔慰慈 구술, 2009년 11월 13일 상해 萬科城市花園 자택에서. 1950년대 말 1960년대초 김문공사 근처에 살면서 이들과 가까이 지냈던 최위자(崔朵의 딸)는 자신은 중국 국적이었지만 당시 조선 국적을 보유하고 있던 김문공사 가족들의 여권을 빌려서 당시에는 귀했던 우유 등을 사먹을 수 있었다고 한다.

24) 上海外事誌編輯室 編, 『上海外事誌』, 346쪽.

인민민주연합회가 교민단체로서 기능하였다.

1950년 8월 북경의 주중 조선대사관 관원이 상해에 와서 교민들의 단결과 '抗美衛國'을 호소하였다. 그 결과 朝僑學習會가 조직되어 애국주의교육을 실시하였으며 인성학교유지회를 설립하여 인성학교를 관리하였다. 1953년 10월, 조교학습회와 인성학교유지회는 합병하여 교민단체 상해조선인협회를 설립하였다.[25] 조선인협회는 중국정부의 공식적인 인정을 받은 단체는 아니었지만 비공식적인 묵인하에 활동하였다.[26] 1959년 11월에는 상해에도 조선 총영사관이 설립되어 상해를 비롯한 화중지역의 교민관련 업무를 수행하였다.[27]

조선인협회는 상해 조선총영사관의 지도하에 있었다. 협회의 역대 위원장과 임기는 다음과 같다.

- 제1대 위원장 : 劉一平(1953~1956)
- 제2대 위원장 : 金榮民(1956~1966)
- 제3대 위원장 : 陳春浩(1966~1978)
- 제4대 위원장 : 具本奇(1978~1980년대 초)[28]

위의 유일평, 김영민, 진춘호는 모두 독립운동에 참여한 경력이 있는데, 김원봉의 민족혁명당 계열에 속하는 인사들이다. 제4대 위원장인 구본기는 1942년생으로 1954년에 인성학교를 졸업한 졸업생이었다.[29]

현재 조선인협회의 위원장 이하 임원이 확인 가능한 년도는 1966년

25) 上海外事誌編輯室 編, 『上海外事誌』, 346쪽.
26) 金元培 구술, 2009년 10월 15일 상해 紫藤路 한국식당에서.
27) 上海外事誌編輯室 編, 『上海外事誌』, 376쪽. 상해의 조선총영사관은 주로 교민사무 처리, 본국의 상해파견 실습생, 유학생의 관리 등 업무를 수행하였다. 그러나 업무가 많지 않기 때문에 1964년 2월 6일 폐쇄하고 북경으로 철수하였다.
28) 金用哲 구술, 2009년 11월 15일 상해 徐家滙 兩岸커피숍에서.
29) 具本奇 구술, 2009년 11월 3일 상해 上海中學 국제부 사무실에서.

과 1967년의 2개년도이다. 이때의 임원진은 다음과 같다.[30]

〈표 16〉 1966~1967년도 상해조선인협회 임원진

1966년 5월 4일 현재	1967년 4월 25일 현재
· 위원장 : 진춘호 · 부위원장 : 김만일 · 위원 : 김차만, 김성현, 유진순 · 교양부 : 최승선 · 조직부 : 김성표 · 회계 : 김갑철 · 文體 : 김정일, 우은하	· 위원장 : 진춘호 · 부위원장 : 김만일 · 위원 : 유진순, 한영호, 구본기 · 조직부 : 진춘호(김원배, 김용주) · 재정부 : 김만일(김용철, 전관영) · 정치교양 : 구본기, 한영호(부조위원), 　　　　　　우은하, 최승선

위의 표에서 보듯이, 상해조선인협회의 간부는 인성학교와 깊은 관련
을 가지고 있다. 먼저 협회 위원장을 맡고 있는 진춘호는 인성학교 교장
이었다. 그 외 유진순은 인성학교 교사였으며, 최승선, 구본기, 김원배
등은 인성학교 졸업생들이었다. 게다가 협회 사무소도 인성학교 부속건
물 2층에 있었다. 그렇게 볼 때, 인성학교와 조선인협회는 이신동체나
마찬가지였다.

조선인협회는 상해 교민들을 조직하여 여러 가지 활동을 벌였다. 먼
저 상해시와 교섭하여 교민의 권익을 옹호하고 구제하는 활동을 전개하
였다. 그 가운데는 직장이나 주택 알선 등 업무도 있었다.[31] 그리고 교
민들을 대상으로 학습반을 조직하였다. 학습반은 주로 조선의 노동신문
을 읽어주는 방식으로 이루어졌다. 그리고 교민들을 위한 야유회, 운동
회를 조직하여 친목을 도모하였다. 교민 가운데 사망자가 있으면 부고를
돌리고 영안소를 지키는 일도 하였다.[32] 또 조선의 전통문화 공연, 영화
상연 등을 통해 민족적 정체성을 유지하는 활동을 정기적으로 펼쳤다.[33]

---

30) 劉眞順 비망록.
31) 劉眞順 구술, 2009년 11월 19일 상해 魯迅公園 옆 九牛一品에서.
32) 金元培 구술, 2009년 10월 15일, 상해 紫藤路 한국식당에서.

이러한 정기적인 전통문화 공연은 대개 인성학교 2층 강당에서 열렸다. 주로 교민들의 아리랑 등 조선 민요 합창이나 가야금 병창 등이 공연되었다. 가야금과 같은 악기는 상해 조선영사관에서 제공했다.[34] 1970년 대 말까지 상해 교민들은 정기적으로 민족의 전통 공연이나 영화상연 등을 통해 민족정체성을 유지해 갔다.

3. 인성학교의 재개교와 운영

1) 인성학교의 재개교

1945년 8월 일제가 패망하자 상해 한인들은 교민단체 한국교민협회를 결성하고 1935년에 폐교된 인성학교의 재개교를 서둘렀다. 1935년 인성학교 폐교 이후 일본, 중국, 서양인 학교에 뿔뿔이 흩어져 국적불명의 교육을 받았다. 한인 자제들을 한 곳에 모아 민족교육을 실시할 필요가 절실했다.[35]

재개교 운동의 중심에 섰던 이는 선우혁이었다. 그는 일제 패망후 한국교민협회의 위원장이자 상해한인기독교회의 장로로서 상해 한인사회의 원로였다. 그의 인성학교 인연은 남달랐다. 그는 1916년 인성학교 설립을 주도하였을 뿐만 아니라 우연하게도 1935년 폐교 당시 교장으로 재직하였다. 그런 그가 1945년 일제가 패망하자 다시 인성학교의 문을 여는데 앞장 섰던 것이다.[36] 그를 중심으로 1945년 12월경 인성학교 '재건

---

33) 劉眞順 구술, 2008년 11월 17일 상해 多倫路 茶館에서.
34) 王敏蘭 구술, 2009년 2월 16일 상해 淮海中路 자택에서.
35) 具益均, 「上海서 解放을 맞으며」, 『기러기』, 1980년 7월 8일.
36) 선우혁은 1947년 인성학교 교장직을 사직한 후에도 교사로 있다가 1950년대 중

기성회'가 설립되어 활동을 개시하였다. 같은 흥사단 계열이던 具益均도 선우혁의 인성학교 재개교 노력에 협력하였다. 그들은 상해 교민사회에 서 유지들로부터 학교 재개교에 필요한 자금을 모집하였다.[37]

이때 교민협회 위원장이자 인성학교 재개교 활동에 분주하던 선우혁 의 모습이 중국 신문에 포착되기도 하였다. 1945년 11월말 중국 중앙일 보 기자와의 인터뷰에서 한국교민단 단장 선우혁은 "얼굴 가득이 웃음 을 머금으며 '우리 인성학교가 마침내 다시 문을 열 수 있게 되었습니다. 앞으로 2~3일내에 재건기성회를 거행할 것입니다'며 유쾌한 기분으로 기자에게 자랑스럽게 말하였다"고 보도하였다.[38]

마침내 1946년 6월 상해 교민들은 1935년 일제에 의해 강제로 폐교 된 인성학교를 다시 열었다.[39] 1946년 6월 10일 인성학교는 홍구 新鄕 路의 중국인 예배당을 빌어 개교하였다. 이곳은 임시 교사의 성격이 강 하였다. 아마도 蚰江支路 吉祥里의 한국기독교회의 부속건물으로 옮기 기 이전에 잠시 머물렀던 것으로 보인다. 인성학교는 신향로의 중국인 예배당에서 1946년을 넘기고 이듬해인 1947년 봄 이곳에서 멀지 않은 규강지로 길상리 212弄의 한국기독교회의 부속건물로 이전하였다.[40] 1916년 인성학교가 처음 설립된 곳이 바로 홍구지역이었다. 1919년 소 주하 이남의 프랑스조계로 옮겼다가 1935년 일제에 의해 폐교를 당하였 던 것이다. 그로부터 10여 년이 지난 후 인성학교가 처음 설립되었던 곳 인 홍구에서 다시 학교 문을 열게 되었다.

반 북한으로 들어갔다가 1964년경 사망하였다. 金用哲 구술, 2009년 11월 15일 상해 徐家滙 兩岸커피숍에서.

37) 구익균, 『새역사의 여명에 서서 - 격동속의 일생을 돌아보며』, 일월서각, 1994, 115쪽.

38) 『中央日報』 1945년 11월 30일, 「한인은 자주를 절실히 원하고 있다」(국사편찬위 원회, 『대한민국임시정부자료집』 11, 한국광복군Ⅱ, 2006, 170쪽).

39) 上海市檔案館, 「上海市外僑學校調査」(B105-5-1350, 1950.6.22).

40) 上海市虹口區敎育局 編, 『虹口敎育史話』, 上海: 學林出版社, 2000, 254쪽.

규강지로 길상리의 한국기독교회 건물은 인성학교가 1979년 인근의
중국인 학교에 통합될 때까지 32년 동안 교사로 활용되었다. 일제강점기
인성학교가 재정난으로 9차례나 이전을 했던 것과는 대조적이라 할 것
이다. 교사는 규강지로 212롱 길상리 1호, 2호, 15호를 포함하고 있다.
한국기독교회 건물은 1909년에 세워진 벽돌구조 건물 3동으로 이루어져
있으며 건축면적은 786평방미터이며 토지면적은 2.349무이다. 1940년
11월 25일 상해한국기독교회(대표 方孝元)가 중국인 胡씨로부터 매입하
였다.[41]

재개교 직후 신향로에서 규강지로로 옮긴 인성학교는 처음 교회건물
3동 가운데 예배당(길상리 15호) 옆의 부속건물(길상리 1, 2호)에 자리를
잡았다. 그러다가 1950년대 말경 인성학교는 주건물인 예배당 건물로
옮기게 되었다.[42] 1950년 이후 중국당국의 종교정책으로 공식적으로는
교회에서 예배를 보지 못했기 때문에 예배당은 늘 비어 있었다.[43] 그후
부터는 주건물이었던 예배당이 학교 건물이 되고 부속건물 2동은 교원
숙사와 상해조선인협회 사무실로 활용하였다.

학교건물 1층에는 교실 5개와 교무실, 교장실, 교재보관실, 욕실이 있
었다. 교실은 각 학년별로 1개씩이었다. 2층은 강당이었다. 약 200명을
수용할 수 있는 강당은 전면에 무대가 있고 오른쪽에는 피아노[44]가 있

---

41) 上海市檔案館, 「關于對上海朝鮮人學校改進管理的意見」(B105-2-960, 1966.7.22).
   한편 「朝鮮예수教長老會總會第三十四回會錄」(1941)에 의하면, "방효원목사는 상
   해에 5, 6년간 전도한 결과 성적이 양호하야 사백여명이 회집이 되며 염려하던
   예배당도 虹口 중요지대에 사만오천원으로 基地 四百餘坪 大建物을 매수하여 平
   平히 예배하며 9월부터 완전히 自立牧師가 되었아오며"라고 하고 있다(김교철편,
   『朝鮮예수교장로회 上海教會歷史 硏究 資料集』(미간행), 2005, 108쪽).
42) 金用哲 구술, 2009년 11월 15일 상해 徐家滙 兩岸커피샵에서.
43) 劉眞順 구술, 2009년 1월 20일 상해 多倫路 한식당에서.
44) 이 피아노는 영국제 謀得利(Mutry) 피아노로 1946년 인성학교 재개교시 孫昌植이
   기증하였다. 손창식은 인성학교에 재정적인 지원도 많이 하였다(劉眞順 구술,
   2009년 11월 19일 상해 魯迅公園 옆 九牛一品에서). 그래서 손창식은 한때 인성

었고 왼쪽 측면에는 분장실이 있었다. 오른쪽 측면에는 소년단실이 자리 잡고 있었다.[45] 2층 강당은 상해 교민들의 활동 중심 무대가 되었다. 각종 교민 집회, 문화 공연 등이 이곳에서 이루어졌다. 그리고 크지 않지만 운동장이 있어 체육시간에 활용되었다. 운동장 끝에는 포도밭도 있었다. 전체적으로 학교는 민가에 둘러싸여 있었다.

재개교된 인성학교는 일제강점기 인성학교와 마찬가지로 이사회에 해당하는 인성학교유지회에 의해 운영되었다. 1946년 재개교 당시 인성학교는 한국교민협회와 인성학교유지회의 지도하에 학교를 운영하였다. 유지회 이사장은 상해 한국기독교회 목사로 있던 張德櫓가 맡았다. 초대 교장은 선우혁, 교무주임은 구익균이었다. 이들은 모두 흥사단 원동위원부 구성원들이었다. 장덕로가 흥사단 원동위원부 책임자로 있었으며 흥사단 원동위원부 사무실도 인성학교 내에 두었다.[46]

한편 1948년 9월에는 38선 이북에서 조선민주주의인민공화국이 수립되었다. 여기에는 민족혁명당 계열 인사들이 적지 않게 입각하였다. 민족혁명당 총서기였던 김원봉은 국가검열상이라는 직책으로 각료의 일원이 되었다. 국가검열상은 군사행정을 전문적으로 관할하는 자리였는데 그와 함께 활동했던 민족혁명당 계열 및 연안파 사람들이 북한 인민군 내에서 상당한 실세를 갖고 있었다.[47] 조선정부 내 김원봉 및 연안파의 득세에 따라 상해에서도 민족혁명당 및 인민공화당 계열이 세력을 강화하였다. 인민공화당은 김원봉이 이끈 민족혁명당이 1946년 개명한 정당

학교 '명예이사장'이었다고 한다(金用哲 구술, 2009년 11월 15일 상해 徐家滙 兩岸커피샵에서).

45) 上海市檔案館, 「朝鮮人學校 1963年校産, 校具淸査目錄」(B105-8-118-1. 1963.10). 이 문서에는 인성학교 약도와 학교건물의 평면도 2장이 첨부되어 있다.

46) 「張德櫓가 국내위원부 이사부장에게 보낸 서한(1947.5.27)」(도산안창호선생전집 편찬위원회, 『도산안창호전집』 제8권 흥사단원동위원부, 2000, 836~839쪽).

47) 염인호, 『김원봉 연구』, 창작과비평사, 1992, 382쪽.

이었다. 이들은 상해에 인민공화당 상해지부를 설립하고 조선 국내의 인민공화당 본부와 연계하면서 활동하였다. 중국공산당의 상해 점령 이후에는 조선인민민주연합회라는 단체를 조직하여 활동하였다.

그 결과 1949년 10월 중화인민공화국 수립을 전후하여 기존의 한국독립당 계열 인사들은 인성학교 운영에서 물러나고 대신 인민공화당 계열 인사들이 인성학교를 접수하여 운영하였다. 인민공화당 인사들이 중심이 된 조선인민민주연합회가 인성학교를 접수 관리하게 되면서 내부의 인원도 대폭 교체하였다.[48] 인성학교의 교직원 대부분은 옛 민족혁명당 소속 인사들로 충원되었다.

1949년 5월 중국공산당이 상해를 점령한 이후 가을학기 시작에 앞서 세 번째 인성학교 교장으로 취임한 金斌은 상해시 교육국을 방문하여 신학기 개학을 통보하였다.[49] 1949년 2학기때 인성학교 교무위원회를 확대개조하여 "상해조선교민 인성학교 유지회위원회"를 조직하였다. 1949년 9월 3일 유지회위원회는 제1차 회의를 열어 교명을 "상해조선교민 인성학교"로 개명하였다. 학교에서는 수시로 학부형 회의를 소집하여 기부금을 받았다. 예를 들어, 1950년 2월 6일 인성학교는 제2차 가장회의를 열었는데 학부형 19인이 참석하였다. 이 자리에서 학부형들은 모두 1인당 45단위 이상의 기부금을 헌금하였다.

한편 1949년 10월 중화인민공화국 수립 이후 조선과 국교를 수립하면서 북경에 주중국 조선대사관이 설치되었다. 북경의 조선대사관이 인성학교의 지도기관으로서 지원과 관리를 맡게 되었다.[50] 인성학교는 학

---

48) 上海市檔案館, 「上海市外僑學校調査」(B105-5-1350, 1950.6.22).

49) 上海市檔案館, 「上海教育局有關外僑學校情況報告」(B105-1-1115, 1950~1952.7), 52쪽.

50) 위의 자료, 63쪽. 1946년만 하더라도 상해에는 한국의 영사관이 아직 설립되지 않았다. 인성학교는 미군정의 기관인 주화연락처와 연계를 맺고 있었다. 상해에 한국총영사관이 설립된 것은 1949년 1월이었다(上海市檔案館 編, 『中國地域韓人團體關係史料彙編』 1, 384쪽).

교운영에 대해 북경의 조선대사관에 정기적으로 보고하게 되었다.[51] 1951년 4월 25일 인성학교는 지도기관인 주중 조선대사관의 지시에 의해 교명을 "上海朝鮮僑民仁成學校"에서 "上海朝鮮人民仁成學校"로 개명하였다.[52] '교민'을 '인민'이라는 말로 바꾸었던 것이다. 또한 인성학교 관리를 위한 "유지위원회"를 해소하고 "상해조선인민 인성학교 관리위원회"를 설립하여 인성학교를 관리하도록 하였다. 관리위원회 위원 명단은 다음과 같다.

- 주임위원 : 金焰
- 부주임위원 : 金斌, 崔省吾, 陳春浩
- 위원 : 宋世浩, 金元慶, 洪安義, 李明浩, 金榮民

위의 명단 가운데 이채를 띠는 이는 주임위원 金焰이다. 1930년대 중국 영화계에서 "영화황제"로 유명했던 김염은 중일전쟁 이후 일본군을 피해 홍콩, 중경으로 갔다가 1949년 상해로 돌아왔다. 상해로 돌아온 그는 상해의 교민들을 위해 많은 활동을 하였다. 1951년 인성학교의 책임자 혹은 명예교장으로 학생들에게 일거리를 찾아주는 것을 비롯해 그들의 생활을 돌보는 일을 했다.[53] 김염이 관리위원회 주임위원을 맡게 된 데는 북경 조선대사관의 요청이 있었던 것으로 보인다. 그의 공식적인 신분은 북경 조선대사관의 촉탁원이었다. 위의 김빈, 진춘호, 홍안의, 이명호, 김영민은 인성학교 교장 및 교직원들이었고 그 외에 최성오, 김원경이나 송세호는 상해 한인사회의 유지들이었다.

교내행정에 대해서는 기존의 교무위원회에서 결정하도록 하였다. 교무위원회는 교직원이 겸임하였다. 학생회는 교무위원회의 지도하에 학

---

51) 上海市檔案館, 「上海敎育局有關外僑學校情況報告」(B105-1-1115, 1950~1952.7), 52쪽.
52) 上海市檔案館, 「上海敎育局有關外僑學校情況報告」(B105-1-1115, 1950~1952.7), 80쪽.
53) 박규원, 『상하이 올드데이스』, 민음사, 2003, 340쪽.

습, 오락, 운동 등 소조를 운영하였다.[54] 학교의 교실 부족 및 경비 곤란
등의 이유로 초중부를 없애고 대신 소학부 교육을 충실히 하고자 하였다.
학생들의 수준을 제고하기 위해 종래 운영하던 합반제를 폐지하였다.
1959년 상해에 조선영사관이 설립되면서부터는 이 영사관이 인성학교를
관리하였다. 뒤에서 보다시피 1963년에는 중국과 조선정부의 교섭결과
인성학교는 중국당국 즉 상해시 교육국이 접수하여 관리하게 되었다.

2) 인성학교의 운영

(1) 교육방침 및 교육과정

다시 문을 연 인성학교는 임시정부 시절 인성학교의 이념을 계승하였
다. 기본 교육방침은 학생들에게 굳건한 민족의식을 심어주고, 나아가
독립·민주·자유·행복을 추구하는 인재를 양성하는 것이었다. 그 구체적
인 내용은 다음과 같다.

교육방침
1. 아이들에게 굳건한 민족의식을 심어주고 조국을 사랑하게 한다.
2. 아이들에게 민주사상을 교육하고 국가 및 사회에 대한 주인 의식을
   심어준다.
3. 아이들에게 실생활에 필요한 지식을 얻게 하여 사회의 생산자를 배
   양시킨다.
4. 아이들에게 실제적인 과학태도를 교육하여 진리를 믿게 하고 맹목
   적 미신을 배제한다.
5. 아이들에게 민주주의의 도덕 및 정의의 감정을 교육시킨다.[55]

위의 교육방침에 보이는 '민족의식'은 임시정부 시절 인성학교가 강

---

54) 上海市檔案館, 「上海敎育局有關外僑學校情況報告」(B105-1-1115, 1950~1952.7), 80쪽.
55) 上海市檔案館, 「上海敎育局有關外僑學校情況報告」(B105-1-1115, 1950~1952.7), 52쪽.

조했던 '조선혼'에 다름아닌 것이었다. 1949년 9월 현재 인성학교의 매주 교육과정 시수는 다음의 표와 같다.[56]

〈표 17〉 1949년 9월 현재 매주 교육 시수

		소학부	중학부
매주총수			
국어	열독	6(3)	2
	작문	(1)	1
	습자	2(1)	
수학	산술	5(3)	
	주산	(1)	
	대수		3
	기하		3
상식		3(2)	
자연		(2)	
정치		(3)	3
외문	중문	(3)	3
	소문		3
	영문		2
지리		(2)	2
역사		(2)	2
식물			2
동물			2
생리			2
물리			2
화학			2
창유	체육	2(1)	(1)
	음악	2(1)	
공작	미술	2(2)	1
	勞作	2(2)	2

---

56) 上海市檔案館, 「上海教育局有關外僑學校情況報告」(B105-1-1115, 1950~1952.7), 54쪽.

과외활동	매일 1시간
소조회(생활검토회)	매주 토요일 1차

그리고 1947년 현재 인성학교의 매일 일과는 다음과 같이 이루어져 있다.

- 예비종 : 7:55
- 조회 : 8:00~8:15
- 1교시 : 8:20~9:05
- 2교시 : 9:15~10:00
- 3교시 : 10:10~10:55
- 4교시 : 11:05~11:50
- 점심시간
- 예비종 : 1:20
- 5교시 : 1:25~2:10
- 6교시 : 2:20~3:05
- 자습 : 3:15~4:00
- 귀가 : 4:30[57]

수업시간은 매교시 35분이며 아침 조회시간에는 "사랑옵다, 덕지체로…"로 시작되는 교가를 부르고 난후 교장이 간단한 훈시를 하였다.[58] 교가는 일제강점기 인성학교의 그것과 동일하였다.

처음 인성학교는 학교에서 등사기를 이용하여 자체 제작한 교과서를 사용하였다. 국어교과서의 경우 김두봉이 지었던 한글책을 찾아내어 복사해서 그대로 사용하였다.[59] 교과서에는 한국의 문학작품에서 산문이

---

57) 仁成學校復興第三回, 『卒業紀念文藻』, 4282年(1949) 7月, Ⅱ쪽.

58) 金用哲 구술, 2009년 11월 15일 상해 徐家滙 兩岸커피샵에서.

59) 구익균, 『새역사의 여명에 서서 - 격동속의 일생을 돌아보며』, 일월서각, 1994, 115쪽.

나 시 등을 선정하여 수록하기도 하였다. 1950년경 학과시간 분배표에 의하면, 국사 과목도 있었다. 교과서는 1950년대 초중반까지 동북의 연변교육출판사에서 조선어로 출판된 조선근대사를 사용하였다고 한다.[60] 다른 과목들은 외국교과서의 내용을 번역하여 사용하였다.[61]

다음으로 1951년 인성학교의 활동 현황을 살펴보자. 인성학교의 활동을 이해하는데 도움이 되므로 날짜별로 정리하고자 한다.

- 1951년 3월 1일 학교에서 조선혁명기념절(삼일절 - 인용자) 기념식을 거행하고 휴교하였다.
- 3월 16일 교사와 학생들은 조선인민해방투쟁 사진 전시회를 견학하였다.
- 4월 2일부터 4월 4일까지 춘계방학을 실시하였다.
- 4월 18일 교사와 학생들이 華德大戱院에서 항미전투(6·25전쟁 - 인용자) 전황에 대한 "조선전선의 전투소식"이라는 영화를 관람하였다.
- 4월 19일부터 25일까지 해방극장에서 인성학교 무용반이 중국 전국무용협회, 중앙음악학원, 홍기극단, 아동극단 등 연합공연에서 조선춤을 공연하였다.[62]
- 5월 4일에는 춘계 소풍을 개최하여 전체 교직원과 학생들이 宋公園에 갔다.
- 5월 7일 虹口區 신민주주의청년단 성립 2주년경축대회에서 조선춤을 공연하였다. 5월 16일에는 시 위생국의 도움으로 곽란예방주사를 시행하였다.
- 5월 31일 오후 학생대표 16명이 국제아동절 캠프파이어에 참가하여 조선춤을 공연하였다.
- 6월 1일 국제아동절을 경축하기 위해 휴교하고 학생대표 10명을 파견하여 상해시 六一 국제아동절 경축대회에 참가하였다.
- 6월 10일 본교 復校 및 遷校기념일을 기념하는 운동회를 열었다.

---

60) 金用哲 서면 구술.
61) 金用哲 구술, 2009년 11월 24일 상해 徐家滙 兩岸커피샵에서.
62) 劉眞順 소장 사진. 유진순이 소장하고 있는 사진 가운데는 1951년 4월 상해 해방 극장에서 유진순, 송영매, 오도영, 金曉淑(김현식의 딸)이 한국의 전통춤을 공연하고 있는 모습을 찍은 사진이 있다.

- 6월 14일 감기예방주사를 시행하였다.
- 6월 21일 제2차 감기예방주사를 시행하였다.
- 6월 25일 조국해방전쟁 1주년을 기념하기 위해 휴교하고 오전에는 기념대회를 거행하였다.
- 6월 28일 제3차 감기예방주사를 시행하였다.
- 7월 2일부터 제2학기 大考를 개시하였다.
- 7월 20일 방학을 시작하다.
- 7월 25일부터 8·15해방 경축 기념대회 및 晚會 프로그램을 준비하고 연습하기 시작하였다.
- 8월 15일 오전 본교가 중심이 되어 상해 전체 교민을 소집하여 8·15해방 경축대회를 거행하고 저녁에는 晚會를 개최하여 음악, 무용, 연극 등 문예오락 프로그램을 공연하였다.
- 9월 10일부터 상해 교포들이 본교 교사를 수리하여 9월 19일 완료하였다.
- 9월 15일 1951년도 제1학기를 개학하다.
- 10월 13일 추계 소풍을 중산공원으로 가다.[63]

일제강점기 인성학교와 마찬가지로 재개교한 인성학교는 상해 한인들의 정신적인 구심점 역할을 하였다. 인성학교 부속건물에는 상해조선인협회 사무실이 있었다. 조선인협회나 조선영사관이 교민들을 소집하여 활동을 거행하였다. 예를 들어, 조선의 경축일이나 명절 때에는 영화를 상연한다든지 晚會를 개최하기도 하였다.[64]

(2) 역대 교직원

다음으로 인성학교의 역대 교직원에 대해 살펴보자. 앞에서 본 바와 같이, 초대 교장은 1935년 인성학교 폐교 당시 교장이던 선우혁이 선임되었다. 인성학교가 재개교된 다음해인 1947년 7월 현재의 교사진은 다음과 같다.

---

63) 上海市檔案館,「上海教育局有關外僑學校情況報告」(B105-1-1115, 1950~1952.7), 77~79쪽.
64) 上海市檔案館,「關于對上海朝鮮人學校改進管理的意見」(B105-2-960, 1966.7.22).

- 교장 : 鮮于爀
- 교사 : 申和順, 具益均, 金鉉軾, 金波, 李元彬 등65)

교사 가운데 구익균은 일제강점기와 마찬가지로 한글을 가르쳤다.66) 김현식은 상해한국교민회 이사장이었고 김파는 이사였다. 선우혁은 교장에 취임한지 1년 여만인 1947년 교장직에서 물러났다. 후임으로 金波가 교장에 취임하여 1949년 9월까지 교장직을 수행하였다.67) 이때의 교사진은 다음과 같다. 눈에 띄는 것은 선우혁이 교장직을 사임하였지만 교사신분으로 여전히 학생들을 가르치고 있었다는 사실이다.68) 그 무렵 그는 인성학교가 있는 규강지로 길상리 15호의 예배당 건물에 거주하고 있었다. 1949년 9월 현재 인성학교 교직원 현황은 다음의 표와 같다.

<표 18> 1949년 9월 현재 교직원 현황

성명	원적	현주소	담임학년	담임학과
金波	평북 의주	蚍江支路 吉祥里 1호	교장, 중3	국어, □□, 작문, 역사

---

65) 1947년 7월 인성학교 부흥제1회 졸업기념 사진(劉眞順 소장 사진).
66) 구익균, 『새역사의 여명에 서서 - 격동속의 일생을 돌아보며』, 115쪽.
67) 金波는 1913년 평북 의주 출신으로 본명은 金燦奎이다. 그는 평양의 숭실중학을 졸업한 후 중국으로 건너가 1937년 광동 중산대학에 입학하여 수학하였다(廣東省 檔案館, 「國立中山大學報考大學一年級學生報名表」, 1938 ; 최기영, 「1930년대 中山大學과 한국독립운동」, 『震檀學報』 제99호, 2005, 72쪽). 1935년경 민족혁명당 화남지부 서기장으로 활동하였으며 1936년 상해에서 일본시설 폭파계획에 가담하였던 것으로 나타나고 있다(국회도서관 편, 『한국민족운동사료』(중국편), 1976, 890쪽 ; 金正明 編, 『朝鮮獨立運動』 2, 東京: 原書房, 1967, 578, 633쪽). 그리고 일제패망후인 1947년 8월 현재 상해에서 한국교민협회 이사를 역임하였다(上海市檔案館 編, 『中國地域韓人團體關係史料彙編』 1, 314~315쪽). 1960년대에는 북경의 民族出版社에서 일하기도 하였으며 문화대혁명 때는 고초를 겪다가 1970년대초 미국으로 가서 거주하다가 사망하였다(金用哲 구술, 2009년 11월 15일 상해 徐家滙 兩岸커피샵에서 ; 구익균, 『새역사의 여명에 서서 - 격동속의 일생을 돌아보며』, 115쪽).
68) 仁成學校復興第三回, 『卒業紀念文藻』, Ⅲ쪽.

鮮于爛	평북 정주	虯江支路 吉祥里 15호	소3, 5	국어, 공민, 역사, 지리, 動, 理, 쩔
李玉林	충남 한산	復興西路 57호	중1	영어, 대수, 셈, 이하 불명
李明浩	평북 용천	虯江支路 吉祥里 1호	소2, 4	국어, 셈, 공민, 이하 불명
鄭旭	평남 평양	虯江支路 吉祥里 1호	중2	영어, 대수, 기하, 物, 化, 體
沈在順	경기 경성	溧陽路 1208弄 10호	소1	국어, 셈, 음악, 미, 쓰기, 수공
李步夏		寶興路 祥戌里 37호	소	중어, 생물, 동양사, 지리
李晋宇	경기 경성	虯江支路 208호	5년 이상	음악, 이하 불명
黃順朝	경남 부산	海寧路 順天坊 21호	여생	수예, 이하 불명
白鐵克	평북	虯江支路 吉祥里 15호	3년 이상	미술

1949년 7월 당시 교사진은 10인 가운데 6인이 인성학교내에 거주하거나 학교 바로 옆에 거주하였다. 나머지 4인 가운데 3인은 학교와 비교적 가까운 곳에 살았다. 李玉林은 홍구에서 멀리 떨어진 옛 프랑스조계 지역이었던 復興西路에 거주하였다. 당시 교통수단이 좋지 않았음을 감안할 때, 통근하기에는 먼 거리였음에 분명하다.

1949년 9월 김빈이 교장에 취임함에 따라 교직원도 다음과 같이 구성되었다. 그를 비롯한 교직원은 다음의 명단과 같다.

〈표 19〉 1949년 인성학교 교직원 명단 및 약력

성명	연령	본적	출신	통신처	약력
金斌(교장)	51	조선 경남	東京 早稻田 大學 졸업	溧陽路 瑞康里 74호	조선의열단 中委, 조선민족혁명당(조선 인민공화당의 전신) 중앙집행위원, 조선혁명간부학교 교관 * 1949년 8월부터 인성학교 근무
金基湧	38	조선	일본 체육전문대	虯江路 183弄 96호	조선 정주 오산학교 봉직

尹世燮	1918년 10월 10일생	조선 평북 의주	복단대학 재학중	吳淞路 323호	청성학교 교원 인성학교 교원
張春山	29	조선	東北延吉 師道學校	吳淞路 323호	연길현 학동 국민우급 학교 교원
金榮民	33	조선 경북 문경	일본상업학교 졸업, 남경중앙 대학 법학과 3년 수료	蚓江支路 吉祥里 1호 인성학교	산북소학교 교원 상해조선인민민주 연합회 비서
崔省吾	39	조선	東南居大 졸업	多倫路 238롱 5호	조선인민공화당, 상해 조선인민민주연합회 주석
李明浩	31	조선	중학교 졸업	蚓江支路 吉祥里 2호	민족혁명당 당원 인성학교 교원 역임 상해조선인민민주 연합회 사회부장
李步夏	36	조선	남경중앙대학 문학원 졸업	蚓江支路 吉祥里 1호	조선인민공화당 상해 지부 비서, 인성학교 교원

위에서 보는 바와 같이 김빈 이하 인성학교 교직원은 대개 옛 민족혁명당 계열 인사들로 구성되었다. 교장 김빈(본명 金餠泰)은 의열단, 민족혁명당의 중앙집행위원, 김원봉의 비서를 역임한 인물이었다.[69] 1950년 현재 조선인민공화당 상해특지부 서기를 맡고 있었다.[70] 김빈은 일찍이 1931년 인성학교에서 교편을 잡은 바가 있었다.[71] 사실 선우혁처럼 일제강점기 및 광복이후의 인성학교 모두에서 교편을 잡은 경우는 매우 드물다. 김영민, 최성오, 이명호, 이보하는 인민공화당 혹은 인민공화당이 주축이 되어 결성된 조선인민민주연합회 간부로 활동하고 있었다. 김기용, 윤세섭, 장춘산 3인은 소속이나 정치적 지향을 알 수 없다. 1950년

69) 국회도서관 편, 『한국민족운동사료』(중국편), 827, 882쪽
70) 上海市檔案館, 「上海市外僑學校調查」(B105-5-1350, 1950.6.22).
71) 「인성학교 제11회(1931년) 졸업사진」(배준철 소장, 김희원 제공).

현재 인성학교의 담임교사 명단 및 약력은 다음과 같다.

〈표 20〉 담임교사 명단 및 약력(1950년)

성명	연령	직책	본적	현주소	약력
陳春浩	37	교무주임, 6학년 담임	황해	寶山路 瑞和坊 52호	중앙대학 법학원 정치계 졸업, 중한문화협회 및 한국임시정부 근무 * 1950년 8월부터 인성학교 근무
李明浩	33	총무주임, 3학년 담임	평북	蚓江支路 208호	중학 졸업, 한국임시정부 근무, 인성학교 5년 종사 * 1946년 6월 10일부터 인성학교 근무
金榮民	33	5학년 담임	경남	蚓江支路 208호	남경 중앙대학 정치학계 2년 수료 * 1949년 8월부터 인성학교 근무*
洪在先	42	2,4학년 담임	전남	蚓江支路 208호	입명관대학 졸업 * 1949년 8월부터 인성학교 근무
劉眞順	20	1학년 담임	평남	岳州路	인성학교 초중 졸업 * 1950년 2월부터 인성학교 근무

* 표시는 필자가 참고사항으로 기입한 것임

1951년 제2학기 학과시간 분배와 교원의 학과 분담 상황은 다음과 같다.

〈표 21〉 1951년 제2학기 학과시간

성명	직무별	級別	擔任學課 및 시수	시간수	비고
陳春浩	대리교장 겸 교무주임 6년급 級任	6	정치상식3, 국어3, 산수5, 역사2, 자연2, 주산1, 작문1, 사활2, 중문3	26	
		5	중문2		
		4	중문2		
李明浩	총무주임 겸	3	정치상식4, 국어6, 산술6, 작문1,	34	

	3년급 급임		습자2, 미술2, 체육2, 勞作1, 사회생활1		
		2	체육2, 勞作1, 미술2, 습자2		
		4,5,6합반	체육2		
洪在先	2, 4년급 급임	6	지리2	31	
		4	정치상식3, 국어5, 산수5, 자연2, 주산1, 작문1		
		2	국어7, 산수5		
金榮民	5학년 급임	5	정치상식3, 국어4, 산수4, 역사2, 지리2, 자연2, 주산1, 작문1	22	勞作은 실습
		4,5,6합반	습자1, 미술2, 勞作1		
劉眞順	1학년 급임	1	국어5, 산술5, 습자2, 미술1, 음악2, 체육2	21	
		2,3(합)	음악2		
		4,5,6(합)	음악2		

위의 진춘호, 김영민, 유진순, 양영진(중국적) 4명의 교사는 1979년 인성학교가 중국인학교에 합병될 때까지 재직하였다. 그 외에도 인성학교를 거쳐간 교사들은 적지 않다. 현재 확인가능한 각 년도별 졸업사진에 나오는 교사 명단을 정리하여 제시하면 다음과 같다.

> 尹克卿(1951, 1955, 1958~1959, 1959~1960, 1960~1961), 金曉淑
> (1955, 1958~1959, 1959~1960), 徐愛敬(1955), 金玉仁(1955), 洪安義
> (1955), 宋永梅(1955, 1958~1959, 1959~1960, 1960~1961, 1961~1962,
> 1964~1965), 徐嶺海(1955), 具然順(1958~1959, 1959~1960, 1960~1961,
> 1961~1962, 1962~1963), 金正淑(1958~1959, 1959~1960, 1960~1961,
> 1961~1962), 徐國忠(1961~1962, 1962~1963, 1964~1965), 金美順
> (1962~1963), 曾燕萍(1964~1965)[72]

---

72) 劉眞順 소장 역대 졸업사진. 괄호 속은 졸업 년도이다. "1958~1959"라는 년도는 당시 졸업생이 많지 않기 때문에 2년에 해당하는 졸업생들의 졸업식이 있었던 해이다.

이 가운데 특기할 인물은 서영해이다. 그는 일제강점기 프랑스에서 임시정부 파견원으로 외교활동을 전개하다 귀국하였다. 1948년 5월 김구, 김규식이 이승만의 남한 단독정부 수립에 반대하여 조직한 통일독립촉진회에 가입하였다. 그는 단독정부 수립의 부당성을 국제연합에 알리는 대표단의 선발대로 중국을 거쳐[73] 프랑스로 갔다.[74] 그후 다시 중국으로 돌아온 그는 1949년 6월 김구가 암살되었다는 소식을 듣고 귀국하지 않고 상해에 눌러 앉았다. 1948년부터 인성학교 교사로 재직하고 있던[75] 그의 부인 황순조는 1949년 가을 남편 서영해를 상해에 두고 혼자 귀국하였다. 서영해는 1950년대 중반 상해에서 인성학교 교사를 역임하다가 그후 북한으로 들어가 생을 마쳤다.[76] 1925년에 인성학교를 졸업하였던 김옥인은 프랑스 유학을 마친 후 돌아와 인성학교 교사로 재직하였다.[77] 송영매, 金曉淑, 김정숙 등과 같이 재개교된 인성학교를 졸업한 후에 다시 교사로 재직하였던 경우도 있다. 윤극경의 경우 동아일보 상해지국장을 지냈던 경력의 소유자였다. 徐國忠, 曾燕萍은 중국인 교사였다.

한편 1951년에 들어와 교장 김빈이 병으로 집무를 할 수 없는 상황에 처했다.[78] 때문에 유지회는 교장 김빈의 사직을 접수하고 진춘호를 교

---

73) 秋憲樹, 『자료 한국독립운동』 1, 연세대 출판부, 1972, 519쪽. 중국에 도착한 서영해는 임시정부 주화대표단의 주선으로 중국 외교부로부터 여권을 발급받아 프랑스로 갔다.
74) 도진순, 『한국 민족주의와 남북관계』, 서울대학교출판부, 1997, 319쪽.
75) 黃順朝, 『教育의 歷程 : 黃順朝教育遺稿集』, 1986의 앞의 약력.
76) 金用哲 구술, 2009년 11월 24일 상해 徐家滙 兩岸커피숍에서. 북한에 간 서영해는 김일성종합대학에서 불문과 교수를 지내면서 불어 통역을 하기도 하였다.
77) 앞에서 본 바와 같이 金玉仁의 1925년 인성학교 졸업장이 현재 독립기념관에 보관되어 있다(자료번호 3710).
78) 具本奇 구술, 2009년 11월 3일 상해 上海中學 국제부 사무실에서. 구본기는 김빈 교장이 기관지염으로 늘 기침을 하였다고 회고하였다.

장으로 추천하였다. 유지회 장정에 의거해 집행위원회는 유지회 회원 대회를 열고 김빈 교장의 사직과 신임 교장을 통과시키고자 하였으나 분규[79]로 인해 진춘호를 대리교장으로 결정하였다.[80] 그가 정식 교장이 된 것은 1955년이었다.[81]

인성학교의 학비와 교원 대우는 다음과 같다.

- 총수입 : 학생 50인 1인당 소학 매월 6단위 도합 300단위
- 지출 : 교내 경비(교육 인쇄 수도 전기 등 경비) 도합 60단위
- 교원 월급 : 2인 매월 매인 46단위 도합 96단위
- 교원생활 보조비 : 2인 매인 매월 72단위 도합 144단위
- 도합 300단위[82]

1963년 인성학교는 조선영사관과 조선인협회의 관리에서 벗어나 중국정부 즉 상해시교육국의 관리하에 들어갔다. 1965년 현재 인성학교의 교직원은 다음과 같다.

- 교장 : 陳春浩(조선)
- 직원 : 金榮民(조선)
- 교사 : 宋美梅(宋英梅의 오기, 조선), 具然順(조선인 중국적), 梁玲珍(중국)
- 교양원 : 劉眞順(조선)
- 공무원 : 金仁敬(조선)[83]

---

79) 김빈이 진춘호를 교장으로 추천하였을때 이명호 등 일부 교사들은 진춘호가 과거 국민당정부 정보기관인 '中統'에서 활동하였다고 주장하면서 반대하였다(金用哲 구술, 2009년 11월 24일 상해 徐家彙 兩岸커피삽에서).

80) 上海市檔案館, 「上海教育局有關外僑學校情況報告」(B105-1-1115, 1950~1952.7), 87쪽.

81) 劉眞順 비망록.

82) 上海市檔案館, 「上海教育局有關外僑學校情況報告」(B105-1-1115, 1950~1952.7), 55쪽. 교원에 대해서는 2인만 월급을 지급하고 나머지 교사는 월급을 받지 않는 의무교원이 었다.

83) 上海市虹口區檔案館, 「關于申請核發朝鮮人學校教職工公費医療証問題」(上海市虹口

교장 진춘호 외에 김영민, 유진순이 계속해서 교사로 재직하고 있다. 이때 송영매, 구연순, 양영진 등 새로운 교사들이 충원되었다. 이 가운데 양영진은 중국인 교사로 중국어를 담당하였다.[84] 공무원인 金仁敬은 학교내 건물에 거주하면서 학교 경비 및 관리 등을 담당하였다.[85]

(3) 재학생 및 졸업생 현황

인성학교 재학생 현황을 살펴보자. 1950년 1학기 재학생은 모두 52명으로 성명, 성별, 연령, 주소는 다음과 같다.

〈표 22〉 1950년 제1학기 재학생 현황

학년	성명	성별	연령(생년월일)	주소	비고
1	金永仙	남	7	海南路 81롱 46호	
1	金錫岩	남	6	海南路 81롱 46호	
1	金林根	남	7	虹江支路 96호	모친 중국인
1	金順熙	여	6	四川北路 克明里 5호	
1	金聖雄	남	7	江西北路 342호	
1	金美順	여	7	海寧路 順天坊 21호	
1	金泰英	남	7	中正南二路 70롱 17호	옛 프랑스조계지역
1	鄭麗琴	여	7	虹江支路 202롱 2호	모친 중국인
1	崔勝宣	남	7	東余杭路 余慶里 52호	
1	兪貞淑	여	9	復興中路 230호	옛 프랑스조계지역

區教育局, 17-2-227, 1965年9月20日).

84) 上海市虹口區檔案館, 「關于申請核發朝鮮人學校教職工公費医療証問題」(上海市虹口區教育局, 17-2-227, 1965年9月20日). 梁玲珍은 1935년생으로 江蘇省 출신이다. 1958년 8월 인성학교 교사로 부임해 인성학교가 폐교되는 1979년까지 교사로 재직하였다.

85) 上海市虹口區檔案館, 「一九七三年小學工作人員退休審核表:金仁敬」(上海市虹口區教育局, 17-2-401, 1973年). 김인경은 1907년생으로 1930년대 동경 매일신문사, 국제해운운수공사, 보통학교 등을 역임하다 1956년부터 인성학교에서 근무하였다. 1973년 66세의 나이로 퇴직하였다.

					모친 중국인
1	金中七	남	8	天童路 頭貝里 7호	
1	高相壽	남	7	乍浦路 76호	
1	兪英淑	여	8	復興中路 230호	옛 프랑스조계지역 모친 중국인
1	崔東立	남	7	多倫路 237롱 5호	
1	桂鍾秀	여	8	漢陽路 57호	
1	林桂順	여	8	淮海中路 687호	옛 프랑스조계지역
2	金福南	남	1940.8.20.	四川北路 克明里 7호	
2	崔勝一	남	1941.4.29.	四川北路 克明里 36호	
2	金世英	남	1943.9.1	溧陽路 浙興里 79호	
2	劉仁元	남	1944.5.7	華亭路 71롱 6호	옛 프랑스조계지역
2	金正男	남	1942.2.6	四川北路 克明里 7호	
2	禹銀華	여	1943.5.26	虯江支路 99호	
2	金順子	여	1944.6.12	四川北路 克明里 2호	
2	韓惠錫	여	1945.3.8	虯江支路	
2	金用哲	남	1943.5.19	塘沽路 54호	
2	柳慈淑	여	1943.3.9	四川北路 1091호	
2	韓英淑	여	1944.12.4	四川北路 807호	
2	林仁國	남	1943.2.2	山陰路 181호	
2	金正吉	남	1944.9.19	海寧路 順天坊 21호	
3	柳浩平	남	1941.2.13	四川北路 2091호	
3	具本奇	남	1942.12.22	海南路 81롱 46호	
3	金美枝	여	1942.4.9	海寧路 同昌里 56호	모친 중국인
3	高相彦	남	1942.7.4	乍浦路 76호	
3	金聖子	여	1943.1.8	江西北路 342호	
3	崔昭宣	남	1941.3.3	東余杭路 余慶里 52호	
3	桂鍾哲	남	1941.9.18	漢陽路 59호	
3	金幸雄	남	1941.1.29	虯江支路 東林旅館 8호	모친 중국인
3	金誠一	남	1942.4.10	虯江支路 106롱 46호	
4	蔡相哲	남	1941.5.17	吳淞路 323호	
4	崔東川	남	1941.2.27	多倫路 238롱 5호	
4	柳英淑	여	1939.7.3	四川北路 2091호	

4	劉惠順	여	1942.1.7	華亭路 71롱 6호	옛 프랑스조계지역
4	金敬根	남	1940.9.18	中正南二路 70롱 17호	옛 프랑스조계지역
4	柳泳喆	남	1937.7.10	四川北路 2091롱	
4	桂鍾萬	남	1939.1.8	漢陽路 59호	
4	林桂恩	여	1940.6.3	林森中路 687호	옛 프랑스조계지역
4	宋英蘭	여	1939.3.9	乍浦路 景林廬 10호	
5	鄭順福	여	1938.8.23	海寧路 順天坊 324호	
5	崔信淑	여	1939.8.10	東余杭路 余慶里 52호	
6	郭三守	남	1938.7.15	華興路 華安坊 37호	
6	金英淑	여	1939.7.8	溧陽路 浙興里 79호	
6	劉永順	여	1939.10.5	華亭路 71롱 6호	옛 프랑스조계지역
계 52명					

위의 52명 학생 가운데 남학생은 30명이고 여학생은 22명으로 남학생이 더 많다. 그리고 6명은 국제결혼한 부부의 자녀로 모친이 중국사람인 경우였다. 거주지는 8명을 제외한 거의 대부분의 학생들이 인성학교 부근 혹은 비교적 가까운 홍구지역에 거주하였다. 8명은 옛 프랑스조계지역에 거주하였다. 이들 학생들은 집에서 학교까지의 거리가 매우 멀었음에도 불구하고 통학하였다.

예를 들어, 김시문의 외손녀인 王敏蘭은 漢族이었지만 1961년부터 1963년까지 2년 반 동안 회해중로에서 먼거리에 있는 홍구의 인성학교로 통학하였다. 등교 때는 회해중로 집에서 우선 西藏路로 가서 거기서 다른 버스로 갈아 타고 학교로 갔다고 한다. 10세 전후의 어린아이가 통학하기에는 먼 거리였다.[86] 당시 상해 교민사회에는 자녀들을 중국인 학교가 아닌 인성학교에 보내는 것이 당연시되었기 때문에 가능한 일이었다.

---

86) 王敏蘭 구술, 2008년 10월 27일 상해 淮海中路 自宅에서. 王敏蘭은 몇 년후에는 통학이 너무 힘들어 어쩔 수 없어 집근처의 중국인 학교로 전학을 했다.

다음으로 인성학교 졸업생 현황을 살펴보자. 인성학교를 졸업한후 교사로서 오랫동안 봉직했던 유진순이 몇 년에 걸쳐 각종 자료에서 확인하고 졸업생들에게 물어 졸업생 명단을 작성한 바 있다. 유진순이 조사한 인성학교 졸업생 명단은 다음과 같다(이하 연도는 졸업한 해임).

- 1947년 復興第1回 上下期 小學 : 鄭松子, 金星淑, 吳武泳, 劉眞順, 田昌道, 金聖姬, 秦世英, 朴仁淑, 金聖万, 金珠石, 蔡相昺, 郭光守, 林英奎, 李英一, 奉弼元, 劉仁順
- 1948년 부흥제2회 소학 : 劉新元, 具愛麗, 奉惠淑, 奉玉眞
- 1949년 부흥제2회 중학 : 劉眞順, 吳武泳, 奉弼元, 朴仁淑
  부흥제3회 소학 : 鄭根鎭, 金鳳瑞, 宋英梅, 金曉淑, 蔡相仁, 金聖根, 蔡嬉英, 朴姸淑, 郭昌順, 崔東珍
- 1950년 부흥제2회 중학 : 蔡相哲, 劉公元, 郭光守
  부흥제4회 소학 : 崔東焰, 禹善夏, 劉賢順, 金聖表, 韓英秀
- 1951년 부흥제5회 소학 : 金英淑, 劉和順
- 1952년 부흥제6회 소학 : 鄭順福, 宋英蘭, 桂鍾万
- 1953년 劉英淑, 崔東川, 蔡相哲, 劉惠順, 金世榮
- 1954년 具本奇, 柳浩平, 林壬國, 崔昭宣, 高尙恩, 劉人元, 裴見根, 金美枝, 桂鍾哲, 金福男
- 1955년 金用哲, 金靜子, 禹銀河, 崔勝一, 金正男, 金順子, 任桂順, 金聖子
- 1956년 5년졸 柳慈淑, 金聖雄, 李光國, 金眞子
  6년졸 鄭麗琴, 兪貞淑, 金正吉, 金美順, 金牛七
- 1957년 鄭銀子, 蔡明和, 韓英淑, 劉明順
- 1958년 權紀曙, 柳東平, 金昌雄, 金德宗, 金裕子
- 1959년 金惠英, 金正日, 金昌申, 高和晶, 林愛莉, 吳錫華, 兪英淑, 朴眞俊(사전졸업), 金世宗(귀국)
- 1960년 金勇周, 邊順榮, 李水英, 金聖赫, 韓英玉, 崔和淑
- 1961년 金元培, 趙瑩珠, 趙國華, 康成福, 金正民
- 1962년 姜姬信, 傅民貞, 高寅峰, 朴强俊, 鄭根順, 朴英子
- 1963년 金用勛, 趙金牛, 林幼淸, 尹明秀, 林美莉, 安英子, 崔明淑, 趙麗珠
- 1964년 權極星, 張志成, 趙金龍, 趙東華, 白信良, 黃美玉, 邊順安

- 1965년 邊順伊, 傅云貞, 趙永華, 李鳳林, 金蘭, 金靜玉, 金正國, 崔英宣, 朴德俊
- 1966년 張志美, 白正良, 趙明華, 金小平, 朴銀峰, 金靜姬, 姜海英, 高愛妮, 金衍煜(재학중 전학), 王敏蘭(재학중 전학)
- 1967년 趙紅英, 李鳳美, 趙榮華, 王彩云, 秦志潔, 金聖敦, 安英秀, 白雪香
- 1968년 邊順小, 秦志忠, 傅文貞, 朴文俊, 林玉順, 金用秀, 王曙尉(재학중 전학?), 金美花(?)
- 1969년 王曙暉, 白麗麗, 尹海秀, 朴銀淑, 金靜華, 林敬花, 王民健, 許小玲
- 1970년 王曙瑩, 金珍滬, 趙錦華, 朴銀玉, 安松竹
- 1971년 邊順利, 兪錦淑, 劉海峰, 朴宏俊, 白寅峰, 白寅海
- 1972년 王然, 尹正秀, 洪用福, 韓艶
- 1973년 邊順和, 兪東鐵, 王然, 尹正秀, 徐愛玲, 林玉姬(재학중 귀국)
- 1974년 李起航, 韓勇
- 1975년 冒異國, 閔威, 費康來
- 1976년 없음
- 1977년 具千里, 孫捷
- 1978년 金文海, 劉海星
- 1979년 江怡, 殷正德[87]

인성학교 졸업생 숫자의 변천은 당시 상해 교민사회의 상황을 잘 보여주고 있다. 당시 상해 교민사회가 일제강점기 상해 한인사회와는 달리 사회주의국가의 특성상 폐쇄적이었기 때문에 외부로부터의 충원이 거의 없었다. 사망 등 자연감소 외에도 6·25전쟁 이후 북한으로 귀국하는 경우나 한국, 홍콩, 캐나다 등 제3국으로 빠져나가는 경우가 있었기 때문에 교민 수는 갈수록 감소하였다. 이는 인성학교 학생숫자에 그대로 반영되었다. 1950, 60년대에 많을 경우 10명에 가까운 졸업생이 배출되었는데, 1974년 이후에 가서는 2,3명이 졸업하거나 아예 졸업생이 없는 해도 있었다.

---

87) 劉眞順이 세 번째로 탈고한 인성학교 졸업생 명단(2002년 10월 10일 현재).

인성학교를 졸업한 학생들은 대개 현지 중국인 중학에 진학하였다. 1949년 초중부 졸업생 3명은 동남중학 고중 1학년에 입학하였다. 초중부 수업생 2명은 동남중학 초중부에 편입하였다. 소학 졸업생 1명은 동아중학, 1명은 전진중학 초중 1학년에 입학하였다.[88] 그러나 이들은 인성학교 재학시절 중국어 교육을 많이 받지 않았기 때문에 중국 현지 중학교에 진학하여 수업을 따라가는 데는 애를 먹었다.[89]

4. 인성학교의 변천

1) 인성학교의 유지운동

(1) 학교의 재정형편

1946년 재개교한 인성학교는 여러 가지 어려움에도 불구하고 1979년까지 33년 동안 유지되었다. 물론 일제강점기 인성학교와 마찬가지로 많은 어려움을 겪었다. 재정 및 학생 충원 문제는 당면한 최대 현안이었다. 특히 학생 충원 문제는 1970년대 후반에 가서 학교가 더 이상 지속될 수 없게 한 요인이 되었다.

우선 학교의 재정 상황을 살펴보자. 재개교 직후 재정문제는 일제강점기 인성학교보다는 나았지만 어렵기는 한가지였다. 학교 개개교 과정에 상해 한인 유지들의 기부가 있었고 임시정부의 재중 대리기구인 주화대표단의 도움을 받거나 상해를 방문하는 한인들로부터 기부금을 받기도 하였다. 주화대표단은 중국 국민당정부 교육부에 지원을 요청하여 보

---

88) 上海市檔案館, 「上海教育局有關外僑學校情況報告」(B105-1-1115, 1950~1952.7), 56쪽.
89) 金用哲 구술, 2009년 11월 24일 상해 徐家滙 兩岸커피샵에서.

조비를 받았다. 1946년 주화대표단 대표 민필호는 중국 교육부 부장으로 있던 朱家驊와 교섭하여 상해의 인성학교와 靑島 한국학교의 유지를 위해 중국 당국으로부터 보조금을 지원받았다.[90] 이때 중국 교육부로부터 상해 인성학교는 3백만 원, 산동성 청도한국학교는 2백만 원을 지원받았다.[91] 주지하는 바와 같이 주가화는 1910년대부터 한국독립운동을 지원해주던 친한 인사였다. 1947년 4월 30일 축구 원정 경기를 위해 상해를 방문했던 한국 축구단이 한국으로 돌아가면서 인성학교에 1천만 원을 기부한 바 있었다.[92]

1950년의 6·25전쟁은 상해에 있는 인성학교에도 시련을 안겨주었다. 전쟁으로 인해 상해 교민들의 경제 형편이 어려워져 자녀들이 학습을 중단하는 현상도 생겨났다.[93] 전쟁은 조선 본국의 인성학교에 대한 지원도 힘들게 하였다. 인성학교측은 조선 본국이 전쟁 중이므로 교과서 발급 요청이 곤란하다고 판단하고 1950년 중국 동북의 연변교육출판사에서 발행한 교과서를 사용하기로 했다. 중국어 교과서는 상해 현지에서 출판된 교과서를 이용하였다. 중국어 교과서를 제외한 1학년부터 6학년까지의 모든 교과서가 연변교육출판사의 교과서였다.[94]

1951년 4월 이러한 어려운 상황속에서 상해조선인민 인성학교 관리위원회 주임위원으로 취임한 김염은 상해시 교육당국에 서신을 보내 인성학교에 대한 지원을 호소하였다. 전문을 번역하여 제시하면 다음과 같다.

---

90)「錫麟閣弼鎬先生略傳」, 필자미상, 1959(石源華·金俊燁 共編,『申圭植·閔弼鎬와 韓中關係』, 서울: 나남출판, 2003, 714쪽).

91)「韓人學校 補助費」(『대한민국임시정부 관련자료(1)』, 1-11쪽, 003059A, 국사편찬위원회 수집자료).

92)『文化日報』1947년 5월 3일,「仁成學校에 一千萬圓, 上海遠征蹴球團 寄附하고 凱旋」.

93) 上海市檔案館,「上海教育局有關外僑學校情況報告」(B105-1-1115, 1950~1952.7), 105쪽.

94) 上海市檔案館,「上海教育局有關外僑學校情況報告」, 89쪽.

저는 상해조선교민 인성학교를 대표하여 貴局에 대해 다음과 같은 요
청을 드리고자 합니다. 인성학교는 조선교민 기독교회가 창립하였으며 항
일전쟁이 끝난 후 일부 교민들이 돈을 모아 이를 접수 관리하게 되면서
교회와의 관계는 완전히 벗어나게 되었습니다. 해방 이래 대부분의 교민
들은 생산기능이 결핍하고 수입도 없기 때문에 이 학교의 유지는 매우 어
려운 실정입니다. 현재 학생수는 50명이며 십수명의 어린이들은 배움의
기회를 완전히 잃은 실정입니다. 이러한 부득이한 상황하에서 인성학교
매학기 최저의 지출 예산표 1부를 첨부하였습니다. 저는 貴局이 가능한 범
위내에서 우리들에게 적당한 협조를 주어 이들 무고한 아이들이 배움의
기회를 잃는 고통에서 벗어나게 해주실 것을 요청드립니다. 저는 貴局의
지시를 간절하게 기다립니다.

상해조선인민 인성학교 관리위원회 주임위원 金燉 근정[95]

다행히도 이 무렵부터 인성학교는 상해시 교육국으로부터 학교 경비
의 일부를 지원받고 학교 건물에 대한 세금을 면제받음으로써 재정 형편
이 다소 호전되었다.

(2) 중국정부의 인성학교 정책

1963년에 접어들면서 인성학교는 커다란 변화를 겪게 되었다. 조중
정부간에 자국내 교민학교에 대한 중요한 합의가 이루어졌던 것이다. 이
해 8월 중국 외교부와 주중 조선대사관은 조선 내의 화교학교와 중국
내 조선인학교 문제에 대해 협의하였다.[96] 당시 중국 내에는 북경과 상
해 2곳에 조선인학교가 있었고 조선 내의 화교학교는 소학 25개소, 중학
4개소가 있었다. 교섭결과 조선 내의 화교학교는 조선 관련당국에서, 중
국 내 조선인학교는 중국 관련당국이 관리를 하는 것으로 매듭지어졌다.
인성학교에 대한 중국 당국의 정책은 조중 양국 정부의 상호주의 원칙에

---

95) 上海市檔案館, 「上海敎育局有關外僑學校情況報告」, 98쪽.
96) 上海市檔案館, 「關于對上海朝鮮人學校改進管理的意見」(B105-2-960, 1966.7.22).

따른 측면이 강했다. 자국 내의 외국교민 학교에 대한 정책 수립은 중국
보다 조선이 더 빨랐다. 국가 수립 시기가 1년 이상 차이났던 점도 작용
하였다.

상호주의적인 측면이 강했던 상해시의 인성학교에 대한 정책을 이해
하기 위해서는 1945년 일제패망 이후 조선 내 화교학교에 대한 조선 정
부의 정책과 변천에 대해 살펴 볼 필요가 있다. 1945년 일제패망 이후
조선 거주 화교들은 화교학교를 세우기 시작했다. 1948년 수립된 조선
정부도 자국 내 화교에 대해서는 우대정책을 폈다.[97] 1949년 초에 이르
면, 화교학교는 소학교 50여 개소, 학생은 3,000여 명, 교사는 150여 명
에 달했다. 중학은 평양화교중학에 300여 명의 학생이 있었고, 신의주에
도 화교중학이 설립되었다.[98]

1949년 3월, 조선 내각은 중국동북행정위원회 및 조선화교연합총회
의 요구를 받아들여, '중국인학교 관리에 대한 규정'을 통과시켰다. 그
내용은 1949년 4월 1일부터 조선화교연합총회가 관리하던 모든 화교 학
교는 조선 교육성이 접수·관리한다는 것이다. 교육성 보통교육 국내에
중국 교육부가 설치되었다. 각도에는 1명의 중국인 教育視學을 증설하
고 화교소학, 중학의 교과서 및 교수강령을 제정하였다. 화교 학교의 교
직원들은 조선인과 동등한 대우를 받게 되었다. 화교 학교의 경비, 학교
의 지도자, 교사의 임명은 조선정부에서 책임을 졌다. 때문에 화교 학생
들의 수업료는 전액 무료가 되었다. "화교중학"은 "중국인중학교"로,
"화교소학"은 "중국인인민학교"로 개명되었다. 이는 상해 인성학교가
이름을 바꾸었던 것과 맥락을 같이 하고 있다. 그리하여 1949년 말에는

---

97) 양필승·이정희,『차이나타운 없는 나라 - 한국 화교 경제의 어제와 오늘』, 삼성경
   제연구소, 2004, 67쪽. 조선정부는 6·25전쟁 발발 직후 화교들에게 보호증을 교
   부하고 우대하는 한편 귀화를 강요했다고 한다. 이 점은 중국정부가 상해 한인들
   의 중국적 입적 신청에 대해 엄격한 심사를 거쳐 거부한 것과는 대조적이다.
98) 楊昭全·孫玉梅,『朝鮮華僑史』, 北京: 中國華僑出版公司, 1991, 309~311쪽.

중국인인민학교가 101개소로 늘어났고 학생은 6,738명으로 늘어났다. 중국인중학은 2개소가 있었다.[99] 물론 1950년의 6·25전쟁이라는 혹독한 시련기가 있었지만 조선 내 화교 교육은 1959년~1961년에 이르러 전성기를 맞이하게 되었다.

그런데 1960년대에 접어들면서 많은 화교들이 귀국하기 시작하면서 잔류 화교는 8,000여 명으로 줄었다. 화교 인구의 감소는 화교 교육에도 영향을 미쳤다. 중국인인민학교는 13개소로 대폭 감소하였다. 이러한 시점에서 1963년 8월, 조중 양국이 각방이 상대국 교민학교에 대한 관리를 하는 것으로 합의를 보게 된 것이다. 그리하여 1963년 8월, 조선 보통교육성은 제17호령을 하달하였는데 그 내용은 다음과 같다. 중국인인민학교, 중국인중학교에서 사용하는 교재는 전부 조선 보통교육성이 편찬한 조선문 교재로 바꾸고 조선어로 수업한다. 중국어문 수업은 여전히 중국 보통화로 수업하되 매주 5시수에서 10시수로 늘린다. 화교자녀의 조선학교에의 입학을 권장한다. 화교 학교의 교장은 조선인이 담임한다는 내용들이었다. 1966년에 이르면, 화교 학교의 교장은 전부 조선인으로 대체되었다.[100]

1970년대에 들어서면서 조선정부는 화교 학교에 대한 관리를 더욱 강화하였다. 화교 학교의 학제는 전부 조선학제로 바뀌었고 교육과정도 조선인학교와 동일하게 되었다. 다만 다른 것이 있다면 화교 학교에 漢語課가 있다는 것이었다. 그런데 그 한어과 교과서는 조선의 유관부문에서 편찬한 것으로 내용의 대부분은 조선 교과서의 내용을 번역한 것이었다. 한어과 수업에는 대강이 없었고 오직 노교사의 경험에 의지해 교학할 뿐이었다. 그럼으로써 조선내 화교 교육은 이미 그 정체성을 상실하고 말았다.[101]

---

99) 楊昭全·孫玉梅, 『朝鮮華僑史』, 312쪽.

100) 楊昭全·孫玉梅, 『朝鮮華僑史』, 316쪽.

조선 내 화교 학교들과 마찬가지로 상해의 조선교민학교인 인성학교
에도 큰 변화가 왔다. 1963년 10월 7일 "중화인민공화국 외교부 領事司
가 조선인학교 문제에 관한 답변"이라는 지시에 의해 상해시 교육국이
인성학교를 접수하여 관리하게 되었다.102) 중국과 조선의 관계당국이 북
경과 상해 두 곳의 조선교민 학교에 대한 처리 문제를 협의한 결과 북경
에 있는 조선인학교와 상해의 인성학교는 중국정부에서 접수하여 관리하
는 것으로 결정되었다. 구체적으로는 상해시 교육국의 지도하에 홍구구
교육국이 실제업무를 수행하는 것으로 정리되었다.103) 교장도 상해시교
육국에서 파견하기로 결정하였다. 그런데 실제로 인성학교에 중국인 교
장이 파견된 것은 그로부터 5년이 지난후인 1968년이었다.104)

상해시 교육국에서 인성학교를 접수한 직후인 1964년부터 인성학교
의 인사나 경비 제공은 모두 상해시 교육국에서 처리하게 되었다. 교직
원에 대해서도 공비의료증이 지급되었다.105) 학생들은 수업료를 면제받
았다. 그럼으로써 그동안 인성학교의 만성적인 재정문제는 기본적으로
해결되었다.

---

101) 楊昭全·孫玉梅, 『朝鮮華僑史』, 317쪽. 이에 비해 한국의 화교학교는 대만의 국
　　정교과서를 사용하였는데, 대신 한국정부의 지원은 거의 없어 재정난에 시달렸
　　다. 양필승·이정희, 『차이나타운 없는 나라 - 한국 화교 경제의 어제와 오늘』,
　　66쪽.
102) 上海市虹口區檔案館, 「關于申請核發朝鮮人學校敎職工公費医療証問題」(上海市虹
　　口區敎育局, 17-2-227, 1965年9月20日).
103) 上海市虹口區檔案館, 「關于市局要本局協助管理朝鮮人學校的報告」(上海市虹口區
　　敎育局, 17-2-187, 1964年12月29日).
104) 중국인 교장이 파견된 것은 1968년으로 보인다. 왜냐하면 1965년 인성학교가 상
　　해시 교육국에 보내는 공문에서 진춘호가 여전히 교장으로 기재되어 있고 1968
　　년 상해시 교육국이 인성학교에 중국인 교장을 파견하면서 교장 진춘호를 부교
　　장으로 한다고 하였기 때문이다.
105) 上海市虹口區檔案館, 「關于申請核發朝鮮人學校敎職工公費医療証問題」(上海市虹
　　口區敎育局, 17-2-227, 1965年9月20日).

1965년부터 중국은 문화대혁명이라는 거대한 소용돌이 속에 휩쓸리게 되었다. 중국인 학교들이 문을 닫는 속에서도 상해 인성학교는 다행스럽게도 외국교민 학교라는 특수성을 인정받았기 때문에 중단없이 학교를 운영할 수 있었다. 그러나 그 모습은 망망한 대해속의 섬과 같은 것이었다. 중국 전역을 휩쓴 홍위병도 인성학교에는 외국교민 학교라고 해서 들어가지 못하였다. 이와 대조적으로 북경의 조선인학교는 홍위병 때문에 제대로 수업을 하지 못했다고 한다.[106]

상해시 교육국은 1966년부터 인성학교 개조에 대한 문제를 검토하기 시작하였다. 기본적인 방침은 조선인학교의 학제, 교학내용에 대해서는 갑작스러운 개혁보다는 점진적으로 개선한다는 입장을 취하고 있었다. 왜냐하면 여전히 많은 조선 교직원들과 학부형들이 보다 많은 조선어문 교육을 원하고 있기 때문에 이러한 그들의 민족감정을 배려하여 인성학교의 특성을 그대로 유지해야 할 것으로 판단하고 있었다. 그럼에도 불구하고 상해시 교육당국은 인성학교에 문제가 적지 않은 것으로 보고 있었다. 우선 학생수에 비해 교직원이 많아 비용측면에서 낭비가 적지 않으며 교직원들의 정치 및 역사적 배경이 복잡하고 그들의 자산계급사상과 풍기가 학생들에게 좋지 않은 영향을 미치고 있다고 인식하고 있었다.[107]

상해시 교육국은 1966년부터는 학생 모집에서 중국인 학생에게도 개방하여 장차 5~6년내에 300명 규모의 일반적인 소학으로 발전시킨다는 방안을 검토하였다.[108] 1967년에는 인성학교의 내부개혁을 가속화하되

---

106) 具本奇 구술, 2009년 11월 3일 상해 上海中學 國際部 사무실에서. 구본기는 문혁기간인 1967년 북경을 방문한 적이 있었는데, 이때 북경 조선인학교가 거의 문을 닫는 지경에 처하게 되었다고 하였다. 국제문제조사연구소, 『해외 한민족의 현재와 미래』, 도서출판 다나, 1997, 166쪽에 의하면, "1950년대 북경에 있던 조선어학교(소학교와 초등중학교)는 당시 북경에서 학생성적이 가장 우수한 학교였으나 문화대혁명을 거치면서 폐교되고 말았다"고 하였다. 이 학교가 위의 북경 조선인학교로 추측되나 확인을 요한다.

107) 上海市檔案館, 「關于對上海朝鮮人學校改進管理的意見」(B105-2-960, 1966.7.22).

교명이라든가 기존의 조선어와 중국어 수업 비율을 유지할 것을 지시하였다. 중국어는 중국의 교학 개혁에 준하고 조선어는 연변에서 진행하고 있는 교학 개혁에 준해 결정할 것을 지시하였다.[109]

그런데 문화대혁명이 격화되면서 상해시 교육국은 인성학교를 다른 중국 학교와 마찬가지로 "붉은 모택동사상이 충만한" 학교로 개조하고자 하였다.[110] 그것은 우선 인성학교에 중국인 교장을 파견하는 것으로 나타났다. 1968년 상해시 교육국은 당시 홍구의 大連路小學 부교장이자 동교 혁명위원회 주임이던 李林富를 인성학교 교장으로 파견하였다. 그로 하여금 학교 전체의 정치, 교학, 재무, 인사 등을 지도하게 하였다. 교장이던 진춘호를 부교장으로 임명하여 중국인 교장을 보조하도록 결정하였다.[111] 상해시 교육국은 중국인 교장을 통해 인성학교를 관리하였다.

2) 인성학교의 중국인학교에의 합병

1949년 이후의 상해 한인사회는 새로운 충원이 거의 없었다. 그런데 일부 교민들은 6·25전쟁 이후 조선국내의 복구를 위해 귀국하였다.[112] 그후에도 홍콩, 한국, 미국, 캐나다 등 제3국으로 빠져 나가는 교민들이 있었기 때문에 상해 교민 수는 갈수록 줄어들었다. 1949년 11월 500여

108) 上海市檔案館, 「關于對上海朝鮮人學校改進管理的意見」.
109) 上海市虹口區檔案館, 「發至朝鮮人小學」(上海市虹口區教育局, 17-1-123, 1968年 4月4日).
110) 上海市檔案館, 「加强對朝鮮人學校領導的意見」(B105-3-64-23, 1968.5.7). 당시 인성학교에서 실수로 중국 국기를 거꾸로 잘못 게양하는 했는데 인근 중국인 학생이 발견하고 신고하여 당국이 조사를 하는 헤프닝도 벌어졌다. 이러한 일들은 인성학교에 대한 중국당국의 관리를 강화시키는 요인이 되었을 것이다.
111) 上海市虹口區檔案館, 「發至朝鮮人小學」(上海市虹口區教育局, 17-1-123, 1968年 4月4日).
112) 上海外事誌編輯室 編, 『上海外事誌』, 55, 343쪽. 일례로 1955년 한 해 동안 상해의 교민 가운데 기술자 17인과 가족 35인 도합 52인이 귀국하였다.

명에 달하던 교민 수는 1966년 200여 명으로 감소하게 되었다.[113] 그에 따라 인성학교의 학생수도 감소하였다. 1950년 현재 52명이던 학생은 1966년 30명으로 감소하였다. 때문에 인성학교는 학생을 충원하기 위하여 연변의 조선족 학생을 초치하는 방안을 검토하기도 하였다. 그러나 이러한 방안은 실현되지 못하였다.

그후 학생수가 더욱 줄어들자 1976년 9월 1일 인성학교는 인근의 中州路第一小學 부속 朝鮮人小學班이라는 이름으로 편입되었다. 인성학교는 '학교'에서 '반'으로 위상이 강등되었던 것이다. 1978년 현재 조선인소학반의 학생은 5명(2학년 2명, 4학년 3명), 교직원은 교사 5명, 급원 1명이었다. 이해에는 새로운 학생 충원이나 졸업생이 없었기 때문에 중주로제일소학은 조선인소학반의 존폐 여부에 대해 상급기관의 지시를 요청하였다.[114]

한편 1979년에 접어들면서 인성학교에는 많은 변화가 있었다. 이해 3월에는 그동안 교장, 부교장으로서 30년 가까이 인성학교를 지켜오던 진춘호가 정년퇴직하고 조선으로 귀국하였다. 진춘호와 마찬가지로 30년 가까이 인성학교를 지켜왔던 김영민도 62세의 나이로 그해 여름에 정년퇴직하기로 예정되어 있었다. 김영민이 퇴직할 경우 중국인 교사 2인 외에 조선국적 교사는 유일하게 유진순만 남게 되는 것이다. 그해 여름에 3명의 학생이 졸업하고나면 가을 학기에는 4학년에 올라가는 2명의 학생만이 교실을 지키는 상황이 되었다. 부속 유치원의 원생까지 모두 포함해도 7명에 불과하였다.

이러한 상황속에서 1979년 6월 상해시 교육당국은 조선인소학반을 중주로제1소학에 합병하는 것으로 결정하였다. 교사 및 학생들은 그대

---

113) 上海市檔案館, 「關于對上海朝鮮人學校改進管理的意見」(B105-2-960, 1966.7.22).
114) 上海市虹口區檔案館, 「關于中州路一小附屬朝鮮人小學班取消的請示報告」(上海市虹口區教育局, 17-1-167, 1978年1月4日).

로 중주로제1소학에 승계하는 것으로 하였다. 2명의 학생은 중주로제1소학에 편입하고 인성학교 건물도 중주로제1소학의 재산으로 포함시켰다. 중국인 학교에 통합된 인성학교 건물은 중주로 제일소학의 유치원으로 이용되었다. 그리하여 1979년 가을 인성학교는 7명의 학생만이 교실을 지키는 속에서 인근 중주로제1소학에 합병되었다. 1946년 6월 10일에 재개교된지 33년만이었다.

1946년 재개교된 인성학교는 1979년까지 새로운 학생들의 충원이 없는 고립된 상황 속에서 상해지역 교민 자제들의 민족교육과 정체성 형성에 큰 기여를 하였다. 뿐만 아니라 상해 교민사회의 정신적 구심점 역할을 다하였다. 인성학교가 중국인 학교에 합병되면서 상해 교민사회의 구심점도 사라지게 되었다. 이때부터 상해 교민들의 민족정체성을 고취하는 활동은 눈에 띄게 줄어들었다. 인성학교 옆에 사무실을 두고 있던 조선인협회도 교민수의 감소로 별다른 활동을 하지 못하게 되었다. 한국어를 구사하는 교민 자제들도 갈수록 줄어들고 있다. 앞으로 2,30년 후면 상해 교민사회가 소멸될 것으로 예측되고 있다.

5. 맺음말

인성학교가 폐교된지 10년 후인 1945년 8월 일제가 무조건 항복을 선언하였다. 상해에 거주하던 한인들은 인성학교의 재개교를 서둘렀다. 1935년 인성학교 폐교 이후 일본, 중국, 서양인 학교에 뿔뿔이 흩어져 국적불명의 교육을 받고 있던 한인 자제들을 한 곳에 모아 민족교육을 실시할 필요가 절실하였던 것이다.

1946년 6월 상해 한인사회의 지도자이자 1935년 폐교 당시 교장이던 선우혁 등은 인성학교를 다시 열었다. 인성학교는 한국교민협회와 인성학교유지회의 지도하에 운영되었다. 다시 문을 연 인성학교는 임시정부 시절 인성학교의 이념을 계승하였다. 기본 교육방침은 학생들에게 굳건한 민족의식을 심어주고, 나아가 독립·민주·자유·행복을 추구하는 인재의 양성을 목표로 하였다. 초대 교장은 선우혁이 선임되었다.

인성학교의 재정은 일제강점기 인성학교와 마찬가지로 어려웠다. 때문에 옛 인성학교와 마찬가지로 인성학교유지회를 조직하고 학부형들로부터 기부금을 받았다. 1950년의 6·25전쟁은 상해에 있는 인성학교에도 시련을 안겨주었다. 전쟁으로 인해 상해 교민들의 가정경제가 곤란해져 학생들이 학습을 중단하는 현상이 생겨났다. 1950년 이후부터 상해시 교육국의 지원을 받게 되면서 인성학교의 재정 문제는 상당히 해결되었다. 동시에 조중 양국정부의 정책에 따라 인성학교의 교명도 여러 차례 변경되었다. 1959년 이후에는 교명에서 '인성'이라는 말이 아예 빠져 상해조선인학교로 불리기도 하였다.

재개교한 인성학교는 상해 한인들의 정신적인 구심점 역할을 하였다. 교민단체인 상해조선인협회나 북경 조선대사관 및 상해영사관의 지도하에 상해 교민들은 인성학교 강당에 모여 민족문화 공연활동을 하면서 민족정체성을 고취하는 활동을 계속하였다.

1963년에는 조선과 중국 양국 정부의 협의 하에 상해시 교육국이 인성학교를 접수하여 직접 관리하게 되었다. 인성학교의 인사나 경비 제공은 모두 상해시 교육국에서 처리하게 되었다. 1968년에는 중국인 교장이 파견되어 학교를 직접 운영하였다.

폐쇄적인 사회주의국가의 특성상 새로운 인적 충원이 없었기 때문에 상해 교민들은 점차 감소하였다. 6·25전쟁 이후 조선국내의 전후 복구를 위해 일부 교민들이 귀국하였으며 한국이나 홍콩, 캐나다 등 제3국으로 나가는 교민들도 적지 않았다. 그에 따라 인성학교의 학생수도 감소하게 되었다. 1950년 현재 52명이던 학생은 1966년 30명으로 감소하였다. 때문에 인성학교는 학생을 충원하기 위해 연변의 조선족 학생을 초치하는 방안을 검토하기도 하였지만 실현되지는 못하였다. 그후 학생수가 더욱 줄어들자 1976년 9월 1일 인성학교는 인근의 중주로제1소학 부속 조선인소학반으로 축소되었다. 1979년 학생이 7명만 남은 가운데 조선인소학반 마저도 중주로제1소학에 완전히 합병되고 말았다.

1946년 재개교된 인성학교는 1979년까지 새로운 학생들의 충원이 거의 없는 고립된 상황 속에서 상해지역 교민 자제들의 민족교육과 정체성 형성에 큰 기여를 하였다. 뿐만 아니라 상해 교민사회의 정신적 구심점 역할을 다하였다.

결론

본서는 19세기 후반 이후 한국근현대사와 밀접한 관계를 맺은 상해 지역의 한인사를 문화사, 생활사, 교육사의 3부로 나누어 살펴보았다. 각 부의 글들은 내용의 특징을 감안하여 '장소와 공간의 문화사', '개인과 사회의 생활사', '이산과 기원의 교육사'라는 제목으로 묶었다. 아래에서 는 순서대로 각 부의 주요내용과 특징을 요약하고자 한다.

제1부는 상해 한인 문화사이다. 상해라는 장소와 공간에서 펼쳐진 한 인들의 문화사와 그 장소와 공간이 한인들의 생활과 활동에 어떤 영향을 미쳤는지 문화사적으로 살펴보았다. 그동안 상해 한인사 연구에서는 상 해 혹은 조계라고 하는 장소와 공간의 의미에 대해서는 의미를 두지 않 거나 소홀하게 취급되었다. 필자는 온전한 상해 한인사의 복원을 위해 상해의 한인사가 펼쳐지는 장소와 공간의 의미에 대해 유념하였다. 대한 민국 임시정부의 신년축하회 문화, 상해 한인사회의 장례문화, 한인예배 당이자 한인들의 집회장소로 한인들의 애환이 서린 장소였던 삼일당의 역사와 위치 고증 및 한인들이 상해 프랑스조계, 공공조계 등 공간과 어 떤 관계를 맺었는지 고찰하였다.

먼저 상해 한인과 조계공간의 관계에 대해 살펴 보았다. 1910년대 초 부터 아시아 최대의 국제도시인 상해에도 한인들이 망명해오면서 소규 모의 교민사회가 형성되기 시작하였다. 1919년 이전까지만 하더라도 상 해 한인사회의 중심은 공공조계에 있었다. 1919년 임시정부가 프랑스조 계에서 수립되면서 상해 한인사회의 중심이 공공조계에서 프랑스조계로 이동했지만 공공조계는 여전히 한인들과 밀접한 관계가 있었다. 프랑스조계의 임시정부나 한인들은 일상생활이나 기념행사, 독립운동이나 직업 등의 관계로 공공조계에 일상적으로 드나들었다. 공공조계는 영안공사, 선시공사 등 마천루와 백화점, 호텔 등이 즐비한 매우 번화한 곳으로 한인들의 독립운동, 일상 소비생활, 문화 및 종교행사, 직업생활 등이 이루어지던 공간이었다.

오늘날 얘기되고 있듯이 프랑스조계와 공공조계 사이에 장벽이나 경계는 없었다. 양자 사이의 경계가 고정되는 시간이 흐르면서 조금씩 만들어져 신화로 형성되게 되었다. 프랑스조계에서 활동했던 사람들이 후일 자신들의 순혈성을 강조하는 과정에서 공공조계를 드나든 일들은 망각되었으며 프랑스조계에서 힘겹게 투쟁하던 경험들만 선택적으로 기억되었다. 특히 1932년 윤봉길의거 이후 본격적으로 한인에 대한 통제를 강화한 상해 일본영사관이 있었고 일부 친일적인 한인들이 활동했던 공공조계는 더욱더 부정적인 공간으로 타자화되었다. 타자화의 기원은 백범일지에 나오는 김구의 기억으로 거슬러 올라간다. 김구 자신도 공공조계를 적지 않게 드나들었지만 1942년에 집필한 백범일지에서 자신은 프랑스조계를 '일보一步'도 벗어나지 않았다고 적었다. 백범일지의 내용을 후대의 연구자들이 인용하면서 공공조계에 대한 기억은 신화로 고착화되어 갔다. 공공조계를 프랑스조계에 대비되는 불온한 공간으로 타자화했던 김구의 기억은 후대 연구자들에게 영향을 미쳐 이분법적인 시각으로 상해 조계 공간과 거기에서 이루어졌던 한인들의 역사를 바라보게 했다.

다음으로 상해 하비로 321호 대한민국 임시정부 초기 청사의 정확한 위치를 고증하고 청사를 둘러싸고 벌어졌던 독립운동의 광경을 복원하고자 하였다. 1919년 4월 11일 상해에서 수립된 임시정부는 정부 사무 집행을 위한 일정 규모 이상의 청사가 필요했다. 하비로 321호에 임시정부 청사가 자리 잡은 것은 1919년 6월 28일 안창호가 내무총장으로 취임한 이후로 보인다. 안창호가 미국에서 가져온 자금으로 새로운 건물을 임대했다. 그러므로 그때까지는 임시정부는 독립된 청사가 없이 장안리 267호 민단사무소를 청사로 활용하고 있었다.

최근까지 우리가 익히 알고 있는 임시정부 초기 청사 건물 사진은 촬영 시기 및 촬영 장소와 같은 캡션이 없는 것이었다. 청사 건물 사진의 하단에 촬영시기와 주소가 명기된 원래의 사진이 공개된 것은 최근의 일이다. 이 사진을 통해 청사 건물의 주소는 하비로 321호임이 확실해졌다. 하비로 321호를 당시의 지적도에서 찾는 일이 남았다. 필자는 "French Concession : Extention"라는 1920년에 제작된 프랑스조계의 지적도를 확보하였다. 이 지도에서 하비로 321호는 하비로 408호(현재 회해중로 650호)의 맞은 편에 위치해 있다. 오늘날 회해중로와 思南路가 만나는 지점에 있었음을 알 수 있다.

하비로 321호 청사 시절 재정적으로 어려운 처지에 있던 임시정부는 이를 타개하기 위해 임시정부 청사 방문을 통한 애국금 출연 프로그램을 운영했던 것으로 보인다. 국내의 부호를 대상으로 이들을 상해로 초청해서 임시정부의 상황을 설명하고 이해시킨 다음 애국금의 출연을 유도했던 것이다. 안창호는 청사를 방문한 국내 인사에게 조선 여성이 기증한 금부치를 보여주면서 눈물로 호소하는 가슴 뭉클한 역사의 한 장면을 연출하였다.

하비로 321호 청사는 오래지 않아 폐쇄되었다. 일제는 상해 프랑스조계 당국에 임시정부에 대해 폐쇄 조치를 내릴 것을 압박해왔다. 결국 프랑스조계 당국도 일제의 요구를 수용하지 않을 수 없었다. 10월 11일 임시정부 직원 32인은 청사 건물 앞에서 마지막으로 촬영한 기념 사진을 역사에 남겼다. 그리하여 하비로 321호 임시정부 청사 시절이 끝나게 되었다. 그후 임시정부는 더 이상 상해 프랑스조계에서 대로상의 번듯한 청사 건물을 가질 수 없었다. 일제의 탄압으로 임시정부 각 기관은 대로에서 벗어난 주택가로 분산했다. 비용을 절감하는 측면에서 보거나 혹시 모를 일제의 탄압에 대비해 희생을 최소화하는 길이기도 했다. 현재 하비로 321호 임시정부 초기 청사 건물이 있던 자리에는 6층 상가 건물이 들어서 있다.

다음으로 대한민국 임시정부의 신년축하회 문화에 대해 다뤘다. 1919년 4월 중국 상해에서 수립된 대한민국 임시정부는 1920년과 1921년 두 차례에 걸쳐 신년축하회를 성대하게 치렀다. 임시정부는 신년축하회라는 의식을 통해 애국심을 고양하고 대일 독립전쟁에 대한 각오를 다짐하였다. 두 차례의 임시정부 신년축하회는 모두 공공조계의 백화점 호텔 내 요리점에서 열렸다.

당시 번영 일로에 있던 상해의 소비문화는 상해의 한인들에게도 큰 영향을 미쳤던 것으로 보인다. 비교적 한적하고 조용했던 프랑스조계에 비하면 공공조계의 남경로는 대단히 활발한 상업지역이었다. 프랑스조계에 정착했던 임시정부 구성원들은 공공조계에 있는 호텔 내 식당에서 회의나 모임, 행사를 거행하는 경우가 적지 않았다. 프랑스조계의 한인들은 공공조계 남경로의 자유로운 공기를 마음껏 흡입하고 남경로가 발산하는 근대를 적극적으로 체험하였다.

두 차례에 걸친 신년축하회는 오늘날 임시정부를 상징하는 사진을 남겨주고 있다. 이 두 신년축하회 이후로 임시정부 신년축하회가 열렸다는 기록이나 사진은 더 이상 확인되지 않고 있다. 임시정부의 신년축하회는 임시정부 요인들을 비롯한 상해 한인들의 소비문화를 잘 보여주는 의례였다. 뿐만 아니라 신년축하회의 거행 여부는 상해 민족운동진영의 지형과 임시정부를 비롯한 상해한인사회의 경제적 상황을 잘 반영한다고 하겠다.

다음 독립운동가 안태국의 순국과 장례를 통해 1920년대 초 상해 한인사회의 장례문화를 살펴보았다. 1919년 4월 임시정부 수립 이후 국권 회복이라는 숭고한 목적을 위해 상해에 모여든 독립운동가들에게도 생로병사는 피할 수 없는 자연의 섭리였다. 1920년대 이래 독립운동이 장기화되면서 연만한 지도자들은 상해에서 타계하여 현지에서 장례식을 치르게 되었다. 1920년 4월 만주에서 상해로 온지 한 달도 안 되어 지병과 장티푸스가 겹쳐 타계한 안태국의 경우는 거의 첫 번째라고 해도 과언이 아니다. 그에 대한 장례는 상해 한인사회의 사회장으로 치러졌다. 안태국을 떠나보낸 독립운동가들과 교민들은 그의 타계와 장례를 통해 결속을 다지고 이후 독립운동을 더욱더 굳건하게 추진해갈 것을 다짐하였다. 안태국 사후에도 그를 추모하는 추도회가 매년 열렸다.

　이국땅인 상해에서 사망한 독립운동가들의 장례는 사적인 영역에도 속하였지만 공적인 차원 또한 갖고 있었다. 안태국에 대한 장례는 임시정부와 상해 한인사회에 의해 장례가 주도되었던 측면이 강하였다. 즉 그의 죽음과 장례는 미시적으로 가족과 친족에 의해 주도되지만, 거시적으로 임시정부와 상해 한인사회와 관련되어 진행되었다. 안태국과 인연을 맺었던 남은 자들이 그에 대한 기억, 그의 상실이 지닌 의미 등을 공유할 수 있는 방식으로 장례가 진행되었다. 안태국에 대한 장례는 사자와 남은 자들, 그리고 남은 자들 사이의 결속을 강화하는 기능을 수행하였다. 뿐만 아니라 개인과 개인이 속한 사회의 결속을 강화하여 개인이나 집단의 삶에 대한 의미부여와 집단의 정체성을 강화하였다.

　다음 1920년대 상해 프랑스조계 한인들의 기독교 예배당으로 쓰였던 삼일당(the Trinity Church)의 역사를 살펴보고 그간 잘못 알려진 위치를 고증하였다. 삼일당은 교회 본연의 종교활동 외에도 상해 독립운동진영, 교민사회의 수많은 집회와 행사가 열려 민족의 정체성을 확인하고 공동체의식을 다지던 곳이었다. 또한 1920년대 상해 한인들의 애환이 서린 잊을 수 없는 장소였다. 특히 1923년 전반기 국내외의 백여 명에 달하는 민족운동진영 지도자들이 모여 대한민국 임시정부의 운명과 민족운동의 전망을 토론하던 국민대표회의가 열렸던 역사적인 곳이기도 하였다.

그러므로 상해 삼일당의 위치를 확인하려는 노력은 한중수교 초기부터 이루어졌다. 1990년대 중반 상해 프랑스조계 삼일당은 공공조계 강서로의 영국 성공회 교당인 '성삼일당'(the Holy Trinity Cathedra1)으로 잘못 알려지기도 했다. 삼일당의 정확한 위치는 프랑스조계 영흥가 262호에 있었다. 1917년 상무인서관에서 제작한 「上海法國舊租界分圖」에서 팔선교가와 영흥가가 교차하는 지점에 삼일당이 선명하게 표기되어 있다. 그러나 삼일당은 1927년 이후 본당인 모이당이 늘어나는 신도들을 수용하기 위해 새로운 교당을 신축하면서 철거되었다. 그리하여 삼일당은 사람들의 기억으로부터도 망각되었다.

제2부에서는 상해에 살았던 개인과 사회의 생활사를 다루었다. 먼저 독립신문 기자 '첨구자'의 눈에 비친 상해 한인들의 모습에 대해 살펴보았다. 독립신문 기자 첨구자는 1919년 9월 20일부터 11월 15일까지 17회에 걸쳐 「군소리」를 독립신문에 연재하였다. 첨구자는 상해지역 임시정부를 비롯한 독립운동을 독려하고 풍자하였다.

첨구자는 1919년 9월 하순 통합 임시정부가 출범하고 이동휘와 각부 총장의 상해 도착, 부임에 즈음하여 한국의 독립은 결정된 것이나 마찬가지라는 희망에 가득찬 소회를 피력하였다. 첨구자의 눈에 임시정부와 임시의정원은 비효율적 모습으로 비쳐졌다. 첨구자는 임시정부와 임시의정원이 소모적인 회의를 반복하고 있다고 꼬집었다. 임시정부 직원들의 근무 태만에 대한 만평도 날카롭다. 국내에서는 정세가 치열한데 임시정부는 '싸보타-주' 중에 있다고 풍자하면서 임시정부 직원들이 정신을 바짝 차릴 것을 촉구하였다. 하지만 실제 임시정부 직원들이 아침부터 오후 늦게까지 점심 먹을 시간도 없이 열심히 근무하고 있다는 지적을 받고 미안함을 표시하기도 하였다. 첨구자는 일제가 프랑스조계에 보낸 밀정에 대해서도 언급하였다. 임시정부에 대해서는 쥐를 잡으려다가 독을 깨뜨리는, 즉 밀정으로 인한 폐해에 대해 충분한 주의를 기울일 것을 요청하였다. 후일 독립운동진영에서 밀정 문제로 인해 심각한 폐해가 나타나는 것을 볼 때, 첨구자의 경고는 선견지명적인 것이었다.

또한 첨구자는 상해 한인사회의 인간군상에 대해서도 날카로운 비평을 아끼지 않았다. 첨구자는 인력거꾼 문제에 대해 비평하면서 불공평한 사회제도를 근본적으로 개혁하여야 마땅하겠지만 우선은 불쌍한 인력거꾼들에게 운임을 넉넉하게 줄 것을 당부하는 따뜻한 인간애를 보였다. 첨구자는 상해 한인들의 사치성 소비문화를 고발하였다. 또 사치와 환락을 일삼는 한인들을 풍자하고 있다. 이와 같이, 첨구자의 눈에 비친 상해 한인들의 모습은 그동안의 독립운동사 연구에서는 볼 수 없었던 생생한 모습들임에 틀림없다.

다음 상해 한인사회의 위생의료생활에 대해 살펴보았다. 1919년 이전 상해 한인사회에는 본격적인 위생의료활동이라고 할 만한 것이 없었다. 1919년 4월 임시정부 수립을 전후하여 상해 한인사회가 확대되면서 교민사회는 위생의료 영역에서도 조직적인 업무를 수행하게 되었다. 임시정부는 내무부가 경찰과 위생을 관장한다고 규정함으로써 근대국가가 갖추어야할 위생 제도를 형식적이나마 갖추게 되었다. 하지만 임시정부는 국내외 인민에 대해 직접적인 위생의료 정책을 시행할 수 없었다. 또한 당장의 독립전쟁의 수행을 위해서는 위생의료 정책의 방향을 독립전쟁 수행과정에 필요한 전시 위생의료로 집중할 수밖에 없었다. 대신 상해한인사회의 위생의료는 임시정부 산하의 대한적십자회와 대한교민단에서 제한적인 범위에서 시행되었다.

1919년 7월 1일 설립된 대한적십자회는 선전활동이나 회원 모집에 힘을 기울였다. 그렇지만 대한적십자회의 핵심 사업은 간호원과 군의를 양성하는 것이었다. 이는 독립전쟁을 벌이는 과정에 반드시 갖추어야 하는 인력이었다. 대한적십자회는 1919년 여름 상해에 호열자가 유행하자 교민들을 대상으로 예방접종을 시행하였다. 상해 교민들에 대한 체계적인 위생의료활동은 교민단이 수행하였다. 그것은 위생강연과 예방접종, 무료진료소의 운영이라는 형태로 나타났다. 교민단은 교민들의 위생 지식을 계몽하기 위해 위생 강연을 여러 차례 개최하였다.

한인들이 많이 거주하던 프랑스조계에는 서양 의료시설이 비교적 완비되어 있었지만 한인들의 이용은 드물었다. 상해에 거주하던 한인들의 경우 열악한 현지 환경과 영양 부족으로 질병에 걸리기 쉬운 여건에 놓여 있었다. 상해 한인들 가운데는 폐병이나 폐결핵, 늑막염과 같은 호흡기 계통의 질병이 많았다. 따라서 한인 의사들이나 의료시설이 있었지만 규모가 그리 크지 않았으며 영세성을 벗어나지 못했다. 상해 한인들은 조계의 서양병원을 이용하는 대신 한인 병원이나 중국인 병원을 많이 이용하였다. 상해 한인들은 한의에 많이 의존했던 것으로 보인다. 상해 한인들이 운영한 약국도 있었다. 또한 안창호와 같은 개인의 위생의료 경험을 통해 상해 한인들의 위생의료생활의 한 단면을 엿볼 수 있다.

다음 일제시기 중국, 특히 상해에서 활동한 고려인삼 상인들의 활동상에 대해 고찰하였다. 상해에 이주한 한인들은 생계를 위해 인삼 상점을 차리거나 혹은 인삼 행상을 하는 경우가 많았다. 상해에 오는 한인 가운데 소지금이 넉넉지 않은 이들은 으레 인삼 몇 근을 들고 와서 현지에서 판매하여 여비나 생활비, 학비로 충당하였다.

상해에서 설립된 한인 인삼 상점은 적지 않았다. 해송양행처럼 한약방 간판을 내걸거나, 김문공사의 경우와 같이 잡화점, 원창공사나 배달공사처럼 무역상의 형태로 인삼을 취급했다. 상해에 온 한인들 가운데 특별한 기술이나 자본이 없는 경우 많은 이들이 인삼 행상에 나섰다. 우선 호구지책을 위한 것이 가장 보편적이다. 그밖에 학비나 여비, 독립운동자금을 조달하는 등 여러 가지 유형이 있다. 중국에서 활동했던 독립

운동단체 구성원 가운데 흥사단, 의열단, 민족혁명당 계열 사람들이 그
러했다. 고려인삼은 일제시기 중국 상해 한인들의 중요한 생계 수단 가
운데 하나였다. 구체적인 자료가 남아 있지는 않지만, 고려인삼 판매자
금의 일부는 독립운동진영으로도 흘러들어갔을 것으로 보인다. 해송양
행이나 김문공사, 원창공사의 경우와 같이, 인삼 상점은 단순한 영업점
이 아니라 상해 한인사회의 연락처나 독립운동의 거점 역할을 했다. 이
와 같이 고려인삼은 재중 한인사회의 경제적 기반 형성에 빼놓을 수 없
는 중요한 역할을 수행했던 것이다.

다음 상해에서 상업을 경영하면서 독립운동을 지원했던 '상인독립군'
김시문의 생활사에 대해 살펴보았다. 김시문은 1916년 상해로 이주하여
프랑스조계 하비로에서 상업에 종사하면서 뿌리를 내린 인물로 상인독
립군이라는 별칭으로 불렸다. 1892년 한국 개성에서 태어난 김시문은
1916년 24세의 나이로 상해에 갔다. 처음 상해에서 그는 처음 구두수선,
인삼장사를 전전하였다. 1919년 4월 임시정부 수립후 김시문은 독립신
문사에서 식자공, 배달원으로 일하기도 하였으며 국내 잡지와 신문을 대
리 판매하기도 하였다. 1922년 9월 김시문은 자신이 수년간 부지런히
모은 돈과 주위의 도움으로 마침내 번화한 하비로 자신의 이름을 딴 김
문공사라는 잡화점을 열었다. 프랑스조계 한인 집단거주지역의 길목에
자리한 김문공사는 한국에서 사과, 인삼 등 특산품을 수입하여 판매하고
그밖에 음료나 제과도 취급하였다.

김시문은 독립운동단체에 가입하여 활동한 직업적인 독립운동가는
아니었다. 하지만 임시정부의 기관지 『독립신문』이 자금난에 처해 있을
때 그 발행을 떠맡기도 하였다. 그는 자신의 가게를 교민들을 위한 연락
장소나 독립운동 회합을 위한 장소로 제공하였다. 또한 한국에서 상해로
처음 오는 동포들을 안내하거나 그들의 정착을 도왔다. 그는 체포된 독
립운동가들의 가족을 돌보기도 하였다. 일제패망 후에는 많은 이들이 그

의 집을 거쳐 귀국하였다. 때문에 그에게는 '한국총영사'라는 별명이 붙었다.

1945년 8월 일제가 패망한 후에도 김시문은 귀국하지 않았다. 당시 극도로 혼란했던 조국의 정국으로 인한 이유도 있었고 그리고 무엇보다도 이미 30년 동안 거주한 상해에 생활기반이 있었기 때문이다. 1949년 중화인민공화국 수립 후 김시문의 노년 생활은 순탄치 못하였다. 1950년대 중반부터 시작된 신중국의 '公私合營' 운동 과정에서 김시문은 자신이 평생 일군 김문공사가 폐쇄되는 것을 지켜보았다. 1978년 3월 김시문은 향년 86세의 나이로 홍콩에서 세상을 떠났다. 김시문은 무려 53년을 상해 하비로 일대에서 상해 한인사회의 애환, 임시정부의 고난과 윤봉길의거, 1945년의 일제 패망과 1949년 중화인민공화국 수립이라고 하는 격동의 역사를 지켜본 산증인이었다고 해도 과언이 아닐 것이다.

제3부에서는 상해 한인 교육사를 다루었다. 상해 한인사에서 교민들의 자녀들이 어떤 교육을 받았는지 인성학교라는 교민 초등교육기관을 통해 분석하였다. 상해의 한인 초등 교육기관이었던 인성학교의 설립과 운영, 유지운동과 폐교, 광복 후 재개교와 변천, 그리고 인성학교의 학생 활동에 대해 고찰하였다.

먼저 인성학교의 설립과 운영을 살펴 보았다. 1910년대 초부터 상해에는 한인들이 망명하면서 소규모의 한인사회가 형성되기 시작하였다. 상해에 거주하는 한인들이 늘어나면서 자녀 교육 문제가 현안으로 떠올랐다. 일제에 의해 조국이 강제병탄되고 국외에서 유랑생활을 경험한 한인들은 "교육은 우리 민족의 생명이다"는 신조를 갖고 있었다. 상해로 이주한 한인들은 날로 늘어나는 자제들에 대한 교육을 더 이상 미룰 수 없게 되었다.

인성학교는 이러한 요구를 수용하여 설립되었다. 인성학교는 1916년

9월 1일 상해 공공조계 곤명로 재복리 75호에서 '상해한인기독교소학'이라는 교명으로 개교하였다. 인성학교는 소학교로 출발하였지만 그 목표는 상해뿐만 아니라 해외 한인들의 가장 완비된 모범교육기관으로서 초등·중등·전문과정을 교육하는 종합학교를 지향하였다. 당초 인성학교는 사립학교로 출발하였으나 1918년 가을 상해에 한인 교민단체가 조직되면서 인성학교에 대한 관리는 교회에서 교민단체로 이관되었다. 그럼으로써 인성학교는 사립학교에서 공립학교로서의 면모를 갖추어 갔다.

　인성학교의 교육목표나 내용은 민족교육을 통해 민족정신과 민족역량을 배양하고 자활능력을 양성하여 완전한 민주시민 육성과 신민주국가를 건설하는데 있었다. '덕지체'의 삼육을 바탕으로 건전한 육체와 인격을 갖춘 인재 양성을 중시하였다. 여기에 더하여 인성학교는 학생들에게 투철한 '한국혼'을 주입하여 장차 독립운동인재로 양성하고자 하였다. 인성학교의 교과내용은 민족의식을 고취하는 내용이 위주였다. 교과목도 한글, 한국의 역사와 지리 등에 치중하였다. 인성학교의 교장을 비롯한 교원들은 임시정부와 관계있는 독립운동가들로 구성되었다. 학생수는 1916년 개교 당시 4명이었지만 1920년도 신학기에는 학급수가 4개로 늘어나고 유치원급이 증설되면서 학생수는 30명으로 늘어났다. 1920년대 후반 이후에는 매년 50~70명의 학생수를 유지하였다.

　다음 인성학교 학생들의 다양한 학생활동에 대해 고찰하였다. 상해 한인사회의 초등 교육기관이었던 인성학교는 학생들의 민족정신과 민족역량을 배양하고 자활능력을 양성하여 완전한 민주시민을 육성하는데 그 목적을 두었다. 동시에 '덕지체'의 삼육을 바탕으로 건전한 육체와 인격을 갖춘 인재 양성을 중시하였다. 이를 위해 인성학교 학생들은 정규적인 수업 외에 다양한 학생활동을 펼쳤다.

　인성학교 학생들은 연습회, 학예회, 연주회, 가극대회 등 다채로운 학예활동을 진행하였다. 학생들의 연극 공연도 적지 않았다. 인성학교는 매년 4월 초순이나 5월 5일 어린이날을 즈음하여 춘계운동회를 개최하였다. 춘계운동회는 상해 교민 전체의 행사로 진행되었다. 그러므로 춘계운동회가 열리는 날은 삼일절 못지않은 명절 분위기를 연출하였다. 운동회에는 학생뿐만 아니라 프랑스조계에 거주하는 대부분의 한인들이 참여하였다. 물론 독립운동노선을 둘러싸고 첨예하게 대립하던 때에도 독립운동가들은 정쟁을 잠시 멈추고 운동회에 참여하여 화합을 이루었다. 운동회는 상해 한인들로 하여금 그들이 하나의 민족 공동체라는 생각을 절실하게 만들어주었다. 인성학교의 마지막 운동회는 인성학교가 일제에 의해 강제로 폐교되던 해인 1935년에 있었다. 이해 5월 11일의 운동회를 끝으로 프랑스조계의 한인들은 더 이상 운동회를 개최하지 못하였다.

인성학교 학생들은 삼일절 기념행사 등 임시정부 및 교민사회의 각종 행사나 집회에 참여하였다. 인성학교 학생들은 소년운동을 전개하였다. 그것은 상해소년회라는 인성학교 학생들의 자치조직을 통해 전개되었다. 소년회는 오늘날의 보이스카웃과 같은 것이었다. 그후 상해소년회는 상해한인소년회, 상해한인동자군, 상해한인척후대로 명칭을 바꾸었다. 척후대는 임시정부 등 독립운동진영에서 벌이는 각종 행사의 경호 및 연락, 독립지사들의 전령 역할을 담당했다. 이러한 경험은 후일 인성학교 학생들로 하여금 자연스럽게 독립운동에 뛰어들 수 있게 하였다.

다음 인성학교의 재정난과 유지운동에 대해 살펴보았다. 인성학교는 당초 일정한 재정 자산없이 출범하였기 때문에 설립 직후부터 만성적인 재정난에 시달렸다. 수입보다는 경상비로 지출되는 비용이 많아 재정확보에 어려움이 많았다. 교민단이나 유지회, 찬조회 등을 조직하여 인성학교의 재정을 지원하고자 하였다. 인성학교 교직원들도 무보수로 헌신적인 노력을 기울였다.

그럼에도 불구하고 인성학교의 재정적인 어려움은 좀처럼 개선되지 않았다. 설상가상으로 1932년 4월 윤봉길의 홍구공원의거로 임시정부가 상해를 떠나가자 상해 일본총영사관은 외롭게 프랑스조계에 남아 민족교육을 지속해가던 인성학교에 압력을 가하기 시작했다. 1935년 10월 일본영사관은 인성학교에 대해 같은 해 11월 10일부터 일본 국정교과서를 사용하는 일본어교육을 실시하라고 강요하였다. 결국 1935년 11월 11일 선우혁 교장을 비롯하여 학교 교직원들이 일제의 요구를 거부, 모두 사직하면서 인성학교는 사실상 폐교되고 말았다.

끝으로 1935년 일제의 압력으로 폐교된 인성학교가 1945년 일제패망 후 복교되는 과정을 살펴보았다. 1945년 8월 일제가 무조건 항복을 선언하자 상해에 거주하던 한인들은 인성학교의 재개교를 서둘렀다. 1946년 6월 상해지역의 선우혁 등 지도자들은 인성학교를 다시 열었다. 인성학교는 한국교민협회와 인성학교유지회의 지도하에 운영되었다. 다시 문을 연 인성학교는 임시정부 시절 인성학교의 이념을 계승하였다. 기본 교육방침은 학생들에게 군건한 민족의식을 심어주고, 나아가 독립·민주·자유·행복을 추구하는 인재를 양성하는 것을 목표로 하였다. 초대 교장은 1935년 인성학교 폐교 당시 교장이던 선우혁이 선임되었다.

인성학교의 재정은 일제강점기 인성학교와 마찬가지로 어려웠다. 때문에 옛 인성학교와 마찬가지로 인성학교유지회를 조직하고 학부형들로부터 기부금을 받았다. 동시에 조중 양국정부의 정책에 따라 인성학교의 교명도 여러 차례 변경되었다. 1959년 이후에는 교명에서 '인성'이라는 말이 아예 빠져 상해조선인학교로 불리기도 하였다.

재개교한 인성학교는 상해 한인들의 정신적인 구심점 역할을 하였다. 교민단체인 상해조선인협회나 북경 조선대사관 및 상해영사관의 지도하에 상해 교민들은 인성학교 강당에 모여 민족문화 공연활동을 하면서 민족정체성을 고취하는 활동을 계속하였다. 1963년에는 조선과 중국 양국정부의 협의 하에 상해시 교육국이 인성학교를 직접 관리하게 되었다. 인

성학교의 인사나 경비 제공은 모두 상해시 교육국에서 처리하였다. 1968
년에는 중국인 교장이 파견되어 학교를 직접 운영하였다.

　폐쇄적인 사회주의국가의 특성상 새로운 교민의 충원이 없었기 때문
에 상해 교민들은 점차 감소하였다. 1950년 현재 52명이던 학생은 1966
년 30명으로 감소하였다. 그후 학생수가 더욱 줄어들자 1976년 9월 1일
인성학교는 인근의 中州路第一小學 부속 조선인소학반으로 축소되었다.
1979년 학생이 7명만 남은 가운데 조선인소학반 마저 중주로제일소학에
완전히 합병되고 말았다. 1946년 재개교된 인성학교는 1979년까지 새로
운 학생들의 충원이 거의 없는 고립된 상황 속에서 상해지역 교민 자제
들의 민족교육과 정체성 형성에 큰 기여를 하였다. 뿐만 아니라 상해 교
민사회의 정신적 구심점 역할을 다하였다.

참고문헌

1. 자료

간행 자료

朴殷植, 『韓國獨立運動之血史』, 上海: 維新社, 1920.

朱耀翰, 『安島山全書』, 三中堂, 1963.

국사편찬위원회, 『한국독립운동사』 자료 1-3, 임정편 Ⅰ-Ⅲ, 1970~1973.

고려대학교 아세아문제연구소, 『舊韓國外交文書』 제8권 清案 1, 1970.

추헌수 편, 『자료 한국독립운동』 1-3, 연세대학교 출판부, 1972.

국사편찬위원회, 『일제침략하 한국36년사』 7, 탐구당, 1973.

국사편찬위원회 편, 『윤치호일기』 1, 탐구당, 1973.

金昌淑, 「躄翁七十三年回想記」 『心山遺稿』 卷五, 국사편찬위원회, 1973.

독립운동사편찬위원회 편, 『독립운동사자료집』 제7, 9집, 임시정부 자료집, 1973~1975.

國會圖書館, 『大韓民國臨時政府議政院文書』, 1974.

국회도서관 편, 『한국민족운동사료』(중국편), 1976.

국회도서관 편, 『한국민족운동사료』(3.1運動篇 其一-三), 1977~1979.

독립군가보존회, 『독립군가곡집 - 광복의 메아리』, 1982.

국사편찬위원회, 『한민족독립운동사자료집』 1, 105인사건공판시말서 Ⅰ, 1986.

국사편찬위원회, 『한국독립운동사』 자료 20, 임정편 Ⅴ, 1991.

夢陽呂運亨全集發刊委員會, 『夢陽呂運亨全集』 1, 한울, 1991.

국사편찬위원회, 『한국독립운동사』 자료 21-22, 임정편 Ⅵ-Ⅶ, 1992~1993.

국사편찬위원회, 『한국독립운동사』 자료 33, 의열단 Ⅱ, 1996.

국가보훈처, 『대한민국임시정부관련 요시찰인명부』, 1996.

국사편찬위원회,『한민족독립운동사자료집』30 의열투쟁 Ⅲ, 1997.

연세대학교 현대한국학연구소,『梨花莊所藏 雩南李承晩文書』, 東文篇 제8권
　　　　大韓民國臨時政府 關聯文書 3, 1998.

연세대학교 현대한국학연구소,『梨花莊所藏 雩南李承晩文書』, 東文篇 제18권
　　　　簡札 3, 1998.

이중연,『신대한국 독립군의 백만용사야 – 일제강점기 겨레의 노래사』, 혜안,
　　　　1998.

백범김구전집편찬위원회,『백범김구전집』1-12, 나남출판, 1999.

민두기 엮음,『신언준 현대 중국 관계 논설선』, 문학과지성사, 2000.

도산안창호선생전집편찬위원회,『도산안창호전집』제4권 일기, 2000.

도산안창호선생전집편찬위원회,『도산안창호전집』제6권 대한민국임시정부·
　　　　유일당운동, 2000.

도산안창호선생전집편찬위원회,『도산안창호전집』제8권 흥사단원동위원부, 2000.

도산안창호선생전집편찬위원회,『도산안창호전집』제10권 동우회Ⅱ, 흥사단
　　　　우 이력서, 2000.

도산안창호선생전집편찬위원회,『도산안창호전집』제14권 사진, 2000.

국사편찬위원회,『한민족독립운동사자료집』37, 독립군자금모집 6, 2000.

국사편찬위원회,『한민족독립운동사자료집』43, 44, 46, 중국지역독립운동 재
　　　　판기록 1, 2, 4, 2001.

김상태 편역,『윤치호 일기 : 한 지식인의 내면세계를 통해 본 식민지 시기』,
　　　　역사비평사, 2001.

조동호선생기념사업회 편,『한민족의 독립』, 동방서적, 2002.

최서면,『일본외무성 외교사료관소장 한국관계사료목록, 1875~1945』, 국사편
　　　　찬위원회, 2003.

단국대학교 동양학연구소 편,『이봉창의사 재판관련 자료집』, 단국대 출판부,
　　　　2004.

이정박헌영전집편집위원회,『이정박헌영전집』1, 역사비평사, 2004.

이정박헌영전집편집위원회,『이정박헌영전집』4, 역사비평사, 2004.

대한민국임시정부기념사업회,『프랑스소재 한국독립운동자료집』1, 2006.

국사편찬위원회,『대한민국임시정부자료집』2, 임시의정원 Ⅰ, 2005.

국사편찬위원회,『대한민국임시정부자료집』5, 임시의정원 Ⅸ, 2005.

국사편찬위원회, 『대한민국임시정부자료집』 11, 한국광복군 II, 2006.

국사편찬위원회, 『대한민국임시정부자료집』 30, 관련단체 I, 2009.

국사편찬위원회, 『대한민국임시정부자료집』 31, 관련단체 II, 2009.

국사편찬위원회, 『대한민국임시정부자료집』 33, 한국독립당 I, 2009.

국사편찬위원회, 『대한민국임시정부자료집』 35, 한국국민당 I, 2009.

독립기념관, 『중국내 대한민국임시정부 기념관 도록』, 2009.

국사편찬위원회, 『대한민국임시정부자료집』 44, 사진자료, 2011.

국사편찬위원회, 『대한민국임시정부자료집』 별책 2, 조선민족운동연감, 2009.

국사편찬위원회, 『대한민국임시정부자료집』 별책 5, 국민대표회의 I, 2011.

국사편찬위원회, 『대한민국임시정부자료집』 별책 6, 국민대표회의 II, 2011.

유영익·송병기·이명래·오영섭 편, 『李承晩 東文 書翰集』 上中下, 연세대출판
　　　　부, 2009.

국사편찬위원회, 『광복 이후 재중 한인의 귀환 관련 사료』 I, 총론 및 화중·
　　　　화남지방편, 해외사료총서 25, 2012.

매헌윤봉길전집편찬위원회, 『매헌윤봉길전집』 제2권 상해의거와 순국, 2012.

연세대학교 국학연구원 편, 『東農金嘉鎭全集』 2, 선인, 2014.

대한민국역사박물관, 『광복으로 가는 길 : 대한민국임시정부』, 2015.

류석춘·오영섭·데이빗필즈·한지은 공편, 『이승만 일기 : 1904-34 & 1944』, 이
　　　　승만연구원·대한민국역사박물관, 2015.

이덕주·김호운 엮음, 『중국·시베리아 지역 한국기독교 관련 자료집』 I, 『기
　　　　독신보』(상, 1915년 12월 8일～1929년 1월 30일), 한국기독교연구소,
　　　　2015.

이덕주·김호운 엮음, 『중국·시베리아 지역 한국기독교 관련 자료집』 II, 『기
　　　　독신보』(하, 1929년 2월 6일～1937년 7월 21일), 한국기독교연구소,
　　　　2015.

대한민국 역사박물관, 『독립신문』, 2016.

독립기념관, 『大阪朝日新聞 韓國關係記事集(1919.9～1920.8)』, 2016.

楊昭全 編, 『關內地區朝鮮人反日運動資料彙編』, 上册, 沈陽: 遼寧民族出版社,
　　　　1987.

中國紅十字會, 『中國紅十字會歷史資料選編』, 南京大學校出版社, 1993.

徐方民, 『中韓關係史(近代卷)』, 社會科學文獻出版社, 1996.

上海市檔案館 編, 『中國地域韓人團體關係史料彙編』 1-2, 上海: 東方出版中心, 1999.

李文海 主編, 『民國時期社會調査總編』(城市生活篇), 福州: 福建教育出版社, 2005.

黃夏年 主編, 『民國佛教期刊文獻集成』 第185卷, 北京: 全國圖書館文獻縮微複製中心, 2006.

謝培屛 編, 『戰後遣送外僑返國史料彙編』 1, 韓僑篇, 臺北: 國史館, 2008.

熊月之 主編, 『稀見上海史誌資料叢書』 5, 上海書店出版社, 2012.

朝鮮總督府 法務局, 『朝鮮獨立思想運動の變遷』, 1931.

朝鮮總督府 高等法院 檢事局 思想部, 『朝鮮思想運動調査資料』 제2집, 1933

朝鮮總督府 警務局, 『國外ニ於ケル容疑朝鮮人名簿』, 1934

村田左文, 『上海及南京方面に於ける 朝鮮人の思想狀況』, 朝鮮總督府 高等法院, 1936.

金正明 編, 『朝鮮獨立運動』 2, 東京: 原書房, 1967.

金正柱 編, 『朝鮮統治史料』 8, 10, 東京: 韓國史料研究所, 1971.

社會問題資料研究會 編, 『思想情勢視察報告集』 2, 東京: 東洋文化社, 1976.

外務省外交史料館藏, 『外務省警察史』 第53卷, 支那ノ部 南支, 東京: 不二出版(株), 2001.

『日本外務省陸海軍省文書』 218.

미간행 자료

「李載祥 判決文, 昭和十四年刑公第一九六一號, 1939年 12月 19日」(국가기록원 소장).

「조상섭 목사 부고 (1940. 1. 20)」(독립기념관 소장자료).

「흥사단 이력서」(독립기념관 소장자료).

「김시문 자서전」(1958년 11월 26일).

「呂運弘ノ行動ニ關スル報告ノ件(1921.5.4)」(독립기념관 데이터베이스).

『外務省警察史 : 支那の部 第18篇 在上海總領事館』(국회도서관 MF SP126).

「鮮于爀·金時文이 홍콩의 李義錫에 보내는 安泰國선생 등 移葬費用 使用內譯書」(1953).

김교철 편, 『朝鮮예수교장로회 上海敎會歷史 研究 資料集』, 2005.

「關于朝鮮籍學生尹世燮轉學問題」(上海市檔案館 B1-1-2215-33, 1949.9).

「上海敎育局與外僑事務處, 華東紡管理局關于管理外僑學校與外僑辦學問題之來往文書及傳發關于各機關,團體,學校等對本市租用外僑房產,土地調查問題公函」(上海市檔案館 B105-1-1112, 1949.11~1954.1).

「上海敎育局有關外僑學校情況報告」(上海市檔案館 B105-1-1115, 1950~1952.7)

「上海市 外僑學校調查」(上海市檔案館 B105-5-1350, 1950.6.22).

「華東敎育部抄發各級敎育行政部門管理外僑子女學校潛行辦法,歸國華僑學生入學潛行辦法」(上海市檔案館 B105-351, 1951.4~8).

「各級敎育行政部門管理外僑子女學校潛行辦法的經過報告」(上海市檔案館 B105-1-263, 1951.10.6).

「朝鮮人學校 1963年校產,校具淸查目錄」(上海市檔案館 B105-8-118-1. 1963.10).

「朝鮮人學校 1963年圖書目錄」(上海市檔案館 B105-8-120-1, 1963.10).

「上海敎育局關于申請核發職員公費醫療證的函」(上海市檔案館 B105-8-533, 1965.9.20).

「關于對上海朝鮮人學校改進管理的意見」(上海市檔案館 B105-2-960, 1966.7.22).

「加强對朝鮮人學校領導的意見」(上海市檔案館 B105-3-64-23, 1968.5.7).

「上海地方法院吳桂芳訴金時文妨害風化案的文件」(上海市檔案館 Q185-2-13177, 1946).

「上海市警察局關於朝鮮籍孫昌植材料」(上海市檔案館 Q131-4-3967, 1946.8.8~1947.6.18).

「上海高等法院檢察處關於孫昌植漢奸案」(上海市檔案館 Q188-2-78(1946).

「上海地方法院檢察處關於孫昌植等侵占等案」(上海市檔案館, Q186-2-42892, 1948).

「爲呈報朝鮮僑民崔泰京加入中國國籍審核」(上海市虹口區檔案館 上海市虹口區民政科, 29-2-21, 1953.1~2).

「關于處理國籍問題事, 爲不准朝僑黃俊玉入籍希口頭告知事」(上海市虹口區檔案館 上海市虹口區民政科, 29-2-56, 1954.5.17.).

「關于朝鮮人敎職員工工資調整的請示報告」(上海市虹口區檔案館 上海市虹口區敎育局, 17-2-233, 1964.12.8.).

「關于市局要本局協助管理朝鮮人學校的報告」(上海市虹口區檔案館 上海市虹口區敎育局, 17-2-187, 1964.12.29.).

「關于申請核發朝鮮人學校敎職工公費医療証問題」(上海市虹口區檔案館 上海市

虹口區教育局, 17-2-227, 1965.9.20.).

「發至朝鮮人小學」(上海市虹口區檔案館 上海市虹口區教育局, 17-1-123, 1968.4.4.).

「一九七三年小學工作人員退休審核表:金仁敬」(上海市虹口區檔案館 上海市虹口區教育局, 17-2-401, 1973).

「關于中州路一小附屬朝鮮人小學班取消的請示報告」(上海市虹口區檔案館 上海市虹口區教育局, 17-1-167, 1978.1.4.).

「關于合幷朝鮮人小學班的請示報告」(上海市虹口區檔案館 上海市虹口區教育局, 17-1-508, 1979.6.11.).

「本局所屬各單位一九八七年退休審批表(十):劉眞順」(上海市虹口區檔案館 上海市虹口區教育局, 17-2-1244, 1987.8.8.).

「陳春浩補發退休費報告」(上海市虹口區檔案館 上海市虹口區教育局, 17-2-1873, 1990.8.30.).

「本局所屬各單位一九九0年教職員工退休審批表(四):梁玲珍」(上海市虹口區檔案館 上海市虹口區教育局, 17-2-2021, 1990.9.20.).

『不逞團關係雜件』 朝鮮人ノ部 上海假政府』(日本外務省外交史料館).

『不逞團關係雜件 - 朝鮮人의 部 - 在上海地方』(日本外務省外交史料館).

『不逞團關係雜件 - 朝鮮人의 部 - 在支那各地』(日本外務省外交史料館).

『不逞團關係雜件 - 朝鮮人의 部 - 鮮人ト過激派』(日本外務省外交史料館).

『不逞團關係雜件』 朝鮮人ノ部 在西比利亞』(日本外務省外交史料館).

『不逞團關係雜件 朝鮮人ノ部 - 新聞雜誌』(日本外務省外交史料館).

『在外朝鮮人學校教育關係雜件 第一卷 3.中國 (2)上海仁成學校』(日本 國立公文書館 アジア歷史資料センター Database).

內務省保安課,「上海ニ於ケル尹奉吉爆彈事件顚末(1932.7.)」.

在上海日本總領事館警察部,「中國歸化朝鮮人調」,『特高警察ニ關スル事項』, 1934 (『在支滿本邦警察統計及管內狀況報告雜纂(支那27)』(日本外務省外交史料館, D.2.3.28).

在上海日本總領事館警察部,『特高警察ニ關スル事項』, 1934.

「上海元民會副會長李容魯暗殺事件檢擧送局ノ件(1935.7.24)」,『警察情報綴』(독립기념관 소장 조선총독부의 조선인 항일운동 조사기록).

2. 신문 및 잡지

신문

『獨立新聞』,『新韓民報』,『大同公報』,『東亞日報』,『朝鮮日報』,『每日申報』,
　　『釜山日報』,『基督申報』,『上海時報』,『文化日報』,『倍達商報』,『中
　　外日報』,『宗敎時報』.
『萬國公報』,『申報』,『時報』,『民國日報』,『中央日報』,『文滙報』,『紹興縣報』.
『上海日日新聞』.

잡지

『上海韓聞』,『韓民』,『開闢』,『동광,『三千里』,『時兆』,『新東亞』,『光化』,
　　『別乾坤』,『貿易月報』,『世代』,『기러기』,『新天地』,『상하이저널』.
『海潮音』,『興華』

3. 구술자료 및 회고, 전기, 지방지류

구술자료

	성명	생년	경력	구술시기	구술장소
1	金熙元	1927	상해 김문공사 김시문의 아들	2005. 이후 30여 차례	국사편찬위원회 및 과천 커피샵
2	崔允信	1917	최중호의 딸 인성학교 졸업	2006.11.29.	서울 자택
3	金滋東	1929	임시정부요인 김가진의 손자	2007.12.11. 이후 5차례	서울 임시정부기념사업회 사무실
4	金熙敬	1925	김시문의 딸	2008~2010. 8차례	상해 淮海中路 自宅
5	王敏蘭	1953	김시문의 외손녀		
6	劉眞順	1932	유일평의 딸	2008~2014 7차례	상해 溧陽路 自宅, 多倫路 및 四川北路 음식점
7	金顯大	1924	1944년 상해대학	2008.8.2.	吉林 延吉市 自宅

			재학중 조선의용군 투신		
8	金元培	1949	1961년 인성학교 졸업	2009.10.15,12.13.	상해 紫藤路 한국식당, 上島咖啡店
9	李林富	1938	1968~1978 인성 학교 교장 역임 (한족)	2009.10.27.	상해 玉田路 自宅
10	具本奇	1942	1954년 인성학교 졸업	2009.11.3, 11.15.	상해 上海中學 國際部 사무실
11	崔榮芳	1924	최창식의 딸	2012.6.16.	서울 바비엥호텔
12	崔慰慈	1939	崔采의 딸	2009.11.13.	상해 万科 자택
13	金用哲	1943	1955년 인성학교 졸업	2009.11.15,11.24, 12.9	상해 徐家滙 兩岸커피샵
14	韓泰東	1924	한진교의 아들	2010.4.9. 이후 6차례	서울 자택
15	具益均	1908	안창호 비서	2010.3.28. 이후 5차례	서울 자택
16	柯興康	1932	한족, 김문공사 고용원	2010.5.20.	상해 김희경 자택

회고록 및 전기

金光, 『尹奉吉傳』, 上海: 韓光社, 1934.

李光洙, 『島山安昌浩』, 太極書館, 1947.

김산/辛在敦 譯, 「아리랑 – 朝鮮人 反抗者의 一代記」, 『新天地』 3.4월합병호, 1947.

林敏英, 『愛國誌 : 의사 윤봉길 선생 편』, 愛國精神宣揚會出版部, 1951.

鮮于燻, 『民族의 受難』, 1955.

李光洙, 「己未年과 나」, 『李光洙全集』 13, 三中堂, 1962.

주요한, 『秋汀 李甲』, 民衆書林, 1964.

李慶孫, 「上海臨政時代의 自傳」, 『新東亞』, 1965년 3월호.

朴容卿, 「上海仁成學校」, 『新東亞』, 1965년 11월호.

金光洲, 「上海時節回想記(上)」, 『世代』, 1965년 12월호.

金光洲, 「上海時節回想記(下)」, 『世代』, 1966년 1월호.

仁村紀念會,『仁村金性洙傳』, 1976.

禹昇圭,『나절로漫筆』, 探求堂, 1978.

길선경,『靈溪吉善宙』, 종로서적, 1980.

한승인,『민족의 빛 도산 안창호』, 1980.

鄭元澤,『志山外遊日誌』, 탐구당, 1983.

朴昌和,『省齋李始榮小傳』, 을유문화사, 1984.

유영순,『懷古談』, 시조사, 1984.

金明洙,『明水散文錄』, 三螢文化, 1985.

李炫熙 대담,『한국독립운동증언자료집』, 한국정신문화연구원, 1986.

黃順朝,『敎育의 歷程 : 黃順朝敎育遺稿集』, 1986.

손충무,『상해임시정부와 백범 김구』, 범우사, 1987.

안병무,『七佛寺의 따오기』, 범우사, 1988.

정화암,『어느 아나키스트의 몸으로 쓴 근세사』, 자유문고, 1992.

李淑,『竹槎回顧錄 - 祖國光復에 命을 걸고』, 1993.

구익균,『새역사의 여명에 서서 - 격동속의 일생을 돌아보며』, 일월서각, 1994.

金俊燁 編,『石麟閔弼鎬傳』, 나남출판, 1995.

피천득,『인연』, 샘터, 1996.

金孝淑,『상해 대한민국임시정부와 나』(미간행), 1996.

엄상익,『엄마 합의합시다』, 나남출판, 1996.

김구 저·도진순 주해,『백범일지』, 돌베개, 1997.

정정화,『장강일기』, 학민사, 1998.

金承學,「亡命客行蹟錄」,『한국독립운동사연구』제12집, 독립기념관 한국독립
　　　　운동사연구소, 1998.

한국정신문화연구원 현대사연구소 편,『遲耘 金錣洙』, 1999.

김경하,『태산을 넘어 험곡에 가도』, 한국장로교출판사, 1999.

국가보훈처,『독립유공자 증언자료집』Ⅰ, 2002.

국가보훈처,『독립유공자 증언자료집』Ⅱ, 2002.

金行湜 編著,『一齋金秉祚評傳』, 도서출판 우삼, 2002.

박규원,『상하이 올드데이스』, 민음사, 2003.

石源華·金俊燁 共編,『申圭植·閔弼鎬와 韓中關係』, 나남출판, 2003.

玄楯,『玄楯自史』, 연세대학교 출판부, 2003.

양필승·이정희, 『차이나타운 없는 나라 - 한국 화교 경제의 어제와 오늘』, 삼성경제연구소, 2004.

님웨일즈, 김산 지음·송영인 옮김, 『아리랑- 조선인 혁명가 김산의 불꽃 같은 삶』 개정판, 동녘, 2005.

장석흥, 『임시정부 버팀목 차리석 평전』, 역사공간, 2005.

최영방·영화, 『대한독립운동 최후의 광경』, 한국이민역사연구소, 2008.

이정식, 『여운형 : 시대와 사상을 초월한 융화주의자』, 서울대학교출판부, 2008.

류연산, 『불멸의 영혼, 최채』, 재외동포재단, 2008.

계봉우 지음, 김필영 옮김, 『꿈속의 꿈 : 고려인 민족운동가 계봉우 자서전』, 강남대학교 출판부, 2009.

고춘섭, 『연동교회 애국지사 16인 열전』, 도서출판 카이로스, 2009.

에이드리언 데스먼드·제임스 무어 지음, 김명주 옮김, 『다윈 평전 : 고뇌하는 진화론자의 초상』, 도서출판 뿌리와이파리, 2009.

유기석, 『삼십년방랑기』, 국가보훈처, 2010.

都寅權, 『竹軒 都寅權 自敍傳』, 石室, 2010.

윤선자, 『영원한 대한민국임시정부의 요인 김철』, 독립기념관, 2010.

이봉원 『대한민국임시정부 바로 알기』, 정인출판사, 2010.

박희승, 『조계종의 산파 지암 이종욱』, 조계종출판사, 2011.

김용, 『나의 길을 찾아』, 이화, 2012.

연창흠, 『애국지사 연병환·연병호』, ㈜비오비, 2013.

국사편찬위원회, 『독립운동과 징병, 식민 경험의 두 갈래 길』, 2013.

조너선 펜비, 노만수 옮김, 『장제스 평전』, 민음사, 2014.

피터 현 지음, 임승준 옮김 2015, 『만세!』, 한울, 2015.

정혜주, 『날개옷을 찾아서 : 한국 최초 여성비행사 권기옥』, 하늘자연, 2015.

아쿠타가와 류노스케 지음·곽형덕 옮김, 『아쿠타가와의 중국 기행』, 섬엔섬, 2016.

최영방·영화, 『우리가족의 100년 오디세이 : 독립운동가 운정 최창식』, 캐나다한국일보 출판부, 2017.

吳群, 「淸末民初馳名滬上的寶記照相館」, 『人像攝影』, 1986.4.

費名煌, 「霞飛路上外國人開設的商店」(盧灣區政協文史資料委員會 編, 『盧灣史

話』, 第4輯, 1994.

張若谷, 『異國情調』, 上海: 漢語大詞典出版社, 1996.

許洪新, 『上海老弄堂』, 上海科學技術文獻出版社, 2004.

朱富康, 「韓國獨立運動領導人遺骨遷移追記」, 『移居上海』 第83期, 2009.

김창석, 『동방명주를 빛낸 사람들』, 연길: 연변인민출판사, 2009.

孫科志·金光載, 『上海的韓國文化地圖』, 上海文藝出版總社, 2010.

Nym Wales and Kim San, *Song of Ariran : A Korean Communist in the Chinese Revolution*, San Francisco : Ramparts Press, 1941.

George Ashmore Fitch, *My Eighty Years in China*, Taipei: Meiya, 1967.

Peter Hyun, *Man sei! : the Making of a Korean American*, Honolulu : Univ. of Hawaii Pr., 1986.

문집 및 답사기

孔聖學, 『中游日記』, 1923.

孔聖求 外, 『香臺紀覽』, 1928.

仁成學校復興第三回, 『卒業紀念文藻』, 4282年(1949) 7月.

李始榮, 『感時漫語-駁黃炎培之韓史觀』, 일조각, 1983.

이이화, 『이이화의 중국역사기행: 조선족의 삶을 찾아서』, 웅진출판, 1993.

윤병석, 『한국독립운동의 해외사적 탐방기』, 지식산업사, 1994.

조동걸, 『독립군의 길따라 대륙을 가다』, 지식산업사, 1995.

김성룡 저·최룡수 감수, 『불멸의 발자취』, 북경: 민족출판사, 2005.

소설

주요섭, 「人力車軍」, 『開闢』, 제58호, 1925.

김광주, 『장발노인』, 1933.

편지

김희원이 김시문에게 보내는 편지(1949년~1951년).

최영방이 김희원에게 보내는 편지(1997년~2005년).

사진

金熙元, 金熙敬, 劉眞順, 金用哲, 王敏蘭, 崔榮芳 제공 1920-1980년 사진 자료.

도록 및 화보

도산안창호선생기념사업회,『수난의 민족을 위하여 : 도산 안창호의 생애』, 1999.
독립기념관,『중국내 대한민국임시정부 기념관 도록』, 2009.
백범김구선생기념사업협회,『백범 김구 사진자료집』, 2012.
경기도박물관,『어느 독립운동가 이야기 : 광복 70주년 기념 특별전 도록』, 2015.
대한민국임시정부기념사업회, 대한민국임시정부기념관 건립추진위원회,『사진
　　으로 보는 대한민국임시정부』, 2016.

上海社會科學院·上海圖書館,『郭沫若在上海』, 上海社會科學院出版社, 1994.
高綱博文·陳祖恩 主編,『日本僑民在上海』, 上海辭書出版社, 2000.
上海市盧灣區檔案館,『淮海路百年寫眞』, 上海社會科學院出版社, 2001.
謝俊美 主編,『圖說韓國獨立運動在上海』, 上海: 大韓民國臨時政府舊址管理處,
　　2002.
沈寂 主編,『老上海南京路』, 上海人民美術出版社, 2003.
徐逸波·翁祖亮·馬學强 主編,『歲月 : 上海盧灣人文歷史圖册』, 上海辭書出版社, 2009.
繆君奇,『魯迅在上海』, 上海文化出版社, 2010.

地方誌 및 보고서

沈民華·貝民强·金勝一 엮음,『대한민국 임시정부 이전지 현황』, 범우사, 2001.
독립기념관,『국외항일운동유적지(지) 실태조사보고서』, 2002.
상해한국학교,『上海仁成學校』, 2006.
한시준,『중국 상해 '寶昌路 329號' 건물 철거자재 고증 및 복원 타당성 조사
　　보고서』, 독립기념관 용역보고서, 2004.
김주용·박환·조재곤·한시준·한철호,『국외항일유적지』한국독립운동의 역사
　　59, 독립기념관 한국독립운동사연구소, 2009.
독립기념관,『국외독립운동사적지 실태조사보고서』16, 2016.

上海第一浸禮會堂 編, 『上海第一浸禮會堂百年史略』, 1947(『民國叢書』 第五編 15 哲學·宗教類).

上海社會科學院 經濟研究所 編著, 『上海永安公司的産生, 發展和改造』, 上海人民出版社, 1981.

上海市黃浦區人民政府 編, 『上海市黃浦區地名誌』, 上海社會科學院出版社, 1989

盧灣區人民政府 編, 『上海市盧灣區地名誌』, 上海社會科學院出版社, 1990.

俞斯慶 主編, 『上海醫藥誌』, 上海社會科學院出版社, 1997.

上海民族誌編纂委員會, 『上海民族誌』, 上海社會科學院出版社, 1997.

上海衛生誌編纂委員會 編, 『上海衛生誌』, 上海社會科學院出版社, 1998.

上海市盧灣區誌編纂委員會 編, 『盧灣區誌』, 上海社會科學院出版社, 1998.

上海外事誌編輯室 編, 『上海外事誌』, 上海社會科學院出版社, 1999.

上海市虹口區教育誌編纂委員會 編, 『虹口區教育誌』, 上海: 學林出版社, 1999.

上海市虹口區教育局 編, 『虹口教育史話』, 上海: 學林出版社, 2000.

上海民政誌編纂委員會, 『上海民政誌』, 上海社會科學院出版社, 2000.

上海宗教誌編纂委員會 編, 『上海宗教誌』, 上海社會科學院出版社, 2001.

上海租界誌編纂委員會 編, 『上海租界誌』, 上海社會科學院出版社, 2001.

許洪新, 『從霞飛路到淮海路』, 上海社會科學院出版社, 2003.

許洪新 主編, 『上海老弄堂』, 上海科學技術文獻出版社, 2004.

張化 著, 『上海宗教通覽』, 上海古籍出版社, 2004.

上海市地方誌辦公室 編著, 『上海名建築誌』, 上海社會科學院出版社, 2005.

周三金, 『上海老菜館』, 上海辭書出版社, 2008.

唐艷香, 「一品香與近代上海社會」, 『理論界』, 2008.

蘇智良 主編, 『上海城區史』 下冊, 上海: 學林出版社, 2011.

『上海市民族和宗教網』(上海市政協 인터넷사이트 http://www.shmzw.gov.cn/gb/mzw/shmz/index.html).

편술서

이영린, 『한국재림교회사』, 시조사, 1965.

大韓赤十字社, 『大韓赤十字社七十年史』, 1977.

한국인삼사편찬위원회, 『한국인삼사』 상권, 1980.

무정부주의운동사편찬위원회, 『한국아나키즘운동사』, 형설출판사, 1994.

小島晉治·丸山松幸 著 / 朴元熇 譯, 『中國近現代史』, 지식산업사, 1998.
옥순종, 『교양으로 읽는 인삼 이야기』, 이가서, 2005.
대한간호협회, 『간호사의 항일구국운동』, 2012.

사전

강만길·성대경, 『한국사회주의운동인명사전』, 창작과비평사, 1996.
漢語大詞典編輯委員會, 『漢語大詞典』第六卷上册, 上海: 漢語大詞典出版社, 2001.
劉國銘 主編, 『中國國民黨 百年人物全書』上, 北京: 團結出版社, 2005.
王榮華 主編, 『上海大辭典』上·中·下, 上海辭書出版社, 2007.

지도

童世亨 編, 「上海法國舊租界分圖」, 上海: 商務印書館, 1917.
童世亨 編, 「上海法國新租界分圖」, 上海: 商務印書館, 1917.
童世亨 編, 「上海英租界分圖」, 上海: 商務印書館, 1917.
The Geograhical & Topographical Society of China, "French Concession : Extention",
      1920.
福利營業公司, 『上海市行號路圖錄』(上), 公共租界, 上海: 福利營業公司出版, 1939.
福利營業公司, 『上海市行號路圖錄』(下), 法租界, 上海: 福利營業公司出版, 1940.
上海福利營業股分有限公司 編印, 『上海市行號路圖錄』(上), 1948.
上海福利營業股分有限公司 編印, 『上海市行號路圖錄』(下), 1949.
周振鶴 主編, 『上海歷史地圖集』, 上海人民出版社, 1999.
上海圖書館, 『老上海地圖』, 上海書敦出版社, 2001.
葛石卿 編纂, 『上海里衖分區精圖』, 上海: 中華地圖學社, 2008.

木之內 誠 編著, 『上海歷史ガイドマツプ』, 東京: 大修館書店, 1999.

기타

옥성득, 「1919년 상해 임시정부 첫 청사는 어디에 있었나?」(http://blog.naver.
      com/1000oaks/220627581735).

醫學博士 에이·씨·셀몬 著, 『延年益壽』, 時兆社編輯部 編譯, 時兆社, 1924.
쪼-지·에취·루 著, 『衛生과 治療』, 時兆社, 1937.

施列民, 『延年益壽』, 上海時兆報館, 1918.
蔣維喬 譯述, 『岡田式靜座法』, 上海: 商務印書館, 1919.
孫科志·金光載, 『上海的韓國文化地圖』, 上海文藝出版總社, 2010.
實業之日本社, 『岡田式靜座法』, 東京: 實業之日本社, 1914.

A. C. SELMON, *HEALTH AND LONGEVITY,* The Oriental Watchman
    Publishing House Salisbury Park, Poona 1, India, 1924.

4. 연구 논저

저서

玄圭煥, 『韓國流移民史』 上, 語文閣, 1967.
孫禎睦, 『韓國 開港期 都市變化過程研究 - 開港場·開市場·租界·居留地』, 일
    지사, 1982.
李珍畛, 『중국 안의 조선족』, 청계연구소, 1988.
김정의, 『한국소년운동사 : 1860년~1945년』, 민족문화사, 1992.
박찬승, 『한국근대정치사상사연구 - 민족주의 우파의 실력양성운동론』, 역사
    비평사, 1992.
염인호, 『김원봉 연구』, 창작과비평사, 1992.
김희곤, 『중국관내 한국독립운동단체 연구』, 지식산업사, 1995.
이-푸 투안 지음, 구동회·심승희 옮김, 『공간과 장소』, 대윤, 1995.
김영범, 『한국 근대민족운동과 의열단』, 창작과 비평사, 1997.
도진순, 『한국 민족주의와 남북관계』, 서울대학교출판부, 1997.
신동원, 『한국근대보건의료사』, 한울, 1997.
반병률, 『성재 이동휘 일대기』, 범우사, 1998.
국가보훈처, 『대한민국임시정부 수립80주년기념논문집』 상·하, 1999.
조한욱, 『문화로 보면 역사가 달라진다』, 책세상, 2000.

孫科志,『上海韓人社會史(1910~1945)』, 한울, 2001.

이명화,『도산안창호의 독립운동과 통일노선』, 경인문화사, 2002.

전인갑,『20세기 전반기 상해사회의 지역주의와 노동자』, 서울대출판부, 2002.

최기영,『한국 근대 계몽사상 연구』, 일조각, 2003.

임경석,『한국사회주의의 기원』, 역사비평사, 2003.

윤해동,『식민지의 회색지대』, 역사비평사, 2003.

배경한 엮음,『20세기초 상해인의 생활과 근대성』, 지식산업사, 2005.

김경근·임채완·고형일·황기우,『재외한인 민족교육의 실태』, 집문당, 2005.

남궁용권·김노연,『교육의 역사와 사상』, 형설출판사, 2005.

윤대원,『상해시기 대한민국임시정부 연구』, 서울대학교출판부, 2006.

김인호,『백화점의 문화사 - 근대의 탄생과 욕망의 시공간』, 살림, 2006.

이병인,『근대 상해의 민간단체와 국가』, 창비, 2006.

강덕상 지음·김광열 옮김,『여운형 평전 1 : 중국·일본에서 펼친 독립운동』,
    역사비평사, 2007.

리어우판 지음, 장동천 외 옮김,『상하이 모던 : 새로운 중국 도시 문화의 만
    개, 1930~1945』, 고려대학교출판부, 2007.

신규환,『국가, 도시, 위생 : 1930년대 베이핑시정부의 위생행정과 국가의료』,
    아카넷, 2008.

주경철,『대항해시대-해상팽창과 근대세계의 형성』, 서울대출판부, 2008.

이정식,『여운형 : 시대와 사상을 초월한 융화주의자』, 서울대학교출판부, 2008.

김희곤,『대한민국임시정부 I -상해시기』, 한국독립운동사의 역사 23, 독립기
    념관, 2008.

이호룡,『아나키스트들의 민족해방운동』, 한국독립운동사의 역사 45, 독립기
    념관, 2008.

문정진 외,『중국 근대의 풍경』, 도서출판 그린비, 2008.

김광재,『대한민국임시정부의 민족혁명가 윤기섭』, 역사공간, 2009.

김지환,『전후중국경제사(1945~1949)』, 고려대학교출판부, 2009.

손염홍,『근대 북경의 한인사회와 민족운동』, 역사공간, 2010.

최광식 외,『한국무역의 역사』, 청아출판사, 2010.

한국교회사연구소,『한국천주교회사』3, 2010.

박지향,『협력일기』, 이숲, 2010.

조철행, 『國民代表會 前後 민족운동 최고기관 조직론 연구』, 고려대학교 박사
학위논문, 2010.

김광재, 『어느 상인독립군 이야기-상해 한상 김시문의 생활사』, 선인, 2012.

정주아, 『서북문학과 로컬리티』, 소명출판, 2014.

김광재, 『근현대 중국관내지역 한인사 연구』, 경인문화사, 2015.

전경옥, 『풍자, 자유의 언어 웃음의 정치 : 풍자 이미지로 본 근대 유럽의 역사』,
책세상, 2015.

鄒依仁, 『舊上海人口變遷的研究』, 上海人民出版社, 1980.

馬運增 外, 『中國攝影史』, 北京: 中國攝影出版社, 1987.

楊昭全·孫玉梅, 『朝鮮華僑史』, 北京: 中國華僑出版公司, 1991.

木濤·孫科志, 『大韓民國臨時政府在中國』, 上海人民出版社, 1992.

熊月之 主編, 『上海通史』 1-15, 上海人民出版社, 1999.

上海租界誌編纂委員會 編, 『上海租界誌』, 上海社會科學院出版社, 2001.

熊月之·馬學强·晏可佳 選編, 『上海的外國人(1842~1949)』, 上海古籍出版社, 2003.

熊月之·周武 主編, 『海外上海學』, 上海古籍出版社, 2004.

盧漢超 著, 段煉 外 譯, 『霓虹燈外 : 20世紀初日常生活中的上海』, 上海古籍出
版社, 2004.

張建俅, 『中國紅十字會初期發展之研究』, 上海: 中華書局, 2007.

王玉茹, 『近代中國物價, 工資和生活水平研究』, 上海財經大學出版社, 2007.

朱國東·劉紅·陳志强, 『上海移民』, 上海財經大學出版社, 2008.

唐艷香·褚曉琦, 『近代上海飯店與茶場』, 上海辭書出版社, 2008.

汪之成, 『近代上海俄國僑民生活』, 上海辭書出版社, 2008.

印永菁 等 主編, 『海外上海研究書目(1845~2005)』, 上海辭書出版社, 2009.

張生, 『上海居, 大不易 : 近代上海房荒研究』, 上海辭書出版社, 2009.

陳祖恩, 『上海日僑社會生活史(1868-1945)』, 上海辭書出版社, 2009.

葛濤·石冬旭, 『具像的歷史 : 照相與清末民初上海社會生活』, 上海辭書出版社, 2011.

宋鑽友, 『永安公司與上海都市消費(1918~1956)』, 上海辭書出版社, 2011.

菊池敏夫 著, 陳祖恩 譯, 『近代上海的百貨公司與都市文化』, 上海人民出版社, 2012.

左旭初, 『百年上海 民族工業品牌』, 上海文化出版社, 2013.

孫安石,『一九二〇年代, 上海の朝鮮人コミユニテイ研究』, 東京大學 博士學
位論文, 1998.

姜德相,『呂運亨 評傳 2 : 上海臨時政府』, 東京: 新幹社, 2005.

高綱博文,『'國際都市'上海のなかの日本人』, 東京 : 研文出版, 2009.

岩間一弘,『建國前後の上海』, 日本上海史研究會編, 東京: 研文出版, 2009.

木下隆南,《訐傳 尹致昊:「親日」キリスト者による朝鮮近代60年の日記》, 東
京:明石書店, 2017.

Fu, Poshek, *Passivity, resistance and collaboration : intellectual choices occupied Shanghai,
1937~1945*, Stanford University Press, 1993.

Sherman Cochran ed., *Inventing Nanjing Road : Commercial Culture in Shanghai,
1900~1945*, East Asia Program Cornell University, 1999.

David P. Barrett and Larry N. Shyu, *Chinese collaboration with Japan, 1932~1945
: the limits of accomodation*, Stanford University Press, 2001.

Parks M. Coble, *Chinese Capitalists in Japan's New Order : The Occupied Lower Yangzi,*
1937~1945, UNIVERSITY OF CALIFORNIA PRESS, 2003.

논문

천경화,「일제하 재중국 한국인 민족교육운동」,『국사관논총』제 9 집, 국사편
찬위원회, 1989.

김형석,「상해거류 한인기독교도들의 민족운동」,『용암차문섭교수화갑기념 사
학논총』, 1989.

유준기,「대한민국임시정부의 교육·문화·홍보활동」,『한민족독립운동사』 7,
국사편찬위원회, 1990.

이명화,「상해에서의 한인 민족교육운동」,『한국독립운동사연구』제4집, 독립
기념관 한국독립운동사연구소, 1990.

민두기,「徐謙(1871~1940) ; 政客과 革命家의 사이 - 國民革命期 政治指導者
像에의 한 接近 -」,『東洋史學研究』제33집, 1990.

김희곤,「상해 대한인교민단의 성립과 독립운동」,『水邨朴永錫敎授華甲紀念
韓民族獨立運動史論』, 탐구당, 1992.

최기영,「구한말 대동보국회에 관한 일고찰」,『水邨朴永錫敎授華甲紀念 韓民

族獨立運動史論』, 탐구당, 1992.

洪英基, 「東吾 安泰國의 民族運動 研究」, 『국사관논총』 제40집, 1992.

한시준, 「상해의 임시정부 소재지에 관한 고찰」, 『한국근현대사연구』 제4집, 1996.

최경민, 「상해 대한인교민단의 결성과 활동」, 동국대학교 석사학위논문, 1996.

김호일, 「대한민국임시정부의 교육활동」, 『대한민국임시정부 수립80주년 기념논문집』 하, 국가보훈처, 1999.

윤대원, 「대한민국임시정부 전반기(1919~1932)의 재정제도와 운영」, 『대한민국임시정부 수립80주년기념논문집』 상, 국가보훈처, 1999.

장석흥, 「나창헌의 생애와 독립운동」, 『한국학논총』 24, 국민대학교 한국학연구소, 2001.

안태근, 「일제강점기의 상해파 한국영화인 연구」, 한국외국어대학교 석사학위논문, 2001.

송현동, 「근대이후 상장례정책 변화과정에 대한 비판적 고찰」, 『역사민속학』 제14집, 2002.

장석흥, 「해방직후 상해지역의 한인사회와 귀환」, 『한국근현대사연구』 제28집, 2004.

이기동, 「피치 – 한국의 독립운동과 기독교청년회를 도운 은인」, 『한국사시민강좌』 34, 2004.

이동진, 「민족과 국민 사이 : 1940년의 체육행사에서 나타나는 만주국, 조선인, 공동체」, 『만주연구』 제1집, 만주학회, 2004.

한지헌, 「1920년대 초반 조선총독부의 대한민국임시정부에 대한 인식과 정책」, 『한국근현대사연구』, 제30집, 2004.

윤선자, 「일제의 경제수탈과 개성의 삼업」, 『한국근현대사연구』 제35집, 2005.

김광재, 「'상해거류조선인회'(1933~1941) 연구」, 『한국근현대사연구』 제35집, 2005.

황묘희, 「침략전쟁기 상해의 친일조선인 연구」, 『한국독립운동사연구』 제24집, 2005.

佐佐充昭, 「예관 신규식의 종교사상과 민족독립운동 – 디아스포라 공간에서 종교성의 표출」, 『국학연구』 10집, 2005.

조영숙, 「20세기 전반 上海永安公司의 기업문화」, 동아대학교 석사논문, 2005.

김희곤, 「19세기말~20세기 전반, 한국인의 눈으로 본 상해」, 역사문화학회편, 『지방사와 지방문화』, 제9권 1호, 2006.

박윤재, 「김창세의 생애와 공중위생 활동」, 『의사학』 15-2, 2006.

이종근, 「의술을 통한 독립운동가 김창세 박사」, 『도산학연구』 11·12, 2006.

최기영, 「李斗山의 재중독립운동」, 『한국근현대사연구』 제42집, 2007.

배영수, 「미국의 도시사 연구와 역사의 공간적 차원」, 『공간 속의 시간』, 도시사연구회 엮음, 심산, 2007.

유준기, 「최연소 3.1운동 민족대표, 이갑성」, 『춘담유준기박사 정년퇴임기념논총』, 2007.

권유성, 「상해 독립신문 소재 주요한 시에 대한 서지적 고찰」, 『문화와 융합』 29, 2007.

孫科志, 「제2차 세계대전 종전 직후 재상해 친일한인의 사법 처리와 그 한계 – 孫昌植의 체포와 석방 사례」, 『한국근현대사연구』 제45집, 2008.

송규진, 「근대 조선과 중국의 무역」, 『근대 중국 대외무역을 통해 본 동아시아』, 동북아역사재단, 2008.

박형우·홍정완·박윤재, 「윤치왕의 생애와 의료활동」, 『醫史學』 제17권 제2호, 2008.

홍정완, 박형우, 「주현측(朱賢則)의 생애와 활동」, 『醫史學』 17-1, 2008.

김도형, 「한국인의 동남아지역 진출과 인식」, 『1920년대 이후 일본·동남아지역 민족운동』, 한국독립운동의 역사 55, 독립기념관, 2008.

박윤형, 홍태숙, 신규환, 임선미, 김희곤, 「일제시기 한국의사들의 독립운동」, 『醫史學』 17-2, 2008.

이재호, 「金朋濬의 중국에서 독립운동」, 『安東史學』 제13집, 2008.

김성은, 「중경임시정부시기 중경한인교포의 생활상」, 『역사와 경계』 제70집, 2009.

노용필, 「18·19세기 한국의 벼농사·쌀밥·술에 관한 서양인 천주교 선교사들의 견문기 분석」, 『교회사연구』 32, 2009.

김승욱, 「근대 상하이 도시 공간과 기억의 굴절」, 『중국근현대사연구』, 제41집, 2009.

최기영, 「1920~30년대 柳基石(樹人)의 재중독립운동과 아나키즘 운동」, 『한국근현대사연구』 제55집, 2010.

조덕천, 「상해시기 대한민국임시정부 구성원의 생활사 연구」, 『백범과 민족운동연구』 제8집, 2010.

김광재, 「'상인독립군' 金時文의 상해 생활사」, 『한국민족운동사연구』 64, 2010.

김광재, 「광복이후 상해 인성학교의 재개교와 변천」, 『한국근현대사연구』 제54집, 2010.

목수현, 「디아스포라의 정체성과 태극기: 20세기 전반기의 미주 한인을 중심으로」, 『사회와 역사』 86, 2010.

홍준형, 「백화점의 탄생과 근대 상하이의 소비문화 - 1920,30년대 상하이의 화교 자본 백화점을 중심으로」, 『중국학연구』 제51집, 2010.

최낙민, 「일제강점기 상해 이주 한국인의 삶과 기억 : 1919~1932년을 중심으로」, 『해항도시의 역사적 형성과 문화교섭』, 한국해양대학교 국제해양문제연구소 편저, 선인, 2010.

이상경, 「상해판 『독립신문』의 여성관련 서사연구 : "여학생 일기"를 중심으로 본 1910년대 여학생의 교육 경험과 3.1운동」, 『페미니즘 연구』 10, 2010.

반병률, 「'국민대표회의 출석원 서명부' 해제」, 『한국독립운동사연구』 제40집, 독립기념관 한국독립운동사연구소, 2011.

김광재, 「일제시기 상해 인성학교의 설립과 운영」, 『동국사학』 제50집, 동국사학회, 2011.

김광재, 「玉觀彬의 상해 망명과 활동」, 『한국근현대사연구』 제59집, 2011.

양정필, 「1910~20년대 개성상인의 백삼(白蔘) 상품화와 판매 확대 활동」, 『醫史學』 제20권 제1호, 2011.

김은정, 「일제강점기 위생담론과 화류병」, 『민족문학사연구』 49, 2012.

김광재, 「일제시기 상해 인성학교 유지운동과 폐교」, 『백범과 민족운동 연구』 제9집, 2012.

김승욱, 「20세기 초반 한인의 상해 인식」, 『중국근현대사연구』 54, 2012.

이은주, 「일제강점기 개성상인 孔聖學의 간행사업 연구」, 『어문학』 118, 2012.

김광재, 「중국관내지역 한인의 국적 문제 일고찰 - 1933년 廣州에서의 '朴義一' 체포를 둘러싼 中日佛 교섭을 중심으로-」 『사학연구』 제110집, 2013.

노춘기, 「상해 독립신문 소재 시가의 시적 주체와 발화의 형식 - 여암 김여제의 작품을 중심으로」, 『한국문학이론과 비평』 58, 2013.

박자영, 「1930년대 조선인 작가가 발견한 어떤 월경(越境)의 감각 - 김광주의 상하이 시절 텍스트를 중심으로」, 『중국어문학논집』 83, 2013.

李丙仁, 「'모던' 上海와 韓國人이 본 上海의 '近代', 1920~1937」, 『중국사연구』 제85집, 2013.

孫科志, 「국민대표회의 주요 유적지의 위치 고증」, 『한국근현대사연구』 제68집, 2014.

김광재, 「상해 국민대표회의 개최지 三一堂 위치 고증」, 『한국독립운동사연구』 제49집, 2014.

조성환, 「일제강점기 재중 한국인의 체육활동」, 『유관순 연구』 제19호, 2014.

박걸순, 「延秉煥의 생애와 민족운동」, 『역사와 담론』 제73집, 호서사학회, 2015.

김광재, 「1920년 전후 상해한인사회의 위생의료 생활」, 『한국민족운동사연구』 82, 2015.

김광재, 「대한민국 임시정부 신년축하회 문화에 대한 일고찰 - 1920·1921년 기념촬영사진 분석을 중심으로」, 『한국근현대사연구』 제72집, 2015.

김광재, 「安泰國의 순국과 장의 - 1920년대 초 상해 한인 장례문화의 일단」, 『역사민속학』 제48집, 2015.

김광재, 「1910~20년대 상해 한인과 조계 공간」, 『역사학보』 제228집, 2015.

박춘순, 「임시정부 요인들의 복식과 중국 및 우리나라 복식의 변천」, 『백범과 민족운동 연구』 제11집 2015.

김주현, 「상해 시절 이광수의 작품 발굴과 그 의미」, 『어문학』 132, 2016.

박자영, 「1920년대 상하이의 조선인 작가 연구 : 월경(越境)의 감각과 경험의 재구성, 주요섭의 경우」, 『중국어문학논집』 98, 2016.

이재령, 「일제강점기 上海 韓人學生의 유학생활과 근대 경험」, 『중국근현대사연구』 제70집, 2016.

황선익, 「해방 후 중국 上海지역 일본군 '위안부'의 집단수용과 귀환」, 『한국독립운동사연구』 제54집, 2016.

김광재, 「독립신문 만평의 상해 한인 독립운동과 생활문화에 대한 풍자 - 1919년 尖口子의 「군소리」를 중심으로」, 『한국근현대사연구』 제81집, 2017.

김광재, 「근현대 상해 한인사 연구의 현황과 과제」, 『해항도시문화교섭학』 제17호, 2017.

陳三井,「租界與中國革命」,『中國現代史專題研究報告』第二輯, 臺北: 中華民
　　國史料研究中心, 1982.

黃克武,「從申報醫藥廣告看民初上海的醫療文化與社會生活: 1912~1926」,『中
　　央研究院近代史研究所集刊』, 臺北 中央研究院, 1988年 12月 第17期
　　下册, 1988.

許洪新·孫科志,「大韓民國臨時政府的誕生地址考辨」,『上海教育學院學報』第
　　39期, 1994

崔志鷹,「大韓民國臨時政府在上海的教育活動」,『檔案與史學』, 5月號, 上海市
　　檔案館, 1995.

魏斐德,「漢奸! 戰時上海的通敵與鋤奸活動」,『史林』, 2004年 4期.

馬軍·單冠初,「戰後國民政府遣返韓人政策的演變及在上海地區的實踐」,『史林』
　　2006年 第二期, 上海社會科學院 歷史研究所, 2006.

安克强,「上海租界公墓研究(1844~1949年)」,『中國海洋大學學報』(社會科學版),
　　2008年 第5期, 2008.

蔣露,「晚清至北京國民政府時期的中國紅十字會醫院(1904~1927)」,『湖南工程
　　學院學報』22-1, 2012.

孫科志·劉牧琳,「晚清時期上海的朝鮮人研究」,『史林』2016年 第5期, 上海社
　　會科學院 歷史研究所, 2016.

中文自序

　　本书《近现代上海韩人史研究》汇集了笔者所撰写的有关中国上海地区韩人史的几篇论文。研究生时期，笔者撰写了以中国关内地区独立运动史为主题的学位论文。与独立运动史相比，位于其腹地的韩人社会之历史可以被看作是其物质基础或者是背景因素。所以笔者很早就开始对中国关内地区的韩人史感兴趣，并把自己的研究方向逐渐向其靠拢。笔者认为，若把研究对象设定为整个关内地区，不无过于漫散之感觉，不如把目标设定于特定地区，以此达到事半功倍之效果。

　　虽然有关上海地区韩人史的研究层出不穷，但笔者认为还是有不少问题须加以解决的。可以说，很多先前的研究给人以游离于上海当地实情的感觉。而且那些研究，对生活于上海这座国际大都会的各种不同韩人人群之形象及其活动，没有给予充分的重视。当时在上海，不仅有韩人革命家和独立运动家，而且还有"亲日分子"以及那些对外部形势不太关注或采取观望态度的众多"普通人"。当时上海韩人社会所呈现出的景象，与韩国国内及其他海外韩人社会所体现出的情形并无二致，可以说是其缩影。因此，许多韩人在上海演绎出的一出出戏，便成为笔者可遇不可求的，极富魅力的研究对象。

　　为了进行实地调查及资料搜集，笔者从2005年开始便常年造访上海这座城市。但因时间所限，每每只对上海的档案馆和图书馆进行走马看花似的走访。所以，笔者深感有必要在上海逗留更长时间，以便系统地收集资料和调查取证。正在那时，笔者于2005年12月有机会与"商人独立军"金时文先生之子金熙元先生一起走访了上海的大街小巷。在金熙元先生的引荐下，笔者见到了那些自1945年以前就生活在上海的侨民们，并看到上海韩

人社会的历史是那么连绵不断地代代相传着，不禁让人感慨万千。机不可失，时不再来。笔者便下决心要把他们的所思所想立刻记录下来。同时笔者认识到，如果想要了解上海韩人的历史，就必须充分了解上海这座城市的历史，需要做长期的实地研究。

功夫不负有心人，2007年笔者有幸得到海外进修的机会，并于当年年底偕家眷一起来到了上海。抵达上海虹桥机场时，迎接笔者一行的是绵绵冬雨。笔者以上海社会科学院历史研究所访问学者的身份，开始了为期两年的上海生活。上海社科院历史研究所号称上海史研究的圣地，长期进行各种项目的学研工作。笔者借在上海逗留的宝贵机会，通过观察研究所的学研动态，以此加深自己对上海史的了解。那时笔者不仅在大学校园里认真学习中文，而且还走访各档案馆及图书馆细心查阅所需资料。此外，笔者还通过查看上海老地图，寻找留存于坊间深处的上海韩人之足迹。

光阴似箭，岁月如梭。笔者在上海的两年生活一晃就过去了。回到国内后，笔者抽空写了几篇有关上海韩人史的论文。其中一部分收录于几年前出版的《近现代中国关内地区韩人史研究》(景仁出版社，2015)里。这次把之后陆续写作的一些论文合在一起，以《近现代上海韩人史研究》为题，呈现给大家。本书把各论文分成文化史，生活史，教育史三个部分，各个章节按其内容特点冠以"场所与空间的文化史"，"个人与社会的生活史"，"离散与起源的教育史"的标题。

书已既出，但不无些许遗憾。虽然当初笔者曾想细心修改，但因种种原因未能如愿。使笔者聊以自慰的是，本书把散落各处的有关上海韩人史的拙作聚在了一起。而且在编辑书稿的最后时刻，能把关于上海霞飞路321号——大韩民国临时政府初期建筑的论文收进此书，使笔者倍感欣慰。早在韩中建交以前，有关机构和研究人员就开始对该建筑的确切位置进行反复考证，但最终没有获得成功。对此笔者也深感遗憾，但令人可喜的是，去年笔者终于找到了线索，并把其结果写成了论文。在迎接大韩民国临时政府成立一百周年之际，恰好能够解决学界悬而未决的课题，实乃万幸之举。

衷心希望本书能够成为笔者从事上海韩人史研究的起步之作及铺路

石。到目前为止，上海韩人史研究主要集中于实证领域，那么今后要把各种理论应用到研究当中，把上海韩人史研究加以体系化，类型化。并且通过把上海地区韩人史和韩国国内及其他海外韩人社会史相比较，以此阐明其特殊性与普遍性之关系。假以时日，笔者希望把累积下来的个别研究作为基础，能够撰写出一本上海韩人史之通史。

本书能够付梓，承蒙各位先生之惠赐指点。首先，笔者要感谢工作单位韩国国史编纂委员会的各位老师们。国史编纂委员会使笔者能够专心于各项学研工作。笔者在上海逗留期间，受到了上海社会科学院历史研究所所长熊月之老师以及研究员马学强、马军老师等各位的细心指导，使笔者对上海这座城市的历史得到了深刻体会。在做上海城市调查时，笔者受到了上海史专家许洪新老师的赐教。对于笔者哪怕是非常细小的提问，许老师每次都做出细心的回答。上述关于上海霞飞路321号大韩民国临时政府初期建筑之研究，其线索就是许老师向笔者提供的。上海地区日侨史专家陈祖恩老师慷慨向笔者提供了许多宝贵资料，并常对笔者的研究给予种种激励。受到陈老师的引荐，笔者有幸认识了日本大学的高刚博文教授，作为日本上海史研究会会长，高刚教授不仅向笔者提供了有关上海日侨使研究的著作，而且还给与了许多有益的指点。

与笔者一道，在上海社会科学院历史研究所做访问学者的日本大妻大学石川熙子教授，也给笔者提供了在日上海史研究的具体动向。笔者曾于2009年与夏旦大学孙科志教授一起编写过《上海的韩国文化地图》一书。此外，来自嘉兴的上海社会科学院历史研究所硕士研究生岳钦韬也让笔者难以忘怀。每当有新的中国地区韩人史资料及论文面世，他都会在第一时间给笔者提供具体信息。回想当时岳钦韬才年仅二十几岁，但已出过抗战时期浙江地区抗日社会史的专著。一晃十年已过，遥祝岳钦韬今后文运隆盛。

另外，在了解上海韩人史方面，身居海内外的众多老上海们也给笔者提供了许多帮助。居住在韩国的金熙元先生，韩泰东先生，2013年过世的具益均先生，2014年2月过世的崔允信女士，旅居美国的崔英华先生以及仍旧居住在上海的刘镇顺女士，王敏兰女士，具本起先生，玉仁华女士，郑君女

士和已成故人的崔英芳女士，金熙敬女士，金用哲先生，金元培先生等都曾向笔者提供过口述回忆，老照片，文集，信件等贵重资料。具益均先生生前曾冀望在国内重建一座仁成学校，崔英芳女士为了出版仁成学校同窗文集而日夜奔走。收录于本书的几篇关于仁成学校的文章，希望对诸位先生能够成为一种迟到的慰藉。借此机会，再次向各位老上海们致以深深的感谢。

去年3月，从硕士阶段就开始指导笔者学业的恩师金昌洙先生，在卧病许久之后驾鹤西去。才疏识浅的笔者谨祝先生往生极乐。借此机会，我向从大学到现在，一直鼓励我竭尽全力的恩师曹永禄老师表示敬意和感谢。崔起荣老师平素常对笔者的研究加以激励，此次还积极促成了本书的出版，在此向先生深表谢意。另外，向积极声援笔者之学研工作的母校东国大学校史学科各位教授及国史编纂委员会的各位前辈，晚辈们，和韩国近现代史学会，韩国民族运动史学会的诸位老师及同僚学者们表示深情的感谢！景仁文化社的韩正熙社长依然把杂乱无章的原稿整理成极为精致的书籍。笔者常以学研工作为凭而疏于打理家务，对此父母双亲和内子苏映熹都给予了莫大的理解。在此，向他(她)们和秀玟，炯铉，正玟三个孩子表示感谢。

2018年4月　日
在喜迎大韩民国临时政府成立100周年之际
金光载

찾아보기

김광재

● 주요 경력
동국대학교 대학원 사학과 졸업(문학박사)
동국대학교 강사, 한국근현대사학회 및 한국민족운동사학회 이사, 국가보훈처 독립유공자 공적심
사위원, 중국 상해사회과학원 역사연구소 방문학자 등 역임
현 국사편찬위원회 편사연구관

● 주요 논저
『한국광복군』
『어느 상인독립군 이야기 - 상해 한상 김시문의 생활사』
『근현대 중국관내지역 한인사 연구』
「근현대 상해 한인사 연구의 현황과 전망」 외 다수

근현대 상해 한인사 연구

초판 1쇄 인쇄 | 2018년 4월 11일
초판 1쇄 발행 | 2018년 4월 18일

지 은 이   김광재

발 행 인   한정희
발 행 처   경인문화사
총 괄 이 사   김환기
편   집   김지선 한명진 박수진 유지혜 장동주
마 케 팅   김선규 하재일 유인순
출 판 번 호   제406-1973-000003호
주   소   경기도 파주시 회동길 445-1 경인빌딩 B동 4층
전   화   031-955-9300 팩 스   031-955-9310
홈 페 이 지   www.kyunginp.co.kr
이 메 일   kyungin@kyunginp.co.kr

ISBN   978-89-499-4738-9 93910
값 45,000원